中國藝術研究院

文化保护与传承

2016届非物质文化遗产保护实践方向艺术硕士学位论文集

上卷

吕品田·主编

文化藝術出版社
Culture and Art Publishing House

序 言

非物质文化遗产是植根于民族民间土壤的活态文化，是依赖于人的实践活动而得以传承延续的传统文化表现形式。非物质文化遗产保护重在活态保护，而活态保护的关键是传承人。今天，在非物质文化遗产深受现代化过程影响和冲击的境遇中，充分发挥传承人不可替代的作用，大力培养理论与实践并重的后继人才，尤其是高级人才，切实有效地保护和传承宝贵的非物质文化遗产，既是需要大力探讨的学术课题，更是我们应以高度责任感来担当和践行的现实使命。

作为集艺术科研、艺术教育和艺术创作于一体的国家级综合性学术机构，国家级非物质文化遗产保护专业工作机构——中国非物质文化遗产保护中心，以及国务院首批公布的博士、硕士学位授予单位和艺术学科建制最为齐全的研究生教育机构，中国艺术研究院胸怀天下，以国家发展需要为己任，于21世纪初在全国率先开展非物质文化遗产保护理论研究和工作实践，并从2007年起在全国率先开展非物质文化遗产专业方向的学术型硕士、博士研究生培养。

针对非物质文化遗产保护与传承的不同实践领域和人才需要，中国艺术研究院在原先基础上将人才培养工作进一步推向艺术硕士专业学位研究生层面，从2013年起开先河地设立由聘请于全国范围的25位国家级非物质文化遗产项目代表性传承人和工艺美术大师担任导师、涉及18个国家级非物质文化遗产代表性项目的"传统技艺"方向，和由我院资深专家学者担任导师的"非物质文化遗产保护实践"方向，深入探索切合非物质文化遗产传承规律和保护工作需要的高端实践型人才培养方式。

根据中国艺术研究院的教学培养方案，对于"非物质文化遗产保护实践"方向的研究生，着重以撰写调研报告的方式培养其开展保护和管理工作的实践能力。培养过程中，院方高度重视理论与实践、课堂与现场、课程与课题、讲授与实操的紧密结合，要求研究生既要学习掌握非物质文化遗产所涉相关学科的基础理论，也要学习掌握非物质文化遗产保护法律法规和方针政策，还要通过田野考察、调查采访、参与课题和实际工作等途径深入了解保护实践现状和前沿态势。对于“传统技艺”方向的研究生，则着重以实践训练方式培养其技艺掌握和创作应用能力。培养过程中，院方根据艺术硕士培养要求和传统技艺特点，有针对性地设置课程和培养环节，综合采用课堂授课、实地考察、操作实训等方式展开教学。研究生集中时间在学校接受理论必修课程学习以及研究和写作训练，并专门安排由专家学者担任的理论导师进行指导；此后的更多时间里，研究生则随传承人导师在其校外作坊接受“一对一”的技能训练，完成毕业创作。此举通过师资构成的调整和相应的协同配合措施，使“师徒制”传统教育方式有机地纳入研究生教育体制，从学者也因此既能获得纯正、精湛、系统的手工技艺传授与训练，又能得到与学历教育和资质证书相关联的诸多体制利益上的保障，堪称传承人培养模式的一种创新。我院希望以此探索性的创举，切实培养出专业能力出众、认识取向明晰、责任意识强烈，能够正确把握非物质文化遗产保护工作理念和方法，以及能够较好掌握传统技艺并加以理论梳理和总结的高层次、应用型专门人才。

这套毕业论文和毕业作品集，汇集了我院第一届“非物质文化遗产保护实践”和“传统技艺”方向艺术硕士专业学位研究生的毕业成果，其中凝结了导师们认真施教的殷殷心血，也展现了学生们勤奋学习的满满收获。我们深知，非物质文化遗产保护与传承的教学实践和人才培养工作任重而道远。此番结集出版，既为集中展示我院艺术硕士专业学位研究生教育体制下的非物质文化遗产保护专业人才培养成果，也希望借此机会听取各方意见，与业界同仁进一步探讨非物质文化遗产保护与传承教学的特点、规律和有效途径，以促进我院人才培养工作更上一层楼，也更大范围地推动教育教学创新，共同探寻能够切实保护与传承中国非物质文化遗产的人才培养方略。

中国艺术研究院常务副院长兼研究生院院长
吕品田
2017年6月10日

目录

非物质文化遗产生产性保护实践的调研报告

A Research Report of Safeguarding Practice of Intangible Cultural Heritage

陈　默

邱春林｜指导教师

摘要

在我国，全面开展非物质文化遗产保护工作已有十余年。针对非物质文化遗产项目的不同特点和特征，一直在寻求最佳的保护方式，提出了从抢救性保护、整体性保护、生产性保护，再到依法保护的保护方式，其中非物质文化遗产生产性保护方式较受人们的青睐。非物质文化遗产生产性保护是以保持非物质文化遗产的真实性、整体性和传承性为核心，在具有生产性质的实践过程中，借助生产、流通、销售等手段，将非物质文化遗产及其资源转化为文化产品的保护方式。实际上，它是要在传承和保护问题上找到一个解决“造血功能”问题的方法。实践证明，我国的非物质文化遗产生产性保护是有效的，成绩也是突出的。本文首先从理论层面梳理了非物质文化遗产生产性保护理论的形成和发展过程，以及产生的理论依据；其次从实践的角度介绍了非物质文化遗产生产性保护取得的成果，以及非物质文化遗产生产性保护示范基地的情况，通过对几个生产性保护示范基地情况的分析，试图说明保护单位在运用生产性保护这种保护方式时可能存在的困难和现实问题；最后在分析生产性保护方式在实际应用中碰到的困难及存在的现实问题的基础上，从理论和实践两个方面提出了解决问题的措施和对策。

关键词：非物质文化遗产；生产性；保护

Abstract

The protective work of intangible cultural heritage in our country has been carried out over ten years. According to the characteristics and features of intangible cultural heritage projects, we have been searching and raising several productive ways, such as rescuing protection, integrity protection, the productive protection and the protective ways in accordance with the law, among which the productive way of intangible cultural heritage is popular and favored by with people. The productive way of intangible cultural heritage maintains the reality, integrity and continuity of the intangible cultural heritage as the core. In the process of the practice with characteristics of the production, with the help of other means of the production, circulation, sales, we change the resources of the intangible cultural heritage into the productive way of cultural products. In fact, we try to look for a method to solve the problem of "hematopoietic function" . Practice shows that the productive protection of intangible cultural heritage in China is effective and the achievements are outstanding. At first, on the theoretical level, this article combs the formation and the development process of the productive protection of intangible cultural heritage and the theoretical basis. Secondly, from a practical perspective, this article introduces the outcome of the productive protection of intangible cultural heritage and the condition of the demonstrative bases. Through the analysis of several demonstrative bases of productive protection of intangible cultural heritage, this article tries to explain the existing difficulties and the real problems in using the productive protection by the protective units. On the basis of analyzing several existing difficulties and real problems on real use of the protective way of the productive protection, from the theoretical and practical aspects, this article proposes the measures and countermeasures to solve the problem.

Keywords: Intangible Cultural Heritage; Productive; Safeguarding

一、非物质文化遗产生产性保护的理念

（一）调研背景

我国非物质文化遗产保护工作经过十几年的艰苦努力终于取得了骄人的成绩。主要表现在以下方面：首先，从法律层面上加强我国非物质文化遗产保护。2011年6月1日开始实施的《中华人民共和国非物质文化遗产法》，是我国第一部保护非物质文化遗产的法律。这部法律的颁布，使我国非物质文化遗产保护工作结束了多年以来在法律方面处于真空的状态。其次，在全国非物质文化遗产的普查工作方面，我国从2002年开始，用了近5年的时间开展了全国性的非物质文化遗产普查工作，在此基础上继续进行普查，直到我国第五个“文化遗产日”前夕，时任文化部副部长王文章先生于2010年6月2日宣布，我国非物质文化遗产共有87万余项。普查工作使我们对我国拥有的非物质文化遗产项目的“家底”有了比较清晰的数字概念，在今后为非物质文化遗产项目制订相应的保护计划、建立分级保护制度和保护体系，都具有重要的特殊价值。最后，建立了我国非物质文化遗产的保护制度。在联合国宣布的“人类非物质文化遗产代表作名录”项目上，中国是数量最多的国家。我国有37项列入联合国教科文组织宣布的“人类非物质文化遗产代表作名录”和“急需保护的非物质文化遗产名录”。我国已建立了四级非物质文化遗产代表作名录体系，从2006年至2016年已经评选了1372项国家级非物质文化遗产代表性名录项目、1986位国家级非物质文化遗产项目代表性传承人，设立了14个国家级文化生态保护实验区，建立了100个国家级非物质文化遗产生产性保护示范基地。从以上这些数字可以看到我国已基本建立起了非物质文化遗产保护组织结构，并且根据“保护为主、抢救第一、合理利用、传承发展”开展了一系列非物质文化遗产的理论研究和政策研究，从而不断推进和完善非遗保护实践。运用多种保护手段，针对非物质文化遗产项目不同的特性进行保护。

对即将消失的非物质文化遗产项目运用实物资料与数字资料相结合的手段，采集非物质文化遗产的图、文、音、视资源，并建立档案及数据库，这是使用抢救性保护方式保存我们的民族文化。针对某些非物质文化遗产项目非常集中且代表着该地区深厚的历史文化积淀、突出的文化特点，设立了文化生态保护实验区，运用整体性保护的方式对非物质文化遗产加以保护。为了使非物质文化遗产能够在良好的、可持续的环境中得到保护和发展，国家为非物质文化遗产的保护设立了相关的法律条款，有了法律的护航，完善了我国非物质文化遗产保护体系架构，立法性保护使非物质文化遗产的保护有了“护身符”。根据非物质文化遗产项目中带有生产行为和性质的项目，我国还提出以生产性保护的方式加以保护。在具体的保护工作中，非物质文化遗产项目可以根据自身的生产实践特点，在生产的同时得到传承和保护。在以上这些保护方式中，生产性保护一经提出便受到非物质文化遗产保护工作者的关注，成为各级非物质文化遗产保护工作者在具体的保护工作中行之有效的手段。

2015 年 3 月，笔者通过对徽州地区徽州漆器、徽墨制作、歙砚制作、徽州三雕、万安罗盘、徽州盆景技艺、甲路纸伞等国家级、省级非物质文化遗产项目的考察，发现生产性保护在该地区有着广泛的实际应用，其中虽然只有黄山徽州竹艺轩雕刻有限公司、安徽省绩溪胡开文墨业有限公司分别是徽州三雕和徽墨制作技艺的国家级非物质文化遗产生产性保护示范基地，但是它们都对非物质文化遗产的保护起到了很好的示范效果，也对地方的经济文化起到了一定的促进作用。在这个基础上，笔者想进一步了解非物质文化遗产生产性保护在其他地区、其他项目能否起到良好效果或者有什么经验教训。

（二）生产性保护理念的最初表述

在非物质文化遗产中，传统技艺、传统医药中的药物炮制技艺和部分传统美术类非遗项目确实具有生产性质、特点，怎样对这些具有生产性质、特点的非物质文化遗产项目采取比较合适的保护方式，在理论方面和实践方面都存在着问题。于是，“生产性方式保护”这一理念在我国非物质文化遗产保护的进程中应运而生。非物质文化遗产“生产性方式保护”一词首次出现于 2006 年出版的王文章主编的《非物质文化遗产概论》一书中。该书介绍了非物质文化遗产保护的五种基本方式，在谈到第四种方法时提到“转化为经济效益和经济资源，以生产性方式保护”[①]。文中还举了一个例子：“比如，剪纸、年画以及其他很多手工艺制作项目，都可以作为艺人生产、生活方式延续传承。甚至可以通过资源重组，以产业运作扩大生产规模，扩展销售市场，从而使这些项目得到弘扬和传播。”[②]“可以作为艺人生产、生活方式延续传承。”[③]这是对非遗生产性方式保护首次做出的阐释，具有开创性意义。但是在此后好几年里，我国学术界一直没有关注这一问题。

2009年2月12日，“非物质文化遗产生产性方式保护论坛”在北京召开，会议是由文化部主办，中国艺术研究院、中国非物质文化遗产保护中心承办的。这次会议就生产性方式保护的理论阐释与实践探索，以及非物质文化遗产生产性方式保护的必要性和可能性进行了认真的和有价值的探讨。从世界范围来看，2008年开始爆发了世界性金融危机、次贷危机和信任危机。在这样的全球经济背景下，召开“非物质文化遗产生产性方式保护论坛”，确实有一定的现实针对性。从非物质文化遗产保护的本身情况来看，一方面，中国传统技艺保护理念存在过于保守的情况；而另一方面，在中国传统技艺发展方面又面临着过度开发的问题。正是在这种错综复杂的社会背景下，怎样研究和如何保护好传统技艺，是我们应该认真对待的一个非常现实的问题。时任文化部副部长周和平提出，现在世界各国传统技艺保护的方式给我们提供了可借鉴的经验，国家传统技艺保护应放在全球化、工业化、城市化、市场经济的背景下进行研究，围绕如何把文化优势变为产业优势、市场优势进行研究，使非物质文化遗产为拉动内需、扩大就业、推动相关产业发展作贡献。他还明确要求：“论坛要在传统技艺保护上起到主导作用和立法建设的基础性作用，明确传统技艺保护措施，推动相关产业发展。”[④]与会专家吕品田先生和徐艺乙先生在发言中也认为，生产性方式保护切合手工技艺的存在形态和传承特点，有利于传统技艺参与创造社会财富的生产实践。[⑤]这次会议最为重要的是正式确立了非物质文化遗产生产性方式保护的理念。

2009年9月11日至13日，“非物质文化遗产生产性保护座谈会暨第三届非物质文化遗产保护论坛·苏州论坛”在苏州召开。这次会议的主题是从理论和实践两个方面总结交流近年来非物质文化遗产生产性保护的经验，研究探讨非物质文化遗产生产性保护的国家税收政策，国家级文化生态保护区建立情况和非物质文化遗产博物馆、展览馆以及非物质文化遗产传习所设立的情况。在这次会议上，时任文化部副部长周和平在发言中强调非物质文化遗产保护要适应时代的要求，并进一步明确了非物质文化遗产生产性保护的必要性和可行性。[⑥]周和平的发言不仅为会议确定了基调，同时也再次肯定了非物质文化遗产生产性方式保护的理念。

2010 年 6 月 18 日，“留住手工技艺——现代化进程中传统工艺美术保护论坛”在北京召开。时任文化部副部长王文章在发言中认为：“非物质文化遗产的濒危性、不可再生性等特点决定了要把抢救和保护放在第一位，但是抢救和保护不是被动消极的，而是要在传承中延续，在发展中保护，其中生产性保护是一个很重要的途径。它是符合非物质文化遗产传承规律的一种保护方式，体现着积极保护的原则。在生产过程中，手工技艺的核心技术、品格、内涵，甚至传承人的个性，都得以传承下来。”[⑦]王文章的发言是他对《非物质文化遗产概论》一书中关于非物质文化遗产生产性方式保护理念的再次深化说明，也从国家文化的高度正式认可非物质文化遗产生产性是一种保护方式。

（三）生产性保护概念的理论和法规依据

生产性保护方式是在开展非物质文化遗产保护工作实践中应运而生的，是我国非物质文化遗产保护工作中特有的重要方式之一。它体现了我国政府在非物质文化遗产保护工作中的独创性，也完全符合非物质文化遗产保护工作传承规律的保护手段。那么，非物质文化遗产生产性方式保护理念主要的理论依据是什么呢？

首先，非物质文化遗产生产性方式保护理念是与联合国教科文组织颁布的《保护非物质文化遗产公约》的精神相一致的。2003 年 10 月 17 日，联合国教科文组织第 32 届大会通过了《保护非物质文化遗产公约》。按照《保护非物质文化遗产公约》给非物质文化遗产下的定义，“非物质文化遗产”分为五大类：一是口头传统和表现形式，包括作为非物质文化遗产媒介的语言；二是表演艺术；三是社会实践、仪式、节庆活动；四是有关自然界和宇宙的知识和实践；五是传统手工艺。[⑧]“保护”非物质文化遗产就是要采取各种措施确保非物质文化遗产的生命力，具体的措施有对非物质文化遗产的确认、立档、研究、保存、保护、宣传、弘扬、传承和振兴。《保护非物质文化遗产公约》还指出：要使非物质文化遗产保护方式在得到“创新”的同时，更要使非物质文化遗产的拥有者自己具有一种认同感和历史感，从而促进文化多样性和人类的创造力。《保护和促进文化表现形式多样性公约》也明确提出：非物质文化遗产保护工作要体现“经济和文化发展互补原则”以及“可持续发展原则”。

其次，非物质文化遗产生产性方式保护理念开始主要依据国务院于 2005 年颁布的《关于加强我国非物质文化遗产保护工作的意见》中提出的“保护为主、抢救第一、合理利用、传承发展”的工作方针。“合理利用、传承发展”这一基本方针内含以生产带动保护、以生产带动传承的理念，这也是以后讨论“生产性保护”的基本理论依据。最初，在非物质文化遗产生产性方式保护的讨论中主要是围绕着“传承”与“发展”这两个概念展开的。在生产性方式保护问题上，有的偏重“传承”，有的偏重“发展”。在传承与发展问题上，特别是民俗学更强调“传承”，并认为“传承”是民俗学的重要特征。乌丙安先生在《中国民俗学》一书中写道：“传承性是民俗发展过程中显示出的具有运动规律性的特征。这个特征对民俗事象的存在和发展来说，应当说是一个主要特征，它具有普遍性。”[⑨]随着民俗成为非物质文化遗产十大类别中的一类，这一概念也被广泛地推广。“传承”也就被认为是非物质文化遗产保护的核心概念，祁庆富在《论非物质文化遗产保护中的传承及传承人》(《西北民族研究》2006 年第 3 期）一文中对此有过详细的论证；刘锡诚在《传承与传承人论》(《河南教育学院学报》2006 年第 9 期）一文也有这样的表述。因此，从 2005 年到 2009 年，非物质文化遗产保护工作主要依据的是民俗学的“传承”理念。还有一种意见认为要积极贯彻国务院对非物质文化遗产保护提出“保护为主、抢救第一、合理利用、传承发展”的工作方针，在保护为主、合理利用的基础上，积极探索对非物质文化遗产的保护方式。2009 年年初，时任文化部副部长周和平在接受《经济日报》访谈时谈到，要发挥非物质文化遗产资源的独特优势，对非物质文化遗产进行生产性保护，促进相关产业发展，为拉动内需，扩大就业，推动经济平稳较快增长，作出积极贡献。周和平在答记者问时提出的“积极探索对非物质文化遗产进行生产性保护”问题，很快引起了我国学术界的关注和热议。吕品田先生认为：“只有在实际的生产过程中，才能真正地保护和延续一种传统技艺。这意味着受保护的传统技艺必须参与创造当代社会财富的生产实践。”[⑩]屈菡的《生产性保护：让非遗重焕生机》(《中国文化报》2011 年 1 月 30 日)，张宝宗的《加强非物质文化遗产生产性保护》(《吉林日报》2011 年 4 月 2 日)，这些文章急切地呼吁要加强非物质文化遗产生产性保护，让古老的技艺活起来、让非遗重焕生机。

从 2009 年到 2011 年，报刊上发表了近 40 篇有关非物质文化遗产生产性方式保护的讨论文章，其中一些学者站在理论的高度整体性地思考和研究非物质文化遗产生产性方式保护问题。赞成非物质文化遗产生产性方式保护的文章有：徐艺乙的《关于“非遗”生产性保护的思考》(《中国文化报》2009 年 2 月 25 日)，赵农的《非物质文化遗产与生产性保护》(《文艺研究》2009 年第 5 期)，谭宏的《对非物质文化遗产生产性方式保护的几点理解》(《江汉论坛》2010 年第 3 期)，陈华文的《论非物质文化遗产生产性保护的几个问题》(《广西民族大学学报(哲学社会科学版)》2010 年第 9 期)，汪欣的《对非物质文化遗产生产性保护理念的认识》(《艺苑》2011 年第 3 期)，马盛德的《生产性保护的几个问题》(《中国文化报》2011 年 6 月 10 日)。

由于非物质文化遗产具有一定的经济价值，在生产、流通、传播过程中必然带有消费和商业成分，所以专家学者在讨论“发展”时，也会很自然地质疑商业性给非物质文化遗产保护带来的某些伤害。有人在担心民俗变成商业化的时候，就会出现“没有了民俗，只剩下了商品”。认为“这种做法是将民俗文化传统从现实生活中剥离开来，改变其原有的功能，使之商品化、舞台化、碎片化，导致原有的传统价值空洞化”[⑪]。那时还发表了一些对非遗生产性保护质疑的文章：润生的《莫让“非遗”生产性保护陷入商业化误区》(《中国知识产权报》2009 年 4 月 3 日)，韩晓玲的《生产性保护莫成牟利幌子》(《湖北日报》2009 年 10 月 18 日)，蔡晨凌的《非遗生产性保护困难重重》(《科学之友(上旬)》2011 年第 7 期)，刘萍的《生产性保护能否推进传统手工艺之传承》(《河北日报》2009年6月19日),李勍和刘伟的《"生产性保护"拯救非遗?》(《中国西部》2009年第7期),杜再江的《非遗的"生产性保护"是个有歧义的概念?》(《贵州民族报》2011年10月19日)等。

再次,《关于加强非物质文化遗产生产性保护的指导意见》为非物质文化遗产生产性保护理念的确立奠定了重要的理论依据。经过学术界几年激烈的讨论,2012年2月2日,文化部制定印发了《关于加强非物质文化遗产生产性保护的指导意见》(以下简称《意见》)。非物质文化遗产生产性保护是指以保持非物质文化遗产的真实性、整体性和传承性为核心,在具有生产性质的实践过程中,借助生产、流通、销售等手段,将非物质文化遗产及其资源转化为文化产品的保护方式。这一保护方式主要是在传统技艺、传统美术和传统医药药物炮制类非物质文化遗产领域进行实践和探索。《意见》明确提出:"有利于增强非物质文化遗产自身活力,推动非物质文化遗产保护更紧密地融入人们的生产生活;有利于提高非物质文化遗产传承人的传承积极性,培养更多后继人才,为非物质文化遗产保护奠定持久、深厚的基础;有利于继承弘扬优秀传统文化,推动优秀传统文化繁荣发展,满足人民群众的精神文化需求;有利于促进文化消费、扩大就业,促进非物质文化遗产保护与改善民生相结合,推动区域经济、社会全面协调可持续发展。"[12]

《意见》明确提出"生产性保护"的核心理念以及它所具有的价值、意义和原则等方面,此后"生产性方式保护"理念开始引起人们更多的关注。一些非物质文化遗产生产性保护的企业、单位也闻风而动,有些地方适时地建起了比较规范的非物质文化遗产传习基地,条件好一点的企业和单位还陆续建起了非物质文化遗产展示馆或非物质文化遗产博物馆,正式面向社会,对公众开放。邱春林先生把"生产性方式保护"理念形象地比拟为"造血功能"。他说:"生产性保护非物质文化遗产不断取得突破,一些年龄偏大的代表性传承人重新走上工作岗位;大批濒危的传统技艺重新获得了生产实践的机会;在市场上大量流通的非物质文化遗产的产品可谓异彩纷呈,深受广大民众的喜爱;优秀的非物质文化遗产恢复了'自我造血'功能,其生命活力得到延续。"我国政府和各级非物质文化遗产保护单位在抢救与保护非物质文化遗产的实践中,"生产性保护"是备受关注和乐于接受的方式。李荣启研究员说:"开展非物质文化遗产生产性保护,应坚持有效保护与合理利用相结合，处理好保护与利用的关系。坚持‘保护为主’的原则，以不伤害、不破坏非物质文化遗产为前提。”⑬马盛德先生指出：“在面对非遗项目的开发与利用问题上，我们必须保持一种理性的思维，我们对祖先创造的这些伟大而优秀的文化遗产首先需要保持一个敬畏之心，在对非遗项目进行开发利用时要有所节制，把握好一种‘尺度’，要适度地开发利用。我们绝不能把一个有着悠久历史和较高文化价值的非遗项目，像开采一个小煤矿一样那么粗野。遏制过度开发、盲目开发甚至大肆滥发现象的发生是我们保护工作的一个紧迫任务。”⑭

最后，《中华人民共和国非物质文化遗产法》为非物质文化遗产生产性保护提供了法律的“护身符”。《中华人民共和国非物质文化遗产法》第三十七条明确提出：“国家鼓励和支持发挥非物质文化遗产资源的特殊优势，在有效保护的基础上，合理利用非物质文化遗产代表性项目开发具有地方、民族特色和市场潜力的文化产品和文化服务。”⑮这在法理上为非物质文化遗产生产性保护理念探索和实际保护措施的实施提供了依据。

二、非物质文化遗产生产性保护的实践

（一）生产性保护的成果展示

理论是先导。在非物质文化遗产生产性方式保护理论的引领下，非物质文化遗产生产性保护的实践也在全国范围内轰轰烈烈地展开。为了进一步推动非物质文化遗产生产性保护工作的深入开展，在2012年2月5—15日元宵节期间，在全国农业展览馆新馆举办了“中国非物质文化遗产生产性保护成果大展”。这次大展选择了180多项在非物质文化遗产生产性保护中取得显著成效的项目，它们包含了普洱茶制作技艺（贡茶制作技艺）、山西老陈醋酿制技艺、漆器髹饰技艺、钧瓷烧制技艺、汴绣、万安罗盘制作技艺、徽墨制作技艺等，展出的珍贵实物近2000件。160余名国家级非物质文化遗产项目代表性传承人在展会现场做出了令人叹为观止的技

艺展示。

时任中共中央政治局常委李长春在参观本次展览后，认为非物质文化遗产生产性保护体现了党执政为民的理念，受到人民群众欢迎，他把非物质文化遗产生产性保护比喻为一个文化工程，是富民工程、德政工程。对此，李长春还提出了三个方面的要求：一是要认真贯彻落实《中华人民共和国非物质文化遗产法》，按照“保护为主、抢救第一、合理利用、传承发展”的方针，把保护传承和开发利用结合起来、社会效益与经济效益结合起来、继承与创新结合起来，科学推进非物质文化遗产生产性保护工作。二是要大力推进保护传承方式创新，加大生产性保护工作力度，完善表彰、奖励、资助政策。对于凡是有市场前景的，要鼓励在国家政策支持下进入市场，特别是和发展旅游业紧密结合，在与产业和市场的结合中实现传承和可持续发展，焕发新的生机和活力，这是最积极、最有效、最有利于非物质文化遗产可持续发展的保护传承方式。三是要充分利用“文化遗产日”和传统民俗节庆，广泛开展非物质文化遗产生产性保护宣传展示活动，增强全社会保护意识，营造有利于非物质文化遗产生产性保护的良好氛围。[16]

时任文化部部长蔡武在“中国非物质文化遗产生产性保护成果大展”上提出：“这次展览对于贯彻落实‘保护为主、抢救第一、合理利用、传承发展’的非物质文化遗产保护工作方针，发挥非物质文化遗产资源的独特优势，促进非物质文化遗产生产性保护深入开展，推动经济发展方式转型，也将作出积极的贡献。”[17]这次展览观众达16万之多，是迄今为止国家级别关于非物质文化遗产组织过的最为成功的展览展示活动之一。此后，全国各地陆续举办了各种规格和各种类型的生产性方式保护的成果展示活动。

广东省紧随其后，于2012年4月28日在中山市举办了广东省非物质文化遗产生产性保护成果展，包括广彩瓷烧制技艺、石湾陶塑技艺、佛山彩灯、太安堂中药文化等适用于生产性保护的各级非物质文化遗产项目。在展示会上，代表性传承人在现场制作，并以实物、图片等形式充分展示了岭南非物质文化遗产的魅力，开创了广东省非遗展示项目历史新高。

到了2012年、第七个“文化遗产日”时，各省围绕着非物质文化遗产生产性保护这个主题举办了多场省级展览。如辽宁省于2012年6月6—10日举办的

“2012中国·辽宁非物质文化遗产传统技艺大展暨生产性保护成果展”，这次成果展以“剪绎古今”“精雕细琢”“金玉锦绣”“捏塑经典”“篆绘传奇”“陈年佳酿”“聚珍百味”“杏林春暖”八大展区为主体，邀请300多名非物质文化遗产项目传承人及项目代表，集中展示了适用于非物质文化遗产生产性保护的80个非物质文化遗产项目。这是辽宁省展示门类最齐全、传承人技艺最精湛、非遗作品最丰富的一次生产性成果的展示展演活动。山西省于2012年6月8日在长治市举办了“非物质文化遗产生产性保护成果展”，这次成果展集中展示了包括布艺虎、沁源剪纸、上党堆锦等在内的多项各级非物质文化遗产项目，得到了当地人民的广泛关注。新疆于2012年6月9—12日举办了“2012新疆非物质文化遗产生产性保护成果展”，这次展览专设“霓裳羽衣”“精雕细琢”“指间物语”“美酒佳肴”“蕙兰之香”五个展示部分，集中展示了从全区挑选出的70余项涵盖民族刺绣和服饰、乐器制作、编织、桑皮纸、根雕、铜艺、骨雕、剪纸、各民族特色美食等最能体现新疆文化特色的非物质文化遗产项目，并邀请了100余位各级传承人在现场展示，受到当地人民的热烈欢迎。

2012年6月15—23日，在四川成都举办了“第四届中国成都国际非物质文化遗产节”，其间举行的国际非遗博览会凸显了“生产性保护”这一主题，选出60余家为非物质文化遗产生产性保护作出突出贡献的保护单位参展。非物质文化遗产生产性保护作为我国独特的保护方式首次展示在世界面前，这是一次规模宏大、社会影响极为广泛的非物质文化遗产生产性保护成果展。

2013年是开展“文化遗产日”的第八年，全国各地纷纷举办非物质文化遗产生产性保护成果展。北京市在“文化遗产日”期间开展系列非遗传习活动，启动“名家传艺工程”、举办非遗进社区活动、命名传统节日“北京特色活动”等。2013年6月8—9日，河南省举办了“薪火相传——河南省非物质文化遗产生产性保护成果展”，展示了包括木版年画、汴绣、剪纸、泥塑、瓷器等在内的非物质文化遗产项目。山东省以“喜迎十艺节，非遗共参与”为主题，选取山东古筝乐、邹城平派鼓吹乐、山东琴书、山东大鼓、渔鼓戏等优秀非遗项目组成一台晚会，展现山东的非物质文化遗产保护成果。广西南宁举办了“体验非遗”活动，选拔100名“非遗之旅”体验团成员，然后再从这100名成员中选拔出10名作为2013年度南宁非遗形象代言人。西藏在 6 月 8 日举办了非遗成果图片展，重点展示西藏非物质文化遗产资源和近年来保护工作成果。海南省举行了第四届黎族织锦（纺纱）大赛。

到了 2015 年，全国各地还有不少地方举办了非物质文化遗产生产性保护成果展。吉林省镇赉县于 2015 年 3 月 25 日举办了非物质文化遗产生产性保护成果展，展示了 2 项省级和 18 项市级非遗项目，包括土窑制品、剪纸、木雕、刺绣等项目的 300 多件展品。江苏省淮安市于 2015 年 6 月 15 日举办了非遗生产性保护成果展示活动，集中展示了包括淮安蛋雕、传统瓷刻、撕纸画、骨康外敷药酒炮制技艺在内的 28 个非物质文化遗产项目。

从以上简单的叙述中，我们可以看到从 2012 年举办“中国非物质文化遗产生产性保护成果大展”以后，全国各地持续好几年举办了各个层级的、丰富多彩的非物质文化遗产生产性保护成果展，密集而又丰富的展示活动同时也对非物质文化遗产生产性保护工作起到了有力的弘扬和推动作用。

（二）生产性保护成果的影视传播

虽然关于非物质文化遗产生产性保护的专题展览近年来层出不穷，而且每次观众都是络绎不绝，对我国丰富的非物质文化遗产感到惊叹不已；但是展览毕竟是短时间的集中展示，虽然规模很大，但是受到场地和经费的制约，持续时间都不会很长。为了能长时间并且在更广阔的平台上宣传非物质文化遗产，详细记录非物质文化遗产的专题片也不断地推出。虽然目前暂时没有专门介绍非物质文化遗产生产性保护的专题纪录片或影视作品，但是介绍适用于非物质文化遗产生产性保护项目的传统美术、传统技艺、传统医药类的专业片还是很多的。

这些纪录片大致包括三种类型。其一，从宏观的视角，整体介绍非物质文化遗产。如东方卫视 2012 年推出的纪录片《非物质文化遗产》，介绍了石氏伤科、鲁庵印泥制作技艺、顾绣、乌泥泾手工棉纺织技艺、徐行草编、上海面人赵、上海剪纸等非物质文化遗产项目；2014 年五洲传播中心制作的纪录片《薪火相传——中国非物质文化遗产》，第一季共 10 集，介绍了泥人张、玉雕、苏绣、金漆木雕、紫砂、歙砚、长白仙草等非物质文化遗产；2015 年 11 月 9 日，由中央电视台中文国际频道历时两年打造的纪录片《传承》开播，其中不光涉及多项适用于非物质文化遗产生产性保护的项目，而且还包括书法、音乐、舞蹈、戏剧、各种传统礼仪节庆等民俗，以及体育和游艺等。

其二，以类别分类，分别介绍。如 2012 年 7 月 23 日《留住手艺》在中央电视台中文国际频道（CCTV—4）播出，《留住手艺》记录以传统技艺为主的非物质文化遗产项目，向海内外观众系统而全面地讲述了中华古老手艺的历史和其中的故事，用影像这种方式使这些国宝级手艺得到弘扬。2015 年，《本草中国》开始拍摄，通过记录非物质文化遗产传统医药类别，以加强传播中医药非物质文化遗产保护传承，这有利于保护、宣传中医药文化，弘扬中华优秀传统文化，提升我国文化软实力；有利于推进中医药事业全面协调发展，提升中医药的国际地位与影响；并以中医药为窗口，解读博大精深的中国传统文化。

其三，以地区、民族为拍摄视角，介绍其非遗项目。如 2014 年 11 月 10 日探索频道（Discovery）推出了纪录片《发现·南京》，其中一集名为“东方云裳”，是专门为云锦拍摄的纪录片。2015 年 9 月 23 日上午，由银川市文化广播电视局、银川市非物质文化遗产中心牵头拍摄的纪录片《遗脉相承》，在宁夏镇北堡西部影视城举行首映，全篇分为《山魂》《乡传》《指尖》《余音》四集，通过回族汤瓶八诊、回医正骨、宁夏小曲、回族刺绣等非物质文化遗产项目，展现了银川非物质文化遗产多样而独特的魅力。2016 年上半年，中法合拍纪录片《永恒中国—魅力甘肃》将在法国国家电视台播出，其中包含给人留下深刻印象的传统技艺类别的保安腰刀。2015 年拍摄的贵州省电视台组织策划的纪录片《山脉人脉文脉》，其中包含了介绍侗族古建技艺、传统习俗、传统美食、古法造纸等独具特色的可以用于非物质文化遗产生产性保护的项目，该纪录片计划为 100 集，即在全省范围内选出 100 个独具特色的民族村寨、100 位非物质文化遗产传承人、100 个影响重大的民族节日作为选择拍摄对象的标准。

这些非物质文化遗产纪录片不仅在国内播出，更在世界范围内播出，极大地扩展了受众群，增强了我国非物质文化遗产在国际上的知名度。虽然没有直接介绍生产性保护，但是也间接地为非物质文化遗产生产性保护的实践奠定了一定的基础。

（三）生产性保护示范基地现状

为了进一步深化对非物质文化遗产生产性保护这一保护方式的利用，文化部办公厅于 2011 年 10 月 31 日发出《关于开展国家级非物质文化遗产生产性保护示范基地建设的通知》。通过非物质文化遗产生产性保护示范基地的示范、带动作用，积极探索和总结生产性保护示范基地的做法和经验，为满足人民群众日益增长的精神文化需求，为弘扬中华优秀传统文化作出更大贡献。同时，公布了第一批国家级非物质文化遗产生产性保护示范基地，包括北京景泰蓝制作技艺、河北衡水内画、山西老陈醋酿制技艺等，涉及 41 个项目企业或单位（附表 1）。2014 年 5 月 16 日，文化部再次公布了第二批 59 个国家级非物质文化遗产生产性保护示范基地（附表 2）。非物质文化遗产生产性保护示范基地主要分为三类：第一类是传统技艺，共 56 项；第二类是传统美术，共 36 项；第三类是传统医药，共 8 项。由于非物质文化遗产是在实际的生产过程中进行的，特别是传统技艺类项目在生产、流通、传播过程中必然带有消费和商业成分，具有一定的经济价值，所以非物质文化遗产生产性保护示范基地是以公司的形式出现的，其中，有些生产性保护示范基地与代表性传承人有紧密联系，也有些生产性保护示范基地与代表性传承人联系不是那么密切。

比如，传统美术类别的热贡艺术确立了两个国家级非物质文化遗产生产性保护示范基地：一是青海黄南州热贡画院，二是四川康定大吉香巴拉文化发展有限公司。其中，青海黄南州热贡画院就是与代表性传承人有紧密联系的生产性保护示范基地，院长娘本既是国家级代表性传承人，又是国家级非物质文化遗产生产性保护示范基地负责人。热贡艺术发祥于青海省黄南藏族自治州同仁县隆务河畔的热贡，热贡艺术在它产生至今的几百年历史中，经过提炼、发展，逐渐成为我国藏传佛教艺术的重要流派。数百年来，在热贡地区有大批艺人从事这种独具一格的民族艺术创作。热贡艺术作品灵动的艺术造型、精致细腻的工笔，一直受到国内外爱好者的广泛收藏。热贡艺术淳朴的画风、恰到好处的色彩运用、惟妙惟肖的神态刻画，彰显了藏族人民勤劳的智慧和灿烂的文化，是中国文化艺术宝库中极为珍贵的艺术精品。青海黄南州热贡画院保存了明清时期老唐卡 103 幅，国家级、省级工艺美术大师及唐卡大师、民间杰出艺人的唐卡作品632幅。青海黄南州热贡画院积极参加国家调演、展览活动：2009年2月，在北京参加了“中国非物质文化遗产传统技艺大展”；2010年8月23—25日，在中国青海省黄南藏族自治州同仁县隆务镇举办了第三届青海国际唐卡艺术与文化遗产博览会暨热贡唐卡（世界非物质文化遗产）博览会。青海黄南州热贡画院被设立为国家级非物质文化遗产生产性保护示范基地以来，黄南藏族自治州政府制定了《黄南藏族自治州非物质文化遗产保护条例》《热贡文化生态保护区总体规划》。对热贡艺术进行了普查工作，为热贡艺人建立和完善了档案。在黄南藏族自治州政府的大力支持下，青海黄南州热贡画院建立了自己的颜料室，坚持使用纯天然矿物原料；同时设立了研究室，恢复了珍珠唐卡、皮绣唐卡等藏传佛教工艺中失传已久的技艺；还打破了以往“传内不传外”的习俗，娘本共收徒63人，其中包括孤儿、贫困学生及专业美术院校学生。画院采用“公司+农户”的经营模式，签约600余位唐卡艺人，每年创作唐卡3000余幅。作为国家级非物质文化遗产生产性保护示范基地，青海黄南州热贡画院坚持非物质文化遗产的本真性、完整性及核心技艺的保护与传承，积极开展热贡艺术的抢救与保护，为国家级非物质文化遗产生产性方式保护发挥了示范、带动作用。

在传统美术类别中，作为国家级非物质文化遗产生产性保护示范基地的浙江省东阳市陆光正创作室也是与代表性传承人有紧密联系的生产性保护示范基地。东阳木雕在海内外都有极高的知名度，现在已发展到七大类3600多个品种。从事木雕生产的企业达140余家，家庭作坊2000余家，木雕从业人员两万多人，年产值高达20多亿元。中国工艺美术大师陆光正是第一批国家级非物质文化遗产项目代表性传承人，他在1997年创立了东阳市陆光正创作室，陆光正创作室极大地提高了木雕市场的档次及其在行业内的影响力、号召力，2011年被确立为国家级非物质文化遗产生产性保护示范基地。作为国家级非物质文化遗产生产性保护示范基地，东阳市陆光正创作室集教育、科研、实习、生产于一体，专注培养东阳木雕精英人才，先后培养出9名省级工艺美术大师，同时还是浙江广厦建设职业技术学院木雕系实习基地。创作室将陆续成立博物馆、木雕档案馆，收集、发掘、整理和保存木雕史料和珍品。

在传统技艺类别中的国家级非物质文化遗产生产性保护示范基地海南锦绣织贝

左·润方言女子服饰（局部）
右·美孚方言女子服饰（局部）

实业有限公司，是黎族传统纺染织绣技艺的生产性保护示范基地，建立了以省级非物质文化遗产代表性传承人王秀丽为主的传承机制。多年来与政府联合，在海南省东方市、五指山市、琼中县、保亭县举办黎锦技艺培训班，培养了传承人3000余人，其中技术较为精湛的传承人60人。2008年在海南省图书馆设立“黎锦坊”文化艺术展示厅，其后成立海南锦绣织贝黎锦博物馆、琼中黎苗文化生态博物馆，并在琼中县、五指山市等地设立黎锦展示馆。多年来，聘请专家学者对黎锦文化进行调研，拍摄照片、收集资料、征集实物。现已建立了黎锦文化资料档案，抢救性收集各类实物千余件。这个国家级非物质文化遗产生产性保护示范基地还在琼中黎苗族自治县农业生产园种植见血封喉树、构树、厚皮树等树皮面料植物，种植木棉、海乌棉、火索麻等纺纱植物，还种植姜黄、假蓝靛、乌墨木等染色植物，坚持使用这些原材料进行传统手工技艺生产，坚持传承与生产并举。

海南合田旅业有限公司是传统纺染织绣技艺的另一家国家级非物质文化遗产生产性保护示范基地。该生产性保护示范基地的特点是结合发展文化旅游、民俗节庆活动等开展生产性保护。海南合田旅业有限公司主要经营以黎族风俗及黎锦文化游为主的槟榔谷旅游区，在景区内设有“黎锦坊”和“非物质文化遗产展览馆”，收藏有黎族传统纺染织绣技艺使用的原料、工具及绣品、服饰等藏品，其中以数条“龙被”最能代表黎锦的最高工艺。同时，景区内聘请具有黎族“活化石”之称的“纹身阿婆”做黎锦纺、绣现场展示。

衡水内画有两个做得比较成功的国家级非物质文化遗产生产性保护示范基地。内画鼻烟壶是在鼻烟壶内壁上进行绘画的手工技艺，是中国汉族特有的传统手工艺品。内画鼻烟壶制作始于清朝嘉庆年间，已有近二百年的历史。这种精湛的技艺水平和不朽的艺术价值，充分体现了工艺美术大师卓越的艺术才能和杰出的艺术创造力，是汉族民间艺术殿堂中令人瞠目的艺术奇葩，是中国非物质文化遗产中一颗璀璨的明珠。内画鼻烟壶有四大流派：“京派”“冀派”“鲁派”“粤派”。北京是内画鼻烟壶的发祥地，清末民初时期叶派创始人叶仲三是“京派”和“冀派”内画鼻烟壶的创始人。叶仲三的孙女叶淑英大师是当今叶派内画唯一的嫡传人，京派内画目前面临着后继无人的现状。河北衡水、饶阳两地是“冀派”内画画工云集之地，衡水市于1993年被文化部授予“内画艺术之乡”。2006年，“衡水内画”被列入第一批国家级非物质文化遗产代表性名录。2011年8月，衡水习三内画艺术有限公司被列入第一批国家级非物质文化遗产生产性保护示范基地。这个基地现有40多名中高级工艺师，内画鼻烟壶是公司的主打产品。公司十分注重生产、开发、销售过程，一年的主营业务收入达1274万元。1996年创办了习三工艺美术中等专业学校，已陆续培养出了2000多名内画毕业生。还投资创建了为宣传、展示内画艺术的中国内画艺术之乡展览馆。

另一家专业生产内画鼻烟壶的企业是衡水一壶斋工艺品有限公司，它被列入第二批国家级非物质文化遗产生产性保护示范基地名单；在饶阳、阜城、景县等地已培养出了3000多名内画人才，还招收了100多名身有残疾的学员和下岗职工。为了使内画艺术走进大学课堂，衡水一壶斋工艺品有限公司还在河北科技大学挂牌成立了“中国冀派内画艺术中心”。

如今在京、鲁、冀、粤四大内画流派中，衡水内画独占鳌头。这两个国家级非物质文化遗产生产性保护示范基地不仅为内画鼻烟壶的保护和传承作出了很大的贡献，而且还成了衡水内画人才荟萃和培养以及作品展示、收藏、汇集的交流基地。

左·赛方言女子服饰
右·哈方言女子服饰

三、非物质文化遗产生产性保护工作中的问题与对策

（一）生产性保护面对的现实挑战

通过生产性这种方式来保护非物质文化遗产，旨在培养一大批踏踏实实传承又具有开阔视野的非物质文化遗产传承人，促进非物质文化遗产“自我造血”的能力，走上可持续发展的道路，使非物质文化遗产更加贴近人民群众的生活，更好地宣传和弘扬中华民族优秀传统文化。同时，生产性保护作为一种新的保护方式，在非物质文化遗产保护的实践和探索过程中，取得了很多成绩，也积累了不少经验。

首先，非物质文化遗产的保护要解决的问题之一就是传承的问题，解决传承问题就要先解决传承人的问题，生产性保护对传承人培养起到了重要的作用。非物质文化遗产生产性保护示范基地在传承人的培养方面确实起到示范的作用，通过非物质文化遗产生产性保护示范基地培养出了一大批传承人。其中有一个现象值得注

上　·现场展示1
下左·现场展示2
下右·使用纺织工具细节

麒麟双龙双凤图龙被（局部）

意，与非物质文化遗产代表性传承人结合比较紧密的非物质文化遗产生产性保护示范基地，在培养掌握复杂技艺的传承人、恢复失传技艺等方面有很大的优势。例如，青海黄南州热贡画院就培养出了桑吉本、仁青加等杰出人才，已成为传承热贡艺术的骨干，同时恢复了珍珠唐卡、皮绣唐卡等失传的技艺。而如果非物质文化遗产生产性保护基地与非物质文化遗产代表性传承人的联系不那么紧密，在培养杰出人才方面就会比较吃力。例如，海南锦绣织贝实业有限公司虽然也进行了 3000 余人次传承人的培养，在培养传承人方面起到了很好的效果，但是美中不足，没有培养出该项目的杰出人才，也没能恢复代表黎锦最高技艺的龙被制作技艺。可见培养杰出人才对于非物质文化遗产项目的重要性，因此，生产性保护单位与该项目的代表性传承人之间的紧密联系在该非物质文化遗产项目的保护与发展中起到了非常重要的作用。

其次，非物质文化遗产生产性保护是要在生产的过程中，使之活态地传承，不能单纯地为了生产而生产，要平衡“保护”和“生产”两者的关系。在实际的保护过程中，各方在理解生产性保护时，会出现比较重视“生产”，忽视“保护”的情况，这导致有些地方在推选非物质文化遗产生产性保护示范基地时，只是过分侧重于申报单位为拉动地方经济作出的贡献，有的还规定了硬性的经济指标作为申报的条件。在评审时考虑经济效益无可厚非，但是只重视经济，关注申报单位每年的利税或者申报单位的规模大小，忽视社会效益、忽视非物质文化遗产的保护需要可持续的发展，是有失偏颇的。这样会导致申报单位被评为省级或国家级非物质文化遗产生产性保护示范基地后，错误地认为自己能够被评上的重要原因不是为非物质文化遗产保护作了多少贡献、起了多大的示范作用，而是因为带动了地方的经济发展；申报成功后的工作重点不是培养了多少传承人、为保护该项目做了多少工作。其最终导致的是企业为了自身的利益不愿意投入资金和时间去研究生产性保护项目精深的技艺、培养身怀绝技的传承人，甚至连掌握一般技能的传承人也不愿意培养，从而造成生产性保护项目的形式单一化、技术简单化。

上文提到的黎族传统纺染织绣技艺是黎族人民代代相传的宝贵技艺，分成“纺”“染”“织”“绣”四部分内容。它有一个突出的特点，即遍布在海南省的黎族人民分为“哈”“赛”“杞”“美孚”“润”5个方言区，不同的方言区会使用不同的图案作为自己村寨服饰的标志性图案，区分不同织绣技艺的黎锦服饰。不同的图案和织绣技艺在不同的寨子内代代相传，形成了非富多彩的黎族传统纺染织绣技艺。而在以公司性质的非物质文化遗产生产性保护示范基地为主体的保护过程中，公司为了产品更符合购买群体的接受性，会把不同分支的图案杂糅到一起，重新进行设计。在制作的过程中，虽然使用了传统的原材料及织造工艺进行手工制作，但是考虑到制作周期和成品率的问题，往往只使用最简单的织造技巧。这种行为虽然起到了宣传黎族传统纺染织绣技艺、培训更多传承人，从而推动黎族传统锦传承发展的作用；但是这些较为粗糙、简单、技术含量不高的黎锦产品，远远不能体现和继承黎族传统纺染织绣技艺的多样性，在复杂程度和精美程度上都有一定的缺失，客观上造成了黎族传统纺染织绣技艺单一化、简单化。

再次，承载着非物质文化遗产的实物或工艺品常被单纯当作商品明码标价，通过市场销售、流通。而承载着非物质文化遗产的实物或工艺品具有经济和文化双重属性，不应只重视、发掘经济价值的部分，而忽视保护非物质文化遗产人文部分。对非物质文化遗产采取生产性保护时要重视非物质文化遗产中非商业的普遍性。大部分生产性保护项目分布在经济欠发达的少数民族地区，有着独特的生态环境。例如，在黎族传统生活方式中，黎锦制品不是以商品的形式出现，制作者在为别人制作黎锦的衣服或物品的时候，不会收取财物，使用者也只需要象征性地给制作者赠送一些生活用品。剪纸类的生产性保护项目，其大多数的剪纸作品也是以家庭自用的形式出现，很少作为商品贩卖。唐卡作品更是不会简单作为商品出售，画师多会以把作品赠送给寺庙为荣。很多非物质文化遗产的存在和传播并非以“产品与服务”的形式存在，也正是由于这些非“产品与服务”的存在，才形成了文化的多样性，这也是保护非物质文化遗产的目的之所在。

最后，在交流和传播方面也存在一些问题。对理解如何积极开展非物质文化遗产宣传、教育、展示、展演和出版等方面时，政府及非物质文化遗产生产性保护示范基地也存在一些理解上的偏颇。在保护非物质文化遗产时，单纯强调交流和展示的重要性，夸大了交流的价值，忽视了交流带来的潜在影响。

很多生产性保护项目都是少数民族的项目，这些项目是在一种封闭或半封闭的环境中，根据民族和地区自身的风俗、信仰孕育而生的。近年来随着现代化和市场经济的发展，在大幅度地发展我国经济的同时，也带来了地方经济发展的不平衡。少数民族地区的经济总体上滞后，经济上的失衡加之信息和传播技术飞速发展，会造成经济滞后的民族对本民族文化产生怀疑和否定。而过分的交流和展示之后，经济的滞后很有可能带来的是商业化的冲击，破坏原有的生态环境。对自身文化产生怀疑和否定，会使该民族自觉或不自觉地学习和模仿经济发达地区的文化及其表现形式，会使生产性保护项目从表现形式到生产、传播、销售、消费模式的同质化，反而对非物质文化遗产的文化多样性造成破坏。

（二）生产性保护的进一步深化

非物质文化遗产生产性保护的理论与实践从提出到实施已历经十年有余。十多年来，我们对生产性保护经历了艰难的理论探讨和艰辛的实践探索，虽然取得了丰硕的成果，但依然困难重重。这就需要我们在认真总结经验的基础上，在理论层面和实践方面对非物质文化遗产生产性保护进行对策性研究。

在理论层面上，第一，我们还要对非物质文化遗产生产性保护意义继续加深认识。联合国教科文组织颁布的《保护非物质文化遗产公约》和《保护和促进文化表现形式多样化公约》提出人类非物质文化遗产保护的意义旨在保护和促进世界文化的多样性。其实，这个意义是不言自明的。20 世纪 90 年代提出的全球经济一体化，实际上是全球经济、文化的美国化。美国借助强势的经济、军事实力，把自己的文化推向全球，影响其他民族的文化认同。最早反对美国化的声音不是来自第三世界，而是来自同属于西方文明的法国。2003 年，法国总统提出联合国应出台保护文化多样性的国际公约，这也表明法国那时就意识到保护世界文化多样性对于一个国家、一个民族有多么重要。当然，联合国教科文组织在此之前对于世界文化多样化做了不少工作。早在 2001 年，联合国教科文组织第 31 届会议就通过了《教科文组织世界文化多样性宣言》，保护人类文明的多样性成为全球共同的目的。2003 年，联合国教科文组织正式颁布了《保护非物质文化遗产公约》。随后在 2004 年，联合国教科文组织又出台了《保护文化内容和艺术表现形式多样性公约草案》的附件 2，在部分文化政策的清单中，指出保护文化多样性文化政策的主要目标之一是保存和保护物质及非物质文化遗产。非物质文化遗产是文化多样性的一种具体表现，也可以这样说：保护非物质文化遗产就是保护世界文化多样性。《保护非物质文化遗产公约》《保护和促进文化表现形式多样化公约》，这两份公约最终都是为了保护世界文化的多样性。

“文化多样性不仅体现在人类文化遗产通过丰富多彩的文化表现形式来表达、弘扬和传承的多种方式，也体现在借助各种方式和技术进行的艺术创造、生产、传播、销售和消费的多种方式。”[18] 非物质文化遗产生产性保护是非物质文化遗产保护自我生存的一种手段。生产性保护这种方式显然能使丰富多彩的文化表现形式得到表达、弘扬和传承，能有多种方式实现艺术创造、生产、传播、销售和消费，它的根本目的是更好地、更有效地传承和保护我国非物质文化遗产，最终目标是保护和促进世界文化多样性。在非物质文化遗产生产性保护的实际操作过程中，必须正确理解非物质文化遗产生产性保护的概念，明确了概念才能正确认识保护的意义，这是做好非物质文化遗产生产性保护的首要对策。

第二，我们要加强非物质文化遗产生产性保护的理论研究。世界文化多样化的意义是建立在文化差异性的现实基础上的。这是因为各民族之间存在不同的经济、政治、历史、地理等多种因素，这些因素决定着各民族文化之间的差异。由于各个民族都有自己的文化特色和个性特征，因而我们经常说文化是民族的。由于世界各民族的社会实践有一定的共性和普遍规律，在这样的社会实践中产生和发展的民族文化也有一定的共性和普遍规律。由于各民族文化都是世界文化中不可缺少的色彩，所以我们通常又说文化是世界的。由于文化差异性取决于各国家、地区、民族的历史性的生产生活方式与其民族习惯，正是这些差异性支撑着各民族社会生产生活发展的基本条件，也是民族生存体系的核心价值之所在。我国民族众多，各地区、各民族文化也存在着很大的差异性，而要想维护各地区、各民族文化的差异性，还得从生产方式这个基础层面寻求对策。

现代大工业的生产方式追求的是资本的增值和利润的最大化。为了确保资本投入的一次性和准确性，以便产生极大的生产效率和最大的经济效益，“标准化”“规模化”“产业化”是大工业生产方式最基本的技术要求。而文化是有个性又各具特色的，文化的这种差异性显然是要被现代大工业生产方式的核心价值观和基本技术力量排除并竭力消除的。非物质文化遗产生产性方式首先要保护和传承非物质文化遗产项目的手工技艺传统生产方式，如果非物质文化遗产生产性方式保护也倚重现代大工业生产方式去生产，那么文化差异性肯定也就荡然无存了。所以从这个意义上来说，非物质文化遗产生产性保护的目的就是维护文化的差异性。因此从理论上来说，维护文化的差异性是非物质文化遗产生产性保护的一个重要对策。

在实践方面，我们也要采取一些行之有效的对策。生产性方式保护不仅要在真实、完整的基础上保护和传承非物质文化遗产项目的传统工艺流程、核心技艺，还要在相关的习俗，包括行业相关的传说、祭祀行业性活动、拜师仪式和约束师徒关系的习俗，以及生产和销售过程中、自然形成的禁忌和规矩等方面实行全面的保护。首先，从非物质文化遗产生产性保护示范基地的相关事例中，我们看到保护单位要与代表性传承人紧密结合，最好还能够和科研机构、大专院校等多方面力量协同合作。科研机构、大专院校从理论上丰富和完善相关项目的基础理论及教育教学书籍的编写；通过整理史料和采用先进技术，结合传承人恢复已失传的技艺；通过开设的传习所培训大量掌握一般技能的传承人以及通过代表性传承人以授徒的方式培养杰出人才；通过保护单位建立的公司企业把承载着非物质文化遗产的实物或工艺品转化为经济效益，为培养传承人提供相应的资金。从教育、培训、科研、生产、销售多个角度共同努力，才能使非物质文化遗产生产性保护项目走上良性的、可持续的发展道路。

其次，结合展示、旅游等手段通过生产性保护的方式来保护非物质文化遗产。一方面，开展旅游业相当于强制性地打开了该地区或民族原有的封闭或半封闭环境，经济发达地区的外来文化的涌入必然会对经济相对落后的本地文化造成冲击。带来的结果很可能是本地年轻人受到强势的外来文化冲击，从而出现外出打工潮。打工潮的出现，带来的是年轻一代对本地区及民族的文化产生怀疑或否定，这必然会影响到非物质文化遗产的传承，也就出现了老一辈传承人口中经常说的“学手艺不挣钱，年轻人都去打工了，没人学了”这种情况。出现这样的情况，也不需要对生产性保护持悲观或者否定的态度，这是经济发展或者说现代化带来的不可避免的必然现象。与非物质文化遗产保护相关的单位要做好收集、整理一切相关的图文音视频资料工作，协助教育部门对年轻一代进行本民族语言、文化、价值观、哲学的教育，同时利用生产性保护拉动经济增长，恢复当地人对本地区或民族的文化认同感，这样才能真正地保护非物质文化遗产的本真性。

保护非物质文化遗产是一项长期的、复杂的、艰苦的工作，需要一代代人不断的努力和持之以恒的实践。非物质文化遗产生产性保护是我国对非物质文化遗产保护独辟蹊径的、创造性的和具有开拓性的保护方式。在坚持保护非物质文化遗产的“本真性”“完整性”的同时，也引入了“生产”，使非物质文化遗产有了“造血功能”。这种活态的传承为非物质文化遗产输入了新鲜血液，推动和促进了非物质文化遗产的生存基础，维护和活跃了生命力。从“生产性方式保护”概念的提出迄今已有十个年头，生产性保护对于非物质文化遗产保护的意义和效果也是有目共睹的。不管从保护非物质文化遗产的角度还是从保护人类文化多样性的角度，生产性保护都对延续丰富多样的人类文明、活态传承人类非物质文化遗产起到了它应有的作用，作出了它积极的贡献。我们也应该看到生产性保护方式还在持续实践中，它需要不断的探索和完善。具体来说，在保护的过程中不能让非物质文化遗产成为一种表演，不能让非物质文化遗产成为纯粹的商品，更不能不做区分地进行产业化和规模化，而成因往往都是被经济利益所驱动。我们在认识生产性保护、认识非物质文化遗产的时候，首先应考虑如何保护文化效益，而不是如何开发经济效益。这就需要从根本上认识到非物质文化遗产是一种经济与文化的结合体，是文化软实力的最好体现。当然我们也不能因为生产性保护工作中出现一些问题，就矫枉过正或弃之不用。如非物质文化遗产中传统手工技艺、传统中医药中的炮制技艺，在当今时代的现实生活中确实面临着生存的困境、延续的脆弱性和后继无人的濒危境况；因此，我们要通过生产性保护示范基地这个点，注重生产、开发、科研、教育同步进行，多方面同步进行就意味着一个项目的生产性保护示范基地可以由多个单位组成，每个单位发挥自己在不同领域的特长，从而达到更好的效果。同时，只有更深刻地理解生产性保护的意义，才能更好地运用生产性保护这种手段去保护非物质文化遗产。

附表 1　第一批国家级非物质文化遗产生产性保护示范基地名单

（涉及 41 个项目企业或单位，39 项国家级名录项目）

序号	省份	企业或单位名称	项目类别	项目名称
1	北京	北京市珐琅厂有限责任公司	传统技艺	景泰蓝制作技艺
2	北京	北京市内联升鞋业有限公司	传统技艺	内联升千层底布鞋制作技艺
3	北京	北京市荣宝斋	传统技艺	木版水印技艺、装裱修复技艺
4	河北	河北省衡水习三内画艺术有限公司	传统美术	衡水内画
5	河北	河北省曲阳宏州石业集团有限公司	传统美术	曲阳石雕
6	山西	山西老陈醋集团有限公司	传统技艺	老陈醋酿制技艺 （美和居老陈醋酿制技艺）
7	江苏	江苏省扬州玉器厂	传统美术	扬州玉雕
8	江苏	江苏省宜兴紫砂工艺厂	传统技艺	宜兴紫砂陶制作技艺
9	江苏	江苏省南京云锦研究所有限公司	传统技艺	南京云锦木机妆花手工织造技艺
10	浙江	浙江省东阳市陆光正创作室	传统美术	东阳木雕
11	浙江	浙江省青田县二轻工业总公司	传统美术	青田石雕
12	安徽	安徽省绩溪胡开文墨业有限公司	传统技艺	徽墨制作技艺

（续表）

序号	省份	企业或单位名称	项目类别	项目名称
13	安徽	中国宣纸集团	传统技艺	宣纸制作技艺
14	福建	福建海峡寿山石文化研究院	传统美术	寿山石雕
15	江西	江西省景德镇佳洋陶瓷有限公司	传统技艺	景德镇手工制瓷技艺
16	江西	江西省景德镇古窑瓷厂	传统技艺	景德镇手工制瓷技艺
17	江西	江西省含珠实业有限公司	传统技艺	铅山连四纸制作技艺
18	山东	山东省东阿阿胶股份有限公司	传统医药	中医传统制剂方法 （东阿阿胶制作技艺）
19	河南	河南省禹州市杨志钧窑有限公司	传统技艺	钧瓷烧制技艺
20	河南	河南省禹州市星航钧瓷有限公司	传统技艺	钧瓷烧制技艺
21	湖南	湖南省龙山县苗儿滩镇捞车河村 土家织锦技艺传习所	传统技艺	土家族织锦技艺
22	湖南	湖南省怀化市通道侗族自治县 呀啰耶侗锦织艺发展有限公司	传统技艺	侗锦织造技艺
23	广东	广东省潮州市艺葩木雕厂	传统美术	潮州木雕
24	广东	广东省佛山市新石湾美术陶瓷厂有限公司	传统技艺	石湾陶塑技艺
25	广西	广西壮族自治区靖西县壮锦厂	传统技艺	壮族织锦技艺
26	四川	四川省成都蜀锦织绣有限责任公司	传统技艺	蜀锦织造技艺
27	四川	四川省绵竹年画社	传统美术	绵竹木版年画
28	四川	四川省雅安市友谊茶叶有限公司	传统技艺	黑茶制作技艺 （南路边茶制作技艺）
29	贵州	贵州省丹寨县石桥黔山古法造纸专业合作社	传统技艺	皮纸制作技艺
30	云南	云南省红河哈尼族彝族自治州 建水县贝山陶庄文化产业有限公司	传统技艺	陶器烧制技艺 （建水紫陶烧制技艺）
31	云南	云南省普洱市宁洱县困鹿山贡技茶场	传统技艺	普洱茶制作技艺 （贡茶制作技艺）
32	西藏	西藏自治区江孜地毯厂	传统技艺	藏族卡垫织造技艺
33	西藏	西藏自治区藏药厂	传统医药	藏医药 （藏药七十味珍珠丸配伍技艺）
34	陕西	陕西省凤翔县新明民俗文化传承有限公司	传统美术	泥塑（凤翔泥塑）
35	陕西	陕西省西安大唐西市文化发展有限公司	传统美术	民间绣活（西秦刺绣）
36	甘肃	甘肃省环县道情皮影保护中心（皮影雕刻）	传统美术	皮影戏（环县道情皮影戏）

（续表）

序号	省份	企业或单位名称	项目类别	项目名称
37	甘肃	甘肃省庆阳祁黄文化传播有限公司	传统美术	庆阳香包绣制
38	青海	青海黄南州热贡画院	传统美术	热贡艺术
39	青海	青海省互助土族文化传播有限公司	传统美术	土族盘绣
40	青海	青海省海湖藏毯有限公司	传统技艺	加牙藏族织毯技艺
41	新疆	新疆维吾尔自治区疏附县吾库萨克乡热合曼·阿布都拉传习所	传统技艺	民族乐器制作技艺（维吾尔族乐器制作技艺）

附表2 第二批国家级非物质文化遗产生产性保护示范基地名单

（59家企业或单位）

序号	省份	企业或单位名称	项目类别	项目名称
1	北京	中国北京同仁堂（集团）有限责任公司	传统医药	同仁堂中医药文化（传统中药材炮制技艺）
2	天津	天津杨柳青画社	传统美术	杨柳青木版年画
3	河北	峰峰矿区大家陶艺有限责任公司	传统技艺	磁州窑烧制技艺
4	河北	衡水一壶斋工艺品有限公司	传统美术	衡水内画
5	河北	大厂回族自治县良盛达花丝镶嵌特艺有限公司	传统技艺	花丝镶嵌制作技艺
6	山西	山西广誉远国药有限公司	传统医药	中医传统制剂方法（龟龄集传统制作技艺、定坤丹制作技艺）
7	山西	稷山赵氏四味坊传统面点传习中心	传统技艺	传统面食制作技艺（稷山传统面点制作技艺）
8	内蒙古	阿拉善左旗恒瑞翔地毯有限责任公司	传统技艺	地毯织造技艺（阿拉善地毯织造技艺）
9	辽宁	阜新市细河区珏艺轩玛瑙素活制品厂	传统美术	阜新玛瑙雕
10	吉林	延吉市民族乐器研究所	传统技艺	民族乐器制作技艺（朝鲜族民族乐器制作技艺）
11	黑龙江	哈尔滨市群力新区文化产业发展中心	传统美术	剪纸（方正剪纸）
12	上海	上海周虎臣曹素功笔墨有限公司	传统技艺	毛笔制作技艺（周虎臣毛笔制作技艺）徽墨制作技艺（曹素功墨锭制作技艺）
13	上海	上海朵云轩艺术发展有限公司	传统技艺	木版水印技艺
14	江苏	苏州镇湖刺绣艺术馆有限公司	传统美术	苏绣
15	江苏	扬州广陵古籍刻印社	传统技艺	雕版印刷技艺
16	浙江	杭州王星记扇业有限公司	传统技艺	制扇技艺（王星记扇）
17	浙江	湖州市善琏湖笔厂	传统技艺	湖笔制作技艺
18	浙江	金星铜集团有限公司	传统技艺	铜雕技艺

（续表）

序号	省份	企业或单位名称	项目类别	项目名称
19	安徽	黄山徽州竹艺轩雕刻有限公司	传统美术	徽州三雕
20	福建	福建省德化县宏益陶瓷雕塑研究所	传统技艺	德化瓷烧制技艺
21	福建	厦门惟艺漆线雕艺术有限公司	传统技艺	厦门漆线雕技艺
22	福建	莆田市善艺李氏工艺有限公司	传统美术	木雕（莆田木雕）
23	江西	江西婺源朱子实业有限公司	传统技艺	歙砚制作技艺
24	山东	鄄城县鲁锦工艺品有限责任公司	传统技艺	鲁锦织造技艺
25	山东	潍坊杨家埠民俗艺术有限公司	传统技艺	风筝制作技艺（潍坊风筝）
			传统美术	杨家埠木版年画
26	河南	洛阳九朝文物复制品有限公司	传统技艺	唐三彩烧制技艺
27	河南	开封市素花宋绣工艺有限公司	传统美术	汴绣
28	河南	汝州市朱文立汝瓷艺术有限公司	传统技艺	汝瓷烧制技艺
29	湖北	武汉高龙城投资管理有限公司	传统美术	木雕（武汉木雕船模）
30	湖北	孝感天仙雕花剪纸有限公司	传统美术	剪纸（孝感雕花剪纸）
31	湖北	夏氏丹药制作基地（夏大中）	传统医药	中医传统制剂方法（夏氏丹药制作技艺）
32	湖北	荆州市唯楚木艺有限公司	传统技艺	漆器髹饰技艺（楚式漆器髹饰技艺）
33	湖北	黄梅巾帼挑花工艺有限公司	传统美术	挑花（黄梅挑花）
34	湖南	湖南省湘绣研究所	传统美术	湘绣
35	湖南	醴陵陈扬龙釉下五彩瓷艺术中心	传统技艺	醴陵釉下五彩瓷烧制技艺
36	广东	潮州市潮绣研究所	传统美术	粤绣（潮绣）
37	广东	肇庆市端州区华兴端砚厂	传统技艺	端砚制作技艺
38	海南	海南合田旅业有限公司	传统技艺	黎族传统纺染织绣技艺
39	海南	海南锦绣织贝实业有限公司	传统技艺	黎族传统纺染织绣技艺
40	广西	广西钦州坭兴陶艺有限公司	传统技艺	陶器烧制技艺（钦州坭兴陶烧制技艺）
41	重庆	重庆市永川豆豉食品有限公司	传统技艺	豆豉酿制技艺（永川豆豉酿制技艺）
42	四川	康定大吉香巴拉文化发展有限公司	传统美术	藏族唐卡（噶玛嘎孜画派）
43	四川	凉山彝族自治州民政民族工艺厂	传统技艺	彝族漆器髹饰技艺
44	四川	四川省青神县云华竹旅有限公司	传统美术	竹编（青神竹编）
45	四川	汶川杨华珍藏羌织绣文化传播有限公司	传统美术	藏族编织、挑花刺绣工艺羌族刺绣
46	贵州	台江芳佤银饰刺绣有限公司	传统美术	苗绣
47	贵州	贵州丹寨宁航蜡染有限公司	传统技艺	苗族蜡染技艺

（续表）

序号	省份	企业或单位名称	项目类别	项目名称
48	云南	剑川县兴艺古典木雕家具厂	传统美术	木雕（剑川木雕）
49		大理市周城璞真综艺染坊	传统技艺	白族扎染技艺
50	西藏	拉萨市城关区古艺建筑美术公司	传统技艺	藏族矿植物颜料制作技艺
51		西藏唐卡画院	传统美术	藏族唐卡（勉萨画派）
52	青海	金诃藏药药业股份有限公司	传统医药	藏医药
53		囊谦藏族民间黑陶工艺有限责任公司	传统技艺	陶器烧制技艺（藏族黑陶烧制技艺）
54	陕西	铜川市印台区陈炉镇民间工艺瓷厂	传统技艺	耀州窑陶瓷烧制技艺
55	甘肃	夏河县拉扑楞摩尼宝藏族文化艺术有限公司	传统美术	藏族唐卡（甘南藏族唐卡）
56	宁夏	宁夏隆德杨氏彩塑文物艺术有限公司	传统美术	泥塑（杨氏家庭泥塑）
57	新疆	和田托提瓦柯桑皮纸国家贸易有限公司	传统技艺	维吾尔族桑皮纸制作技艺
58		洛浦县时代地毯厂	传统技艺	地毯织造技艺（维吾尔族地毯织造技艺）
59	新疆兵团	新疆生产建设兵团农业建设第六师红旗农场	传统美术	哈萨克毡绣和布绣

注释

① 王文章．非物质文化遗产概论[M]．北京：文化艺术出版社，2006：30.

② 王文章．非物质文化遗产概论[M]．北京：文化艺术出版社，2006：30.

③ 王文章．非物质文化遗产概论[M]．北京：文化艺术出版社，2006：30.

④ 非物质文化遗产生产性方式保护论坛开幕[N]．中国文化报，2009-02-12.

⑤ 非物质文化遗产生产性方式保护论坛开幕[N]．中国文化报，2009-02-12.

⑥ 非物质文化遗产生产性保护暨第三届苏州论坛开幕[N]．中国文化报，2009-09-13.

⑦ 生产性保护是非遗传承的重要途径[N]．中国文化报，2009-06-19.

⑧ 联合国教科文组织保护世界文化公约选编[M]．北京：法律出版社，2006：4.

⑨ 乌丙安．中国民俗学[M]．沈阳：辽宁大学出版社，1985：36-37.

⑩ 周和平．传统技艺生产性保护大有可为[N]．经济日报，2009-02-15.

⑪ 吕品田．让传统技艺活在当下[N]．人民日报，2009-02-20.

⑫ 刘魁立．关于非物质文化遗产保护的若干理论反思[J]．民间文化论坛，2004（4）：51-54.

⑬ 文化部关于加强非物质文化遗产生产性保护的指导意见[N]．中国文化报，2012-02-27.

⑭ 李荣启．非物质文化遗产“生产性保护”的重要性与可行性[J]．美与时代（上旬），2014（9）：21-25.

⑮ 马盛德．非物质文化遗产生产性保护中的相关问题[J].艺术设计研究，2014（2）：73–75.

⑯ 王文章．非物质文化遗产概论[M].北京：文化艺术出版社，2013：368.

⑰ 李长春参观中国非物质文化遗产生产性保护成果大展[N].光明日报，2012–02–15.

⑱ 非遗生产性保护成果大展在京开幕[N].中国文化报，2012–02–6.

⑲ 联合国教科文组织保护世界文化公约选编[M].北京：法律出版社，2006：5.

参考文献

1 | 王文章．非物质文化遗产概论[M].北京：文化艺术出版社，2006.

2 | 联合国教科文组织保护世界文化公约选编[M]. 北京：法律出版社，2006.

3 | 乌丙安．中国民俗学[M].沈阳：辽宁大学出版社，1985.

4 | "生产性保护"让古老的技艺活起来[J].世界博览，2009（6）.

5 | 刘魁立．关于非物质文化遗产保护的若干理论反思[J].民间文化论坛，2004（4）.

6 | 李荣启．非物质文化遗产"生产性保护"的重要性与可行性[J].美与时代（上旬），2014（9）.

7 | 马盛德．非物质文化遗产生产性保护中的相关问题[J].艺术设计研究，2014（2）.

泉州花灯保护与传承情况调研报告

Investigation Report on the Protection and Inheritance of Quanzhou Lantern Situation

庄　莉

吕品田 | 指导教师

摘要

作为被列入第一批国家级非物质文化遗产名录的泉州花灯，起源于唐代，拥有悠久的历史。它集雕塑、绘画、书法和工艺美术于一身，以特色鲜明的刻纸、针刺和料丝镶装技艺区别于全国其他地区的花灯，富有文化和审美价值。然而，曾经繁盛的泉州花灯目前遇到了保护与传承的困境。在保护方面，泉州花灯面临文化空间明显萎缩、社会参与保护的意识不强与力度不足、有关研究欠缺等问题。在传承方面，泉州花灯存在从业人员尤其是制灯名师锐减、传承人老龄化严重、经济来源单一、后继乏人等问题。眼下，许多年轻人不愿学习这门“穷手艺”，就连花灯制作大师的子女，大多也不愿继承祖业，后继乏人已成为该项目的突出问题。鉴于此，笔者试图通过对泉州花灯的历史渊源及分布区域、分类及工艺特点、与社会生活的关系、保护与传承现状等情况的调查，从社会、传承人、政府等方面探寻破除困境的对策，以切实推进该项目的保护与传承工作。

关键词：泉州花灯；元宵灯会；保护；传承

Abstract

As was listed in the first batch of national intangible cultural heritage (representative) list, Quanzhou lantern has a long history, started from the Tang Dynasty. It combines sculpture, painting, calligraphy, arts and crafts in one, and the distinctive characteristics of engraved paper, needle and thread inserts material are different from other lanterns in rest of the country, has a rich cultural and aesthetic value. However, Quanzhou lantern is currently experiencing difficulties in many terms. In terms of protection, difficulties are the cultural space marked atrophy, awareness and social participation is insufficient protection, the lack of literature and so on. In terms of inheritance, difficulties are reduced teacher amount, aging problem of inheritors, the single source of income, and the lack of qualified successors. Right now, many young people are reluctant to learn this "poor workmanship" , even the children of Quanzhou lantern inheritors, most of them do not want to inherit the skills from his father. The lack of qualified successors has become the outstanding problems of the project. In view of this, the author tries to invest the Quanzhou lantern' s historical origin and distribution areas, the classify and craftwork characteristics, relations with social life, the protection and inheritance situations, etc. Explore strategies to effectively inherit and protect the project from society, inheritors and government level.

Keywords：Quanzhou Lantern；Lantern Festival；Protection；Inheritance

泉州花灯素以精美的工艺、华丽的色彩、丰富的造型而闻名。然而，曾经繁盛的泉州花灯，目前在保护与传承方面遇到了不少问题。鉴于此，2015年8月，笔者赴福建省泉州市针对泉州花灯的保护与传承情况开展了为期2周的调研，走访了6位传承人的花灯作坊及企业，采访了3位学徒、4位民间灯会组织者、5位文化主管部门负责人员、16位泉州花灯爱好者。此次调研从泉州花灯的历史渊源及分布区域、分类及工艺特点、与社会生活的关系、保护与传承现状等方面入手，采取了调查问卷、访谈口述、摄影、录音等方法，试图找出该项目当前的保护与传承中存在的问题，以探寻解决问题的对策。

一、泉州花灯概述

泉州花灯起源于唐代，盛于宋、元时期，一直延续至今[①]。它集雕塑、绘画、书法、工艺美术等多种艺术形式于一身，并以特色鲜明的刻纸、针刺和料丝镶装技艺区别于全国其他地区的花灯，极富文化和审美价值。花灯中的人物故事、山水风光、民俗风情丰富而生动，具有较高的文化价值。2006年，泉州花灯被列入第一批国家级非物质文化遗产名录[②]。

（一）泉州花灯简介

1. 历史渊源及分布区域

泉州花灯始于唐代，由中原传入。唐僖宗年间，河南固始人傅实以尚书左仆射衔带兵入闽。傅实入闽后驻于武荣（今泉州市南安市丰州镇），在桃源（今丰州镇桃源村）建唐王宫，每早按仪朝拜，元宵节也按长安城结灯仪式祝天子万年，后相沿成俗，年年如此。[③]

宋代靖康之变，皇室南迁，赵宋皇族的南外宗正司迁入并定居泉州。这些宗室成员带来了大批文人墨客、宫廷乐师、梨园名优、工艺巧匠。花灯作为烘托节日喜庆氛围的艺术品，其制作工艺进入了兴盛时期。宋代梁克家《三山志》载有“泉州花灯品种色色俱全，莲花灯、百花灯、琉璃灯……”[④]这说明当时泉州花灯的品种已十分丰富。

到了明代，泉州花灯制作的精湛技术已闻名遐迩。张岱所著《陶庵梦忆》曾有杭州抚台委托泉州府尹和南安知县雇人制作花灯的记载，并夸赞泉州花灯“穷工极巧，造灯十架，凡两年成”“虽纸灯亦十年不得坏”[⑤]。可见当时泉州花灯不但工艺精湛、质量上乘，而且流播甚广。

早期泉州花灯大多属于纸扎灯。明朝后期，随着泉州玻璃制造业的发展，“煮料抽丝”工艺逐渐成熟，工匠们把玻璃烧熔后抽成丝，即“料丝”，再将料丝按经纬顺序织绢、着色后，便制成精美的“料丝灯”。张岱在《陶庵梦忆》中写道：“灯皆贵重华美，珠灯料丝无论。”[⑥]到了清代，料丝灯已很流行。清代陈葆堂的《温陵岁时记》曾写道：“市人制灯出沽，或以五色纸，或以料丝，或以通草，作人物鱼虫，燃以宝炬。”

清朝末年，泉州刻纸大师李尧宝承继其父李九史的油彩画技艺和其兄李琦的刻纸工艺，融合古典图案纹样，独创了李尧宝刻纸，并把这种精湛的刻纸技艺应用到料丝灯的图案装饰上。他用165个纸制等边三角形组合成灯，镶上玻璃丝，创作出精美绝伦的刻纸料丝灯。

20世纪以来，泉州花灯制作的技艺水平逐步提高。“文革”时期，泉州花灯的发展进入了停滞期。改革开放后，泉州市政府为了弘扬民间优秀文化，于1978年举办了“文革”后首届花灯大展，极大地鼓舞了花灯艺人的制作热情。蔡炳汉创作了首盏针刺无骨灯，这种灯不用骨架，而是用制图纸裁成若干几何图形，用针在几何图形上刺出精美的图案，亮灯时，针孔图案便透出亮光，显得光彩夺目，玲珑剔透。

目前，泉州花灯的主要分布区域为泉州市鲤城区、丰泽区，以及与鲤城区相邻的南安市（泉州所辖县级市）丰州镇。辐射区域为泉州市所辖的洛江区、泉港区、石狮市、晋江市、南安市、惠安县、永春县、安溪县、德化县等。

2．造型、分类及工艺特点

泉州花灯的造型大多源于闽南传统建筑，如塔、亭、楼等。泉州花灯的题材富有地方特色，取材于闽南民间文学、传统舞蹈、传统戏剧及民俗。

其造型整体紧凑，简约玲珑，比例协调，收放自然。花灯设计遵循内容与形式

陈晓萍作品《古厝灯影灯》

相统一的原则，往往通过体量形制的大小、方圆，线条的曲直、长短变化以及灯火明灭、组合、收放等造型处理或效果处理，体现作品的韵味和意蕴，以达到实用与审美的完美结合。泉州花灯的色彩借鉴了当地庙宇、民居的外观颜色，多用大红、大绿等浓烈的色彩表现形式。

泉州花灯为手工制作，有工艺和形制两种分类方式。工艺分类是按花灯制作技艺来归类，它涉及花灯相互区别的基本属性和特征，主要有四大类：纸扎类（纸扎灯）、刻纸类（刻纸无骨灯、刻纸料丝灯）、针刺类（针刺无骨灯）、锡雕类（锡雕灯）。所谓形制分类是指花灯的基本形态及张挂方式，可分为四大类：座灯（包括鳌山灯、排楼灯）、水灯、挂灯、提灯。

（1）按工艺分类的花灯品类

① 纸扎类

纸扎灯，也称篾骨灯、彩扎灯。即先用棉纸条搓成纸捻，再用纸捻把劈好的竹篾绑扎成各种形状的花灯骨架，粘糊上彩色纸、纱布或绸布。接着描上山水人物、花鸟鱼虫等图案，或装上立体彩扎人物或飞禽走兽，配上珠穗，便制成了花灯。这是最常见，也是历史最悠久的花灯品类。纸扎灯制作的核心技艺是绑扎花灯骨架，其间有很多特殊的工艺讲究。纸扎类花灯制作主要有四种绑扎方法：交叉扎法，即篾条交叉相叠，用纸捻在交叉处缠绕扎紧，篾条交叉夹角可成直角、钝角、锐角；曲角扎法，即把篾条弄折成曲角但不折断，内夹角处与另一根篾条垂直相接成“丁”字形，用纸捻扎紧拐角连接处；圆圈扎法，即把篾条先弯成圆圈，头尾相交处各长出10厘米互相重叠，然后用纸捻将篾条两端都固定在圆圈上；水滴形扎法，也称鱼尾形扎法，即把篾条两端向下压在一块，使之成椭圆形，把压叠在一起

李珠琴刻纸料丝灯作品

林伟忠针刺灯作品

的篾条两端扎紧，形同水滴。

② 刻纸类

刻纸灯的主要原材料是纸板。根据花灯造型，分解成若干组合纸板块面，在这些块面上描上图案，用刻刀细心雕刻，板块上浮现出镂空的图案，再把这些板块黏合成灯体，并分别上色，便成了刻纸灯。这种花灯靠这些带图案的纸板相互支撑，

分解压力，力学上称为薄壳结构，无须扎制灯骨，故称作刻纸无骨灯。若是在这些镂空的块面图案内侧并排均匀地镶上起装饰作用的玻璃丝，便是刻纸料丝灯。因此，刻纸无骨灯和刻纸料丝灯均属于刻纸类。刻纸灯制作的核心技艺在于拼合纸板块面，构成既美观又结实稳定的灯体造型。在此过程中预先构思好灯形，做好构形板块的规划最为关键，它决定花灯的美学效果和力学合理性。接下来，需要把构形板块按事先构思好的灯形进行很好的黏合。黏合时必须按照先后顺序将板块与板块的粘边相互黏合，粘胶未干前，粘接处会松开，所以要在板块与板块黏结处用铁夹子夹牢，直到整个灯体都粘好。等粘胶干了，方可解开铁夹子。

③ 针刺类

针刺灯，也称针刺无骨灯。灯体制作与刻纸灯的灯体制作相似，也是把灯体分解成若干块面，用较薄的纸板或图画纸剪成这些块面，再加图案装饰，不同的是这些图案不是用刀刻出来的，而是用钢针按装饰纹样刺出来的。同样，因为是靠这些带针刺图案的纸板灯屏拼合成灯，灯体很轻，无须骨架支撑，故称针刺无骨灯。通常的做法是把夹好的整叠纸板置于垫板之上，制作者手握钢针顺着样纸上的图案纹路垂直扎刺。针尖应刺穿整叠纸板，针孔之间的距离为1.5—2毫米，先把图案的边线纹路刺完，再扎刺边线内的整片纹样，此时应当保持针孔间前后左右距离相

等。针刺灯制作的核心技艺在于针刺工艺，其间行针的密度、匀度及刺纹与灯体的关系，都很讲究。

④ 锡雕类

锡雕灯的骨架是用锡经高温熔化，浇铸而成。各面灯屏均用玻璃镶嵌，玻璃内壁贴裱上五色彩绘画面的丝绢，灯体秀丽，十分华贵。常见的锡雕灯有宫灯、莲花灯、花瓶灯等。由于锡价格昂贵，工艺复杂，制作耗时，因而成本甚高，早年属宫廷灯彩。后虽传入民间，但也只是富贵人家的玩赏之物，普通百姓无力消受，难以广泛流传。目前，泉州市仅杨峰岩的锡雕世家尚能制作这种灯品。锡雕灯制作的核心技艺在于铸造成型，其中制模、熔锡及浇铸环节，都有相应的工艺讲究。通常的做法是，在浇铸之前先将模具放在松烟上熏，使松烟熏贴在模具上，形成一层隔离层。然后用宣纸裱在平面的砖头上，与模具刻有图案的一面紧紧贴在一起。当锡块在铁锅里熔化成锡水时，用铁勺将锡水舀出，顺着浇铸口灌进模具内。由于图案被松烟隔开，而背面砖头又有宣纸隔离，锡一旦冷却凝固，便可从模具中取出构件粗坯。

（2）按形制分类的花灯品类

① 座灯

座灯是安放在地上或是搁置在特制的灯架上供人观赏的大型花灯。这些灯基本上属于纸扎工艺，每座灯高、宽、长往往各达数米，体积庞大、气势宏伟、灯光明亮，往往集声、光、动于一身。有的设有走马技艺和机关活动景，有的配有彩扎人物山水、花鸟鱼虫、飞禽走兽，远观近看皆宜。如大型鳌山灯、亭台楼阁灯、牌楼灯等。

② 水灯

水灯是固定悬浮在池塘、湖泊或沟河水面上的花灯。为防止水浸透导致花灯解体，有些花灯的骨架是用涂抹不透水脂蜡粘胶的纸捻绑扎的，也有的灯架是用粗铁丝焊接而成。灯体上的绸布、字画、图案均用乳胶或粘胶固定在骨架上，表面再喷上清油以防渗水。这种灯的制作工艺也属纸扎类，大多数灯体较大，强调突出光源明亮、颜色鲜艳、轮廓清晰，一是因为灯在水中，距离观众较远，明亮的光源便于观众看清造型结构；二是明亮的光源和鲜艳的颜色及轮廓造型能清晰地倒映水中，形成波光粼粼、光怪陆离的梦幻效果。常见的水灯有鲤鱼灯、龙王灯、天鹅戏水灯、荷花出水灯。

③ 挂灯

挂灯用于悬挂在房屋梁栋或彩楼、棚架、树枝上。挂灯是最常用、数量最多的灯种。为使灯在悬挂时重心平衡，一般在灯的顶端系以对称的四条彩带或链条，绑在一个铜钩上，再将铜钩挂于屋梁。这样灯体便能垂直悬空，灯体四周的珠穗自然飘动。因要悬挂于半空，所以这种灯体积相对较小、重量较轻，但做工精细、图案美观、色彩艳丽、形态万千。刻纸无骨灯、刻纸料丝灯、针刺无骨灯基本上都属于挂灯，当然也有大量的纸扎挂灯。挂灯涵盖了纸扎、刻纸、针刺三大类制作工艺，较适合家庭装饰或礼赠之用。

④ 提灯

提灯主要是用于元宵夜儿童提着玩耍的灯品。其造型多模仿十二生肖动物形象，体积小、重量轻。有的还装有木轮机关，当灯放在地上推着走时，滚动的木轮就带动这些小动物摇头摆尾、拍打翅膀，妙趣横生。造型样式甚多，包括公鸡灯、小狗灯、玉兔灯等。从制作工艺看，这些灯大多数属于纸扎类。

（二）泉州花灯与社会生活

1．泉州花灯与民俗

在泉州，元宵节是一年中最热闹的传统节日。元宵节，又称上元节、灯节，闹元宵习俗是泉州民间最重要的民俗活动。泉州闹元宵习俗源于中原地区，兴于唐宋时期，以兴办灯会、观灯、赏灯活动为主要表现形式，还包括猜灯谜、踩街等一系列相关民俗。泉州方言中“灯”与“丁”同音，故花灯和灯俗活动多与“人丁兴旺”一类美好寓意有关。泉州花灯与泉州的民间习俗融合发展，形成了独具特色的花灯文化。泉州元宵花灯民俗主要包括挂灯、观灯、游灯、送灯、数宫灯等。

（1）挂灯

在传统的元宵节夜晚，每家每户都会将精心制作的各式花灯悬挂在自家门前，祈愿来年风调雨顺、吉祥兴旺。上一年“添丁”（即娶媳妇或者生男孩）的家庭，

2014年泉州元宵灯会盛况

就要多挂几盏灯，以展示家族人丁兴旺。

（2）观灯

元宵节入夜时分，泉州城内花灯齐亮，男女老少盛装打扮，倾巢而出，涌向街道，融入“月牵古塔千年影，虹挂长街十里灯”的良宵美景中。大家争相欣赏品评千姿百态、五彩斑斓的花灯，祈望新年驱邪纳祥。青年男女趁此时暗送秋波，寻觅意中人；刚过门的媳妇忙于“穿灯脚”（即在灯下穿行），祈盼“穿灯下，生男胞”，来年能为婆家添丁；年长者手牵儿孙赏灯，尽享天伦之乐。就算在边远的小镇也不例外。《惠安政书》中这样描写泉州市惠安县东部小城崇武镇的元宵夜：“望日为上元节，各家内外张灯，老少作乐。或庆大有之年，则官民同乐。大结鳌山，星桥火树桥，达呼四境。题词联者半雅半俗，呼夜醉者东倒西颠，随生意，穷伎俩，以取欢谑，通宵达旦而后止。”⑦ 这把泉州元宵夜人们观灯作乐的景象描绘得淋漓尽致。元宵节催生了泉州年年花灯盛景，花灯又点亮了泉州岁岁元宵之夜。

（3）游灯

元宵佳节之夜，人们手持花灯，走街串巷，观赏花灯。在乡村，人们举着龙灯，排成游龙似的阵形，敲锣打鼓地绕村游灯，祈盼来年国泰民安、风调雨顺。

（4）送灯

泉州地处我国东南沿海，是古代“海上丝绸之路”的东端起点。在这个靠男人出海谋生的地域，人们祈盼新的一年添丁进财行好运，便有了元宵节“送灯”的习俗。送灯，是娘家祈愿女儿在新的一年里能为婆家添丁。凡有新嫁女的人家，应在元宵节前送女婿家一红一白的“莲花灯”，挂在房中。如果莲花灯被烛火烧了，就预示“出丁”。若烧的是红灯，预示生女；若烧的是白灯，则预示生男。

（5）数宫灯

泉州市晋江市（泉州所辖县级市）东石镇至今尚保留着元宵节数宫灯的习俗。即每年正月十三，凡是村里上一年结婚的新郎官，都把新娘陪嫁的宫灯挂到三公宫（嘉应庙）里，以求挡境神保佑婚姻幸福、早生贵子。到元宵夜，村里男女老少齐集宫中赏灯，主持灯会的长老要数一数这一年的宫灯有多少，若比往年多，则说明人丁兴旺。

2．泉州花灯与元宵灯会

泉州元宵灯会始于唐朝，唐朝士族南下，将中原元宵节闹花灯的习俗带到泉州。由于在泉州人看来，“灯”意味着“添丁进财、人丁兴旺”，元宵灯会很快便在泉州大放异彩。明代谢肇淛在《五杂组》中也有关于泉州元宵夜花灯盛况的记载：“天下上元，灯烛之盛，无逾闽中。”⑧ 这里所说的“闽中”，即是泉州。

在灯会的催生下，泉州于宋朝末期出现了专业从事花灯制作的作坊。各个作坊相互竞争，争奇斗艳，自成流派。明清时期，泉州的花灯行业已经比较成熟，制灯作坊众多⑨。这客观上促进了泉州花灯制作技艺的提高，花灯中融入了绘画、刻纸等多种艺术表现形式。

时至今日，灯会依然是元宵节节俗活动的主角，是当地民众在元宵节最为期待的盛事。每逢元宵佳节，泉州城内精灯荟萃，争奇斗艳，观灯人潮接踵摩肩。红砖厝、燕尾脊，一轮皓月当空，一盏盏造型别致、做工精细、色彩华丽的花灯，让泉州这座光明之城更加璀璨夺目。

元宵灯会对泉州花灯的保护与传承起着举足轻重的作用，是泉州花灯在其文化空间内得以集中展示的最佳平台。笔者采访的各级非物质文化遗产项目代表性传承人们均表示，元宵灯会是花灯得以生存的最关键因素。

二、泉州花灯的保护与传承现状及问题

泉州花灯自2006年被列入第一批国家级非物质文化遗产名录以来，受到政府和社会各界的重视与关注。按照“政府主导，社会参与”的原则，当地积极保护和传承这一传统文化表现形式。

2010年8月，福建省文化厅将“泉州花灯”列为闽南文化生态保护实验区示范点。在保护方面，泉州市政府注重对外宣传，除了在当地每年举办元宵节灯会外，先后在中国台湾地区，菲律宾、新加坡、加拿大、美国等国家举办了大型泉州花灯展。在传承方面，政府重视在青年人群中开展传承工作。泉州市非物质文化遗产保护中心每年暑假组织免费的花灯制作培训班，促进了泉州花灯在大、中、小学生及其他花灯爱好者群体中的传播与传承。笔者在调研中也有幸参加了一次培训班，在传承人手把手的教授下，学员们学习成果显著。

目前，泉州市共有32名花灯制作者，11名代表性传承人。其中，2名国家级非物质文化遗产项目代表性传承人（其中1名已于2012年逝世）；3名省级非物质文化遗产项目代表性传承人；6名市级非物质文化遗产项目代表性传承人。泉州花灯的制作以小规模的家庭作坊为主，只有1家花灯企业。

通过走访花灯家庭作坊与企业，采访传承人、花灯爱好者、民间灯会组织者以及政府有关负责人员，发放调查问卷等调研方式，笔者发现曾经繁盛的泉州花灯在当前的保护与传承方面的状况不容乐观，遇到了困境。

（一）保护方面的问题

受现代生活方式改变的影响，泉州花灯在保护方面存在文化空间明显萎缩、社会参与保护的意识不强与力度不足、有关研究欠缺等问题。

1．文化空间明显萎缩

（1）元宵节等传统节日文化内涵逐渐被淡化

习称“灯节”的元宵节，是一个以灯为俗、借灯兴舞、流光溢彩的狂欢之节。[⑩]从产生至今，泉州花灯就一直与元宵节节俗密不可分。在元宵节观灯习俗中，花灯不只是一种赏心悦目的观赏对象或装饰品，更是包容丰富、功用广泛的人文事俗载体。[11]

泉州花灯产生于农耕时代。在那个时代，人们闹元宵，在狂欢的仪式中祈求五谷丰登、人丁兴旺。而如今，在城乡二元格局中，许多人要离乡别土到城市工作，还没过元宵节就得离开家。渐渐地，这样的狂欢仪式难以再传承延续。于是，泉州花灯这种依附于元宵节的文化表现形式也随之凋敝。因此，政府应重视包括元宵节在内的传统节日及节俗，强化传统节日的影响。

（2）与花灯相关的民俗活动范围日益减少

花灯承载着吉祥和祝福，它的存在、发展与民俗活动息息相关。如今，与泉州花灯相关的民俗仪式已越来越被简化甚至忽略。

历史上的元宵节，泉州除城区各家各户张灯外，所辖县也都有张灯习俗。每个家庭或商店都会挑选擅长手艺的人学习制作花灯，绑扎各式花灯。以前，花灯制作属于大家动手的社会习俗，而不是出于专职花灯师傅之手。然而，如今除了泉州市区每年有政府组织的元宵节灯会，南安市丰州镇和英都镇、泉港区前黄镇、安溪县兰田镇、晋江市东石镇还分别保留元宵节乞灯、游花灯、排楼灯、数宫灯的习俗以外，其他县（市、区）与花灯相关的民俗活动越来越少，更不用说各家各户动手制作并张挂花灯了。

可见，泉州花灯展示的规模正逐渐缩小，它所依赖的文化空间正在萎缩。因此，在保护泉州花灯制作工艺的同时，更重要的是激活民俗，以保护泉州花灯所赖以生存的文化空间。

2．社会参与保护的意识不强与力度不足

受经济全球化和现代化进程的影响，人们的生活方式、审美情趣都产生了重大变化。加之传统节俗文化功能的衰退，大众对泉州花灯的价值认识不足等因素，人们对泉州花灯及相关民俗活动的关注度逐渐降低。目前，泉州花灯的保护工作依然由政府主导，社会参与的意识较为薄弱，力度也十分有限。因此，政府应该加强宣传引导，唤起大众的文化自觉，呼吁全社会共同守护精神家园。

3．有关研究欠缺

泉州花灯，汇集了多种艺术形式于一身，极富工艺美术研究价值。然而，据作者调查，现有的专门研究泉州花灯及相关民俗活动的文献屈指可数，且大多以图片

2015年，泉州市非物质文化遗产中心组织的泉州花灯暑期培训班

展示为主，文字记录很少。历代花灯制作巧匠均是依靠口传心授，手把手地教授徒弟，较少著于竹帛的记录和总结。因此，应鼓励学者尤其是传承人对泉州花灯的制作技艺及相关民俗进行记录和研究，以促进该项目的传承与保护工作。

（二）泉州花灯在传承方面的问题

在传承方面，泉州花灯存在从业人员锐减、传承人老龄化严重及缺乏相关保障、后继乏人等问题。

1．花灯从业人员，尤其是制灯名师锐减

由于花灯的制作分布区域显著缩小，许多花灯从业人员纷纷改行。以前除泉州主城区外，晋江、惠安、南安、永春、泉港等县（市、区）也有许多人从事花灯制作，而现在除了泉州市主城区和个别县（市、区）之外，其他地区从业人员已经寥寥无几。

制灯名师锐减。曾经的制灯名师李尧宝、陈天恩、卢金钗、陈沧浪、陈昌土、吴祖赞、蔡炳汉等都已离开人世。李尧宝大师当年桃李众多，其中能独立制作花灯的有13人，人称“十三把刀”。如今，这“十三把刀”大多已经转行，尚在从事花灯制作的只剩 2 人。

2. 传承人老龄化严重

泉州花灯 11 名代表性传承人中，有 2 名是国家级非物质文化遗产项目代表性传承人，即李珠琴和蔡炳汉。蔡炳汉已于 2012 年去世，而李珠琴今年（2016）已经 75 岁。福建省非物质文化遗产项目代表性传承人 3 名，分别是曹淑贞（64 岁）、许谦慎（74 岁）、陈晓萍（58 岁）。泉州市非物质文化遗产项目代表性传承人 6 名，大多在 50 岁以上。由此可见，泉州花灯的传承人队伍老龄化问题突出。由于泉州花灯制作比较精细，对眼力和体力都有较高要求，年事已高、体弱多病的传承人，有的已无法从事花灯制作及传艺带徒活动。

泉州花灯项目代表性传承人统计表

姓名	性别	出生年份	民族	学历	职业	传承人级别	备注
李珠琴	女	1941 年	汉族	小学	手工业	国家级	
蔡炳汉	男	1929 年	汉族	大专	教员	国家级	2012 年去世
曹淑贞	女	1952 年	汉族	初中	手工业	省级	
许谦慎	男	1942 年	汉族	初中	退休	省级	
陈晓萍	男	1958 年	汉族	高中	手工业	省级	
杨　铭	男	1961 年	汉族	本科	公务员	市级	
吴祖祥	男	1956 年	汉族	高中	手工业	市级	
陈丽玲	女	1962 年	汉族	高中	手工业	市级	
林守明	男	1947 年	汉族	小学	手工业	市级	
李婵娟	女	1967 年	汉族	高中	手工业	市级	
林伟忠	男	1974 年	汉族	高中	手工业	市级	

3. 传承人收入来源单一，缺乏相关保障

此次调研，笔者走访了 6 名代表性传承人（国家级传承人 1 名，省级传承人 2 名，市级传承人 3 名）。其中，5 人从事家庭作坊，1 人进行企业化经营（泉州市吴氏花灯工艺有限公司）。

泉州花灯制作以小规模家庭作坊为主。家庭作坊的传承人们大多表示，他们的收入来源比较单一，主要是依靠每年元宵节灯会的花灯订单收入。而这些收入最多只能勉强维持日常生活，他们还需要用自有房屋出租、配偶退休金、子女赡养费等其他收入来补贴家用。如果元宵节灯会因故暂停举办或者缩减规模，那么当年的花灯制作收入就更是微薄。几位年老的传承人指出，花灯制作收入只够勉强维持日常开销，无法再购买医疗保险。一旦生病，所有医疗费用只能自行承担。因此，他们不想也无法说服下一代来继承这门手艺，至少不能再像他们那样以花灯制作为职业。

4. 后继乏人

采访中，传承人们大多表示，几乎没有主动上门学习花灯制作的年轻人。即使有，也是浅尝辄止，短时期便离开。笔者原计划采访徒弟，但走访了6位传承人均不见其徒弟，最多就是某个简易环节的帮工，无法独立完成花灯设计与制作。当被问及是否愿意让下一代继续传承花灯制作时，大多数传承人都表示不愿意，“能读书的还是读书，能工作的还是去单位工作”[12]。而作为传承人的后代，大多也不愿意再学这门“穷手艺”。究其原因，主要有以下三方面：

（1）现代文化和生活方式改变的影响

相对封闭的社会文化环境，是保持传统文化的稳定性和完整性、使民族民间传统技艺能够在代与代的传承中自然延续的客观条件。[13]随着现代化浪潮的涌起，人们的生活方式发生了改变，职业选择越来越多。如果没有经济方面的吸引力，单靠传承的责任，恐怕难以使年轻人潜心学习、从事花灯制作这门行当。

（2）对花灯制作者的要求较高

泉州花灯的制作需要掌握设计、物理、绘画、书法、彩扎、刻纸、糊纸等多种知识技能，可谓难度高、耗时多。没有几年的潜心学习研究，是无法独立完成设计及制作的。花灯制作名师吴祖赞曾说，要做出好的花灯，制作者必须具备一定的艺术理论、造型艺术、书画等知识；还要懂得花灯制作的流程，熟悉构思、画图、扎功、糊裱等程序。[14]在生活节奏越来越快、大众心态趋于浮躁的今天，鲜有年轻人愿意沉下心来全心学习花灯制作。

（3）从事花灯制作的经济收益有限

花灯具有很强的节令性，仅在元宵节等重要传统节日才有订单。随着泉州花灯文化空间的逐渐萎缩，当地民众对花灯的需求日益减少。长此以往，愿意投身花灯制作的人将越来越少。

三、改善泉州花灯保护与传承情况的对策建议

历经一千多年，泉州花灯从简单到复杂，从单一品种到多元品种，从纸扎工艺到刻纸、针刺工艺，无不凝聚着一代代能工巧匠的聪明才智和苦心经营。受现代化进程与市场化经济的多方影响，泉州花灯这种产生于农耕文明的珍贵非物质文化遗产，其文化空间正逐步退缩，一定程度上陷入了困境。对此，笔者提出以下建议，希望能对该项目的保护与传承工作起到积极的促进作用。

（一）鼓励全民参与，全面激发泉州花灯活力

1．突出社区或村镇的核心地位，培育传承土壤

联合国教科文组织《保护非物质文化遗产公约》指出："承认各社区，尤其是原住居民、各群体，有时是个人，在非物质文化遗产的生产、保护、延续和再创造方面发挥着重要作用，从而为丰富文化多样性和人类的创造性做出贡献。"[15]"缔约国在开展保护非物质文化遗产活动时，应努力确保创造、延续和传承这种遗产的社区、群体，有时是个人的最大限度的参与，并吸收他们积极地参与有关的管理。"[16]

基层社区或村镇是各民族和各地方社会生活的主要聚落基础，是各种民间文化艺术得以产生、传承和发展的土壤，离开了这一生长的土壤，民间文化艺术之树就不能枝繁叶茂、开花结果。[17]因此，应该重视发挥社区或村镇的核心地位及其重要作用，组织泉州花灯的社区活动，宣传闹元宵等与花灯有关的习俗，以增强当地民众的文化自觉，培育泉州花灯传承的土壤。

2．提高文化自觉，调动当地民众参与保护实践的积极性

广大民众生活在特定环境下的民风习俗中，是丰富多彩的民间文化的创造者、所有者、享有者和传承发展者，他们与非物质文化遗产的关系是血肉相连无法分割的。[18]应当通过民俗的影响力，唤起泉州当地民众的文化自信与文化自觉，增强他

们的自豪感与使命感，鼓励他们积极参与到泉州花灯及相关民俗活动的保护与传承之中。

3．鼓励民间组织灯会，营造良好的保护氛围

除了政府举办元宵灯会外，应该大力鼓励民间自发组织元宵灯会，以增强当地民众的文化认同感，营造良好的非物质文化遗产保护氛围。

如今，在泉州市所辖的南安市丰州镇和英都镇、泉港区前黄镇和涂岭镇，每年都有宗祠自发筹资并组织的元宵灯会等民俗活动。泉州人具有很强的宗族意识，看重宗亲关系，重视增强本宗族的凝聚力。泉州的每一座宗祠都是一部浓缩的家族史，记录着一个家族的血脉延续，凝结着无数族人对乡土的深深眷恋。据调研，泉州民间灯会的组织机制较为完善，灯会的组织实施由当地宗亲联谊会、家庙管委会、姓氏委员会等负责，活动经费由普通村民、企业家华侨等热心宗贤捐赠。笔者采访的宗族族长们均表示，灯会的经费不成问题，本族的宗亲们捐款非常踊跃。民间灯会的举办，有利于保护花灯的文化空间，确保泉州花灯在当地的生命力。

4．发挥社会团体、科研和教育机构的促进作用

21世纪以来，我国社会团体、科研机构、高等院校在抢救与保护非物质文化遗产、协助国家及各级政府制定符合我国国情的保护政策、非物质文化遗产教育传承方面，开展了一系列卓有成效的工作。[19]就泉州花灯这个具体项目而言，发挥社会团体的作用，就是践行“政府主导，社会参与”的保护原则，发动社会力量参与到非物质文化遗产的确认、立档、研究、保存、宣传、传承等工作中。发挥科研机构的作用，就是利用其雄厚的科研队伍，加强理论和实践对策研究，为泉州花灯的保护与传承建言献策。发挥教育机构的作用，就是将泉州花灯作为乡土文化艺术教育内容纳入泉州地区中小学以至大专院校的教育实践，增强年轻一代的文化认知，培养和造就广泛的受众人群以至专业人才。

（二）发挥传承人主体作用，切实增强泉州花灯生命力

1．加强自身实践总结，将宝贵经验上升到理论高度

泉州花灯，依靠历代工人巧匠口传心授地将制作技艺传承下来，现有的书籍资

料较少。因此，要鼓励传承人提升理论修养，倡导其将宝贵经验予以总结概括以上升到理论高度。与以学者为主体的第三方研究不同，以传承人为核心的实践总结和理论研究是建立在自身传承体验上的主体研究。这有助于调动传承人深入参与非物质文化遗产保护工作的积极性，也有助于第一手资料的记录和保存。

2. 筹建泉州花灯艺术研究会，促进行业内交流

笔者在调研中发现，泉州花灯传承人相互交流颇少，各立门户，缺乏交流平台。这种自守门户的松散状况，很难集名师之手，攻尖端之艺，不利于提高泉州花灯的总体工艺水平。因此，笔者建议成立泉州花灯艺术研究会，召集包括泉州花灯传承人及学徒在内的从业者作为会员，使其成为泉州花灯行业内的交流平台，促进传承人之间互相交流，切磋技艺，共同商讨泉州花灯保护与传承及未来发展的策略。

3. 秉承工匠精神，促进灯品创新设计

在秉承历代巧匠的工匠精神、继承传统手工艺的同时，传承人要结合当下现代生活，大胆探索，开展灯品造型创新设计，并采用相适宜的现代科技手段，以更大程度地融入当下社会生活。比如，在花灯造型上，除了传统造型外，还可以结合当下关注度高的主题进行创意设计，可以适当采用现代声、光、电技术。政府可以鼓励尊重传统与手艺、善于创新的企业进入花灯行业，促进传统手工艺面向现代生活的灯品开发。

（三）发挥政府主导作用，大力促进泉州花灯的繁荣

1. 营造氛围和条件，激活传统民俗

民俗综合着社会、文化、政治、经济和生存环境、地理条件等因素，是促使民间艺术等文化形态生生不息的人文“发动机”。[20]当民俗活跃起来，各种传统文化表现形式的生存和发展问题也就迎刃而解。因此，政府应该考虑增加元宵节为国家法定节假日，利用媒体大力宣传民俗文化，通过强化元宵节等传统节日的影响，为泉州花灯的民俗建设营造浓厚氛围。

在创造良好民俗氛围的同时，政府还应鼓励民间开展各类花灯民俗活动，并为

其提供一定的保障与便利。例如，简化民俗活动的审批程序、相关职能部门为其提供安全保障等。总之，如何激活民俗，使延续了几千年的传统习俗能够在当下继续保持生命力、得到社会公众的深切认同，是政府应该思考的问题。

2．举办相关活动，扩大花灯影响力

（1）坚持举办元宵节灯会

采访中，传承人们一致认为，泉州元宵节灯会对泉州花灯的保护与传承起着至关重要的作用，希望政府能坚持举办元宵节灯会，并且适当地扩大规模。目前，当地的大型灯会主要是政府在市区举办的泉州元宵灯会。除此之外，泉州市政府应该鼓励各县（市、区）政府及民间组织举办不同规模的元宵灯会，扩大泉州花灯展示机会，让更多的民众走近花灯、喜爱花灯。另外，灯会上可以设置花灯评比活动，评选出不同名次的精品花灯并予以奖励。这一方面能引导民众注重欣赏花灯，认识花灯的文化和审美价值；另一方面也能鼓励传承人提高花灯制作水平，丰富图案表现形式，多出精品花灯。

（2）鼓励结合其他传统节日，举办更多的灯会活动

由于元宵节灯会时间紧，所有订单都要在短期内完成，容易造成工厂重视数量而忽视质量，出现“年年灯展少新款，岁岁工艺无发展”的情况。为了避免出现这种局面，除每年元宵节灯会外，还可考虑结合中秋节等传统节日举办灯会。适当邀请全国其他地区的花灯传承人参与交流，展示评比优秀花灯作品，从而加强全国花灯行业的交流，促进当地花灯的发展。

（3）鼓励举办新人花灯作品大赛

为了鼓励新人的创作热情，建议每年举办新人花灯作品大赛。邀请传承人予以指导，对优秀作品或创新作品进行奖励，鼓励新人在继承传统技艺的基础上，探索新主题、新样式、新材料、新工艺。

3．为传承人提供基本保障，鼓励其传艺带徒

据调研，泉州花灯传承人普遍反映花灯行业收入微薄、生活缺乏基本保障。目前，国家级非物质文化遗产项目代表性传承人每人每年享有传习活动补助2万元。60周岁以上福建省非物质文化遗产项目代表性传承人每人每年享有传习活动补助3000元。60周岁以上泉州市非物质文化遗产项目代表性传承人每人每年享有传习

活动补助2000元。笔者认为，在这些专项补助之外，地方政府还应拨出专款按时向传承人发放生活津贴，让他们能够无后顾之忧地从事泉州花灯传承工作。针对泉州花灯所面临的传承危机，当地政府应出台鼓励传承人带徒弟的奖励措施。可以根据其带徒弟的数量，按人次给予双向（即师徒）经济补贴，从而逐渐改善泉州花灯后继乏人的问题。

4．落实税收优惠等政策，减轻花灯作坊和企业负担

泉州花灯制作以家庭作坊为主要模式，仅有一家花灯企业，即泉州市吴氏花灯工艺有限公司，也是泉州花灯传习所。笔者在调研期间走访了该企业。该企业的负责人是市级非物质文化遗产项目代表性传承人。他在采访中表示，当下该企业的经营存在不小的困难。高税收、高房租、招工难等问题，均不同程度地增加了企业运营成本，使得花灯价格在全国市场上不具有竞争优势。花灯作坊也需要缴纳一定比例的税费。因此，政府应制定并落实政策，给予类似的非物质文化遗产相关企业及作坊以税收优惠、场地支持，从而减轻企业及作坊的经济负担，推进非物质文化遗产生产性保护工作。

综上所述，历史的沉淀与文化的浸润使泉州花灯超越了普通灯具的实用或观赏价值，它不只是节日的装点和审美的对象，更是一种温馨、深切的人文关怀。虽然泉州花灯目前在保护与传承方面存在不少问题，但只要社会、传承人、政府等方面齐心协力，一定能激发泉州花灯更加强大的生命力，让泉州花灯在当代社会大放异彩。

注释

① 周和平．第一批国家级非物质文化遗产名录图典[M]．文化艺术出版社，2006：800．

② 国务院关于公布第一批国家级非物质文化遗产名录的通知[Z]．国发〔2006〕18号．

③ 赵洋．泉州花灯的艺术价值及保护与发展[J]．重庆科技学院学报（社会科学版），2010（6）．

④ 梁克家．三山志[M]．福州：福建海风出版社，2000．

⑤ 张岱．陶庵梦忆[M]．武汉：长江文艺出版社，2015．

⑥ 张岱．陶庵梦忆[M]．武汉：长江文艺出版社，2015．

⑦ 叶春及．惠安政书[M]. 福州：福建人民出版社，1987.

⑧ 谢肇淛．五杂组[M]. 沈阳：辽宁教育出版社，2001.

⑨ 卫军．泉州花灯的历史传承与发展[J]. 福建艺术，2009（6）.

⑩ 吕品田．流光溢彩——中国民间灯彩艺术[J]. 东南文化，2001（2）.

⑪ 吕品田．流光溢彩——中国民间灯彩艺术[J]. 东南文化，2001（2）.

⑫ 引用自此次调研传承人访谈中李珠琴的叙述。

⑬ 王文章．非物质文化遗产概论（修订版）[M]. 北京：教育科学出版社，2013.

⑭ 赵洋．泉州花灯的艺术价值及保护与发展[J]. 重庆科技学院学报（社会科学版），2010（6）.

⑮ 联合国教科文组织官网：http：//en.unesco.org/.

⑯ 联合国教科文组织官网：http：//en.unesco.org/.

⑰ 王文章．非物质文化遗产概论（修订版）[M]. 北京：教育科学出版社，2013：294.

⑱ 王文章．非物质文化遗产概论（修订版）[M]. 北京：教育科学出版社，2013：294-295.

⑲ 王文章．非物质文化遗产概论（修订版）[M]. 北京：教育科学出版社，2013：192.

⑳ 吕品田．以手工生产方式和民俗建设保护中国非物质文化遗产[A]. 第二届中国非物质文化遗产保护·苏州论坛论文集[C]. 杭州：浙江人民出版社，2009：100.

参考文献

1 | 王文章．非物质文化遗产概论（修订版）[M]. 北京：教育科学出版社，2013.

2 | 王文章．非物质文化遗产保护研究[M]. 北京：文化艺术出版社，2009.

3 | 王文章．弘扬传统节日文化现状与对策——中国传统节日文化调研实录[M]. 北京：文化艺术出版社，2012.

4 | 李树文，信春鹰，袁曙宏，王文章．非物质文化遗产法律指南[Z]. 北京：文化艺术出版社，2011.

5 | 周和平．第一批国家级非物质文化遗产名录图典[M]. 北京：文化艺术出版社，2006.

6 | 吕品田．动手有功——文化哲学视野中的手工劳动[M]. 重庆：重庆大学出版社，2014.

7 | 吕品田．必要的张力[M]. 重庆：重庆大学出版社，2007.

8 | 吕品田，徐雯．民间灯彩[M]. 武汉：湖北美术出版社，2002.

9 | 吕品田．以手工生产方式和民俗建设保护中国非物质文化遗产[A]. 第二届中国非物质文化遗产保护·苏

州论坛论文集［C］.杭州：浙江人民出版社，2009.

10｜刘魁立.中国节典[M].合肥：安徽教育出版社，2008.

11｜邱春林.中国手工艺文化变迁[M].上海：中西书局，2011.

12｜陈晓萍，黄文中.民间灯彩[M].北京：中国轻工业出版社，2009.

13｜梁克家.三山志[M].福州：福建海风出版社，2000.

14｜张岱.陶庵梦忆[M].武汉：长江文艺出版社，2015.

15｜谢肇淛.五杂组[M].沈阳：辽宁教育出版社，2001.

16｜叶春及.惠安政书[M].福州：福建人民出版社，1987.

17｜吕品田.流光溢彩——中国民间灯彩艺术[J].东南文化，2001（2）.

18｜李心峰.弘扬传统节日文化 守护共同精神家园[J].光明日报，2012-5-23.

19｜李荣启.文化生态建设与非物质文化遗产的整体性保护[J].美与时代（上），2015（2）.

20｜赵洋.泉州花灯的艺术价值及保护与发展[J].重庆科技学院学报（社会科学版），2010（6）.

21｜甘锦秀.泉州花灯的现状与发展[J].艺术理论，2009（11）.

22｜卫军.泉州花灯的历史传承与发展[J].福建艺术，2009（6）.

23｜国务院关于公布第一批国家级非物质文化遗产名录的通知[Z].国发〔2006〕18号.

蔚县剪纸传承与保护现状调查研究

Investigation of Current Situation of Inheritance and Safeguarding of Paper Cutting in Yu County

王文馨
罗 微 | 指导教师

摘要

剪纸是一项在民间广泛流传的美术实践活动，通常以纸张为主要材料。民众一般使用剪刀、刻刀、錾刀、刻盘（油盘）等工具，运用剪、刻、雕、錾、贴、染、绘等技法，进行各类题材的画面、图案与纹样的创作。剪纸作品主要用以生活空间的装饰和美化，来满足人们的实用与审美需要，也包括用作刺绣、喷绘等相关艺术创作的图案纹样。剪纸遍布于我国大江南北，并呈现出鲜明的地域风格和民族特色。本文选择以河北蔚县剪纸为个案研究，试图在文献梳理与田野调查的基础上，反映非物质文化遗产保护语境下，剪纸艺术在传承与发展过程中遇到的困境与问题，并提出相应的对策与建议。

河北蔚县地处燕山、太行山和恒山三山的交会处，特殊的地理区位，使蔚县保有特色鲜明的地域文化和风俗传统。蔚县剪纸便是其中最具有代表性符号意义的地方文化表现形式。蔚县民众在长期的生产生活实践中，创造了先刻后染的剪纸样式。蔚县剪纸以宣纸为原料，经手工刻染而成，是我国最为著名的以刀刻为主的点彩剪纸类型。蔚县剪纸构图饱满、色彩浓艳、对比强烈、充满浓郁的乡土气息，于2006年被列入第一批国家级非物质文化遗产名录。

本文通过对实地考察和访谈获得的第一手资料进行归纳梳理，发现并提出了蔚县剪纸保护传承中存在的主要问题。经过分析研究，提出了注重人才培养、加强生态环境保护、在保护“核心技艺”的基础上不断创新、提高制作工艺、加强理论研究工作、重视知识产权保护等方面的对策建议，旨在为蔚县剪纸保护与传承提供相应理论与实践支持。

关键词：非物质文化遗产；蔚县；剪纸；保护；传承

Abstract

Paper cutting commonly uses paper as its main material. By utilizing tools including but not limited to scissors, gravers, burins, and engraving discs (painting discs), practitioners use cutting, carving, engraving, chiseling, pasting, dyeing, painting techniques etc. to perform practices of folk arts together with creation of pictures, motifs, and patterns. Paper cutting works are mainly used to decorate living spaces to meet people' s aesthetic needs. Simultaneously, it is widely used as samples of other forms of art creations such as embroideries and spray paintings. Nowadays, paper cutting has spread widely all over China, which makes the art form carrying unique geographical and ethnic characteristics. Located at an intersection of Yanshan Mountain, Taihang Mountain, and Hengshan Mountain, Yu county has a unique geographical position. This makes Yu county reserves vivid local culture, especially paper cutting in Yu county, as it has been regarded as the most symbolic cultural expression form in Yu county.

During long-term of living and productive practices, people in Yu county created an engraving and dyeing pattern of paper cutting. Carved and dyed by using Chinese art paper, paper cutting in Yu county is the only drip colored paper cutting form in China that mainly adopted carving and engraving methods. As paper cutting in Yu county is characterized by its full compositions, vivid images, contrasting colors, and rich in local rural flavor, it was inscribed into the first batch of the National Intangible Cultural Heritage List of China.

By collecting and summarizing first-hand information of on-site investigations and interviews, this paper aims at finding out main problems during safeguarding and inheritance of paper cutting in Yu county and propose possible solutions. Through analysis and research, the author puts forward a series of strategies and suggestions including aspects of paying attentions to talent trainings, strengthening protection of ecological environments, innovations based on inheritance of "core-techniques", improving production techniques, enhancing theoretical researches, attaching importance to intellectual property protections, and etc. In order to provide relative theoretical supports to safeguarding and inheritance of paper cutting in Yu county.

Keywords: Intangible Cultural Heritage; Yu County; Paper Cutting; Inheritance; Safeguarding

一、引 言

（一）选题背景及意义

剪纸是一种植根于民间并有鲜明地域风格与民族特色的民间美术实践活动。蔚县地处河北省西北部，在其特殊的地理位置和地域文化影响下，蔚县民众在生产生活的实践中创造出了以“雕刀雕刻，彩色点染”为艺术特色的剪纸样式。蔚县剪纸距今已有200多年的历史，其初始图案多为花卉一类的吉祥纹样，后融入武强年画的艺术特色，形成了自己特有的风格，于2006年被列入第一批国家级非物质文化遗产名录。2009年，蔚县剪纸作为中国剪纸的重要组成部分，被列入联合国教科文组织“人类非物质文化遗产代表作名录”。

蔚县剪纸是民间社会的产物，与百姓的生活息息相关，它构图饱满、色彩浓艳，对比强烈，是我国最为著名的以刀刻为主的点彩剪纸。但随着社会的变革，工业化、信息化的推进，人们的生活、生产方式和价值观发生了巨大的变化，蔚县剪纸赖以生存的土壤正在迅速瓦解。如今，剪纸的传承面临着前所未有的困境，它所承载的地方文化也遇到了转型危机。为此，对其调查研究，具有重要的理论与现实意义。

（二）主要内容与研究方法

此次调研笔者运用文献分析、田野调研、比较研究等方法，从蔚县剪纸的历史渊源及变迁、蔚县剪纸的艺术特点、传承保护现状入手，形成对蔚县剪纸的整体认知。主要分两个方面展开调研：一是调查蔚县剪纸的历史渊源及蔚县剪纸的艺术特点、价值、审美特征，在蔚县剪纸整体认识的基础上，对蔚县剪纸所处的生存环境、生活应用进行分析；二是调查蔚县剪纸的保护传承现状，对蔚县剪纸传承人进行深入调查，探索现代的传承、发展模式，并试图解决其面临的问题，对蔚县剪纸的保护与传承提出合理的建议和对策。

（三）调研的特色与现实针对性

笔者通过对蔚县剪纸赖以生存的自然生态及人文环境、工艺特点、传承保护现状的调研分析，总结出蔚县剪纸目前面临着与传统载体脱离、缺乏当代艺术创造力、加工工艺有待完善、传承人知识产权保护意识薄弱等问题。经分析研究，笔者力求探索出符合蔚县剪纸自身演变规律且促进其延续的保护方式和措施，提出蔚县剪纸应注重人才培养、加强生态环境保护、在保护核心技艺的基础上不断创新、提高制作工艺、加强理论研究工作、重视知识产权保护等方面的建议。

二、蔚县剪纸的概述

（一）剪纸的渊源及发展

剪纸是一种通常以纸为主材，通过使用剪刀、刻刀、錾刀、刻盘（油盘）等工具，运用剪、刻、雕、錾、贴、染、绘等技法，进行画面、图案、纹样创作的民间美术实践活动。剪纸有着悠久的历史，目前我们无从考证剪纸最早出现的年代，但是据剪纸中出现的纹样和镂空雕刻技艺，可以推测其与旧石器晚期出土的陶器、古器的雕刻纹样和镂空技艺有着千丝万缕的联系。关于剪纸的起源，学术界主要有周代剪叶说、汉代剪影说等。据史料载："周公诛灭唐。成王与叔虞戏，削桐叶为珪以与叔虞，曰：'以此封若。'"[①]讲的就是周成王把桐树叶削成珪形，交给叔虞并对他说要以此来分封他。这被认为是剪纸起源说之一，也是目前可见最早的历史记载。另据记载：

汉武帝时，幸李夫人，夫人卒后，帝思念不已。方士齐人李少翁，言能致其神。乃夜施帷帐，明灯烛，而令帝居他帐遥望之。见美女居帐中，如李夫人之状，还幄坐而步，又不得就视。[②]

这个汉代剪影的故事不仅被当作剪纸的起源，同时也常常被看成皮影的起源诸说之一。

剪纸，顾名思义，其基本材料是纸。纸发明的初期，造纸术并不发达，材质粗糙、疏松，不适合制作剪纸。到了晋代，造纸术的水平大大改善，并且开始了规模生产，这为剪纸的出现提供了物质基础和前提条件。根据史料记载，魏晋时期已经出现剪纸祭典、剪纸陪葬、剪纸贴画等风俗。据此，专家推断，剪纸起源应为魏晋时期。到了唐宋，我国的手工造纸技术进入全盛时期。元明清三代，我国造纸业已相当发达。随着造纸工艺的发展及日趋成熟、完善，剪纸在民间逐渐普及并融入人们的生活中。但由于纸张易腐，不容易保存，所以在目前出土物中，剪纸实物的发现并不多。据记载，新疆维吾尔自治区吐鲁番阿斯塔那古墓出土的5幅团花剪纸被认为是我国现存最早的剪纸实物。这些剪纸的制成时间约为我国南北朝时期（公元460年左右），距今已有1500多年的历史。

剪纸为劳动人民所创造，它融入人们的生产生活、衣食住行、节日习俗、人生信仰和礼仪禁忌之中。在魏晋时期已存在许多与剪纸有关的习俗记载。如晋代《范王集·新野四居别传》记载“家以剪佛手花为叶”。还有南朝时，正月初七有将七种菜制成羹，将彩纸剪成人形或是将金箔镂雕成人形，贴在屏风或戴在头上的习俗。③ 而唐代的剪纸多与祭祀活动有关，其中立春剪纸成为一大特色。立春之日，士大夫的家中一般会将纸剪成小幡，挂在美人头上或挂在枝头，或者是剪成各种与春相关的样式，如春蝶、春钱等。④ 唐代李商隐曾在《人日》诗中提到民间人日剪纸的风俗：“镂金做胜传荆俗，剪彩为人起晋风。”到了宋代，随着城市的发展出现了以此为职业的艺人。据宋人周密《志雅堂杂钞》中记载：“向旧天都街，有剪诸色花样者，极精妙，随心所欲而成。又中瓦有余敬之者，每剪诸家书字皆专门。其后，忽有少年能袖中剪字及花朵之类。更精于二人，于是独擅一时之誉，今亦不复有此矣。”宋代苏辙也在《春日》中写道：“插髻小幡应正绣”，等等。可见唐宋时期剪纸已经开始普及。明清时代，剪纸越发成熟，已经走向鼎盛时期。这时候的剪纸运用范围就更加广阔了。从民俗节日、婚丧嫁娶的窗花剪纸，到日常生活中的彩灯花饰、扇面纹饰，以及刺绣的花样等，无一不是利用剪纸作为装饰再加工而成的。到了20世纪40年代，出现了现实题材的剪纸作品，如反映边区人民生产、生活、战斗的剪纸。中华人民共和国成立后，在“百花齐放，推陈出新”方针的指导下，剪纸艺术家们创作了大量表现社会主义新人新事的剪纸作品，其中儿童、杂技、体育等成为剪纸中最常见的题材。

剪纸在中国分布非常广，各地的文化传统、风俗习惯、审美情趣不同，剪纸也各具特色。郭沫若先生曾说："曾见北国之窗花，其味天真而浑厚；今见南国之剪纸，玲珑剔透得未有。"⑤说的就是南北方剪纸的特色。以陕西、河北、山东为代表的北方剪纸，粗犷豪放、浑厚质朴；以江浙和广东、福建为代表的南方剪纸，精巧流畅、玲珑剔透、秀丽明快。由于文化的多样性和现代信息便利的传递条件，目前剪纸的南北风格之分并不绝对。北方剪纸也有精细的作品，南方剪纸也有浑厚的作品。

剪纸的分类非常复杂，从不同角度就会有不同的分类方法。

根据使用的工具，剪纸可以分为两大类：一是以剪刀为工具的剪纸，如陕西剪纸、山东剪纸、山西剪纸、河南剪纸、甘肃剪纸、四川剪纸、安徽剪纸、江苏剪纸、黑龙江剪纸、吉林剪纸、北京剪纸、天津剪纸、浙江剪纸、广东剪纸、福建剪纸、云南剪纸、贵州剪纸、广西剪纸等；二是刀刻的剪纸，如湖北雕花剪纸、湖南凿花剪纸（用刻刀凿制而成）、浙江乐清细纹刻纸、河北蔚县剪纸等。

按照使用功能的不同，剪纸可以分为四大类：张贴类剪纸、摆衬类剪纸、刺绣底样类剪纸和印染类剪纸。张贴类剪纸，主要是张贴在门窗、墙壁、顶棚、彩扎之上进行美化装饰；摆衬类剪纸，主要是点缀嫁妆、祭品等物；刺绣底样类剪纸，主要是用于刺绣，为绣品设计纹样；印染类剪纸，主要用于蓝印花布的印版。

总之，剪纸艺术就像一幅多彩的画卷描绘着百姓的生活百态、风土人情和精神情感，与人民的生活密切关联。

（二）蔚县剪纸产生的人文环境和地域环境

蔚县剪纸又称"蔚县窗花"，是蔚县民众在长期的生产生活实践中创造的以宣纸为原料，先刻后染的剪纸样式，是我国最为著名的以刀刻为主的点彩剪纸。蔚县剪纸于 2006 年被国务院列入第一批国家级非物质文化遗产名录。2009 年，其作为中国剪纸的重要组成部分，被列入联合国教科文组织"人类非物质文化遗产代表作名录”。“世界上任何一个文化现象的生成，都与所在地域的地理生态和人文历史密切相关。”[⑥]同样，蔚县剪纸的产生与发展也离不开所在地域的人文及地理环境。

1. 深厚的人文环境滋养了蔚县剪纸

远在新石器时代，就有古人类在蔚县境内活动，数千年的历史洗礼造就了蔚州人钻研、勤奋、坚毅、深沉、血性、聪颖和善商的民风，也造就了独特的人文景观。主要体现在以下几个方面：

（1）古人类遗址

蔚县剪纸的文化基础是深厚的仰韶文化，新石器时代许多部落氏族生活在这里。随着历史的发展和当地民俗文化的积淀，逐渐形成了现在蔚县剪纸的艺术形式。目前，从蔚县挖掘出大量仰韶、龙山、夏商等文化遗物，如出土了大量新石器时代仰韶文化的彩陶。彩陶的图案多种多样，造型简洁生动，色彩自然明快，现代剪纸中依然部分保留了这些早期的艺术形式。

（2）古建筑遗存

蔚县有各类文物遗存780余处，其中列入国家级重点文物保护单位的有5处：汉墓群、代王城遗址、释迦寺、玉皇阁以及南安寺塔，列入省级文物保护单位的有19处，各级馆藏的文物有600余件。蔚县县城是目前河北西部保存较为完整的古城。这里留有体现辽、元、明、清各个不同时期建筑风格的古建筑群，以古城堡、古寺庙、古戏楼、古民居为主的建筑蕴含着儒、释、道三种文化。这些建筑尤其是大量的蔚县民居宅院的存在，为蔚县剪纸最初作为窗花的功用提供了赖以生存的载体。

（3）特色鲜明的民俗文化活动

发达的交通和频繁的商业交往促进了蔚县剪纸的产生和发展。主要原因在于：首先，盛行于蔚县农村的各种民俗活动，如打树花、踩高跷、跑旱船、舞狮子等，为蔚县剪纸提供了丰富的文化滋养。其次，明末清初时，小说和戏曲在蔚县得到流行和普及，地方戏曲广泛传唱于当地农村，为蔚县剪纸题材和内容的创新提供了素材，并使其迅速发展。

（4）大众喜闻乐见

蔚县剪纸不同于其他类型的剪纸，有些剪纸如陕西、苗族的剪纸，是当地的妇女闲暇时抒发情感的一种形式。如高凤莲高兴时唱着《信天游》，拿起剪刀就开始剪纸，她的剪纸全是自己心中情感的流露。而蔚县剪纸开始就是沿街叫卖，为了销售，当地百姓是其购买的群体，所以它的发展离不开当地百姓的喜爱。因此，推动其发展的主要动力就是必须符合当地百姓的审美和心理需求，这样蔚县剪纸才会有传承和发展的可能。蔚县剪纸创作题材和纹饰花样，都是随着人民的生产生活的变化而发展和创新的，作品多是大众喜闻乐见的题材和花样。如清末民初戏曲的大量涌入，蔚县剪纸就出现了大量戏曲题材的作品。

2. 特殊的地理环境孕育了蔚县剪纸

蔚县位于河北的西北部，是三山交会、三河交融之地。三山指的是太行山、恒山和燕山；三河指的是壶流河、清水河和安定河。蔚县自古就是中原地区通往蒙古、西北和东北的古道，四面环山，中间又有肥沃的平原，特殊的地理位置和得天独厚的自然资源，这些使得蔚县自古就成为兵家必争之地。《蔚州志》上说："连上古而接云中，山川险固，关隘深严；控燕晋之要冲，为边陲之屏蔽。"顾炎武在《天下郡国利病书》中也称："倒马、紫荆必于蔚州，虽弹丸之地，亦号锁阴，关深隘险，地重势尊。"这片古老土地从战国时就成为南征北战的交汇点，一直到明清时期才渐趋稳定。明代中期以后，蔚县成为南来北往的骡马商队的必经之地和平原与山区的中转路口。商贸的繁荣不仅给当地人民带来了物质生活用品的丰富，同时也带来了各种文明的交流与融合，从而为蔚县剪纸的产生与发展提供了丰厚的土壤和环境。

悠久的历史文化，再加上独特的地理人文环境，促进了蔚县剪纸的产生与发展，在其传承发展中，始终保持了旺盛的生命力和不断创新的活力，并形成了率真、质朴、热烈的艺术风格，得到人们的喜爱。

（三）蔚县剪纸的工艺及艺术特点

蔚县剪纸是手工刻制的点彩剪纸，是数代蔚县人刻苦探索的思想和智慧的结晶。据田野调查和对剪纸艺人代际相传的传承谱系推算，蔚县剪纸始创于清代咸丰年间，距今已有 200 多年的历史。初始图案纹样大多为花卉，后融入武强年画的艺术特色，形成了自己特有的风格。它题材广泛，有戏曲人物、脸谱，神话传说，花鸟鱼虫，吉禽瑞兽，家禽家畜等多方面的内容。蔚县剪纸构图精巧、刀韵醇厚、色彩明快艳丽，具有鲜明的艺术特色，深受民众喜爱。因此，对其工艺进行进一步的研究就显得格外重要。

1．流程缜密，工序繁多

蔚县剪纸经过了上百年的发展，形成的工序繁多，但是流程缜密。其主要的工序流程为：画样—拨样—纸坯制作—刻制—染色—分拣—包装。“画样”就是艺人沿用旧稿或是借鉴其他样子设计剪纸的底样。底样是剪纸的基础，最能体现艺人的艺术素养和审美水平。底样完成后，就开始“拨样”；所谓拨样，就是用刀把画好的底样刻下来，艺人可以根据自己的经验对画稿进行适当调整，这也是二次创作的过程。拨样完成后，进入“纸坯制作”的工序；纸坯制作工序还分为捋纸、撒粉子、熏样、订活儿、裁活儿、闷活儿、晾活儿几道工序。蔚县剪纸不是单张刻制而是成刀刻制，所以需要对纸坯进行加工处理，便于成刀处理。纸坯制作完成后，进入“刻制”工序，这是整个工序中的重头，最显艺人的功力。刻制完成后，开始“染色”；染色也是非常重要的工序，是体现剪纸色彩艺术的关键。分拣和包装，是最后的收尾工作。蔚县剪纸各道工序细致严格，环环相扣，但又自成体系。

2．阴刻为主，阳刻为辅，刀工精湛

蔚县剪纸不同于其他剪纸之处在于，它并不是用剪刀剪出来的，而是刀刻出来的。所谓阴刻，简单地说就是刻掉线条和花纹，留下图案大的块面，这样使图案有整体感；而阳刻则是刻掉图案的空白，留下图案的线条和花纹，使图案清新明朗。

河北省省级非遗传承人高佃亮工作室中的剪纸艺人正在刻纸

周淑英剪纸工作室的剪纸艺人正在给作品染色

蔚县剪纸在刻制时，当地流传着“阴刻点染阳刻功，阳刻方显龙点睛”“造型神似有韵趣，线条简练不宜密。作品忌用交叉线，慎用直线不死板。装饰线来分色线，连接巧妙客喜欢”的口诀。过去技艺精湛的老艺人一刀能刻70多张纸，现在许多艺人只能刻四五十张了。蔚县剪纸所用的刻刀有大、中、小和圆刀等不同的型号和样式，分别用于处理剪纸的粗部、细部和圆点。在刻法上以阴刻为主，留面去线；辅以阳刻，留线去面，这样实多空少。作品阳中有阴，阴中有阳，阴阳结合，平衡和谐。蔚县剪纸追求刀法细致、纹路多变、线条流畅，具有镂空感。“大戏剧脸谱剪纸精品，能在半尺多宽的宣纸上刻出150多根胡须，根根细如发丝，间如丝，不断不连，纹理清晰，堪称一绝。”⑦

蔚县剪纸染色时所用的毛笔及颜料

3．染色技艺，复杂多变

在蔚县剪纸技艺中，“染”是一道非常重要的工序。染色又叫“上色”或“点色”。蔚县剪纸吸收借鉴了年画、皮影、刺绣等工艺的色彩艺术，将色彩与宣纸完美地结合在一起，使平淡、单色的剪纸变成了缤纷多彩、五色斑斓的艺术品，这个目前看似简单的“染色”，却是艺人当时了不起的发明和创新，使蔚县剪纸从其他剪纸形式中脱颖而出，独树一帜。经过多年的实验和总结，蔚县剪纸的染色工艺目前已经非常成熟。剪纸在染色前每下一刀，先要在纸边上试色，以确保色正，有光泽。染色顺序讲究，先正面后背面，上完一道颜色再上第二道颜色。染色工序口诀是：“先染阳来后染阴，由浅入深规律经。尤其三种颜色配，比例适度亮新鲜。辅色技法要认真，浓淡过渡不死硬。三分刻来七分染，染色最忌花溢串。局部染好局部精，整体效果不可轻。”这个口诀基本概括了染色的规律，但是由于每张宣纸在纸质方面都有微差，也会影响剪纸最终的颜色效果，艺人要根据经验进行细心调整，才会使作品效果基本统一。

总之，蔚县剪纸经过不断的发展、创新，逐步形成了自己独特的艺术特色。

（四）蔚县剪纸的价值与审美特征

1. 蔚县剪纸的价值

蔚县剪纸是从深厚的文化历史积淀中产生、演变和保留下来的。它生动地展示并表现了蔚县地区群众的人文情趣、生活面貌和价值观念等方面内容，具有重要的审美价值、经济价值、历史价值和人文价值，是了解蔚县人文风俗的重要手段。

（1）审美价值

蔚县剪纸是由古老的民间艺术所传承和发展起来的，从形式和内容上都体现了蔚县人的审美追求。从形式上看，蔚县剪纸的色彩、线条、形状和结构代表着约定俗成的含义。如色彩方面：红色代表喜庆热烈，蓝色代表沉重敬意，白色代表纯洁无瑕，黄色代表明亮高贵，绿色代表祥和平静；线条方面：直线的刚强，曲线的灵动，方形的刚劲，圆形的柔和；形状方面：整齐说明秩序鲜明，对称说明和谐稳定，变化说明生动活泼，等等。这些约定俗成是蔚县剪纸在长期的不断完善与发展过程中，逐渐形成的色彩、线条、构图等方面的高度统一。同时蔚县剪纸丰富多彩的、积极向上的、雅俗共赏的题材和内容，也充分体现了蔚县人民对生活、生命、思想、道德、精神等方面美的追求，体现了普通百姓的情感世界和道德伦理观念。

这种观念还会通过剪纸这种艺术形式传给下一代，是对下一代美育的很好教材。

（2）人文价值

蔚县剪纸的人文价值体现在三个方面：第一，对生命繁衍的期待。传统蔚县剪纸图案中许多图形是对农民生活中常见动植物的描绘，寄托着先民对自身生命永恒和繁衍的期待。这类剪纸多用抽象浪漫的图案，利用生活常见的花鸟鱼虫、飞禽走兽、寿桃等蔬果和具有象征意义的图案，表达人们对和谐美好的愿望、对生活的向往等。如蛙、鱼、鸳鸯、龙凤、石榴、葡萄、莲等，是老百姓最喜欢的图案，也是十分常见的图案。鱼和莲都有强大的繁殖能力，莲（连）生贵子的谐音寄托着老百姓的希望。第二，对吉祥平安的期望。如剪纸所体现的福寿安康、富贵吉祥，无灾无难、长寿平安、富贵康健等意蕴。在剪纸图形的选择上，蝙蝠、鹿、鸡、喜鹊、鱼，梅花、牡丹、菊花、桃子，铜钱、如意等，都是百姓喜用的图案，表达着百姓的愿望。如“得在麒麟”“祥龙降兽”“十二生肖”等多在节庆时张贴，增加祥和喜庆之意。第三，对戏曲艺术的热爱。“戏出”和“脸谱”系列剪纸，体现广大民众对善的弘扬、对恶的憎恶，期待和谐美好生活的愿望，同时也具有教化作用。蔚县剪纸的“戏出”制作技艺高超且题材广泛，包括故事题材和脸谱题材两种。由于特殊的地理和人文条件，蔚县人民对于戏曲非常热爱，逢年过节都会听一听。剪纸中的戏人，是当地各种剧种（如京剧、河北梆子、评剧、晋剧等）中的特性鲜明的戏曲人物形象的体现，表现形式分为两类：脸谱和戏出故事。脸谱类剪纸取材于戏曲脸谱，通过对戏曲脸谱的概括、简化和夸张，将脸谱艺术用剪纸的形式表现了出来，代表有“关羽”“项羽”“张飞”“孙悟空”“申公豹”“薛刚”等；戏出类剪纸取材于戏曲人物中最精彩的亮相，通过一组高度概括的剪纸人物，将戏曲中最典型的故事情节表现出来，代表有“天水关”“辕门射戟”“父子会”“秦英征西”“飞虎山”等大量作品。

总之，蔚县剪纸在长期的发展过程中，作为一种传统的文化载体，必然带有文化的象征内涵。

（3）经济价值

蔚县剪纸在当地经济的创收中起了举足轻重的作用。全县有 16 个乡镇的 96 个行政村都从事剪纸业，拥有 1000 多户剪纸专业户，从业人员达 3 万余人，年均剪纸500万套，年销售额可达3亿多元。产品销往欧、美、日等地50多个国家和地区。并且随着剪纸艺术的广泛传播与推广，蔚县境内780多处古迹被世人所认知，进一步促进了旅游业的发展，带动了当地餐饮业、酒店业等相关行业，以及旅游产品、旅游纪念品等相关产品的开发和销售，拉动了当地的经济收入。

（4）历史价值

非物质文化遗产必然会承载着历史和文化，是我们了解历史、认识历史的载体。蔚县剪纸作为传统美术类的非物质文化遗产，它融于蔚县人的衣食住行、节日风俗、人生礼俗和信仰禁忌的社会生活之中，是优秀的传统文化表现形式。通过对蔚县剪纸工具、题材、工序、应用等调查，可以了解到当地人的生活、思想、情感和文化。总之，蔚县剪纸植根于民间，它像一幅多彩的画卷，描绘着蔚县的风土人情和生活百态，具有重要的历史价值。

2. 蔚县剪纸的审美特征

蔚县剪纸深深植根于民间，是一代代蔚县人智慧的结晶，件件作品都反映了农耕社会劳动人民的审美情趣、审美要求和美好理想。蔚县剪纸无论是在纹样、构图，还是在色彩运用上，都体现着民众对美的追求。

（1）纹样美

蔚县剪纸具有仰韶文化等早期文化纹样的特点，又有“三山三河”文化的特色，其纹样特点大致可以分为几何纹样和仿生纹样两大类。几何纹样主要是几何图形，又可分为线条纹与文字纹。利用直线、曲线等各种线，组成有规律的流苏状纹样的线条纹，多用于头发、胡须、衣着，鸟兽的羽毛、皮毛，花卉的根须、枝茎等需要对细部进行纹理表现的地方；源于汉字字形的文字纹，多是利用文字本身的字形与字意，融入人们对和谐吉祥的期盼，如“回”字纹象征长长久久，也深受民众的喜爱。仿生纹样主要是特殊纹理转变而成的，其创作来源多是生活中常见的生物。比较常见的仿生纹理有多用于人物铠甲、丝带等饰品塑造的鱼鳞纹[⑧]，和多用于人物、鸟兽皮毛的蝌蚪纹[⑨]。

（2）构图美

蔚县剪纸画面饱满，实多于虚、黑大于白、面强于线，繁简有序、朴实大方。多种物象排列其中，甚至将处于不同时空、互不相关的物象组合在一起，如鲜桃和

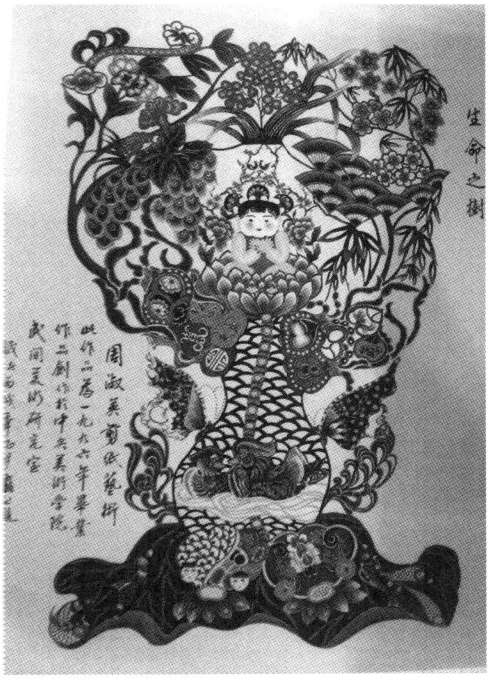

国家级非物质文化遗产项目代表性传承人周淑英作品《生命之树》

国家级非物质文化遗产项目代表性传承人周淑英作品《生肖纳福图》

石榴长在一个枝头上，夏天的水萝卜和秋天的大白菜放进一个篮子里。剪纸艺人将选中的题材和纹样精心安排在一个画面中，再经过对画面中的各种元素、各个部分进行对比调整，力求使画面达到立体饱满同时又均衡唯美的构图效果。所以并没有产生不协调的拼凑和让人产生画面很“堵”的感觉。

在画面布局上，蔚县剪纸讲究先定一个主形体。它的主导地位确立后，再安排其他的次要形体，使之起到烘托、陪衬和装饰的作用。如戏曲人物，在构图时要以画幅中心作为视觉聚点来安排形体，达到稳定平衡，再用人物四肢的不同动势，以及甲胄、袍服、剑戟、飘带、翎羽不同的角度来处理四周的空间。这样，人物虽少，但无单薄感。蔚县人喜欢这种布局方式，称为“天庭饱满，地廓方圆”。这是蔚县剪纸的一大艺术特色，充分体现了其考究的画面构图方式。

由于蔚县剪纸多是用于在窗户上进行张贴，画面形式上就相对简单一些，大致可以分为方形构图、圆形构图和组合型构图三种形式。为了便于题材的表现，几种构图方式又可进行演变。如方形构图用于表现花卉题材时，可以演变为长方形构图、各种菱形构图等；除了椭圆形和正圆形的圆形构图外，可以通过夸张、分割等方法，将圆形进行局部演变；在组合型构图方面，现在创新的组合有扇形组合和三角形组合两种，多用于表现风景题材，蔚县人称为“团花”。总之，蔚县剪纸的构图方式并不拘泥于以往固有的形态，而是根据日积月累的经验和领悟，通过想象和审美，根据需求对画面中的各种元素进行安排，让每件剪纸作品充满生气和感情。

（3）色彩美

蔚县剪纸色彩丰富、特征鲜明，具有极强的视觉冲击力和审美情趣。蔚县剪纸以红色、绿色为主色调，在视觉上给人以欢乐、喜悦的艺术享受。从色彩构成的角度来说，其色彩的基础色是红、黄、青、黑、白五色，其中又包含过渡色。现在多用的颜色有红色、粉色、黄色、杏黄色、蓝色、紫色、雪青色等。红色，俗称“热色”，象征着浓烈、喜庆、温暖，蔚县剪纸中，可以将任何事物装点成红色，如红色的牛、羊、马等；绿色，又称“闹色”，体现着新生、青春、茁壮。红绿搭配，色彩跳跃，所谓“红配绿一台戏”，体现了浓艳和热闹的气氛。这种用色方法，使蔚县剪纸贴在窗户上，能达到抢眼悦目的效果。

在配色方面，蔚县剪纸已经大致形成了一套模式，如红黄配、蓝黄配、紫绿配等。蔚县剪纸的色彩绚丽但不浮躁，鲜艳但不俗套，明亮但不耀眼，高度饱和的色彩中蕴含着蔚县深厚的文化积淀，色彩是蔚县剪纸作品的又一大亮点。

三、蔚县剪纸的保护与传承

（一）蔚县剪纸的保护状况

蔚县剪纸作为国家级非物质文化遗产代表性项目，需要根据《保护非物质文化遗产公约》的精神进行保护。蔚县当地政府一直重视蔚县剪纸传承和发展，尤其是蔚县剪纸入选第一批国家级非物质文化遗产项目名录以来，按照“政府主导，社会

蔚县县城中的“中国剪纸第一街”

蔚县的剪纸专业村之一——南张庄村

参与”的原则，积极传承和发展这一传统文化表现形式。

1．政策方面的大力支持

当地政府在中华人民共和国成立以后积极扶持蔚县剪纸的传承和发展。1956 年，蔚县县委、县政府组建了窗花生产合作社、蔚县民间艺术剪纸业生产合作社；1958 年，在张家口市文化馆举办了蔚县剪纸展；1978 年和 1979 年，蔚县剪纸在石家庄和北京两次举办蔚县剪纸展览；从改革开放到现在的 40 多年间，蔚县剪纸得到持续发展，培养了大批优秀剪纸艺人。县政府在“文化立县”的口号指导下，举办了两届中国剪纸艺术节，反响强烈。

自非物质文化遗产保护工作开展以来，当地政府在贯彻国家层面制定的法律、法规和文件外，还根据当地保护工作实际情况，制定了相应的保护规划，促进蔚县剪纸的传承和发展。2003 年，蔚县人民政府承办了“中国民间文化遗产抢救工程剪纸专项工作会议”，进一步扩大了蔚县剪纸国内外的知名度和影响力，会议发表了《蔚县剪纸宣言》。蔚县被中国民间文艺家协会授予“中国剪纸艺术之乡”和“中国剪纸艺术研究基地”的称号。

2．积极探索个体生产与现代市场相结合的保护方式

蔚县县委、县政府一直积极探索个体生产与现代市场对接的新思路。在资源整合、基础建设、人才培养、精品创作、市场开发、品牌营销等方面给予政策、资金等方面的扶持，营造有利于出人才、出精品、出效益的良好环境。依托剪纸龙头企业、剪纸行业协会和剪纸艺术大师、蔚县剪纸的代表性传承人、民间工艺美术家，加大理论研究和设计创新、精品研发力度，把剪纸生产延伸到节日庆祝、旅游、商贸产业的经济范畴，推向市场，增强整体竞争实力。

在蔚县县委、县政府的支持下，蔚县不仅拥有国有企业——蔚县剪纸出口总公司和集体股份制企业——蔚县剪纸厂，蔚县剪纸产品还在河北、山西、内蒙古、吉林等地出售；据相关资料统计，蔚县目前从事剪纸行业的艺人近3万人，他们分布在全县22个乡镇中的16个乡镇，这些乡镇共96个行政村中，有28个是剪纸专业村，1100多户人家是剪纸专业户。蔚县剪纸成为蔚县的一项重要产业。据初步统计，近年来，周淑英、周玉、周广、高佃亮、王峰、焦新德等20多位剪纸艺人的年收入已超过100万元。另外，全县各个乡镇的村落中有许多民营剪纸厂和剪纸作坊，还有更多的家庭从事剪纸的制作、销售等相关工作。

3．积极开展蔚县剪纸的研究工作

蔚县剪纸一直受到学术界的关注，出版过《中国蔚县剪纸》《剪纸大师——王老赏》《民间刻纸集》《中国剪纸瑰宝——蔚县窗花》《民间窗花》《中国蔚州民俗文化集成——窗花口述史（卷四）》《河北蔚县剪纸的创新与发展》《中国蔚县剪纸100

蔚县剪纸艺人王老赏戏剧人物作品

蔚县剪纸艺人王老赏作品《宝瓶》

高佃亮剪纸工作室中所展卖的剪纸作品

周淑英剪纸工作室一隅

图集》等。当地政府在收集整理蔚县剪纸相关资料的基础上，出版了《蔚县文史资料选辑》等理论成果，这些理论成果的出版和发表，对蔚县剪纸的保护与传承产生了积极作用。

4．利用有效的传播手段，开展宣传工作

由于政府的大力支持和社会各方的积极配合，蔚县剪纸目前已经销售到世界各地。过去以每家每户为单位的小手工作坊，现在已经发展为上百人流水作业的大企业，剪纸作品数量剧增，并且已走出国门销往世界各地。在当地，蔚县剪纸已经形成了一定的规模产业，并迅速扩大。蔚县县政府和剪纸协会利用各种现代化的宣传手段，对剪纸进行宣传报道。同时还举办剪纸活动、剪纸展览、研讨会等，把蔚县剪纸及剪纸传承人推介出去，以提升蔚县剪纸的影响力；精心打造自有品牌，提升蔚县剪纸的知名度。

（二）蔚县剪纸的传承情况

蔚县剪纸从始创的清代咸丰年间至今，涌现了众多优秀的剪纸艺人，他们用自己的聪明才智丰富和发展着蔚县剪纸。

初期，蔚县剪纸没有专门从事剪纸行业的艺人。到了20世纪30年代，才出现了专业的窗花设计制作艺人。当年翟家和吕家是蔚县剪纸制作的代表，翟家刻花卉，吕家刻戏人，但是剪纸制作粗糙，色彩单调，种类很少。到了20世纪末，王老赏的出现才让蔚县剪纸的艺术走向成熟，并且传承下来，他设计的剪纸图样直到现在还被沿用。王老赏在前代制作窗花的基础上对戏曲人物、刀具、刻制技艺和点彩技艺等方面都进行了大胆的创新。王老赏一生共设计了300多出戏，1800多个戏曲人物，使蔚县剪纸闻名天下。

根据田野调查，蔚县剪纸的传承主要有四种形式：血缘传承，即祖承，父传子、祖传孙、兄传弟等，如王老赏传子王守业，李佃士传女李凤英，周永明传子周广、传女周淑英，周赐传子周兆明等；业缘传承，即师承，如周瑶收王老赏为徒、王老赏收周永明为徒、周永明收周广为徒等；姻亲、朋友传承或地缘传承，如卢全才传亲戚仰吉文，温军传朋友李生等；还有自学成才。蔚县剪纸虽然传承途径多样，但是传承谱系清晰，这既是传统技艺保密所致，也反映了小农经济的保守思想。

进入21世纪后，随着我国非物质文化遗产保护工作的开展、深入，优秀的剪纸艺人不断涌现。据笔者调查，到2016年，蔚县剪纸作为国家级非物质文化遗产代表作项目，国家级非物质文化遗产项目代表性传承人有周兆明、周广、周淑英3人；河北省省级非物质文化遗产项目代表性传承人有高佃亮、焦新德2人；市级非物质文化遗产项目代表性传承人刘海滨、魏永清、周河、周志旺、周淑清、安晓燕、焦新胜、王峰、王文林、李宝峰、孙清明11人。同时，在河北省蔚县周赐世家剪纸厂、中国河北蔚县南张庄周淑英剪纸工作室、王老赏周永明世家剪纸公司等11家剪纸厂的带动下，全县有2.8万多人从事蔚县剪纸行业，有力地促进了蔚县剪纸的传承与保护。

（三）蔚县剪纸的现存状况

随着商品经济的发展和现代化的进程，蔚县剪纸已不是以前农闲时以每个家庭为单位，小作坊生产的方式进行制作，通过卖一点剪纸补贴家用的初级商业形式；也不是单个剪纸艺人依靠自身劳动力糊口的手段。目前，蔚县剪纸已成为当地经济的支柱产业，是当地创收的“大户”。剪纸产品的创作流程已经由分工协作、流水生产的手工制作企业转向规模化生产，每道工序责任明确，各司其职，如画样与拨样、纸坯制作、刻制、染色、分拣与包装等，极大地提高了生产效率。据统计，蔚县16个乡镇，大概有1100多户剪纸专业户，年产剪纸约500万套。

与此同时，蔚县剪纸的功能正发生着转变，即从承载文化符号、美化环境的载体向工艺美术品和旅游纪念品方面转变；农村地区仍有贴窗花的习俗，传统样式的剪纸虽有市场，但日趋式微。

四、蔚县剪纸保护和传承的问题与对策建议

（一）蔚县剪纸保护和传承的问题

随着非物质文化遗产保护工作的全面开展，民众对非物质文化遗产的抢救和保护具备了强烈的认同感和紧迫感。但是，随着社会的发展，现代化进程的加速，加快了传统文化及其表现形式消亡的步伐，蔚县剪纸也不例外，主要表现在以下六个方面：

1．生产性保护中的急功近利

蔚县剪纸的保护应在保持其真实性、整体性和传承性的基础上，以有效传承核心技艺为前提，借助宣传、生产、销售等方式，将蔚县剪纸很好地保护和传承下去。随着商品经济的发展，蔚县剪纸由原来作坊式的生产方式发展成为规模化、产业化的生产模式。而规模化的经营、流水线式的生产，使学徒们在做某道工序时，只是机械地复制，无法使自己的情感及创造力融入剪纸作品。更有甚者为了追求经济效益，迎合市场需要，采用电脑设计图纸并用电脑刻纸、染色。“剪纸艺术就不能用电脑程序来设计后许多人照搬一种图案，或用机器来大批量复制，因为这样做了以后，就把图形固定了，今天与20年以后就没有差别了，不能把传承人的智慧创造和审美趋向的变化及创作当时的情绪融合在里面，这就是人为地中断它的自然演变进程，就是对它的破坏。”[10]对蔚县剪纸的保护，不能人为地去凝固它，也不要人为地去使它突变，而是要尊重它自身演变的规律。

周淑英创作的《清明上河图》(局部)

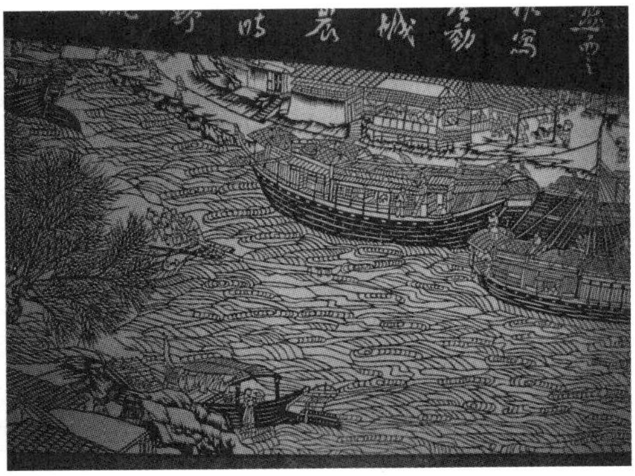

电脑设计并雕刻的《清明上河图》(局部)

2. 蔚县剪纸脱离了其传统载体

因蔚县特殊的地理环境，古堡建筑是当地民众传统的居住方式。蔚县有句俗话：“进村看门楼，进院看窗户。”因此，蔚县家家户户无论是在窗户的设计还是装饰上都很用心。为了美观和喜庆，蔚县人会在窗纸上仔仔细细地粘贴上一张张色彩绚丽的窗花。同时，剪纸作品本身承载的文化符号，使人在观赏中受到传统文化的熏陶。但随着社会经济的发展，古老的建筑被现代楼房取代，传统的木格白麻纸窗换成了玻璃窗，蔚县窗花的载体发生了变化。蔚县剪纸从承载文化符号、美化环境的载体向工艺美术品和旅游纪念品方面转变。据笔者调查，在当地城镇，大多数传统民居被破坏甚至摧毁，蔚县剪纸渐渐失去其赖以存在的物质载体，只有部分住在山里的人家还保持着贴窗花的习俗。

3. 缺乏当代艺术创造活力

传承人不仅掌握着精湛的技艺，同时他们也是非物质文化遗产知识的传递者，是确保非物质文化遗产生生不息、代代相传的最为重要的载体。像王老赏、周永明等，都对剪纸艺术由衷地热爱和痴迷。他们凭借多年的经验，通过思考和想象，将生活中的所见所闻所感融入剪纸艺术创作，创造出一批批优秀的作品。现在，越来越多的蔚县年轻人不愿再从事这门看似枯燥的手艺，他们外出求学，学成后，有的选择出国深造，有的选择留在城市发展，很少有人愿意回到家乡从事与剪纸有关的工作。

现在蔚县许多剪纸厂或剪纸社里，有大量年轻的学徒，但是他们一般都缺乏

河北蔚县暖泉古镇中的老窗格

河北蔚县暖泉古镇老窗格上的窗花

专业基础知识，其中或许有具备艺术天赋的人，但大多数都是因为学习差、难以升学，同时又找不到其他更合适的工作，最后无奈选择了学习剪纸。经过学习和练习，他们虽然能够熟练掌握纸坯制作、刻制、染色等方面的技术，但是在图案和纹样的创新开发上却难有建树。目前，蔚县剪纸的代表性传承人及工艺美术大师，能够根据社会的发展和时代的需要创作新的剪纸题材和图案；但若干年后，如果没有可以进行题材创新、图样设计的人才加入，蔚县剪纸将面临严重的传承危机。

4. 加工工艺有待完善

蔚县剪纸是以阴刻为主要技法，并通过点彩的方式进行染色的剪纸艺术，相比其他剪纸艺术，工艺较复杂，流程较烦琐。蔚县剪纸历经200多年，仍沿用着传统的制作工具和工艺手段，如自行车辐条加工而成的刻刀，白酒勾兑品色形成的颜料等。在晕染技术的要求下，蔚县剪纸仍使用品色作为颜料，这种颜料着色的稳定性较差，如果剪纸作品收藏不够妥当，剪纸就会褪色。剪纸作品易褪色是蔚县剪纸自产生以来一直难以解决的问题。笔者在调查中了解到，当地多家剪纸社用以陈列剪纸作品的展厅都是阴暗而不见光亮的房间，这是怕光线照射减弱剪纸的颜色不得已采取的办法。在过去，蔚县剪纸只是作为家家户户逢年过节窗户上的装饰物，来不及褪色时就已经更换新的剪纸，剪纸的褪色问题并不凸显；而如今，随着非物质文化遗产保护工作的推广，人们对蔚县剪纸的认知度不断提升，蔚县剪纸成为传统工艺品被越来越多的人收藏，因而，尽快找到易褪色问题的解决方法就显得尤为重要和异常紧迫。

5．理论研究不深入

蔚县剪纸历史悠久、题材多样、纹样丰富、构图百变、色彩绚丽，体现了蔚县当地老百姓的人文情感、生活方式和礼仪风俗。自20世纪五六十年代至今，蔚县剪纸一直被学界所关注，从剪纸作品本体研究到剪纸艺术发展，再到剪纸艺术创作者，都留下了大量的著作。虽然研究成果和著作颇为丰硕，但从类别上看大都重点关注四个方面：一是对蔚县剪纸作品资料收集整理类编；二是对剪纸作品的文化符号解读；三是对蔚县剪纸生存现状的分析；四是对蔚县剪纸的宣传介绍。其中，宣传介绍类的作品占据了大多数，却少有对蔚县剪纸及其传承人运用人类学、社会学、美学等学科知识，采用田野调查和口述史方法进行科学系统深入研究的理论著作。

6．传承人知识产权保护意识薄弱

据笔者调查，蔚县剪纸传承人对自己制作剪纸作品的知识产权保护意识薄弱，具体表现如下：第一，一些外地剪纸艺人，请蔚县剪纸传承人为其设计、制作蔚县剪纸后，将这些作品变成自己的作品去参赛、参展，以提高自己的知名度，并带来可观的经济收益；第二，许多外地商人找到蔚县的剪纸厂定做剪纸，并以自己公司的名义署名销售，而剪纸产品上却没有任何传承人制作的标志；第三，有些来蔚县拜师学艺的外地学徒，回到家乡后办起剪纸厂，声称自己产的剪纸属当地特产、技艺师承祖辈，却绝口不提师承蔚县剪纸传承人事宜。如今，剪纸市场中还存在许多类似的不规范现象，因此，我们有必要加强对蔚县剪纸传承人知识产权的保护。

（二）蔚县剪纸保护与传承的对策和建议

1．注重人才培养，促进传承能力的提升与保护水平的提高

非物质文化遗产是以其传承人的实践活动为主要载体的“活”的文化形态。因此，《中华人民共和国非物质文化遗产法》提出了指导非物质文化遗产保护工作的重要原则之一是“注重其传承性”。为此，对蔚县剪纸后继人才的培养就显得尤其重要。如何提高蔚县剪纸的人才培养，笔者建议：第一，当地文化主管部门应加强对代表性传承人信息系统的采集，建立该项目代表性传承人档案资料库并定期调整，做到及时、准确地掌握传承人资料和信息。第二，组织相同或相似项目传承人进行交流和沟通，帮助提高传承人的传承能力和技术水平。第三，加大对传承人的培养，将蔚县剪纸纳入乡土教材，同时，应对蔚县剪纸传承人开展短期培训。文化部于2015年发起了“非物质文化遗产传承人群研修研习培训计划”，并在全国18所院校开办普及培训班作为试点。同年11月，文化部办公厅、教育部办公厅联合印发通知，“拟委托有关高校、设计企业等开展非遗传承人群的教育培训，该计划将从传统工艺传承人群入手，逐步扩展到非物质文化遗产保护各领域”[11]。蔚县剪纸应抓住机遇，选取具有一定潜力并愿意学习的年轻人参加培训。第四，加强对蔚县剪纸传承人资金资助力度，通过多种渠道筹措资金，如建立传承人保护基金会，或是由政府牵头通过招商引资、项目合作、合作开发等手段支持传承人带徒传艺，使他们免除后顾之忧，一心一意地将蔚县剪纸的传统技艺传承下去。第五，完善传承人监督机制，蔚县剪纸代表性传承人应按照蔚县剪纸传统制作工艺、材料和图案造型等进行剪纸制作，由省市专家委员会的专家定期进行走访，观看制作过程、验收作品，建立奖惩机制，如果认定该传承人没有履行自己作为传承人的责任，使其不再享受政府专项资金扶持并取消其传承人称号。只有如此，才能使剪纸传承人得到切实的保护，当地政府开展保护工作才能做得更到位、更全面、更透明、更实效。

2. 加强对蔚县剪纸赖以生存的自然、人文生态环境的保护

生态环境是形成非物质文化遗产所特有的自然和人文的整体性场景。蔚县剪纸是在特定生存环境、生产方式、生活智慧、文化人格等诸多因素组成的立体空间中得以生成、传承的。为此，要保护好蔚县剪纸，就必须保护蔚县剪纸所赖以生存的自然人文环境。

（1）对所处自然生态环境的保护

自然生态环境一般具有独特的空间布局形式、传统建筑形式以及相对应的自然地理、地貌，这种独特的自然生态环境塑造出与之相适应的传统艺术形式。蔚县剪纸与当地古堡建筑的结合堪称这方面的典范。窗户是建筑物的“眼睛”，在古堡门窗上装饰窗花是蔚县人对美的追求与向往。为此，对古堡这一建筑形式的保护，有利于蔚县剪纸的传承与发展。

（2）对当地文化生态环境的保护

文化生态环境是指某一文化的生存状态与生存背景。非物质文化遗产是在特定的文化空间产生的传统文化表现形式，它与特定时代的文化生态环境息息相关。蔚县民众过年贴窗花、看大戏等民俗活动，在当地人们日常生活中占有重要位置。然而，随着科技进步和社会发展，原有的文化生态环境遭到破坏，传统生活方式逐渐被现代生活方式所代替。保护蔚县剪纸，不能仅仅保护其项目本身，还要保护与之密切相关的文化生态环境。蔚县剪纸与民众的生活息息相关，它与当地的社会生活、经济条件和民俗民风等文化生态的各个方面构成互动体系。传统民俗曾经的兴盛隐含着文化生态的自律性，只有深入理解传统民俗的内涵并结合时代需要为其注入新的活力，才能促进这些传统民俗在现代社会的延续与复活，从而促进蔚县剪纸的保护与传承。

3．在实施生产性保护过程中，要处理好继承与创新的关系

保护非物质文化遗产最行之有效的方法是在遵循其自身衍变规律的基础上，不断适应环境变化，加强自身造血功能，从而激活生命力。

首先，在年节市场上鼓励、推广蔚县剪纸销售。蔚县剪纸是当地群众在生产生活中产生并传承至今的优秀传统文化，它只有适应当代生产、生活，在继承传统的基础上不断创新，才能保持长久的活力。随着现代社会的发展，蔚县当地人对过年过节贴窗花的习俗已慢慢淡忘，使蔚县剪纸从窗户上走下来，成为用于观赏及收藏的艺术品。这就使传统题材的蔚县剪纸失去了市场，从而也使蔚县剪纸中蕴含的文化内涵淡化。为此，笔者建议当地政府适当鼓励在年节市场中销售蔚县剪纸。

其次，蔚县剪纸的刀刻与点染技艺使它区别于其他民间剪纸而具有独特性，成为蔚县剪纸制作工艺的“核心技艺”。蔚县剪纸艺人中普遍流传着“三分刻，七分染”的说法，采用独特的刀刻技法和点染工艺制作的传统蔚县剪纸，因色彩浓烈，从而发挥着渲染节日气氛的艺术功用。因此，在进行非物质文化遗产保护工作时，先要明确传统手工技艺的“核心技艺”是什么，并建立传承、保护“核心技艺”的意识，进而把握住非物质文化遗产项目传统制作工艺的本质特色。

最后，蔚县剪纸经过长期发展，其生产制作已成为具有工艺流程化、操作规范化和形态样式化的手工业生产，并在保持实用性的基础上不断强化其欣赏价值。对蔚县剪纸实施生产性保护需要遵循传统手工艺的生产规律及运行方式，在生产实践中加以保护。通过全面保护剪纸工艺的立体运作体系，提高剪纸传承人的经济和社会地位，延续传统技艺的传承方式，保持核心技艺和完整工艺流程，保护原料、工具和生产场所等关乎核心技艺存续的生产资料等，使蔚县剪纸的生产发展能够满足社会需要和占领消费市场。政府和社会若能为之争取或提供订货订单，那么对传统手工技艺的生产性保护工作将起到极大的推动作用。

所以，蔚县剪纸实施生产性保护需要处理好继承与创新、保护与利用的关系，这也是现在许多传统美术类项目在传承发展中应重点关注的问题。

4．完善蔚县剪纸的制作工艺

蔚县剪纸使用自行车辐条加工改制的刻刀，以及白酒勾兑品色的颜料进行染色的简陋工艺，加之品色颜料上色后不能长时期保存，受强光照射后褪色严重的问题，成为制约蔚县剪纸工艺发展的瓶颈。针对这些问题，要积极探索利用现代工业手段，改进工具和染色工艺的方法。首先，刻刀之所以采用自行车辐条制作，原因在于价格便宜，且钢材质量好，兼具强度和韧性。解决的办法是，蔚县所在的河北省是钢材生产大省，可以通过原料和蔚县剪纸从业人员庞大的优势，在传承人参与的前提下，支持研发专门的刻纸刀具，并大量生产，降低成本，改变目前工具简陋的状况。其次，品色具有价格低廉、易溶于水的特点，当地剪纸艺人总是割舍不掉。但是，可以支持剪纸艺人使用不易掉色的纺织染料、国画颜料或者传统的矿石植物颜料，这些颜料价格虽然比品色贵，但是不会产生强光照射后褪色问题。当地政府可出面与颜料生产企业，采取集体议价的方式降低成本。总之，在现代化的今天，解决蔚县剪纸工艺上的瓶颈，是促进蔚县剪纸传承和保护的重要手段。

5．加强理论研究工作，促进蔚县剪纸的科学系统化保护与传承

首先，蔚县剪纸的深入研究必须遵循学术研究的方法和要求，运用人类学、民族学、美学、戏剧学、社会学、经济学等相关理论知识，采用田野调查、口述史记录、图形图像分析等手段，对历史上保留至今的剪纸作品进行色彩、构图、寓意、创作思路等方面的逐一著录，而不是图像的罗列和简单的介绍。其次，扎实开展普查和重点的田野调查，系统科学地分析当前蔚县剪纸的状态、问题和解决之道。最后，对目前健在的老艺人进行口述史访谈，收集整理其学艺经过、传承脉络、生活经历、创作情感等内容，完整记录其从事蔚县剪纸的整个历程，为培养新传承人提供可靠例证。

6．重视对蔚县剪纸传承人知识产权的保护

“知识产权，是指著作权、专利权、商标权等人们对自己创造性的智力劳动成果所享有的民事权利。”[12]蔚县剪纸是由蔚县民众在生产生活的实践中所创造的劳动成果，为此，可以作为知识产权法的客体而受到保护。

（1）著作权保护

著作权法是要保护著作权人的合法权益，包括保护文学、艺术和科学作品作者的著作权。而对于蔚县剪纸，著作权法保护的主体是蔚县剪纸传承人，保护的客体是在艺术领域里具有独创性并可复制的创作成果。蔚县剪纸的每幅作品自产生起，不论发表与否都受到法律的保护。

（2）专利权保护

专利权是指权利人对其获得的专利发明、实用新型或外观设计，在法定期限内所享有的独占权或专有权。蔚县剪纸自产生以来，传承人以个人名义纷纷办起了剪纸厂或作坊。在蔚县剪纸市场中，如何显示出自己的产品特色，这就需要剪纸传承人在保持蔚县剪纸传统技艺和独特风格的基础上，不断地改革创新、开发新作品。因此，剪纸传承人在对蔚县剪纸作品进行开发的过程中，特别是对一些传统工艺的改进、题材图案的个性设计等方面，都体现了其作为剪纸艺人代表的艺术素养。新作品在创造艺术价值的同时，也为剪纸艺人带来了社会名誉。这些创作的新作品、新题材、新图案、新花样都可以通过申请个人或群体专利的方式加以保护。

（3）商标权保护

蔚县剪纸的商标权保护，是指将蔚县剪纸通过商标注册而获得的保护。“商标，是商业主体在其提供的商品或者服务上使用的，能够将其商品或服务与其他市场主体提供好的商品或服务区别开来的标志。”[13]对蔚县剪纸使用商标权保护，有利于蔚县剪纸经济价值最大限度地发挥，促进剪纸市场的规范和有序发展。

五、结　语

蔚县剪纸这一民间艺术是我国传统文化的具体体现，是世代蔚县人集体智慧的结晶，它反映了不同时代民众的物质需要和精神追求。蔚县剪纸寓意美好、色彩浓艳、题材丰富、工序复杂缜密，充分体现了蔚县人丰富的创造力和想象力，具有宝贵的艺术价值和审美价值。蔚县剪纸在列入第一批国家级非物质文化遗产名录项目后，经过政府、社会组织和团体、传承人以及普通民众等各方面力量的努力，得到了有效的保护。但是，我们也应该看到，在保护工作实施过程中，随着社会经济的发展、生态环境的变化，蔚县剪纸的保护与传承也面临着新的问题和挑战。

本文通过对蔚县剪纸的调研，在对蔚县剪纸传承保护现状进一步了解的基础上，发现问题并提出了注重人才培养、加强生态环境保护、在保护"核心技艺"的基础上不断创新、提高制作工艺、加强理论研究工作、重视知识产权保护等建议和对策，旨在为保护和发展蔚县剪纸这一非物质文化遗产项目提供理论支持。

注释

① (西汉)司马迁:《史记·晋世家》。

② (晋)干宝:《搜神记》。

③ (南朝梁)宗懔的《荆楚岁时记》记载:"正月七日为人日，以七种菜为羹，剪彩为人，或镂金箔为人，以贴屏风，亦戴之头鬓，又造华胜以相遗。"

④ (唐)段成式《酉阳杂俎》中说:"立春日，士大夫之家，剪纸为小幡，或悬于佳人之首，或缀于花下;又剪为春蝶、春钱、春胜以戏之。"

⑤ 潘鲁生，苗红磊．剪纸[M]. 北京:中国社会出版社，2008:145.

⑥ 郑一民，田永翔，薄松年．中国民间剪纸集成——蔚县卷[M]. 石家庄:河北教育出版社，2006:12.

⑦ 高佃亮．蔚县剪纸的创新与发展[M]. 北京:北京工艺美术出版社，2010:16.

⑧ 鱼鳞纹，顾名思义是劳动人民模仿鱼类鳞片的纹理创作而成，线条平滑优美、排列有序，富有观赏价值的同时又寓意年年有余。

⑨ 蝌蚪纹因形似蝌蚪而得名，形状卷曲有致、俏皮灵动，同时借音“科”“斗”，代表科举有名、日进斗金之意。

⑩ 王文章 . 非物质文化遗产保护研究 [M]. 北京：文化艺术出版社，2013：64.

⑪ 文化部办公厅、教育部办公厅关于实施中国非物质文化遗产传承人群研修研习培训计划的通知 [Z]. 办非遗函〔2015〕581号 .

⑫ 知识产权法 [Z]. 北京：中国法制出版社，2016：1.

⑬ 知识产权法 [z]. 北京：中国法制出版社，2016：161.

参考文献

1 | 王文章 . 非物质文化遗产概论（修订版）[M]. 北京：教育科学出版社，2013.

2 | 李树文，信春鹰，袁曙宏，王文章 . 非物质文化遗产法律指南 [M]. 北京：文化艺术出版社，2011.

3 | 王文章 . 非物质文化遗产保护研究 [M]. 北京：文化艺术出版社，2013.

4 | 彭纲，文艺，徐华颖，钟红清 . 民间美术 [M]. 北京：学苑出版社，2013.

5 | 靳之林 . 中国民间美术 [M]. 北京：五洲传播出版社，2004.

6 | 吕品田 . 动手有功 [M]. 重庆：重庆大学出版社，2014.

7 | 蔚县地方志编撰委员会 . 蔚县志 [M]. 北京：中国三峡出版社，1995.

8 | 刘魁立，张旭 . 剪纸 [M]. 北京：中国社会出版社，2008.

9 | 潘鲁生，苗红磊 . 剪纸 [M]. 北京：中国社会出版社，2008.

10 | 吕胜中 . 中国民间剪纸 [M]. 长沙：湖南美术出版社，2004.

11 | 乔晓光 . 活态文化——中国非物质文化遗产初探 [M]. 太原：山西人民出版社，2004.

12 | 冯骥才 . 中国民间剪纸集成 [M]. 石家庄：河北教育出版社，2009.

13 | 贺宝贵，郝志熹 . 剪纸大师王老赏 [M]. 河北张家口人大常委办公室，2001.

14 | 刘建军，田永翔 . 中国剪纸瑰宝——蔚县窗花 [M]. 北京：中国戏剧出版社，2003.

15 | 郑一民，田永翔，薄松年 . 中国民间剪纸集成——蔚县卷 [M]. 石家庄：河北教育出版社，2006.

16 | 贺宝贵 . 中国蔚县剪纸100图集 [M]. 张家口市人大常委会办公室，2000.

17 | 高佃亮，蔚县剪纸的创新与发展 [M]. 北京：北京工艺美术出版社，2010.

18 | 丁世良 . 中国地方志民俗资料汇编——华北卷 [M]. 北京：书目文献出版社，1989.

19 | 杜学德 . 河北民俗 [M]. 兰州：甘肃人民出版社，2004.

20 | 姜婉 . 民间剪纸的生产性保护研究 [D]. 中国美术学院，2010.

21 | 孟旭，郑晓慧 . 蔚县剪纸的工艺流程及代表性传承人 [J]. 大众文艺，2013（14）.

22 | 崔晶茹 . 浅谈蔚县剪纸的工艺传承及保护 [J]. 科技咨询，2009（11）.

23 | 李静 . 蔚县剪纸的现状调研与保护发展研究 [J]. 中国美术馆，2011（11）.

剪纸艺术与戏曲艺术互动情况考察报告

Report on the Interactions Between Paper-cutting and Chinese Operas

熊　姝

刘　托 | 指导教师

摘要

剪纸艺术早于戏曲艺术而存在，却因戏曲艺术的繁荣而极大地拓展了其表现的空间；戏曲艺术也得益于剪纸艺术的传播功能而知晓于千家万户。剪纸艺术与戏曲艺术从宋元时期的结合到明清时期的发展再到民国时期的鼎盛，以及中华人民共和国成立后的迷茫、“文革”时的废弃再到改革开放之后的分离，两者分分合合的历史进程，既折射出了非物质文化遗产在历史流变过程中保存之不易，又因在21世纪双双携手步入非物质文化遗产大家庭而再度在希望中共同面对现状与未来。

关键词：剪纸；戏曲；现状；未来

Abstract

Paper-cutting came into existence before Chinese operas, but its developing space has been greatly enlarged thanks to the prosperity of the latter, and in return, Chinese operas have became well known throughout the country owing to paper-cutting' s media function. Paper-cutting and Chinese operas have a long history of a turning development, which reflects the hardships in protecting non-material cultural properties in their historical heritage and development: they combined in Song dynasty, enjoyed a booming prosperity in Ming and Qing dynasties and reached a climax in the era of the Republic of China ; after a confused period since the founding of PRC, they were abandoned during the Great Cultural Revolution and separated after the Reforming in 1978. Dramatically, however, at the beginning of the 21 st century, they were invited hand in hand into the big family of the non-material cultural properties to face their present and future.

Keywords : Paper-cutting ; Chinese Opera ; Presence ; Future

一、剪纸艺术的历史沿革

剪纸，又称刻纸，顾名思义，就是用剪与刀作用于纸张上，剪出或刻出形象，以表达某种寓意的艺术。它应该是伴随着纸张的出现而出现的。公元105年，东汉的蔡伦发明了造纸术，他造的纸张被那时的民众赞誉为“蔡侯纸”。纸的出现，对人类社会发展所产生的影响是相当大的，因而造纸术被列为中国的四大发明之一。

剪纸还是一种镂空的艺术，若不论材质，只论其手法的话，剪纸艺术出现的时间应该更早一些。在纸张出现之前，其载体可以是树皮、树叶、皮、革、金箔、绢帛等各类片状材料。

剪纸艺术最早见于史书的记载是一则“桐叶封弟”的故事。据《史记·晋世家》记述，唐叔虞姓姬，字子燮，周武王之子，成王之弟。武王崩，成王幼年继位，削桐叶为珪形以予虞，曰“以此封汝”，遂封叔虞于唐。

战国时期用皮革及银帛镂花的实物也相继出土，这些考古发现都是剪纸艺术的雏形。湖南各地的剪纸艺术风格就是继承了战国时代的遗风。

“汉妃抱娃窗前耍，巧剪桐叶照窗纱。”这句诗说的就是汉代的妃子为哄孩子，随手拾起一片桐叶，用剪刀剪出花样来的生活场景。

在晋朝作者干宝所著的《搜神记》中记载：“汉武帝时，幸李夫人，夫人卒后，帝思念不已。方士齐人李少翁言能致其神，乃夜思帷帐，明灯烛，而令帝居他帐，遥望之，见美女居帐中，如李夫人状，还幄坐而步，又不得就视。帝愈益悲戚。”

然而问题在于，如果以东汉蔡伦发明的纸为开端，那么汉武帝时的剪纸用的是什么材质呢？这个疑问在1957年陕西省博物馆于西安东郊灞桥附近的一座西汉墓中，发掘出了一批称为“灞桥纸”的纸质物时被破解，这一考古新发现也给这个传说的真实性提供了佐证。

剪纸除了用于招魂，为人服务的风俗起始于魏晋时期。唐人李商隐的《人日》中曰：“镂金做胜传荆俗，剪彩为人起晋风”。据《史记》记载，魏晋时期的妇女用金银箔和彩帛剪成方形花鸟图案，贴于鬓角作头饰。

剪纸实物最早出现在北朝梁武帝时期，是用麻料纸剪成的“菊花形团花”“对马团花”“对猴团花”三种剪纸作品。梁武帝卒于公元549年，至今（2016）已有

1467年的历史了。

唐代的剪纸艺术发展较快，在《全唐诗》中，涉及剪纸的诗就有40首之多，这些诗句集中反映了剪纸广泛用于节令庆典、家居装饰和人生礼仪等方面的民俗风尚。李远的《采胜》云："剪彩赠相亲，银钗缀凤真。双双衔绶鸟，两两度桥人，叶逐金刀出，花随玉指新。愿君千万岁，无岁不逢春。"还有"今年春色早，应为剪刀催"等。剪纸的招魂功能在唐代依然存在，杜甫在《彭衙行》中云："暖水濯我足，剪纸招我魂。"

二、剪纸与戏曲在宋代的结合及发展

宋代，由于纸张的普遍使用，使剪纸艺术因材料易得、成本低廉、效果立见、适应面宽而广受欢迎，成为中国最普及的民间传统装饰艺术之一。在民间，剪纸艺术常常出现在礼品上做"礼花"，在窗子上做"窗花"，在皮影、陶瓷、蓝印花布的制作过程中也能看到剪纸艺术的身影。今天人们用于点缀婚礼的红双喜字剪纸造型，在宋代就已经出现了。南宋时，杭州出现了职业剪纸艺人。周密在他的《志雅堂杂钞》中载："向旧都天街，有剪诸色花样者，极精妙，随所欲而成。又中瓦有余敬之者，每剪诸家书字皆专门。其后，忽有少年能于袖中剪字及花朵之类。更精于二人，于是独擅一时之誉。"可见，那时的剪纸技巧已达到很高的水平。

宋代夜市开禁，据孟元老在《东京梦华录》中记载："夜市直至三更尽，才五更又复开张。如要闹去处，通晓不绝。"这个"要闹去处"就是瓦舍。瓦舍文化的迅猛发展，促进了宋杂剧的形成，标志着戏曲艺术的诞生。

剪纸艺术取材于戏曲在宋杂剧形成之初就已水到渠成。始于宋代的走马灯就是两者结合的最佳例证。那时人们日常照明及喜庆节日，都要糊制各式灯笼，为使灯笼美观耐看，人们常用彩色纸张剪成各种花样贴于灯笼上。用于节日的走马灯上多采用戏曲刀马人物造型，这样装饰一番后，灯笼在转动过程中，戏曲刀马人物也随之极具动感。

此后，杂剧演出遍及城乡，戏曲艺术日臻繁荣。经过几代戏曲艺人的不断丰

宋林生戏曲剪纸作品《五鼠闹东京》

戏曲演员在后台化妆

富、创新与发展，到了元代形成以南曲戏文、北曲杂剧为代表的戏曲艺术，缔造了中国戏曲发展史上的第一次繁荣。元代剪纸以戏曲为题材的作品日益丰富。剪纸艺术取材于戏曲的，又称为“戏曲剪纸”。“以歌舞演故事”的戏曲艺术，在舞台演出中呈现出“一过性”的状态，在没有录像设备的年代，如何保存是个大问题。民间艺人凭借他们的聪明才智，将记忆中的戏曲情节用剪纸的方式记录下来，将情节、人物、场景融为一体，情景交融。

明代是剪纸艺术的繁荣期，江苏南京的剪纸就始于明代。特别是明洪武初年，朱元璋颁旨移民，大批移民从大江南北会集高密安居乐业，移民互相交流，使高密民间剪纸艺术集江南玲珑剔透与江北淳朴浑厚于一身，兼容并蓄，形成了粗犷中见细腻，拙朴中藏精巧的艺术风格，独树一帜、技压群芳。

红彤彤的剪纸给人一种喜气洋洋的感觉，剪纸艺术常常与节令、喜庆的风俗相结合，在明清两代应用范围极广。春节期间，家家户户要贴剪纸。影壁墙上要贴“福”字灯；窗户棱上要贴窗花、角花，窗户顶上要贴“斗鸡”，意寓“斗吉”之意；馒头上贴馒头花，鞋垫上贴鞋花，门顶上贴“过门笺”等；还要在器具、瓶罐、箱笼、炕围处贴剪纸，极力渲染新春之喜；七月七，姑娘乞巧，常常聚坐比剪纸花样赛智慧；青年男女定亲后，待嫁的姑娘做的嫁衣、绣鞋，其中的刺绣纹样来自剪纸图形；结婚时要沿路张贴大红双喜，装饰新房时，顶棚中央要贴“龙凤呈祥”图形，顶棚四角要贴上蝙蝠图形，统称顶棚花；少妇为即将临盆的小宝宝做虎头鞋、虎头帽的图案也来自剪纸图样；孩子过满月、过百天贴在鸡蛋上的蛋花等，剪纸都能派上用场。

明清两代，剪纸是女红的必修课，女孩子们大多从简单的小蝴蝶造型开始入门，再慢慢融入圆形、三角形、方形、月牙、锯齿等剪纸造型语汇，显出刚柔相济的感觉，再逐步融入元宝、铜钱、方鼎、卍字符等中国元素，直至达到随心所欲描绘事物的境界，并且题材广泛，内容丰富。花鸟鱼虫、飞禽走兽、亭台楼阁、十二生肖、福禄寿喜、男女人物皆可入剪，造型朴实、象征性强，既可展示心灵手巧的品格，又表达出了对生活的热爱。那个时代无论家境多么贫苦，窗花、门饰都是一个家庭必不可少的艺术品，体现了劳苦大众对美的向往。

明清两代也是戏曲艺术发展繁荣的时期。戏曲艺术与剪纸艺术一样，都是来源于民众习俗、社会心理、宗教信仰的一种草根艺术，都是民众审美心理的反映。“画中要有戏，百看才不腻”，因此戏曲与剪纸的结合有着深刻的内在联系，而联系两者的纽带就是民间性。在考古工作中发掘出的97套始于清光绪六年（1880）左右的山西襄汾剪纸中，戏曲剪纸居大多数，其中有“二度梅”“烈火旗”“五福堂”等与戏曲相关的剪纸作品。

戏曲艺术在民国时期一度绚丽多彩，几近登峰造极。戏曲艺术在当时是民众主要的文化娱乐和精神寄托，剧场成为民众主要的社交场所。戏台上，唱出了劳苦大众对贪官污吏的憎恨，唱出了保家卫国的激情，唱出了男欢女爱的渴望，唱出了戏曲艺术和人民群众的血肉联系。

民国时期的剪纸艺术亦是品种繁多，工艺精巧，名家辈出。两个高度发达的艺术门类在这一时期结合得尤为紧密，尤其是情节性较强的戏曲片段最为剪纸艺术所钟爱，如《收小青》《盗灵芝》《三岔口》《拾玉镯》《天仙配》《凤仪亭》《打金枝》《空城计》《七星庙》《三娘教子》等，在剪纸艺术中多有表现。

戏曲剪纸比较著名的流派有：河北蔚县戏曲剪纸、山西襄汾戏曲剪纸、山西永济戏曲剪纸、山西浮山戏曲剪纸、山西离石戏曲剪纸、山西新绛戏曲剪纸、浙江金华戏曲剪纸、广东潮州戏曲剪纸。

——山西戏曲剪纸作品《双锁山》

河北蔚县戏曲剪纸因一位名叫王老赏的老艺人而最为著称，他创作的戏曲剪纸与众不同，他的作品故事完整、剧情连贯、人物众多，常常通过4幅、8幅、12幅、16幅、20幅的容量，将整出戏全部刻画出来，整套窗花在家家户户透光的窗棂上形成静止的连环画，被誉为“定格化的戏剧”①“永不谢幕的演出”②。

戏曲剪纸中，像王老赏那样创作整套作品较为罕见，大部分是只刻画一出戏里的主要人物或场面的单幅作品。民间艺人借由剪纸艺术表达出对英雄人物的向往，如武松、林冲、宋江等，以及对美丽俏佳人的爱慕，如白娘子、秦香莲、穆桂英等。

戏曲艺术中的亮相程式，使剧中人处于静止状态，这种静态美可以直接入画，剪纸艺人往往直接以剧中人亮相的姿态为元素，进行艺术创作。

山西不仅是戏曲艺术的发祥地，而且剧种繁多，占全国总剧种量的六分之一。因此，山西的戏曲剪纸也最具代表性。同为山西戏曲剪纸，不同地区又形成了风格独具的几大流派，比较著名的有襄汾戏曲剪纸、永济戏曲剪纸、浮山戏曲剪纸、离石戏曲剪纸、新绛戏曲剪纸。

山西襄汾素以戏曲人物剪纸而著称，因此当地人称剪纸为“窗人”。襄汾剪纸深受皮影的影响，戏曲剪纸中人物多为侧面像，陪衬多为梅花图，构图多为组合型，具有独一无二的“三多”特征。代表作品如“三顾茅庐”，以正方形为外轮廓，画面分为上下两部分，下半部分是墙外的刘备、关羽、张飞三人并肩，面朝小路躬身而立，路的顶端连接着一扇门，三人上方是羽扇纶巾、端坐望梅的诸葛亮。上下两部分的人物反向而为，使整体画面形成强烈的对比，凸显三顾茅庐的不易。又如“天官赐福”，是由两个独立的人物面对面地左右站立，组合成一组完整的画面。两人均穿官服，头戴官帽，面部慈祥，一人双手托元宝，另一人双手举“天官赐福”条幅。再如，“破渑池”，由两位人物组成，手拿圆形兵器的人，前腿前伸，后腿抬起呈奔跑状；另一位则单腿站立，一腿抬高，双手持双剑交叉于头顶，两人的交战状态惟妙惟肖。

山西永济戏曲剪纸作品中的代表性作品有：张亮亮的《西厢记》、邓俊芳的《闹书馆》、梅绛雪的《三进士》等。在张亮亮的蒲剧剪纸《西厢记》组画中，红娘和莺莺的眉毛是从额头穿过眼尾弯曲至鬓发，莺莺的侧面只有一条线蜿蜒而下，张生的眉毛采用微弯的弧线，眼睛则形成柔美的核状，眼尾呈一线直达发根，突出了戏曲人物的面部特征；在邓俊芳的《闹书馆》中，人物关节处、衣物褶皱处惯用半梅点缀。

山西浮山戏曲剪纸也大多取材于蒲剧，在剪纸作品“蒲剧空城计”画面中，城楼上的诸葛亮、城门下的司马懿和一个士卒，城楼与城门成“丁”字形，诸葛亮与城下两人又成三角形，丁字形与三角形相组合。这幅作品注重突出的是三个人的眼神，诸葛亮神态自若，因而眼神镇定，司马懿眼神惶恐，士卒则小心翼翼。可见，戏曲剪纸并不是戏曲舞台的再现，其画面构图讲究的是表情至达意、夸张以传神。

此外，山西离石戏曲剪纸“黛玉葬花”造型简练、只求神似；山西新绛戏曲剪纸《武家坡》《状元祭塔》《卖水》等作品大刀阔斧、浑厚质朴，也都各具特色。

婺剧俗称“金华戏”，因此浙江金华的戏曲剪纸大多取材于婺剧，其代表作品有《合珠记》，寓意夫妻团圆，因此采用圆形作为外轮廓，图案舒展，配景更是寓意传情，高文举桌下是两盆茂盛的万年青，寓意夫妻情分万年长青，右下角的梅花鹿有男女合欢之意。配景与剧情相得益彰，构成完整的画面意义。

广东潮州戏曲剪纸灵秀优雅、精致细腻、造型活泼、富于变化，代表作品有《凤仪亭》《滴水记》《金玉奴棒打薄情郎》《梁山伯与祝英台》《西厢记》等。潮州戏曲剪纸习惯将人物置于方形场景中，人物之间形成一个空间场所，根据剧情需要加

浙江婺剧剪纸作品《合珠记》

张吉英戏曲剪纸作品《孙悟空三打白骨精》

以装饰，增添了戏曲人物之间的故事情节。

无论南北差异有多大，戏曲艺术经由剪纸艺人的浓缩与概括，其共同的特征就是极具观赏性和装饰性。“当戏曲与剪纸这两种艺术形式，伴随着各种民俗相互影响、相互作用，在群众中广为流传时，其产生的社会影响应当说是怎样估量也不过分的。”③

正如郭沫若的诗句所云：“一剪之趣夺神功，美在民间永不朽。”在江苏，有一首流传甚广的《剪纸歌》，更是唱尽了剪纸艺术与戏曲艺术的亲密关系：

小白纸，方正正，用它剪纸多威风。
小纸落在我手里，我拿它来铰花样。
能铰龙，能铰凤，能铰猴子满山蹦；
能铰山，能铰水，能铰万物美又美；
猪八戒，孙悟空，陪着唐僧去取经；
秦香莲，穆桂英，诸葛亮来借东风。

三、剪纸与戏曲在当代的迷茫及分离

中华人民共和国成立伊始，戏曲艺术就被视作带有“旧剧毒素”必须被改造的对象。1951 年 5 月 5 日，中央人民政府政务院制定了《关于戏曲改革工作的指示》，中心内容就是“改戏、改人、改制”。此后，戏曲界掀起的“三改”运动，在全国范围内步步深入，加之“左”倾思潮对戏曲创作的不断干扰，戏曲艺术渐趋凋零，剧目贫乏达到历史之最，以致 1956 年全国流行这样一句话：“翻开报纸不用看，梁祝姻缘白蛇传。”

同样是 1956 年，此时的剪纸艺术却是一片繁荣景象。随着合作社的普及，剪纸艺人也从中华人民共和国成立前的独自进行艺术生产转化成加入合作社进行集体式的艺术生产。1956 年春，蔚县人民委员会决定成立蔚县“特种工艺生产合作社”，为此在全县窗花艺人中通过考试招收选拔，当时共有 62 人报名，经过“三试”招入 26 人。合作社因此聚集了一批壶流河两岸的剪纸高手，荟萃了当时全县最出色的窗花艺人，当地人亲切地称这个合作社为“窗花社”。

1957 年，成立仅一年的“窗花社”接到了居住在北京的日本侨民东峰辉的来信，信中说，他在北京王府井工艺美术服务部看到蔚县戏曲人物剪纸特别钟爱，想订点货，但只要戏曲人物的头脸部位，不要全身。为了示意，他还特意寄来《反西凉》中庞德被去掉脖子以下部分仅留面部和头饰的样子，要求按脸谱的造型、色彩、头饰做成 8 厘米 ×12 厘米规格的脸谱剪纸，要求先寄些样品给他看看。

河北蔚县是著名的戏曲之乡，素有“八百村堡八百戏楼”之称，戏曲剪纸更是兴盛，题材包括戏曲情节及戏曲人物，但仅仅聚焦于戏曲人物的头部特写的剪纸还没有出现，况且源于假面具的脸谱艺术极富文化内涵。

脸谱，是戏曲的图案化的性格化妆，一般用于净、丑角色所扮演的各种人物。脸谱在表现肤色、面部器官和肌肉纹理时，虽有一定的生活依据，但必须经过变形。脸谱的变形包括离形得似、取形传神两层意思，因此脸谱既是戏曲独有的艺术标志，又可成为一项自成一体可供单独欣赏的艺术种类。脸谱的用色极为讲究，有“花纹分善恶，五彩辨忠奸”之说。

“窗花社”社长周银对这个订单很重视，安排擅长刀工的周永明画样设计，首先试着设计出了三幅脸谱，一是《芦花荡》的张飞，二是《评皇粮》的马芳，三是《白蛇传》的白素贞。按画样，宗有财刻了张飞、仰继刻了马芳、周祺刻了白素贞，刘贵恒负责染色。三个样品完工后寄给了东峰辉。回信中，东峰辉对张飞、马芳给予了肯定，否定了白素贞的旦角造型，同时又列出了300多个戏曲人物，让“窗花社”继续设计刻画。

由于时间紧、任务重，周永明一人承担很吃力，社里又安排曾在剧团工作过的剪纸艺人张际春加入。两人反复切磋研究，密切配合，参照京剧、晋剧、河北梆子和蔚县秧歌剧的脸谱造型，在近半年的时间里设计出了270种脸谱，陆续寄给了东峰辉，东峰辉看后很满意，要求每种式样各寄30张，他又将30份戏曲人物脸谱剪纸分寄给日本的30个剧团。

此后，“窗花社”拿着这些样品对外订货，北京工艺美术服务部曾包销该产品两年；中国国际书店从270幅作品中挑选出100幅，由周永明进一步整理修改，并将尺寸缩小为8厘米 ×10厘米的传统规格，产品逐渐定型。

日本侨民东峰辉一次意外的订货活动，竟然无意间催生了蔚县脸谱剪纸这一新品种的诞生，并成为蔚县剪纸的拳头产品。田永翔认为：“剪纸脸谱的出现在蔚县剪纸的历史上可以说是具有里程碑式的意义。”④至今在河北蔚县还流传着一首《蔚县脸谱歌》：

> 红脸好汉是关羽，杀倭放火叫孟良；
> 马芳困在皇城外，赵匡胤千里送京娘。
> 黄脸好汉是刘庆，方腊造反官兵惊；
> 武松打虎景阳冈，李陵碑碰死老令公。
> 白脸好汉西凉王，独霸三国曹丞相。
> 镇守边庭潘仁美，诓下河东欧阳芳。
> 黑脸好汉是敬德，手使板斧是李逵。
> 姚期投汉把功献，当阳桥上莽张飞。

随着工农业生产的“大跃进”，文化工作也随之出现“跃进”的态势，在戏曲

左：河北蔚县戏曲脸谱剪纸作品
右：范祚信戏曲剪纸作品《四郎探母》

现代戏创作方面明确把“为政治服务”作为指导思想和政策核心。

就在戏曲界大搞现代戏之时，剪纸艺术也在为表现工农兵而努力。两种艺术形式的结合是建立在传统剧目兴盛的基础上，此时突然被动转向表现现代人物，使戏曲艺术与剪纸艺术同时陷入迷茫。剪纸表现的戏曲人物也都是传统剧目中的人物，在长期的艺术实践中积累了成套的剪刻经验与模式。面对表现现代人物的任务，无论是戏曲艺术还是剪纸艺术，都要重新开始，两种艺术门类不得不在各自的领域摸索前行。

这一时期，剪纸艺术虽然出现了许多以表现工农兵为题材的作品，却因戏曲现代戏处于探索期，人物形象不典型，未被剪纸艺人所关注，因此戏曲剪纸中没有一幅是反映现代戏的作品。剪纸艺术与戏曲艺术在这一时期处于分离的状态。

1966 年发生的“文化大革命”提出“破除几千年来一切剥削阶级所造成的毒害人民的旧思想、旧文化、旧风俗、旧习惯”的口号。其中，旧风俗是指历史上人们日常生活中代代传承、相延成俗、层叠积累的时尚，包括衣食住行、年节、婚丧、娱乐、礼节等。剪纸艺术就包括在旧风俗之中。此后“破四旧”之风席卷中国大地，绵延五千年之久的中国传统文化链条，在疯狂的 1966 年被无情地斩断了。

我们仅从高密剪纸的杰出代表范祚信在“文化大革命”中的经历，就可以管窥那个时代的面貌。范祚信，1944 年 2 月生于山东省高密市井沟镇河南村，母亲心灵手巧，剪纸造诣在十里八疃很有名气。5 岁时，出于好玩他拿着母亲剪的长条小猴图贴在他就读的小学的窗户上，第二天竟然被人揭走了，他请求母亲再剪一张，母亲又剪了张长条小狗图，他高高兴兴地贴上后，又被人揭走了。他请求母亲再剪时，母亲递给他一把剪子，让他自己剪。他第一次用一双小手舞弄起一把大剪子，模仿母亲的样子像模像样地剪了起来。他童年的美好回忆就是母亲在昏暗的煤油灯下手把手地教他剪纸的情景。深受母亲的影响和熏陶，7 岁的他开始剪不离手，10 岁辍学在家专心创作剪纸艺术，十几岁去修水库，在工地上休息时他就寻一处僻静之地，拿出剪子和纸开始创作，于奇思妙想的艺术创作中得到心灵的慰藉。他的剪纸艺术，从继承母亲的传统剪法到开拓创新，走上了创作民间艺术的征程。然而，1966 年，22 岁的范祚信正处于艺术创作的高峰期，却被大队干部告知，剪纸是“四旧”不许剪，否则没收工具还要拉去批斗。老实本分的范祚信纵然有万分不舍，也不得不收起剪刀。十几年的剪纸习惯岂是说改就能改的，有一次双手实在熬不过了，范祚信紧闭门窗，悄悄拿出剪刀和彩纸，传统戏曲中的人物也是“四旧”，是绝对不敢剪的，那就剪个雷锋吧，就算被发现了也不犯法，范祚信自我安慰着，双手还是吓得发抖，雷锋小像剪得不成样子。至此，范祚信在整整十年的“文化大革命”时期没剪刻过任何剪纸作品。其他剪纸艺人的命运与他也相差无几，剪纸艺术几乎绝迹。

此时，戏曲艺术更是一派萧条的景象，所有的传统剧目和新编历史剧目，都被冠以宣扬“帝王将相”“才子佳人”的罪名，通通取缔禁绝。数以千计的戏曲剧团被迫解散，数以万计的戏曲工作者惨遭迫害，许多戏曲界的精英巨匠不幸陨落，老一辈戏曲表演艺术家周信芳、盖叫天、马连良、严凤英、言慧珠、小白玉霜等人含恨而死。经过这场浩劫，戏曲队伍已是奄奄一息。

1966 年，中国大地开始经历“文化大革命”，最突出的表现就是：八亿人民八台戏。此后，整整十年，中国戏曲舞台上出现了历史上从未有过的奇特景象——全国所有的戏曲剧种、一切大小剧团全部上演被封为“革命样板戏”的剧目，除各地京剧团按照样板戏原版演出外，其余地方戏曲剧种则把京剧样板戏移植到本剧种中加以搬演。人人观看样板戏，人人学唱样板戏，成了当时的一大时尚。而所有的传

革命样板戏《沙家浜》剧照

统戏、历史剧，连同一切古典形态的文化艺术在内，戴着“封资修”的高帽子被“扫进了历史的垃圾堆”。“文化大革命”期间，作为官方提倡最多、影响最大的文艺作品，样板戏在文化领域内一枝独秀，样板戏及其移植版本和样板戏影片以压倒一切的优势占领了全国的舞台和银幕，样板戏红色风暴席卷全国，成为家喻户晓、耳熟能详的艺术作品，成为身处那段苦难岁月中的人们最具色彩的回忆。

“文化大革命”期间，剪纸作品的存世量极少，涉及戏曲的剪纸更是既罕见又珍贵。然而，在极少的剪纸存量中也不乏样板戏人物李玉和、李铁梅、郭建光、阿庆嫂的身影。更为传奇的是，2011 年在美国的密歇根大学储藏室惊现罕见的“文革”剪纸，是由一名清理储藏室的员工发现的。这套以“文化大革命”为主题的精美剪纸宣传集，共计 15 张，被美国学者视为珍宝。

1978 年 12 月，以党的第十一届三中全会的召开为标志，开启了对内改革、对外开放的新时期。剪纸艺术在改革开放之初就悄然复兴。

1979 年，河北省文化局、张家口地区文化馆、蔚县文化局和中国美术馆，在中国美术馆联合举办了“蔚县剪纸进京展览”，在首都引起轰动，中外观众络绎不绝。“中共八大元老”之一的彭真、时任对外文化联络委员会委员的周而复、时任中国文联党组书记的林默涵等人，以及各国驻华使节前来参观，河北蔚县脸谱剪纸深深地吸引了他们的眼球。通过这次展览，脸谱剪纸叩开了走向全国、走向世界的大门。此后，北京国际书店、天津工艺进出口公司、北京工艺美术服务部等单位纷纷前来洽谈订货，蔚县脸谱剪纸年销售 20 余万套，产值近百万元人民币。

那位在“文革”中被迫封剪的范祚信，也于 1982 年调进高密市文化馆剪纸培训班任教员。1984 年，高密民间剪纸进京展出，只有小学文化的范祚信，在中外艺术专家、学者面前进行了精彩的剪纸表演，进一步确立了他在中国民间剪纸界的地位。他的作品已有上千幅被中国美术馆收藏，其中《福禄寿喜》曾获中国美术馆举办的“中国剪纸世纪回顾展”一等奖。

自1994年高密被评为“全国民间艺术之乡”之后，范祚信跟随数名剪纸艺人出国表演剪纸绝技，被誉为“中国魔剪”。他于1996年被联合国教科文组织授予“一级民间工艺美术家”称号，2009年被文化部确定为第三批国家级非物质文化遗产项目（高密剪纸）代表性传承人。

范祚信的成就在于开辟了剪纸艺术的一条新思路，将古典小说的人物融入他的剪纸艺术当中，创作了一系列的作品，这是他的独创，也是对剪纸艺术的一大贡献，如《红楼梦》百人图、《水浒传》一百单八将，每个人物都栩栩如生、千姿百态，尤其是红楼人物都刻有名字，水浒人物都手持兵器，其想象力令人称奇。他坦言，这些人物造型大多取自戏曲人物，但是追忆的依然是儿时记忆中传统戏曲中的人物群像。

然而，改革开放后戏曲艺术的状况不容乐观，外来艺术形式大量涌入，流行艺术迅速兴起，加之新传媒的快速发展、中西文化的激烈碰撞，对戏曲艺术形成强烈的冲击波，市场急剧萎缩，观众明显下降，戏曲失去了主体的地位，戏曲艺术遇到了百年以来未有之困境。困境到了何种程度？这些数据令人触目惊心。1959年全国尚有360个剧种，目前全国的剧种仅有286个，这个数字只是估算，并不准确。以戏曲大省山西省为例，1982年有48个剧种，2012年仅剩15个剧种，30年消失了33个剧种，平均一年消失一种，每个剧种的消失都是对戏曲生态圈的巨大伤害，照这个速度，可以预见到，200年后中国将无戏曲。

四、剪纸与戏曲的现状及未来

非物质文化遗产是人类创造的世代相传的精神财富，作为社会文明的集中表现形式，体现着人类文化的多样性。每一项非物质文化遗产项目，都集中展示了一个国家、一个民族对于美好事物的追求与向往，其传承过程与人的活动息息相关，靠人代代相传。因此，传承主体是非物质文化遗产的承载者与传递者，经由他们才得以薪火相传，延续至今。在非物质文化遗产传承过程中，这种“非人不可”的活态性，致使传承主体成为非物质文化遗产保护的核心，可谓“一脉文心传万代，千古不绝是真魂”。然而，21 世纪的非物质文化遗产传承主体却面临着封闭性与开放性的双重消解。

非物质文化遗产传承主体封闭性消解是由其自身的传承方式所决定的，其传承方式大致有家族式传承、群体式传承、社会式传承三种方式，这些传承的方式在对中华传统文化的传承作出巨大贡献的同时，也显现出了其中的问题。

家族式传承，指的是非物质文化遗产主体只在有血缘关系的族群中进行传承。一方面，家族式传承对于专业性、技艺性要求比较强的非物质文化遗产项目的传承功不可没；另一方面，由父系社会形成的家族纽带在传承过程中形成了“传男不传女”“不传外姓人”的规制，不仅严重制约着传承人的选定和培养，而且影响着非物质文化遗产的保护和传承。随着计划生育国策的实行，导致血亲家族人丁欠旺，加之家庭日益小型化，一些非物质文化遗产项目难以在家族中得到延续，“传男不传女”“不传外姓人”的规制不得不在被动中逐步打破。

然而，那些在家族当中延续百年的非物质文化遗产项目的传承人，在当前家族传承遇到困境时，若将其核心技术付予旁姓人之手，心有不甘、犹豫不决是完全可以理解的。家族式传承的希望无不落实在“生儿子”的基点上，这一基点带来的风险是显而易见的，且不说小型化的家庭能否顺利地生下儿子，就算如愿得子，孩子负载着家族使命而来，他的人生注定无法属于自己。

家族式传承所带来的“传男不传女”“不传外姓人”的规制终将在现实面前被打破，子子孙孙无穷尽的愿景终将成为传说，家族式传承终将被群体式传承和社会式传承取而代之，依靠家族式传承的传承人一定要有心理准备，要逐步将家族式传承的非物质文化遗产项目纳入全人类共同财富的高度进行再认识，从而打破家族壁垒，寻求广阔天地。

群体传承，指在一个文化区域内，群体共同参与传承同一种非物质文化遗产项目，显示了群体共同的文化心理和信仰。风俗节令、婚丧嫁娶等大型民俗活动，属于民众集体依循，为民众集体拥有，且人员众多，一般采取群体式传承。

除此之外，某些非物质文化遗产项目由于没有家族传承或工序繁多，其传承无法在家族内部完成，这时由三五好友或一些志同道合者共同组建一个群体来进行传承的方式也是群体式传承。群体式传承是家族式传承的拓展。

群体式传承的缺陷是志同道合的忠诚度需要自我来约束。多道工序及多人合作才能完成的非物质文化遗产项目，若其中一人脱离群体，就必须马上找到可以取而代之的人员，否则导致的直接后果就是该非物质文化遗产项目无法继续传承，若遇不可抗力，更是覆巢之下无完卵。大部分依靠群体式传承的传承主体，其聚集与解散、自生与自灭，都于无声无息中消失得无影无踪。

有些非物质文化遗产项目在家族内部、群体组织间已无法有效传承的情况下，传承人不忍将非物质文化遗产项目在自己的手中断送，此时会考虑到向社会公开核心技术以求得社会力量加以传承，因此，教学是非物质文化遗产社会传承的主要方式。俗话说“十年出秀才，出不了一个名角儿”，可见戏曲人才的难得。正因如此，戏曲艺术的传承被较早地纳入社会式传承模式。

无论是家族式传承、群体式传承还是社会式传承，非物质文化遗产的传承大多采取口传心授的方式。“口传心授”一词最早见于明人解缙所著《春雨杂述·评书》：“学书之法，非口传心授，不得其精。”显然，“口传心授”指的就是师徒间口头传授，内心领会。

非物质文化遗产一方面根植于民间，有较强的实践性，比如剪纸技艺，一把剪刀一张纸就可以开始了，其核心技术用文字的方式难以记录；另一方面，属于草根文化的非物质文化遗产，其传承主体的文化水平相对低下，导致技艺难以以文字的形式存在。即便某些项目的核心技术有文字记载，稀少的文本也只是少数人的私有财产，难以传播与共享。因此，口传心授自然而然地成为非物质文化遗产传承的主要方法。

戏曲艺术是以演员为中心的表演艺术，许多艺人既是表演艺术家，又是教育家。他们掌握并承载着戏曲文化遗产的精湛技艺和丰富知识，他们既是非物质文化遗产活生生的源泉，又是所属剧种世代相传的代表性人物，就像常香玉等之于豫剧，红线女等之于粤剧，严凤英等之于黄梅戏一样，因此，更依赖于口传心授这一传统的传承方式。

虽然口传心授的传承方式有其历史和现实意义，但它的弊端是过于依赖老艺人的生理条件，在传承过程中，其记忆力、口头表达能力、沟通交流能力、情绪控制能力、精力体能、现场气氛等，都会对传承的效果产生直接影响。尤其是传承人高龄化现象导致的“人在艺在，人亡艺绝”的铁律无法回避。因此，对于那些健在的老艺人要做好抢救式的录音、录像、访谈、文本整理等工作，对于身怀绝技的老艺术家更要予以高度重视，组织力量加快学习的步伐，以便为今后的研究提供相关资料。

河北蔚县戏曲剪纸作品《十五贯》

非物质文化遗产传承主体的开放性消解是由第二次人口大迁徙所导致的。纵观历史，第一次人口大迁徙大致的走向是闯关东、走西口、下南洋。21 世纪所发生的第二次全国范围内的人口大迁徙，较之第一次来得更为迅猛，触动面积之广，涉及人员之众，前所未有。全国出现了许多“空心村”，村子里仅剩下老人和孩子。

进入城市的外来人口需要尽快适应城市生活，为免遭淘汰，要以最快的速度与都市接轨、与国际接轨，由此会根据城市环境改变自己的审美，甚至他们的后代不再听得懂乡音。“乡音乡土总关情”，失去了乡音，便不再对根植于故土的传统文化产生兴趣，直接导致了中华传统文化生存的土壤步步缩小，这对于中华传统文化生存的冲击是致命的，损失也是不可估量的。戏曲艺术、剪纸艺术作为中华传统文化中的一员，其命运与之同步同构。随着戏曲院团被推向市场、随着剪纸艺人逐渐离世，戏曲艺术与剪纸艺术被迫边缘化。昆曲申遗成功，不仅让中国人熟悉了“非物质文化遗产”这个概念，同时也带动了其他传统文化的申遗热潮，戏曲艺术起到了引领作用，功不可没。

截至 2016 年，被列入联合国教科文组织《人类非物质文化遗产代表作名录》（包括列入《急需保护的非物质文化遗产名录》）的中国项目多达 39 项，包括：昆曲艺术、古琴艺术、新疆维吾尔族木卡姆艺术、蒙古族长调民歌、中国传统蚕桑丝织技艺、南音、南京云锦织造技艺、宣纸传统制作技艺、侗族大歌、粤剧、格萨（斯）尔、龙泉青瓷传统烧制技艺、热贡艺术、藏戏、玛纳斯、中国蒙古族呼麦、花儿、西安鼓乐、中国朝鲜族农乐舞、中国书法、中国篆刻、中国剪纸、中国雕版印刷技艺、中国传统木结构营造技艺、端午节、羌年庆祝习俗、妈祖信俗、京剧、中医针灸、中国皮影戏、中国珠算、黎族传统纺染织绣技艺、中国木拱桥传统营造技艺、麦西来（热）甫、帆船水密舱壁制作、中国木版活字印刷、赫哲族伊玛堪说唱、二十四节气、福建木偶戏后继人才培养计划。

近年来，国家颁布了一系列针对非物质文化遗产保护的政策法规，随着政策法规逐一落实到位，非物质文化遗产的生存状态大为改观。非物质文化遗产的保护与传承关键在人才。当前，急需在非物质文化遗产项目的各个领域培养出一批青年人才，提振自身的“造血”功能，从内部找出路，给青年人才提供表现的机会，目标就是在双向调节之中，形成人才培养、人才选拔、人才再造、人才推出这样一个完整的人才输送链条，使人才教育与人才使用之间渠道畅通。

以戏曲艺术为例，随着非物质文化遗产保护意识的逐步深入，除了入选联合国教科文组织人类非物质文化遗产名录的昆曲、京剧、粤剧外，现有220个戏曲剧种被列入国家级非物质文化遗产名录代表性项目，几乎达到全覆盖。各省、市、自治区上下齐动员，经过近两年时间的考察与酝酿，针对所属区域内的地方戏曲剧种现状，相继推出适合本地区戏曲剧种特色的保护与扶持方案。

2015年7月11日，以中华人民共和国国务院办公厅印发《关于支持戏曲传承发展若干政策的通知》(以下简称《通知》)为标志，戏曲艺术的春天真的来临了。为贯彻《通知》精神，进一步落实全国戏曲工作座谈会的部署和要求，2015年9月8日，文化部公布了入选国家艺术基金2015年度立项资助项目中大型舞台剧和作品共计196项的具体名单；2015年11月16日，文化部艺术司对戏曲剧本孵化计划评审结果进行了公示。戏曲人更是视戏曲传承为己任，以百倍的热忱大力推进地方戏曲剧种的传承与发展，创造性地践行着戏曲的传承，取得了许多可供推广的宝贵经验。戏曲艺术的百花园可谓阳光普照、春意盎然。

五、结　语

21世纪的剪纸艺术，纸面开幅、剪刻技巧、表现题材、应用范围、艺术品位，都较20世纪有了巨大的变化和发展。要想传承并发展好剪纸艺术，最好的方法就是挖掘传统艺术的现代经济价值，将民间工艺与现代设计相结合，实现剪纸艺术的可持续发展。

剪纸艺术与戏曲艺术一样，都要与现代审美结合起来，吸纳时尚元素，想方设法融入市场。与此同时，在非物质文化遗产项目努力应对21世纪的今天，各非物质文化遗产项目之间也应打破原有疆界，打破自恋式的自我循环，打破结壳式的传承，找出交集，强强联手，避免单兵作战，因为“世界既不是一根直线，也不是一张平面图，人类生活是由种种联系和互相作用，无穷无尽交织起来的立体结构”⑤。艺术更是相通的，比如，剪纸艺术与戏曲艺术之间就能找到互动。

昆曲《长生殿》剧照

一寸彩纸一方舞台，在两者都高度发展的新阶段是否还能再度融合？回答应该是肯定的。《三国演义》第一回开篇便说：“话说天下大势，分久必合，合久必分。”剪纸艺术与戏曲艺术久分之后，或许会在未来的某个机缘再度汇合，正如张爱玲所说：“在时间的旷野上遇到那个人，没有早一步也没有晚一步。”

2014年10月，习近平总书记《在文艺工作座谈会上的讲话》，将中华优秀传统文化称作中华民族的精神命脉，使中国传统文化的发展繁荣得到前所未有之大好机遇。

在现代化、信息化、全球化席卷世界的21世纪，随之而来的是文化选择的多元化及传播媒介的多样化。当下的非物质文化遗产既要面对被边缘化的挑战，又将迎来不可预期的机遇。

不变是相对的，变化是永恒的，非物质文化遗产要发展就必须敢于直面不断更新的现代生活。随着社会生活的进步，这种变化呈现出加速度的态势。非物质文化遗产传承人应该如何应对急速变化的时代，免遭淘汰、把握时机，这是摆在每一位传承人面前亟待解决的问题。面对不断更新的现代生活，人的心理会逐步完成接受、顺应、拥抱三大过程。具体到传承人也要不断提升自我的艺术素养来完成这三大飞跃，即接受生活、顺应生活、拥抱生活，以求得非物质文化遗产的新发展。

当下的生活画卷立体、交叉、叠合、复杂，非物质文化遗产传承人必须有洞察生活的能力，感受到创作环境的变化，拿出应对的本领，捕捉到一些细微的情感导向，推出品种繁多、可供多层次观众进行选择的艺术作品。在深刻体验日新月异的生活的基础上进行创意、创作、创造、创新，才能使非物质文化遗产项目具备生产力和竞争力，全面提升中华传统文化的自信与自觉。

在全球渐趋一体化的今天，非物质文化遗产的全球化进程也在随之提速。非物质文化遗产传承人只有俯瞰生活，才能够看懂生活的真相，看清时代的潮流，才能成为一位具有现代意识的传承人。如今，全球化的进程早已从20世纪的出国展出潮转换成了对非物质文化遗产如何国际化的思考。全球化时代的传承人不仅要成为东西方文化艺术的桥梁人物，而且要以文化自信与自觉走出自我的小格局，树立起“非物质文化遗产是人类共同拥有”的理念，其保护与传承是全世界人民共同的举措。随着中国在各国兴办的孔子学院和文化中心的逐步正规化，随着世界对中国不断地深入了解，身处21世纪的传承人肩上的担子很重，不仅要完成队伍的系统化建设，而且要跟上信息化的步伐，还要以“现代化为纵，全球化为横，纵横相交”[⑥]地让非物质文化遗产项目适应时代的潮流，主动融入世界，与人类一切优秀文化进行平等对话，输出中华民族传统文化的精华，挺进世界艺术之林，发出中国之声。

注释

① 张锦秀．试论浮山戏曲剪纸的文化意蕴[J]. 山西师范大学学报，2015（5）．

② 于丹．浅析中国民间剪纸与戏曲的关系[J]. 今日科苑，2008（12）．

③ 孙建君．中国民间剪纸与戏曲文化[J]. 当代人，2010（10）．

④ 田永翔．蔚县剪纸的里程碑——蔚县剪纸脸谱[J]. 大舞台，2010（5）．

⑤ 林克欢．故事框架与叙述模式[J]. 剧本，1988（6）．

⑥ 刘厚生．戏曲，如何迎接全球化？——2004年文化高峰论坛上的书面发言[J]. 中国戏剧，2004（11）．

参考文献

1 | 中国大百科全书·戏曲曲艺[Z]. 北京：中国大百科全书出版社，1983.

2 | 中国戏曲志[Z]. 北京：中国 ISBN 中心，1994.

3 | 张庚，郭汉城．中国戏曲通论[M]. 上海：上海文艺出版社，1989.

4 | 黑格尔．美学（第三卷下册）[M]. 北京：商务印书馆，1981.

5 | 王国维．王国维戏曲论文集[C]. 北京：中国戏剧出版社，1984.

6 | 马也．戏剧人类学论稿[M]. 北京：文化艺术出版社，1993.

7 | 陈幼韩．戏曲表演概论[M]. 北京：文化艺术出版社，1996.

8 | 郭汉城．当代戏曲发展轨迹[M]. 北京：文化艺术出版社，2008.

9 | 张庚．当代中国戏曲[M]. 北京：当代中国出版社，1994.

10 | 沈达人．戏曲意象论[M]. 北京：文化艺术出版社，1995.

11 | 沈达人．戏曲的美学品格[M]. 北京：中国戏剧出版社，1996.

12 | 阿甲．戏曲表演规律再探[M]. 北京：中国戏剧出版社，1990.

13 | 李紫贵．李紫贵戏曲表导演艺术论集[C]. 北京：中国戏剧出版社，1992.

14 | 李紫贵．忆江南[M]. 北京：中国戏剧出版社，1996.

15 | 黄在敏．戏曲导演概论[M]. 北京：文化艺术出版社，1994.

16 | 黄克保．戏曲表演研究[M]. 北京：中国戏剧出版社，1992.

17 | 贾志刚．戏曲体验论[M]. 北京：中国戏剧出版社，1999.

18 | 贾志刚．迈向现代的古老戏剧[M]. 北京：中国戏剧出版社，1996.

19 | 宋耀良．艺术家的生命向力[M]. 上海：上海社会科学院出版社，1988.

20 | 吴乾浩．当代戏曲发展学[M]. 北京：文化艺术出版社，2007.

21 | 普列汉诺夫．普列汉诺夫美学论文集[C]. 北京：人民出版社，1983.

22 | 车尔尼雪夫斯基．生活与美学[M]. 北京：人民文学出版社，1957.

彩塑京剧脸谱工艺传承保护状况的调查与思考

Research on Beijing Opera Painted Facial Masks

段　姝
吴文科 | 指导教师

摘要

彩塑京剧脸谱工艺是具有浓郁京味儿特色的非物质文化遗产。它源自民间，是严格按照京剧舞台脸谱演化而来，结合泥塑、彩绘等传统工艺美术，做工精细、形象考究的民间传统美术工艺。笔者经过实地采访考察，从"彩塑京剧脸谱"这一传统美术类别的非物质文化遗产项目的历史渊源谈起，介绍了彩塑京剧脸谱的制作工艺、造型分类、工艺特色以及艺术特征；同时从彩塑京剧脸谱工艺的传承和保护，以及它与京剧文化相互发展、相互促进的紧密关系，探究传承保护该工艺的多重价值与特殊意义。希望在重视传统文化保护的当代，彩塑京剧脸谱工艺可以得到更好的保护和传承、发展和振兴。

关键词：彩塑京剧脸谱工艺；传承保护；调查思考

Abstract

Beijing opera painted facial masks, the intangible cultural heritage, which is strictly in accordance with the facial makeup of Beijing opera stage, combined with clay sculpture and traditional painting techniques is fine and elegant folk traditional art. After inquiries and investigations, the author made the paper about Beijing opera painted facial masks. The paper begins with the historical origin of Beijing opera painted facial masks , introducing production process, modeling classification, technology characteristics and artistic features ; and then the author discusses about the close relationship between Beijing opera and Beijing opera painted facial masks , from those what the author talks about how to inherit and protectBeijing opera painted facial masks. Finally the author tells what big significant of hesitating and developing Beijing opera Painted facial Masks. The author hopes that in the contemporary focusing on protection of traditional culture, Beijing opera painted facial masks could be got better protection and inheritance, development and revitalization.

Keywords : Beijing Opera Painted Facial Masks ; Protection and Inheritance ; Investigation and Research

一、引言：彩塑京剧脸谱与京剧脸谱

彩塑京剧脸谱是严格按照京剧舞台脸谱演化而来的传统民间美术，它结合泥塑、彩绘等传统工艺，做工精细、形象考究，极具传统美术、京剧文化、京城地域的特点。彩塑京剧脸谱兼有泥塑、彩绘等手工技艺特点，且在工艺上有“三型七彩”且偏重“七彩”的彩绘工艺的特点。

按照2008年国务院公布的《第二批国家级非物质文化遗产名录》中对非物质文化遗产的分类标准，及2009年北京市政府公布的“第三批北京市级非物质文化遗产名录”，“彩塑京剧脸谱”归在“传统美术”类别中。

由于联合国教科文组织在2010年将京剧列入“人类非物质文化遗产代表作名录”，脱胎于京剧脸谱艺术的彩塑京剧脸谱，也随之得到社会各界特别是非物质文化遗产保护工作的关注和重视。2009年，“彩塑京剧脸谱”被列入北京市级非物质文化遗产名录；2014年北京市政府对该非物质文化遗产项目的代表性传承人进行了认定、扩展。

极具京城地域特点的彩塑京剧脸谱工艺，是集泥塑、彩绘等工艺为一体的美术创造，再现了京剧人物舞台艺术的形象特质，也是京剧表演艺术及京剧脸谱文化的美术结晶。它具有较高的手工价值、美术价值及戏剧文化价值，是唯一采用京剧脸谱谱式来体现历史人物的性格特点、相貌特征、身份地位的民间美术表现形式，已成为代表中国的传统艺术元素。因此，在当今时代，对彩塑京剧脸谱工艺的传承保护具有多重价值与特殊意义，既是对此种传统工艺的保护，也是对京剧脸谱文化的别样传扬。

二、彩塑京剧脸谱的历史发展与工艺构成

脸谱的产生历史悠久，可上溯南北朝时期的“代面”。脸谱的发展和中国戏曲的发展紧密相连，其中尤以京剧脸谱的发展系统完善而极具代表性。北京市级非物质文化遗产项目“彩塑京剧脸谱”与京剧艺术、京剧脸谱有着不解之缘。自从彩塑

脸谱工艺问世以来，几乎与京剧舞台艺术同步发展，是京剧舞台脸谱与民间泥塑、彩绘相结合而极具艺术价值与文化价值的传统民间美术。由于一代代北京彩塑京剧脸谱艺人的有序传承，至今完整地拥有了几百种脸谱图式及一脉相承的传统手工工艺。这使北京彩塑京剧脸谱工艺无论在脸谱图式的创作，还是彩塑制作的工艺方面，都属全国范围及本领域中的翘楚。

（一）彩塑京剧脸谱的历史发展

彩塑京剧脸谱脱胎于京剧脸谱，是京剧艺术孕育了彩塑京剧脸谱工艺的诞生。

清咸丰初年（1851），京剧由形成期步入成熟期，逐渐成为北京地域戏曲舞台上的主角，风靡京城。当京剧日臻成熟之后，其角色行当得到全面发展。各行当中，涌现出一批代表性的演员，相应而生的京剧脸谱在戏曲地方戏的基础上取其精华，得以快速系统的发展。在京剧艺术、京剧脸谱发展繁盛之际，民间流传出“花脸桂子”这位专门绘制泥塑脸谱的艺人。《京工巧匠》[①]中介绍，彩塑京剧脸谱起源于清光绪年间一位姓“桂”的满人之手。这位旗人子弟善于吟诗作画，又喜票（京）戏。一次偶然的机会，他在庙会看到泥捏的小人，一时兴起，用胶泥捏制了脸形坯子，后又在晾干的泥坯之上勾画涂色，绘出京剧舞台上的人物脸谱，并与挚友观赏相赠。一来二去，经他之手制作的脸谱在京城小有名气。由于姓桂，又擅“净角”脸谱，遂得“花脸桂子”之雅号。这大约就是彩塑京剧脸谱最早的起源。

彩塑京剧脸谱工艺自“花脸桂子”之始，至今已有五代人的有序传承。据北京市市级非物质文化遗产项目彩塑京剧脸谱代表性传承人佟秀芬介绍，他们分别是：

第一代传承人：唐仲元（19 世纪末—20 世纪中叶）

清末民初泥塑及脸谱制作艺人。唐老的泥塑功底十分扎实，丰富了泥塑脸谱的造型，使之不再是单一的光头形式，而是将脸谱配上泥塑的盔头髯口，形态生动。在塑造原始（脸形泥质）胎形时，他根据京剧花脸演员的勾脸特点，适当加长前额，加宽面颊，使人物造型丰满，为泥塑脸谱奠定了基础，这种塑形理念一直延续到今天。

第二代传承人：唐景昆（1912—1963）

北京人，20世纪30年代著名的泥塑彩绘脸谱艺人。他15岁时随父亲唐仲元在家做泥塑脸谱，经过多年的刻苦研习，他绘制的脸谱在20世纪30年代就已经名扬京城。1956年，唐景昆被北京市人民政府授予“老艺人”称号。

第三代传承人：唐景耀（1931—2012）

北京人，第一代传承人唐仲元先生之子，唐景昆之弟。他从小和兄长唐景昆先生学习绘画，画功扎实，笔锋有力，如张飞、铫期等“十字门”脸谱，从鼻头起过眉心、印堂至头顶有一条随泥质脸坯高低而变化时粗时细的“通天柱”线条，就这样一条粗细不等的直线，唐先生一笔而成，是唐家的绝技。

第四代传承人：佟秀芬（1956年出生）

北京市市级代表性传承人。北京人，唐景耀先生唯一的入室弟子。2008年获得“首届中国民间工艺精品博览会”金奖，2014年被北京市市政府评定为北京市非物质文化遗产项目彩塑京剧脸谱的代表性传承人。近30年来，她所画脸谱多达十万余件，自做模具百余套，制作的脸谱模型大到1米多，小到指甲盖大小，能够熟练掌握四五百种谱式；她还掌握了京剧早期花脸演员何桂山、钱（金福）派、韩（乐卿）派、裘桂仙、范宝亭等一些濒临失传的谱式，除了现代京剧舞台上通行的裘（盛荣）派、郝（寿臣）派、侯（喜瑞）派脸谱的勾法以外，对现当代京剧名家袁世海、尚长荣、康万生、孟广禄、杨赤等演员的脸谱画法也有一定的研究。

第五代传承人：林泓魁（1983年出生）

北京人，佟秀芬之子。在母亲佟秀芬的熏陶下，耳濡目染，从小跟随母亲学习彩塑京剧脸谱的制作与绘画。在前辈彩塑京剧脸谱技艺的基础上，林泓魁在脸谱造型方面进行新的探索和尝试。他开创了以京剧名家个人脸形的、极具个性特点的彩塑京剧脸谱。2011年，他根据京剧名家李万春的脸形设计创作的“李万春诞辰一百周年”彩塑京剧脸谱，赢得了社会各界的认可和赞誉。他创作的《百年万春》《草桥关》《泥胡系列》等作品，多次作为国家对外出访及文化交流的礼品，并被美国波士顿博物馆收藏。

（二）彩塑京剧脸谱的工艺构成

淋浆[②]

摔泥

彩塑京剧脸谱最早出现在清朝光绪年间，它的构图严谨规整、线条均匀流畅、色彩明丽丰富，其工艺中最见功力的是彩绘部分，工艺之繁复素有“三型七彩”之说。

彩塑京剧脸谱工艺从制作上分为11个过程：淋浆、摔泥、刻坯、修坯、上白、勾线、填墨、压粉、上红、填大色、上漆。

每道工序简要介绍如下：

1．淋浆

选取胶泥，后筛选，去除表面浮土沙粒，放在大缸中不间断地注水和搅拌，浸泡一年以上，撇去表面的杂质及泥浆。

2．摔泥

将缸底浸泡、澄清后的胶泥起出后，放在用清水冲干净的石板上反复揉搓、摔打。为了防止开裂，还要在泥坯中加入极短极细的棉絮，手工揉搓均匀为止。

3．刻坯

将和好、醒好的泥，通过雕刻、塑形、捏制等手工技法，制作成一个脸部造型，再通过细致的修整、打磨，随后放置在空气中，使其中的水汽自然蒸发。冬季气温低的时候，需在不低于零摄氏度的地方阴干。经过翻模把泥土压在原型上印成模子，常见有整体模和多瓣模（适用于造型复杂的彩塑京剧脸谱的制作）。然后用擀制的手法把和好的泥压成泥片，缓缓压入模子里，进行脱胎。模具造型以传统的泥胎为主，依照人脸的面部特征，盔头服饰扮相，设计制作成泥质坯子。

4．修坯

将制作的泥坯进行细致的打磨修整。

5．上白

将泥坯均匀地涂上白色。

6．勾线

按照工笔技法，将研磨好的墨汁直接用毛笔勾眼瓦，所有绘画不得使用成品的液体墨汁。将脑门朝向怀内，进行反勾，先勾左眼瓦，勾好后，把脸谱放正，看着左边勾画右眼瓦，这样容易对称。突出笔锋，以同样的方法勾画胡须。勾线是绘画脸谱的起笔，这一步也是整个脸谱的定位，脸谱的对称、神态都在勾线上，勾线好坏决定了一件作品的好坏。

彩塑京剧脸谱工艺重在彩绘，而彩绘重在勾线。彩塑京剧脸谱的勾线环节，通常历经三个阶段：

（1）不对称阶段

初学反向入怀勾画左脸，随后对应勾画右脸。初学者对于泥坯的持法、画笔的握法以及墨线力道的拿捏等手工工艺初学乍练，左右两边脸形的勾线往往处于不对称状态。

（2）对称阶段

经过一段时间的勾画实践，在左右双手的配合、手腕手指的力度、墨线粗细的轻重等方面有了较好的把握之后，对应勾画基本能达到左右两边脸部的对称。只要学习者细致观察、勤于练习，多数人均能达到对称勾线的标准。

（3）不对称阶段

每一张表情丰富的脸，尤其是京剧舞台上一个个性格各异、身份不同的戏剧人物的脸，绝不是左右两边

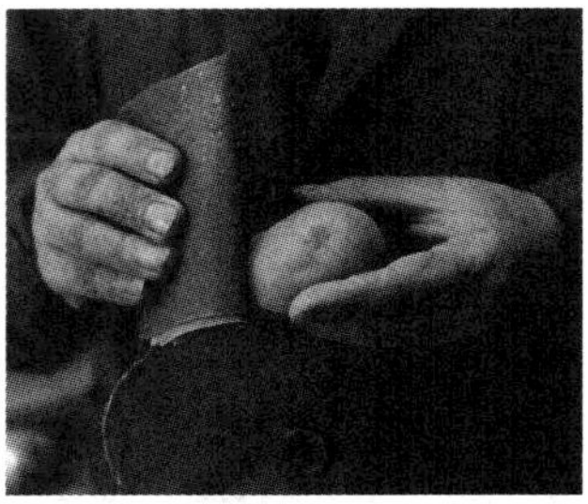

修坯

上白

勾线

填墨

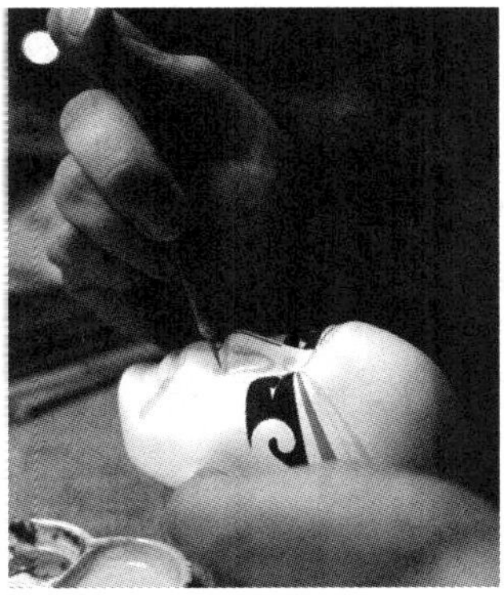

压粉

上红

填大色

完全对称的、死板僵硬的脸。起伏的情绪、复杂的心理、多面的性格……种种动态变化瞬间凝固于彩塑京剧脸谱之上的，莫不存在于脸部左右两边、构造脸形线条勾画不对称的细微变化与差异之间。就在线条分毫的转变与呈现中，极具人物个性的神态流转，便在脸谱上如同照片显影成像般落在泥坯脸谱上了。这种细微的差异不能诉诸物理数据的测量，没有口诀式规律的总结，而是对勾线“提笔技来”，加之对面部表情的入微观察、烂熟于心的创作呈现，是技术与艺术完美结合的体现。分毫之间，便是匠人与大师的距离！

7．填墨

视脸谱图案的不同，将勾好墨线的眼瓦、胡茬儿等不同部位填满黑色。

8．压粉

视脸谱图案的不同，在眼眉、鼻窝等不同部位画上粉色。

9．上红

视脸谱图案的不同，将红色填在不同部位。

10．填大色

视脸谱图案的不同，将较大面积的颜色填在不同的部位。

11．上漆

脸谱中红、黑二色画完后，最后收尾将红黑二色上蛋清或清漆，以便提亮，突出效果。据佟秀芬老师介绍：“黑红上漆，是个老讲究。这也是区别精品和外行货的标准之一。外行货图方便，全脸都上漆，却丢了细腻和鲜活。”

上漆

光头脸谱

泥须脸谱

经过原料胶泥的选择加工、脸谱泥坯的塑型修整，再到上白泥坯的勾画上色，彩塑京剧脸谱中基础款“光头脸谱”的制作就完成了。其他另有胡须、盔头装饰的彩塑京剧脸谱均在此种脸谱基础上发展创新而来。

（三）彩塑京剧脸谱的造型分类、工艺特色、创作理念及历代传承人的发展与创新

彩塑京剧脸谱是兼有泥塑、彩绘等工艺的极具京城地域风格的传统工艺。已有近200年历史的彩塑京剧脸谱工艺，随着时代的变迁和几代手艺人的辛勤研习，其造型也在不断的丰富、立体、个性化。

自“花脸桂子”在较简单的泥塑光头圆脸泥坯上勾画上色，到第二代唐仲元先生在脸谱泥坯造型上加长前额、加宽面颊，配上泥塑的盔头髯口，直至不断丰富相关的装饰发展而来的“绒须脸谱”，增加真盔头装饰，泥坯彩塑从脸部扩展到胸部的半身脸谱等，彩塑京剧脸谱的造型彩绘技艺不断向复杂精细化的程度发展。总体来说，彩塑京剧脸谱从造型上大致可分为五类：

第一类是“光头脸谱”，没有胡须等附加装饰，是基础款；

第二类是“泥须脸谱”，胡须为泥质并施彩；

第三类是“绒须脸谱”，泥帽围圈彩绘，上面装饰绒球小珠等，胡须用彩色丝

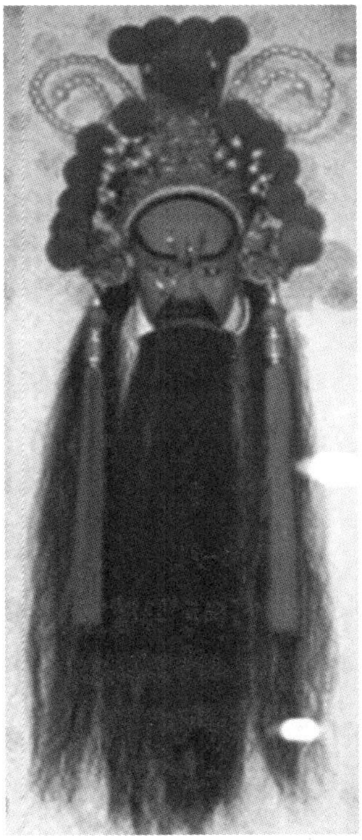

左　·真盔头脸谱
右上·绒须脸谱
右下·半身脸谱

绒制成；

第四类是“真盔头装饰脸谱”；

第五类是“半身脸谱”，把脸谱坐上身子，更有立体感、整体感。

相比泥塑造型而言，彩绘工艺在彩塑京剧脸谱的整体工艺中占更重要的地位，如果造型占三分的话，彩绘就要占到七分，故有“三型七彩”之说。

彩塑京剧脸谱是严格按照京剧舞台的花脸谱式，利用绘画中的工笔技法，勾画彩绘于仿照人脸面部及盔头服饰特征制成的立体泥质模具上。绘画方面，讲究从起笔就用毛笔勾画，笔锋流畅，一气呵成。主色部分只填一遍，颜色要求一次填画均匀，这样会减少日久年长后颜料裂纹甚至剥落的概率。红色部分需要上色三遍以上，最后收尾将红黑二色上蛋清或清漆，以便提亮，突出效果。

落在泥坯上的脸谱与京剧舞台上的脸谱在画法上有很大不同，据第五代传承人林泓魁介绍：“过去舞台上的演员在描眉时，几乎都是用手直接顺着自己的眉骨抹出眉形；而泥塑脸谱由于胶泥特殊的质地，‘揉’和‘抹’这两种画法在泥塑的脸谱上不能适用，只使用‘勾线’和‘平涂’两种方法。除此之外，由于泥坯大小不一，在绘制小型泥塑脸谱时，更需要细致的线条和笔触。近距离观赏，强烈的颜色对比会显得非常突兀，所以出现了‘压色’这种特殊的画法，它可以让脸谱的色彩更加丰富、和谐。”

另外，在凹凸起伏的泥坯上作画，要做到构图规整、线条流畅、位置准确，需要长时间的练习实践，彩绘是绘制脸谱过程中最见功力的一个环节。为了确保笔锋流畅，绘制过程要求全部用右手顺手完成：先将脑门朝外勾画右脸，然后将脑门朝向内侧反勾左脸。采用这种特殊的绘画手法，加之日积月累的练习，方能将脸谱图案左右两边绘制得完全对称。

彩绘勾画脸谱时，按勾画手法谱式可分四大类：勾脸、揉脸、抹脸、破脸；按形象可分为：整脸、六分脸、粉白脸、十字门脸、三块窝脸、花十字门脸、花两膛脸、碎花脸等十余种。

进入 21 世纪，拥有近 200 年历史的彩塑京剧脸谱工艺也焕发出了新的生机。作为北京市非物质文化遗产项目的第五代传承人，林泓魁在老一辈传统工艺的基础上，开创了京剧名家个人脸型的彩塑京剧脸谱。以往彩塑京剧脸谱都是规格统一的脸型泥坯，只是在彩绘的构图、线条、色彩上来突出其个性化。林泓魁开创的“京剧名家彩塑京剧脸谱”，从脸型泥坯环节起就加入了个性化的元素，泥塑脸型由单一化向多样个性化发展，增加了工艺的难度，提升了工艺品的审美性。这样的设计理念和工艺创新，让那些停留在纸质二维平面的京剧名家脸谱，依托彩塑京剧脸谱这项传统工艺，更加立体逼真地呈现了出来。

三、彩塑京剧脸谱工艺的传承状况与保护思考

彩塑京剧脸谱工艺从清朝晚期赠友把玩式的偶然之作逐渐兴起；至清末杂货铺、庙会贩卖的持续发展；到 19 世纪三四十年代，个人私营工场形成规模制作并使产品的售卖推向高潮；直到当代被列为北京市市级非物质文化遗产项目，走过了一个曲折而又辉煌的发展历程。虽然它在当代的进一步传承与发展面临种种挑战，

但其文化价值是无法替代而非常值得珍视的。彩塑京剧脸谱蕴含着深厚的京剧文化元素、承载着彩塑工艺的绝技绝艺，堪称中华民族艺术文化的重要代表。在重拾中华传统文化、关注非物质文化遗产保护的当下，进行彩塑京剧脸谱工艺现状的调查与思考必定会给这一非物质文化遗产项目的传承保护及未来发展增添助益。

（一）彩塑京剧脸谱工艺的发展现状

彩塑京剧脸谱发源于北京地区，流布范围以西城为主兼至郊区。历经百余年的风雨变迁，该工艺从票友自娱自乐的兴趣，变为养家糊口的营生，如今被列入“北京市市级非物质文化遗产名录”，使得行内手艺精湛的佼佼者，也成了该项目的代表性传承人。

据北京市非物质文化遗产保护中心的工作人员介绍，“彩塑京剧脸谱”是在2009年被正式列入“第三批市级非物质文化遗产保护名录”的。到目前为止，该项目确认的市级代表性传承人是海淀区的杨玉栋先生和西城区的佟秀芬女士。这表明，彩塑京剧脸谱工艺及其工艺品的制作，以杨玉栋和佟秀芬两人的手艺最具代表性，他们也是本文采访研究的主要对象。

但对彩塑京剧脸谱及其工艺的美术体认及制作追求，杨玉栋和佟秀芬二人略有不同，各有侧重。杨玉栋先生强调该技艺中盔头部分的制作工艺，着重身体力行地制作“盔头”等配饰，呈现彩塑京剧脸谱造型的整体性；而佟秀芬女士更侧重于工艺中泥塑、彩绘等制作彩塑京剧脸谱各个环节的传承性，强调的是在制作流程中一丝不苟地传承上一代老艺人传统手工工艺的本真性和完整性。

虽然彩塑京剧脸谱工艺的从业人员同属一个行当，特色各不相同，但所面临的问题却不尽相同。从“传统美术类”非物质文化遗产项目的“非物质性”和“物质性”两种属性来看，彩塑京剧脸谱所面临的困难，大致可以概括归纳为如下几个方面：

1．非物质性方面（彩塑京剧脸谱工艺）

（1）传承人普遍高龄化。两位市级代表性传承人杨玉栋先生和佟秀芬女士都在60岁以上，二人均进入老龄化时期，身体精力均呈现衰退趋势。如果他们身怀之绝技没有年轻的一代来继承，对于彩塑京剧脸谱工艺的传承无疑是重大的损失。

（2）工艺的传承后继乏人。由于彩塑京剧脸谱工艺学习难度高、耗时多，传承人不仅要具有广博的京剧知识，还需泥塑的技巧及彩绘的功夫。加之从事这一行工作的经济效益不佳，不足以吸引年轻人进入该领域进行研习传承。

（3）传承场所缺乏。原料胶泥的选择加工、脸谱泥坯的塑型修整，以及泥坯勾画上色、盔头胡须的整体装饰等制作环节，都需要一个足够大的场所来进行教授和研习，仅依靠代表传承人的实力是无以承担的。

（4）老艺人制作绘画口诀及相关工艺资料还有待挖掘、整理、记录、存档。上辈老艺人传承下来的图谱资料，由于长时间的翻阅加之没有合理的保存方式，破损的问题日渐严重。同时，口传心授的核心工艺还有待于进一步的挖掘、记录，随着老艺人年龄的增长，此问题日益紧迫。

2．物质性方面（彩塑京剧脸谱工艺品）

（1）产品分类定位模糊，类型较单一，加之传统工艺的制作周期漫长、短时间内制作数量有限的局限，不足以满足各类消费者的需求。

（2）缺乏专业的营销队伍，对于彩塑京剧脸谱工艺及工艺品的宣传不到位，其社会关注度和影响力不高，没有培养起相关的消费群。产品的定位生产和市场的推广营销，二者的对接存在多种问题，导致承载百年的传统工艺及蕴含深厚文化内涵的手工艺品却得不到与之相匹配的经济效益。

造成彩塑京剧脸谱传承面狭窄、后继乏人的状况，原因是多方面的。首先，传承人人选方式的局限。从传承历史看，从杨玉栋先生和佟秀芬女士这代人的传承已经打破“本家族”的传承方式，二人与上一代传承人都没有血缘关系。但是，由于多年来研习传承工艺的青年人数不足，并屡有流失。所以，目前本工艺的传承方式又逐渐呈现出亲族血缘化的趋势。其次，互联网时代，深刻改变着现代人的生活、工作方式。多元的生活工作方式让青年人对生存、工作有了与老一辈人完全不同的理解。彩塑京剧脸谱工艺的难度高、强度大、耗时多、收入少，令年轻人敬而远之。另外，现代科技的发展和人们现代审美情趣的改变，对传统文化艺术也造成了巨大的冲击。电脑绘画、3D打印、“VR（虚拟现实）”等层出不穷的现代科技，无一不吸引着大众的眼球。但对产生于二百多年前的彩塑京剧脸谱来说，当年老北京的风物民情，寻常百姓的生活习惯、遗老遗少的赏玩趣味……已随同历史的潮流滚滚而去。就连与之有着血缘关系的京剧艺术，当下也只能遥想当年的盛世繁华了。最后，传承人自身缺乏市场策划、包装、营销等商业手段，也没有有效地利用现代知识产权制度保护自己的成果，再加上相关手工艺产品外部销售的恶性竞争，进一步加剧了彩塑京剧脸谱工艺所面临的生存与发展危机。

彩塑京剧脸谱工艺历史悠久，但也十分脆弱。如何使彩塑京剧脸谱工艺传承、创新、发展下去，这是值得我们认真思考、探讨的重大问题。

（二）对彩塑京剧脸谱工艺传承保护的一些思考

中华民族的优秀文化蕴藏着众多物质和非物质形态的文化遗产。21 世纪以来，随着人类对非物质形态文化遗产保护的意识加强，我国在国家的倡导、政府各级管理部门及民间团体的积极努力下，对非物质文化遗产的保护逐渐进入大众的视野、成为社会关注和各方讨论的话题。

依照 2008 年国务院公布的《第二批国家级非物质文化遗产名录》中对非物质文化遗产的分类标准，及 2009 年北京市市政府公布的“北京市第三批非物质文化遗产名录”，彩塑京剧脸谱归属“传统美术”类的非物质文化遗产项目。基于彩塑京剧脸谱的工艺特点、传承规律及当代的发展现状，我们可从传承主体、传承基础设施建设、相关政策落实及生产性、生态性保护五大方面讨论、思考该项目的传承保护。

1．彩塑京剧脸谱工艺传承主体的保护方面

非物质文化遗产的基本特点是传承，传承主体的口传心授，才能使非物质文化遗产薪火相传，源远流长。父子、兄弟、师徒之间的口传心授、言传身教是彩塑京剧脸谱的传承方式。彩塑京剧脸谱工艺的传承和发展中，历代手艺人是这个过程的主角，因此对于传承主体的保护，是彩塑京剧脸谱工艺保护中的最根本、关键的问题。

彩塑京剧脸谱工艺传承人普遍老龄化。身怀核心工艺的老艺人，随着其年龄的增高，传授手艺的精力逐年减弱；由于多种原因，该手艺无力吸纳足够的青年进行

研习传承。

针对此种状况，可从以下五方面对传承人进行保护。

（1）为传承人提供适宜的生活工作条件。要坚持、加大对非物质文化遗产项目代表性传承人，即承载非物质文化遗产项目核心技艺的老艺人的保护力度。在给予资金支持的同时，提高医疗、养老等社会保障福利的力度，从而保证代表性传承人保持健康良好的身体状态去传承工艺。

对于引进门的青年传承人，要让青年人看到个人发展的空间和行业提升的愿景，用专业和理想留住人才。政策层面，为学徒的基本生活、社会福利保障方面给予政策和专项资助。

（2）对彩塑京剧脸谱工艺的传承进行档案登记、数字化存录，建立专门的图文影像数据库。彩塑京剧脸谱工艺传承的过程中，大多是大白话、生动直观的手艺体会。作为老艺人以及年青一代传承人来说，尽可能将烂熟于心的工艺经验与体会，梳理、转化为便于传授研习的文字、图片和视频等资料，将工艺的传承教学系统化、规范化。在培养传承人的同时，还要做好普及教育、推广宣传的工作。将彩塑京剧脸谱的手工工艺设计制作成普及教学的模具及光盘，培养更多学生及爱好者，拓宽引进青年传承人的渠道；同时将掌握基础工艺的爱好者培训为该工艺普及推广的教师，更大范围内去讲解该工艺的历史源流、工艺特色……这样由“爱好者”“普及推广的教师”到掌握核心工艺的“代表传承人”，构建一个由基础到核心的立体式的传承群体。这个群体的建立，将对缓解、扭转后继乏人的状况起到关键性的作用。

（3）组织专家对彩塑京剧脸谱代表性传承人的成就、传承工作以及本体文化的阐释进行学术性、专业性的分析和总结。彩塑京剧脸谱作为非物质文化遗产，它脱胎于京剧艺术，集泥塑、绘画为一体的传统工艺美术，因此它不仅兼具手工性与美术性，在表现内容方面又呈现出丰富的戏剧文化性、浓郁的京味儿文化。保护彩塑京剧脸谱不仅要继承其手工工艺，更要重视解读和挖掘其内涵，加大其历史文化价值的阐发和挖掘，这样的保护才形神兼备，完整系统。

（4）有计划地征集并保管彩塑京剧脸谱代表性传承人的代表作品，对其优秀作品举办展览展示。凝聚手艺人智慧和情感的心血之作，往往是可遇不可求的，从这些艺术精品中可以看到工艺的超高水准以及独特的艺术表现力。因此，通过对彩塑京剧脸谱工艺优秀作品的展览和展示，是让社会了解、认知工艺最直观、最便捷有效的方式方法，是提高其社会影响力和知名度必不可少的途径。

（5）创新、拓展吸纳传承人的方式和渠道。从彩塑京剧脸谱手工工艺的工艺特点入手，可对美术专业的相关院校进行针对性的宣传，广纳贤才来扩展传承人的引进途径，由“坐等上门”的被动式接纳转化为“上门选材”的主动选徒。良好的专业技能有助于学徒的成才率。

据了解，北京市西城区文化委员会为了引进更多的青年人加入非物质文化的保护工作中，进行了多方面的尝试和探索。到目前为止，西城区文化委员会分别在2014年和2015年举办了两届向社会公开招募“非物质文化遗产项目传承志愿者”的活动。在自愿报名的基础上，由代表性传承人选拔后的学员，经过一定课时的技艺培训学习，经考核委员会考核，前后有近百名合格的学员被授予了“优秀非遗传承志愿者”的称号。

在国家、政府及社会各团体对传承主体给予多方面保护的同时，作为该工艺的代表性传承人也要积极承担责任、履行义务。要增强彩塑京剧脸谱工艺传承的自觉意识，积极开展传承工作，以开阔的胸怀和开放的意识传授工艺，培养接班人；要积极参加相关的展览、展示以及文化交流活动；要积极地配合相关部门对于该工艺的调查研究活动，将凝聚彩塑京剧脸谱历代匠人的工艺在当代薪火相传、发扬光大。

2．彩塑京剧脸谱基础设施建设方面

由于特殊的制作流程和手工工艺，彩塑京剧脸谱的制作和传承教学都需要较大的场地。同时，上辈老艺人传承下来的图样以及承载核心工艺的珍贵泥塑脸谱实物也亟待相应的场所进行修复、整理、归档和存放。这些稀少而珍贵的非物质文化遗产实物是不可再生的，如果不进行科学合理的收藏、展示，会给工艺传承带来很大的损失。因此，在传习场所及相关展览场地等硬件设施的建设应加大投入资金，开辟、设立彩塑京剧脸谱集传承研习、普及宣传相结合的传习博物馆，对彩塑京剧脸谱手工工艺的各个环节及各类造型代表性的工艺品以实物、视频、制作体验区等方式进行集中展示、演示。

3．落实相关非物质文化遗产政策方面

笔者在调查过程中，从北京非物质文化遗产保护中心了解到，北京市市级、区级的非物质文化遗产保护部门近年来对非物质文化遗产的保护工作非常重视。目前，市文化局和市财政局颁布了市级关于非物质文化遗产保护的专项资金管理以及加强非物质文化遗产项目保护传承的扶持奖励办法，在明确保护举措和保障措施的基础上，从鼓励和支持传承人带徒授艺、开展传承研习工作、建立非物质文化遗产项目集聚区等多方面提出较为详细务实的扶持奖励。2012年，北京市出台的《关于加强非物质文化遗产保护传承的扶持奖励办法》里突破以往常规性补贴方式，实行"以奖代补"的方式，对取得明显非遗保护工作成效的单位予以资金支持。同时，对于传承人的补助也有明显的提高，从原来每人每年1万元，提高至2万元，非遗单项一次性奖励金额高达100万元。资金补贴范围进一步扩大，包括非物质文化遗产项目代表性传承人、非物质文化遗产项目保护单位及积极参与非物质文化遗产保护工作的社会单位。同时，"十二五"期间，北京市非遗中心组织各类非遗传承人在国内外参与近40次大型非遗展示展演活动，组织北京非遗走进宝岛台湾，还走进沙特阿拉伯、韩国、法国、芬兰等国家。京剧彩塑脸谱参加了许多活动，特别是在台湾地区，获得当地人的热烈欢迎。

在北京市级非物质文化遗产管理部门给予非物质文化遗产项目以制度保障的同时，区级的相关部门也在各方面做了积极的努力。如文章前述，北京市西城区文化委员会以向社会公开招募"传承志愿者"的方式拓展引进传承人的做法，实践证明取得了一定的社会效益并在传承人的培养方面也起到一定的推动作用。

由此来看，各级政府部门对于传承人的招收与培养，都建立了相应的制度，创造了必要的条件，提供了有力的保障，也进行了积极的探索。对彩塑京剧脸谱的营销与宣传，也给予了足够的扶持与重视，并取得了一定的成效。

4．加强彩塑京剧脸谱工艺的生产性保护方面

彩塑京剧脸谱工艺极具京味儿文化底蕴，又身处政治、文化、国际交往、科技创新中心的首都，重视其开发利用，对于弘扬北京优秀传统文化以及发挥首都文化中心引领和示范作用至关重要。因此，对于彩塑京剧脸谱工艺进行生产性保护，既丰富了首都传统文化的内涵，又增强了自身的"造血功能"，提高其生命力和影响力。

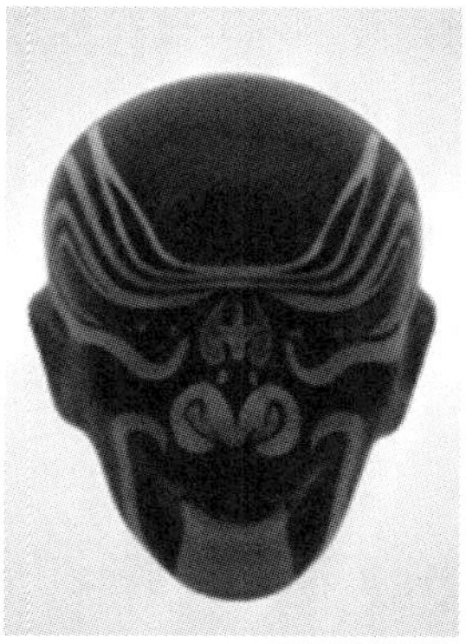

左・仿照京剧老艺术家钱金福先生面部特征的钟馗脸谱
右・卡通关公

提高非物质文化遗产项目的生存能力，拓展它的生存空间，由“外在输血”转变为“内在造血”，增强自身发展的能量和动力，要从彩塑京剧脸谱的物质性出发，以它的商品性着手，在产品的分类定位、设计理念、成本核算以及推广营销方面下功夫。以往彩塑京剧脸谱的设计、制作更多的是依靠传承人、从业者的自发性。产品的销售基本上是“有什么卖什么”，致使较高档次的工艺精品卖不了、卖不好；而对于工艺要求不高、“旅游爱好者”式的消费群却没有基础性的产品供选择。工艺品的生产制作与消费者需求脱节，没有构建良好的供需关系，导致彩塑京剧脸谱的销售得不到应有的商品价值。工艺品的定位是营造良性市场的根本。

据彩塑京剧脸谱传承人林泓魁介绍，“近年来我们秉承‘双轨并行’的发展战略，将彩塑京剧脸谱的工艺品分类定位分为两大类型：一类为精品收藏品，优质选料，其造型设计、手工制作均由老艺术家亲力亲为；另一类为礼品基础时尚品，基础选料，由年轻一代传人制，但造型包装都将贴近年轻人审美，譬如可以设计一些卡通类形象的彩塑京剧脸谱。”从而为非物质文化遗产工艺品建立一个良性市场的营销模式，将非物质文化遗产手工工艺转换为供给自身生存发展的经济基础，这对项目工艺的传承和保护都有着积极的推动作用。

政府层面可在非物质文化遗产项目生产性保护方面给予政策和资金方面的保障和支持，使之实现良性的经营运转。

（1）相关企业税金和贷款的支持，扶持彩塑京剧脸谱等小型民企在襁褓期有个相对安稳的成长期。

（2）提供宣传，营造良好的社会氛围。各级管理部门联合策划、组织各类非遗专题或非遗元素的文化展览以及国内外文化艺术交流活动，利用政府相关媒体搭建宣传平台，从而不断提升彩塑京剧脸谱工艺的关注度和知名度，为传统美术等非物质文化遗产项目营造良好的舆论环境和生产性保护的社会氛围。

（3）纳入政府采购及地方特色行业支持的范围。

（4）搭建专业营销队伍与彩塑京剧脸谱创作、生产者的桥梁，在营销方面给予引导和帮助。

（5）在注重商品属性的开发、获得经济效益的同时，还要注重彩塑京剧脸谱所承载的艺术品格、文化内涵的挖掘和利用。体验型手工艺产业环节的开发是彩塑京剧脸谱文化属性极好的挖掘和应用。将彩塑京剧脸谱制作的每一道工序进行全景式的演示，并将容易模仿又颇见成效的制作环节进行体验式的设置。让学生、游客等群体亲自用双手感受、体会该工艺的制作特点和艺术魅力。从而，不仅增加了参与者对于该工艺的理性认识，更赋予感性认识以温度和质感。对于该非物质文化遗产项目的社会认知度有较大的提升作用。与此同时，体验型手工艺的开发不仅践行了代表性传承人活态传承的使命，也将带来一定的体验型经济效益，有助于建设社会效益、经济效益双丰收的良性健康的发展局面。

5．对非物质文化遗产项目彩塑京剧脸谱进行生态性保护方面

整体性是非物质文化遗产保护的基本原则，即对非物质文化遗产不应只对其自身和有形外观“孤立化”地关注和保护，而是要将它置于所依赖的自然环境、社会环境，做整体性的研究和保护。活态性、传承性和流变性的特点，决定了非物质文化遗产是在人类行为参与下的动态性的存在。如果将某一种非物质文化遗产项目看作一种生物的话，那么我们对于非物质文化遗产项目的保护应该是“生态圈”式的保护。也就是说，是对于该项目与其生存环境及它与其他项目之间相互作用、相互影响而形成的一个不可分割群体式“生态性保护”。

彩塑京剧脸谱诞生于清朝晚期的北京，它脱胎于京剧表演艺术，结合泥塑和彩绘的工艺美术。诞生近二百余年的历史里，彩塑京剧脸谱的传承和发展从京剧艺术中源源不断地汲取营养。题材内容上，从最初净角的“花脸”逐渐增加了生、旦、丑行当的脸谱；由于京剧名家辈出，而生发出同一角色不同造型和图谱的“人物系列脸谱”；与演员脸形相结合的“造型个性化脸谱”。从造型形式上，从最初只呈现脸部脸谱的“光头脸谱”，逐渐从脸部扩大到胡须、头饰以及整体的盔头，直至出现半身坐式的脸谱，直至当代卡通全身式的彩塑京剧人物。同时，彩塑京剧脸谱也以其集泥塑、彩绘为一体的工艺魅力对京剧艺术的传播、推广起到了重要的作用，成为“带得走的京剧”。而二者的生存和发展又共同依赖于外部相似的自然和社会环境，同样历经风云成为当代的非物质文化遗产。不难看出，彩塑京剧脸谱与京剧文化及外部环境构成了相互影响、相互作用的生态性关系，对于二者的保护也应是生态性保护。

彩塑京剧脸谱是土生土长于老北京的民间工艺，它的传承和保护也必将与这块土地紧密相连。建设、培育北京京剧文化生态圈，将彩塑京剧脸谱工艺与京剧的保护传承相联系，将二者有机地融合于生态圈内；打造以京剧演出、彩塑京剧脸谱、京剧名家故居、京剧演出会馆参观、京剧装扮体验等北京京剧文化的生态产业链，形成非物质文化遗产项目之间“借力打力”的格局，构建充满生机、良性健康的生态关系，培育以彩塑京剧脸谱、京剧为主要内容的北京传统文化的京味儿文化氛围将是对彩塑京剧脸谱更大格局、更全面、更长远的保护。

相信在抢救性保护、生产性保护以及生态性保护的非物质文化遗产理论指导和实践的推动下，在各层级政府文化管理部门的有力推动下，在非物质文化遗产传承人的自身努力下，在全社会对于非物质文化遗产保护工作的关注度和参与度不断提升的良好氛围下，彩塑京剧脸谱工艺必将在未来得到更好的传承与保护。

四、传承保护彩塑京剧脸谱工艺的多重价值与特殊意义

彩塑京剧脸谱是脱胎于京剧艺术、京剧脸谱艺术生发而出，集泥塑、彩绘为一体的传统工艺美术。彩塑京剧脸谱在传统工艺方面兼具手工性与美术性，在表现内容方面则呈现出了丰富的戏剧文化性。因此，对彩塑京剧脸谱工艺的传承保护就具有一定的多重价值和特殊意义。

（一）彩塑京剧脸谱工艺的多重价值

1. 彩塑京剧脸谱的手工价值

自清光绪年间“花脸桂子”一时兴起，用手捏制脸形泥坯，勾画上色做出第一只彩塑京剧脸谱起，这门手艺至今历经五代人、已有近二百年的历史。百余年来，历经五代人的口传心授，淋浆、摔泥、刻坯、修坯、上白、勾线、填墨、压粉、上红、填大色、上漆十一道制作的传统手工工艺，在一代代彩塑京剧脸谱的手艺人之间一丝不苟、环环相扣地在一双双手中有序传递着、实践着。

彩塑京剧脸谱泥坯的原料要和好、醒好的胶泥。只这一块胶泥就要历经一年时间的沉淀、清理和揉打。首先，要将带有胶性的土质入水充分搅拌，使泥浆中的杂质浮于水表，撇清杂质再注入清水，沉淀。就这样，搅拌、撇清、注水、沉淀，四道程序定期地循环进行，历经一年的时间。一年后，淋浆后的泥浆，要在干净的石板上、加入细碎棉絮后历经几十次的反复揉搓、摔打……土质胶性的大小、棉絮细碎的程度、揉打的力道、胶泥的黏度柔韧性等，都需要每一名传承者数年经验的积累，这双手方能通过反复触摸、细细感知，决定这块胶泥能否进入下一道工序的制作流程。

精心刻坯、修坯之后，一支支粗细各异却极其普通的毛笔，在凸凹起伏的泥坯上，均匀涂抹地上白、游走流畅地勾线、挥洒自如地填墨；压粉的停顿长短、上红的细腻轻柔、填色的锐利精准、上漆的透亮立体……京剧舞台演员一张张传神的脸谱就在这一双手下灵动而现！

极具手工价值的工艺品的创作、制作，不仅是手工工艺技巧的掌握和呈现，更重要的是手工艺者“源于生活而高于生活”的艺术创作，这才是手工价值的最高体现。据彩塑京剧脸谱代表传承人佟秀芬女士的介绍，一次脸形泥坯在摆放晾干的环节出了些小问题，导致晾干后的泥坯左右脸走形。当时她也没多想，就信手放在一边。一天，她无意间瞅见那个歪脸泥坯，不正是孙悟空在舞台上挑帘儿亮相的神态吗？佟老师当即在这只不太规整的脸型泥坯上提笔勾画……这只歪脸泥坯最终制作成了真盔头装饰的孙悟空脸谱，在台湾举办的一次文化交流展会上引得众人竞相争看。这只脸谱被一名参观者拍了照，朋友们看完照片纷纷说这是京剧演出的剧照……最终这只脸谱被一位京剧爱好者高价收藏。“（创作）这样的脸谱是可遇不可求的！”佟老师感慨道。这就是大工业机器生产不可相提并论、手工工艺独特偶然的艺术创作，其作品凝结了彩塑京剧脸谱工艺的高妙绝技以及手艺人用双手注入的人生感悟与世间温情。

这双手传递着上百年彩塑京剧脸谱人精益求精的艺人精神，呈现着中华民族博大精深的传统文化，交换着几代人之间朴实真挚的情感；这双手将一幅幅画工精美、京味儿浓郁的彩塑京剧脸谱呈现在了人们的面前！

2．彩塑京剧脸谱的美术价值

自从彩塑京剧脸谱工艺问世以后，它的发展就与京剧舞台艺术同步。京剧舞台上有怎样的脸谱及扮相，彩塑京剧脸谱就有相应的脸谱作品。京剧脸谱在汲取了各类戏曲地方戏脸谱的营养发展而来，它数量之大、行当之全、色彩之多、造型之美居中国戏曲之冠。戏曲脸谱魁首的京剧脸谱以其丰厚的美术性土壤滋养、推动了彩塑京剧脸谱的发展与创新。

彩塑京剧脸谱代表传承人佟秀芬女士经过多年的收集整理，收藏及保护了许多珍贵的脸谱资料，其中有从师傅唐景耀处传承下来、不同风格的北京彩塑京剧脸谱实物十几种、几十个数十年以前制作的脸谱坯子，为后人留下了宝贵的实物资料。她所画脸谱与舞台勾画相一致，四五百种京剧脸谱图样在佟秀芬老师的笔下惟妙惟肖地呈现于彩塑京剧脸谱之上。

同时，京剧净角脸谱由于演员脸型及所扮演角色的不同，而形成不同风格流派的脸谱。这种在舞台上出现过的极具流派、个性化的脸谱也为彩塑京剧脸谱的创作和发展开辟了一方全新的创作领域。

据彩塑京剧脸谱代表传承人佟秀芬女士介绍，经她绘制创作不同京剧名家的孙悟空的脸谱就有三种之多；在四五种之上的有马谡、窦尔敦等。从京剧发展的不同时期来看，有早期净角名家钱金福、裘桂仙、何桂山等数量可观、濒临失传的脸谱样式；以及现代各家流派，诸如侯派、裘派、郝派的谱式；直至当代京剧舞台上的孟广禄、尚长荣、袁世海等演员的脸谱谱式，在其子林泓魁的创意设计下，这类彩塑京剧脸谱都是完全按照京剧名家面部肌肉骨骼特征设计的造型，一笔一画地再现了当年老艺术家在舞台上表演人物时勾画的脸谱谱式。一个个兼具彩塑绘画技艺

按照李万春先生脸型扮相设计的脸谱

与京剧文化内涵的脸谱均在佟秀芬老师的笔下熠熠生辉，彰显焕发出传统美术精妙的艺术之美。

彩塑京剧脸谱《百年万春》就是2011年为李万春先生诞辰一百周年设计绘画的一款脸谱，脸谱的造型面部特征均按照李先生脸型扮相设计，画工精细，追求舞台效果。一位曾与李万春先生是老街坊的老先生，看过这套脸谱，赞不绝口道："真像！李万春先生就长这样儿！"

3．彩塑京剧脸谱的戏剧文化价值

蓝脸的窦尔敦，红脸的关公，黑脸的包公……色彩是大众对于京剧脸谱最直接的、最鲜明的印象，也是京剧脸谱塑造戏剧人物最重要的手法。脸谱的用色具有"别善恶，寓褒贬"的道德含义，著名的戏剧理论家翁偶虹先生对京剧脸谱的用色有着简洁精辟的总结："红忠紫孝，黑正粉老，粉白奸猾，油白狂傲，黄狠灰贪，蓝勇绿暴，神佛精灵，金银普照。"单看这种种丰富多样的色彩，戏剧人物的年龄、性格、品质等都一目了然。除去鲜艳明丽的色彩之外，人物脸谱中月牙、太阳、八卦、"通天柱"等变形夸张的图案也无一不折射出人物的曲折故事及鲜明个性。

彩塑京剧脸谱与京剧脸谱有着血缘般的亲子关系，彩塑京剧脸谱是京剧表演艺术的结晶，京剧脸谱的色彩和图案在彩塑京剧脸谱中有着完整形象的体现。舞台上性格各异的人物，以及他们曲折跌宕的人生故事，彩塑京剧脸谱以其独有的民间美术工艺仿若照相机一般，将动态的舞台表演艺术的瞬间结晶凝固在了泥塑彩绘之中，使其成为"带得走的京剧"供人们收藏，长久地欣赏回味！

近年来，特别是该手工工艺入选国家级非物质文化遗产保护名录之后，在民间艺人群体的努力、政府相关政策的扶植以及社会各界日益增长的对非物质文化遗产保护的良好氛围下，彩塑京剧脸谱技艺在国内国外都有一定的影响力。

据彩塑京剧脸谱的代表性传承人佟秀芬老师介绍，近年来每年年底香港大学都会有学生专程来北京学习脸谱绘画；她曾受以色列、美国、丹麦等国政府邀请，在耶路撒冷、旧金山、洛杉矶、哥本哈根等地现场表演及教授当地观众绘画脸谱。同时，在全世界各大院校如美国斯坦福大学、中国台湾地区的中国文化大学和香港地区的香港大学等院校多次进行现场表演与传授脸谱技艺。在旧金山活动期间，有些观众辗转多个活动场地，前去了解学习。彩塑京剧脸谱得到了当地人民的喜爱，通过其喜欢上了京剧艺术、中国传统文化。

另外，第五代传承人林泓魁积极参与北京市“传统文化进校园”的活动，将京剧彩塑脸谱以绘画的形式带到了中小学学生身边，手把手地教授学生绘画。同时，他利用自身计算机技术的特长，设计制作了彩绘脸谱的动画教学课件。视频中以孙悟空脸谱绘画为例，将脸谱勾画的步骤形象、清晰地呈现出来。

中华传统文化、京剧戏剧文化通过作为传统手工艺的彩塑京剧脸谱得以传扬。

（二）传承保护彩塑京剧脸谱工艺的特殊意义

如上所述，正由于彩塑京剧脸谱工艺在民间美术的属性之外，同时还兼具手工工艺与京剧脸谱文化的多重属性及价值，因此，对它的传承与保护便具有了特殊的意义。

首先，是对这种民间美术创作工艺的保护。彩塑京剧脸谱起源于清朝光绪年间的一位票友之手，他借助日常简单的工具把京剧脸谱绘画于一只脸型泥坯上，彩塑京剧脸谱由此诞生。近二百年来，以京剧脸谱为题材，来自民间的一辈辈手艺人在泥塑、彩绘等方面不断从实践中积累经验，锤炼技艺，逐渐形成“三型七彩”的十一道工艺。凝聚着无数手艺人汗水智慧、历史记忆与世间温情的传统工艺，完整有序地传承至今。其间，颜料的选用、色彩的调制、造型线条、色彩明暗的运用与呈现等涵盖民间美术的手工工艺，随着一只只精美的彩塑京剧脸谱工艺品而承载、

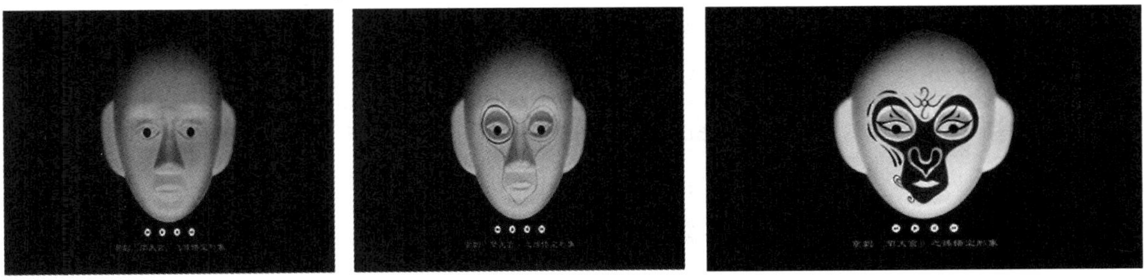

彩绘脸谱动画视频截屏图

传承。彩塑京剧脸谱工艺增添了民间美术的丰富性和多样性，它是民间美术创作领域中重要的组成部分。因此，对于彩塑京剧脸谱的保护也是对这种民间美术创作工艺的保护。

其次，是对制作脸谱相关工艺的保护。彩塑京剧脸谱是以京剧脸谱为创作题材的集泥塑、雕塑和传统美术为一体的手工工艺。由此，不论从原材料的采用，还是创作题材的角度来看，彩塑京剧脸谱都属脸谱工艺的一种。以脸谱为标准的手工工艺的领域中，彩塑京剧脸谱也是不可或缺的一部分。同时，因其近二百年历史的发展传承，以及集地方戏脸谱之大成的京剧脸谱的特殊地位，其手工工艺的水准在脸谱类别的工艺中，实属上乘。因此说，彩塑京剧脸谱的保护，也是对制作脸谱相关手工工艺的保护。同时，也是对京剧脸谱文化的别样传扬。

京剧是中华民族千百年来戏曲表演艺术的结晶，而彩塑京剧脸谱是运用彩绘、泥塑等工艺手法再现京剧人物舞台艺术形象，也是唯一一种以谱式代表历史人物以及表现中华民族传统文化的手工艺表现形式。与此同时，彩塑京剧脸谱工艺品属性的观赏、收藏等特性，已经让它逐渐成为中国艺术元素的代表，走出国门，并受到世界各地友人的青睐与钟爱，在传播中国传统文化上起到了积极的推动作用。五千年华夏文明的文化积淀，佛、儒、道三教的人生哲理和智慧都体现在京剧之中，体现于京剧脸谱艺术中，彩塑京剧脸谱以它特有的艺术品属性承载、表现着京剧脸谱艺术，源远流长地传递、传播着京剧艺术的魅力！

由此可见，对彩塑京剧脸谱工艺的保护不仅是对此种传统美术工艺的传承保护，更是对于与它有着血缘关系的京剧文化的保护和传扬。彩塑京剧脸谱用其独有的泥塑彩绘技艺记录着京剧历史的发展、传扬着京剧文化的魅力。“带得走的京剧”的彩绘京剧脸谱的保护传承，更是对京剧艺术发展文化生态的维护，发挥着积极重要的作用。京剧艺术推动了彩塑京剧脸谱的诞生和发展，彩塑京剧脸谱的发展传扬着京剧艺术，二者相互促进、相互影响，有着不可分割、荣辱共存的紧密关系。

正是这种多重的价值和特殊的意义，决定了我们对于彩塑京剧脸谱工艺的传承与保护，一定要格外注重、更加用心！也决定了我们对于这种非物质文化遗产的传承与保护，一定要多方着眼、统筹推进！责任因而更为重大，使命因而更加光荣！

注释

① 徐峰．京工巧匠 [M]. 北京：北京工艺美术出版社，2005.

② 本文所有图片均由彩塑京剧脸谱传承人林泓魁提供。

参考文献

1｜联合国教科文组织．保护非物质文化遗产公约 [Z].2003.

2｜中华人民共和国国务院．关于加强文化遗产保护的通知 [2].2005.

3｜中华人民共和国国务院．传统工艺美术保护条例 [Z].1997.

4｜徐峰．京工巧匠 [M]. 北京：北京工艺美术出版社，2005.

5｜杨玉栋．京剧盔头与彩塑脸谱制作技法 [M]. 北京：学苑出版社，2011.

6｜王文章．非物质文化遗产概论 [M]. 北京：教育科学出版社，2013（5）.

7｜刘承华．守承文化支脉——非物质文化遗产保护特殊性研究 [M]. 南京：南京大学出版社，2015（2）.

8｜邱春林．非遗保护如何介入体验型手工艺文化产业 [G]. 中华手工，2014（11）.

9｜黄永林．文化生态视野下的非物质文化遗产保护 [A]. 文化遗产，2013（5）.

河南浚县泥咕咕文化生态考察报告

Cultural Ecology Investigation Report on Nigugu in Xun County Henan Province

赵红帆

王海霞 | 指导教师

摘要

河南浚县正月古庙会是我国北方非常著名的大型庙会，2004年被列入中国民族民间文化保护工程试点项目，2006年5月20日，浚县泥咕咕被列入国务院颁布的《第一批国家级非物质文化遗产保护名录》，2007年“浚县古庙会”和“浚县民间社火”又被列入河南省非物质文化遗产名录。

浚县大伾山和浮丘山上的道观与庙宇是浚县正月古庙会的发源地，几百年来在庙会上延续着以祭祀大伾山诸神与碧霞元君为主的神祇崇拜习俗，以及祈子习俗中妇女拴娃娃和购买泥咕咕的民俗传统。

保护浚县泥咕咕这类民间美术项目的国家级非物质文化遗产，重要的是对当地民俗进行整体式、综合式的保护，也就是对泥咕咕所处的文化生态进行保护，这样，依附于民俗与文化生态中的传统手工艺品才能得到健康的传承和发展，一旦这种生态遭到破坏，这一方文化的古老传统和民间艺术也就不复存在了。正是基于这样的思考，笔者对泥咕咕与浚县正月古庙会进行了一番考察并进行了较为系统的分析。通过对泥咕咕及浚县正月古庙会相关考察与研究，笔者有三点建议。

一、泥咕咕与传统浚县正月古庙会习俗是相互依存的关系，对泥咕咕的保护应该从文化生态的整体保护着手。

二、传统泥咕咕作为传统文化的活化石和国家级非物质文化遗产名录中的项目，其造型和色彩都不能进行随意改动或所谓创新，否则，就失去了其作为非遗的基因和价值。

三、当地政府对泥咕咕的保护规划一定要落到实处，要与传承人多沟通，要了解他们真正的需求；保护经费要专款专用，并能主动接受大家的监督。

这些建议虽然前人也都从不同的切入点阐述过，但是笔者更希望从非物质文化遗产保护的视角来提出泥咕咕作为一种民俗文化载体的保护方式，也希望借此文进行呼吁，并对未来中国非物质文化遗产的传承与保护起到一点积极的作用。

关键词：河南浚县正月古庙会；浚县泥咕咕；民俗；现状

Abstract

Nigugu is a traditional handicraft popular in temple fairs during the first month of the lunar year in Xun county, Henan province. The temple fair in Xun county is most famous in northern China, and was listed among Chinese Folk Cultural Protecting Pilot Projects in 2004, and was selected into the first batch of National Intangible Cultural Heritage List on May 20, 2006, and later into Henan Intangible Cultural Heritage list in 2007.

The Xun temple fair originated from temples in Mountains Dapi and Fuqiu hundreds years ago. People go to the fair to sacrifice gods of these two mountains. Besides, women buy Nigugu to pray that they could have a baby as soon as possible.

We need to protect folk customs as a whole, including Nigugu, so that traditional handicrafts could be better inherited and developed. Otherwise, the traditional handicrafts with local culture will disappear. And what' s more important is that we need amounts of people with knowledge of tradition, aesthetics, and social responsibility. I hereby want to show three ideas:

Firstly, the tradition temple fair of Xun County is closely related with Nigugu, so we should keep them together as a whole part to protect.

Secondly, we should not change or innovate the shape and colours of Nigugu. Otherwise, it can' t keep its original features.

Thirdly, the local government should often communicate with inheritors and learn about what they need, so that the plans about the protection about Nigugu could be carried out. Besides, special budget should be made for the protection work and be inspected by the public.

Maybe the ideas are not fresh, and other people have talked about it before. I just sincerely hope that my thesis could raise up some methods to protect Nigugu, and do my best to promote the protecting work of our Chinese intangible cultural heritage.

Keywords: Tradition Temple Fair in the First Month of Lunar Year in Xun County; Nigugu of Xun County; Traditional Customs; Situation

一、引　言

（一）选题目的、学术价值

1. 选题目的

第一，2006年5月20日，浚县泥咕咕被列入国务院颁布的《第一批国家级非物质文化遗产保护名录》[①]。笔者将从泥咕咕的本体出发，研究它的起源、社会功能、艺术风格以及文化内涵，并对传承人现状进行调查。

第二，河南浚县正月古庙会是我国北方非常著名的大型庙会，2004年被列入中国民族民间文化保护工程试点项目，2007年“浚县古庙会”和“浚县民间社火”又被列入河南省非物质文化遗产名录。浚县大伾山和浮丘山上的道观与庙宇是正月古庙会的发源地，几百年来在庙会上延续着以祭祀大伾山诸神与碧霞元君为主的神祇崇拜习俗，以及祈求子孙兴旺的妇女购买泥咕咕[②]的传统。泥咕咕和浚县正月古庙会两者之间的内在关系，是笔者此次考察的重点，通过田野调查、对传承人和当地的民俗专家进行访谈以及查阅大量文献资料，笔者希望从浚县的历史渊源、民间信仰、民间习俗、民间美术、传统手工艺等方面，用立体的思维来解读泥咕咕与浚县正月古庙会神祇崇拜的关系、泥咕咕在祈子习俗中的功能与作用、正月古庙会的历史沿革与现状等问题。

第三，通过以上调研，探讨如何在非物质文化遗产保护工作中协调民间美术与民俗生态的关系，是单独保护某一种民间美术门类，还是与传统民俗相结合来对某一门类艺术及其文化生态进行保护，以及如何帮助传承人更好地传承手艺。

2. 学术价值

我国民间泥制玩具有着悠久的历史，从河南浚县的考古发掘来看，在当地自汉代就有近似泥咕咕的泥制玩具走入百姓生活。在长期的历史演变中，古人将泥玩具与埙的发声原理和骨笛的鸟鸣音巧妙地做了融合，发明了可发出鸟鸣音的动物和人物造型的新音响玩具——泥哨，后又将泥哨逐渐演变为陶哨、瓷哨。目前，浚县泥咕咕就是这类传承千年的传统泥玩具，很少有其他泥玩具在经过千年的社会演变后，还能像浚县泥咕咕这样，每年都在正月古庙会上占有相当的席位，并被老

上·为浚县出土的汉代泥哨
下左·浚县出土的人物造像陶哨
下右·浚县出土的宋代瓷靴哨

百姓所喜爱与购买。因此，泥咕咕的研究价值分为不同层面，包括艺术本体的价值研究、与其他地域类似泥玩具的比较性研究，及与当地民俗文化结合的民俗现象、社会学研究等。本文因研究方向和篇幅所限，仅从民间美术与民俗信仰这个方向来研究。

（二）文献梳理

河南浚县可以找到的最早文字记载，是公元前 21 世纪对大禹治水时经过此地的描述。《尚书·禹贡》载："禹疏河，东过洛汭，至于大伾。"[③]西汉初年（公元前 202 年），在大伾山的东北位置设立县，名为黎阳。北宋政和五年（1115），在此地设置浚州。明洪武三年（1370），又改州为县。由于河南省属于古代的中原地区，流经黄河，是中华民族的文化摇篮，浚县从古至今文化非常繁荣，因此浚县的文史资料收集起来并不是非常困难。史料有清嘉庆《浚县志》和清光绪《续浚县志》两部志书；成立于 1979 年的河南中州古籍出版社，近年也出版了大量浚县文史类书籍，包括《清·嘉庆光绪浚县志（点校）》《天书地字·大伾文化》《大伾山志》《中国历史文化名城浚县·文化珍藏》系列丛书（共八本）；政协河南省浚县委员会、学习文史资料委员会编印的《浚县文史资料》等。

关于古庙会研究方面，笔者认为《沉重的祭典：中原古庙会文化分析》这本书非常有参考价值，作者高有鹏对中原庙会文化不仅做了深度的理论阐述，而且还对包括浚县正月古庙会等九个不同地区的庙会，在神祇崇拜的文化层面做了详细考察分析。另有十几篇谈河南庙会、浚县大伾山文化、碧霞元君崇拜等内容的论文，也很值得阅读。其中有一篇论文中写道："庙会文化是中华传统文化中独特的组成部分，充分反映着广大民众的心理诉求和风俗习惯，其中的很多活动，都与中国传统的农耕文明的运作方式相适应。从根本上说，庙会是中国农耕文明发展过程中的产物，从庙会祭祀活动中的诸神、庙会节日时间的选取，早期祭祀的社会功能、庙会中的祭祀对象的文化渊源等方面，都可以看到明显的农耕文化的影响印记。"④ 给了笔者很大启发。

对泥咕咕的相关研究也有几本著作比较有说服力，包括倪宝诚主编的《中国民间泥彩塑集成：河南泥玩卷》《浚县泥咕咕——王学峰世家》《浚县泥咕咕》。关于中国古代泥制乐器研究以及音乐考古方面的资料，笔者参阅了《看得见的音乐：乐器》一书，它图文并茂，非常生动形象地按照年代推演出自新石器时代以来，陶埙的演变过程，尤其强调先民乐舞活动中的乐器也从儿童墓葬中出土，由此可推论在古代此类乐器也作为儿童玩具来使用。

为了全方位地了解浚县文化，笔者还阅读了《浚县民间故事》《浚县歌谣》《浚县谚语》等书籍，里面有关于浮丘山的传说故事和浚县民间工艺的歌谣，如提及"杨玘屯咕咕叽叽"⑤ 。另外，河南淮阳人祖庙会和当地泥泥狗的关系分析法，与浚县正月古庙会和泥咕咕之间的相似性，也值得借鉴。

（三）本文研究方法

第一，史学理论与史料考据：对河南浚县相关历史、文化与艺术，包括正史、地方志、笔记和民间文学作品等进行整理和研究，通过史料信息了解河南浚县正月古庙会和泥咕咕在百姓文化生活中的意义与作用。

第二，田野调查：结合民俗学的相关理论，以田野考察的方式采集鲜活的素材。去大伾山和浮丘山的寺院道观实地观看祭神仪式，与庙会上买卖泥咕咕的当地百姓交流。具体包括文字记录、表格登记、摄影、录音、录像，尽可能全面地保存采风资料。

第三，传承人及民俗专家口述史个案访谈：对国家级非物质文化遗产项目——泥塑（浚县泥咕咕）的代表性传承人王学峰以及他的家庭作坊做采访实录，采访河南民俗专家、泥咕咕收藏家倪宝诚等。

通过理论与实践的结合，对泥咕咕及涉及的人文、历史、民俗等进行剖析，得出自己的结论。

二、河南浚县泥咕咕文化内涵与艺术风格分析

（一）泥咕咕内涵与传统文化关系考察

1．泥咕咕的历史源流与当代民俗功能

泥自远古以来与人类的关系就密不可分，泥是地球上最廉价也最容易获得的生产材料之一，人类利用泥制造出绝大部分的生活必需品。中国人对于泥的情感非常深厚，上古传说中的创世女神女娲造人的故事最能说明这个问题。由泥繁衍出的泥彩塑制品在华夏文明发展史中至少可以追溯到五六千年以前，已知在河姆渡文化、仰韶文化、半坡文化、大汶口文化等遗址中都发现了大量陶制品，它们不仅具有使用功能，同时也具有祭祀功能、审美功能、娱乐功能等多种属性。泥彩塑制品在其后几千年的发展历程中，经历了不同社会环境的演变，在不同地域的文化熏陶中逐渐产生出了大量具有浓郁地域文化特征和艺术特色的泥塑艺术品。

浚县泥咕咕是殷商文化中鸟图腾信仰的典型代表，它是浚县泥塑玩具的总称，也是浚县古人崇鸟信仰的物化载体[⑥]，浚县泥咕咕经过了原始生态期、繁荣发展期和近代以来的流变期。繁华褪尽，今天浚县泥咕咕除了仅有的祈子仪式需求外，唯剩下泥玩所具有的欣赏、娱乐与收藏功能。每年正月古庙会碧霞元君祈子习俗活动中，“咕咕鸡”[⑦]都是重要的道具，它由斑鸠鸟和燕子演变而来，是黄河流域男性生殖崇拜宗教衍品之一，北方方言中对小男孩生殖器官俗称“小鸡鸡”，而正月庙

会上想生孩子的妇女一般都会买很多咕咕鸡，送给村里的孩子们，这是讨喜的做法。另外，想生孩子的家庭会请泥咕咕制作者做少量泥娃娃，泥娃娃是祈子仪式中“拴娃娃”的道具，一般都是定制，用模具制成。而古代附属于祭祀供奉、巫觋方术、人生礼仪、节目庆典等民俗活动的那些造型的泥咕咕，也都得到了不同程度的发展，并在近代逐渐流变为带有强烈民俗节日特点和吉祥文化特色的泥玩具，如神佛题材、骑马人或辟邪除秽的吉祥动物题材，尤其是后者非常受老百姓欢迎。大猴背着小猴，叫“辈辈封侯”；猴子骑着马，叫“马上封侯”；头可以活动的狮子抱着绣球，叫“狮子滚绣球”；等等。可见，能留存至今的泥咕咕造型题材大多与中原地区自古以来的民俗节日和民俗活动密切相关，是传统文化信仰观念和老百姓的功利意愿结合的产物。

2．泥咕咕与凤鸟和玄鸟的图腾崇拜属性比较

浚县泥咕咕，因咕咕而得此名，传统鸟形泥咕咕原型到底是什么鸟？笔者询问王学峰，他说以前大家都不知道是什么鸟，就叫泥咕咕，泥咕咕从祖上就在做了，

左　·玄鸟·商周铜器铭识（图片来源：《龙凤文化源流》）
右上·鹳吃鱼图像，河南临汝阎村出土陶缸
右下·河南殷墟妇好墓出土玉雕

王学峰制作的泥咕咕

至少清朝的时候就有了。笔者在《清·嘉庆光绪浚县志（点校）》“卷五·物产”里看到记载：“《大名府志》：嘉靖十五年六月，鹧鸪来鸣。是后，间岁一至，惟浚县有之。”[⑧]由此，笔者产生了一个疑问，是否有可能在古代，“泥咕咕”指的是鹧鸪？后笔者与河南民俗专家倪宝诚老师[⑨]联系，从他那里得到了否定的回答，他说据考证，此鸟为斑鸠或者是燕子，泥咕咕的发源与殷商鸟崇拜有直接关系。

斑鸠叫声是“咕咕”的发音，从声音形态来判断，的确很接近。《山海经·南山经》云：“有鸟焉，其状如鸡，五采而文，名曰凤皇。”中国传统文化中的“凤”，其实是新石器时代以来由火、太阳和各种鸟复合为图腾的氏族部落的徽识。凤鸟的原生特征与鸡同，而融合了其他诸如鹰鹗类猛禽、涉禽等鸟类的特征。我国古代先民认为，“鸡属”的凤鸟，日出而鸣，能引来太阳。凤图腾艺术的分类及特征各不相同，我们可以从浚县远古归属于仰韶文化和龙山文化中一探究竟，从史料及出土文物中，不难发现仰韶文化和龙山文化中很多鸟的造型与泥咕咕有惊人的相似度。[⑩]

泥咕咕的起源与简狄吞卵的神话也有着密切关系，《诗经·商颂·玄鸟》开篇曰：“天命玄鸟，降而生商，宅殷土芒芒。”《史记·殷本记》解释为：“殷契，母曰简狄，有娀氏之女，为帝喾次妃。三人行浴，见玄鸟堕其卵，简狄取吞之，因孕生契。”也就是说，简狄是因为吞食燕卵而生下了商族的始祖。燕子在中国古代被称为玄鸟，被视为高禖[⑪]之神，认为它在人丁繁衍上具有特殊的崇拜属性。民俗专家苑利在《简狄吞卵神话与上巳祈子习俗》一文中，详细阐述了古代关于上巳节[⑫]

与“迎玄鸟遗风”的习俗。[13]上巳节中的“巳”，即是“子”的意思，“玄鸟至之日，祠于高禖，以请子”。可见上巳节最早与求子祭祀有直接关系，自古以来中原地区都有过上巳节的传统。笔者在此推测，泥咕咕形态与玄鸟类似，而又在浚县正月古庙会祈子仪式中担任重要的职责，古人实际上是将泥咕咕视为象征繁衍子嗣的神鸟，那么当地俗语“给俺几个咕咕鸡儿，叫您生子又生孙儿”，就不仅是讨巧之语，而更像一句通俗的神祇崇拜咒语。前文中谈到，明朝时因百姓崇拜碧霞元君之风盛行，浚县庙会由零散的拜神时间向正月集中，很可能在这个时期，浚县上巳节祈子习俗就逐渐融入正月十六碧霞元君朝顶祈福的仪式活动里。

3．泥咕咕与十二生肖俑的关联分析

浚县泥咕咕里有个品种，是十二生肖泥咕咕，王学峰称其为“祝寿十二生肖”，分三个型号，大号的没有气孔不能吹，中号、小号都可以吹响。他说父亲王蓝田那一辈就在做这个形式的泥咕咕，每个生肖都是动物首人身、手捧寿桃，即使手里没捧寿桃，也是呈拱礼状。这些祝寿十二生肖都是模具制作的，实心的，目前是王学峰作坊的主打产品，比较多用于企业送礼、家庭给老人祝寿。笔者通过研究发现，类似祝寿十二生肖这样的彩绘生肖陶塑，早在盛唐时期出土的墓葬中就很常见，叫作彩绘十二生肖俑[14]，是唐、宋常见的陪葬俑之一。生肖俑的作用主要是辟邪，保护墓主人的安宁，多成套出土，也有单只出土（墓主人生肖）或双只出土（墓主人生与死生肖年）。

如果将浚县生肖泥咕咕与唐代彩绘生肖俑进行对比，不难发现其中有很多相似之处，它们都是泥制后烧成陶，都是模具制成，都是宽袖长袍、两手置于胸前做拱礼状，都是仰首而立、文官形态，都是黑色袍服、线描勾勒形象后涂色。不同之处在于十二生肖俑是空心的，是随葬明器，具有辟邪祈吉的民俗作用；祝寿十二生肖泥咕咕是实心或带气孔可发声的，属于观赏品、工艺品。与祝寿十二生肖泥咕咕形似并有一定关系的还有道教的六丁神和六甲神。在大伾山坐东朝西的吕祖祠内，笔者见到南北两边的廊内为六丁祠、六甲祠和四值符，祠内供奉的是六丁六甲（六丁神和六甲神的合称，为道教护法神），他们作为侍卫神被安排在吕祖殿两旁。六丁神和六甲神塑像与祝寿十二生肖泥咕咕的相似之处在于，形象都是生肖动物首人身立像，但是其妆容与形态完全不同，因此笔者认为可以排除两者之间的演变关系。

根据以上内容，笔者大胆推测祝寿十二生肖泥咕咕与十二生肖俑同源，也许在

左·陕西历史博物馆馆藏唐代十二生肖俑
右上·大伾山吕祖祠内的六丁六甲祠
右下·王学峰制作的祝寿十二生肖

中华人民共和国成立以前或者更早的明清时期，杨玘屯的泥塑艺人并不是只做泥玩具，而是生产包括宗教用品在内的各种泥塑制品，如正月庙会卖的泥咕咕、妇女在庙里“拴娃娃”用的泥娃娃、随葬用的十二生肖俑以及其他款式和功能的泥玩具等。

（二）作为造型艺术的泥咕咕风格分析

1. 浚县泥咕咕的种类

中国传统泥玩具的历史源远流长，种类繁多且分布很广，包括浚县泥咕咕、淮阳泥泥狗、淮滨泥叫吹、陕西西安泥叫叫、贵州黄平泥哨、贵州牙舟陶哨、云南建水陶哨、南通泥偶、宜兴陶偶、北京兔儿爷、陕西泥挂虎、磨喝乐、小春牛[15]等，其中浚县泥咕咕、淮滨泥叫吹、陕西西安泥叫叫、淮阳泥泥狗以及贵州黄平泥哨，在造型、色彩构成和发声原理上相似度比较高，这些泥制发声玩具大多具有质朴、浑厚、简洁以及夸张的特点。

浚县泥咕咕是浚县泥质玩具的统称，种类包括鸟禽类、人物类、兽类三大类。鸟禽类大致包括斑鸠、山鸡、黑鸭、红斑鸠、黑鸽子、小咕咕、小燕、凤凰、鹰等题材。人物类大致包括：《隋唐演义》人物尉迟敬德、李元霸、秦琼、程咬金、徐茂功，《三国演义》人物刘备、关羽、张飞，《西游记》人物唐僧、猪八戒、沙僧、白龙马以及老龟驼着师徒四人的群像、八戒抱子，《白蛇传》人物白素贞、许仙和小青，《铡美案》人物，《杨家将》人物，道教传说人物，麒麟送子，《封神演义》人物雷震子，《八仙过海》人物，表现风土民情的牧童放牛等题材。兽类里原生形态的大致包括：蹲狮、黑狮、太狮、少狮、黑象、十二生肖、活头狮子滚球、黑虎、虎娃；复合形态的大致包括：马上封侯、猴骑猪、骑马猴、群猴叠山、辈辈封侯、老鼠抱元宝、发财猪、玉兔捣药、祝寿十二生肖等作品。很多畅销的作品，又都分为不同颜色和不同大小的型号。复合形泥咕咕里几乎所有造型都是利用中国传统吉祥文化中的谐音，例如，猴造型谐音王侯的“侯”，有封侯、享富贵之意；护法神兽狮子造型谐音“赐”，有“狮子赐子”的含义，等等。笔者想表达的观点是，在泥咕咕品种的选取标准上，无论是鸟禽类、人物类还是兽类，河南浚县黎阳镇杨玘屯的艺人们自古遵循着祭祀祈禳、民间信仰、节令习俗、儿童戏耍[16]这几大功能的需求，而今天我们所看到的能够存留下来的泥咕咕品种，几乎都与民俗信仰相关，其他几个功能在近代中国社会政治、经济的巨大变迁中近乎消亡了。

2. 泥咕咕的色彩构成

浚县泥咕咕旧时常以锅底黑、深褐色为底色，白色勾画花纹，民间气息非常浓郁。传统形态的泥咕咕在色彩上保持着以黑色为底，施以白、黄、红和绿色，这里的绿色，笔者的理解为古代的青色，由于近年来杨玘屯的艺人将原先的传统上色工艺改为水粉色，造成了色彩上的偏差。史料文献对于中国传统色彩学的记载表明，古人崇尚正色，即青、赤、白、黄、黑这几个颜色。因为这几个颜色对应五行，金对应白色，为金属光泽之色；木对应青色，为木叶萌芽之色；水对应黑色，为深渊无垠之色；火对应赤色，为篝火燃烧之色；土对应黄色，为地气勃发之色。古时，北方多尚白，南方多尚黑，中国第一个奴隶制国家夏朝的王夏禹就喜欢黑色。《路史·后记·夏后氏》中记载夏代的大庙称为“玄堂”，《尔雅·释畜·郝疏》中记载祭祀“牲用玄”，《韩非子·十过》中记载祭器“墨染其外，朱染其内”。黑色在古代称为玄色，黑色可包罗万象，是无限的。传统泥咕咕的施色定律体现了一种中国传统宇宙观。现代的国际时装流行色虽然变化多端，其实万变不离其宗，基础色调就是笔者说的青、赤、白、黄、黑这几个颜色，这也验证了传统的也是当代的，民族的更是国际的这一说法的客观性。另外，前文提到泥咕咕与“玄鸟生商”有关系，而玄鸟与上巳节有关系，在古代的上巳节中，有一个重要的习俗，就是吃五色蛋与五色饭，取“五谷丰登”之意[17]。这五色一般由黑、黄、紫、品红、品绿组成，除了紫色与白色不同，其他四色均与泥咕咕传统上色定律相同。笔者在与王学峰的访谈中，他提及在以前，黑色颜料都是自制的，先把松香捣成粉末，加入烟筒灰、煤油灯上面的油灰一起搅拌，吹入烧好的开水锅里，搅拌均匀后晾凉结成块状。等要用时，先将泥咕咕从吹气的那个孔里扎个小棍，挑着在炉子前烤。等泥咕咕的温度热了之后，将松香做的黑色颜料涂在泥咕咕上，松香遇热熔化了，就在泥咕咕表面形成一层膜。不过这个工艺早就不用了，现在用丙烯颜料或者墨汁上色打底，比以前的颜色好看。王学峰现在做泥咕咕时，颜色上有了很多创新，虽然用的还是大红、大绿、黄、白、黑这几个颜色，但是搭配与传统的不同。比如，以前的鸳鸯都是黑色打底，他就改成一个红底、一个黑底，在造型上两个也不一样，可以叫“夫妻情泥咕咕”。王学峰去美国参加文化交流展时，发现美国人喜欢蓝色的泥咕咕，他就做了一些。又如，过年大家喜欢小红马，显得喜庆。红牛、黑牛，是传统色彩，但是他做的橘黄色牛，看着也挺漂亮，年轻人很喜欢。另外，王学峰制作工具里的狗毛笔，是自己做的，高粱秆当笔杆，专门为彩绘而制，其他家都没有。狗毛笔很有韧性，而且笔锋细长，适合勾勒人物和花鸟的线条。

3．传统风格泥咕咕与古代中原石雕造型关联分析

浚县泥咕咕代表性传承人包括西杨玘屯村的李金生、王青山、侯全德、王廷良、许德勤、刘玉英、李永连、王蓝田（以上艺人均已去世）。目前还活跃于泥塑创作中的传承者们绝大多数还是西杨玘屯村的艺人，他们从浚县泥咕咕本体逐渐衍生出几种艺术风格，一是以王蓝田之子王学峰及其孙王红瑞、王红杰为代表的传统风格；二是以宋学海和一双儿女宋红艳、宋小龙，以及徒弟宋燕涛，浚县善堂镇北柴村的柴秀建为代表的传统风格下的改良派；三是自成一派的“泥猴张”，张希和以及儿子张福彬；四是宋庆春、宋楷站、李连顺的女儿李卫雪、

王学峰家里的工作室一角

善堂镇西什村刘红亮为代表的乡土雕塑；五是号称“脸谱李”的李连顺。

以上这几种艺术风格中，泥猴系列作品、乡土雕塑作品与泥脸谱，都已完全脱离了泥咕咕的本体，改良派虽然沿用泥咕咕的基本结构与形态，但在造型、颜色上经过了当代思维与审美的极大创新，而本文旨在论述传统泥咕咕与传统民俗之关系，因此，在此仅以传统泥咕咕继承者王学峰家族的作品为例。

从以下两组图片的比较来看，以王蓝田为代表的传统风格的泥咕咕作品，造型具有古代中原地带粗犷豪放的特点，狮子都具有昂首挺胸、瞪眼、张嘴龇牙、短腿、全身重心下移、跨步向前、动势鲜明的特点。浚县石雕石刻自古闻名，广泛用于宗教、陵墓等方面，具有气势豪放、夸张有度、粗犷而不失韵味的特点。右页上图中的三只狮子在造型上都是蹲踞姿态，具有体态庄严、四肢粗壮、雕刻拙朴的共同特点，造型和神韵上的相似度非常高。在《中华艺术通史：三国两晋南北朝卷》中有这样的记载：“西晋时代重定葬制，明器俑群的组成为：镇墓兽与武士，出行依仗、侍仆乐舞、庖厨禽兽四项内容。这种俑制在以后数代都得到承续。”[18] 结合上一节中，笔者谈到的泥咕咕与十二生肖俑的传承关系，包括泥咕咕的体量与陶质这些特征，可以判断，浚县泥咕咕与古代墓葬明器中的部分动物在造型上是有传承关系的，一种可能是原本一些泥咕咕的款式就是充当明器使用的，另一种可能是泥咕咕艺人在创作中吸收了古代明器的造型规律而发展演变出的与神祇崇拜相关的产品。

左图为王蓝田制作的泥咕咕狮子，右图为汉代出土的大型石雕镇墓兽

左图为浚县古代石雕，中图为王蓝田的泥咕咕狮子，右图为咸阳北周时期尉迟运墓石狮

明器：三国吴·陶质禽笼玩具一套（图片来源：《中华艺术通史·三国两晋南北朝卷》）

三、浚县正月古庙会祈子习俗中的泥咕咕

（一）浚县正月古庙会的历史沿革

浚县正月古庙会的地理位置自古至今都在以大伾山和浮丘山为主的范围内举办，大伾山，商时称黎山，战国时始见大伾之名。浮丘山，古称小横山，因为山在浚县城南，俗称南山。

庙会由庙宇、祭祀仪式与社（会）三者加上特定的时间共同构成，庙会的实质是人类群体性祭祀，是一种围绕神庙而进行的集体活动，常通过歌舞和供奉等仪式来实现人神相通的目的[19]。因此，浚县最早的古庙会也是起源于祭祀，前文中提到《尚书·禹贡》载："禹疏河，东过洛汭，至于大伾。"浚县古代先民为了纪念大禹治水，在大伾山东南侧建了禹王庙（大禹诞生日为农历六月初六）。另外一位在神话传说中专司水患与疾病的神仙二郎神的庙，也是浚县已知的最早的庙宇。《浚县志》中记载："浚，卫邑也，卫多君子，乡党慕循其迹也。"浚县属卫国之地，同时又是春秋时期孔子的高徒端木子贡的故乡，孔子在卫国待过十年，因此儒学理论在此也很流行。《礼记·杂记下·第二十一》记载，春秋时，子贡和孔子在此地观看为酬谢农神而举办的蜡祭活动，子贡感叹于活动如此之盛大，曰"一国之人皆狂"。到了十六国时期，后赵皇帝石勒在大伾山开凿了大石佛，当地人把这尊弥勒佛称为"镇河将军"，逢年节就来朝山拜佛，祈愿消除黄河水患。由此时，浚县逐渐形成了最早的庙会。唐代武则天时期，百姓在浮丘山灵石上"开洞造佛"。宋代则在大伾山南麓新建了天齐庙，供奉东岳大帝黄飞虎；在东侧山腰新建了太平兴国寺，此寺之名是宋太宗用自己的年号敕封的。另外，东侧的丰泽庙中天然龙洞求雨非常灵验的说法，使得宋徽宗下令封神龙为"康显侯"。此时期，僧道文化在两山已经很盛行，加之此地风景优美，吸引了很多文人雅士，留下了非常多赞美此地的诗文碑帖，古庙会因祭祀玉皇大帝、东岳大帝、佛祖诞辰、大禹诞辰、二郎神诞辰等日期，也形成了一定的规模。

浚县正月古庙会真正形成与发展高潮，是在明代。泰山碧霞元君[20]的名号自

宋代开始逐渐被大家所熟知，明朝时在百姓心目中已经有了很高的地位。明朝开国后，皇帝将碧霞元君封为“天仙玉女广灵慈惠恭顺普济护国庇民碧霞元君”，各地百姓纷纷前往泰山碧霞祠朝拜。由于路途遥远，渐渐地，很多地方都建起了碧霞行宫，浚县浮丘山原有的碧霞元君小庙也于明嘉靖四十年（1561）重新修建。明嘉靖年《重修碧霞元君行宫记》碑文上记载了此次重修始末：主因是当时的县令蒋虹泉的儿子病了三年一直都没好，他听碧霞宫的道士李实说碧霞元君有求必应，遂去祈祷，没想到十天后儿子的病就好了，蒋虹泉激动之余拿出自己的全部俸禄加之其他乡绅的捐款，遂重修了此庙，这也是浚县庙会由零散的拜神时间向正月集中的一个历史转折点。[21]这一时期大伾山和浮丘山先后增建了文庙、文治阁、阳明书院等多处宗教建筑，随着民间习俗和宗教活动的频繁传播，儒、释、道三教逐步聚集在浚县，产生了三教合流的态势。浚县“东控黄河，西据黑山，形势险要”[22]，历朝历代都是兵家必争之地，又因处于中国文化的发源地黄河流域，名胜古迹遍布全县，使之逐渐成为一座名城。《金石记》曰：“浚城西有卫河环带，河与城相去咫尺，河向东北而逝于天津，直至燕都，商人借此以通贸易，得息不啻三倍此利也。”商店、酒馆、旅店等遍布大街小巷，手工业作坊到处可见。[23]

在古代，浚县正月十六民间社火会都要到南山朝顶，参拜碧霞元君，下山后，再分头到城里城外玩场子一直到深夜。这一天，社火会不仅仅城里各街道的社团参加，包括周围几十公里以内的农村社火组织也会来朝山。社火的形式包括高跷、秧歌、舞狮子、武术、龙灯、竹马、旱船、小车、抬阁、背阁、大头和尚、小唱闹会等种类。同时，周围包括滑县、汤阴、内黄、延津等县村庄的社会团队也会来参加。[24]庙会期间商贾云集，全城内外、漫山遍野都是朝圣的人流。县城中多数人家临时腾出房舍，租给香客居住，香客住满了，谓之“淤店”。城里住满了，香客就住在离城四五里远的周围村落，而且不管多晚入住，住下后第一件事就是朝山进香，经常是夜晚的灯笼把两山映衬得灯火通明，而且香客会在住宿的农家门前挑出“朝山进香”的旗帜。

庙会期间，河北保定的王广明和河北定州的白敬宇的眼药、河北保定王麻子的剪刀、河南开封朱仙镇的年画以及京广杂货等都是抢手买卖。二黄、皮影、杂耍、黄雀叼卦等千奇百怪、形形色色的香会商贾都会乘机表现本事或售卖商品。《浚县

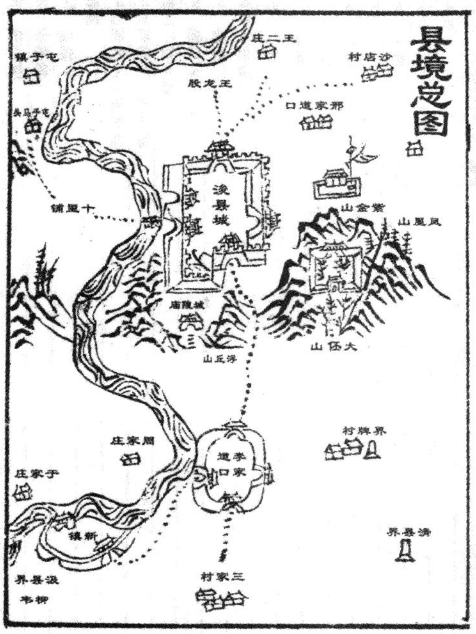

浚县地图
［图片来源:《清·嘉庆光绪浚县志(点校)》］

歌谣》里收录了一首关于浚县地方特产及民间工艺的歌谣，从中可见庙会上货品的丰富程度：大碾萝卜、香菜葱、小河白菜进北京。王桥的豆腐，井固的席，角场营的元宵，窑头的梨。王家的状元红（酒），张家的老碧绿（酒）。姚家的火烧，蒋家的烧鸡。前毛村枪刀剑戟（木玩具），杨玘屯咕咕叽叽（泥玩具），东张庄笸箩簸箕（柳编），寺下头高高低低（秤）。二郎庙震天动地（鞭炮），东宋庄面南登基（织布袋）。南胡村风声如雷（风箱），李新寨哐哐叽叽（铜器）。[25]

现在，浚县正月古庙会的地点主要集中在浚县大伾山和浮丘山之间，国家级非物质文化遗产项目泥塑（浚县泥咕咕）的代表性传承人王学峰回忆说："我们浚县的庙会一般是从正月初一到正月底，几乎一个月的时间天天都有。里面有两个高潮，一个是正月初九，大伾山敬吕祖（一说是玉皇大帝）；另一个就是正月十六这一天到浮丘山敬三仙老奶奶，就是去朝拜碧霞元君，这是正月古庙会里最重要的一天。"目前浚县一年有两次庙会，一次是正月古庙会，另一次是七八月份的浚县山会。

（二）浚县正月古庙会的神祇崇拜习俗

浚县正月古庙会的核心是老百姓敬神与祈福，自古以来，浚县大伾山和浮丘山诸神受到老百姓的崇拜与信奉。在《天书地字·大伾文化（二）》一书中记载了浚县现存的 700 多块碑刻与题字，其中很多是为记录祈福的灵验而立碑为证。乾隆十六年（1751）的一块碑上刻："送子菩萨堂，祷嗣云集，有应者十有九人，弗感

大伾山文化景区的无生老母殿，也称为升运老母

者百止二三。”[26]乾隆五十九年（1794），观音寺山门西侧壁间一块碑上刻：“人果精诚感通者，有孕必男，有男必寿，灵之验于已往者，历历可数。”大伾山上的观音岩俗称娃娃殿，是老百姓求子的地方，现存无数的“求子有应碑”。[27]

浚县正月古庙会上碧霞行宫香火极好，同样也是因求子灵验。浮丘山碧霞宫朝山进香的盛况在一些碑碣中也得到了较充分的反映。清嘉庆十二年（1807）立的“流芳百世碑”称：“人所瞻仰者络绎不绝”，清道光六年（1826）所立的《金装神像碑记》称：“每至冬春之间，士女进香纷然云集。”[28]香客朝拜时，要先点香箔求愿，再磕三个头，然后将带来的供品敬上，可以是烧鸡、点心，也可以是当地特产花糕、枣花鸡蛋等。现在很多年轻人不带供品，直接往功德箱里塞钱，懂得当地敬神规矩的大多是中老年人。碧霞宫内传说大老奶（碧霞元君）送的娃娃安分持重；二老奶（佩霞元君）送的娃娃精明伶俐，将来有出息；三老奶（紫霞元君）送的娃娃聪明乖巧，老百姓俗称“猴”，因此怀了孕的妇女一般自己不来，怕三老奶耍弄自己再流产了。[29]2016年正月十六，笔者在浚县碧霞行宫正殿前的院内看到由十几位中老年妇女和五位老年男性成员组成的一个社火会，他们已经朝顶进香完毕，正在碧霞宫前院敲锣打鼓地扭秧歌，并打出了“淇县高村小王屯老奶会文艺队”的横幅，妇女们手拿统一的绿色扇子，跳得非常认真和虔诚，行动步伐很一致，男性成员组成的锣鼓队也很专业，能看出平时经常排练。类似的社火会除了扭秧歌一般还会跳担经挑舞，道具是缠得像扁担挑的担经挑（黄绸的竹竿，两头挂着花篮和铜铃）。

浮丘山碧霞行宫内香火鼎盛

（三）泥咕咕在祈子习俗中的功能

拴娃娃的祈子习俗在中国民俗文化中是具有普遍性的，其中比较著名的包括天津的天后宫、北京妙峰山娘娘庙、河南淮阳太昊陵女娲观、河南嵩山中岳庙、泰山碧霞祠等地都有拴娃娃的习俗。浚县正月古庙会也同这些庙会祈子活动一样，祈子的妇女们先要在庙里烧香、祈求神灵庇佑、“拴娃娃”，她们深信碧霞元君、送子观音是有求必应的；祈福这第一个任务完成之后，再去逛庙会买泥咕咕，这是第二个任务；回家将泥咕咕散给街坊邻居的孩子们，换得孩子们给自己唱喜歌，这是第三个任务；最后把拴来的“娃娃”藏在枕头下面，这是第四个任务。这四个任务都完成了，才能让人心安。明嘉靖三十七年（1558）浚县司训谢载所撰的《浮丘山岳神灵应记》碑文记载：“载以平生乏嗣一事默祷于神，且抱一泥像童儿于宅，以图后应。不意月余，孕即胚胎，诞弥十月，果生一子。”[30]

从上面的史料中，可以大致了解大伾山和碧霞行宫的娃娃殿里，妇女求子要“拴娃娃”这个习俗由来已久，现在的“娃娃”是高度为 4—5 厘米刷金粉的瓷娃娃或泥娃娃，也有用瓷制药葫芦代替的，在以前则是上彩的陶制娃娃，是由泥咕咕艺人制作的。这些作为祈子道具的“娃娃”都系着红色线绳，以示吉祥，也有被拴住的含义。在娃娃殿里，目前的主持都是当地文物管理所聘请的精通此道的中老年妇女，手上配备着话筒，说话很有感染力。她们会要五元、十元不等，一手接钱，一手将“娃娃”交到求子的人手里，然后喊着随意给“娃娃”们起的名字，例如“石

大伾山观音寺中的送子观音（图片来源：《浚县泥咕咕》）

头”“拴柱”“山根”“山旺”等，让这些“娃娃”和他们的家人一起回家，等求子的人临走，主持者还得加一句“要听话噢”，求子的人将红绳缠在上衣前襟的扣眼里，径直出门，不能回头。据说要是回头了，“娃娃”认得回庙里的路，就会跑回来。“娃娃”拴不住，子嗣就不能延绵。等孩子生下来，求子的人还得将“娃娃”送回庙里，并且要带金砖和金瓦（金砖是男泥娃娃，金瓦是女泥娃娃）。

笔者在与王学峰的交流中得知，他们村制作泥咕咕的传统，都是来源于当地农历正月庙会的需求。20 世纪 70 年代，他做 800 个小号的鸟形泥咕咕一共能卖 1 元人民币，这些小泥咕咕样子简单，彩绘也是随意画的几笔，批发商买走后再拿到庙会上倒卖。那些想生孩子的年轻妇女和祈求子嗣绵长的妈婆，会在正月古庙会上一下买很多，放在篮子里带回村里送给小孩们玩。而收到泥咕咕的孩子们，会给这个妇女唱喜歌：“给俺几个咕咕鸡儿，叫您生子又生孙儿！”中国传统民俗中认为孩子在 12 岁以前能通灵，说话有准儿，因此送泥咕咕给孩子的行为是为自己讨个好彩头。

生了孩子的妇女也会在正月的庙会上买些做工精巧的泥咕咕，然后带到庙里还愿，王学峰回忆说：“我父亲那会儿有时候就做些泥娃娃，都是那想拴娃娃的妇女订的，这个要价比泥咕咕高，有时候一个就 5 元钱。以前的都是彩绘的娃娃，从我

20世纪50年代以后拴娃娃用的泥娃娃，男孩的生殖器清晰可见

记事起到20世纪80年代前都是彩绘，后来就不上色了。但是这些年大家审美提高了，男娃娃还要做出小鸡鸡。”浚县当地有一个说法：“一年许愿，两年显愿，三年还愿。”连续三年来正月古庙会烧香，才能功德圆满。笔者在考察浚县文史时，得到一本中医验方的手抄本复印件，手抄本原件是1962年2月发现于浮丘山某殿内的泥偶中，在这本验方的内容简介里提及：“经过初步研究，认为其中尚有不少的单方、验方、民间秘方，经济易行，使用方便，可以适于临床……但因原本流传已久，蕴藏不言，虽经反复考订，残缺贻误犹恐难免。”从简介中可知，这本手抄验方是藏在泥偶中供于某殿内，很可能是还愿的妇女所为。以上这些祈子的民俗活动的延续，使泥咕咕获得了生存的土壤，也使浚县正月古庙会流传至今。和泥咕咕类似的，还有河南淮阳的人祖庙会上被大家喜爱的泥泥狗，也是这种生殖崇拜的民俗产物。

前排为中华人民共和国成立前拴娃娃用的泥娃娃，新上的色，高度4—5厘米

四、河南浚县泥咕咕与当代正月古庙会的关系

（一）正月古庙会现状调查

中华人民共和国成立后，由于政治原因导致国内宗教政策不断变化，神祇崇拜渐渐变成了愚昧落后的文化象征，“文化大革命”期间，随着“破四旧”口号的提出，河南浚县两山的寺庙、道观建筑以及非常具有史学、民俗学和艺术价值的大量碑刻、石雕损毁严重，正月古庙会也被当成封建迷信活动而遭取缔。改革开放后，浚县正月古庙会对于老百姓更像一个正月里采购年货、文化休闲、贸易交流的大集市，虽有“古庙会”之名，但“古”字所涵盖的传统民俗文化实际上减弱了很多。

2004 年 4 月 20 日，河南省传统庙会文化（浚县、淮阳县）被确定为我国民族民间文化保护工程第二批试点之一。2007 年 3 月，浚县古庙会和庙会上的民间社火被河南省政府批准为首批省级非物质文化遗产项目；2008 年 6 月，浚县民间社火又被列入《国家级非物质文化遗产名录》。2011 年，浚县正月古庙会被评为“中国最受欢迎的传统庙会”。2014 年，“浚县古庙会”入选第四批国家级非遗名录。浚县古庙会现在有“华北第一古庙会”的美称。

上·2016年浚县正月十六碧霞行宫院内香客如云

中·笔者在碧霞行宫后院的寝宫楼二层采访正在忙碌的主事大娘

下·浚县正月十六浮丘山北门朝顶的老百姓在下山

2016年，笔者参加了浚县自正月十四至十六浮丘山碧霞元君的拜神活动和正月古庙会的社火。浚县当地政府每年都在此间举办民间社火巡游表演比赛，正月十六是古庙会的最高潮，早晨四五点朝顶的老百姓和社火会就开始从浮丘山南麓走上山，社火会大多是各个街道组织的，每个社火会都在山下开始敲锣打鼓一直到碧霞行宫南门前的空场，然后拿出自己的绝活，一般是扭秧歌、踩高跷、耍狮子、舞龙、跑旱船、放火铳、耍杂技、唱戏曲等，空场旁的歇云楼里坐着“浚县社火大赛”的评委们，他们要在这里待上大半天，给50多家参赛社火会打分。这些社火会下山之后还要继续在两山之间以及浚县南关大街、南关外大街两侧游行表演。这一天参与社火表演的人数大约为4万人，全天总客流量达到50万人。

从碧霞行宫南门买票进庙之后，里面人山人海，烟雾缭绕。院子里有妇女出售红线织的细布带，当地叫作“平安带”，将平安带系在庙里的树上，或者是系在自家三轮车的轮胎上，或者拿回家，都可以增福。敬神的香高1.2米左右，很是抢眼，当地人的说法是：“烧就烧高香！”年龄大的妇女大都带着大把的香和一大塑料袋元宝形的香箔，她们在院子的角落里，将香箔一个个认真撑开，然后按照顺时针朝拜每个殿里的神仙，最后将香箔统一烧掉。在一进院的左侧殿前，红色条幅上写着“送子老奶（娃娃殿）药王爷”，药王爷司掌身体健康，消灾解病，但是也在碧霞元君的主管下。门口老百姓送的锦旗上写着“奶奶有灵，有求必应”。在古代求神赐福后灵验以碑刻来还愿，现在是灵验后送锦旗还愿。紧挨着药王爷的是文昌阁，很多家长在此祈求文曲星保佑自家孩子学习顺利，金榜高中。碧霞行宫最重要的殿是建于清顺治三年（1646）的“送子老奶殿”，殿外牌子上写着：“此殿供奉碧霞元君，专司送子保子，送福送财保平安。”这里烧香磕头的人络绎不绝，所有来朝顶的百姓最重要的事就是在此磕头进香。对于想生孩子和想安胎的妇女，尤其重要。

祈福的百姓在碧霞行宫整个走完后，会从与大伾山相对的北门下山，从碧霞行宫下山后走到两山之间的庙会上，这里有各种当地特产和民俗工艺品，如浚县子馍、饸饹面、梨膏糖、泥咕咕、木枪玩具等。

（二）泥咕咕在正月古庙会上的出售情况

笔者在2016年正月古庙会上做了一个调查，出售泥咕咕的商家有20家左右，有半数是开着自家的电动三轮车来的临时摊位，属于游商；另一半是和其他货品摊位分摊摊位费的，属于固定摊位，但是都比较小。这些商家的泥咕咕大多是杨玘屯村有点名气的民间艺人自家制作的，艺术水准和质量都比较好，最小号的泥咕咕卖两元钱一个，其他稍大些的卖7元一个，比较大一点的卖15元到25元一个，大部分是陶制品。大伾山景区内的泥咕咕摊位更多些，都是按照经营管理规定设的摊位，一家挨着一家，泥咕咕品种相对单一，有泥咕咕、小蛇、小老鼠、小猴、小老虎、小鱼，价格非常便宜，一般最小号的彩色泥咕咕1元钱两个，其他大一点的动物形咕咕2元钱一个，大一些的15元两个。大多数摊主卖的泥咕咕是杨玘屯村的；极少数是批发的，形态、色彩都较为粗糙，他们的摊位上一般还会放一些批发来的陕西泥叫叫或撒尿泥人，批发价1元一个，零售每个能卖到3—5元，这些摊位将泥咕咕、泥叫叫等类似产品混在一起卖。据王学峰介绍，这些泥咕咕的制作者绝大多数是村里六七十岁的普通村民，他们平时晚上不看电视、不打麻将，就是做这些泥咕咕，等到了正月庙会上卖了换些零花钱。他们的泥咕咕卖得便宜，一是因为他们没有知名度，做得也不是很精致；二是他们并不把自己的工夫当成本计算；三是做多了庙会上就卖得便宜点，做少了就卖得贵点，总之要在当年庙会上都卖光。在整理王学峰访谈笔记的时候，笔者发现了一个非常有趣的事情，即他认为做泥咕咕最主要的是："要考虑市场，一个是价值能提高，一个是量能增大。专家的意见可以吸取，但是不能全听，否则也维持不下去，很多专家喜欢的种类，老百姓并不喜欢。"对于艺人来说，制作泥咕咕是他们的生计，没什么大道理可言，如果销路好，全村的人在农闲时都可以投入进来，生意不好，大部分人随时转行。

王学峰的二儿子王红杰，正月在两山之间庙会最热闹的伾浮路上摆摊卖泥咕咕，他从正月初一到正月十八，每天全天出摊，全部收入约为8000元，卖的都是自家制作的泥咕咕。他说其他村也都有一两家做泥咕咕的，也是跟着杨玘屯艺人学的。据他说，浚县正月古庙会期间，游客最多、购买力最强的时间是初五以前，再

庙会上王学峰二儿子王红杰的摊位

浚县正月古庙会上卖泥咕咕的流动小摊

就是初九、十二、十六这三天。本来像他这样常设的摊位费是按照整个正月计算，当地政府一延米收 1000 元摊位费，但是今年很幸运，他朋友有事不能来出摊，就送给他一块一米左右的免费使用的空地。

笔者在浚县庙会上观察到，买泥咕咕的人大致分为三类，第一类是当地的中老年妇女，她们了解泥咕咕的传统与神祇崇拜含义，也是碧霞元君的忠实崇拜者，有一种泥咕咕情结，能看出来是真喜欢，但是由于生活水平限制，她们一般不买特别贵的，或是只买一两样特别有纪念意义的。第二类是当地的青年人，其中很多人是初中毕业就常年在外地打工，他们有购买力，但是他们明显对这类土味十足的泥玩具不感兴趣，他们偶尔购买是因为觉得新鲜买着玩，或者是年幼的孩子被吸引，为了哄孩子，才会买一两件小的。第三类是外地的旅游者，他们拿泥咕咕当民俗工艺品，有时会多买一些或者买一两件精致的带回去馈赠亲友。王学峰说："1976 年，像这样最小的泥咕咕，我最多一晚上做 800 个，做得粗是肯定的，最高纪录做到晚上 12 点。那时 800 个才卖 1 块钱，1 毛钱 80 个，1 分钱 8 个。当时主要是庙会的货郎摊去村子里面收，那个时候还有经纪人，帮着收，然后挣两毛钱。货郎摊收走以后，小孩可以拿破铜烂铁什么的和他交换。现在，最小号的泥咕咕要是到北京商场里的民俗文化节上卖，最少也能卖 20 元，但是北京的庙会也卖不上价。"另外，王学峰还认为："咱们传统泥咕咕的造型做的量是最大的，都会做，只不过做的优劣不一样。不看传人不传人，但是谁和谁的也不会一样。老话说'吃我们村一顿饭的工夫，就学会做咕咕蛋了'！"在浚县正月古庙会，卖泥咕咕的游商不敢大大方方地卖，主要原因是在人流最多的伾浮路上，要交至少 1000 元的摊位费，真交了这

大伾山文化景区内的固定摊贩，泥咕咕大多卖得价位很低

笔费用，卖泥咕咕就挣不了多少钱了。这是一个矛盾，要想振兴本地区的非物质文化遗产项目，就需要当地政府的有关部门予以关心、扶持和细心的保护。

五、结 语

在浚县泥咕咕文化生态考察的过程中，有两个问题笔者以为需在结语处加以强调。一是浚县正月古庙会和普通庙会的区别；二是泥咕咕在浚县正月古庙会上的作用自古至今产生的变化。

史料记载，魏晋南北朝时庙会仅是一种隆重的祭祀活动，随着经济的发展和人们交流的需要，庙会在保持祭祀活动的同时，逐渐融入集市交易活动。而如今城市百姓在春节期间逛的庙会，多是在公园和广场，甚至是商业中心内，主要是进行民俗文化传播、贸易和娱乐活动，与传统古庙会内容基本没有关系。前文中提到，古代浚县正月庙会是全体老百姓一年当中最重要的集体活动，由祭祀、敬神、祈福、还愿、社火、民俗娱乐与民间贸易等多种形式组成，承载着由中国传统民俗和传统的受众共同构成的文化，是古代浚县百姓生活方式的一部分，也是中国千年来农业文明的标志性产物。直到今天，浚县正月庙会还基本保留着古代庙会的祭祀仪式与传统民俗活动，参观当代浚县正月庙会，如果能提前做好充分的准备，例如，查阅一些相关史料，了解一下当地民俗，那么在考察的时候就会发现很多有价值的场面，如不同形式的社火会、庙里百姓的祈子仪式、千姿百态的泥咕咕等，这些可以说是认识与了解中原民俗史的绝佳机会。正月十六这一天县城的客流量达 50 万人次，街上人声鼎沸，浮丘山和大伾山的庙里更是香火鼎盛。这些都让笔者深切感受到当地群众对于浚县正月古庙会的喜爱，也验证了浚县正月古庙会与普通庙会在本质上的区别。

另外，关于泥咕咕在浚县正月古庙会上的作用，前文在不同章节中做了一些考察与推论。一般来说，人类通过典籍、文物和非物质文化遗产认识历史。浚县泥咕咕见证了中华最早的鸟图腾崇拜、祈子的神祇仪式、明器在墓葬制中的种类分布、古代儿童玩具等，可以说泥咕咕是中原文化与当地民俗的活化石。今天，泥咕咕中极少的品种对于浚县百姓中少数了解祈子仪式的妇女来说，仍然是人神沟通的重要纽带，如鸟形泥咕咕和特制的泥娃娃。但是对于绝大多数不了解泥咕咕文化生态环境的人来说，泥咕咕只是具有河南乡土特色的泥玩作品，甚至在泥咕咕的故乡，泥咕咕的传承也并不乐观。从泥咕咕传承的角度看，目前并不是后继无人这么简单的问题，而是缺乏一批尊重传统、具有较高审美水准和社会责任感的传承人。前文介绍过，浚县泥咕咕传承者绝大多数还是黎阳镇西杨玘屯村的艺人，他们从浚县泥咕咕本体逐渐衍生出几种艺术风格，这些风格与传统泥咕咕的艺术形态相距甚远，那么哪些泥咕咕是正宗的？笔者就这个问题询问河南民俗专家倪宝诚老师，他主张不能让艺人随意改造传统，他认为："王学峰的艺术水准还达不到像他父亲王蓝田大师那种原汁原味的程度，但他主观意识是想和他父亲靠拢，外界对他影响不大，有国家的支持，他的地位也比较好，收入来源比较充足，这是造就他不随波逐流的一个主要的原因。"即使是像王学峰这样的国家级非物质文化遗产传承人，也会面临根据市场要求逐渐改变造型或色彩构成的问题，这应该不是个例，而是非物质文化遗产项目的共性问题。连接历史与当代的非遗基因链掌握在每一个传承人的手中，保护传统、保护原汁原味是传承与保护的重中之重，这是传承人、专家、学者、政府与每一个公民都要有的自觉意识。

笔者看到泥咕咕在浚县正月古庙会的市场与影响力呈现弱势形态，而泥咕咕的发展历程是一个从古代信仰附属品到当代独立审美艺术品的演变过程，从这一点上看，它已经不再是一个单纯的“玩意儿”，而是一个负载着深厚的民族文化内涵的载体，是我们中华传统文明的一部分，需要得到尊重与保护。这种保护不是让它随意发展，而是让它保持不变。它具有非物质文化遗产的重要属性，因此保护这一民俗文化的载体具有非常重要的意义。《浚县志》中写道：“一人行礼，众人学之，遂成风俗，所谓礼从俗也。”对此话，笔者很赞同。随着近年来中国农村城市化进程的加剧，作为消费主力的浚县年轻人，逐渐遗忘、生疏了庙会上祈子仪式与馈赠泥咕咕的习俗。一旦这整套祈子的习俗体系被割裂，泥咕咕就从不可缺少的道具变成了可有可无的民俗玩具或民俗艺术品。保护像浚县泥咕咕这类非物质文化遗产传统工艺美术泥塑重要的是对当地民俗进行整体的、综合的保护，具体也就是对泥咕咕依附的正月古庙会进行整体保护，这样，依附于民俗生态中的传统手工艺品才能得到健康的传承和发展，一旦这种生态遭到破坏，这一方文化的古老传统和民间艺术也就不复存在了。

笔者在调研期间有幸看到关于浚县文化和广播电影电视局在“十二五”时期（2011—2015）对于泥咕咕的保护规划书，计划从2012年至2015年每年预计投入45万—50万元；每年都要资助老艺人培养5—10名传承人，这个费用预算是每年10万元。但是这次考察期间，笔者与浚县当地部分泥咕咕艺人和部分传承人的交流中，并没有收到保护规划书中提及的规划内容贯彻执行情况的讯息。河南浚县正月古庙会不仅是中国民族民间文化保护工程试点项目，还是河南省级非物质文化遗产，通过浚县正月古庙会可以帮助我们认识自身历史，尤其是那些在信仰习俗中的仪式。目前浚县当地政府将社火会办成了民俗文化节和旅游开发项目，社火会也是由政府主持评选的活动。笔者认为政府在利用中国传统文化遗产转化成文化产能的同时，一定要注意，不要越俎代庖，将“民俗”变成“官俗”，尤其是这类民俗活动，一定要遵守“民间事民间办”的原则。另外以泥咕咕为例，在非物质文化遗产保护与传承的问题上，切忌形式主义。在我们这个社会转型的过程中，随时都在发生巨变，而巨变中的遗产可能会“瞬间消失”。皮之不存，毛将焉附！更深层的思索，是应该正视与重视中国非物质文化遗产中与那些原生程度非常高的、与神祇崇拜息息相关的仪式，因为“仪式、庙会的功能远不止于此，传统庙会在促进族群团结、社会和谐、文化交流、物资交换等方面，都发挥过重要作用”[31]。希望在未来，我们能在浚县正月古庙会上，感受到更加原汁原味的民俗。

通过对浚县正月古庙会及泥咕咕相关考察与研究，笔者有三点建议：

一、传统浚县正月古庙会习俗与泥咕咕是相互依存的关系，对泥咕咕的保护应该从文化生态的整体保护着手。

二、传统泥咕咕作为传统文化的活化石和非物质文化遗产，其造型和色彩都不能进行改动或所谓创新，否则，就失去了其作为非遗的基因和价值。

三、当地政府对泥咕咕的保护规划，一定要落到实处，要与传承人多沟通，要了解他们真正的需求；保护经费要专款专用，并能主动接受大家的监督。

这些建议虽然前人也都从不同的切入点阐述过，但是笔者更希望从非物质文化遗产保护的视角来提出泥咕咕作为一种民俗文化载体的保护方式，也希望借此文进行呼吁，并对未来中国非物质文化遗产的传承与保护起到一点积极的作用。

附录：口述史个案访谈

一、传承人王学锋的从艺简介与传承谱系

王学峰，男，汉族，河南浚县黎阳镇西杨玘屯村人，是我国著名民间泥彩塑艺术家王蓝田之子，浚县泥咕咕王氏第九代传承人，国家级非物质文化遗产泥塑项目（浚县泥咕咕）代表性传承人。被河南省人事厅评为“高级民间艺术师”，被河南省民间文艺家协会授予“民间工艺美术大师”称号，2007年6月被中国文联、中国民间文化家协会授予“中国民间文化杰出传承人”荣誉称号。王学峰的泥咕咕作品被中国美术馆、中国农业博物馆、中国工艺美术协会、英国伦敦大不列颠博物馆收藏。

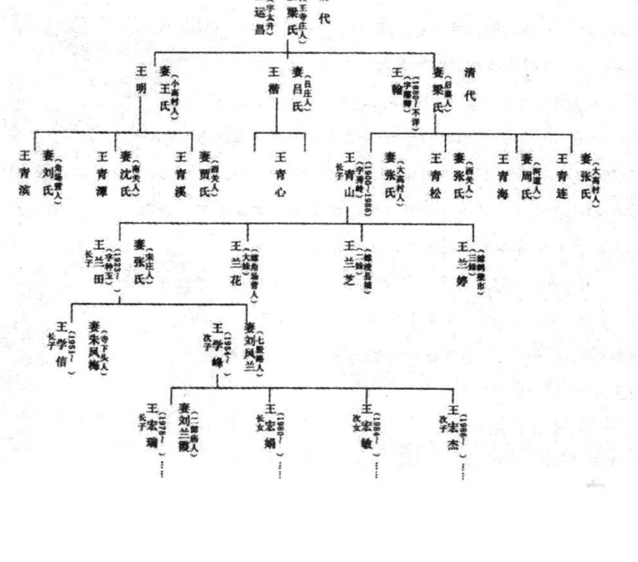

王学峰家族六代传承谱系

二、对传承人王学峰及其家人的访谈内容节选

2014年12月，笔者正在对王学峰进行访谈

（一）对王学峰的访谈内容节选

问：你们每年在什么时间段做泥咕咕？

答：以前都是夏天农忙，只有在冬天才会做泥咕咕，而且以前做的时候不考虑用工的成本。整个冬天都在做，放在用席子缠成的筐篓里面。农闲的时候，趁天不冷开始做，做完放到外面晾着。等天冷了，腊月的时候，开始彩绘。正月的时候卖，一个可以用来挣点零钱，奖励小孩；另一个可以挣钱买一些农具。以前杨玘屯全村人家家都做，以前有“杨玘屯咕咕叽叽”的说法。

问：你们村做泥咕咕的土是从哪儿挖来的？

答：杨玘屯是黄河故道，做泥咕咕的土都是村子周边的故道改道以后沉积的泥，最好的一层泥土在黄河故道1.5米到2米深之间，当地人管这层泥叫作“米胶”。这种泥土非常纯净，没有杂质，因为深，也没有树根草根在里面；另外，它非常黏，塑形的时候不会开裂。当地人还使用“红胶泥”“黄胶泥”，它们的特点主要就是黏，韧性好，不裂。红胶泥用得比较少，它是山根下面的土，杨玘屯村里艺人大多都用黄胶泥。不过现在不能随便取土了，因为那片地承包给个人开了砖窑厂，当地用这个泥烧砖。现在我要用土，也要给砖窑的人买条烟，换一车土用。这个泥会越来越少，这东西想攒也攒不了，也没地方堆。

问：做泥咕咕的泥是怎么捶打的？

答：传统上泥都是需要捶打的，我十多岁的时候，放学以后书包一放就去捶泥。以前是一晚上就捶一块泥，中午先把这块泥洒点水，用布一蒙，晚上回来用木棍捶，捶完以后，天就黑了，吃完饭以后全家人各捏各的。

问：泥咕咕制作工艺分类是怎样的?

答：我家的泥咕咕分两种：一种是全手工制作，成本高，价位也高，主要针对喜欢收藏的藏友。另一种如十二生肖，是一半模具一半手工，模具大致起个轮廓，但是四肢、嘴角、眼、耳还是需要手工捏制。以前的模具是实心的，但也能叫。20世纪五六十年代的时候，我家里的模具有好几篓，都是戏出人物。

问：一样款式一样大小的泥咕咕发出的声音也是一样的吗?

答：做得熟练了，几乎声音都一样。声音不一样的原因是里面的空间不一样，发出的声音就不一样。空间小发出的声音就是脆的、尖的；空间大，发出的声音就是浑厚的、闷的。不同的人，扎的孔不一样，声音也就有区别了。扎的孔浅一点、深一点，空间大一点、小一点都是有区别的。

问：您能说说泥咕咕的艺术风格是从哪里传承来的吗?

答：我认为河南泥泥狗和泥咕咕是同根同源的，都是黄河泥做的，都是彩绘，都是民间色彩，另外都是能吹得响的，咱们国家能吹得响的泥玩具不太多。泥泥狗的造型不像泥咕咕一看就知道是什么、有亲和力。比如，河南的草帽老虎，为啥老虎戴草帽呢？他们说是遮丑，他们那个就像女性生殖崇拜。我的想法是：传统的粗犷还是要保留下来，哪怕没人要，这是以前的东西，包括我父亲的东西也是这样；另外一个，为了生存，还需要适应市场。市场喜欢什么，我就做什么。像以前的猪八戒，非常抽象的东西，拿到庙会上已经没人问了；再如，狮子滚绣球，还是传统做法，说实话成本都收不回来。另外还得考虑运输，比如说做这个球，首先得把它掏空了，掏空了降低它的重量，另外做一个身子，然后把泥浆掺和在一块儿，成为一体，这个球是最后用一个卡子组装上的，它不会掉。

问：你家的泥咕咕做好之后需要烧制吗？具体的工艺是怎样的?

答：我的泥咕咕从1986年开始都是经过烧制的，那是当时日本人要求的，因为泥土不让出口。但是烧制技术不如钧瓷、汝瓷那些陶瓷器烧制成熟。我开始烧的时候是用木炭，后来用煤块烧，成本也很贵，而且浪费时间，后来就改用气窑了。我父亲当年在郑州文化艺术品交易所做网络线上交易，后来这个公司捐赠了五座气窑，我们要了一座，气窑好用，虽然烧点液化气，但是它降低劳动成本，不用加柴。我们做的小，半立方。

问：您认为好的泥咕咕的标准是什么？

答：我觉得市场是决定因素，以前用手工做的人物，现在为了降低成本，改用模子做了。我会先做好卖的，做好烧制好然后存放起来，如狮子滚绣球、鸿运当头，这些好卖的我先做100个，烧好了放在阴凉处存着。另外十二生肖我要存，泥咕咕我要存。那些拿着兵器的戏出人物，虽然专家说好，但是不好卖，而且都是手工捏的，特别费工，就少做。

问：在浚县正月庙会上，一块钱卖两个的那些泥咕咕，都是什么人做的？是西杨玘屯的艺人吗？成本怎么能那么低？

答：那些都是村里六七十岁的普通村民做的，他们不计算劳动成本，这些廉价的泥咕咕在庙会上便宜、好卖。以前那些骑马人还有一些大的泥咕咕，价格高，不好卖，也就是说，市场哪一个品种好卖，就做哪一个。这些人平时也不打麻将，也不看电视，他们晚上或者闲着的时候，就做一部分，补贴家用，他们不计算劳动成本。这些人大都以西杨玘屯为主，东杨玘屯的也有。因为他们做好了之后不会留到明年或者后年再卖，都要到当年的庙会上销售，换成钱，而且都是自己家里人卖，没有中间商。做的多了就便宜点，做的少了，相对来说，价格就提高了，就是这个道理。

（二）对陈晋风（王学峰次子王红杰之妻）的访谈节选

问：你在家里的作坊里主要做什么？捏泥咕咕还是彩绘？

答：我刚到这个家里的时候，一开始就是学彩绘。我主要做彩绘的打底，也是打下手吧，然后慢慢的我老公画主体，我做比较简单一点的，像打底色，画黑颜色或者绿颜色，只要刷均匀就可以。现在基本上都能画了，什么颜色搭起来比较好看，对比一下，如果这个颜色搭配不好，再换另一种颜色，得来回试。我不用买纸画色彩，就在这泥咕咕上画。实物上画得不好看用水洗掉，再重画。

问：你是怎么培训村里那些年轻妇女来家里干彩绘的活？

答：我请的画画的都是村里那些家里有孩子需要照顾、不能出去打工的年轻妇女，来了之后先培训，画得好的留下了，教不会的就走了。现在剩下三四个画画的，要是有大批量的订单就再临时招人，按天算钱。

注释

① 民间美术·Ⅶ—47泥塑（天津泥人张、惠山泥人、凤翔泥塑、浚县泥咕咕）。

② 泥咕咕：河南浚县历史悠久的可发声泥塑或陶质工艺品，是浚县所有可发声泥塑的总称。

③ 大伾山志编纂委员会．大伾山志 [M]. 郑州：中州古籍出版社，1995：1－3.

④ 李鸿亮．1895—1937年河南庙会研究 [D]. 河南大学，2008：27.

⑤ 马金章．浚县儿歌 [M]. 河南：中州古籍出版社，2014：126.

⑥ 倪宝诚．中国民间泥彩塑集成：河南泥玩卷 [M]. 西安：陕西师范大学出版社，2014 ：26－37.

⑦ "咕咕鸡"是泥咕咕中一个鸟形品种，在浚县正月古庙会的祈子习俗中扮演着重要作用。

⑧（清）熊象阶．清·嘉庆光绪浚县志（点校）[M]. 郑州：中州古籍出版社，2009 ：164.

⑨ 倪宝诚，河南省著名的民俗专家、泥咕咕收藏家，写过泥咕咕相关专著及论文30余篇。

⑩ 王大有．龙凤文化源流 [M]. 北京：北京工艺美术出版社，1988 ：12－37.

⑪ 古人求子之祭。《说文》：禖，祭也。从示，某声。祈子之祭也。

⑫ 汉民族传统节日，该节日在汉代以前定为农历三月上旬的巳日，后来固定在农历三月初三。

⑬ 苑利．民俗学与遗产学视域下的乡土中国 [M]. 北京：北京时代华文书局，2015：8－30.

⑭ 十二生肖俑是古代人们用来辟邪的镇墓明器，汉代始将十二种动物与十二地支相配，即子鼠、丑牛、寅虎、卯兔、辰龙、巳蛇、午马、未羊、申猴、酉鸡、戌狗、亥猪，材质有陶质、铁质、石质、瓷质等。

⑮ 宋兆麟，高可．中国民族民俗文化辞典 [M]. 太原：山西人民出版社，2004：690.

⑯ 倪宝诚．中国民间泥塑集成：河南泥玩卷 [M]. 西安：陕西师范大学出版社，2014：38－39.

⑰ 苑利．民俗学与遗产学视域下的乡土中国 [M]. 北京：北京时代华文书局，2015：28.

⑱ 田青．中华艺术通史：三国两晋南北朝卷 [M]. 北京：北京师范大学出版社，2006：300.

⑲ 高有鹏．沉重的祭典：中原古庙会文化分析 [M]. 郑州：河南大学出版社，2000：1.

⑳ 碧霞元君即天仙玉女泰山碧霞元君，俗称泰山娘娘、泰山老奶奶、泰山老母等。道教认为，碧霞元君"庇佑众生，灵应九州""统摄岳府神兵，照察人间善恶"。是道教中的重要女神，也是中国历史上影响最大的女神之一。

㉑ 浚县文物旅游局．天书地字·大伾文化（二）[M]. 北京：文物出版社，2006：176.

㉒ 马金章 . 浚县正月古庙会 [M]. 郑州：中州古籍出版社，2008：12-25.

㉓ 政协河南省浚县委员会，文史资料研究委员会 . 浚县文史资料（第四辑）[M]. 内部资料，1991：167.

㉔ 政协河南省浚县委员会，文史资料研究委员会 . 浚县文史资料（第五辑）[M]. 内部资料，1994：145-187.

㉕ 马金章，张东宇 . 浚县歌谣 [M]. 郑州：中州古籍出版社，2014：126.

㉖ 政协河南省浚县委员会，文史资料研究委员会 . 浚县文史资料（第一辑）[M]. 内部资料，1986：20.

㉗ 浚县文物旅游局 . 天书地字・大伾文化（二）[M]. 北京：文物出版社，2006：163.

㉘ 浚县文物旅游局 . 天书地字・大伾文化（二）[M]. 北京：文物出版社，2006.

㉙ 马金章 . 浚县正月古庙会 [M]. 郑州：中州古籍出版社，2008：50.

㉚ 浚县文物旅游局 . 天书地字・大伾文化（二）[M]. 北京：文物出版社，2006.

㉛ 苑利，顾军 . 非物质文化遗产保护干部必读 [M]. 北京：社会科学文献出版社，2013：196.

参考文献

1 | 大伾山志编纂委员会 . 大伾山志 [Z]. 郑州：中州古籍出版社，1995.

2 | 张东宇，周学超 . 浚县民间故事 [M]. 郑州：中国文化出版社，2011.

3 | 左汉中 . 浚县泥咕咕——王学峰世家 [M]. 北京：民族出版社，2007.

4 | 李树文，信春鹰，袁曙宏，王文章 . 非物质文化遗产法律指南 [Z]. 北京：文化艺术出版社，2011.

5 | 修海林，王子初 . 看得见的音乐：乐器 [M]. 上海：上海文艺出版社，2001.

6 | 宋兆麟，高可，张建新 . 中国民族民俗文物辞典 [M]. 山西：山西人民出版社，2004.

7 | 王伟 . 图说中国非物质文化遗产——中国最美玩具 [M]. 武汉：湖北美术出版社，2013.

8 | 赵文成 . 图说中国非物质文化遗产——中国最美泥塑 [M]. 武汉：湖北美术出版社，2013.

9 | 李友友 . 民间玩具——中国民间工艺风采丛书 [M]. 北京：中国轻工业出版社，2006.

10 | 浚县文物旅游局 . 天书地字・国家历史文化名城浚县大伾文化（二）[M]. 北京：文物出版社，2006.

11 | 王大有 . 龙凤文化源流 [M]. 北京：北京工艺美术出版社，1988.

12 |（清）熊象阶 . 乾隆・嘉庆・光绪浚县志（校点本）[M]. 郑州：中州古籍出版社，2009.

13 | 任思义 . 大伾山浮丘山 [M]. 郑州：河南人民出版社，1985.

14 | 毛本华 . 河南民间玩具 [M]. 郑州：河南美术出版社，1986.

15 | 左汉中．绝活儿·浚县泥咕咕[M]．长沙：湖南美术出版社，1999．

16 | 黄永健．中国民艺采风录：泥咕咕[M]．石家庄：河北美术出版社，2003．

17 | 赵健磊，张宏岳．中国民间泥塑技法[M]．北京：中国劳动社会保障出版社，2009．

18 | 马金章，张富民．浚县正月古庙会[M]．郑州：中州古籍出版社，2008．

19 | 马金章．浚县泥咕咕[M]．郑州：中州古籍出版社，2010．

20 | 马金章．中华儒商始祖——子贡[M]．郑州：中州古籍出版社，2010．

21 | 马金章，刘会喜．根在浚县[M]．郑州：中州古籍出版社，2010．

22 | 马金章．文化名人与浚县[M]．郑州：中州古籍出版社，2010．

23 | 马金章．浚县文萃[M]．郑州：中州古籍出版社，2010．

24 | 马金章，张富民．浚县石刻艺术[M]．郑州：中州古籍出版社，2008．

25 | 马金章．活着的历史之树：古地名[M]．郑州：中州古籍出版社，2009．

26 | 政协河南省浚县委员会，文史资料研究委员会．浚县文史资料（第一辑）[Z]．内部资料，1986．

27 | 政协河南省浚县委员会，文史资料研究委员会．浚县文史资料（第二辑）[Z]．内部资料，1988．

28 | 政协河南省浚县委员会，文史资料研究委员会．浚县文史资料（第三辑）[Z]．内部资料，1989．

29 | 政协河南省浚县委员会，文史资料研究委员会．浚县文史资料（第四辑）[Z]．内部资料，1991．

30 | 政协河南省浚县委员会，文史资料研究委员会．浚县文史资料（第五辑）[Z]．内部资料，1991．

31 | 政协河南省浚县委员会，文史资料研究委员会．浚县文史资料（第六辑）[Z]．内部资料，2002．

32 | 政协河南省浚县委员会，文史资料研究委员会．浚县文史资料（第七辑）[Z]．内部资料，2007．

33 | 政协河南省浚县委员会，文史资料研究委员会．浚县文史资料（第八辑）[Z]．内部资料，2012．

34 | 马金章，张东宇．浚县歌谣[M]．郑州：中州古籍出版社，2014．

35 | 马金章，张东宇．浚县谚语[M]．郑州：中州古籍出版社，2014．

36 | 田青．中华艺术通史：三国两晋南北朝卷[M]．北京：北京师范大学出版社，2006．

37 | 苑利，顾军．非物质文化遗产保护干部必读[M]．北京：社会科学文献出版社，2013．

38 | 苑利．民俗学与遗产学视域下的乡土中国[M]．北京：北京时代华文书局，2015．

39 | 倪宝诚．中国民间泥彩塑集成：河南泥玩卷[M]．西安：陕西师范大学出版社，2014．

40 | 马紫晨．河南庙会文化及戏俗[J]．中州民俗，1988（4）．

41 | 蒋静芬．江苏方志中的“碧霞行宫”——谈对碧霞元君的崇拜．泰山研究论丛（第四集）[C]．青岛：青岛海洋大学出版社，1991．

42 | 柴俊青 . 道教背景下的民间信仰——明清民国时期浮丘山碧霞元君信仰 [J]. 安阳师范学院学报，2012（3）.

43 | 张丽华 . 十二生肖的起源及墓葬中的十二生肖俑 [J]. 四川文物，2003（5）.

44 | 王今栋 . 民间彩塑之乡——浚县杨玘屯 [J]. 豫苑，1982（1）.

45 | 张福彬 . 谈浚县泥咕咕造型顺口溜 [J]. 泥猴张研究，2009.

46 | 刘红魁 . 论浚县泥咕咕艺术特色 [J]. 美术界，2008（11）.

47 | 倪宝诚 . 浚县泥咕咕与鸟信仰 [J]. 河南社会科学，2009，17（1）.

48 | 王旻 . 浅谈浚县泥玩“泥咕咕”艺术特征 [J]. 神州民俗，2008（2）.

49 | 凌士义 . 河南民间美术中的黑底泥玩——淮阳“泥泥狗”和浚县“泥咕咕” [J]. 设计艺术，2005（4）.

50 | 凌丁甲 . 论“伏羲八卦”与泥泥狗乐器的关系 · 先秦史研讨会论文 [C]. 淮阳伏羲八卦研究会，1989.

51 | 张新词 . 农耕文明下的浚县泥咕咕与古代鸟信仰崇拜 [J]. 农业考古，2012（1）.

52 | 赵国华 . 生殖崇拜文化论 [J]. 中国社会科学，1988（1）.

53 | 李鸿亮 . 1895—1937年河南庙会研究 [D]. 河南大学，2008.

土族盘绣的保护与传承

Safeguarding and Inheritance of Coiled Embroidery of Tu Ethnic Group

韩泽华

罗　微｜指导教师

摘要

土族居于我国青藏高原与黄土高原交界地，是我国人口较少的民族之一。土族有着深厚而独特的传统文化及多姿多彩的表现形式，对维续中华文化多元一体格局具有重要作用。

土族盘绣作为土族最具典型性、代表性的传统美术实践方式，于2006年入选第一批国家级非物质文化遗产代表作名录。土族盘绣是土族独有的一种刺绣方法，其工具简单、针法独特、色彩绚丽、构图精巧，生动而鲜明地体现着土族人民的民族性格和审美观念。随着非物质文化遗产保护工作的深入开展，如何从非物质文化遗产保护的视角来研究土族盘绣，使其在确保土族文化传承性、葆有土族文化独特性、涵养土族文化丰富性等方面继续发挥作用，就显得尤为重要。笔者采用查阅文献、实地调研和问卷调查等调研方法，通过与当地文化主管部门、相关企业，以及传承人进行访谈，对土族盘绣的保护与传承现状及实施生产性保护实践情况，以及取得的成效、经验和遇到的困难、问题等有了直观认识。针对困难和问题，本文提出了在充分发挥政府主导作用的基础上提升社会参与力度，在继承传统的基础上不断创新、重视人才培养、拓展传播途径、开展抢救性和整体性保护等方面的对策建议，以期为推动该项目，以及其他相关非物质文化遗产得到有效保护，并得以传承与弘扬提供参考。

关键词：土族；土族盘绣；非物质文化遗产；保护；传承

Abstract

Tu ethnic group, which is one of ethnic minorities with less population in China, lives at borderline area of the Qinghai-Tibet Plateau and the Loess Plateau of China. The Tu ethnic group is rich in traditional culture and its various manifestations. These two features play important roles in maintaining the integrated pluralistic cultural pattern of China. As the most representative artistic expression of the traditional culture of Tu ethnic group, in 2006, Coiled embroidery of Tu ethnic group was inscribed into the first batch of the National Intangible Cultural Heritage List of China. Carrying abundant cultural connotations of Tu ethnic group, Coiled embroidery is an exclusive and unique embroidery technique, which is characterized by simple tools, unique stitching technique, vivid and gorgeous colors, and delicate compositions. It vividly conveys personality and aesthetic sense of Tu ethnic group, and has important artistic, cultural and social value. Along with the in-depth development of practices in safeguarding intangible cultural heritage (hereafter referred to as ICH), research on Coiled embroidery of Tu ethnic group from the perspective of safeguarding ICH becomes more and more important. Though interviews with local cultural administration departments, related local corporates, and ICH bearers, the author adopts approaches of literature review, field research, and questionnaire survey to study the current situation of safeguarding and inheritance of Coiled embroidery of tu ethnic group, practices of "productive protection", achievements and experiences as well as difficulties and problems arising in the safeguarding practices and so on. Though analysis of the current situation and existing problems of Coiled embroidery of Tu ethnic group, this paper aims at finding out possible solutions for current problems and proposing approaches to raise social engagements under the guidance of local governments, to promote innovations based on inheritance of traditions, cultivate possible ways of communication, suggest measures to carry out "rescuing protection" and "integrated protection", and facilitate efficient safeguarding, inheritance of Coiled embroidery of Tu ethnic group and other related ICH projects.

Keywords: Tu Ethnic Group; Coiled Embroidery of Tu Ethnic Eroup; Intangible Cultural Heritage; Safeguarding; Inheritance

一、引　言

中国刺绣源远流长，有文记载禹舜时期已有刺绣，有实物为证的刺绣作品见于战国时期。中国刺绣题材广泛，技法丰富。除汉族外，许多少数民族都具有浓郁民族特色和独特艺术风格的刺绣。生活在青藏高原一带的土族有着丰富的刺绣针法，其中盘绣针法独特，是土族所独有的刺绣类型。土族盘绣产生于青海互助土族自治县，已有千余年的历史，经世代土族民众传承至今。土族盘绣是土族妇女人生的一项重要活动，其图案构成、色彩搭配和社会功用，蕴含着土族人的性格特点、宗教信仰、民间信俗及审美观念与意识。它具有重要的人文价值和社会价值，是研究土族传统文化的载体，对其进行保护和研究具有重要的学术价值和社会意义。

随着非物质文化遗产保护工作的全面开展，土族盘绣得到了各级政府、社会团体、机构，以及民众的重视，各方面力量通过采取多种保护措施，使土族盘绣得到了有效的保护和传承。但随着全球化的发展和社会的变迁，土族盘绣等非物质文化遗产的存续与发展遇到了越来越多的问题，面临着严峻而紧迫的形势，如年轻绣娘和设计人才的短缺，社会力量参与保护不足，现有扶持力度不够，以及旅游业对项目本真性的冲击等问题。如何从非物质文化遗产保护的视角来研究土族盘绣，探求保护土族盘绣等非物质文化遗产的有效途径和方法就显得尤为重要。

非物质文化遗产具有活态流变性，作为非物质文化遗产项目的土族盘绣随着社会历史的变迁呈现出表现形式的变化，而其所蕴含的民族性格、民众信仰等文化基因却没有改变。笔者于 2015 年 10 月到青海省互助土族自治县进行调研，通过查询土族盘绣产生的历史、文化背景，了解保护与传承的现状，探究土族盘绣所赖以生存的风俗习惯、民众信仰和价值观念，寻求适宜其生存与传承的文化空间和土壤，并探寻土族盘绣的自身衍变规律，以及依循此规律保护与传承土族盘绣的有效措施与方法。

二、土族盘绣概况

（一）土族盘绣产生的背景

土族是我国人口较少的民族之一，人口近29万人（第六次全国人口普查），主要分布在青海省（约占全国土族总人口的85%），其余分布在甘肃、云南和贵州等地。关于土族的族源，学术界一直存在分歧，根据历史资料记载和专家学者的研究，主要有两种观点：蒙古说和吐谷浑说。大多数专家和学者认为土族的祖先是曾居于凉州和祁连山一带河湟地区的吐谷浑人，土族历史是一部迁徙史，自一千余年前鲜卑慕容部吐谷浑向青藏高原迁徙始，历经数年，不断移转，并与汉、羌、藏、蒙古族等民族融合形成现在的土族。土族日常生活中渗透着羌文化，鲜卑语与汉语曾同为其官方语言，文字也曾完全使用汉文，信仰佛教、道教、伊斯兰教等宗教。土族虽在日常生活、文字语言与宗教信仰等方面深受其他民族影响，但是土族仍保持着自己的民族传统、礼仪风俗、服饰文化和民间艺术等，它自身的文化传统始终是整个民族文化的主体。“土族有自己独特的文化传统，近世的土族文化是个复合型的文化，表现出三元结构的文化面貌，即由传统文化、汉文化、羌藏文化复合而成的一个文化系统。土族的传统文化也就是鲜卑文化……这个文化传统在土族的整个文化中是居于主体地位的，土族文化的体系是由这个文化传统构建的。”①

土族作为青藏高原最古老的民族之一，在长期的历史演变过程中，创造了土族悠久的历史和灿烂的文化。青海互助土族自治县是最大的土族聚居区，也是我国唯一以土族命名的自治县，它位于祁连山东南、青藏高原与黄土高原交界地带，拥有丰富多彩的传统文化表现形式，如安昭舞、土族轮子秋、土族服饰、土族盘绣等非物质文化遗产。土族是一个崇尚美、追求美的民族，土族男女的服饰是最好的印证。土族先民着镶以杂色边饰的五色上衣，如今土族女子仍然穿着红、紫、绿等颜色上衣，上衣花袖衫则由红、黄、蓝、白、黑、紫、绿等颜色的彩条缝制而成，土族服饰多用刺绣装扮。土族刺绣源远流长，绣法多样，有平绣、垛绣、

土族服饰和刺绣

锁绣和盘绣等，其中盘绣是土族独有的绣法，产生于青海互助土族自治县，土族盘绣是当地妇女人生中的一项必修课，土族女孩从幼年开始就要跟随自己的母亲学习盘绣，从此以盘绣为主的刺绣实践活动就成为其人生的主要工作之一。土族盘绣也是当地民众的一种生活方式，渗透在当地人的生产、生活中，许多土族“花儿”的唱词中都留有土族盘绣的记忆。如“给阿哥绣的满腰转”中的“满腰转”就是土族女子绣给爱人的盘绣腰带。

（二）土族盘绣技艺

土族盘绣是土族妇女在生活中采用“一针二线”的独特针法，通过绣花针牵动丝线在布料上绣制图案，用以装扮服饰、粉饰生活的一种传统文化表现形式，主要流传在青海省互助土族自治县的东沟、东山、五十、松多、丹麻等乡镇。土族盘绣传承已有千余年，历史悠久，1984 年在青海省都兰县发掘的土族先祖吐谷浑墓葬中，出土了类似盘绣的绣品，据此，可推断出土族盘绣在公元 4 世纪左右就已经出现。土族盘绣从技法、材料、图案等方面都与土族的生活方式、礼仪风情和人生信俗相关联。

首先，土族盘绣用料考究，色彩艳丽。盘绣不是在单层布料上绣制，而是用黏合的几层棉布作底料，黑色纯棉布作表面层便于色彩的衬托，且布料纹理较粗便于缝制。传统的土族盘绣利用当地盛产的经济作物——胡麻来制作衬布。绣娘将胡麻草捶碎，再用麻油渣碾成的胡麻面搅拌成糨糊，均匀地涂在加工过的胡麻草上，制作成底料坯子，然后在坯子上裱糊一块黑色棉布，经自然风干后成为盘绣底料。盘绣是丝线绣，绣制时通常是红、黄、绿、蓝、桂红（玫红）、紫、白七种颜色绣线齐备，色彩鲜艳，绚丽夺目。

其次，土族盘绣针法独特，工具简单。盘绣的工艺程序及工具较简单，直接用双手操针走线即可完成刺绣，不像其他手工艺对工具要求较高，也不像其他刺绣需要绷架作支撑。盘绣包括三个主要步骤，首先是制作底料，其次是绘制纹样，最后是绣制过程，其中绣制过程是整个工艺流程的核心环节。绣制土族盘绣时需要有两根色彩相同的线，其中一根作盘线，另一根作缝线，作盘线的线是将原来的双股线拆成单股线，再将三根单股线搓成的一根线，盘线是主线。盘绣时，右手持缝针，左手拿底料，盘线别在胸前衣服上，缝线穿在拿在手里的针上。走线时把盘线盘在插进底料的缝针上，左手大拇指压住线，右手持针向反方向缝、压，将盘线固定。就这样通过"上针盘，下针缝"一针二线的针法缝线，将一个个尺寸约两毫米的圆圈固定在布料上，数环或数十环连接成一个单色图案，然后再换上不同颜色的线进行调色，组成彩色图案。这样根据冷暖色彩的变化，采用颜色不同的丝线，按照纹样轮廓从外至里一圈挨一圈地盘绕，边盘边固定，最后形成一幅具有立体感的完整绣品。盘绣盘线时要求严密平整、比例协调，缝线时要求端正结实、力度均衡。盘绣工艺费时费工，一块 15 平方厘米的绣品需技艺熟练的绣娘耗时约两周才能完成。

再次，土族盘绣图案内容多样，构思精巧。土族盘绣图案有几十种，其中有富有宗教色彩的太阳花图案（即法轮图案）、富贵不断头图案、神仙魁子图案、太极图案、祥云图案，以及万字头图案；有反映地域文化的汉字图案，1979 年以前，土族没有本民族文字，文字使用汉文，这一事项在盘绣图案中得到了体现，盘绣图案中多含有福、寿、喜等象征吉祥的汉字图案；还有反映自然生活的动植物图案，如盘绣狮子图案、牡丹图案等。土族盘绣图案蕴含着吉祥如意、家庭兴旺、幸福长久之意。这些图案来源于现实生活，表现出土族民众的思想情感、生命观念和宗教信仰，反映了土族文化与汉、藏、羌等民族文化的交融与碰撞。

最后，土族盘绣绣品用途广泛，美观实用。盘绣绣品用途大体可分为三类：第一类是装饰性较明显的服饰装饰品，土族盘绣是依附于土族服饰而存在的，盘绣

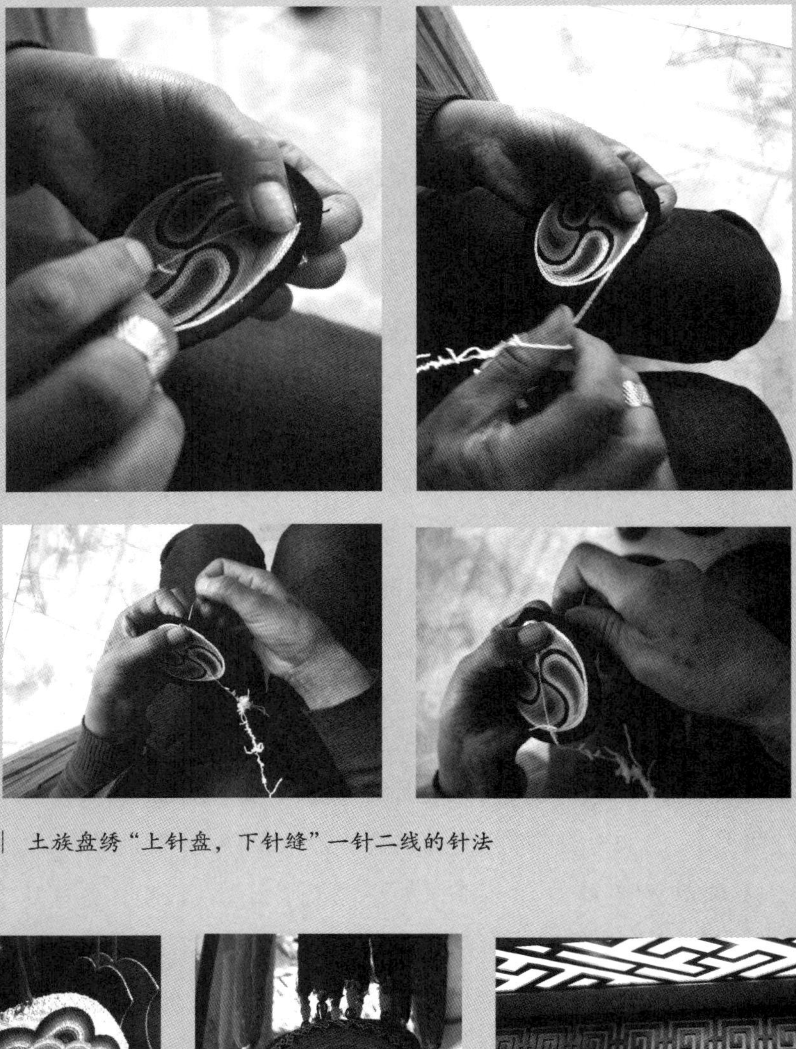

土族盘绣“上针盘，下针缝”一针二线的针法

土族盘绣制作的挂件、沙发抱枕、靠垫等

用于服饰是其主要用途，因盘绣纹样寓意不同，土族服饰的不同部位选用不同的盘绣纹样装饰，如领口选用“富贵不断头”的图案装饰，预示着富贵长寿、连绵不断。第二类是实用性较强的生活用品，常见的有盘绣枕头、针扎、鞋垫、钱包和烟袋等，现在还有沙发抱枕、靠垫等用品，有的绣娘还在床单、被单上盘绣，用盘绣装点自己的生活。第三类是宗教色彩较浓的祭祀礼仪物品，土族在历史上都是与汉、藏、羌、蒙古族等杂居，所以“土族的宗教信仰很复杂，除信奉佛教外，还信奉道教，民间信仰中有北方民族的萨满教，也有汉族地区的民间信仰、羌族的原始宗教、藏族的本教，历史上部分土族还曾信奉伊斯兰教。土族自称信奉佛、道、神（统指其原始宗教和民间信仰）三教”②，各种宗教文化渗透在土族文化中，深深地影响着土族民众的生活，作为土族生活印记的土族盘绣也就包含着各种宗教的成分。土族盘绣的省级非物质文化遗产项目代表性传承人马有莲就为当地寺庙绣制盘绣唐卡，同时，笔者在与她的交谈中了解到她的小儿子也在寺庙里做僧人，可见，马有莲绣制唐卡不仅是为了一份经济收入，更重要的是她对神佛的虔诚之心，这体现了土族民众的宗教观念和信仰。

（三）土族盘绣的非物质文化遗产特点及价值

1．土族盘绣的非物质文化遗产特点

土族盘绣是土族民众在生产生活实践中直接创造并积淀下来的土族传统文化的一种表现形式，它凝聚着土族人的聪明才智，蕴含着土族深层的文化基因。土族盘绣作为国家级非物质文化遗产名录民间美术（传统美术）类项目，具有以下基本特点：

（1）民族独特性

土族盘绣是土族独有的一种刺绣技法，它记录着土族人的生产和生活，反映着土族人对自然的崇拜、对美的追求和对美好生活的憧憬，体现了土族人的思维方式、审美意识和情感表达等。土族是热爱美、追求美的民族，同时，他们具有独特的色彩观，运用色彩时赋予其不同象征意义，并成为一种约定俗成的惯例，影响整个民族的生活。土族盘绣色彩浓艳，一个绣品通常是红、黄、绿、蓝、桂红（玫

红）、紫、白等七种颜色俱全，这其中就赋予了绣制者的美好愿望，丰富了绣品的内涵，也表现了土族人奔放豪迈的一面。土族民间信仰中崇尚圆形，圆代表土族人所理解的世界，圆形代表土族人周而复始、循环往复的时间观，圆形也表明土族人生死轮回的生命观，土族盘绣通过“画圆”的走线方式，将一个个比例匀称的小圆圈组合成大的圆形图案，正是绣制者对民族宇宙观和生命观的一种表达，同时，也体现了土族人性格中严谨细腻的一面。

（2）活态流变性

非物质文化遗产具有活态流变性，作为非物质文化遗产项目的土族盘绣随着社会历史的变迁呈现出表现形式的变化。受经济条件所限，传统的土族盘绣使用当地主要经济作物胡麻和黑色棉布作底料，随着社会经济的发展，当地民众的生活水平得到提升，盘绣已不用胡麻作底料，并开始选用丝绸等原料作底料。虽然如此，“一针二线”的传统工艺、绚烂夺目的色彩搭配，以及其中所蕴含的风俗习惯、民众信仰等文化基因保持至今没有改变。

（3）地域性

土族盘绣产生于青海互助土族自治县，位于古丝绸之路的南线。吐谷浑汗国时，吐谷浑人从事大宗国际贸易，将大批的丝绸类商品运至汗国，再转销西域诸国，当地民众可以在集市庙会上购买缝针和丝线等生活用品，这就为居住于远离内

用丝绸、棉布等作底料的土族盘绣

地的土族人提供了盘绣的原材料——丝线和缝针。同时，土族先民利用当地盛产的农作物——胡麻（胡麻的韧性和胡麻面的黏性）来制作底料，从而使盘绣具备了产生和传承的物质条件。青海互助土族自治县位于青藏高原与黄土高原的交接带，深受汉族文化与藏族文化的影响，“土族文化是一种典型的兼收并蓄的产物”③，土族盘绣受这种文化影响，在诠释土族文化的基础上，既融合了汉族刺绣精巧细密的针法，又蕴含着藏族刺绣粗犷豪放的线条。

（4）传承性

土族的传统文化是土族盘绣产生、存续与传承的土壤，土族的服饰文化与婚俗文化历经千年传承至今，相应地为其依附品土族盘绣提供了存续的土壤。以前，土族女孩一般从幼年开始师从母亲学习盘绣，到十七八岁掌握娴熟的盘绣技艺，开始为自己绣制嫁妆，包括自己的婚礼服饰、新郎婚礼服饰以及赠送亲戚朋友的礼物，这些物品的装饰物都由新娘亲手绣制，出嫁时，针线活的水平和质量成为衡量新娘能否成为巧媳妇的标准。土族传统婚俗中，“摆针线”是一项重要仪式，此项仪式分两次进行，第一次是出嫁前，土族女子在自己娘家展示自己的刺绣作品；第二次是婚礼时，土族女子在婆家向婆家人展示自己的绣品，并把自己绣制的物品赠送给婆家的亲人。如果新娘绣技高超且所制绣品细致精巧，新娘会得到婆家人的赞誉和 喜欢。土族婚礼文化的存续与发展，使土族盘绣文化得以有效传承，并大大促进了土族盘绣艺术的发展，使土族独有的盘绣艺术日臻完善成熟。近些年来，土族妇女的眼界开阔了，她们的刺绣不仅用于服饰，还扩大到绣制唐卡、佛像、壁挂、靠垫等，使土族的盘绣艺术品成为一种特殊的艺术商品，形成了土族刺绣特有的“气质”。

2．土族盘绣的价值

土族盘绣是从土族深厚的文化传统和悠久的历史发展中保存、流传下来的，它生动地保留并表现着土族人的生存状态、生活面貌、生命观念、人生习俗及宗教信仰等，它具有重要而丰富的价值，是认识土族民族、历史、文化的鲜活方式和手段。

（1）实用价值

土族盘绣绣法严密、绣线结实、绣品厚实耐用，可以几年甚至几十年不褪色、不脱线，对于长期劳作于民间的农民来说，利于保护服饰、日用品等，使其经久耐穿、耐用。另外，土族多居于高原地区，气候干燥寒冷，盘绣选用黑色布料作底料，除表达当地民众对土地的热爱之情外，还因黑色具有吸热功能，盘绣品作为服饰装饰起到了防寒保暖的作用。

（2）人文价值

土族盘绣作为土族传统文化的一种表现形式，包含着丰富的民族文化资源，渗透着传统文化的精髓。土族盘绣不是作为商品而是作为土族服饰的附属品产生的，土族妇女十多岁开始学习用盘绣制作嫁妆，在土族婚礼这一特定场合来展现自己的绣制技艺，最后将绣制的绣品馈赠亲朋。这整个过程表明，土族盘绣成为了土族人沟通情感、表达情怀的媒介，盘绣技艺则成为土族妇女能否称为巧妇并受到称赞与尊重的评价标准。同时，土族盘绣的材料使用、图案结构与色彩搭配都体现了当地土族的经济水平、生活方式、民俗礼仪、宗教信仰以及观念意识。

（3）经济价值

相当长一段历史时期，土族盘绣作为一种生活装饰而存在。随着市场经济的发展，尤其是近些年非物质文化遗产保护工作的积极推进，土族盘绣被列入第一批国家级非物质文化遗产名录项目后，社会认知度得到极大的提升，手工劳动得到社会公众的认可和尊重，相应地，劳动价值得以实现。绣娘通过盘绣获得一些经济收入后，其从事盘绣行业的积极性得到了很大的提高，从而有力地推动了土族盘绣这一非物质文化遗产项目的可持续发展。

（4）审美价值

土族自古是一个热爱美、崇尚美、追求美的民族，土族生活的点点滴滴都渗透着美，土族妇女身穿花袖衫、头戴扭达、脚着绣花鞋、腰缠花腰带，从头到脚美艳夺目，连土族男子使用的烟袋也是用盘绣装饰的艺术品。土族盘绣作为美的载体，以其精美而丰富的图案、浓烈而绚丽的色彩、均匀而协调的结构、紧密而合理的搭配，成为土族妇女审美感觉和审美意识的体现。土族妇女通过自己的想象绣制出一幅精美的盘绣作品，表达其对美好愿望与幸福生活的追求。

（5）历史价值

土族盘绣产生于一千多年前，通过土族盘绣的材料、针法以及构图，可以了解到那个历史时期的生活方式与习俗、经济状况与水平、社会关系与结构以及人与自然、人与人的关系。吐谷浑墓出土的刺绣品的图案与现在盘绣图案大体相似，盘绣的图案中就反映了吐谷浑时期土族人的宗教信仰和生活习俗。土族居住区域曾是古丝绸之路的沿线地带，且丝绸是中原与西域国家贸易的主要商品，吐谷浑王国兴盛时，这些区域作为国际贸易的枢纽，为盘绣提供了所需的物质条件——丝线。

三、土族盘绣保护与传承现状

非物质文化遗产的"'保护'是指确保非物质文化遗产生命力的各种措施，包括这种遗产各个方面的确认、立档、研究、保存、保护、宣传、弘扬、传承（特别是通过正规和非正规教育）和振兴"[④]。传承作为保护非物质文化遗产的一项重要内容，是保护的核心环节。笔者在此报告中将传承与保护并列而谈，意在通过采取各项措施全面保护土族盘绣，使其得以有效传承。

居于青藏高原上的土族，具有众多的优秀传统文化，其表现形式多姿多彩，土族盘绣产生于青海互助土族自治县，这里有着丰富的自然和人文资源、宗教和民俗文化以及非物质文化遗产项目。其中拉仁布与吉门索、祁家延西、花儿（丹麻土族花儿会）、土族安昭、土族轮子秋、土族盘绣、土族婚礼、土族服饰等 8 个项目入选了国家级非物质文化遗产名录，这些项目内容涉及民间文学，传统音乐，传统舞蹈，传统体育、游艺与杂技，传统美术，还有民俗等六大类非物质文化遗产，土族盘绣在如此丰富的文化环境中得以存续、保护与传承。

（一）土族盘绣的存续状况

土族盘绣是土族先民流传下来的珍贵遗产，现主要集中于青海互助土族自治县的东沟、东山、五十、松多、丹麻等乡镇。随着社会经济的发展和人民生活水平的提高，土族盘绣相应地发生着改变，如因胡麻制作底料工艺较烦琐且制成的底料质地粗糙，过去使用胡麻制作的底料已被其他布料所代替，传统工艺中打胡麻的流程现在只是作为技艺演示的一个片段。虽然土族盘绣发生了一些变化，但是其核心——“基因”保持至今没有改变。首先，手工技法没有改变。土族盘绣一直使用“一针二线”的针法，盘绣的独特针法使得绣品的立体感很强，这是机器生产所无法替代的，所以土族盘绣手工技艺传承至今没有改变。其次，材料使用和图案结构没有改变。土族盘绣一直保持丝线绣，图案搭配、结构、色彩运用沿用至今。再次，主要功能没有改变，如今的盘绣绣品主要还是用来装饰服饰。最后，主要传承方式没有改变，土族盘绣以家族传承为主，其生产方式保持着家庭作业，仍是妇女农闲时的一项副业。

（二）土族盘绣的保护情况

自土族盘绣入选《第一批国家级非物质文化遗产名录》以来，得到了各级政府和社会各界的重视和关注。按照“政府主导，社会参与”的原则，当地政府和相关部门采取各种措施，积极保护和传承这一传统文化表现形式。

1．政策上各个层面的支持

当地政府和文化主管部门除认真贯彻国家层面出台、制定的非物质文化遗产保护方面的法律、法规等文件精神外，根据当地非物质文化遗产保护工作实践制定了《互助县文化馆非物质文化遗产保护专项资金管理办法》、《互助县文化遗产保护发展规划》（2011—2015）、《互助县非物质文化遗产项目生产性保护基地认定条件》等一系列相关文件，对土族盘绣传承与保护给予了重要的政策支持和资金保障。

2．积极实践生产性保护

“非物质文化遗产生产性保护是指在具有生产性质的实践过程中，以保持非物质文化遗产的真实性、整体性和传承性为核心，以有效传承非物质文化遗产技艺为前提，借助生产、流通、销售等手段，将非物质文化遗产及其资源转化为文化产品的保护方式。目前，这一保护方式主要是在传统技艺、传统美术和传统医药药物炮制类非物质文化遗产领域实施。”[⑤]土族盘绣属于传统美术类非物质文化遗产项目，对其实施生产性保护是一种有效、可行的保护方式，当地文化主管部门组建土族刺绣协会、成立土族盘绣传习所、设立互助土族文化传播有限公司，根据自身演变规律实施生产性保护，发掘其中的经济价值和社会价值，使土族盘绣得以有效的保护与传承。

互助土族文化传播有限公司生产的土族盘绣壁挂和摆件

互助土族文化传播有限公司成立于2007年9月，作为当地政府保护土族盘绣的重要媒介，主要承担着保护与传承土族盘绣的任务。2011年，互助土族文化传播有限公司被文化部评为“第一批国家级非物质文化遗产生产性保护示范基地”[⑥]。现有固定职工20人，在东沟乡、丹麻镇、五十乡、威远镇等乡镇设立土族盘绣基地13个，确定盘绣经纪人13人，盘绣农户340户，其中固定农户117户。公司负责沟通市场、联系业务，再由盘绣基地具体承担绣制工作，最后将绣片收集到公司，由公司职工加工成成品销售。此项“公司 + 基地 + 农户”的生产经营方式，将家庭式加工集中起来，统一销售，提高了农户的经济收入（固定农户盘绣年均收入已达五千元左右），带动了农户进行盘绣生产的积极性，提升了当地民众保护与传承土族盘绣的自觉性和主动性。

3. 重视相关资料的保存

“保存”是保护非物质文化遗产的一项重要内容，资料的收集、记录、存档对于土族盘绣的保护与传承具有重要意义。当地文化馆组织文字、图片、视频资料的收集以及实物征集工作，已收集图片300多张，视频资料共5个多小时。同时，互助土族文化传播有限公司建立民间艺人数据库和土族盘绣图库，并对土族盘绣传统工艺流程进行记录。

4. 加强土族盘绣的相关理论研究和传播

当地文化主管部门牵头设立土族民俗文化研究办公室，对土族历史、民俗传统等进行理论研究，编撰出版了“互助土族自治县国家级非物质文化遗产项目丛书”——《土族盘绣》，制作《土族盘绣》宣传画册等。为了提升民众对土族盘绣及其文化的认知度和重视度，当地文化主管部门通过报纸、电视等多种渠道宣传土族盘绣，并且在当地沿路的许多建筑上都有盘绣图案的彩绘，起到了很好的宣传效果。

（三）土族盘绣的传承实践

一千多年来，土族盘绣的传承方式为口传身教，以母女传承为主，同时姊妹、妯娌、婆媳间也有传承。该项目现有国家级代表性传承人李发秀一人，省级代表性传承人麻宝琴、马有莲两人；这三位传承人的年龄分别是：李发秀57岁、麻宝琴71岁、马有莲66岁，年龄最小的李发秀也已近60岁，马有莲常年有病。当地乡村的年轻妇女现外出打工较多，民间盘绣能手多是四五十岁以上的妇女。

当地文化主管部门意识到土族盘绣面临的传承困境，重视绣娘的培训工作，互助土族文化传播有限公司作为县文化馆非物质文化遗产项目的传习基地，每年投入十余万元举办1—2期土族盘绣培训班，组织各级非物质文化遗产项目代表性传承人及优秀民间盘绣艺人进行授课，培养年轻的盘绣能手，现累计培训人数已达1500多人。同时，当地积极开展非物质文化遗产进校园活动，在互助土族自治县丹麻镇中心学校、东沟乡中心学校、哈拉直沟中心学校（汉族学校）建立少年宫课外实践课，由传承人授课、开展技艺传承及宣传普及活动，培养青少年对土族盘绣等民族传统文化的认知度和传承能力。随着土族盘绣技艺影响力的提高和政府培训力度的加大，当地民众的积极性得以调动，互助土族自治县的东沟乡、丹麻镇、五十镇等地都兴起了土族刺绣热，而且参与刺绣的已不只是妇女，还有许多留守村里的老汉。在互助土族自治县的东沟乡年先村留守的老人重新拿起绣花针，而且其中60%是老汉。

四、土族盘绣保护与传承中存在的问题

随着非物质文化遗产保护工作的深入开展，民众对土族盘绣的认知度得到了提升，保护与传承这一非物质文化遗产项目的责任感与使命感极大地增强。但是，在现代化进程加快的今天，城镇化对农村的影响渐趋明显，生产机械化、生活简单化、建筑现代化、服饰时尚化、仪式西洋化等对民族传统文化及其表现形式造成了损害，甚至带来了消亡的危机，这也是非物质文化遗产保护中存在的普遍问题。那么，土族盘绣又面临着怎样的问题和困难呢？

（一）社会参与保护的力度不够

作为土族盘绣主要保护主体的互助土族文化传播有限公司，是互助土族自治县文化体育局资助下成立的国有文化企业，它的厂房和产品营销点原是县文化体育局的办公楼无偿提供其使用的，其实属于县文化体育局的下属企业，这表明，土族盘绣的生产性保护与政府的关系尤为紧密。另据调查，互助土族文化传播有限公司组织培训活动的经费大多来源于县文化体育局、扶贫局、妇联以及红十字会阳光工程的资助，几乎没有民间资本的投入。土族盘绣保护主要靠政府的资助和支持，欠缺社会力量的参与。

（二）人才短缺、创新不足

土族盘绣主要由两方面人才构成：一是技艺人才；一是设计人才。土族盘绣的实践主体——绣娘是依靠农业生活的农村妇女，盘绣不是作为家庭经济来源的主要方式，只是其农闲时装扮自己和家人的一项劳动。虽然现在土族盘绣成为家庭收入的辅助手段，但是由于其费时费工且挣钱不多（一副盘绣鞋垫需绣制一周，收入却只有三四十元），年轻人多选择易操作的垛绣、平绣等绣法。与此同时，随着社会经济的发展和交通的便利，农民价值观念相应改变，许多青年人逐渐走出农村进城打工，从而造成绣娘人才短缺、青黄不接。目前，土族盘绣 3 个省级以上的非物

质文化遗产项目代表性传承人老龄化问题严重，年龄最小的已近60岁。在当地文化主管部门和相关企业组织的培训中，愿意接受培训来提升技艺水平的学员大多是四五十岁的中老年妇女，传承主体老龄化和体弱多病的现实情况是土族盘绣保护与传承过程中面临的较严重问题。设计人才方面，绣娘文化水平较低，只是技法的掌握者，图案和构图多是继承前人的做法或是自己情感的一种自发表达，对其中的寓意和内涵不甚了解。作为龙头企业的互助土族文化传播有限公司只有一位从事设计的职工，且不是专职设计人员，土族盘绣存在着主题较单调、表现形式较单一、题材和风格较老旧等问题。

（三）旅游业的“双刃剑”效应

随着旅游业的发展，土族盘绣被越来越多的人所认识，它的价值得到认可，为当地民众带来了较好的经济效益。当地政府也将文化旅游定位为特色产业，以带动其他产业发展。但是，大量外来游客的涌入，不同地域、不同民族的文化观念、思想意识、价值观念以及生活习俗、生活方式等也随之被引入，土族文化逐渐被现代文化所影响，慢慢地失去了其本真性。在“联合国教科文组织启动宣布‘人类口头和非物质文化遗产代表作’（人类非物质文化遗产代表作名录）公告制度申报书编写指南中明确指出：‘口头和非物质文化遗产（非物质文化遗产），作为确定文化特性，激发创造力，以及保护文化多样性的根本因素，已为国际所公认。这一遗产在国家和国际发展，各文化间相互容忍、相互协调方面也起着至关重要的作用。在世界全球化的今天，此种文化遗产的诸多形式受到文化单一化、武装冲突、旅游业、工业化、农业人口外流、移民和环境恶化的威胁，正面临消失的危险。’从这段文字内容表述可知，旅游业是非物质文化遗产面临消失的因素”⑦。笔者在调研中看到，在互助土族自治县土族风情园里，土族婚礼成为一项收费表演项目，游客可以装扮成新人参与表演，这一习俗离开了土族特定的环境，也就失去了其文化内涵、历史底蕴，成为一种纯粹的旅游商品。另外，盘绣绣法复杂，费时费工，一幅绣品至少需要一周时间才能完成。而在旅游市场上，为了追求更高的经济利益，许多制品粗制滥造，损害了土族盘绣的美观严整、均匀细密的特性。同时，互助土族文化传播有限公司展销厅和当地博物馆展示的产品和绣品中，盘绣作品多是绣片展示，且其他绣法的绣品较多，盘绣作为土族独特的刺绣技艺表现并不突出。总之，旅游业是一把“双刃剑”，一方面，旅游产品的开发为当地民众带来了丰厚的收益，从而有助于提升传承、保护土族盘绣的主动性和自觉性；另一方面，土族盘绣进入市场，经济利益的驱动易使其本真技艺被破坏。

（四）理论研究不充分

土族历史悠久，文化底蕴深厚，但由于相当长一段历史时期中，土族没有本民族文字，许多用本土语言表达的事项等历史资料无法加以很好地保存。如今，土族历史、文化、传统有着众多需要发掘的内容，土族盘绣作为土族文化的表现形式，其包含的内涵、寓意及精神集中体现着土族传统文化，独特针法是土族人性格的体现，图案结构反映着土族的文化构成和宗教信仰，色彩构成则体现了土族人的自然观和生命观，土族盘绣是土族文化的载体。当地政府意识到研究土族文化并形成理论成果的重要性，较重视这项工作的开展，并出版了相关书籍，但是仍然欠缺对盘绣文化内涵及所蕴含民族精神的深度发掘和研究。

（五）资金、政策扶持力度有待加强

一是流动资金短缺，融资困难。互助土族文化传播有限公司作为保护土族盘绣的龙头企业，承担着联、产、销土族盘绣的任务，因盘绣工时长，订货加工供不应求，公司需要存留大量绣品以备货源，大量制品积压造成流动资金的短缺，又因公司厂房属政府资产，不能作为公司固定资产进行抵押来向银行申请贷款，公司经营面临银行融资困难的问题。二是税收政策不合理。按照税收的相关规定，年收入低于 50 万元的企业属小规模纳税人，增值税率为 3%，年收入超过 50 万元的则按一般纳税人计税，增值税率达到 17%，这对于小规模经营的企业，经营所得扣去原料成本、工人工资、绣户及经纪人工钱（其中工资支出占总销售额的40%）外，所剩无几，这就为企业扩大经营和发展带来了一定的困难。三是项目扶持资金申报困难。首先，土族盘绣作为国家级非物质文化遗产名录项目可以向文化部申报国家非物质文化遗产保护专项资金，但是，在文化部每年发布的“申报通知”中对申报范围进行了规定，要求“国家级非物质文化遗产代表性项目补助费”由各区市相应级别“文化行政部门审核汇总并按照濒危程度和紧迫性区分轻重缓急，进行合理排序后申报，申报比例不超过本地区国家级非物质文化遗产代表性项目总数的30%。经济效益较好的项目不列入申报范围。已连续多次补助的国家级非物质文化遗产代表性项目原则上不再列入申报范围”。国家非物质文化遗产保护专项资金不能惠及每个国家级非物质文化遗产代表性项目。其次，申请财政部的文化产业发展专项资金方面存在困难。财政部修订的《文化产业发展专项资金管理暂行办法》（财文资〔2012〕4号）中规定，文化产业发展专项资金支持方向“向中西部地区、特色文化产业和新兴文化业态倾斜”。在《关于申报2015年度文化产业发展专项资金的通知》（财办文资〔2015〕2号）中规定：“重点支持具有地域特色和民族风情的民族工艺品创意设计、文化旅游开发、演艺剧目制作、特色文化资源向现代文化产品转化和特色文化品牌推广，向丝绸之路文化产业带、藏羌彝文化产业走廊等国家重点支持区域倾斜。”但“申报条件”却要求申报专项资金的企业“净资产一般不低于500万元”。这些规定都限制了土族盘绣通过申请经费资助来发展自身。

五、对策及建议

土族盘绣在保护与传承过程中存在的问题与面临的困难中，传承困境、旅游冲击、税收过高等问题是我国非物质文化遗产保护工作中普遍存在的问题，发掘问题产生的原因，找到解决问题的方法，有效推动该项目传承和发展，是保护非物质文化遗产的主要任务。土族盘绣等非物质文化遗产项目需要在依法保护的前提下全面、系统地对其进行保护，才能使其有效传承。

（一）坚持“政府主导，社会参与”的工作原则

我国非物质文化遗产保护工作历经十余年，在“政府主导”下稳步推进，已“由以往单项的选择性的项目保护阶段，走上全国整体性、系统性的全面保护阶段、科学保护阶段”[⑧]。从国家层面看，“政府主导”已逐步向保障性作用转化，主要体现在政策修订完善、加大财政专项投入等方面，并且重视引导社会民间力量参与保护。项目所在地政府也要积极转变职能，在提供各项保障的前提下，进一步提升社会参与的力度。

首先，争取得到国家相关政策的扶持。税负过重是许多非物质文化遗产项目在实施生产性保护过程中普遍面临的问题。自我国对非物质文化遗产相关项目开展生产性保护以来，制定税收优惠政策的意向就提上了日程，并且作为法律条文列入《中华人民共和国非物质文化遗产法》，但是因各种原因一直未出台。为推动生产性保护稳定而有序地开展和非物质文化遗产的可持续保护，笔者建议国家相关部门在充分调研的基础上尽快出台税收优惠政策。对于融资难、扶持资金难申请的问题，土族盘绣项目保护企业也可通过申报“全国少数民族特需商品定点生产企业”，获得低利率的流动资金贷款，以扩大融资。

其次，当地政府要掌握利好政策，拓宽发展机会。建设“一带一路”（即“新丝绸之路经济带”和“21 世纪海上丝绸之路”）战略构想的提出为丝路沿线地区带来了机遇，“一带一路”沿线国家有着丰富的非物质文化遗产资源，为非物质文化遗产领域的国际合作提供了多种可能。青海位于“新丝绸之路经济带”，正在不断地深化与丝绸之路沿线国家和地区的合作与交流。当地政府可以利用这一契机，为土族盘绣提供国际交流与合作的机会，推广土族盘绣。另外，文化部为推动公共文化服务均等化，提出了“逐步建立公共文化服务政府采购制度，支持民营文化企业的产品和服务进入采购目录”[⑨]。政府可据此对土族盘绣制品进行采购，将土族盘绣的制品作为对外交往礼物或收于博物馆等的藏品，来支持土族盘绣等非物质文化遗产的保护与传承。还有，当地或上级政府可以利用旅游业，把土族盘绣等具有本民族特色的非物质文化遗产作为当地的文化旅游符号，并通过注册商标的形式来保护该项目的本真性。如北京市政府发布

的“北京礼物”，就是以展示北京优秀历史文化及代表北京城市文化形象为核心，通过政府注册“北京礼物”商标，以特许经营的模式，来聚集优秀产品的一种方式，这一方式规范了旅游商品消费市场，促进了旅游商品市场消费，对当地传统文化起到了很好的宣传效果。

最后，鼓励民间资本投入非物质文化遗产保护。政府主导是非物质文化遗产保护的强大推动力，但是仅仅政府重视还不够，依靠社会团体和社会机构，特别是依靠社区民众的普遍参与，才是保护非物质文化遗产的根本力量。文化部于2012年印发《文化部关于鼓励和引导民间资本进入文化领域的实施意见》(文产发〔2012〕17号)中强调“鼓励民间资本投入非物质文化遗产传承保护”。当地可以通过税收、信贷、融资、土地使用等方面的优惠与扶持，积极鼓励民间资本投入非物质文化遗产基础设施建设、参与非物质文化遗产生产性保护、支持传承人开展传承活动、传播推广非物质文化遗产。如可借鉴贵州台江县实行免收手续费、管理费和税收“先征后返”等优惠政策，以推动土族盘绣等非物质文化遗产项目得以有效的保护与传承。

(二)重视人才培养，提升传承能力

非物质文化遗产是以人的实践活动为载体的无形的、活态流变的文化遗产，因此，非物质文化遗产的保护必须“以人为本”，以确保其传承性。党的十八届五中全会通过《中共中央关于制定国民经济和社会发展第十三个五年规划的建议》，提出“构建中华优秀传统文化传承体系，加强文化遗产保护，振兴传统工艺”这一要求，明确了非物质文化遗产保护工作的重点是传承。手工艺行业有句俗语“三分手七分工具”，但是土族盘绣却不同，它几乎全部依赖绣娘的手，其下针间隔、走线力道、色彩搭配、图案组合等整个绣制过程，都离不开人的思想、观念和活动。人是土族盘绣延续与发展的决定因素，针对土族盘绣面临的现有传承人年老体弱、年轻传人欠缺的问题，当地政府也开展了相关培训、进校园等活动，取得了一定的成效。随着社会交往的增强，土族盘绣在家庭传承的基础上，需拓展多种人才培养方式，利用政府和社会提供的机会，培养项目传承人。

文化部于2015年在全国发起了“非物质文化遗产传承人群研修研习培训计划”，并委托23所试点院校举办了30期研修、培训班，培训学员近1700名。2015年11月，文化部联合教育部印发正式实施这一计划的通知：“委托有关高校、设计企业等开展非物质文化遗产传承人群的教育培训。该计划将从传统工艺传承人群入手，逐步扩展到非物质文化遗产保护各领域。”“该计划将传承人的概念拓展至传承人群，意在让非遗传承成为人群的传承，而不仅是单个的传承人的传承。计划着眼于‘强基础、增学养、拓眼界’，通过组织非遗传承人群的研修、研习、培训，帮助非遗传承人群提高文化艺术素养、审美能力、创新能力，在秉承传统、不失其本的基础上，增强中国传统艺术的表现力，提高中国传统工艺的设计、制作及衍生品开发水平，从而全面提高非物质文化遗产保护传承水平，实现非物质文化遗产在现代社会的可持续发展。”[10]文化部副部长项兆伦在全国非物质文化遗产保护工作会议上的讲话中提到，文化部“正在实施专门为青海省果洛藏族自治州组织的系列培训，范围涉及传统工艺、藏戏表演、餐饮文化、文化设施经营管理等多个方面”。土族盘绣可利用此平台，加强设计人才和基层绣娘的培养。一方面，选取具备一定文化基础和设计潜质的年轻人到专业艺术院校进行培训，通过学习设计理论和方法，能够将土族盘绣的文化内涵与意蕴融入设计，以解决土族盘绣形式单一、风格老旧的等问题。另一方面，选取掌握盘绣技艺的年轻绣娘参加相关培训，在向专业老师学习和与同行交流与切磋中提升自己的技能和素养，提高保护传承水平。2016年5月，文化部在北京服装学院举办了“文化部中国非物质文化遗产传承人群民族服饰研修班、传统印染研修班”，互助土族文化传播有限公司经理哈承清，作为土族盘绣传承人成为此次研修班中的一名学员，通过向专业领域学者、教授、设计师学习，掌握最前沿的专业知识和设计理念，从而迸发出创新的灵感和火花；通过与其他相关传统技艺传承人的交流，完善和提高技艺水平和能力。

土族盘绣刺绣的过程是绣娘对日常生活再创造的过程，绣娘将本人生活体验中具有审美价值的部分，通过盘绣的形式表现出来，刺绣作品中注入了绣娘的全部身心，达到人与自然和谐相融、天人合一的境界。土族盘绣的绣娘是生于乡村长于乡村的家庭妇女，她们从幼年开始学习、从事盘绣，到了中老年成为技术娴熟的刺绣能手，盘绣占其生命中的绝大部分时间。绣娘将一生的心血投入盘绣中，绣品中体现其生活理念、审美体验、民俗习惯和民族信仰等，所以，传承土族盘绣更重要的是精神传承。国务院总理李克强在2016年3月5日的政府工作报告中指出："鼓励企业开展个性化定制、柔性化生产，培育精益求精的工匠精神，增品种、提品质、创品牌。"其中的"工匠精神"也是土族盘绣传承人一直执着坚守的精神。盘绣费时费工，但收入较低，虽然如此，为数寥寥的绣娘依然秉承着盘与缝相交融的"一针二线"独特针法，坚守着传统的材料运用、色彩搭配和图案结构，使得盘绣绣品始终保持着精致细密、严密平整、比例协调、厚实耐用、色彩绚丽、图案美观以及不褪色、不脱线的特性。所以，培养年轻传人一项重要任务是对其进行精神培育，继承前辈坚守传统、精益求精、细致严谨的"工匠精神"，使得土族盘绣这项传统技艺得以有效的、可持续的保护与发展。

（三）正确处理继承与创新、保护与利用的关系

非物质文化遗产具有"活态流变性"，它是被一定社区、群体、个人经世代相传延续至今的传统文化的表现形式，它在延续过程中，为适应变化的自然、社会等环境，被不断地再创造以适应这些变化得以传承，这个再创造的过程就是活态流变的过程。同时，非物质文化遗产世代相传，对其进行保护必须要正确把握并遵循其传承规律，即"恒定性"和"活态流变性"。"科学保护非物质文化遗产，既不是人为地随意改变它按照自身演变规律自然演变的进程，也不是使之静止、凝固、不再发展，而是要保护它能够按照自身发展规律去自然演变。正是因为我们的保护工作是建立在尊重客观规律的基础之上，所以才能够一直保持一种稳健而具有持久性的健康发展态势。"[11]保护非物质文化遗产最根本的方法是适应周围环境变化，增强自身造血功能，激活内在生命力。土族盘绣是当地民众在生产生活实践中产生并传承至今的优秀传统文化，它只有适应当代生产、生活，在继承传统的基础上不断地创新，才能获得持久的生机和活力。对于项目本身而言，要提高土族盘绣的设计水平，不仅对传统的花色与图案加以继承和保存，还要适应时代发展，设计一些融

入时尚元素、潮流符号的纹样，以符合现代人的审美需求，同时还要积极引导土族盘绣走向精品化、高端化；在保持项目本真性的前提下，根据《中华人民共和国非物质文化遗产法》第三十七条“国家鼓励和支持发挥非物质文化遗产资源的特殊优势，在有效保护的基础上，合理利用非物质文化遗产代表性项目开发具有地方、民族特色和市场潜力的文化产品和文化服务”的相关规定，支持盘绣制品走进市场，积极推进相关衍生品的开发，把土族的传统文化元素转化为民众生活中的文化艺术衍生品，成为当代日常生活的元素，从而增加传承人群和从业者的收入，提高从艺人员的积极性和主动性，以促进盘绣技艺有效传承。

（四）有针对性地开展抢救性保护

抢救性保护就是通过调查、采集、记录、数字多媒体技术、实物资料征集等手段，“对濒危的非物质文化遗产项目和年老体弱的代表性传承人采取抢救性保护措施，使濒危项目和代表性传承人掌握的丰富知识和精湛技艺转化为有形的信息形式，为后人留下珍贵的文化基因”[12]。文化部非物质文化遗产司在其印发的《文化部关于开展国家级非物质文化遗产代表性传承人抢救性记录工作的通知》（文非遗函〔2015〕318号）中对需记录的对象和工作要求等进行了说明，为各地具体实施“抢救性记录工程”提供了业务和技术指导。土族盘绣作为国家级非物质文化遗产项目，对其开展抢救性保护有利于保护土族盘绣的文化基因。抢救性保护既有对“人”的保护，又有对“物”的保护，要有针对性地抢救性保护土族盘绣。对于土族盘绣来说，因其国家级、省级非物质文化遗产项目代表性传承人年老体弱，首先要对这些传承人进行文字、音视频的记录，记录其独特针法、搭配技巧、技艺秘诀以及授徒过程等，并对其亲手绣制且具代表性的作品进行收藏。收集并保存传统图案的作品、历史年代久远的作品、代表每个时代最高实践能力且艺术性较高的作品，以及利用胡麻作底料的作品等。

（五）在整体性保护原则中促进土族盘绣传承

非物质文化遗产不是孤立存在的个体，它离不开其赖以生存的文化空间和土壤。保护非物质文化遗产需要整体性保护非物质文化遗产及其所处的社会、人文生态环境，保护其鲜明的地域和民族特色。土族盘绣依附于土族服饰产生，在土族的生产生活中得以存留和传承，与当地民俗活动密切相关。当地民俗活动大多产生于游牧文明，在土族向农耕文明过渡时，民俗中也就融入了农耕文明的成分，在相当长的历史时期里，当地民众生产、生活完全依赖于自然和土地，他们对土地、自然所具有的热爱、崇敬与敬畏之情凭借盘绣表达出来。随着现代化进程的加快，原有的文化生态和观念发生了改变，民俗活动相应减少，土族盘绣生存、延续的土壤受到冲击。保护土族盘绣，要与土族服饰、土族婚礼等传统文化表现形式一起进行保护，同时还要对它们所处的文化空间、自然生态环境加以保护。土族婚礼保持原有的风俗、土族服饰依然绚丽夺目，绣品中的土族文化元素突出，土族盘绣的本真性才能得以保持。

（六）充分运用并开拓多种传播途径

传播作为非物质文化遗产的一项保护措施，具有重要的作用。传播途径的有效运用有利于增强社会公众参与保护传承非物质文化遗产的主动性与积极性。随着社会的发展，文化交流的增强，土族盘绣被越来越多的人所认识和关注，但是包括传承人在内的民众对其内涵的把握和理解却依然不够准确，甚至不了解。为使这一项目蕴含的内涵和精神在全社会得到确认、尊重和弘扬，充分运用并广泛开拓各种传播途径成为土族盘绣保护工作的一项重要内容。除参加各项展示活动，利用纸质、电视媒体进行宣传外，可以运用互动性强、传播速度快的传播方式如微信、网络等新媒体作为宣传平台。可以将盘绣产品放在中国手艺网、淘宝网等电子商务平台进行销售，如该项目国家级非物质文化遗产项目代表性传承人李发秀在淘宝网设有网店销售自己的作品，并且也有其他盘绣艺人开办网店。当地也可以针对土族盘绣等相关非物质文化遗产建立网站，在网页首页将该项目的历史渊源、文化内涵、技艺特点及制品特色通过文字与图片展示出来，给观众以直观的认识。通过多种渠道，让民众认识和了解土族盘绣及土族文化，增强当地民众保护与传承该项目的责任感和使命感，使文化自觉逐渐得以提升。

六、结　语

土族盘绣是我国优秀传统文化表现形式，经土族民众自发传承至今，被国务院列入第一批国家级非物质文化遗产名录项目后，经政府和社会民众的积极保护，得到了有效的保护与传承。同时，随着经济全球化和现代化进程的加快，人们的生活方式和文化观念也随之改变，土族盘绣的保护面临着与其他传统美术类、传统技艺类等非物质文化遗产项目相类似的问题，如生存的文化空间和土壤受到冲击、传承危机、发展困难等。这些项目需在坚持政府主导的原则上，积极寻求各方面的扶持和帮助，在遵循其自身演变规律基础上，在保持项目本真性的前提下，勇于开拓，大胆创新，在适应社会变迁的过程中不断地被创造，以推动非物质文化遗产保护工作的可持续发展。

注释

① 吕建福．土族史[M]．北京：中国社会科学出版社，2002：9.

② 吕建福．土族史[M]．北京：中国社会科学出版社，2002：541.

③［比］许让神父．甘肃土人的婚姻[M]．费孝通，王同惠，译．沈阳：辽宁教育出版社，1998.

④ 文化部外联局．联合国教科文组织保护世界文化公约选编[M]．北京：法律出版社，2006：22.

⑤《文化部关于加强非物质文化遗产生产性保护的指导意见》（文非遗发〔2012〕4号）。

⑥《文化部关于公布第一批国家级非物质文化遗产生产性保护示范基地名单的通知》（文非遗发〔2011〕48号）。

⑦ 文化部非物质文化遗产司．探索与实践：国家级文化生态保护区建设现场交流会暨专家论坛资料集[C]．北京：文化艺术出版社，2011：79.

⑧ 王文章．非物质文化遗产概论（修订版）[M]．北京：教育科学出版社，2013.

⑨《文化部关于印发〈“十二五”时期公共文化服务体系建设实施纲要〉的通知》（文公共发〔2013〕3号）。

⑩《文化部办公厅教育部办公厅关于实施中国非物质文化遗产传承人群研修研习培训计划的通知》（办非遗函〔2015〕581号）。

⑪文化部正式部署实施中国非遗传承人群研修研习培训计划——57所高校将在一季度开班[N]．中国文化报，2016-1-15.

⑫王文章．非物质文化遗产保护研究[M]．北京：文化艺术出版社，2009：9.

⑬焦雯，李珊珊．保护传统、接续文脉、我们一直在行动[N]．中国文化报，2014-3-10.

参考文献

1 | 王文章．非物质文化遗产保护研究[M]．北京：文化艺术出版社，2009.

2 | 王文章．非物质文化遗产概论（修订版）[M]．北京：教育科学出版社，2013.

3 | 李树文，信春鹰，袁曙宏，王文章．非物质文化遗产法律指南[M]．北京：文化艺术出版社，2011.

4 | 文化部非物质文化遗产司．探索与实践：国家级文化生态保护区建设现场交流会暨专家论坛资料集[C]．北京：文化艺术出版社，2011.

5 | 文化部外联局．联合国教科文组织保护世界文化公约选编[M]．北京：法律出版社，2006：5.

6 | 邱春林．中国手工艺文化变迁[M]．上海：中西书局，2011.

7 | 麻守文，闫国良．土族盘绣[M]．西宁：青海民族出版社，2013.

8 | 吕建福．土族史[M]．北京：中国社会科学出版社，2002.

9 | 秦永章．中国民族地区经济社会调查报告·互助土族自治县卷[M]．北京：中国社会科学出版社，2015.

10 | 孙佩兰．中国刺绣史[M]．北京：北京图书出版社，2007.

11 | 文忠祥．神圣的文化建构：土族民间信仰源流[M]．北京：人民出版社，2012.

12 | 全国政协文史和学习委员会，青海省政协学习和文史委员会．土族百年实录[M]．北京：中国文史出版社，2015.

13 | [比]许让神父．甘肃土人的婚姻[M]．费孝通，王同惠，译．沈阳：辽宁教育出版社，1998.

14 | 徐红梅．民族服饰文化传承中的图像记录研究——以互助土族服饰为例[D]．西南大学，2011.

15 | 杨晓燕，杨晓鸿．浅谈土族服饰类型及特征[J]．青海民族大学学报（社会科学版），2010（4）.

16 | 马桂花．华彩绝伦的盘绣艺术 [J]. 群文天地，2009（3）．

17 | 董思源．盘绣 —— 土族独有的刺绣艺术 [J]. 中国土族，2003（8）．

18 | 徐后平．青海互助土族盘绣艺术探析 [J]. 大舞台，2015（5）．

19 | 那朝庆．话说土族盘绣 [J]. 中国土族，2011（12）．

20 | 甘泉．土族色彩观的民俗学探析 —— 以土族服饰色彩为例 [J]. 青海社会科学，2012（7）．

21 | 焦雯，李珊珊．保护传统、接续文脉、我们一直在行动 [N]. 中国文化报，2014-3-10.

22 | 文化部正式部署实施中国非遗传承人群研修研习培训计划 ——57所高校将在一季度开班 [N]. 中国文化报，2016-1-15.

北京绢人的传承与保护研究

The Research of the Beijing Silk Figurine's Inheritance and Safeguarding

王艺睿

罗　微｜指导教师

摘要

本文以北京市级非物质文化遗产代表性名录项目北京绢人为对象，对其美学特点以及传承保护状况进行了相关研究。在阐述历史渊源、恢复发展、制作工艺和美学特点的基础上，总结出北京绢人传承与保护的现状，通过对调研所掌握的情况进行分析，归纳出传承与保护遇到的问题，找出问题出现的原因。进而从政策法规、传承模式、保护方式、人才培养等方面，有针对性地提出对北京绢人传承与保护的意见与建议，以及作者对传统美术类非物质文化遗产项目传承保护相关问题的思考。

关键词：绢人；北京绢人；非物质文化遗产；保护；传承

Abstract

This thesis takes the Beijing Silk Figurine which is listed into Beijing municipal level representative intangible cultural heritage as the research subject and studies its aesthetic characteristics and the status quo of inheritance and safeguarding. Based on an exposition of its historical origin, resumed development and aesthetic characteristics, the thesis sums up the current conditions of the inheritance and safeguarding of the Beijing Silk Figurine. And through analyzing the information collected, the thesis summarizes the problems in its inheritance and safeguarding and finds out the causes, then brings forward the related suggestions and recommendations, the model of its inheritance and safeguarding, as well as personnel training. With this opportunity, the problems in inheritance and safeguarding of the same category of intangible cultural heritage such as traditional arts provoke the author to think more deeply about them.

Keywords：Silk Figure；Beijing Silk Figurine；Intangible Cultural Heritage；Safeguarding；Inheritance

一、引　言

笔者对北京绢人的关注缘起于观看国家大剧院举办的“丝路霓裳——北京绢人艺术成就展”，深深地被绢人的美所吸引，其材质美、工艺美、造型美的美学特征彻底征服了笔者，遂产生了浓厚的兴趣，开始研究北京绢人。笔者在就读艺术硕士期间，多次走访北京绢人的传承人，了解相关情况，发现北京绢人面临着极大的传承困境。

绢人的起源可追溯到一千多年前，其命运多舛，发展历史曾有过中断，中华人民共和国成立后，北京绢人得以恢复发展。尤其是在恢复制作之初，北京绢人由众多的文人雅士、各行业艺术家群策群力，共同恢复，并作为国礼走出国门，具有极高的艺术价值、审美价值和社会价值。但由于种种原因，北京绢人在当代的传承并不乐观。人才的培养与传承是北京绢人传承保护遇到的首要难题。北京绢人集多种软变形制作技能于一身，制作繁复、工艺严谨、流程有序，整套工艺流程难度很大。目前能熟练掌握整套技艺流程的传承人屈指可数，且呈现老龄化特点，他们带着仅有的几个学徒在步履维艰地进行着传承实践，随时面临着人亡艺绝的紧迫局面。由于北京绢人“国礼”的定位，决定了它并不是为大众服务，而是一个受众群体很小的非物质文化遗产项目，因此缺乏社会认知度和关注度也是它所面临的传承困境。目前在国内市场很难看到真正手工制作的北京绢人，其制作工艺正在流失，头模及手模的手工工序逐渐被新材质的机械化生产所取代，其传统制作技艺已经濒临失传。笔者还注意到，除了实践层面外，在理论层面上，对北京绢人的理论研究与总结目前也是较为匮乏的。在惊叹北京绢人造型华美、制作技艺精湛的同时，笔者更感慨北京绢人窘迫的传承现状，这强烈的反差更加坚定了笔者确定北京绢人这一传统美术实践活动作为研究对象的决心。

本文采用田野调查与文献资料相结合的研究方法对北京绢人进行研究。通过走访、调查北京绢人的市级传承人，掌握第一手材料，真实、全面地了解传承与保护现状。再参考文献、书籍、论文等北京绢人的相关资料，对北京绢人的历史脉络、工艺流程、手工技艺、美学特征进行梳理，总结其发展规律，进而分析现状、探讨保护方法，力求对北京绢人的传承与保护提出科学的方法建议，为其保护政策的完善提供相应的参考依据。对北京绢人做全面、系统、深入的理论研究，使其在当代社会得以活态传承，并保持较高的纯手工工艺水平，这对于保护北京绢人这一有着悠久历史和深厚文化底蕴的非物质文化遗产的可持续发展，具有重要的现实意义。

二、北京绢人的概述

“北京绢人”是以雕塑刀、画笔、毛笔等为工具，运用雕塑、染织、绘画、缝纫、金工、裱糊、花丝等多种技能，通过手工绢塑而成的立体人形艺术品。因其头部、面部、双手均用蚕丝制作，服饰以上等丝绸、纱绢做成，故名“绢人”。20世纪50年代，绢人的制作技艺在北京地区得以恢复发展，被称为“北京绢人”。2009年，北京绢人入选第三批北京市级非物质文化遗产代表性名录。

绢人经历了人俑—人偶—人形艺术品的发展过程，绢人制作技艺在历史上曾有过中断，中华人民共和国成立后，在北京被葛敬安[①]等恢复制作，至今仍然主要流行于北京地区，是带有浓郁地域文化、民族文化特色的人形艺术品。1973年，在新疆吐鲁番阿斯塔那206号张雄夫妇的墓内，发现了绢衣木俑，经考证，这些锦衣仕女俑在距今一千多年前的唐代贞观七年（633）制作，成为最早可考可查的绢人原形。

—张雄墓出土的锦衣仕衣俑

北京绢人以金属丝为骨架，棉花为肌肉，纱绢为肌肤，真丝为头发，锦帛绸缎为衣物。丝绢是制作绢人的主要原材料，我国以“蚕丝之国”闻名于世，有丰富而充足的蚕丝、绸缎和绢纱可供选择。北京绢人对于原料的选择十分考究，上等丝绢包裹出的皮肤手感柔滑、轻软细腻，最能展现中国女性肤如凝脂、唇红齿白的古典美，充分展现了北京绢人材料美的特点。

北京绢人属于雕塑学中的软体造型艺术，具备空间立体感、静态瞬间性、造型实物性等雕塑艺术的特点。因其材质为软体，要塑造出空间立体感与造型实物感，就要以加法的技法来逐层添加。北京绢人的制作汲取了木俑、泥彩塑、傀儡戏、堆绫子等各种雕塑工艺的长处，其间经过“做头糊头”“开脸梳头”“做手包皮肤”“做形体包形体”“裁衣制衣”“穿衣做首饰”“做环境做道具”等十几道工序，最终组装成三维立体人物形象。其工艺涉及雕塑、绘画、缝纫、染织、花丝、裱糊等多种艺术门类，制作方法借鉴绢花、宫灯、绢扇等软变形制作技能。工艺流程繁复考究，操作步骤严谨而有序，自成体系，充分展示了北京绢人工艺美的特点。

北京绢人精致细腻，形象多姿多彩，形成了制作精美、神态各异、色彩绚丽、风格高雅的艺术风格。北京绢人的作品大多取材于民间故事、古代传说、戏曲典故等，以塑造古装仕女及舞蹈造型最为擅长。浓郁的传统风格和民族风格彰显着北京绢人造型美的美学特点。北京绢人既符合传统文人的审美取向，又融合时代的审美体验，符合大众的审美需要，具有较高的审美价值和收藏价值。北京绢人制作工艺不仅凝聚了中国民族民间文化及智慧，也汇聚了雕塑艺术之精华。中国雕塑与中国绘画有着不解之缘，北京绢人的塑型艺术包含着对绘画艺术的借鉴，具有较高的文化价值和艺术价值。

进入 21 世纪以来，北京绢人同其他传统技艺类、传统美术类非物质文化遗产项目一样，受到现代化进程的影响，生存空间被压缩，传统手工技艺不再成为青年人择业的首选。北京绢人为数不多的传承人逐渐呈现老龄化局面，后继乏人是传承所面临的最大问题。即便是在如此艰难的生存环境里，这些年迈的传承人仍然怀着

—捣练图之熨烫（滑树林、滑淑玲等，2010年）

对北京绢人的钟爱之心、热爱之情，凭借着超强的耐力和毅力，耐得住寂寞，受得了冷落，默默无闻地进行着传承实践活动，他们不光传承着非物质文化遗产项目的技艺和文化，更传递着我们中华民族自古以来生生不息的工匠精神。这种工匠精神蕴含着我们坚定、踏实的民族信念，蕴含着我们专注敬业和精益求精的民族精神。

三、北京绢人的传承历史与发展

（一）绢人的历史渊源

从文献记载和出土文物来看，并无绢人的实物流传，也不能准确推断绢人的起源时间，这或许是由于绢丝制品不能长久保存的原因所致。有学者认为，北京绢人与远古时期的人俑、纸扎、木偶（傀儡）以及多种纸绢塑裱的人偶艺术有着千丝万缕的联系。对于北京绢人历史的研究，在李苍彦与滑树林编著的《北京绢人》中有所提及，作者认为绢人的起源与绢衣俑、厌胜习俗[②]、傀儡、堆绫贴绢、彩扎、纱阁戏人、布艺玩偶有关。中国艺术研究院硕士刘美在论文《北京绢人的非物质文化遗产学研究》中，对于滑树林的这种起源说，进行了更深一步的挖掘和阐述。她在论文《绢人起源与发展初探》中指出："绢人经历了'俑—木偶—纸扎、彩扎—玩偶—工艺品'的发展演变过程，绢人在这个过程中实现了从实用功能到审美功能、上层社会到民间社会双重身份的转变。同时，由于战乱等因素的影响，绢人的历史发展过程具有或隐或显、时断时续的突出特征。"[③]这是迄今为止对绢人起源最深入和详尽的研究描述。笔者认同此说法，但仍感不解的是，这些被确定为绢人起源的艺术品没有一个贯穿线，只是一颗颗珍珠，却不是一串项链。究竟这些碎片式的元素与北京绢人有着怎样千丝万缕的联系呢？笔者认为，对于北京绢人历史渊源的追寻，可依据人形艺术品发展轨迹按图索骥，即北京绢人经历了人俑—人偶—人形艺术品—绢人—北京绢人漫长而曲折的进化过程，而人俑、纸扎、木偶（傀儡）以及多种纸绢塑裱的人偶艺术，只是在这条发展脉络上出现过的各时期的艺术品，经

悬丝木偶

杨贵妃（齐聪颖，1992年）

过它们量变到质变的过程，最终促成了北京绢人的恢复制作。人形艺术品埋葬于地下的称为俑，地上的称为偶，入室厅堂，供人欣赏的才称为人形艺术品。这种时空的演变过程既包含着外部形态的变化，也完成了从殉葬的实用功能到寓教于乐的社会功能，最后到供人欣赏的审美功能的转换。

人俑是这条脉络的源头，俑代替活人埋葬于坟墓中，象征殉葬奴隶的人形模拟品，是为死人服务的，最早出现在东周，秦汉至唐代盛行，宋代逐渐被明器取代，元明时期几乎就没有了。俑可以算是人形艺术品的鼻祖，具有实用功能，多以泥、陶、石、木、瓷、青铜等材料制成。人偶同样也有木、泥、陶、面、布、丝、瓷、石膏等多种材质。偶是人形的玩具或雕像、塑像，体积有大有小，或在民俗娱乐活动中出现，如木偶、纸扎、纱阁戏人等；或单独供人玩乐，如布偶，是为活人服务的。偶最早出现是在秦汉时期，以木质材料制成的称为木偶，也称为傀儡、魁儡子、窟儡子。大多在木偶戏中出现，木偶戏也称傀儡戏。木偶在唐宋时期得到了空前的发展，木偶戏渐渐家喻户晓。戏中的悬丝木偶（傀儡），身着丝绢衣服，比俑更为精致、美观。《北京绢人》书中评述“绢人是较之木偶更为精致的木偶”[④]。从上图中可以看出，悬丝木偶制作注重刻画人物的神态，虽没有绢人技艺的细腻，但已经较人俑有了极大的提升。唐宋时期，与绢人有异曲同工之处的纸扎艺术也发展起来。纸扎，在民间有很多不同的称谓，如扎纸、扎作、糊纸、扎纸库、彩糊等。纸扎融剪纸、绘画、草编、竹扎和裱糊于一体，是以竹、木、铁丝编扎形体，用泥塑头像，用丝绢缝制服饰而成的人偶。北宋孟元老《东京梦华录》中的卷六“元宵”中描述的开封：“灯山上彩，金碧相射，锦绣交辉。面北悉以彩结，山沓上皆画神仙故事。”⑤“彩山左右，以彩结文殊、普贤，跨狮子白象，各于手指出水五道，其手摇动。”⑥民俗节日大型活动中，绢人艺术成为亮点，包括其所绘神仙宗教故事，也与这一艺术传统关联，构成开封元宵节期间壮丽景观的精彩内容。宋代吴自牧《梦粱录》卷一“元宵”载，杭州亦有类似开封的“绢人”艺术。宋代周密《武林旧事》卷六“小经纪”中记录当时杭州小商品中有“小梳儿、染梳儿、接补梳儿、香袋儿、面花儿、绢孩儿、符袋儿、画眉七香丸”等各色“他处所无”的工艺品，其中就有“绢孩儿”。纱阁戏人是另一种集雕塑、纸扎融合制作出的人形艺术品，明清时流行于山西平遥一带。因最初是将人形艺术品放置在有纱罩的阁内，故称纱阁戏人，简称纱阁。民间还有很多布艺玩偶，是以布、绸、绢等为主要原料，通过缝、绣、绘等技巧制作而成的人形玩具。多为动物或娃娃形象，色彩鲜明、形象生动，深受老百姓尤其是儿童的喜爱。不难看出，这些人形艺术品从秦唐至明清，其手工技艺越来越复杂，综合性越来越高，集多种手工技艺于一体，不光反映出不同历史时期的风俗民情、审美取向，同时也彰显出各时期手工技艺的技术水准。

明清时期绢人制作已趋于成熟，在民间颇为流传。清光绪十二年（1886）诗人李虹若的《朝市丛载》中有《绫人美》诗曰：“如卿方是绮罗身，云雨巫山梦里春。只恐夜深忽欲下，令人不敢唤真真。”赞美用绫罗制成的美人，令人浮想联翩，可见清代绢人工艺之精美，技艺之高超。明清时期的绢人与现代的绢人更为接近，都选用上等的绫绸绢纱为主原料。皆以古典题材为主，以女性为主要创作对象。之后由于改朝换代、战事连连等历史原因，绢人制作工艺在20世纪40年代逐渐销声匿迹了。

（二）北京绢人的恢复

中华人民共和国成立后，传统手工技艺受到党和政府的重视，绢人制作技艺得到恢复，特别是有周恩来、邓颖超夫妇的关爱培育，北京绢人才得以延续下来，并独具风范。

1. 北京绢人恢复的契机

绢人因其小巧精美深受百姓喜爱，北京绢人得以恢复，与当时的时代背景有着直接的关系。1954 年 9 月，中国应邀参加在印度新德里举行的“国际儿童玩偶及人形展览会”，组委会要求中国在内的 40 多个国家提供独具特色的、能够代表一个国家艺术水平的儿童玩偶参展。当时中国的儿童玩偶仅限于简单的布娃娃。文化部通过全国妇联找到了葛敬安，把制作藏、蒙古、苗、彝、维吾尔五个少数民族妇女人形玩偶的任务交给了她。葛敬安认为，中国是举世闻名的丝绸之国，是世界上最先发现和利用蚕丝的国家，参加博览会所提供的作品一定要既能彰显悠久的“丝绸之路”的文化历史，又能显示中国民族传统手工艺水平。于是她和李佩芬、杜崇朴等人决定，研究恢复古老传统手工技艺，并以丝、绢、绸、纱等中国特有的丝绸品为主要原料，制作中国的美术人形。她们在广泛收集史料文献的基础上，悉心钻研制作工艺，请泥塑家张景祜泥塑了五个少数民族的妇女头模，用乔其纱脱胎制作了头壳，研究适合的填充物，并通过采风，到民族学院观察各民族服装、图案、头饰。经过两个月的不懈努力，她们设计出了五个少数民族形象的绢人，体现了新中国民族大团结的时代风貌。自此，北京绢人一炮打响，又重新走入人们的视野，并不断地作为“国礼”传递着友谊，传入世界各国。被恢复的古老绢人作为“国礼”得到重生，焕发出了新的光彩。

2. 北京绢人的恢复

1955 年，葛敬安、李佩芳、杜崇朴、陶慧敏、宋翠珍、陈明礼、张宗敏、张琴等姐妹共同组成了“美术人形研究组”，进行北京绢人的设计创作工作。1956 年“三八”妇女节，她们应全国妇联邀请，制作展示了四件作品，得到社会各界的好评，并将这四件作品分别赠予毛泽东、周恩来、全国妇联和工艺品进出口公司。后来周总理把送给他的绢人《吹笛仕女》作为国礼送给苏联伏罗希洛夫元帅。1957 年 8 月，美术人形研究组并进新成立的北京市特种工艺工业公司，正式命名为“北京美术人形研究小组”，此时北京美术人形研究小组共有 7 人。这一时期，北京绢人的制作工艺仍处在摸索阶段。

1964 年，两组北京绢人作品《海棠诗社》和《荷花舞》在巴黎国际博览会上惊艳海内外，自此，北京绢人发展得风生水起，北京美术人形研究小组的成员也越

荷花舞（葛敬安、王天凤等，1962年）

来越多，至1964年底，人员增加到50多名，成立了“北京美术人形厂”。来自世界各地的订单络绎不绝，优秀作品层出不穷，从业者也达到百人以上的规模，这标志着北京绢人制作工艺走向成熟。

1972年，北京美术人形厂人员只剩下葛敬安、李玉茹、杨乃惠等不足十人，但是她们依然坚守这块得之不易的艺术阵地，在条件极其艰苦的情况下，她们仿照唐代张萱的绘画完成大型绢人作品《捣练图》，在长1.5米、宽0.5米、高0.5米的作品中展现了六个形象各异的宫廷妇人。该作品参加全国工艺美术展览会时，被誉为“无声的诗，立体的画”。

由于历史原因，才子佳人形象的绢人制作受到了猛烈抨击，北京美术人形厂以样板戏中的革命人物为形象制作了大批绢人，但面对出口市场，这些手持大刀的绢人——“革命女英雄们”都被堆积在库房。北京美术人形厂难以为继，在1975年下半年解散，被合并至织袜厂。仅保留杨乃蕙[⑦]、王天凤[⑧]、徐海英、贾绍菩[⑨]等几个人在九道弯胡同，继续从事北京绢人的制作。此后，自1978年2月至1990年，原北京美术人形厂相继被并入北京剧装厂、锦盒厂、绢花厂，人数也从百人以上的规模没落到最后只剩十几个人。齐聪颖在接受采访时说，那期间合并的地点和名称多得她都记不起来了，她在合并的过程中做了很多和北京绢人无关的工作，组装过仪器，织过袜子，绣过戏装，甚至还做过仓库保管员。这些经历了风雨变幻的传承人和北京绢人一样命运多舛，如今提起往事，言谈话语间仍是充满了凄凉。在激烈的市场竞争中，绢花厂最终倒闭。

进入21世纪，特别是随着非物质文化遗产保护工作的全面展开，包括北京绢人在内的传统手工艺得到了政府及各相关单位、社会各界的高度重视，北京绢人的传承保护工作也逐渐得以实施。

3．北京绢人的发展

北京绢人的成长离不开国家领导人的关怀，在创业之初的困难时期，不光有周恩来等领导人的关心和帮助，邓颖超还拿出个人储蓄300元，作为福利金赠予研究小组，给她们提供了强有力的经济支援和精神动力。恢复后的北京绢人在政府的扶持和社会各界的帮助下，得到了大力的发展，实现了北京绢人较传统绢人质的飞跃。北京绢人的发展，主要有以下几个方面的体现：

第一，北京绢人的恢复起点高。泥塑家张景祜在北京绢人恢复研究之初，亲手制作了五个少数民族妇女的头模，意味着北京绢人的工艺是在发展较为成熟的泥塑技艺的基础之上恢复发展的。张景祜还手把手地指导葛敬安“开脸”的程序和方法，并多次教授李佩芬制作脸型的诀窍与描绘五官的技巧。北京绢人工艺研究借鉴其他艺术之经验方法，是北京绢人成功恢复的重要基础。

第二，题材的拓展。北京绢人的恢复是在贴近生活、观察生活、提炼生活的基础上孕育而生的，作品反映了广大百姓的生活习俗和审美爱好。作品展现了不同的人物形象，创作题材来源广泛。葛敬安恢复制作的第一批绢人就是少数民族人物形象，那个时期的作品还涉及舞蹈、传统美术中的仕女画、戏曲人物和宗教神佛等众多题材。

第三，工艺的提升。随着社会的发展、科技的进步，新的工艺被逐渐引进，北京绢人新产品的研发也呈现与时俱进的态势。尤其是进入21世纪以后，新的材料与技术不断涌现，新的设计与需求不断变化，北京绢人也在因时而变，大胆创新。滑树林[10]和他的创作团队在2005年成功创作出大型绢塑《大唐风韵》系列作品，在北京市第二届工艺美术展上荣获北京市工美杯金奖。之后又创作一组大型绢塑《捣练图》，使大型绢塑的制作工艺进一步得到了巩固和提高。通过近几年的大型作品创作，滑树林及其创作团队解决了20多项技术难题，逐渐摸索出一套大型绢塑制作工艺，突破了传统小型绢人制作的技术瓶颈。具体如下：

（1）形体制作的技术改进。改进了人物手腕、手肘、膝盖、腰椎及颈部的塑形和连接，大大提高了大型绢人作品中人物造型的稳定性，以及人物躯干和体型的动态效果。

（2）克服了大型作品中丝绸拉伸带来的问题。传统北京绢人身高不过30厘米左右，按照身材比例，头部体积较小，在制作绢人的头部时，糊头的纱绢制品不会产生任何的拉伸问题。《大唐风韵》作品高达1.1米，《捣练图》作品高度0.98米，按照人体结构，较传统绢人的头部放大了几倍，在一个凹凸不平的脸上糊纱绢，会因为布料的延展性而产生褶皱，尤其是下巴到脖子这个超过90度的弯曲处。很容易受到外界温度、湿度的影响变化，使绢人“皮肤”热胀冷缩而变形。这些问题在试验中均得以成功解决。

（3）创造了发髻模块梳头的新工艺。传统绢人不用发髻模块，是以发丝梳头型。而大型绢塑作品的人物，尤其是研发的这一系列唐朝仕女，都有厚重的发髻，需要新工艺的研发。

（4）仿旧褪色技术的应用。《捣练图》是依照唐代画家张萱的平面绘画《捣练

《大唐风韵》之“拂尘”局部

都督夫人礼佛图（滑树林、滑淑玲、苏秀玲，2014年）

图》塑造的立体造型，为追求与原作的色彩相似，他们将制作工艺中染色的环节应用了仿旧褪色技术，使人物及服饰着色均匀，古香古色，细腻素雅，体现出唐代服饰的特点及古代侍女的韵味。

（5）营造出与观赏者“四目相对，眉目传神”的视觉震撼力。以往的小型绢人小巧精致，适合把玩与摆放。创作者为了增强展览时的视觉效果，研发了大型绢塑作品，对于作品的大小尺寸，创作者有所界定。作品高度在1米左右，人物身高在0.8米左右，加上展示台0.9米的高度，作品整体展现在欣赏者眼前时，高度正与成年人高度相仿，可以平视绢塑人物的眼睛。大型绢塑“开脸”时对于眼睛的绘画，借鉴佛像眼睛的绘画方法，使观赏者始终在对方的视线范围内，营造出“四目相对，眉目传神”的视觉效果，具有较强的震撼力。

第四，审美性的提高。在恢复发展中，“国礼”的定位以及不断融入文人、艺术家等各个行业、阶层人士直接地参与，从而使这一生长在民间，由艺人随性创作的手工艺品，逐渐上升为带有浓厚文化内涵与文人气息，贴近生活、表现生活，又重视艺术性与审美性的艺术创作。北京绢人制作时对于人物的细节刻画，更注重其准确性、真实性及观赏性。葛敬安与李佩芬合作完成的作品《贵妃醉酒》，是运用绢人表现戏剧人物的首次尝试。人物形象以京剧大师梅兰芳为依托，得到了梅兰芳大师的亲自指点。梅兰芳耐心细致地为她们讲解化妆及贴片子的诀窍，头面及穿戴的正确方法，绢人完成后她们又请梅兰芳鉴定，得到了梅大师的肯定；玉雕艺术家潘秉衡指出了她们在人物衣纹处理上的不足，改进了因原材料选用不当，而致使衣纹造型臃肿的技术弊端；沈从文也曾对绢人作品《郑盈盈》有所指导。郑盈盈是唐代的美女，作品中郑盈盈弹奏着乐器“小忽雷”坐在墩子上，作品上手绣的图案是晚清的纹样，并非唐代的。沈从文指导她们：“凡有历史考据的人物，应该认真按照他所生活的朝代的身份、服饰、性格去设计服装道具。”[11]北京绢人的发展正是在周总理等领导人的关怀、政府的扶持以及社会各界的帮助下才得以实现的。还有叶浅予[12]、徐峰[13]、杨士惠[14]、李克瑜[15]等各界人士不断地关注和帮助，使北京绢人从过去民间艺人创作的手工艺品上升为兼具科学性、艺术性、审美性的艺术精品，大大地提升了北京绢人的文化价值、艺术价值与审美价值。

大唐风韵（滑树林、滑淑玲等，2005年）

四、北京绢人的制作工艺和美学特征

（一）制作工艺

北京绢人属于雕塑学中的软体造型艺术。雕塑分为雕和塑两种技法，“雕”是用工具将可塑性材料刻、削、切、击，去掉不要的部分，加工成所需要的形态，是一种减法技法，多选用石、木、金、玉等硬质材料制作；“塑”是用工具将可塑性材料捏、揉、搓、塑，增添上去，加工成所需要的形态，是一种加法技法，多选用黏土、泥土、黏面、丝绢等软质材料制作。北京绢人汲取了木俑、泥彩塑、傀儡戏、堆绫子等各种雕塑工艺的长处，制作工艺之繁复决定了其需借助多种制作工具完成。包括塑形工具，如雕塑刀、刮浆刀、圆竹签、扁竹签等；缝纫工具，如缝针、剪刀；绘制工具，如毛笔、画笔、色碟、瓷碗；以及辅助工具，如纸锤子、钳子、镊子、锉、刷子、夹子以及量具等多种工具。

北京绢人高贵典雅、婉约秀丽的艺术风格与其严格的制作要求是分不开的。绢人制作技艺凝聚了前人的智慧，沿袭了历代匠人制作之诀窍，很多过去的老艺人传下来的口诀谚语至今仍在沿用。北京绢人制作可分为脸形、手臂、躯干、形体、服装、鞋帽、头饰、道具、组装等多道程序。每道程序又包括若干道工序，如脸形又分头部泥塑、石膏翻制、糊头、开脸、贴片、发髻梳妆、首饰等。服装又分为配色、度量、裁剪、赛绣、缝制、服饰（如风带、裙佩、襟饰、领饰）等。笔者按照

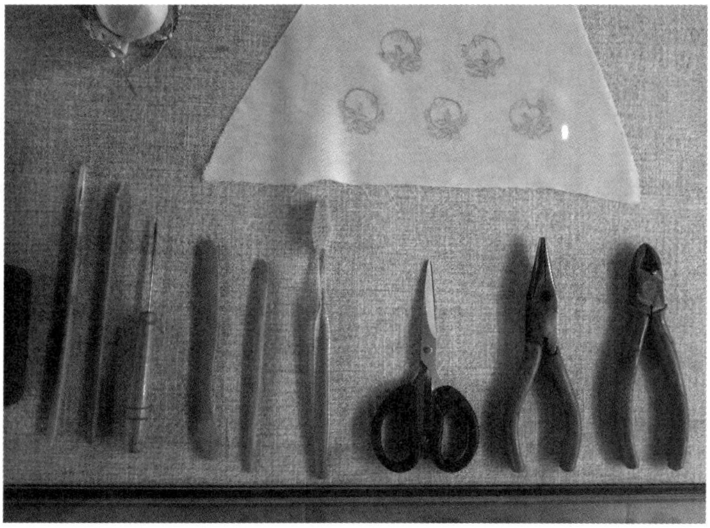

上·制作工具

下·手的制作（齐聪颖）

制作的部位简单概述其制作流程。

1．手型制作

之所以把手的制作放在第一位，是缘于手的制作精细程度最能体现北京绢人传承人手工技艺程度的高低，也是北京绢人手工技艺的试金石。手能传神，是最能体现绢人灵性的部位，也是最为复杂和精细的部位，尤其是手心掌纹的缝合处最见功力。手的制作说起来简单，先用五根细金属丝和脱脂棉缠绕出手指的形状，手指一定要有肌肉，不能干瘪干枯，再用丝织物缝制微小的手套，把手套翻掏过来，齐聪颖介绍，这翻手套就是个绝活，要熟才能生巧。之后套在手上后缝合，要求既不能露线头也不得露针脚。最后做出佛手指、兰花指等手型，根据需要给绢人染指甲、戴戒指等手部装饰。这一切都要在不足2厘米的手指上完成，是需要精湛技艺的。

2．头部制作

齐聪颖介绍头部制作是北京绢人制作最难的工艺之一，尤其是手工翻制头模。制作绢人的头部第一步需要雕塑头部模型，简称头模，制作好的北京绢人表情是否传神，关键就在于头模的雕塑。根据头部比例以及五官位置用橡皮泥塑出头模，后用石膏翻出石膏头模。第二步是糊头画头，糊头要糊3层，第一层是棉织物，第二层是丝织物，第三层是纱，逐层裱糊，纱要铺得平整干净才能用来“开脸”。等到完全干燥后再脱模“开脸”，“开脸”就是在纱上画出人物五官。五官的描绘有一套俗语，其中有美人、仕女、丫鬟、娃娃的五官特征，讲究表情生动，神采奕奕。待脸部画好后，再剖开头部取出头模，充填棉花等，做出美女头。这也是北京绢人的制作中最重要的一个环节。早期制作的绢人，头部通常不作填充处理，由于头部承载重量的压力，时间久了很易变形。为了防止生虫，填充时可添加些干燥剂、樟脑等防潮防虫的东西，还要定期更换。第三步就是“梳头”，就是将丝织品染黑做出基本发型，经过脱胎、做头发、缝脑壳、贴衬、贴发、做发髻、定型多道工序完成，最后再做装饰。中国女性的发型和发饰要根据人物所处的朝代、身份、地位的不同而设计和制作。

3．形体制作

绢人的形体制作相对简单一些，用金属丝做出人的形体骨架以及四肢，先用纸再用棉花做肌肉，再裹上乔其纱做皮肤。做好的形体腿部要稍长些，肩宽腰细，胸臀丰满，体形舒展，填充时要均匀圆润。

4．服装制作

绢制服装的特点是仿真和飘逸，讲究服装的设计要符合人物年龄、身份、地位，并结合历代仕女服饰的纹样和色调，突出人物的身份特点。绢人的服装设计讲究三要素，即色彩、款式、质感。制作少数民族或神佛人物要严格按照图册典籍的服装式样制作。服装制作中，尤其要注意衣纹的设计和走向，以突出静态绢塑的动态感。塑造衣纹的歌诀是：“在家衣纹趿拉（室内没风，衣纹不能飘动，呈下垂状），出门衣纹飒飒（室外有风，衣装飘动）。行路动态上下舞，衣纹随势前

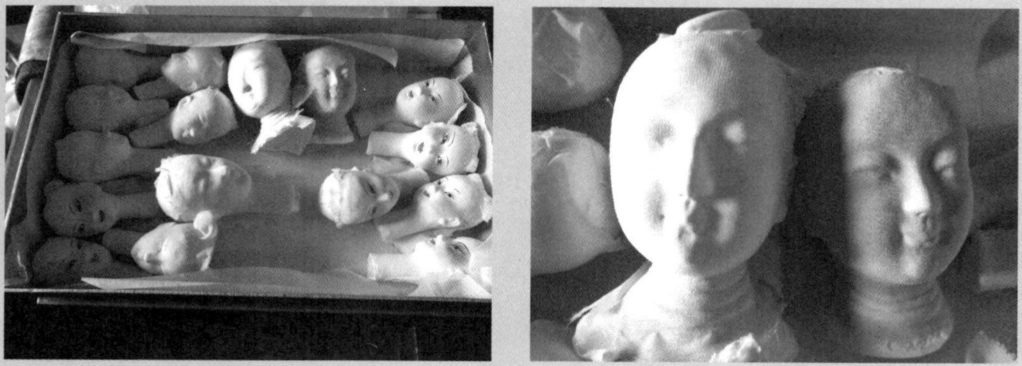

齐聪颖工作室头模

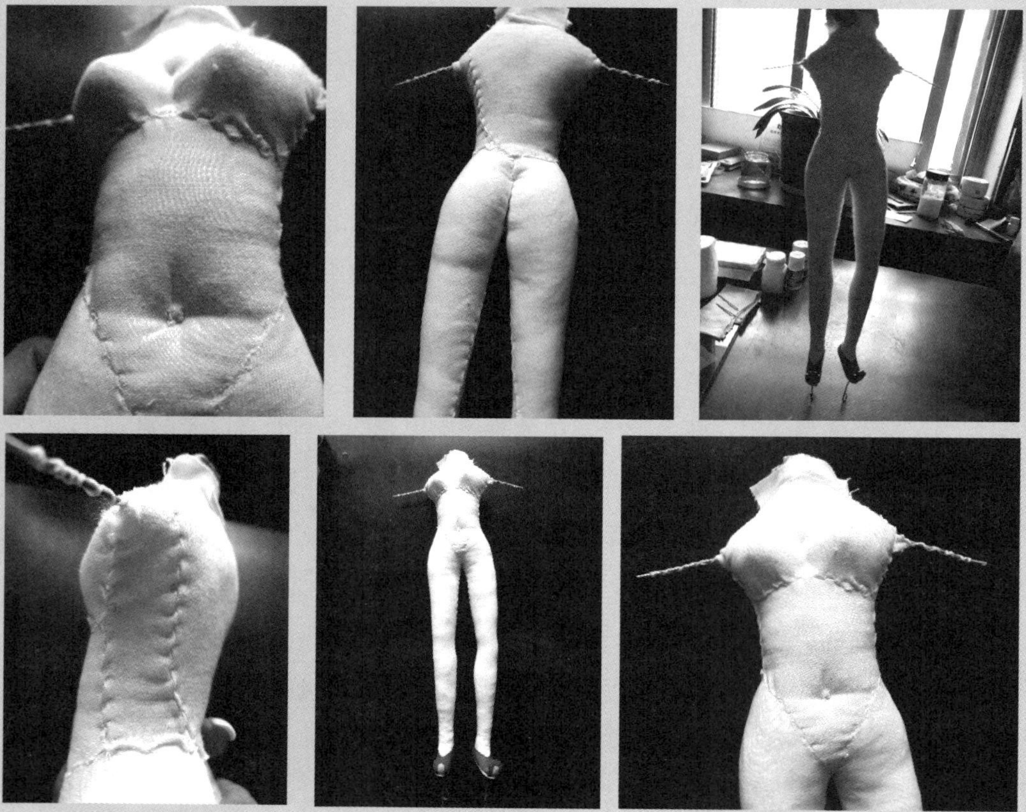

形体制作（齐聪颖）

后拉（表示衣纹变化，随势而动）。凸处衣纹随凸引（凸处多半是人体关节的地方，衣纹即由此产生），凸浅凹深两相跟（由浅逐深，不能生硬，死板），凹处衣纹两下分（两下指左右或上下）。深处通称为主纹，两旁细纹又为宾（辅助之纹），胳膊腿弯两肋上，臀下通通分主宾。俗家衣纹折叠多，僧佛衣纹折叠少。天尊仙道和仕女，不多不少正适合。”[16]

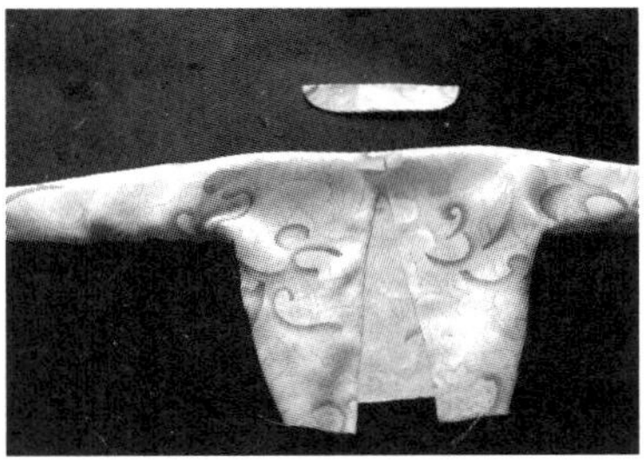

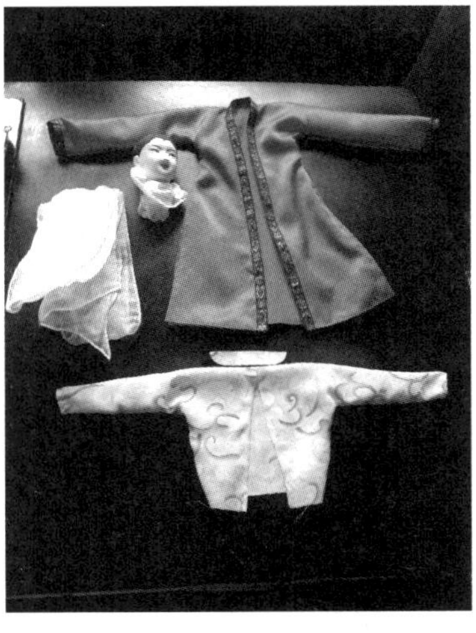

《红楼梦》人物王熙凤服装（齐聪颖制作）

5. 服装彩绘

服装彩绘用“赛绣”工艺绘制而成。“赛绣”是专业术语，是北京绢人制作技艺中的独特技法。字面上理解是指在绢制服装上画出的图案赛过刺绣一样，有刺绣的视觉感。其实是用玻璃纸或者锡纸卷成锥形筒，倒入特殊调制的金油，以类似蛋糕挤奶油的方式，将颜料均匀流畅地在服装上挤上图案，画好图案后上色，这样画出来的图案具有浮雕感。与刺绣的效果非常接近，称为“赛绣”。用金粉调制漆料挤在已经线描过的花纹上，最后再上色，能使服装色彩缤纷、光艳夺目。绢人仕女的服装一般采用考究的祥瑞纹样，服装上的花纹要根据实物图案比例缩放，如戏装下摆的海水图饰，实际占戏装比例的多少，制作绢人服装时就要和戏装的海水比例一样才行。

6. 道具制作

制作道具要考虑人物的身份、家境等条件，工艺要求比例准确，效果仿真。道具分为手持物与环境两类。

7．组装

绢人的最后一道流程是将头部与四肢与躯干连接起来，穿上衣服摆好姿势，最后钉在底板上，这一套流程专业术语叫“穿姿钉”。

（二）美学特征

一个优秀的绢人传承人就如同一个导演，在制作之前要围绕作品的整体“美”进行总体设计。选择题材表现内容美；选择人物表现材质美、工艺美；选择人物造型及服装道具表现形式美。“此物只应天上有，盛世繁华到人间。”北京绢人是美的化身，从材质到工艺，从局部到整体，每一个细节都显出北京绢人独特的美学特征。

1．材质美

北京绢人以绢塑形，丝绢是制作绢人的主要原材料。中国是世界上最早养蚕植桑和织丝绢的国家。根据出土实物和文献记载，古人在新石器晚期就开始利用蚕丝。商代甲骨文字中有桑、蚕、丝、帛的文字，也有了平纹绢和菱形图案的丝织品。殷商时期已有在丝织物上画花、缀花的技术，且颜色极为丰富。人们在周代已经掌握了提花技术。公元前3世纪，中国就以盛产丝织物而闻名于世，中国被誉为“蚕丝之国”。丝绢织物的材质属性决定了绢人适合表现女性，尤其是古代仕女。丝绢适合凸显女性古典美的气韵，古代仕女柔美含蓄、衣着秀丽，与丝绸温润柔和的质感相辅相成。北京绢人原料的选择也十分考究，均选用上等的蚕丝、绸缎和绢纱，由它们包裹出的皮肤手感柔滑、轻软细腻，恰能展现中国女性肤如凝脂、唇红齿白的古典美，人物的形象与丝绸的质感浑然天成，相得益彰，充分展现了北京绢人材料美的美学特点。

2．工艺美

北京绢人的制作自成体系，体现了高度的综合性，工艺涉及雕塑、绘画、缝纫、染织、花丝、裱糊等多种艺术门类。制作方法借鉴绢花、宫灯、绢扇等软变形制作技能，工艺流程庞大而繁复，操作步骤严谨而有序，每一步都关系到作品的整体性，只有对每个工艺细节精益求精，才能呈现最终和谐统一的完美效果。北京绢人的传承人在掌握制作技艺的同时，还要学会分析人物性格，了解规定情景，设计人物动态。在人物形体制作完成后，她们还要以不同的身份继续进行二度创作。首先是化妆师为绢人描绘精致的五官；其次是发型师为绢人梳头盘头；再次是造型师为绢人搭配服装鞋帽；最后是以裁缝的身份完成服装制作和图案描绘，进行整体组装。整套工艺经过几十道，甚至上百道工序，最终塑成三维立体人物形象，充分显示了北京绢人工艺美的美学特征。

《谢阿蛮——凌波舞》（齐聪颖，2013年）

3．造型美

北京绢人是以塑造人物、传达美感为创作目标的造型艺术。从神话传说中的仙子，到古典名著里的闺秀；从极乐世界的神佛，到万人敬重的巾帼英雄；从妇孺皆知的戏剧人物，到婀娜多姿的舞蹈造型人物；从鹤发童颜的耄耋老人，到活泼俏丽的年少娃娃，以及身着中国56个民族服饰的人物等，内容题材广博，人物形象百态，却始终贯穿着一条真、善、美的创作灵魂，将美的瞬间凝固住，令观赏者从中得到美的享受，这就是北京绢人的魅力之所在。北京绢人尤其以塑造容貌娟秀、千姿百态的女性人物而著称。一个个仕女绢人形象，就是一个个生动立体的历史故事，通过欣赏绢人，了解中国的历史与人物，陶冶性情、提高审美品位。周恩来总理看后就直爽地阐述："看绢人是一种美的享受，能使人轻松，愉快！"艺术家郁风[17]看到葛敬安最初制作的五个少数民族的绢人作品时，评论绢人："这五个亭亭玉立、顾盼自如、婀娜有致的人形，服装色彩明丽不俗，体态比例适度，开脸眉目精细，面颊晕染柔和，尤其难得的是用软羊皮缝制的手，纤纤细指，姿态生动。"[18]鲁迅的夫人许广平对绢人给予了极高的评价——"巧夺天工"。由此可见，一件真正的艺术品是极具艺术的感染力与魅力的，能得到社会广泛的认同。

进入21世纪，北京绢人更以崭新的仕女形象显示其造型美的美学特征。北洋旅游工艺品厂创作的大型绢塑《捣练图》（作品全长4.46米，宽0.7米，高0.9米），作品分为《捣练卷》《织丝卷》《熨烫卷》三组，整体组合后画面线条流畅，人物错落有致。该作品被中华民族工艺美术珍品馆收藏，展现了极高的收藏价值和审美价值。他们创作的另一组大型绢塑《大唐风韵》(作品全长3.6米，宽0.7米，高1.1米)，展现了形象各异的六位身高约0.8米的唐朝仕女，刻画出唐朝不同阶层宫廷妇女的经典造型和服饰文化。六个唐朝仕女工艺精美细腻，人物栩栩如生，美轮美奂，并首开北京绢人与真人“四目相对，眉目传神”之先河。

戏曲是中国传统文化的精粹，与众多艺术门类有着不解之缘。能工巧匠们将戏曲人物制作成北京绢人，且成功地将戏曲亮相移植到北京绢人塑形当中，形成北京绢人“动态凝固美”的艺术特点，制造出似动非动的逼真艺术效果。要达到似动非动、静中有动、栩栩如生的传神境界，就要求艺人具有工笔画的深厚艺术功力，对人物的眼神要精细刻画。眼睛是心灵的窗口，要刻画出人物的内心世界，关键是要“画目点睛”。葛敬安制作的杨贵妃取材于京剧《贵妃醉酒》，戏本中的情节是唐明皇一日约杨贵妃在百花亭饮酒，杨贵妃等候多时，却依然不见唐明皇的踪影。最后得知唐明皇去了梅妃的寝宫，一时间，杨贵妃心绪愁闷，不知不觉中独自饮酒，酩酊大醉。京剧演员在表现杨贵妃烦闷的醉态时，是结合手眼身法步共同传达的。而绢人作品是静态的，只能从体态及神情上集中鲜明地体现。葛大师将人物的醉态集中在形体上，愁闷凝结在眼神中传达。

宗教神佛题材始终贯穿在北京绢人的创作中，有着浓重的一笔。崔欣塑造的《观世音菩萨》兼具女性之秀美与男性之刚毅，面颊饱满，神态安详，樱唇微笑，庄重端详，柳叶眉下，凤眼半合，恍如俯视众生，眉目间透出慈悲胸怀，令人感受到温文尔雅、亲切蔼然的佛光神情。北京绢人市级传承人齐聪颖在2012年创作的《唐卡绿度母》，参照唐卡作品严谨制作。她制作的绿度母粉色手心，手掌周边勾棕

《捣练图》(北洋旅游工艺品厂，2010年)

红色，指甲肉粉色，刻画极为细腻。佛像神态庄严、体态庄重，尤以头饰精细和色彩丰富最为突出，给人以强烈的视觉美感。

这一个个题材广泛、形象各异的北京绢人都向观赏者静静地展示唯美的造型、逼真的神韵。

五、北京绢人传承与保护现况及对策研究

中华人民共和国成立后，在政府的大力扶持、老一辈无产阶级革命家，以及许多专业美术工作者和工艺美术家的支持协助下，北京绢人得到了恢复与发展，重新焕发了青春，走出国门。回顾北京绢人恢复制作后的发展历程，经历过兴盛，也面临着极大的困境，对其传承保护任重而道远。“政府主导，社会参与，明确职责，形成合力”明确指出，非物质文化遗产的保护工作不仅需要政府的扶持，还需要社会各界力量的支持，以及传承人的通力配合。2009 年 10 月 19 日，“北京绢人”入选第三批北京市市级非物质文化遗产名录，北京绢人的传承保护工作全面展开。

（一）存续状况

非物质文化遗产是文化多样性的生动体现，是人类创造力的表征，更是人类可持续发展的保障。对非物质文化遗产的保护应当根据其艺术的独特性进行有针对性的保护。联合国教科文组织《保护非物质文化遗产公约》中指出：“‘保护’指确保非物质文化遗产生命力的各种措施，包括这种遗产各个方面的确认、立档、研究、保存、保护、宣传、弘扬、传承（特别是通过正规和非正规教育）和振兴。”[19]北京绢人作为非物质文化遗产项目，需要从这些方面着手保护，才能实现有效的传承。

左·唐卡白度母(齐聪颖，2011年)
中·唐卡绿度母(齐聪颖，2012年)
右·唐卡四臂观音(齐聪颖，2010年)

1. 传承现状

（1）传承区域

北京绢人的传承区域以北京地区为主。在20世纪下半叶，北京绢人的传承人教授过东北、江苏和河北学员，但都未流传发展起来，北京绢人的传承与传播仍然以北京地区为主。

（2）传承谱系

齐聪颖是葛敬安先生的嫡传弟子，1964年进入北京美术人形厂，跟随葛敬安、宋翠珍、张琴等第一代北京绢人的创始人学习绢人制作技艺，亲眼见证了北京绢人从恢复制作之初一路走来的传承历程，是北京绢人代系传承的见证人，有着真实的、绝对权威的发言权。根据她的口述，笔者对于北京绢人的传承谱系整理如下：

北京绢人的第一代传承人是20世纪50年代恢复绢人制作技艺的葛敬安、李佩芬、杜崇朴、陶慧敏（中途退出）、宋翠珍、陈明礼、张宗敏、张琴等一批从业者；第二批传承人是葛敬安在北京美术人形厂教授的学徒，包括杨乃蕙、王天凤、李玉茹、徐海英、贾绍菩、范正华、齐聪颖、王琛等，很多传承人都已相继离世，王天凤与范正华也都已80多岁，目前只有齐聪颖还在从事北京绢人的制作。第三批传承人有滑树林、崔欣、杜蓓等。

（3）传承人现状

现在掌握北京绢人整套制作工艺的传承人为数不多，北京市市级非物质文化遗产项目代表性传承人有三位：齐聪颖、滑树林、崔欣。齐聪颖，女，1946年出生，2015年入选北京市第四批市级非物质文化遗产项目代表性传承人，1964年师从葛敬安、宋翠珍、张琴老师学习北京绢人制作技艺。滑树林，男，1950年出生，2011年入选第三批北京市市级非物质文化遗产项目代表性传承人，自20世纪80年代起，滑树林师从中国工艺美术大师葛敬安学习北京绢人制作技艺。崔欣，女，1956年出生，1994年毕业于北京工艺美术职工大学国画系，北京绢花厂绢人设计师、工艺师，2015年入选北京市第四批市级非物质文化遗产项目代表性传承人。他们三人的年龄分别为70岁、66岁和60岁，收徒都不过三四个，且都是非专职学徒。北京绢人的传承状况较为惨淡，目前坚持学习绢人制作的新一代传承人最多不超过十人。说起北京绢人的现状，已故北京民间文艺家协会副主席于志海曾感慨地说："现在了解绢人艺术的越来越少，社会保护的力度也有限，三位亲眼见证了北京绢人从鼎盛到落寞的绢人大师，心中的失落感也是外人所不能体会的。"[20]

（4）传承方式

活体传承和活态保护是非物质文化遗产的本质特征，通过传承主体（传承人或传承群体）的口传心授，非物质文化遗产才能薪火相传、生生不息。三位北京市市级传承人作为非物质文化遗产的传承主体，分别以不同的传承方式从事该项目的传承与实践工作。采访滑树林时，他介绍北京绢人的传承方式有四种：家族式传承、师徒式传承、教学式传承和班社式传承。

家族式传承与师徒式传承是非物质文化遗产项目中最为传统，也是最普遍的传承方式。齐聪颖是葛敬安的徒弟，是以师徒式传承方式学习北京绢人制作的。1964年从学校毕业后，齐聪颖被分配到北京美术人形研究小组，成为第一批正式的北京绢人学员，得到葛大师的真传。目前，像她这样的传承人在北京绢人行业内已是硕果仅存。她不仅熟练掌握了整套制作的完整流程，而且凭借打小具备的美术功底，更是以设计见长。齐聪颖2010年4月创办工作室作为交流基地，教授学徒，延续着师徒式的传承方式。她10年前就意识到，培养传承人是传承北京绢人艺术的首要任务。她免费向学生传授制作技艺，不好买的材料也免费提供。即便如此，坚持

齐聪颖工作室

下来的学生也只有四人。她忧虑这门绝技的传承，觉得目前的学生“有自己的工作，没有时间和精力全身心投入，没有大量的实际操作，技艺的精髓可能就无法领会”[21]。这种紧迫感促使她在2015年让自己的女儿辞掉工作，专职在家跟她学习绢人制作，以家族式方式传承这门技艺。

齐聪颖固守传统，每一个步骤都严格按照葛老师的要求，从设计、选料、制作、组装，都立足纯手工制作，严把质量关。齐聪颖认为，北京绢人就必须按照老师教的样子做。她在接受采访时说：“北京绢人是我老师葛先生挖出来的，一项失传了那么久的民间技艺，弄的工艺流程这么完整，每一步都琢磨到家了，你少一步，或者你不按她那个方法做，就做不出来这个绢人的样子。交到我们第二代人手里，我们得传下去呀。”[22]这种对艺术的尊重致使她从不为了经济利益而批量生产，坚持只做正宗北京绢人的精品，绝不省略一道工序，绝不违背纯手工制作的理念。出自她手的作品不光保证绢人“血统”正宗，而且在工艺上她一直精益求精。她设计制作的戏曲人物的凤冠就有十几种，首先框架就分盘丝帽壳凤冠和纸制帽壳凤冠，在这两种框架的基础上，每种又分正规凤冠、改良凤冠两种，每种凤冠又分具体的佩戴人物，如帽壳版昭君帽、李世济饰梅妃凤冠等，种类繁多，琳琅满目，精工细作，小巧精美，显示出高超的手工技艺。她对作品的定位十分明确，不做产业化生产，精品制作走高端收藏的路线。近年来，齐聪颖开始恢复老师们早年制作的国礼系列，想重现当年的那些北京绢人作品，一是为了纪念老师，恢复老师们的作品，以便后人继承、研究；二是让老百姓见到真正的北京绢人，让北京绢人的作品能够多存留一些，为我国的非物质文化遗产传承发展尽自己的一份力量。传承人自己创建工作室的还有崔欣。2003年，北京市东城区党政及相关部门参照《北京市传统工艺美术保护办法》中的保护条例，协助东城区北京绢人制作技艺传承人崔欣建立起“北京崔欣绢人工艺美术品设计创研工作室”，并在“原北京绢人诞生地段”北京市东城区东内大街16号楼309室重

正规凤冠盘丝版背面

正规凤冠盘丝版正面

张经营。

北京绢人的传承发展在恢复初期是在四种传承方式并存交错的状态下展开的。以北京美术人形厂为依托，葛敬安等人一边研究北京绢人制作技艺，一边教授学徒和厂里的工人，在实践中传授技艺。这种以厂为依托，生产与授徒同步，学习与继承并存的传承方式，现在仍被北洋旅游工艺品厂沿袭。滑树林 1972 年进入北京绢花厂，任北京市绢花厂技术副厂长，1978 年调到北京市特种工艺公司技术科任设备科科长，1983 年调至北京市绢制工艺品厂任厂长。1987 年创建丰台区北京绢人厂，后改为北京市北洋旅游工艺品厂。30 年前，滑树林就与北京绢人结下了不解之缘，在北京市绢制工艺品厂倒闭后，他就创办了北洋旅游工艺品厂，探索北京绢人的发展之路。经过多年的实践，逐渐明确了以制造厂为班底，创建绢人传承基地的发展思路。他数十年如一日地开展北京绢人的宣传工作，带领团队制作绢人，研发新技术，也曾走过弯路，做过假睫毛的洋娃娃版北京绢人。失败的教训使他更加明白，北京绢人基因不能变，只能在传统的基础上开发新思路。他开发了多品种的旅游工艺品，研发了大型绢塑作品，丰富了北京绢人的艺术造型，不仅把北京绢人带到更多的国家，同时也把中国的文化推向了世界。

（5）精神传承

这些传承人除了进行非物质文化遗产文化与技艺的传承实践活动外，还在以自己的身教与言行潜移默化地传承、传递着专注、耐心和精益求精的工匠精神，用他们的精神品德感染着下一代、影响着下一代。他们默默无闻、甘于寂寞地潜心

凤冠正规帽壳版

凤冠改良帽壳版

凤冠（李世济饰演梅妃版）

创作，不问名利、不求回报，不被现实的利益所诱惑而随意改变人生的选择。以齐聪颖为代表的传统派对艺术一丝不苟，不断雕琢自己的绢人作品，他们对细节的要求很高，甚至是追求完美和极致。在采访齐聪颖的过程中，正赶上她女儿在网上购买的彩色珠子和绣花针送到家里，她们顿时如获珍宝，齐聪颖当时就决定，将自己做好的几尊度母形象作品头饰上的珠子全部换掉，她说很难买到合适的尺寸和质量比较好的珠子，如果全部换掉用这种，会使作品的品质有一个提升，只要能更好就要改，付出再多都是值得的。齐聪颖患有椎管狭窄、腰椎间盘突出，腰部做过大的手术，不能长时间保持一个姿势，因此，绢人制作的工作对她的身体来说是非常不利的。她如此严谨的工作作风和精益求精的艺术追求使我肃然起敬，老一辈的传承人就是在他们的老师那里继承了这些优秀的品质，又将这笔精神财富传递给了下一代，影响着每一个接触他们的人。

2．保护现状

非物质文化遗产保护事业已历经十几个年头，北京市认真贯彻国家出台的非物质文化遗产保护条例、政策，以及相关法律、法规和文件，结合北京市实际情况，制定相应的保护办法，使北京市的非遗保护工作取得了显著成效。工作机制不断健全，名录体系不断完善，活态传承不断深化，传播方式和途径不断拓展，社会影响力不断提升，公众参与保护传承非遗的意识与积极性不断增强。从单一项目性保护阶段，进入整体性、系统性的全面保护阶段，呈现出了良好的局面。

（1）健全保护工作机制，加大扶持力度

自 2002 年 9 月 10 日起，北京市人民政府开始施行《北京市传统工艺美术保护办法》，对北京市的传统美术类非遗项目进行立档、研究、保存、保护、宣传、弘扬、传承和振兴的保护工作。2015 年颁布《北京市非物质文化遗产保护专项资金管理办法》（以下简称《办法》）。在内容上突破以往常规性补贴方式，实行“以奖代补”，对开展非物质文化遗产保护工作取得明显成效的单位予以资金支持，市级非物质文化遗产项目代表性传承人补助费由原来的每人每年 1 万元，提高至 2 万元，非物质文化遗产单项一次性奖励金额高达 100 万元。《办法》对专项资金的补贴范围、申领程序、发放标准等都进行了明确细化，有效提高了资金管理的安全性、规范性和有效性。

（2）积极推进非物质文化遗产进校园，促进活态传承

北京市政府选择了一批非物质文化遗产项目列入中小学素质教育课程以及组织非遗课外兴趣小组，既增强了学生的动手能力，也增强了学生对中华民族传统文化的认同感，这是非物质文化遗产广泛宣传和弘扬的有效途径。北京市第十二中学洋桥学校请北京市级传承人滑树林为同学讲解北京绢人的历史、题材、工艺等基本内容，尝试指导同学运用“赛绣”“掐丝”等传统工艺中独特的技法，从制作平面小礼品，到制作半立体浮雕工艺品，最后甚至是整体绢人的制作。因为北京绢人工艺比较复杂，有较高的制作难度，目前课程只安排初中阶段开设。北京市开展的“非物质文化遗产进课堂”活动自 2009 年下半年开始，已在洋桥学校、中国人民大学附属中学、广渠门中学、西总布小学和大兴区打工子弟学校“蒲公英中学”五所学校设立了北京绢人的校本课堂，滑树林等北京绢人的传承人共为 23 个班级、近 500 名学生讲述北京绢人制作工艺及相关知识。

2015 年，北京市第十二中学洋桥学校还与滑树林在校园内创办了“非物质文化遗产博物馆”，首开北京市校园博物馆之先河。展出的北京市市级非物质文化遗

产项目中，北京绢人单独占一个展厅，其余北京绢花、绒鸟、景泰蓝、宫灯、料器、牙雕、面人等项目在另一个展厅。这里的学生不光不出校门就能欣赏到北京20多个非物质文化遗产项目，还能亲眼目睹非物质文化遗产项目的传统技艺，聆听传承人讲授非物质文化遗产文化，领略非物质文化遗产的风采。为更加广泛地宣传非物质文化遗产，学校还培养了“小小绢塑讲解员”，为前来参观的来宾们讲解绢人的起源、传承、题材、制作工艺等内容。

（3）加大宣传力度，开展国内外非物质文化遗产展示宣传活动

为加强非物质文化遗产保护国际交流与合作，传播中华优秀传统文化，北京绢人多次参加政府组织的宣传活动，到多个国家和地区展示交流，扩大了北京绢人在国际上的影响。为宣传与弘扬非物质文化遗产，北京市政府多次组织大型非物质文化遗产展览展示活动，展览呈现了北京非物质文化遗产的历史和技艺特点，吸引了当地媒体的广泛关注，让广大观众了解了北京独特的人文魅力和首都深厚的文化底蕴。北京绢人跟随“北京市志愿者援疆”活动，奔赴新疆、内蒙古、云南等地，由传承人展示北京绢人制作技艺。2015年，结合“一带一路”倡议，在国家大剧院和北京工艺美术博物馆分别举办“丝路霓裳”和“丝路绮练”绢人专题展览。

（4）推动非物质文化遗产保护成果研究与出版

理论研究是非物质文化遗产保护工作的重要组成部分。2010年，在北京市委宣传部、组织部的大力支持下，北京市组织编辑出版《非物质文化遗产丛书》（十册），由北京出版集团正式出版。该套丛书以代表性项目为记述主体，有效地整理、保存了北京市非物质文化遗产相关资料，并向社会公众宣传非物质文化遗产相关知识。《北京绢人》就为其中的一本。

（二）传承困境

经过多次的调查采访，笔者深切地感受到北京绢人选料考究，工艺繁复，突出了“国礼”的精细和精美。北京绢人对于材料的选取，以及手工艺的技术性、精细程度都有极高的要求，能够驾驭如此技艺并熟练运用到实践活动中的传承人已是凤毛麟角。随着时代的发展，北京绢人与现代生活的距离显得越来越远，设计满足

上·北京市十二中学洋桥学校学生制作的北京绢人
下·非物质文化遗产博物馆绢人塑厅

不了社会需求，绢人制作技艺后继乏人。笔者对这些北京绢人传承保护方面反映出的现实问题进行了分析与思考，认为该项目在保护与传承上目前所面临的主要问题如下：

1．缺乏社会认知度和关注度

北京绢人作为一种特殊的工艺礼品，在挖掘、恢复之初，就被定位为“国礼”，它不是为大众服务的，它的实践以及受众群体都相对较小，这就决定了它不像刺绣、剪纸、玉雕等非物质文化遗产项目一样，拥有广大深厚的群众基础，因此，北京绢人缺乏社会认知度和关注度。在北京绢人没有入选为非物质文化遗产代表性项目之前，更是无人问津、无人知晓，市场上也很难见到真正手工制作的传统北京绢人。这对于其传承与保护是非常不利的，非物质文化遗产的传承是依托其载体而进行的，没有实物的保存与流传，传承如何开展？我们从遗产保护的九个层面来看，首先是确认、立档，其次是研究、保存，最后才能保护、宣传、弘扬，以达到传承和振兴的目标。所以对于实物的保存是必要的，也是重要的。

2．后继乏人，传承尴尬

非物质文化遗产的生存和发展永远处在“活体”传承和“活态”保护之中。传承人是非物质文化遗产传承发展的主体，传承人所掌握的非物质文化遗产项目的“核心技艺”以及项目背后的文化与价值，是非物质文化遗产传承和保护的“核心内涵”。任何的手工技艺都有其形成的特色及人文价值，“这种决定某项手工艺的特色以及形成人文价值的技艺称为‘核心技艺’”[23]。笔者将北京绢人制作工序的“核心技艺”概括为：（1）全凭手工脱模制作空头壳；（2）必须以丝绢棉质材质制作；（3）全凭手工扎塑形体；（4）手工“赛绣”服饰图案；（5）全凭手工完成雕塑、绘画、缝纫、染织、花丝、裱糊多道工序。目前，掌握这些核心技艺的代表性传承人少之又少，而继承者更是微乎其微。

由于北京绢人制作耗时费力，成本高且回报率低，同价值回报率高的现代技术行业相比，靠传统手工技艺吃饭难以维持生计，很多年轻人不愿选择传统制作行业为生。即便是喜爱和感兴趣，也只会作为副业，业余从事学习和创作。显然，北京绢人项目的承与传都出现了危机。

3．核心技艺面临流失

北京绢人制作工艺是一个复杂而系统的大工程，要熟练掌握整套工艺流程实属不易。一些身怀绝技的传承人年岁已高，珍贵的非物质文化遗产可能随着老艺人的去世而随之消失。过去从事该行业制作的传承人，也并非全都继承了整套完整技艺，对于核心技艺有些只是部分掌握。北京美术人形厂曾一度是流水线生产，厂里的制作工人只负责一个制作环节，对于其他技艺的操作不甚了解。齐聪颖在最初做学徒时，葛敬安老师要求她们要自己能够从头到尾独立完成绢人制作的全部工艺流程，才算是学会。在采访时她说："最早我们制作绢人的时候，整件作品从头到脚全由一个人做，后来生产任务多了，就成流水线了，有人专做手，有人专做头，最后再组合在一起。后来进厂的艺人中，有不少人都没有完整地做过一个绢人，这技艺有的就没都学会。"[24]目前掌握北京绢人制作"核心技艺"的代表性传承人屈指可数，对于核心技艺的记录、存档和传承显得极为重要。

4．拘于传统，缺乏创新

传统美术类非物质文化遗产项目是以审美为主要特征的艺术类别，要推动其发展保护，首先要遵循其自身的发展规律。传统美术类工艺品要提升自身的美观性与实用性，以求传统美术融入生活、用于生活，就必须将传统美术与现代创意结合，这是传统美术走近现代生活最行之有效的方法。人们常说"艺术源于生活高于生活"，是指在创作工艺美术作品时，其设计要有生活常态中所看不到的惊喜创意，要带给人强烈的视觉冲击和设计美感。北京绢人作品的造型与风格自恢复后较为稳定，其作品审美难以满足当代审美需求。同为人形艺术品，与日本的人偶、美国的芭比娃娃的品牌影响、传承区域和传播范围来比，相距甚远。北京绢人的传承人也在不断地思考和探索，作为一种尝试，他们制作了大型绢塑，以增强展览展示的效果，"四目相对，眉目传神"的大型绢塑作品带给了人们新的感官享受。但就实用功能上来讲，北京绢人并没有更多地从实用性的角度转变设计，仍不能达到当代人群对工艺品高效简洁与美观实用的设计需求。北京绢人无论作为馈赠的佳品，还是装饰的饰品，都应该有其特色，应该加入新的设计理念。目前销售的北京绢人感觉单调乏味，缺乏符合现代审美，无法满足不同年龄、层次的消费人群需要的作品。

5．资金不足，税费偏高

北京绢人研发新产品需要经济和技术支持。滑树林等在创作《捣练图》时遇到了技术创新所带来的研发技术和资金的问题，整个作品分三组研发，第一组4个人物，研发耗时8个月，三组作品的研发共耗时2年3个月，消耗成本高达百万元。这样高额的时间和金钱成本，对于一个效益并非很好的民间企业来说，研发资金是一项巨大的经济压力。这使得很多的传承人不敢进行新品研发，每每谈及创新发展首先感到担忧。

众所周知，每一件非物质文化遗产的作品都凝聚着传承人的智慧和心血，每一件作品都有其独特的艺术价值，价格自然高于一般大机器流水线生产的产品。非物质文化遗产传承人创作作品的价格，很大程度体现着手工技艺的价值和劳动力的时间成本。但是成品价格越高，税收也就越高，传承人的收入反而越低，这是明显的不合理现象。齐聪颖制作的绢人分为两种，较为小型的价格比较亲民，300—600元一个，成本为200—300元；精品绢人比较废料，材料也都为上乘的材质，尤其是京剧人物，成本在3000—5000元，售价只有6000—8000元，一般的精品绢人成本略微低的也在2000元左右，售价在3000—5000元。北洋旅游工艺品厂制作的北京绢人一般售价在2000元以上，而一个绢人的制作成本在700—900元，刨去成本之后的盈利，要上交17%的增值税，以及不足3%的教育附加及交通能源税，然后才能分配盈利的80%给制作人，以及负担其余的费用。高税收是长期困扰他们的难题。

6．市场混乱，不利于保护

目前市场上出现的北京绢人大致分为：传统的北京绢人、绢人衍生旅游纪念品和仿制品，材质不一、价格差距较大，质量更是良莠不齐。但占据北京绢人流通市场的并不是真正的传统北京绢人，那些优秀的非物质文化遗产作品已经成为非主流，被遗忘在角落里，而其衍生工艺品则大行其道并作为纪念品、礼品而被疯抢，甚至出现卖断货的情况。北京唐人坊文化发展有限公司开发的北京绢人的衍生品——“Q版绢人”，在2014年入选“北京礼物”后在旅游用品商店销售，对于绢人的品牌推广有一定的促进作用。“Q版绢人”浓缩北京绢人的形象特征，造型较为模式化，造型多以戏曲人物、古代仕女形象为主，服饰扮相华美，体积小巧。

“Q版绢人”作为北京绢人的文化衍生品，并不能体现北京绢人全部的文化内涵，只保留了北京绢人的“视觉风貌”和传统作品的关联性，而北京绢人的核心技艺已经被部分工业化。“Q版绢人”以瓷白的石膏脸、硅胶脸，小巧的塑料手取代了绢质的头和手，这种材质改变使“绢人”呈现的血统更像是“中日混血”或者“中韩混血”，与传统北京绢人的艺术价值相去甚远。但这种绢人比束之高阁的北京绢人更接近大众，也是人们最容易接触到的绢人形象，因此很容易被不了解的人误以为这就是北京绢人，对于正宗的北京绢人的传承与传播是不利的。

为了降低成本，获取更高的利润，市场上出现了一些以次充好的假“北京绢人”，并非纯正手工制作的传统工艺品。这些绢人属机械化批量生产，以石膏、塑料等材质代替丝绢棉麻，统一模具制作手和头，被冠上了“北京绢人”的名号，以百元甚至几十元的低廉价格出售，扰乱了北京绢人的市场，降低了北京绢人的艺术价值与经济价值。市场的混乱不利于北京绢人大众认知度的提升，对其品牌的树立以及传承发展有所影响。

（三）传承与保护的建议

北京绢人保护和传承所面临的一些问题，是我国非物质文化遗产保护中传统美术和传统技艺类项目中普遍存在的问题。如何针对这些问题找到解决问题的方法和症结，推动以北京绢人为代表的传统美术和传统技艺类项目在当代的传承和发展，是笔者此次调研的目的。通过分析研究，笔者总结了以下几方面的对策和建议：

1．面向社会征集并收藏绢人精品

笔者在调研过程中得知近几年又有几位北京绢人大师离世，且几乎没有留存自己创作的北京绢人作品。在世的几位也只有一些作品，大量的作品都是被带出国去，也有被人订走的，还有被人（同行）拿走的。齐聪颖制作绢人的技艺应该是非常娴熟的，她制作一个普通的绢人也需要一两个月，如果是京剧人物，那耗时就更长了。在接受采访时齐聪颖说，她做的绢人没有复制的，一次就能做出一个，再做一定不一样。每个人物几乎也就只做一次，近几年身体也不好了，没有体力再去做第二个了。手工艺精品具有不可复制性，因此，非物质文化遗产载体的实物留存对于其传承与研究显得尤为重要。前两代北京绢人的传承人留世的作品很少，据笔者了解，葛敬安先生的《荷花舞》已被个人收藏；而第二代杨乃蕙、王天凤、贾绍菩等人都是仅有几个藏品，而且不在她们自己或家人手里，而是在博物馆或者是被人收藏。试想若干年后，我们想要研究北京绢人却没有实物为对象，那这项非物质文化遗产代表性项目也就真的消亡了。因此，建议政府应面向社会征集并收藏北京绢人的真品、精品。一是以期能有一批优秀作品流传于世；二是在社会上引起反响，以提高和扩大北京绢人这项传统美术类非物质文化遗产的社会关注度和知名度；三是通过这种收藏活动，提高传承人的积极性，让他们知道国家及社会对北京绢人这项非物质文化遗产代表性项目的关注。

2．加强代表性传承人保护，尝试多种传承模式

非物质文化遗产主要依靠传承人得以世代相传，因此加强对传承人的培养与保护是非物质文化遗产保护工作的关键。对代表性传承人的保护，北京市政府主管部门已参考国家及政府的相关管理，对北京市各级代表性传承人的传承活动和生活进行补助，但仍无法解决收徒难的现状。因此，还要帮助传承人解决学徒的来源问题。笔者在调研期间发现网上有很多社会人士自发建立的北京绢人论坛，里面有不少对北京绢人喜欢的人苦于想学绢人却无门路。政府可在非遗相关网站上增加论坛版块，架起非遗传承直通车渠道，使更多想要学习非物质文化遗产技艺的人可以近距离跟随大师们学习。北京市政府还可根据北京市非物质文化遗产项目的实际情况，与高校合作实施北京绢人项目的培训计划，增设北京绢人制作专业，招收北京绢人“传承生”，给予毕业直接带薪上岗的特殊优惠政策，以扶持非物质文化遗产的保护和传承工作。对于传承生的筛选可以严格把关，入学时就指定将来毕业后跟随学艺的老师，传承人作为指导老师参与考核招生，以有文化和美术基础且从事过实践活动的学生优先，旨在提高传承生的综合素质基础。经过考核录取的传承生受过高等教育，经过专业培训后，自身具备了更强的传承力、创新力和判断力。毕业后到传承人的工作室或厂家，参照作坊式的以师带徒的传承模式，让青年人作为传承接班人带薪工作，保障生活，安心工作。这种模式可以为确保非物质文化遗产知识体系的认识、核心技艺的掌握、高超实践能力的培养发挥重要作用，既保证了非物质文化遗产传承力的持续性，也提高了传统手工技艺的传承人才的传承能力。

3．大力推进非物质文化遗产保护信息化建设

信息化建设是非物质文化遗产抢救性保护的有效手段。充分利用信息化、数字化的现代科学手段，建立技术平台和数据库，有针对性地对非物质文遗产项目的“核心技艺”进行记录、存档和保护，是完善非物质文化遗产数字化保护工程的建设的重要举措。“核心技艺”这一词，是2009年文化部召开的“生产性保护非物质文化遗产论坛”上提出的。非物质文化遗产项目制作工艺的核心价值是体现在手工制造的整体行为中，其项目的非物质文化遗产价值指的就是核心技艺和包括承载在作品背后看不见的精神内涵。对非物质文化遗产的保护仅仅停留在对工艺技巧、技艺秘诀的层面是不够的，还要着眼于以手工制作的方式表现出来的生活方式、文化习俗、民间智慧和道德意识等人文内涵的挖掘与弘扬。每个非物质文化遗产项目的手工艺都是不一样的，尤其是传统美术类和传统技艺类项目，其制作流程中不可改变的、不可省略的，支撑着该项目独立存在并传承下去，并决定该项目独特价值的重要环节，就是该项目的“核心技艺”。对“核心技艺”的掌握决定着该项目的传承保护的正确方向，应该记录在案。

4．积极开展传承人群的教育培训工作

文化部在2015年11月23日印发了《文化部办公厅 教育部办公厅关于实施中国非物质文化遗产传承人群研修研习培训计划的通知》(办非遗函〔2015〕581号)，在全国范围内委托有关高校、设计企业等开展非物质文化遗产传承人群的教育培训。培训着眼于“‘强基础、拓眼界’，旨在通过组织非遗传承人群的研修、研习、培训，帮助非遗传承人群提高文化艺术素养、审美能力、创新能力，在秉承传统、不失其本的基础上，提高中国传统工艺的设计、制作水平”[25]。具有时代感的创意是非物质文化遗产传统技艺项目走进现代生活的桥梁，它是迎合时代发展所产生的精神实践，是进入经济市场的关键所在。各地政府可根据本地区开展非物质文化遗产传承人群教育培训的实际状况，增设北京绢人专业课程，并偏重现代设计及创意与传统美术相结合的内容，开阔传承人的眼界，开拓传承人的思维，拉近传统美术与现代生活的距离。政府还可引荐设计大师与传承人的合作，打造精神上、制造上的上乘传统工艺作品。

5．逐步健全非物质文化遗产保护法规制度

2011年我国正式实施了《中华人民共和国非物质文化遗产法》，它标志着我国非物质文化遗产保护工作进入依法保护的阶段。对于传统美术、传统技艺和传统医药这三大类非物质文化遗产项目来说，在进行生产性保护中，税收政策的不合理是传承人普遍反映并且意见比较集中的一个问题。按照我国现有的税收政策，上述三类项目税收执行标准参照工业企业，即征收17%的增值税。这一税收执行政策是将这些项目列入一般机器工业的生产税收范围内，并不符合非物质文化遗产项目的实际情况。北京绢人的制作材料有些是从正规公司进货，如纺织材料、色彩颜料等；有些则来自个体经营商贩，如辅助材料里的米珠、亮片、榆皮面等，或者是化工材料里的乳胶、指甲油、泡沫塑料、樟脑等，这些个体经营商贩并无正规发票，因此不能进行进项税的抵扣。我们应该对非物质文化遗产项目传承人及列入非物质文化遗产项目名录的企业，给予税收上的优惠扶持。

6．规范市场推进生产性保护，激发传承动力

北京绢人作为艺术品，具有商品性，就有走向市场的条件。而北京绢人市场的混乱首先要依靠国家相关法律法规的治理，《中华人民共和国非物质文化遗产法》中明确规定：使用非物质文化遗产涉及知识产权的，使用有关法律、行政法规的规定。对传统医药、传统工艺美术等的保护，其他法律、行政法规另有规定的，依照其规定。[26]可借助知识产权的相关保护制度保护非物质文化遗产，如著作权、专利权、商标权等。北京绢人传承人的作品上从未有过署名，这就给冒名的假作品有以次充好的空隙可钻。建议传承人加强法律保护意识，对于北京绢人的作品冠以署名或商标，标注作者姓名，从法律上保护创作者的正当权利，让侵权的行为付出代价，规范北京绢人销售市场。其次，北京绢人应该坚定不移地继续走精品路线，继续保持北京绢人技艺精湛、精致精美的艺术特征，在其材料美、工艺美、造型美，尤其是在造型美上深挖拓展，打造我们“中国芭比娃娃”的艺术品牌，开发多种系列，增强真正的北京绢人的市场占有率，进入北京绢人生产性保护的良性循环状态。非物质文化遗产生产性保护方式适用于传统美术、传统技艺类非物质文化遗产项目，是指在保持非物质文化遗产传统技艺的基础上，进行合理的生产，以促进传统技艺的传承和发展，是对非物质文化遗产保护的一种有效方式。通过非物质文化遗产的生产性保护方式，能提升传统手工技艺自身的生存能力，提高传承人创新的积极性，激发创作激情，使项目本身焕发活力。通过生产性保护，还可增加传承人群的数量，解决地区就业的难题，振兴地区经济发展，是激活非物质文化遗产内在活力有效的保护方式，是从根本上解决非物质文化遗产项目的生存及发展传承的重要方法。

六、结　语

北京绢人的艺术表现形式独特，手工实践丰富又富有个性，带有浓郁的地域、民族和文化特点。笔者通过对北京绢人传承与保护的调查研究，发现北京绢人近几十年来的传承与保护工作取得了一定的成效，尤其是伴随着我国非物质文化遗产保护法律体系的逐步确立、非物质文化遗产保护传承体系的逐渐形成，以及非物质文化遗产保护工作机制的不断完善，北京绢人在确认、立档、保存、研究、保护、宣传等方面均取得了一定成绩。同时，笔者也发现北京绢人面临的困境主要是后继乏人、缺乏创新，与现实生活联系不够紧密以及缺乏社会认知度。因此，对于该项目的传承与保护，首先要以后继人才的培养为核心，尝试多种人才培养模式；其次要在遵循北京绢人自身发展规律的前提下，将现代设计融入传统工艺中，拉近传统手工艺与现代生活的距离，更好地满足百姓的物质文化需求，激发非物质文化遗产项目内在的活力；最后还要加大宣传力度，让非物质文化遗产深入人心。

同时还要注意，每一个非物质文化遗产项目都有其独特性，非物质文化遗产是文化多样性的生动体现。笔者认为，非物质文化遗产保护工作要重视项目的独特性，针对其独特性进行分类保护，细化问题，有针对性地保护。而与北京绢人相似的传统美术、传统技艺被类的非物质文化遗产项目的保护，最重要的是要保护其核心技艺，只有核心技艺完整地保存下来，才能在此基础上不断地提高传承水平，才能展现非物质文化遗产更大的表现力和吸引力。

注释

① 葛敬安（1905—2002），女，浙江嘉兴人。北京工艺美术研究所工艺美术大师。自高中毕业后自学民间工艺美术，从事手工刺绣，布制儿童玩具设计等。1945年起成功恢复“北京绢人”制作技艺。作品有《海棠诗社》《贵妃醉酒》《湘云醉卧芍药圃》等。现在还留存于世的作品有《小忽雷》和《嫦娥奔月》。

② 一种法术，用咒语惩治厌恶的人或物。

③ 刘美．绢人起源与发展初探[J]．卷宗，2013（6）．

④ 李苍彦，滑树林．北京绢人[M]．北京：北京美术摄影出版社，2012．

⑤ 孟元老，《东京梦华录》卷六。

⑥ 孟元老，《东京梦华录》卷六。

⑦ 杨乃蕙，1943年生于北京，北京市一级民间工艺美术大师，北京市工艺美术学会绢塑研究会副会长。1962年到1964年在北京工艺美术技校雕塑系学习。1964年7月进北京市美术人形工厂，师从葛敬安。主要代表作品有《迎春读经》《观世音》《花木兰》等。

⑧ 王天凤，1962年到1964年在北京工艺美术技校雕塑系学习，1964年到1965年在中国工艺美院进修。1964年7月进北京市美术人形研究小组，师从葛敬安，代表作品有《文成公主》《孙悟空》《红楼梦人物·探春》。

⑨ 贾绍菩，1947年生，自中学毕业后便师从葛敬安。代表作品有《红楼十二钗》《贵妃醉酒》《唐乐》《霸王别姬》《洛神》《王昭君》《中国各少数民族服饰人物》《各式观音》《菩萨》《敦煌飞天》《四美钓鱼》《清香妃》等。

⑩ 滑树林，男，1950年生，北京市市级非物质文化遗产项目代表性传承人。现任北京市工艺美术学会绢塑艺术研究会会长，北洋旅游工艺品厂厂长。从20世纪80年代起，滑树林师从中国工艺美术大师葛敬安学习制作绢人的技艺。绢人作品《宝钗扑蝶》于1990年获得国家旅游产品银奖；2001年，精品绢人《杨贵妃》参加第68届国际博览会获得特别荣誉奖，同年10月参加第二届中国工艺美术大师作品暨工艺美术精品博览会获得金奖。曾出版著作《北京绢人》《北京绢花》。

⑪ 李苍彦，滑树林．北京绢人[M]．北京：北京美术摄影出版社，2012：20．

⑫ 叶浅予（1907—1995），浙江桐庐人，从事国画教育，以舞蹈、戏剧人物为主的国画创作，中国漫画和生活速写的奠基人。擅人物、花鸟、插图、速写等。曾任中国美协副主席，中国文联委员，中国画研究院副院长，中央美院教授。

⑬ 徐峰，中国美术家协会会员，山东省美术馆专业画家，国家二级美术师，副教授，山东画院高级画师，江苏省画院特聘画家，山东艺术学院硕士研究生导师，中国工艺美术家协会民间美术委员会会员，山东省美协会员。

⑭ 杨士惠（1911—1987），字润生，北京人。出身于老北京手工艺人世家，祖父杨启海、叔祖父杨启元，都是木雕、牙雕行业的雕刻能手，叔祖父杨启元更是木雕、牙雕、大活小活都做，而且还会画。杨士惠12岁随叔祖父杨启元学木雕,14岁又拜曹斌、刘德良为师，改学牙雕。17岁即独立创作了第一件立雕作品《猫蝶富贵花篮》。自己开业的1942年创作《蝈蝈白菜》，一举成名。

⑮ 李克瑜，1929年生，重庆人，擅绘画，中国高级女装设计权威，北京服装学院教授，曾任中国服装设计师协会副会长，现任圣展设计董事及高级女装设计总监。

⑯ 李苍彦，滑树林．北京绢人[M].北京：北京美术摄影出版社，2012：102.

⑰ 郁风（1916—2007），原籍浙江富阳，出生于北京。著名画家、美术评论家、散文家。

⑱ 李苍彦，滑树林．北京绢人[M].北京：北京美术摄影出版社，2012：19.

⑲ 文化部非物质文化遗产司．非物质文化遗产保护法律文件汇编[Z].北京：文化艺术出版社，2013.

⑳ 孙凝异．风华绝代北京绢人[J].中华手工，2010（9）.

㉑ 采访对象：齐聪颖，采访时间：2016年2月25日上午9：00，采访地点：齐聪颖家中。

㉒ 采访对象：齐聪颖，采访时间：2016年2月25日上午9：00，采访地点：齐聪颖家中。

㉓ 邱春林．中国手工艺文化变迁[M].上海：中西书局，2011.

㉔ 采访对象：齐聪颖，采访时间：2016年2月25日上午9：00，采访地点：齐聪颖家中。

㉕http：//www.moe.edu.cn/jyb_xxgk/moe_1777/moe_1779/201511/t20151127_221361.html.

㉖ 文化部非物质文化遗产司．非物质文化遗产保护法律文件汇编[Z].北京：文化艺术出版社，2013：368.

参考文献

1 | 王文章．非物质文化遗产概论（修订版）[M].北京：教育科学出版社，2013.

2 | 文化部非物质文化遗产司．非物质文化遗产保护法律文件汇编[Z].北京：文化艺术出版社，2013.

3 | 邱春林．中国手工艺文化变迁[M].上海：中西书局，2011.

4 | 殷金山，刘建强．中国雕塑史教学[M].天津：天津人民美术出版社，2005.

5 | 田自秉．中国工艺美术史（修订本）[M].上海：东方出版中心，2010.

6 | 范梦．美术概论[M]. 北京：中国青年出版社，2002.

7 | 郝经，郁松年．续后汉书札记[M]. 北京：商务印书馆，1937.

8 | 李苍彦，滑树林．北京绢人[M]. 北京：北京美术摄影出版社，2012.

9 | 刘锡城．非物质文化遗产：理论与实践[M]. 北京：学苑出版社，2009.

10 | 王朝闻．美学概论[M]. 北京：人民出版社，1982.

11 | 李泽厚．美学四讲[M]. 天津：天津社会科学学院出版社，2001.

12 | 乌丙安．非物质文化遗产保护理论与方法[M]. 北京：文化艺术出版社，2010.

13 | 吕品田．中国非物质文化遗产年鉴（2010）[R]. 北京：文化艺术出版社，2014.

14 | 常任侠．我国傀儡戏的发展与俑的关系．东方艺术丛谈[C]. 上海：上海文艺出版社，1984.

15 | 刘勍．手工艺“非遗”的生产性保护研究——以北京绢人为例[J]. 文化遗产，2012（4）.

16 | 刘美．绢人起源与发展初探[J]. 卷宗，2013（6）.

17 | 丹丹，贾绍菩．北京绢人的软雕塑艺术[J]. 美与时代（上半月），2008（6）.

18 | 朱涛．雕塑艺术中的材质美[J]. 现代装饰（理论），2013（1）.

19 | 李寸松．中国的软雕塑——北京绢人[J]. 百科知识，1999（4）.

20 | 宋敏，李拜天．北京绢人孤独的坚持[J]. 明日风尚，2007（1）.

21 | 鹿耀世．北京绢人的诞生[J]. 浙江工艺美术，1995（1）.

22 | 吴国洋．邓颖超与北京绢人[J]. 北京观察，1994（6）.

23 | 孙凝异．风华绝代北京绢人[J]. 中华手工，2010（9）.

24 | 鹿耀世．葛敬安与北京绢人[J]. 上海工艺美术，2000（1）.

25 | 王彦．“非遗”后的传统手工技艺传承——以水族马尾绣为例[J]. 民族学刊，2012，03（2）.

26 | 刘美．北京绢人的非物质文化遗产学研究[D]. 中国艺术研究院，2014.

27 | 郭荣茂．传统手工技艺在现代的重构[D]. 上海大学，2011.

“金镶玉”技艺传承与发展现状

Jin Xiang Yu Technique Inheritance and Development of the Situation

王　辉

王文章｜指导教师

摘要

此次调研以2008年北京奥运会“金镶玉”奖牌为线索，通过对“金镶玉”技艺发展演变的挖掘与分析，从玉和金各自在中华民族历史文化中的内涵和对后世的影响中梳理出金玉文化的形成，以及“金镶玉”技艺在金玉文化体系内逐步发展成为独具文化内涵的玉雕品种的过程。着重分析玉雕技艺中“金镶玉”概念的形成与确立，通过对“金镶玉”技艺基本特征的调研，得出其是玉雕工艺中以玉石为主体、金为客体的特种技艺，并与其他相似工艺门类进行对比，进一步阐明“金镶玉”技艺门类的基本特征。

在此次调研中，笔者通过与工艺美术大师的访谈，对当代玉雕行业的发展现状有了更加深入的了解和认识，调研报告以“金镶玉”的继承发展状态为例，折射出当前整个玉雕行业存在制约其良性发展的普遍问题，即多头和无序管理造成玉雕品种分类体系的模糊与混乱，从业人员的技术等级标准和职称评定得不到统一的认定和与之相对应的待遇。针对调研所发现的上述问题，建议在非遗保护中就当代玉雕技艺中存在的问题，应加强力量，深入调研，尽早建立制定出符合发展规律的、全新的品种分类系统和技艺等级标准体系，使玉雕这一传统手工技艺更好地在保护中传承，在传承中发展。

关键词：金玉文化；金镶玉；玉雕技艺；品种分类系统；技艺等级标准体系

Abstract

This research report takes as a clue the jin xiang yu (Gold inlaid with Jade), medal of the 2008 Beijing Olympic Games, to explore and analyze the development and evolution of jin xiang yu technology, as well as the connotation of jade and gold in traditional Chinese culture and their influence on later generations, comb through the formation of Jinyu culture and how jinxiangyu technique gradually developed into a jade carving type with unique cultural connotation in the jade cultural system. Through analysis of the formation and establishment of the concept of jin xaing yu as a jade carving technique and its basic characteristics, this article makes a conclusion that jin xiang yu is a special jade carving technique which takes jade as the main body and gold as the object. Moreover, this article compares jin xiang yu with other similar crafts, and further elaborates on the basic characteristics of this technique.

In this research, through interviews with masters in arts and crafts, the author gains an in-depth understanding about the development situation of the contemporary jade carving industry. Therefore, taking as an example the inheritance and development status of jin xiang yu, this research report reflects the universal problems existing in the whole jade carving industry. In jade carving industry, complicated and disorderly management has caused the blurring and confusion of the classification system of jade carving types, and the technical grading standard and the job title evaluation of the practitioners have no unified identification, and the corresponding treatment can not be satisfied. In view of the above problems found in this investigation, the author suggests that in the protection of Intangible Cultural Heritage, we shoud establish a new classification system of jade carving types and technical grading standard of practitioners in line with the law of development as soon as possible, so that jade carving, the traditional craft technique can be better protected.

Keywords: Jinyu Culture ; Jin Xiang Yu ; Jade Carving Skills ; Classification System ; Technical Grading Standard

一、引　言

中华民族是一个崇尚玉石文化的民族，玉石文化贯穿了中华民族的文明史。在玉石文化和玉雕艺术的发展过程中，随着“金”的出现，玉石与金相融合，不仅产生了很多精美的艺术品，还形成了金玉文化。在金玉文化中，“金镶玉”工艺以玉石为主体、金为客体，将玉石雕刻技艺与金属镶嵌工艺相结合的技艺特征，以其鲜明的艺术表现形式和独具特色的文化内涵形成了独特的风格与魅力。

在金玉文化中，金、玉结合的器物随时代发展与社会的变迁，逐渐丰富了其文化内涵，形成了技艺门类的架构和独特的艺术风格。通过对历代实物的研究与梳理，其历史上的名称先后为“玉镶金”“包金嵌玉”“金银错嵌宝”“压金银丝嵌宝”等，都是以其工艺特性定名的。到今天，我们可以给金、玉结合的器物定名为“金镶玉”，是因为其在历史的发展中不断地融入王权、文人士大夫阶层、军事、政治、宗教当中，成为政治生活、宗教生活、文化生活和社会生活中顶层的、最美好的那一部分，“金镶玉”的文化是在这三千年的历史发展中逐步形成的。

2008 年，中国实现了百年奥运梦想，在奥运奖牌的设计当中，中国作为一个文明古国，将传统文化中寓意最美好的“金镶玉”文化注入其中，整个奖牌尊贵典雅，中国特色浓郁，既体现了对获胜者的礼赞，也形象诠释了中华民族自古以来以“玉”比“德”的价值观，实现了中华传统文化与现代奥林匹克精神的完美结合，中国政府与奥组委共同将 2008 年奥运会奖牌命名为“金镶玉”奖牌。至此，“金镶玉”文化的概念确立了，“金镶玉”工艺走出国门，走向全世界。

二、玉雕技艺门类中“金镶玉”工艺的历史由来及演变过程

（一）玉石文化在中国文化中的地位及影响

中国古人将石之美者定名为玉，所以在中国，玉包括和田玉、独山玉、密玉、

岫玉、珊瑚、水晶、松石、翡翠、玛瑙等上百余种。玉在中华传统文化中有着悠久的历史，其出现可追溯到7000年前的新石器时代，先民对玉的使用从最开始的生产和狩猎工具，发展到祭祀、礼仪、宗教、配饰及艺术陈设，并随着时代的发展全面融入社会、政治、军事、宗教、文化、生活各个领域，是人们身份、权力地位、财富的象征。春秋战国时期，孔子将君子“比德于玉”，使得玉因其独特的质地特征，而被注入人们精神领域当中，成为道德标准，成为君子修身的标准，即“仁、智、礼、义、乐、忠、信”。由于儒家学说在中国历史上的地位和影响力巨大，使得君子比德于玉的观念深入人们生活的方方面面。直至今日，“玉”不仅是作为人们审美的对象，也仍然以其文化内涵在社会道德和修身方面影响当世。所以，玉文化贯穿了整个中华民族的文明史，它的内涵在不断发展，并随着时代发展和社会的变迁越来越丰厚。而玉雕艺术作为展示玉文化的一种载体，在其发展的历史中包含的门类不断拓展，技艺不断精进。

（二）金在中国文化中的地位及影响

金在中国历史上，尤其在工艺美术范畴内分为广义和狭义概念。广义来讲，黄金、青铜和铜等材质为金黄色或银等稀缺贵重的金属统称为金。据《前汉·食货志》记载：“金有三等，黄金为上，白金为中，赤金为下。”①孟康曰：“白金，银也。赤金，丹阳铜也。”②古言五色金，谓金黄、银白、铜赤、铅青、铁黑，举五色以概其余。③青铜器在古代原为金黄色，因此在文献中称青铜为金，银和铜在古代通常要在其表面鎏金或镀金以提升其贵重的程度，并使其外表呈金黄色，如银、铜鎏金佛像、首饰、器皿等。狭义的金只是单指贵重金属中的黄金，其具有不易生锈、不怕氧化、不溶于酸碱、延展性较强等特性，在古代除了大量制作用于体现权力、地位和身份的首饰、器物之外，更多是起到货币的作用，是货币财富的最高计量标准。直至今日，黄金虽不作为货币，但仍是财富储备中最易变现的一种贵重金属。据考古挖掘资料显示，我国最早的金器大约出现在商周时期，主要有金片、金叶、金耳环、金臂钏等，经检测含金量达85%。金除了上述作用和功能之外，佛教又给金赋予了宗教的内涵和文化。佛教传入我国后，金在建筑、佛像塑造和佛教用具中被大量使用，这是因为佛教认为金和金黄色代表着光明与纯洁。因为佛教在中国的传播影响力，因此金除了代表身份、权力、地位、财富之外，佛教所赋予的文化内涵使其更加为人所珍视。金同玉一样，在中国历史上全面融入社会、政治、宗教、军事、文化、生活各个领域。玉因其融入儒家思想，被注入人们的精神领域当中，成为道德标准，成为君子修身的标准而影响至今；而金因宗教文化的注入，除了货币和财富的物质价值，因其在人们精神领域的价值而影响至今。

（三）“金镶玉”工艺在金、玉文化中的形成和确立

金和玉在中国历史上都占有重要地位，金的出现比玉要晚一些，当金和玉被人们珍视时，就有了二者结合的实物和文字记载。

1．“金镶玉”概念源于金、玉文化

文字上“金玉”一词的出现：（1）出自《周礼·天官冢宰第一》：“玉府，掌王之金玉……”泛指珍宝。（2）出自《诗经·小雅·鸿雁之什·白驹》：“毋金玉尔音，而有遐心。”[④]指贵重、珍视之意。（3）出自赵壹《刺世疾邪赋》：“被褐怀金玉，兰蕙化为刍。”比喻才德。这充分证明“金玉”一词的出现是金、玉文化在中国历史上的形成，文化的内涵和范围是非常丰满和广泛的。其中，金和玉因其质地的特性，其寓意中还包含着稳定与恒久的文化内涵，所以在中国的姻缘婚嫁文化中，金和玉是定情和婚配的象征，寓意天作之合、情有所属、情定终身、新人一生幸福美满的美好愿望。金、玉文化包含了金和玉二者结合后新的文化寓意，“金镶玉”的文化就是在金、玉文化的基础上发展而来的。

2．史料中记载的“金镶玉”

历史上流传较广且有史料记载的是“金镶玉”的传国玉玺，东汉班固的《汉书·元后传》、初唐褚遂良的《玉玺记》及明代罗贯中的《三国演义》均有对此传国玉玺的描述，内容大致为：“秦始皇既并天下，取赵璧琢而为之，方四寸，纽五盘龙面，曰：受命于天，既寿永昌。丞相李斯之小篆也。玺上隐起为盘龙文，曰：受天之命，皇帝寿昌。历代传之，谓曰传国玺也。”“秦灭传汉，历王莽，为元后投之于地，一角小缺。”随后王莽命能工巧匠以黄金镶补缺角。在《三国演义》中也

有类似记载，孙坚得传国玉玺，大致描述为：“玉玺，方圆四寸，上镌五龙交组，傍缺一角，以黄金镶之；上有篆文八字，云‘受命于天，既寿永昌’。坚得玺。”传国玉玺至今在何处不得而知，但传国玉玺残缺一角后以金镶之一事记载明确。

3．“金镶玉”的出现

（1）1981 年在河南殷墟二里头墓葬遗址中挖掘出土夏、商时期的镶嵌绿松石铜牌（图 1：长 16.5 厘米，宽 11 厘米；图 2：长 14.2 厘米，宽 9.8 厘米），这是玉嵌广义的金的器物，这可能就是中国最早的金玉结合的“金镶玉”。

图 1　镶嵌绿松石铜牌饰（二里头文化）洛阳博物馆藏

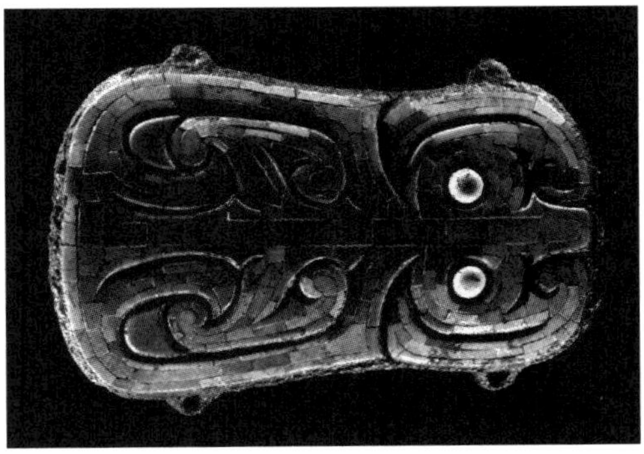

图 2　镶嵌绿松石铜牌饰（二里头文化）中国社会科学院考古所藏

（2）1951 年，河南省辉县固围村五号墓出土战国时期的包金嵌玉兽首银带钩（图 3），长 18.7 厘米，宽 4.9 厘米，带钩呈琵琶形，中部凸起，呈弧状，底部为银托。钩首为兽首，青玉雕刻，兽首用细线刻画出圆眼、长鼻和长嘴喙，喙两侧有数道横线纹。额头正中有一花蕾纹，上斜刻小方格纹，有角。面为包金组成的浮雕兽面，两侧盘绕两条夔龙，倒向钩端，合为一首，与两侧夔龙方向相反，又盘绕着两只凤鸟纹。脊背正中，均匀嵌入三块白玉玦，玦面刻有卧蚕纹。前、后两玉玦的中心孔各嵌入一个琉璃珠。玉玦色呈青白色，刻纹较为精细。整个带钩把金属铸造工艺、镶嵌工艺和琢玉工艺结合起来，堪称中国古代最华美的带钩，同时也是目前所发现的较早的金玉结合嵌宝的“金镶玉”。

（3）内蒙古自治区准格尔旗西汉畔墓葬出土的西汉时期匈奴的金玉耳坠（图 4），玉坠长 5.6 厘米，厚 0.4 厘米；金饰长 3 厘米，宽 4 厘米，厚 0.3 厘米，耳坠

图 3　包金嵌玉兽首银带钩　战国（魏）
中国国家博物馆藏

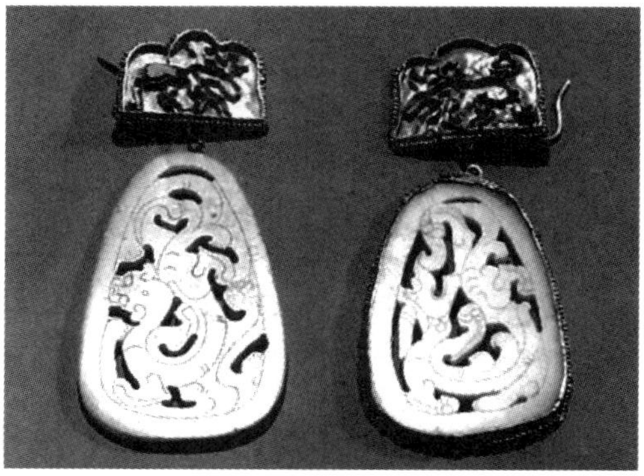

图 4　金玉耳坠　西汉

由金饰和玉坠两部分镶嵌勾接而成。金饰压印成朵云形，正面用金片掐成兽形（似龙或螭龙）轮廓，其内原嵌入小玉片，玉坠呈扁平的椭圆形，通体镂空。此类金玉耳坠在中原地区未曾发现。从装饰风格看，其饰连珠纹，似受西域文化影响，属于出现较早的“金镶玉”首饰。

（4）1957 年，陕西省西安市李静训墓出土隋代金扣玉杯（图 5），属盛水器，高 4.1 厘米，口径 5.6 厘米，底径 2.9 厘米。此杯由上等的和田玉雕琢而成，敞口，口沿镶金带一周，深腹，平底，通体光洁无纹饰，其柔和的玉质、凝练的造型使这件玉器虽小却显得高贵典雅、器宇不凡，成为隋代玉器的一件代表作品，这标志着玉雕发展史中已逐步完成了从礼器开始向日用器皿的过渡。这件白玉杯明显摆脱了汉代玉器制作程式的束缚，向着写实与实用的方向发展，已经是非常生活化的器物了。这件白玉杯镶上金边，不仅显得更加精致、富贵，也包含了“金玉满堂”的寓意，是较早的器皿类“金镶玉”代表作。

（5）1970 年，陕西西安南郊何家村唐代窖藏出土唐代玉臂环一对（图 6：外径 8.4 厘米，内径 6.5 厘米，宽 2.1 厘米，厚 0.9 厘米；图 7：外径 8.2 厘米，内径 6.6 厘米，宽 2.2 厘米，厚 0.9 厘米）。玉臂环由三段弧形白玉衔接而成，以金合页将三段弧形玉连接在一起，每段玉的两端均包以金质兽首形合页，并以两枚金钉铆接，节与节之间由三个中空穿扣合，穿内用小金条作辖相连，可以自由活动。其中一金针为插销式，销钉可以灵活插入或拔出，以便关闭和开启，便于佩戴。虎头用

1·图5　金扣玉杯　隋　中国国家博物馆藏
2·图6　玉臂环　唐　陕西历史博物馆藏
3左·图7　玉臂环（局部）　唐　陕西历史博物馆藏
3右·图8　金镶玉蝴蝶　明　上海市文物管理委员会藏
4左·图9　和阗白玉错金嵌宝石碗　清　故宫博物院藏
4右·图10　和阗白玉错金嵌宝石碗（局部）　清　故宫博物院藏

金片采用錾刻、锤击制作而成，虎头内侧用两颗铆钉铆接。玉臂环构思巧妙，制作精细，利用黄金、白玉两种不同材料不同的质地、色彩、光泽，互相衬托，交相辉映，使玉臂环更显华贵富丽。其风格似乎受到西域文化的影响。从此文物中可以看出“金镶玉”装饰手法与技艺在唐代有了长足发展，达到了较高水平。

（6）上海黄浦区南市朱察卿墓出土的明代金镶玉蝴蝶（图8），翼宽5.1厘米。此蝶张翅露体，仿真作圆雕。翼边呈波折，翅膀有多道阴刻线表示脉络，大圆眼，吻前凸，背部有界线，尾部有皮囊线六条。玉蝶镶在金托上，长须前展，边框上嵌红宝石。造型简洁，充满设计感，是一件金镶玉嵌宝的精美作品。

（7）北京故宫博物院藏清乾隆时期的和阗白玉错金嵌宝石碗（图9、图10），高4.8厘米、口径14.1厘米、足径7厘米。此碗玉质莹白，器壁薄，横截面为圆形，由口及腹斜收，桃形双耳，花瓣式圈足。腹外壁饰花叶纹，独具特色的是枝叶由金片嵌饰而成，花朵则以108颗精琢的红宝石组成。腹内壁有阴文楷书乾隆帝御制诗一首，并有“乾隆丙午新正月”“御题”款识及“比德”印。碗内底正中有隶书“乾隆御用”四字。在白如凝脂的玉上错以黄金，镶嵌红色宝石，显得格外豪华富丽，具有典型的痕都斯坦风格，体现了“金镶玉”中错金银技艺、嵌宝技艺和薄胎技艺，这三项技艺是痕都斯坦玉器风格的典型代表，对后来中国玉雕的发展具有深远的意义。

（8）20世纪50年代末青玉压金银丝罐（图11），高14.5厘米、宽9厘米。此器物为清朝痕都斯坦玉器发展的代表作。素胎罐采用青玉制成，呈青灰色，在装饰上采用压金银丝工艺，罐体上工整秀丽的菊花缠枝纹，花朵及少部分叶形用压金制成，舒展的花枝、叶用压银制成，经自然氧化呈深青黑色。作品金花、银叶环绕，高贵典雅。作者潘秉衡（1912—1970），别名玉饕，是北京近现代著名的玉雕老艺人，被誉为北京玉器业“四大怪杰”之首（其他三人为：何荣、刘德盈、王树森）。潘秉衡研制出失传的玉器“压金银丝镶宝石”的工艺，恢复了乾隆时期痕都斯坦玉器的技艺，并使之得到传承和发展。

（9）2008年，中国政府与奥组委共同将2008年奥运会奖牌命名为“金镶玉”奖牌。（图12）

左·图11　青玉压金银丝罐　现代　潘秉衡
右·图12　2008年北京奥运会奖牌

三、“金镶玉”的工艺特征

（一）实地调研

1. 柳朝国工作室调研

2015 年 8 月间，笔者前往中国工艺美术大师柳朝国位于北京市昌平区的工作室调研。柳朝国，国家级非物质文化遗产项目代表性传承人，北京玉雕界代表性人物。在调研采访中，他多次提及北京玉雕技艺的传承与发展，北京玉雕在潘秉衡、王树森、夏长馨等老艺人的时代得到发扬和光大，为当代的中国玉雕树立了典范，培养了一批优秀的玉雕人才，中国工艺美术馆现藏的四件翡翠国宝就是在他们培养的玉雕人才手中创作完成的，并受到国务院的嘉奖，成为当代玉雕里程碑式的作品。柳大师介绍，“金镶玉”是由老艺人潘秉衡恢复的清朝乾隆时期的技艺，当时称这种工艺为“玉器薄胎压金丝”，属于玉雕行业中的特种工艺。20 世纪 70 年代，他的徒弟马进贵在北京玉器厂学习期间，对这一技艺特别感兴趣，于是就将“压金丝”的技艺大致介绍给了马进贵，后来他回到新疆后，将这门技艺发扬光大。

2．马进贵工作室调研

2015年9—10月，笔者赴新疆，前往中国工艺美术大师马进贵位于新疆乌鲁木齐市天山区幸福路的“艺海轩”工作室进行调研。马进贵，回族，出生于新疆，其金镶玉“错金银”技艺获国务院批准，入选第四批国家级非物质文化遗产代表性项目名录。他的玉雕艺术的特点是在传统玉雕技艺基础上，传承和发展了西域伊斯兰风格的玉雕艺术。在马大师的调研访谈中，他多次提到对和田玉的认识，他认为玉石不分好坏，都是大自然赠予我们的财富，因材施艺地雕琢处理好每一块玉石是玉雕人对玉石的敬仰和珍惜的表现。“金镶玉”工艺是他在北京玉器厂学习期间接触到的，并在继承清代痕都斯坦玉雕基础上逐渐摸索发展而来的。处理好器物主体造型和金银珠宝镶嵌的装饰呼应关系，是一件作品整体艺术水平的关键。两者相比较，玉器的造型雕琢处理是需要深厚的功底，并在几十年的琢磨实践中修炼出来的。“错金银”技艺除了要认真、谨慎之外，颠锤的节奏和力度是需要每个工人利用感觉和悟性来完成的。

3．杨根连工作室调研

2015年12月，笔者前往中国工艺美术大师杨根连位于北京市朝阳区的“相伯居”工作室进行调研。在调研采访中，杨根连大师对“金镶玉”技艺情有独钟，尤其是对宫廷皇家御用的首饰和小器物研究颇深，并在当代将这一技艺充分地发展和光大。在与杨大师的交谈中，他多次提到清代乾隆皇帝对当时宫廷造办处玉雕艺人技艺好坏的评定标准。从薄胎压金丝工艺来说，乾隆的赏赐标准是在琢玉和加工过程中，去掉多少玉的重量，就奖赏与之相对应重量的黄金，行内俗称“黄金计价法”。

在对三位工艺美术大师的调研中，他们除了详细介绍了各自对“金镶玉”技艺特征的理解之外，还谈及了当代玉雕在技艺传承发展中存在的问题现象和亟待解决的方面，笔者将分析归纳整理到后面的章节中。

（二）“金镶玉”的基本特征

通过对当代工艺美术大师的调研采访以及对历代实物的研究与梳理，“金镶玉”

上·图13 金镶玉龙戏珠纹项圈 清 首都博物馆藏

中·图14 玉镶宝石嵌金八方盒 清 中国国家博物馆藏

下·图15 白玉压银丝方瓶 现代 潘秉衡

的技艺特征逐渐明晰。

（1）“金镶玉”的文化概念是由金、玉文化孕育产生的，其工艺特征和技法是在历代工艺发展中不断丰富、完善起来的。

（2）“金镶玉”是玉雕行业的一种特殊工艺，它的器物主体造型是以玉石为主体，金为客体的玉雕器物。

（3）金无论是广义上的还是狭义上的，都要以金片或金丝对主体玉石器物进行包镶嵌宝或直接嵌入玉石体内。

图13、图14、图15的器物造型均以玉石作为器物材质的主体，通过玉雕技艺将其雕琢成器，并以金和宝石进行包镶、嵌金、嵌宝等工艺，从这三件器物中可以清晰地看出“金镶玉”作品中材质与工艺间的关系，充分体现了“金镶玉”技艺的基本特征。

（三）与“金镶玉”相似的工艺门类和技艺

在工艺美术范畴内，金与玉结合器物的工艺和技艺有几个技艺发展方向：一是以玉为主体，金为客体的“金镶玉”工艺；二是以金属为主体，玉和宝石为客体的金属花丝镶嵌工艺；三是描金工艺；四是贴金工艺；五是戗金工艺。

1．花丝镶嵌工艺

（1）最易混淆难以分辨的是花丝镶嵌工艺。花丝镶嵌是一门传承久远的手工技艺门类，主要用于皇家饰品的制作。花丝镶嵌工艺是“花丝”和“镶嵌”两种技艺的结合，花丝选用金、银、铜为原料，采用掐、填、錾、焊、编织、堆垒等传统技法；镶嵌以挫、锼、捶、闷、打、崩、挤 、镶等技法，将金属片做成托和爪子型凹槽，再镶以珍珠、宝石。唐代金银细作制作风气盛行，既有本土文化影响，也受外来文化影响，制作工艺借鉴吸收西方锤揲、焊接的技法；到了明清两代，制作工艺更加细化精湛，达到历史上最高的艺术水平。其特点是以金属制作器物的造型为主体，辅以宝、玉石镶嵌等进行点缀。花丝镶嵌题材主要分为花丝镶嵌珠宝首饰、饰品类、摆件类以及花丝镶嵌与其他工艺结合的综合摆件类。

通过以下图片（图16—图22）我们可以清楚地看出，这些器物造型是以金属为主体成型，上面点缀以玉石和珠宝，是为了给器物造型增加华彩而起到装饰作用。在工艺分类中，将此类花丝工艺归为金银器、花丝镶嵌珠宝首饰或统一归到金属工艺类，因此按照我们总结的“金镶玉”特征与其对照的话，它的造型成型主体是金属工艺而不是玉雕工艺，很显然其不属于“金镶玉”的范畴。花丝珠宝镶嵌首饰类历史悠久，遍布世界各国和地区，是使用功能和工艺特征相对鲜明独立的技艺门类，如将其归到玉雕类肯定是不合适的，将其归到“金镶玉”范畴内，放到世界珠宝首饰行业中也不会得到认同。所以将其归到花丝镶嵌珠宝首饰类较为合理，也是在世界范围内普遍认同的。

（2）“花丝k金摆件——乐”（图23）是花丝镶嵌与其他工艺结合的综合摆件类的典型作品，由花丝镶嵌工艺与牙雕工艺相组合的综合摆件，在工艺分类中仍属于金属工艺类。“景泰蓝——鸟杯”（图24）是景泰蓝工艺中运用了花丝镶嵌工艺作为装饰的代表作，依照总结归纳出“金镶玉”的基本特征来衡量，都不属于“金镶玉”的范畴。

上述图例说明：

（1）花丝镶嵌工艺是可以运用到其他工艺当中的，比如牙雕、玉雕、景泰蓝包括“金镶玉”，都可以在工艺中局部使用花丝镶嵌工艺，是起到装饰和提升作品精

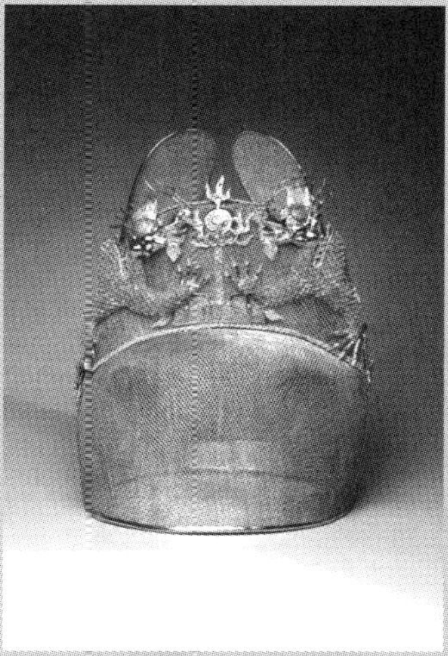

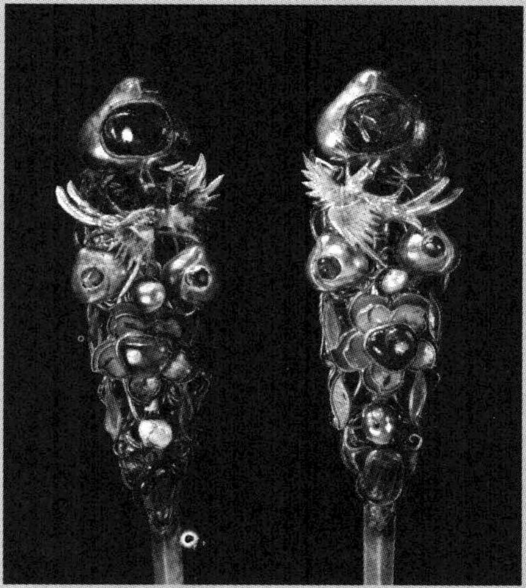

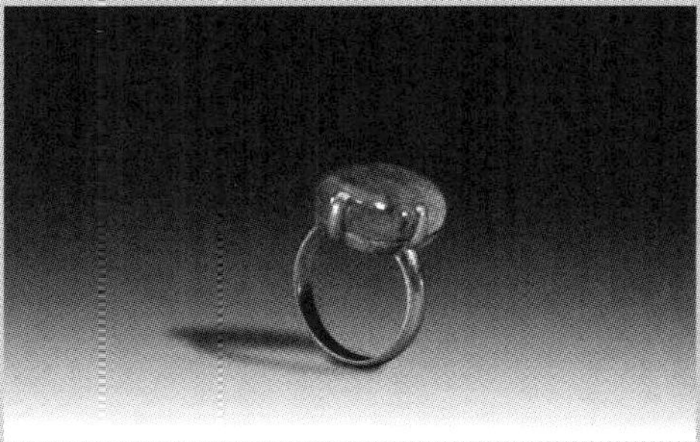

1左·图16 金丝蟠龙翼善冠 明 定陵博物馆藏

1右·图17 嵌宝石桃凤银镀金钗 明 中国国家博物馆藏

2左·图18 镶玉佛宝石镏金银簪 明 中国国家博物馆藏

2右·图19 金镶珍珠翡翠戒指 清 故宫博物院藏

3左·图20 金镶翠戒指 清 故宫博物院藏

3右·图21 金瓯永固杯 清 故宫博物院藏

4·图22 金嵌宝石八宝 清 宫博物院藏

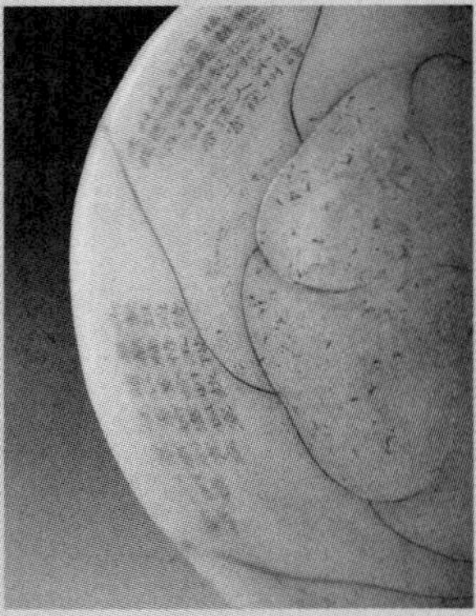

上左·图23　花丝k金摆件——乐　现代　中国工艺美术馆藏
上中·图24　景泰蓝——鸟杯　现代　中国工艺美术馆藏
上右·图25　碧玉《御制圭瑁说》圭　清　故宫博物院藏
中左·图26　白玉描金花卉纹葵瓣式碗　清　故宫博物院藏
中右·图27　白玉描金花卉纹葵瓣式碗（局部）　清　故宫博物院藏
下左·图28　青玉兰亭诗意如意（局部）　清　故宫博物院藏
下右·图29　青玉兰亭诗意如意　清　故宫博物院藏

彩程度的一种工艺技法。

（2）在上述作品中都有金、玉的结合。从文化内涵的角度分析，花丝镶嵌与“金镶玉”同属于“金、玉文化”，因为在中国社会发展中，文献里最早出现的是“金玉”一词，其文化内涵和表达的寓意在前文已举例说明。“金镶玉”文化是随着时代的发展和进步在“金、玉文化”中演变而来的，因此可以说“金、玉文化”是“金镶玉”文化的基础和源泉。

（3）由于“金镶玉”和花丝镶嵌工艺极为相近，在以往的文物分类和工艺门类划分中，往往把“金镶玉”作品归到金银器门类中，同时也经常把花丝镶嵌的珠宝首饰类归到“金镶玉”门类中。

2. 描金

描金工艺应用十分广泛，在玉器、瓷器、漆器、竹木器、家具、屏风、雕塑等器物中均有出现，是工艺美术中常用的装饰手法。描金工艺是将黄金研成极细的粉末，再用合剂调成糊状，用毛笔蘸上在阴刻后的玉器表面进行填描填绘。其图案多种多样，有书法、绘画等装饰，描金工艺有“以金代墨”之功用（图 25）。

3. 贴金

贴金是将高纯度黄金经过千锤百炼，敲打制成厚度仅 0.01 毫米的金箔。因为黄金的延展性极强，一克黄金能制成 90—100 张 6—8 厘米的金箔。因金箔极薄，所以附着力也非常强，很适合表面装饰。

4. 戗金

戗金，也称“填金”，在牌匾、漆器、屏风、家具等行业中应用广泛。戗金是在所雕刻图案的凹底上平涂金彩或填金片、贴金箔，使图案显露金色阴文，增加被装饰物的高贵典雅之感。

5. 描金、贴金、戗金综合运用

在器物阴刻表面，根据阴刻的面积和深浅，经常将描金、贴金、戗金几种工艺同时运用，器物表面的装饰效果仍是显示金色的阴文（图 26—图 29）。

上述三种工艺虽是以玉石器物为主体，也使用了金，但是工艺上没有使用包镶、镶嵌工艺，而是使用描金、贴金、戗金的工艺，因运用的工艺与“金镶玉”的基本特征不相符，也不能归纳到“金镶玉”的范畴之内。

四、“金镶玉”工艺门类中的技艺分类与研究

通过对上述玉雕技艺门类中“金镶玉”工艺的历史由来及演变过程进行的调研、分析和梳理，得出在当今，金镶玉应作为玉雕类的一个工艺门类，它有着自己的文化内涵和技艺构成，理清了“金镶玉”与其他工艺门类的区分，并归纳总结了“金镶玉”的基本特征。在调研中，通过走访大师工作室、观摩加工过程、与三位大师交流，梳理总结出“金镶玉”工艺中的三大类技艺：包镶嵌宝技艺，金银错技艺、压金嵌金工艺。通常在一件作品中，三种技艺是综合运用的，也有单独使用其中一项技艺并将其发挥到极致的。

（一）“金镶玉”技艺分类

1. 包镶嵌宝工艺

包镶嵌宝工艺是用贵金属，如黄金、铂金、白银和珠宝等对玉雕器物进行点缀、装饰和局部包镶装饰，有遮挡玉石表面瑕疵绺裂的作用，使器物更加华丽，传递出“金镶玉”文化中的富丽堂皇，具有皇家气质的富贵典雅、华丽，以及象征幸福美满的寓意，通过工艺体现出“金镶玉”的文化内涵。

包镶嵌宝工艺作为一门历史悠久的传统技艺，以其精巧细密的工艺和功用，占据着特种工艺中的重要位置。镶和嵌最早是分开使用的，镶是指：“一物体围在另一物体的边缘或嵌入另一物体内”，嵌的解释就是镶嵌。但两者连用出现的时代较晚，宋代赵希鹄在《洞天清禄集·古钟鼎彝器辨》称：“余尝见夏周戈，于铜上相嵌以金，其细如发。”其中“相”应通“镶”，镶嵌方法包括凹槽法、浅窝法、孔洞法、榫卯法、平面镶嵌法等。

这里所说的包镶嵌宝，与花丝嵌宝的技艺是基本一致的。花丝镶嵌与“金镶玉”两种工艺门类的文化基础和根源都来自“金、玉文化”，它们的器物成型主体所使用的材质一个是金属一个是玉石，器物造型使用材质为金属的，发展到后来就是金属工艺门类中的花丝镶嵌珠宝工艺；器物造型使用材质为玉石的，发展到后来就是玉雕门类中的“金镶玉”技艺。所以就包镶嵌宝这一工艺来说，无论是在金属主体上还是玉石主体，

上·图30　金银镶嵌——宝马　现代　曹平
中·图31　和田玉18k红蓝宝石镶嵌——鸣道　现代　徐飞
下·图32　墨玉错金嵌宝石龙凤纹瓶　现代　马进贵

大致工艺是一致的（图30、图31）。

2.金银错嵌宝工艺

金银错或错金银最早是用在青铜器上的一种工艺，是在青铜器表面铸出或錾出装饰图案的线槽，再用金银丝或片嵌入其中，经过捶打使其牢固，再经磨石等工具将嵌入的金银丝片与器物表面磨平，达到自然平滑、严丝合缝的地步。这些依照线槽错入的金银丝片所构成的图案纹饰形成了独特的装饰效果，这种工艺技法称之为金银错工艺，后来被广泛应用到玉器、木器、漆器等工艺门类中。其技艺核心在于“错”这一工艺，“错”就是指将金银嵌入器物后，通过错磨抛光，达到与器物主体融为一体的效果的技艺。“金镶玉”中的金银错工艺就是指在玉石器物表面开槽、压金，使金嵌入玉石体内，达到天衣无缝、自然平滑的金银错效果（图32）。

3.压金嵌金工艺

压金嵌金工艺主要源于乾隆时期进入宫廷痕都斯坦玉，其中就有玉器薄胎工艺和在薄胎玉器上嵌金嵌宝的工艺。薄胎工艺的特点是玉雕器物的壁非常薄，最薄处不到一毫米，器物放在水中可漂浮于水面，玉器行将此俗称为“水上漂”。这种玉器薄胎嵌金工艺在乾隆时期得到充分发展，技艺不断精进，后来逐渐形成在玉首饰如金镶玉薄胎珠串、耳坠等，小饰物如镂空薄胎粉盒、香囊、鼻烟壶等专为皇家御用的器物。它们对玉雕工艺要求极其严格，在压金嵌金的难度上达到了难以想象的地步，并加入了一些密不告人的机巧、机关（图33）。

图33　金玉香囊　当代　中国工艺美术馆藏

（二）调研马进贵“金镶玉”技艺及工艺流程

在调研采访中国工艺美术大师马进贵的玉雕艺术当中，以马进贵为代表的国家级非物质文化遗产“错金银”项目涉及工艺、内容较为全面，我们以此为例展开介绍“金镶玉”技艺及工艺流程。

据马进贵大师介绍，他年轻的时候分别在上海和北京学习玉雕技艺，尤其是1973年在北京玉雕厂深造期间，看到了老艺人潘秉衡制作的压金丝作品，觉得风格与图案极具西域特色，随即向柳朝国师傅请教，柳朝国师傅告诉他这是痕都斯坦玉雕，也叫“西番作”。马进贵对此非常感兴趣，因为他本人就来自新疆。通过查阅资料，马进贵知道了痕都斯坦玉是清朝乾隆时期产自当时被称为痕都斯坦、位于现今的克什米尔地区和南巴基斯坦一带，这些玉器造型独特别致，胎体薄如蝉翼，图案主体多为西域地区常见的莨苕纹、铁线莲、菊花等植物纹样，玉器表面除用金丝、银丝装饰外，还嵌有各式宝石和玻璃。乾隆皇帝极为喜爱此类风格的玉器，命令清宫造办处仿制一批金银错玉器。清朝末年，国事日弱，此种工艺逐渐失传。中华人民共和国成立后，潘秉衡等几位老艺人恢复了这门技艺并传承至今。回到新疆后，在当时的经济体制下，厂里对玉雕的生产原则是多快好省，并不同意他研制创作金银错这种费工费时、成品率低的玉雕产品。但是马进贵大师业余时间并没有放弃对玉雕金银错的研究和技艺的探索。在2000年后，他终于可以全身心地投入金银错工艺的试制和创作中，并恢复和发展了金银错工艺流程中的每一道工序。

1．玉器主体造型的磨制

（1）相料：分析摸清玉石材料质地的均匀程度，是否藏有绺裂，以决定做哪一类的器物。

（2）设计造型：依照创作的设计方案在玉石原料上进行造型设计，俗称“画活”。

（3）出坯：依照在玉石上的设计进行切割、打磨出坯。

（4）琢磨、雕制：在出坯基础上依照设计稿进行琢磨、雕制，或平面，或立体，深浅浮雕、镂空、掏膛、活链等，具体雕刻琢磨刻画细部的技法还包括：勾、撤、掖、顶、撞、迭挖、翻卷等手法。

2．错金、压丝、嵌宝

（1）勾画纹饰：在雕刻好的玉器主体上将所要错金、压丝及嵌宝的纹饰准确无误地勾画在器物表面。

（2）开槽：这是错金银、压金丝的基础工序，也是核心技艺之一。首先用金刚石勾铊沿勾画的纹饰线条开槽，要求开槽宽窄一致、深浅均匀、勾边整齐流畅，不崩边。在开槽工艺中包括一些技巧，这些技巧决定了所嵌金丝不需胶粘、不起丝、不跳丝、牢固不脱落的核心技术。（图 34、图 35）

在北京调研采访柳朝国大师期间，柳大师对“开槽”这一工艺环节是这样描述的：在使用水凳的时代，因靠人工脚踏带动铊轮转动，磨玉时需一边踩踏板转动铁铊片，一边不断加入金刚砂浆，因此在当时的技术条件下，为了不跳丝、起丝，在保证开槽深浅、宽窄一致的标准下，只能在所开槽底部向上留出一段段的凸起，造成开槽底部的不平整，为卡住金丝制造条件。所以，过去玉器行将嵌金丝、压金丝也称为“叼丝”。随着时代的发展，电动磨玉机出现，其转速快，铊片为钻石粉包裹，具有切割锋利、开口小等特点，开槽的底部不需要再用高低不平的处理办法来解决压金丝的

图 34　勾铊

图 35　勾铊开槽

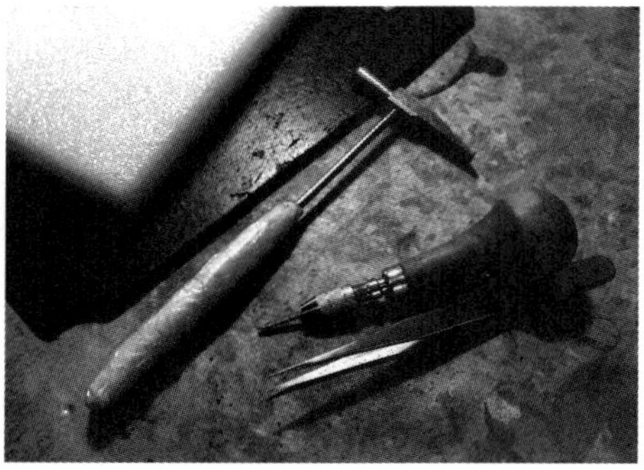
图36　压、嵌丝工具

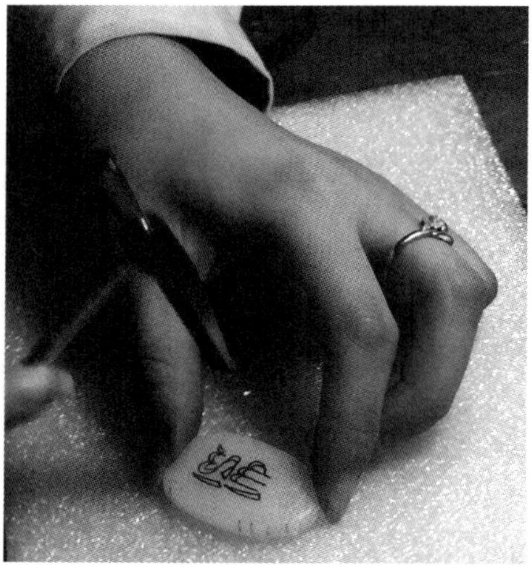
图37　捶打金丝

工艺，而是在同一开槽口的表面下向两侧外部斜切，形成“燕尾槽”，这样金丝嵌入后会更加牢固，不易脱落和起丝。总之，压金丝和嵌金丝都是利用金的延展性，在开槽内部留出角度和空隙，当金嵌入槽内后，预留的空隙和角度被金填满，金丝就自然嵌牢在开槽内。在实际操作中，上述工艺都是在宽1毫米左右、深1毫米的空间内，靠手工操作磨制工具实现的，其精密程度和难度是常人无法想象的。

（3）压、嵌金丝：这道工序同上一道开槽工序都是金银错技艺的核心技术，也是它的神秘之处。

首先通过工具将黄金或银拉成丝或打成薄片。

然后按照开好的线槽将压成片或拉成丝的黄金嵌入槽内，经过手工敲打，充分发挥金的延展特性，使金丝完全填入槽内预留好的有角度的空隙中，使金和玉完全相互嵌入、卡牢。这一工艺说起来简单，但在实际操作当中，需要通过小锤敲击的节奏和力度来感知金丝是否完全填满槽内，还要感知出玉石的承受力，过重会导致玉石开裂甚至破碎，过轻会导致金丝没有完全卡牢，过一段时间会出现跳丝、起丝，所以从事嵌压金丝的师傅既要熟悉掌握各类玉石质地的韧度和强度的特性，还要掌握好金、银经过捶打后延展性的变化。（图36、图37）

（4）镶嵌宝石：借鉴花丝嵌宝工艺。具体工艺是先做好与镶嵌宝石体积相等的钻管，不用画阴沟线，直接下钻，在所镶宝石的位置钻坑打窝，再把宝石嵌入窝里，将宝石与窝槽之间的缝隙以黄金嵌入，并打压宝石周围的黄金，产生膨胀，固定宝石。

（5）压金丝和嵌宝工艺如要在薄胎玉器上施展，其工艺要求和工艺难度将是无

图38　打磨、平错

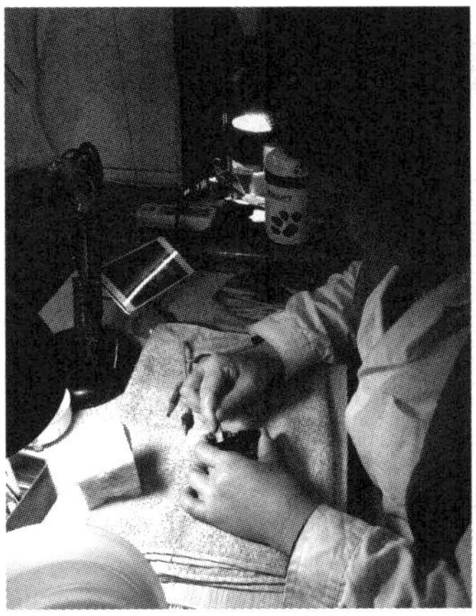

图39　抛光

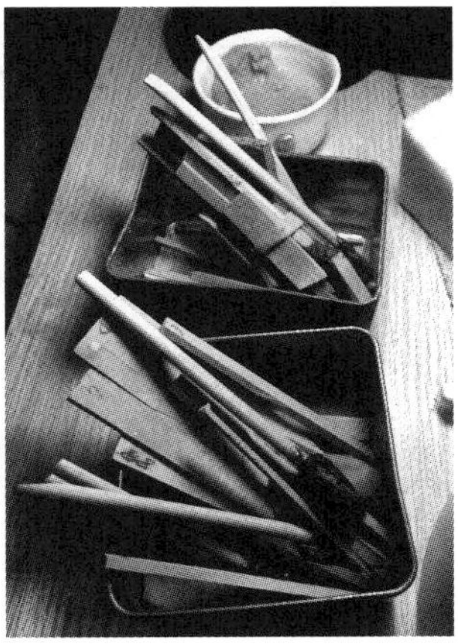

图40　抛光工具

法想象的。一是开槽略有不慎即会磨漏，打压金丝、金片的力度和节奏大小稍有不匀，器物就极易碎裂。器皿表面压金丝和金片的纹饰，在薄胎器皿口边处内外相同的纹样制作中，要严格把握好纹饰的一致性，不允许有分毫的差别，否则器皿在光线的映照下会内外图案不一致，而且十分混乱。这充分证明了薄胎金镶玉的工艺难度，也是金银错超凡技艺中的一个重要标志。

3．打磨、平错

用磨石和什锦锉将嵌入玉石的金丝、金片部分与周围器物表面彻底磨平，达到天衣无缝、浑然一体、自然平滑的效果。（图38）

4．抛光

使器物更准确、更细致地塑造形象，将玉的材质美和工艺美完整准确地展现和托出。在金镶玉的器物中，因为有金属的嵌入，所以抛光工艺更是检验和体现嵌金和嵌宝牢固程度的一道工序。（图39、图40）

（三）“金镶玉”当代代表人物介绍

1．张国王

张国王，福建莆田人，“华昌金镶玉技艺”第四代传承人，其金镶玉“错金银”技艺获国务院批准，入选第四批国家级非物质文化遗产代表性项目名录。（图41）

图41 张国王

代表作品：

（1）白玉错金镶彩宝双狮耳吉祥瓶（图42），以金银错技艺仿造清代双向耳狮盖素瓶，线条优美流畅，造型端庄富贵。瓶盖是雄狮镇守，象征富贵和事业稳定。双耳是象头衔环，寓意吉祥、太平有象。瓶盖、瓶颈以足金错成宝相花、云雷纹等纹饰，非常富贵内敛。

（2）白玉错金镶宝石云龙纹双耳觚（图43），此玉觚仿造商代早期青铜器的造型，颈部和腰身的纹饰源于青铜器上的兽面纹，器物表面使用金银错工艺嵌入金丝和碧玉、红碧玺等宝石。

（3）白玉错金镶宝石金壁瑞炉（图44），此炉身仿青铜圆簋型，盖成覆碗状，耳为镂雕瑞兽，三钝锥型实足。采用金银错工艺以祥瑞的灵花纹为设计图纹，镶嵌天然的碧玺，使玉炉光彩夺目。

（4）错金墨玉汉字竹简（图45），作品以竹简为题材，将独具中华文化特色的二十四节气，以金银错工艺呈现为宋体金字，辅以传统吉祥纹样，镌刻在十二块规格一致的圆柱墨玉上。

图46 马进贵

2．马进贵

马进贵，1947年出生，回族，中国工艺美术大师，其金镶玉“错金银”技艺获国务院批准，入选第四批国家级非物质文化遗产代表性项目名录。1964年，马进贵进入新疆玉雕厂从事玉雕工作，1966年被派往上海玉雕厂学习，师从林知文老艺人。1973年到北京玉器厂深造，师从柳朝国大师、蒋通老艺人。近十几年来，他的创作主题以金银错嵌宝石工艺为代表，以中国传统玉雕器皿为主，结合伊斯兰文

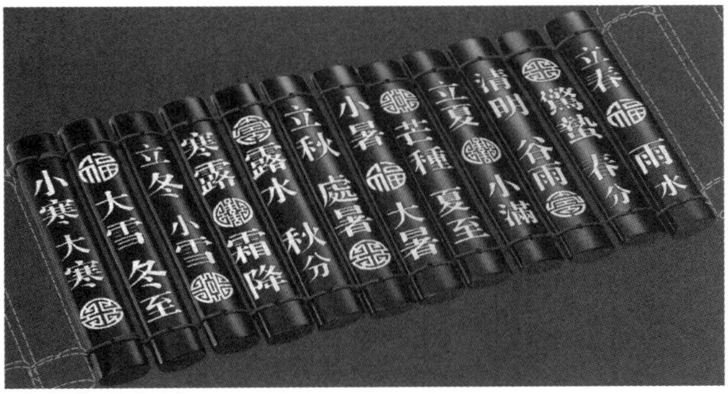

上左 · 图42 白玉错金镶彩宝双狮耳吉祥瓶 张国王
上右 · 图43 白玉错金镶宝石云龙纹双耳觚 张国王
下左 · 图44 白玉错金镶宝石金壁瑞炉 张国王
下右 · 图45 错金墨玉汉字竹简 张国王

化之特色，形成了与众不同的、鲜明的西域玉雕风格。2008年马进贵创立玉雕工作室——艺海轩琢玉坊。(图46)

代表作品：

(1)水晶错金嵌宝石圣水杯(图47)，作品采用天然水晶，光泽细腻，穹顶盖，圣火钮，口外翻，杯腹呈六瓣，上阔、中圆、颈外鼓，四足呈金币状。通体用金片、金丝饰莨苕纹图案，镶嵌红、蓝、祖母绿宝石。图案丰美雅洁，金片婀娜多姿，金线纤细流畅，镶嵌宝石锦上添花，具有雍容华贵之气韵。水晶料质韧性小且很脆，敲击易裂，在水晶上错金银、镶宝石难度相当之大，要求相当之高。在水晶器皿上完成如

上左·图47 水晶错金嵌宝石圣水杯 新疆 马进贵
上右·图48 白玉薄胎错金嵌宝石西番瓶 新疆 马进贵
下·图49 和田玉错金嵌宝石四大法器 新疆 马进贵

此高难度的加工工艺是前无古人的，作品整体彰显了浓郁的伊斯兰玉雕风格。

（2）白玉薄胎错金嵌宝石西番瓶（图48），作品质地凝脂缜密，细腻光泽。帽盖圆钮，直径两侧是圆形鋬溜肩，腹鼓、收胫，造型端庄大气。雕刻技艺采用难度较大的薄胎技艺琢制，在瓶口与瓶腹上错金饰阿拉伯文，意为："愿真主保佑您平安幸福"，通体错金饰缠枝纹，嵌红蓝宝石。整件作品沉稳凝重，富丽堂皇又晶莹剔透，超薄灵巧，通体厚度为1.5毫米至2毫米，整体重量为365克，制作工艺难度达到无以复加的程度。

（3）和田玉错金嵌宝石四大法器（图49），作品采用同一块硕大的和田羊脂玉料制成，质地缜密细腻，温润凝脂。四大法器分别为金刚钺刀、金刚铃、金刚镢、金刚杵，造型准确稳重，既继承了传统法器的神韵，又有明显的西域玉雕风格。作品采用错金嵌红蓝宝石技法，以宝相花、莨苕纹、西番莲为基本纹饰，点、线、面组合巧妙。

3．杨根连

杨根连，1960年出生，中国工艺美术大师，自幼受家庭熏陶，酷爱玉石。1979年，杨根连进入北京玉器厂工作，受到了各路名师指点，为其以后的创作设计打下了扎实的基础。1987年，他被调入技术科创新组，为钻研技术创造了有利条件。在刻苦钻研十余年后，杨根连所做的“鼻烟壶”终于达到了“精、妙、绝”的境地，连创玉器史上的六个第一：青玉薄胎薄度第一，青玉薄胎内刻外凸内凹第一，青玉薄胎内画第一，青玉薄胎对瓶第一，鼻烟壶内挂双链第一，用水胆制作鼻烟壶第一。1997年后，他开始不断探索另一技术——金镶玉，作品特点鲜明，融文化性与艺术性于一体，并取得巨大成就。（图50）

图50 杨根连

代表作品：

（1）金镶玉佛缘手串（图51、图52），手串由18颗玉珠组成，每一颗玉珠都从两头穿孔将内部掏空，并在其上采用压金嵌金的工艺技法镶嵌出花纹，整件作品重量仅为21克。

（2）金镶玉金玉富贵挂坠及耳坠（图53、图54），作品将一颗直径12毫米的玉珠掏膛，使其成为薄胎玉珠，再将薄胎玉珠镂空处理，之后在薄如蝉翼的薄胎镂空玉珠表面开槽，将金丝通过打压嵌入玉珠体内，使其浑然一体。工艺之难，技艺之高，可谓登峰造极。玉珠完成后，金与玉的重量几乎相等，甚至金的重量超出玉的重量。

（3）金镶玉永结同心鼻烟壶（图55、图56），金镶玉永结同心鼻烟壶可以一分为二，亦可合二为一。壶身金丝包裹，刻有同心结图案，取永结同心之意。用24K金勾勒出的同心结，丝带飘逸灵动，寓意心意相通、丝丝相连。鼻烟壶分开后，瓶身内侧分别镶嵌有金银荷叶，象征天地合、阴阳合、人己合，喻万物和谐统一，同时也包含百年好合的经典寓意。“蓄之以道，则民和；养之以德，则民合。”永结同心鼻烟壶的寓意之深远，工艺之精湛，当得起细细品味琢磨。金与玉的完美结合象征着“金玉良缘”“金玉同

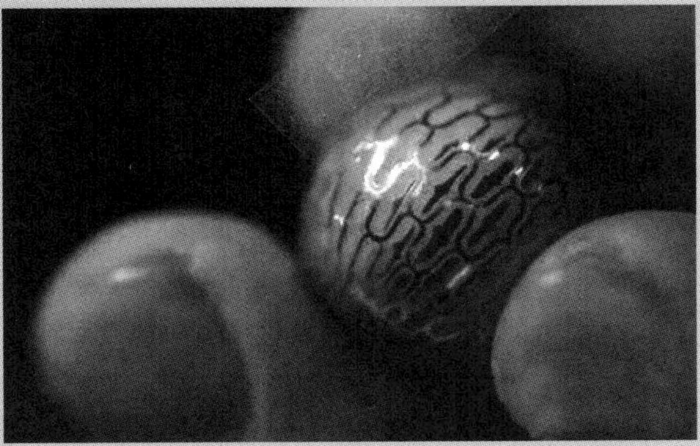

上左 · 图51　金镶玉佛缘手串　杨根连
上右 · 图52　金镶玉佛缘手串（局部）　杨根连
中左 · 图53　金镶玉金玉富贵挂坠及耳坠　杨根连
中右 · 图54　金镶玉金玉富贵挂坠及耳坠（局部）　杨根连
下左 · 图55　金镶玉永结同心鼻烟壶（合）　杨根连
下右 · 图56　金镶玉永结同心鼻烟壶（开）　杨根连

辉”，也象征着世间的大美。

4. 曹平

曹平，上海工艺美术大师，其“金银玉石镶嵌技艺”被评为第五批上海市非物质文化遗产代表性项目。父亲许三全在上海收藏界和玉雕界颇有名声，曹平受父辈熏陶，耳濡目染，从小打下玉石雕刻文化的基础。1980年，曹平拜微雕大师周长兴为师，从有机玻璃的线刻微雕开始，又学习了玉、石、木、竹、金和各种珠宝的加工技法，他喜欢将不同门类的工艺用在一件作品上，成为海派玉雕界多才多艺的大师。1994年，曹平前往美国成立白玉公司，2004年经上海工艺美术行会协会作为特殊优秀人才引进，2005年被上海市政府评为第一届上海工艺美术大师。2006年，曹平在上海创办了蓝田山房工作室。（图57）

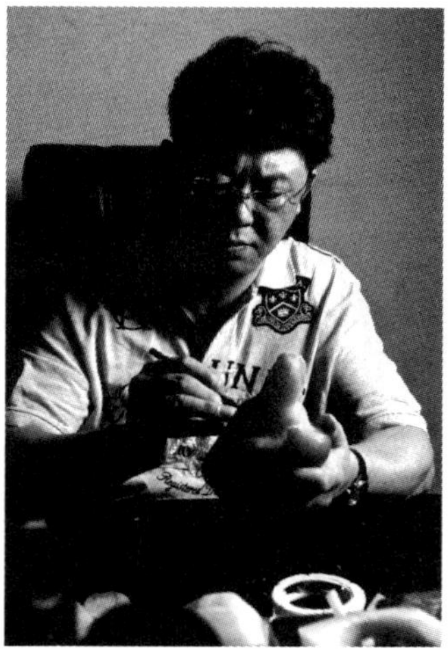

上・图57 曹平
下・图58 金镶玉金银镶嵌——岳飞 曹平

代表作品：

（1）金镶玉金银镶嵌——岳飞（图58），此作品是曹平金银镶嵌技艺的代表作，作者用中西结合、传统与现代融合的手法，历时两年，经数十次修改创作完成。作品以白玉立体圆雕，配以青金石为底座，形象传神，线条流畅，人物脸部勾勒完整洒脱，从衣饰褶皱到骏马的肌肉雕琢精细入微。将黄金制成盔甲、铠甲、护腕、护膝、战靴以及马的缰绳等，包镶在岳飞和骏马之上，并镶嵌红宝石，黄金与白玉相呼应，熠熠生辉。此作品的另外一个特点是包镶的金饰均可取下，玉雕岳飞和骏马仍是完整的一件作品。

（2）金镶玉金银镶嵌——宝马（图59），作品突出展示了中西结合的艺术特点，作品借鉴了西方马的雕塑，写实地显示出马匹强健肌肉和立体感，又运用了

图59 金镶玉金银镶嵌——宝马 曹平

中国传统写意手法，夸张地将马腿做得更粗壮，使宝马健硕神武，而又能避免折损。作者将宝马的眼睛以及缰绳、项圈施以红、蓝、绿宝石、钻石、青金等宝石镶嵌工艺，黄金马鞍两侧镶有宝石，鞍座上镶以青金，四个黄金马蹄踏在青金石制底座上格外鲜明，青金底座也施以黄金嵌宝工艺，创意设计精妙。

五、结　语

（一）当前非遗保护工作的着力点

2011年2月25日，十一届全国人大常委会第十九次会议审议通过《中华人民共和国非物质文化遗产法》，标志着非物质文化遗产保护工作进入国家立法、依法保护阶段。目前，我国非物质文化遗产保护事业中，国家四级名录体系已经建立，国家级非遗项目已公布四批，一系列重要保护举措开始实施并初见成效。如果说之前我们的非遗保护工作是“大刀阔斧”，为非遗传承保护搭建了基本框架平台，那么下一步工作就应该是在目前良好基础上，以“拿绣花针”的功夫进一步细化各个环节具体工作，探索保护传承中的各类行之有效的措施，深化对非物质文化遗产及其保护等各理念的认知。这十几年来卓有成效的非遗保护已初步完成了“量”的积累，下一步工作就应该在此基础上更加注重“质”的转变，使我们的非物质文化遗产保护工作不断深化，向非遗保护的最终目标——回归“精神家园”迈进。

（二）玉雕技艺中亟待解决的主要问题

2013年由王文章先生主编的《非物质文化遗产概论》中，对我国非物质文化遗产分类体系做出了科学的阐述与划分，归纳和概括出一个更全面、合理的非物质文化遗产十三大类的分类体系。工艺美术是非物质文化遗产分类体系十三大类中的一大类别，玉雕技艺是这一类别中的一个门类，“金镶玉”技艺发展到今天已经成为玉雕技艺门类中的一项。但是工艺美术在国家原轻工业部撤销后一直处于多头管理、自由发展的状态。通过此次对“金镶玉”技艺的调研，发现“金镶玉”已经由原来玉雕技艺中的一项特种工艺发展成为一个新的玉雕品种，但是原有的玉雕品种分类体系在国家政府层面已多年没有进行梳理、归纳，致使当代玉雕品种门类已经含混不清，不成体系。从业人员的技术等级标准和职称评定更是无序与多头管理，得不到统一的认定和与之相对应的待遇。此次通过对“金镶玉”的调研，梳理出目前在玉雕行业中存在的现象及亟待解决的问题，具体如下：

（1）近十几年来，玉雕行业因为没有在政府指导下建立起权威的品种分类系统和技艺等级标准体系，玉雕品种分类愈加含混不清，技艺等级也标准不一，各产区和相关行业组织各自为政，各类职称的评比及荣誉称号的评比层出不穷，造成了玉雕行业从业门槛低，产品数量多且艺术水平整体不高等问题。前些年在经济大发展的形势下这些问题没有凸显出来，而随着中国经济发展的转轨，在新形势下玉雕行业乃至整个工艺美术行业还没有完全适应新常态，行业内产能过剩的问题已经十分严重，因此形成了当前行业的低迷状态。

（2）在此次调研中，中国工艺美术大师柳朝国特别谈到对玉雕技艺的管理问题，并提供了1979年原国家轻工业部制定的《工艺美术琢玉工人技术等级标准（试行本）》[⑤]（图60—62），从中可以了解当时管理玉雕行业的状态。书中主要内容包括：将玉器雕刻品种分为人物、花卉、平素、鸟、兽、盆花（景）等六个品种，以及“水凳”(即指现在的磨玉技艺)、“光亮”(即指现在的抛光技术)工人的技术等级标准细则，细则包括以下八项内容：

①琢玉工人技术等级标准总则

②人物水凳工序工人技术等级细则

③花卉水凳工序工人技术等级细则

④平素水凳工序工人技术等级细则

⑤鸟水凳工序工人技术等级细则

⑥兽水凳工序工人技术等级细则

⑦盆花（景）水凳工序工人技术等级细则

⑧光亮工序工人技术等级细则

（3）当前，随着时代的发展，改革开放给中国带来了巨大的改变和空前的繁荣，随着改革的进一步深入，轻工业部这一政府部门也淡出了现行的政府体制，其制定的诸多行业标准和管理办法已经不能适应当前社会发展的需要。文化部非遗司的设立以及非遗保护法的出台，标志着政府以全新的视角和姿态对传统文化和传统手工技艺进行保护与传承发展。玉雕技艺已被纳入非遗保护的范畴，我们应以此为契机，建立玉雕技艺的品种类别以及工艺流程、技艺考核的标准，以“拿绣花针”的功夫进一步细化各个环节、具体工作的出发点和着力点，使其得到权威性的、系统的、规范的、标准化的梳理和确立。

工艺美术
琢玉
工人技术等级标准
（试行本）

中华人民共和国轻工业部
一九七九年

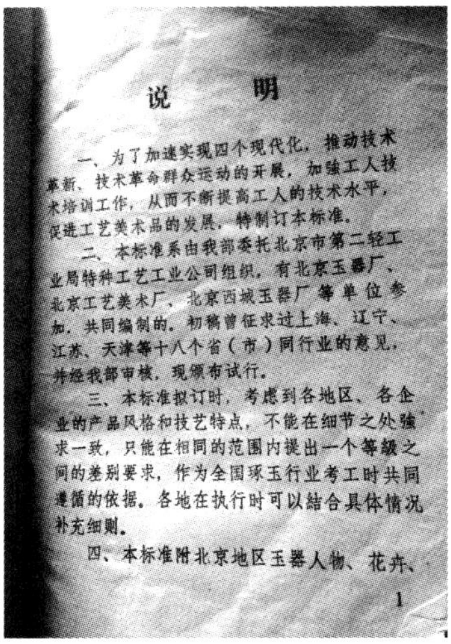
说明

一、为了加速实现四个现代化，推动技术革新、技术革命群众运动的开展，加强工人技术培训工作，从而不断提高工人的技术水平，促进工艺美术品的发展，特制订本标准。

二、本标准系由我部委托北京市第二轻工业局特种工艺工业公司组织，有北京玉器厂、北京工艺美术厂、北京西城玉器厂等单位参加，共同编制的。初稿曾征求过上海、辽宁、江苏、天津等十八个省（市）同行业的意见，并经我部审核，现颁布试行。

三、本标准拟订时，考虑到各地区、各企业的产品风格和技艺特点，不能在细节之处強求一致，只能在相同的范围内提出一个等級之间的差别要求，作为全国琢玉行业考工时共同遵循的依据。各地在执行时可以結合具体情况补充细则。

四、本标准附北京地区玉器人物、花卉、

1

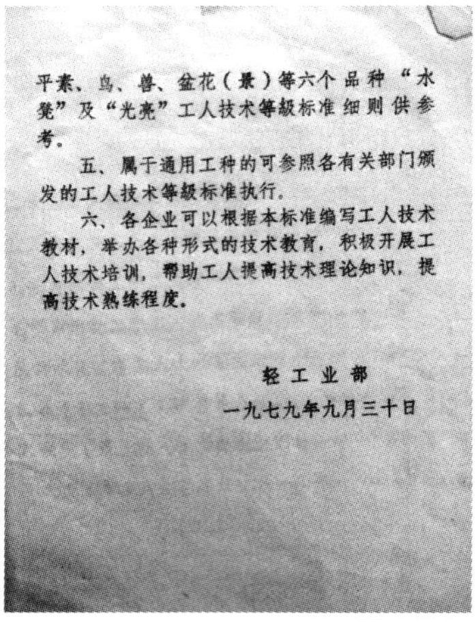
平素、鸟、兽、盆花（景）等六个品种“水凳”及“光亮”工人技术等級标准细則供参考。

五、属于通用工种的可参照各有关部门颁发的工人技术等級标准执行。

六、各企业可以根据本标准编写工人技术教材，举办各种形式的技术教育，积极开展工人技术培训，帮助工人提高技术理论知识，提高技术熟练程度。

轻工业部

一九七九年九月三十日

图60—62 工艺美术琢玉工人技术等级标准（试行本）

（三）建立品种分类系统和技艺等级标准体系，解决当前玉雕技艺保护与发展中的问题

在当前非遗保护的关键阶段，亟待非遗主管部门组织专家学者、工艺大师、传承人，以玉雕技艺门类发展的历史传承为基础，结合当代非遗保护的要求和已建立起来的传承谱系，以玉雕行业未来更好的传承、发展为目的，制定玉雕门类中全新的品种分类系统和琢玉从业人员的技艺等级标准体系，以解决当前玉雕技艺保护与发展中的问题。

（1）在玉雕行业里，建立品种分类系统和技艺等级标准体系，就能够系统性地、有的放矢地针对玉雕门类中的具体品种、技艺进行分析研究，并制定出与之相对应的指导其保护、扶植、管理等的政策、措施、意见和办法。我们出台的政策、措施和办法不再是笼统针对玉雕行业而言，而是在把握大方向、大原则的基础上，细化到具体品种和具体技艺。

（2）在玉雕行业里，建立品种分类系统可以规范各级申报玉雕非遗项目的名称，而不必每审批一项名录，就要研究分析其项目名称的合理性。因为就玉雕这一门类而言，所包含的各个品种运用的技艺各不相同，从对原料的选择到使用的工具、雕琢的技法、抛光的要求等都各有一套完整的工序和质量水平的评定标准。所以在申报的非遗项目名称中，应该逐级体现门类、所在门类中的品种、品种中所运用的技艺这三部分，由此说明建立玉雕品种分类系统的重要性。

（3）在玉雕行业里，建立技艺等级标准体系就可以在选拔和审定各级代表性项目传承人的时候，除了对传承谱系审核外，增加技艺标准的考核，使传承人的称号更具说服力。

（4）在玉雕行业里，建立品种分类系统和技艺等级标准体系就可以根据品种和技艺，更多地确立非遗保护项目和代表性传承人，做到有章可循、有据可查。

（5）在玉雕行业里，建立品种分类系统和技艺等级标准体系能够更有效地加强非遗保护中的分级管理与垂直管理。

（6）在玉雕行业里，建立品种分类系统和技艺等级标准体系就可以通过人才培养、技艺培训、职称评定等措施，提高从业人员的整体技艺水平和素质，提升玉雕

作品的文化内涵，进一步规范行业，引导消费和收藏。

通过此次对“金镶玉”的调研，经过对其工艺发展史及技艺演变的梳理和分析，得出以下结论：历史上一直将“金镶玉”作为玉雕中的一种特种工艺来认知，但是在其不断发展的过程中，其文化内涵在不断拓展，并吸纳和包容了西域、伊斯兰等艺术风格，在清乾隆时期更是为其定名为“痕都斯坦玉”。2008年奥运会，我国政府又将奥运奖牌定名为“金镶玉”奥运奖牌。在此次调研中，通过对大量实物的对比以及对相关玉雕大师的采访，认为“金镶玉”是以玉为主体，金和其他宝石为客体，是具有独特艺术风格和技艺特点的一类品种，将其归到玉雕中任何一个品种都不合适。至此，“金镶玉”无论从文化角度还是从工艺角度，都已具备作为玉雕门类中的一个独立品种出现的条件，在今天，它已不再是玉雕中的特种工艺，而是玉雕门类中的一个品种。由此反映出当代玉雕技艺在非遗保护中应加强力量，深入调研，尽早建立制定出符合发展规律的、全新的品种分类系统和技艺等级标准体系，使玉雕这一传统手工技艺更好地在保护中传承，在传承中发展。

注释

①（清）王先谦．汉书补注．广陵书社，2006：495.

②（清）王先谦．汉书补注．广陵书社，2006：495.

③《辞源》（下），商务印书馆，2004：3155.

④《辞源》（下），商务印书馆，2004：3156.

⑤ 中华人民共和国轻工业部．工艺美术·琢玉·工人技术等级标准（实行本）[Z].1979.

参考文献

1 | 王文章．非物质文化遗产概论[M].北京：教育科学出版社，2013.

2 | 中国工艺美术馆．中国工艺美术馆馆藏珍品[M].北京：长城出版社，1991.

3 | 许晓东．故宫经典：故宫玉器图典[M].北京：故宫出版社，2013.

4 | 中国现代美术全集编辑委员会．中国现代美术全集·玉器[M].北京：北京工艺美术出版社，1997.

5 | 李学勤．中国美术全集·青铜器（上）[M].北京：人民美术出版社，2014.

6 | 杨伯达 . 中国美术全集・金银玻璃珐琅器 [M]. 北京：人民美术出版社，2014.

7 | 杨伯达 . 中国美术全集・玉器 [M]. 北京：人民美术出版社，2014.

8 | 齐东方，申秦雁 . 花舞大唐春：何家村遗宝精粹 [M]. 北京：文物出版社，2003.

9 | 杨泓 . 美术考古半世纪 —— 中国美术考古发现史 [M]. 北京：人民美术出版社，2015.

10 | 方泽 . 中国玉器 [M]. 北京：清华大学出版社，2013.

11 | 高健 . 金镂之雅：马进贵西域玉雕艺术 [M]. 乌鲁木齐：新疆人民出版社，2011.

12 | 张国王 . 张国王珠宝大师作品集 [M]. 北京：中国文史出版社，2015.

扬州山子雕技艺传承与提高

Inheritance and Improvement of the Yangzhou Carved Jade Mountain Technique

李　勃

吕品田 | 指导教师

摘要

扬州玉雕技艺源远流长，其最高水平的山子雕技艺充分展现了扬州玉雕风格朴实、造型优雅、工艺精湛的特点，成为中国玉雕技艺的杰出代表。当今社会发展迅速，科技不断推动工业化前进，这使得人们的生产、生活方式发生了重大改变，传统手工艺受到了严重的冲击。和许多传统手工艺类非物质文化遗产项目情况一样，扬州山子雕技艺的传承与提高也面临着许多挑战，存在着许多问题。

此调研报告首先介绍扬州山子雕的历史背景、发展现状和工艺特点及流程；其次，提出扬州山子雕技艺在传承和提高实践中所存在的问题并进行分析；最后，针对所提出问题进行对策性研究，切实践行“生产性保护”理论，在保持已有的有效措施和优秀经验的同时，就所提出的问题从扬州山子雕技艺传承实践和技艺提高实践两个方面，分别提出相应的对策和建议。

关键词：非物质文化遗产；生产性保护；扬州山子雕技艺；传承；提高

Abstract

Yangzhou jade carving technique has a long history. The highest level of its carved jade mountain technique fully shows its simple, elegant and exquisite features, and is considered as an outstanding representative of Chinese jade carving techniques. Nowadays, with the rapid social development and industrialization driven by science and technology, the production methods and ways of people' s life have changed profoundly, which impact the traditional handicraft greatly. As is the case with many other traditional handicrafts among the intangible cultural heritage items, the inheritance and improvement of the Yangzhou carved jade mountain technique is also faced with many challenges and problems.

In this research, we firstly introduce the historical background, status quo, technique features and production process of theYangzhou carved jade mountain ; secondly, we put forward and analyze the existing problems in inheriting and improving this technique ; lastly, by carrying out a targeted study, practicing the theory of productive protection and drawing upon the existing efficient measures and experiences, we give out the solutions and suggestions for inheriting and improving this technique respectively.

Keywords : Intangible Cultural Heritage ; Productive Protection ; Yangzhou Carved Jade Mountain Technique ; Inheritance ; Improvement

一、扬州山子雕概述

“在外形呈不规则的卵形籽玉上，或在各种山石形状的石料上，经过精心的构思，以各种人物和诗词典故为内容，施以山水、花草树木、鸟禽走兽，用圆雕、浮雕、镂空雕的方式制作的立体画面。”[①]这种形式的玉雕作品叫山子雕，玉雕行内人俗称“山子”。

（一）历史背景

玉是中国传统文化的重要组成部分，以玉为审美对象在中国有几千年的历史。中国人不但欣赏玉的自然美，更赋予它丰富的文化内涵。“世界上唯有中国人把玉的自然属性和人文属性完美结合在一起，并且不断发扬光大。人们把玉的自然特性道德化，使它在政治、宗教、思想、文化等各个领域扮演特殊角色，发挥着其他艺术品不能取代的作用，体现出鲜明的中华民族特色和深厚的中华文化内涵”。[②]中国有句俗话：“玉不琢，不成器。”中国的第一部诗歌集《诗经》中就有对玉雕技术的描写：“如切如磋，如琢如磨。”[③]历朝历代的中国玉雕匠人们以自己的勤劳和智慧，将考究的材料、精湛的工艺、优美的艺术形式和丰富的人文内涵融为一体，为我们留下了难以计数的精美作品。中国玉雕技艺经过八千年的发展和完善，逐渐成为体系完备且独具特色的手工艺文化。扬州琢玉工艺历史悠久，是中华玉文化的重要组成部分，其玉器造型丰富、装饰多变、技法精湛，是中国玉雕技艺卓越的地域代表。

“扬州，古称广陵，南临长江，中贯运河，建城已近 2500 年。回溯源头，‘秋，吴城邗，沟通江淮’。自公元前 486 年吴王夫差开邗沟通江淮，进军中原，北上争霸，为屯军储粮，在蜀冈之上筑邗城，开邗沟。”[④]从此之后，扬州从蛮夷通向繁华。即以地扼水路交通枢纽之利，带动经济繁荣和文化昌盛。扬州曾经数度繁华，得文人之胜，是王侯贵族、文人商贾的钟情之地，成为中国古代著名的商贸都会，也是重要的对外贸易和文化交流中心。

1977 年，在扬州地区考古发掘的新石器时代晚期的氏族墓内，发现石斧、玉琮等陪葬品 60 余件。这说明在距今 4000 年前，扬州地区的工匠可能已经掌握了较为熟练的玉器制作工艺。

商周时期，青铜器铸造技艺达到鼎盛，琢玉技艺也有所发展，开始出现切、磋、琢、磨等玉器加工工艺。工匠开始有意识地利用俏色进行加工，以增加器物的美感。玉器的品类也从实用工具扩展到礼器、乐器以及各种饰品，被用于祭祀、朝堂、结盟等重要活动，或被用作交战双方和解、泯仇的信物，即所谓的“化干戈为玉帛”。

春秋战国时期的玉器在中国古代玉器史上占有重要地位。玉器与伦理道德联系紧密，因而这一时期的玉器主要作为礼器之用。玉器的形制也一变以往古朴、简单的造型和装饰风格，出现了大量前所未有的新样式。扬州玉器也必然受此文化环境影响，形制由简及繁。

随着经济的发展和文化的进步，汉代扬州玉雕工艺进一步发展。扬州汉墓出土的玉器种类繁多、形制优雅，有些玉器采用了阴线和浅浮雕相结合的雕刻技艺，显示了扬州玉雕技艺的发展与创新，极富考古和艺术价值。

魏晋南北朝时期，政权更迭频繁，社会动荡不安。在这样的社会背景下，扬州玉雕工艺的发展受到了不小的影响。与此同时，战乱和苦难情境中的精神慰藉，使佛教题材的玉雕作品在这一时期悄然兴起。对佛教题材玉雕的大量需求使玉雕材质不断扩展，在民间兴起了一股以曲阳白玉和黄花石代替名贵的和田玉制作玉佛并加以供奉的风潮。虽然如此，相比较汉代而言，魏晋时期的玉雕做工相对简单、粗糙，玉雕技艺发展相对缓慢。

在经历了魏晋南北朝的低谷之后，扬州玉器工艺在唐代又达到了一个新的高峰。民间以玉为配饰的风气逐渐流行，各种样式的玉饰品得到快速发展。运河的挖掘和通航使扬州成为南北交通要地，扬州地区先进的玉器切割和雕刻工艺也得以在全国范围内传播。

宋代经济发达，政府重视商业和手工业的发展。宋徽宗尤爱玉器，当时各种文化技艺的发展，包括工笔绘画的发展，城市经济的繁荣，现实主义和世俗化的倾向，直接或间接促进了扬州玉器的空前发展。因此，扬州玉器在宋代得到了充分的发展。同时，物质生活的富足为精神追求创造了条件。宋代经济繁荣使民众对精神文化生活的要求得到提升，并促使全国休闲生活和审美情趣发生了新的变化。所以，玉雕在宋代的新文化环境中得以充分发展。扬州玉雕技艺在宋代有了创新性突破，这一时期所创造出的镂空雕技法为后来扬州山子雕技艺的形成奠定了基础。“据清朝人谢坤记述，他曾经在江氏的家，看到了宋代扬州生产的精美的玲珑玉塔。在《春草堂集》中他写道：‘宋制玲珑玉塔，塔玉雪白，绝无所谓饭绺瑕疵，高七寸，作七级，其制六面，面面有栏……塔顶有连环小索，系诸顶层六角，绝不紊乱，所言鬼斧神工莫能过是。’”⑤从作者对所见宋代玉塔的详细描述中可以看出，宋代扬州玉器雕刻技巧已发展至相当精湛的水平。

元朝时政府网罗大量工匠为宫廷所用，使官办玉雕技艺水平有了大幅提升。匠人得到政府的支持之后，开始有能力和原材料制作形制硕大的山子雕。现藏于扬州博物馆的一件山子雕作品，创作于元代末期。它以白玉为原料，表现“竹林七贤”故事题材。作品中的人物和山林刻画简练，简中有繁，重点突出，主题鲜明，可视为扬州山子雕的早期代表作品。

及至明代，复古思潮兴起，追摹古风的气氛推动了玉雕技艺的发展。扬州玉雕在模仿先秦玉器、青铜器等典型器物造型及装饰的基础上，开始形成独具时代特色的优雅风格。现藏于扬州博物馆的明代玉雕作品《六角莲花玉壶》《蟠螭白玉杯》等，形制优雅，质地精良，观之者无不赞美。发展至晚明时期，扬州山子雕的创作形制和基本风格进一步形成，制作工艺也更为精细。

扬州玉雕工艺发展到清代中叶，可以说品类齐备，技术水平空前提高，在乾隆年间进入鼎盛时期，扬州成为全国玉器主要集散地和制造中心。两淮盐政除在建隆寺设有玉局，大量承办清朝宫廷各种大型陈设玉器外，每年还按岁例向朝廷进贡大量摆件和把玩玉器，用于皇宫内院陈设或作为奖赏臣下的“御品”，被定为“扬州八贡”之一。如其中的白玉如意是用上等的和田羊脂玉琢制而成，玉料洁白无瑕，凝腻如脂，造型精致典雅。除此之外，扬州山子雕在当时也颇受皇家贵族青睐，宫廷中重一千斤以上的大玉山有十余件，几乎都是扬州所制。其中有一件号称“玉王”的《大禹治水图》玉山，重逾一万斤，是玉雕作品中罕见的大型珍品。故宫博物院著名玉雕专家杨伯达先生对清代扬州山子雕及其代表作有极高的评价，他说：“山子雕的技艺成熟于清代，在雕刻技艺有了长足发展的同时出现了大型玉雕山子作品。如青玉山子《大禹治水》，为乾隆年间御制，是扬州玉工用几十年的时间琢制而成，重5300多公斤，高2.24米，宽0.96米，人物传神，造型生动，气势磅礴，可谓是稀世珍宝。随之还有《会昌九老图》《秋山行旅图》等大件玉山子作品，无不体现中华民族传统手工艺的精华，是当时扬州玉工的经典之作，也是中国玉器史上最为辉煌的篇章。”⑥清代扬州地区手艺精熟的玉器工匠多达万人，扬州玉雕的生产规模和雕刻技艺水平都达到了前所未有的程度。这为日后扬州玉器在全国玉器“北雄南秀”的艺术格局中，成为“南秀”的代表奠定了坚实的基础。

纵观扬州玉雕的发展历史可以发现，扬州玉雕的发展建立在不断吸收传统文化精髓的基础上，随着不同历史时期经济、政治、文化环境的变化，扬州玉雕的风格、形制及制作技艺也在不断变化与进步，但其承载着人们对真、善、美的追求没有改变。其中作为陈设、把玩的一个品种——玉山子，逐渐受到各阶层民众的喜爱与追捧。总之，各朝代、各阶层民众对包括扬州山子雕在内的扬州玉雕文化的喜爱与追捧，使作品中普遍表现出一种乐观向上的精神风貌，这也反映出我们的祖先对美好事物和生活的一贯追求。

上·玉山《大禹治水》
中、下·玉山《大禹治水》（局部）

（二）发展现状

经过了漫长的发展历史，今天的扬州玉雕既保留了传统玉雕朴实的造型风格，又有着精致优雅的设计感，是中国现代玉雕的优秀代表。扬州现代玉雕主要分为炉瓶、人物、花鸟、走兽、仿古、山子雕共六大品类，其中最值得称道的是可以代表扬州玉雕最高水平的山子雕。

由于历史的原因，从清王朝灭亡到20世纪70年代末，扬州山子雕制作停滞了大半个世纪的时间。扬州玉器厂于1978年恢复对扬州山子雕的研制并投入生产，经过以顾永骏为带头人的一批玉雕大师们的不懈努力，在保留传统技艺的基础上，改良制作技术，强化设计思路，逐渐复兴扬州山子雕技艺。“1986年琢制完成的碧玉山《聚珍图》，通高120厘米、宽90厘米，重达1000多公斤，以著名石刻为题材，集乐山大佛、大足石佛、龙门大佛和云冈石佛于一体，构成深邃幽秘的福地仙境。展出时引起轰动，首都新闻界纷纷发布消息，并给予高度评价。香港报纸称这件碧玉山子雕是继中国清代乾隆年间制成的大型玉山《大禹治水图》之后200年来仅见的山子雕珍品，它充分反映了中国玉石雕刻技艺的新水平。1990年运用扬州山子雕技艺琢成的白玉山《大千佛国图》，荣获国家金杯。上述山子雕作品，经国家评定为珍品，现收藏在中国工艺美术馆珍宝馆内。”[⑦]“扬州山子雕工艺遵循因材施艺的原则，在充分保留和全面传承传统玉雕技艺的基础上进一步提升，在设计上加强对国画艺术的借鉴，在题材上不断拓展，在造型上力求优雅别致，技法上追求精湛和创新，强调保持山子雕艺术整体性的同时凸显丰富的层次。”[⑧]上述艺术特色使扬州山子雕成为扬州玉雕的代表性品类。

2006年，扬州玉雕技艺被列入首批国家级非物质文化遗产名录，反映出国家对扬州玉雕技艺的高度重视。扬州市政府也给予玉雕行业及传承人多方面的支持，开展了扬州玉雕传统工艺资料库的建设。相关政策的扶持为扬州玉雕技艺的传承与保护，以及玉雕技艺传承人的培养起到了重要的推动作用，使扬州市逐渐建立起了一支颇为壮大的玉雕人才队伍，构成了较为稳定的传承体系。目前，扬州市拥有国家级工艺美术大师5名，省市级工艺美术师数十人，这支队伍为扬州玉雕技艺的传承与提高做出了巨大贡献。2013年底，顾永骏和四位玉雕大师历时4年完成巨型碧玉山子雕《大禹治水图》，该作品长2.8米、高1.3米、厚0.8米，重4吨，是自清代乾隆年间《大禹治水图》玉山之后最大的山子雕作品。

不仅如此，近年来相关社会活动也如火如荼地展开。如扬州市建立了扬州工艺美术馆及中国玉器博物馆，不仅为广大民众提供了认识扬州玉雕和传统手工艺的有利条件，而且可以起到更好地宣传传统文化和传统手工艺的作用。扬州市还承办了“中国玉石雕精品博览会”“中国扬州玉文化研讨会”“海峡两岸玉文化发展论坛”等大型会议，为扬州玉雕发展搭建多方面、多层次的经济、文化平台，全方位推进扬州玉雕事业的发展，为扬州山子雕技艺的传承与提升提供了良好的发展契机与社会环境。

（三）制作工艺

1. 制作工艺特点

山子雕作品每每保留玉料的圆润形态，给人以小见大、精巧别致、赏心悦目的感受。扬州山子雕多以历史典故、神话传说、古代文学、诗词歌赋为题，通常用山石、建筑、花草树木及人物等许多内容来表现，通过精细的构思、严谨的构图，采用圆雕、浮雕、镂空雕等多种工艺技法制作而成。其工艺制作过程繁复，设计制作特点鲜明，具体表现在以下几点：

（1）巧用材料：设计时首先要对玉料进行详细的审视，弄清绺裂的分布情况。其次经过认真的构思设计，尽量将纹路、裂痕设计为山石的石纹，或隐藏在组合树木的枝叶重叠之处和建筑物的栏杆转折等位置上。

（2）注重构图：吸收中国山水画的构图方法，以曲形构图为常用，注重运用构图营造清幽深远的意境。

（3）突出主题：作品中的人物、花鸟、山石、树木等图案都要为主题服务，做到主题突出，意境深邃。

（4）考究造型：设计构图时，要适当运用对比的方法，对比可增强构图的变化，既有对比又有统一，使画面更加精彩。“动与静的对比……山石是静的，泉和飞鹤及孩童是动的，形成动静对比。斜线条的石纹和倒挂的山石可增强动感，与平直的山石可形成动静对比。曲与直的对比：石纹的表现上，曲直的变化是很重要的。画面的中心及最突出的部位，山石的石纹可用直线或多转折的斧劈皴线条和块面来表现，显得刚劲有力……同时还要进行局部的对比，即在锋利多转折的斧劈皴山石上或主要洞口上，'挂'一些藤萝，'长'一些曲劲多姿的老树，形成局部曲直的对比……曲直柔美的线条和造型，会给人一种流动感和装饰美。"[⑨]

2．制作工艺步骤

（1）相玉

相玉是扬州山子雕工艺流程的第一步，其工作内容主要是观察玉料的形状、质地、色彩、绺裂这四个方面。

第一，观察玉料的形状。玉料的自然外形主要有三种：山料玉，呈石块状；山料水玉，俗称"山流水"，是山料经风吹雨打磨损失去棱角的状态，表面比较平滑；籽玉，是经过河水冲刷冲入河底呈鹅卵石状的玉料。籽玉的品质往往最优，山流水其次，而山料玉的品质差别则很大。这三种玉料原则上均可制作山子雕，但是通常选用外形圆润的籽料、山流水较多。

第二，了解玉的质地。质地是评判玉料好坏的重要依据，玉的质地主要由坑、皮、性、透明度、硬度这几个要素判别。"坑"是指玉料的产地。"皮"是指玉料的表面特征，这种特征可以反映出玉料的内部质量，好的玉质应该是皮如玉，通常皮好里面的玉质也好，反之玉质也就不好。"性"是指玉料的结晶结构，通俗讲就是玉料的缺点，越是好玉料就越没有"性"的表现。"透明度"：在玉雕行业里叫作"水头"。"硬度"：玉料的硬度可以按照摩式硬度分为10个等级，翡翠的硬度一般在7.0左右，而和田玉硬度在6.5左右。

第三，细辨玉料的颜色。玉料的颜色差异很大，每种玉料都有一个基本的颜色，有时一块玉料也会夹杂着多种颜色。以和田玉籽料为例，一般有白、青、黄、碧、墨这几种基本色，其中白色为上，白色中以羊脂白玉为最优。

第四，查看玉料的绺裂，"绺是指玉石或翡翠受外力作用或在成矿过程中形成的少量呈定向分布或交错的劈理、裂理、絮状矿物排列等，尚没有裂开；裂是指玉石或翡翠受外力作用形成的劈理、裂理等，已有明显裂开"[⑩]。即使再优质的玉石原料都或多或少存在绺裂，对于玉料上的绺裂情况，包括其程度、走向、分布等，

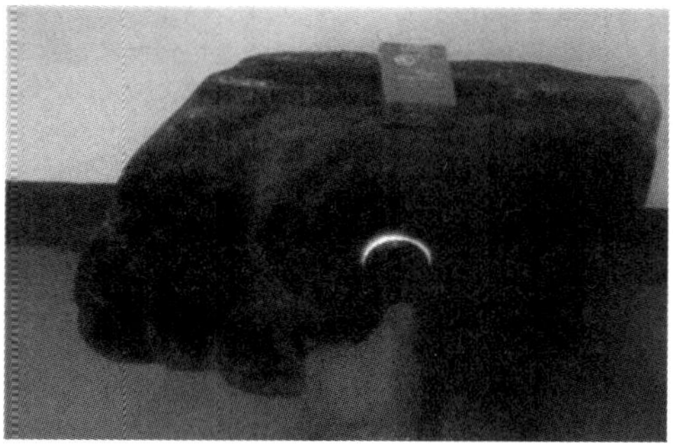
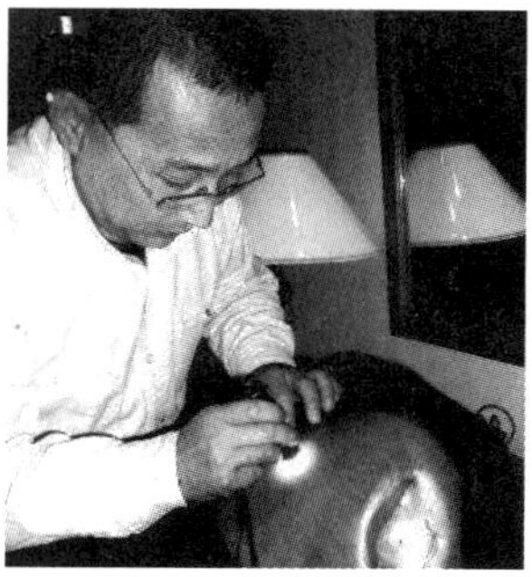

相玉

一定要预先查看清楚。相玉虽是雕刻前的基础工作，但辨别玉质的好坏和观察出玉料的优缺点，直接影响到山子雕其他工艺步骤的实施和最后的艺术呈现。因此，作为创作过程第一个环节，把握要领，仔细相玉是十分重要的工作。

（2）设计

通过相玉过程所了解的玉料基本情况，有针对性地按照其特定情况进行构思并确定主题；随后按照主题绘制草图，决定基本的画面构图。要想使作品的艺术效果和玉料的特点达到完美结合，设计上必须遵循以下几个原则：

第一，按质施艺，即要根据玉料的质地因素进行综合考虑。一般原则是：劣质者不施细工，质中者可施细工，质优者必施细工。

第二，量形取材，即首先要做到“保形”，尽量不破坏玉料本身的形态；其次要做到“保重”，充分利用玉料形态的最高点，尽量使玉料形态完整并保证其重量感。

第三，挖脏去绺，即在设计构图时，可以避开绺裂和杂质，尤其是一些重要的部位；如果实在无法避开，设计方案上就要考虑如何才能尽量将绺裂和杂质挖去或者隐藏掉。

第四，巧用玉色，即在设计制作方案时，一定要借助玉料的天然颜色，使之与所要表现的主题和具体形象刻画相统一、相吻合。巧妙地运用玉料的颜色能够极大地提高作品的艺术价值和商业价值。

（3）画活

设计工作完成后，接下来就要把画好的草图绘制到玉料上。这一步骤在扬州山

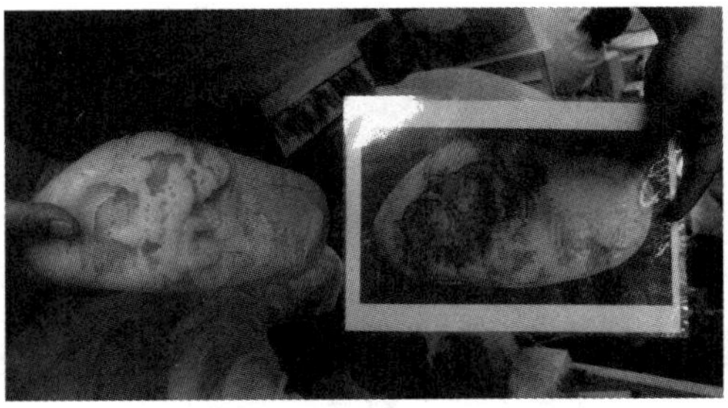

画稿和准备三次画样

切块过程

子雕工艺行话中被称作“画活”。根据玉料和题材的不同，画活一般分为首次画样、二次画样、三次画样和勾细样四个环节，每次画样都要画出画面形象。

（4）雕琢

雕琢是对天然玉料按设计方案进行具体加工、琢制的工艺环节，也是将设计者的主观意图施于玉料的过程。扬州山子雕从整体上看属于圆雕形式，而其表面的山水人物景象则大部分属于浮雕形式，往往采用深浅浮雕、镂空雕等技法，此外也会结合阴刻、阳刻、线刻等其他雕刻手段。与其他玉雕品种基本一样，扬州山子雕的雕琢过程主要分为：坯工、细工、精工修饰三个环节，遵循先大后细的原则先后展开。

①坯工，即制作玉雕作品的粗坯，琢刻出大致的轮廓。坯工分以下几个步骤进行：

第一步，切块分面，即用切割机去掉与最终作品无关的部分，确定大致轮廓。此步骤是后期雕刻的重要基础，完成后即可呈现成品的初步造型。

第二步，修外形，即对外形有缺陷的玉料进行局部修整；有时还要进行平底工作，即把玉料的底部打磨平整，从而使完成的扬州山子雕作品可以端放在木座上。

第三步，掏空，又称开窗，是坯工阶段重要的步骤。扬州山子雕作品多为表现山腹空洞的场景，因此要在玉料主体上掏出一个空洞。掏空时要仔细考虑开凿口的大小、形状、深浅、方向、位置等因素，还要照顾到作品要表现的景、物，不可一掏到底，要形成分明的层次，呈现立体效果。

第四步，二次画样，经过以上三个步骤后，玉料已经呈现出作品的基本形态，

二次画样和推落完成

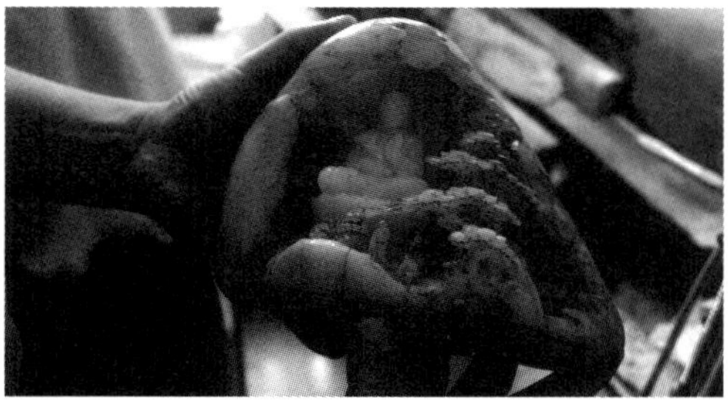

坯工完成

但首次画样的线条已经模糊，需要在轮廓清楚的玉料上进行二次画样。

第五步，推落，即根据二次画样，将块、面继续往下推进，从而呈现出块、面的高度差和连接关系。推落过程一定要先浅后深地谨慎进行，避免发生不可挽回的失误。

第六步，三次画样，为了使继续雕刻更准确，此时需要在玉料上进行第三次勾画。由于玉料经过前期的切块和雕琢，造型和空间关系基本确立，所以此次画样要求位置准确，要充分考虑造型细节特征和各个部分的比例关系。

第七步，阶段修整，其主要包括两项工作：一是对大块面进行更仔细的分割，用小块面来概括形象；二是对粗糙的表面进行修整。此步是坯工阶段的最后一道工序，接下来就进入细工阶段。

②细工，是对作品做进一步的精细雕琢，使形象和场景更加细腻逼真。细工分三个步骤完成：

第一步，勾细样，就是把各种形象的细部结构仔细画上，随着雕琢的不断深入，要求的画样要更加精细，便于下一步的精确雕刻。

第二步，精确雕刻，在勾细样的基础上，对作品中的人物、动物、植物等进行精确雕琢，使各个形象生动逼真，栩栩如生，这也是玉器雕琢工艺中难度最大的一个环节。

第三步，二次修整，即修整、磨平之前所留下的棱角和糙面，对各种线条、边、面进行修饰加工，使表面光洁平整，细部准确清晰。

③精工修饰，是雕琢过程中的最后一个环节，主要处理三个问题：一是处理此

前工序中遗留的不足，完善整体造型；二是完成精确雕刻中难度最大的部分和作品中容易碰坏的地方；三是将人物的表情处理得更生动、更有神采。

（5）抛光

抛光就是把雕琢完的玉器表面进行磨细至镜面状态，使光照其表面时有尽可能多的反射，达到最大光亮程度。其主要的工序有：磨细、罩亮、清洗、过蜡和擦拭。

（6）装潢

装潢是扬州山子雕制作的最后一道工序。为了使成品更美观、更安全，通常要给其配一个底座和盒匣，底座通常用红木制作，按照玉器作品的题材、风格、形态来雕刻，从而和作品底部完全结合，好的底座美观精致，和玉器浑然一体。而盒匣是从作品运输方便和安全方面来考虑设计制作的。

经过相玉、设计、画活、雕琢、抛光和装潢这六道工艺，一件完整的扬州山子雕作品就大功告成了。从中不难看出扬州山子雕工艺有工序流程多、技艺难度大、

上·精工修饰完成
下左·抛光
下右·成品

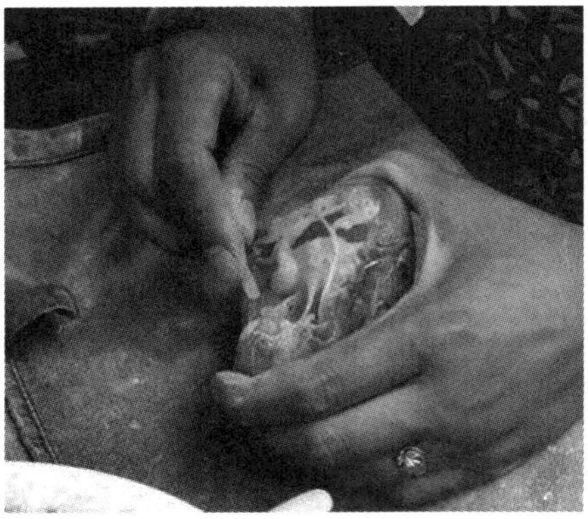

创作时间长三个特点。

（四）技艺价值

扬州山子雕最突出的技艺价值就在于它是多种玉雕技艺的综合体，山子雕的创作手法涵盖了立体雕、透雕、圆雕、镂空雕、深浮雕、中浮雕、浅浮雕等几乎所有玉雕工艺。这种技艺的丰富性主要有以下两方面：一方面是扬州山子雕创作题材的丰富性，无论是山水花鸟、亭台楼阁、民间故事、名著典故等都可作为扬州山子雕的创作主题，题材的丰富性自然而然地要求以不同技艺加以表现；另一方面是扬州山子雕原料取材广泛，工匠可以充分利用原材料本来的物质特点和造型样式因材施艺，通过巧妙的设计和丰富的玉雕工艺将玉料中的绺裂、脏斑、杂质，雕琢成山石树木、小溪沟壑、高山浮云，将材质的不同特点和造型特征以丰富的创作手法和工艺最大限度地艺术化，成为一件诗意盎然的高雅艺术品，这是扬州山子雕技艺价值的突出体现。

二、扬州山子雕技艺传承与提高中存在的问题

（一）传承方面的问题

2006 年，扬州玉雕被列入第一批国家级非物质文化遗产名录，扬州玉器厂的江春源和顾永骏两位中国工艺美术大师被遴选为该项目国家级非物质文化遗产项目代表性传承人。扬州市政府对扬州玉雕行业给予了高度的重视，针对扬州玉雕技艺的人才培养问题做了许多实际工作，但在扬州山子雕技艺传承方面还存在一些问题。

目前，扬州山子雕技艺传承方式主要有三种：一是“师徒相传”的传承方式，二是职业学校培养的玉雕专业学生，三是玉雕企业直接招工培训。

“师徒相传”的人才培养方式是扬州山子雕技艺最传统的传承方式，也是中国玉雕史上造就出许许多多优秀的玉雕匠人和玉雕大师的主要传承方式。但在当下，这种传承方式也面临着一些无法回避的问题。首先，现在的玉雕行业竞争激烈，玉雕匠人担心把全部技艺传授给徒弟后，会变成“教会徒弟饿死师傅”的状况。这就导致许多玉雕师傅对待教徒弟的问题上会有所保留，不会把核心技艺传授给徒弟。而且，“师徒相传”方式培养出来的从业者，往往手工技艺出色，但艺术修养欠缺，长于动手乏于动脑。其次，笔者经过调查发现有一部分自营作坊也制作扬州山子雕，但他们的技艺水平良莠不齐，多数没有系统地学习和深度掌握扬州山子雕技艺就自立门户，开始制作和经营山子雕作品。当需要扩大生产时，他们就会用收徒弟的方式来代替招聘工人，减少支出。虽然他们所招收的人员称为“徒工”，这种传承方式看似是“师徒相传”的传统方式，但他们所传授的技艺本身就没有体系，如此培养出的“徒弟”根本不能完全掌握扬州山子雕制作技艺，无法起到有效的技艺传承作用。

就院校培养玉雕人才而言，虽然扬州一些职业学校开设有玉雕及相关专业，甚至有的高校也开设有关玉雕的课程。但是，现在的年轻人在面临专业选择时，总有一些思维定式，认为只有从高等院校的热门专业毕业才会找到好工作，才会被社会认可。而玉雕行业是手艺人的工作，从事的是体力劳动，所以许多年轻人不愿意学习，更不愿意从事玉雕事业。另外，由于玉雕技艺对人才要求的特殊性，通过几年专业学习的玉雕专业毕业生，就业之后多数无法直接参与生产，还需要企业的二次培养和长期训练。在薪资待遇方面，刚入行的工资待遇和毕业生的期待有很大差距。据了解，一般刚刚毕业进厂的实习生，几乎没有工资，工厂只发放600—800元的生活费。很多年轻人在从业开始阶段，迫于生活的压力就放弃了玉雕事业。还有的学生虽然坚持了几年玉雕专业学习，但也容易因其他种种原因转行，许多年轻人还没有真正开始接触玉雕行业就离开了。这也是目前扬州玉雕行业后继乏人的原因所在。

就企业招工培训这种技艺传承方式而言，除扬州玉器厂和金鹰玉器珠宝公司之外，扬州地区还有一些企业生产山子雕。这些企业的山子雕生产过程以多人分工操作为主，因每个人的艺术修养和工艺水平不同，以及对主体艺术创意思想领会的不一致，而直接影响作品综合效果的差异。还有一些玉雕企业为了防止技术外流，制定了一些苛刻的制度，对于新招的徒工采取制约性的工作管理模式，只传授山子雕的一道工序中的一种式样，不教也不许多学多会，徒工之间不许对工艺技法做交流、切磋。这种体制下培养出来的扬州山子雕制作人员，只是流水线上的一名工人，没有艺术想象力和创造力。

上述三种传承方式为目前扬州山子雕技艺传承的主要模式，它们在扬州山子雕技艺传承方面各有利弊。只有对其利弊有正确认识，并依据具体情况趋利避害，才能在扬州山子雕的技艺传承方面有所收获。

（二）提高方面的问题

1．原材料的来源与成本

就目前扬州山子雕制作的原材料情况看，从事扬州山子雕制作的企业和个体艺人，都面临着原材料缺乏、玉石成本过高的问题。虽然现在玉石原材料不断丰富，翡翠、玛瑙等也成为扬州山子雕的创作原料。但扬州毕竟不是玉石产地，扬州山子雕制作所需的玉石原料主要还是来自我国新疆、青海等地区以及俄罗斯。玉料是不可再生资源，可用数量越来越少；同时，随着社会的发展，优质玉石原料的价格逐年成倍增长。从 2014 年 1 月到 2015 年 6 月，各种玉石原料的涨幅在 60%—80%，其中白玉、翡翠、寿山石等名贵玉料涨幅最大。以白玉籽料为例，20 世纪 80 年代时每公斤不足 200 元，2000 年已达到每公斤两三万元，2007 年更升至每公斤二十多万元，20 年间上涨了 1000 倍。现在的和田籽玉价格已经达到黄金的 40 倍以上，而且还在呈上涨趋势。在玉石矿限制开采和玉价飙升等多种因素的刺激下，不少玉料开采商和经营商采取“惜售”策略，将大量的玉石原料囤积在家，导致玉料市场出现有市无货的景象。

以扬州市代表性企业为例，扬州金鹰玉器珠宝有限公司是湾头镇规模最大的玉器龙头企业。该公司于 2014 年 2 月购进一件重达 46 公斤的玉料，可谓白玉籽料中的稀世珍品，当时花了 2000 多万元。这块玉中之王现在究竟值多少钱？中国玉石雕刻大师汪德海介绍说：“现在市场估价在 4000 万元至 5000 万元之间，而且每天都在以3万元至5万元的速度飙升。”该公司另有一块重约510克的羊脂白玉，这块纯度极高的玉料是1997年从新疆购买的，当时购买价格是3万元，前不久有人出价350万元购买。原料涨价幅度大、周期短，而成品涨价幅度小、周期长，这些时间差和价格差所造成的资金成本，是中小型企业和个体艺人最难承受的。在小型玉雕企业和个体玉雕艺人比较集中的扬州湾头镇，一位已经改行的玉雕作坊老板这样描述湾头镇玉雕行业这两年的变化：“两年前，打这儿看过去，这条街上全是密密麻麻的玉器商店和作坊，大大小小有300多家，现在只剩下不到100家了。现在玉料价格实在太高，一两块玉买下来就没钱买米下锅了。”以白玉籽料为代表的玉石原料价格几乎年年大涨，这种市场行情使得许多个体作坊相继倒闭，大量玉雕从业人员改行或者离开扬州地区。原材料的供不应求和成本大幅提高，在很大程度上制约了扬州山子雕技艺的提高。

2．重材料轻工艺

目前，许多从事扬州山子雕的企业和艺人虽然有着高超的技艺，但是面对玉石原料动辄数十万元甚至百万千万元的价格，也望优质玉料而却步。扬州山子雕的创作成本和市场风险不断增加，这也让一些有实力购买优质玉石原料的企业或个人在创作过程中违背艺术创作原则，往往迎合市场口味以追求高额利润为最终目的，出现“注重材料轻视工艺”和“以繁复工代替精工”的做法。不仅如此，玉石原材料问题还直接导致业界对于玉雕作品的评判标准过于注重材料的优劣，轻视艺术美感和文化内涵的倾向；另一种倾向是一味地追求复杂和高难度的工艺，作品是越大越好，工艺越复杂越好，设计越细致越好。这两种评判标准对于扬州山子雕创作产生了负面导向作用，作品只体现玉石原料的经济价值，缺乏文化气息，失掉了艺术审美，对珍贵的玉石原料造成极大的浪费，对扬州山子雕技艺的提高有一定的负面作用。

3．传承主体技艺难以提高

传承人和从业者是扬州山子雕技艺的传承主体，“传承人是非物质文化遗产核心元素的传承者和传播者，其思想和技术关系着整个行业的发展”[11]。传承人在技艺提高方面起着至关重要的作用。

扬州山子雕项目的传承人主要为各级工艺美术大师和玉雕艺人，他们肩负着扬州山子雕技艺传承与提高的重要使命。然而作为玉雕行业的工艺美术大师和传承人，尤其是国家级工艺美术大师和传承人，他们有着较高的知名度和社会地位，由于社会认可度高，这些大师往往还兼有其他社会职务和身份，如玉雕企业的总设计师、总经理（或副总经理），民间行会的负责人等。企业、团体的大量事物性工作和接连不断的社会活动占据了这些传承人的大部分时间，使他们鲜有个人创作和静心研究山子雕技艺的时间，这大大阻碍了扬州山子雕技艺的提高。

另外，扬州山子雕是综合的艺术创作，要在每件作品中融入创作者的艺术理念和创作构思，需要玉雕大师及从业者有着丰富的实践经验、精湛的雕刻技法，以及丰厚的艺术修养和文化素养。而且山子雕生产周期长，需要投入大量的时间和精力。一部分从事扬州山子雕创作的玉雕艺人虽然有充分的时间进行玉雕创作，但由于近年来玉石原料价格上涨等原因，导致他们的投入和回报不成正比。同时，由于市场需求的不同，玉石原材料不断上涨，适合山子雕的玉石原材料越来越罕有，迫于经济压力和快节奏的社会环境，为了追求经济利益而主动迎合市场的需求，他们的产品重心慢慢转向市场价格高、销路好的玉首饰、把玩等玉雕品种，几乎停止了山子雕的创作，这也在很大程度上损害了扬州山子雕技艺的传承与提高。

上述三方面问题是扬州山子雕在技艺提高上所存在的主要问题，只有对其有正确的认识，才能一方面有针对性地制定应对市场变化及需要的对策，另一方面转变民众对玉雕行业的认识，提高传承人和从业者的觉悟，进而为扬州山子雕技艺的提高扫清障碍，使扬州山子雕技艺在当代社会环境下得到更好的发展。

三、解决扬州山子雕技艺传承与提高问题的对策和建议

（一）提高认识，切实践行“生产性保护”

随着我国非物质文化遗产保护工作的逐渐深入，保护工作重心已由普查和申报工作转向对保护方式的研究和保护措施的细化，非物质文化遗产保护理论逐渐完

善，其中以“生产性保护”的提出最具代表性。

“生产性保护”概念最早出现在《非物质文化遗产概论》[12]一书中。“非物质文化遗产生产性保护是指在具有生产性质的实践过程中，以保持非物质文化遗产的真实性、整体性和传承性为核心，以有效传承非物质文化遗产技艺为前提，借助生产、流通、销售等手段，将非物质文化遗产及其资源转化为文化产品的保护方式。”[13]“生产性保护”方式的提出，给非物质文化遗产保护工作提供了重要的理论依据，更为传统技艺类非物质文化遗产项目的保护实践工作指明了方向。

传统手工技艺作为我国非物质文化遗产的重要组成部分，承载着中华民族悠久的历史和深厚的文化。传统手工技艺的价值不仅体现在产品上，更体现在生产过程之中。也就是说，传统手工艺是一种生产力，具有取决于人的劳动操作的活态性质，以致必须在生产实践中才能得到切实保护。它的文化和技术特性及价值都依存于生产过程，也只有在生产实践的具体活动中才能使其精髓得以充分展现和发挥。因此，对于传统手工艺项目而言，“生产性保护”是最为合适的保护手段。在对这类非物质文化遗产手工技艺项目的保护与传承实践中，必须从实际情况出发，通过为之创造适宜的生产环境，提供足够的条件保障，帮助传承人不断开展生产实践，并帮助其加强与当代社会的联系，包括相应的市场出路，使之得到切实有效的传承与提高。

围绕扬州山子雕技艺的保护、传承与提高，政府、行业协会和传承人都应该对包括生产性保护理论在内的非物质文化遗产理论有所了解和掌握，结合本地实际情况，以理论指导实践，不断完善保护制度，强化保护措施，在生产实践中不断探寻有利于扬州山子雕技艺传承与提高的有效方法。

（二）保持已有的有效措施和优秀经验

1. 以国营体制的优势保障优秀传承人的原材料供应

扬州玉器厂是扬州玉雕传承主体的一个优秀代表。在扬州玉器厂成立之前，扬州的玉雕行业主要以个体手工作坊为主，技艺传承的方式也以“子承父业”和“师傅带徒弟”为主。“1956 年，流散在扬州湾头、杭集、槐泗等地的玉雕艺人组建了

‘玉石生产合作小组’，这就是扬州玉器厂的雏形。‘玉石生产合作小组’经过数次变换名称、更改性质、合并、划分、兼并，最终于1964年定名为扬州玉器厂，性质为地方国营，职工人数近300人，年产值近百万元。”⑭扬州玉器厂在扬州玉雕工艺和文化的传承中起到了关键作用。此后20多年间，扬州玉器厂发展技术，更新设备，创办玉器学校，培养玉雕接班人，全面继承了扬州玉雕优秀技艺的精髓，职工人数不断增多，专业分工越发明确，企业规模逐步扩大。随着改革开放经济体制的改变，许许多多国营玉雕厂生产经营举步维艰，生产规模由大变小，经济效益由盛变衰，一大部分已经破产，不复存在。扬州玉器厂适应形势，扬长避短，最终存活下来。在当今玉石原料价格飞涨的时代，作为集体企业的扬州玉器厂拥有充足的资金和玉石原材料的储备实力，给予了扬州玉器厂的玉雕大师们创作和培养新生力量良好的物质保障。由于这种可谓“好钢用在刀刃上”的原材料保障，使得优秀的传承人在创作山子雕时不受价格上涨、囤积原料等市场因素的影响，这对于扬州玉雕技艺的传承与提高起了重要的支撑作用。

2．保障和提高传承人的社会地位

在国家各部门实行工艺美术大师及各级传承人评定制度之前，只有一些国有企业可以为企业中的在职人员评定职称。企业中的职称评定制度可为企业职工带来私人作坊从业者所无法拥有的职称头衔和社会地位。据扬州玉器厂原党委书记华萍介绍：“扬州玉器厂目前还属于集体企业，之所以没有进行体制转换，有许多方面的考虑。集体有集体的好处和优势，可以给予那些有突出贡献的玉雕艺人一定的帮助和支持，比如职称的评定、资金的支持等，这些是个企和私企很难办到的。”⑮扬州玉器厂的玉雕从业人员通过自己的努力通过了职称考核，既提高了自身雕刻技艺，也涨了工资，同时还满足了自己社会地位的需求，可谓一举多得。此举有效刺激了玉雕企业员工的生产积极性，很好地提高了生产效率和技艺水平。

3．保障传承人的创作时间、空间

扬州玉器厂所拥有的雄厚的经济实力，不仅保障了玉雕原材料的充足供应，还有充足资金建设厂房，配置先进设备，保证企业职工的生产时间，为技艺高超的玉雕大师和从业人才提供了充足的创作时间和空间。中国工艺美术大师江春源说：“玉雕很费时，一件产品从开始制作到完成，周期一般很长。个人和私企以追求利润为主，制作的都是一些耗时短的工艺品，这就有可能造成某一种类制作工艺的局部缺失，比如雀鸟的制作，目前扬州能在山子雕上制作凤凰的人已经很少，这样就会使许多玉雕工艺流失，对我们来说可是一笔巨大的损失。”⑯

基于玉雕尤其是山子雕的特殊性，扬州玉器厂的这种生产组织方式有着一般个体或私营企业所不具备的优势，是值得重视和保持的优秀经验。实践证明，对山子雕这种讲究材料和工艺水平的传统技艺，只有以充足的资金所建立的适宜的生产环境为依托，才能满足相应的需要，才能将山子雕制作技艺的传承与提高落到实处。

4．多形式地开展人才培养

人才培养是行业发展的基础，是技艺传承的保障。扬州市政府高度重视扬州玉雕技艺的传承和后备人才的培养工作，通过长期规划和各种渠道的政策、经济扶持开展扬州玉雕人才培养工作。而作为国营企业和民营企业的代表，扬州玉器厂和扬州金鹰玉器珠宝有限公司也发挥各自的优势，不断努力推进人才培养工作，并取得了一定的成效，为扬州玉雕产业发展注入了新的活力。

扬州玉器厂作为扬州地区最有影响力的国营玉雕生产企业，几十年来为扬州玉雕行业的发展做出巨大贡献，在玉雕人才培养方面也做出了卓有成效的探索。1976年，扬州玉器厂恢复办学——扬州玉器学校开始面向社会招生。刚开始，每届不过几十个学生，后来招生人数逐渐增多，目前每年招生人数为一百四五十人。为了完善人才战略，在坚持大师、高级技术人才培养政策的基础上，扬州玉雕学校重点加大了玉雕及管理后继人才的引进和培养力度。具体包括：加强现有人力资源的

左·扬州玉器厂
右·金鹰玉器珠宝有限公司

开发、培训和利用，为职工设计职业培训路径，即“中级工—高级工—技师—工艺师”的发展道路。2006 年 9 月，扬州玉器学校与大专院校联合办学，扬州高等商务职业学校工艺美术系玉雕专业正式成立，玉雕技艺从此走进了高职院校。

扬州金鹰玉器珠宝有限公司是扬州地区最有实力、规模最大的民营玉雕企业。随着企业的扩大与发展，迫切需要有艺术修养的玉雕专业人才。而从学校毕业的玉雕实习生，刚进入企业时根本无法直接投入玉雕制作和生产，需要再次培训。“基于以上的实际需求，在有关部门的支持和努力促进下，扬州商业技工学校与扬州玉雕厂、扬州金鹰玉器珠宝有限公司合作构建‘扬州玉雕教育与研发中心’。在扬州玉雕教育与研发中心的建设过程中，学校教师与企业专家组成教研团队，以扬州玉雕教育与研发中心为平台实现校企互聘，共同优化玉雕设计与制作专业相关课程、组织实施教学，将提升学生创新设计能力提到重要的位置；引入外部设计、材料、营销等高层次人才，成立研发团队，针对行业企业的困难，重点攻关，并将成果转化、应用到教学中。进而形成产、学、研的良性互动，推动扬州玉雕产业的发展。”⑰

玉雕设计与制作的课程安排不同于其他技艺类课程的培训，它要求学生专业技能训练要有广度和深度。因此，扬州玉雕教育与研发中心针对每个年级学生制定与之能力相适应的项目课程。“例如，一年级学生基础课中融入小件玉雕设计描图的实际项目，培养学生识图、绘图、基础设计的能力，并对优秀的设计图予以采用，组织学生制作生产。二年级学生专业课中，将提高设计创意能力作为主要教学

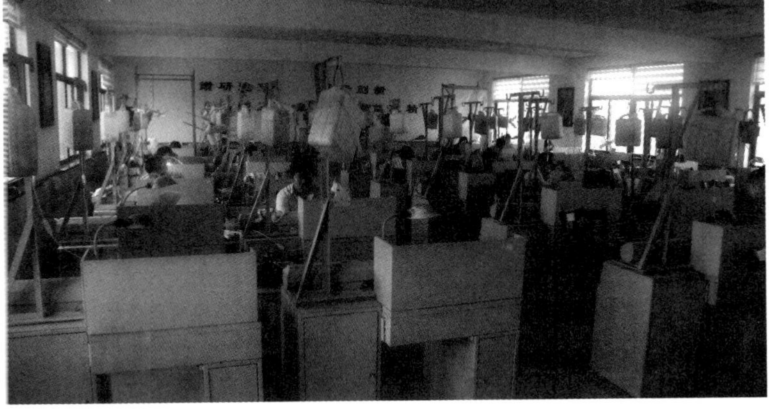

扬州玉雕教育与研发中心实习车间

方向，并开始引入从选题、选材到设计制作的团队合作的理念。对三年级的学生要求其以团队合作形式自主完成玉雕设计与制作的全部过程，其中重点训练学生玉雕设计的创意思维以及制作过程中的精细工艺。对四年级及以上的学生，要求学生进入企业真实项目组进行顶岗实习，全方位接触真实的工作情境、真实的设计与生产任务，充分接触到工作流程，强化专业核心技能，使人才培养更具针对性，以满足企业个性化的人才需求。在进阶性的项目课程教学中，中心与校企双方共同设计教学主题及内容，共同制定教学大纲，由学校教师主导教学，企业大师指导、监督教学，将企业实际生产标准与考核标准逐步引入玉雕设计与制作专业教学中。课程结束后，由学校教务领导、中心教研团队、其他教师等一道组织教学质量评估。在中心教研团队的努力下，进阶性的项目课程获得优秀毕业设计5项，所培养的毕业生受到了用人企业的一致好评。”[18]这不仅解决了公司设计创新能力不足的问题，还为了扬州玉雕行业培养出一大批优秀的玉雕设计创作人才，为扬州玉雕行业的创新发展注入了新的活力。

（三）切实解决传承实践和提高实践中的问题

1. 针对传承实践问题的对策和建议

（1）政府相关部门应充分发挥媒体的宣传作用，加强对扬州山子雕的宣传力度，向大众普及其历史、文化和艺术特色等相关知识；在扬州地区的各大高校开设

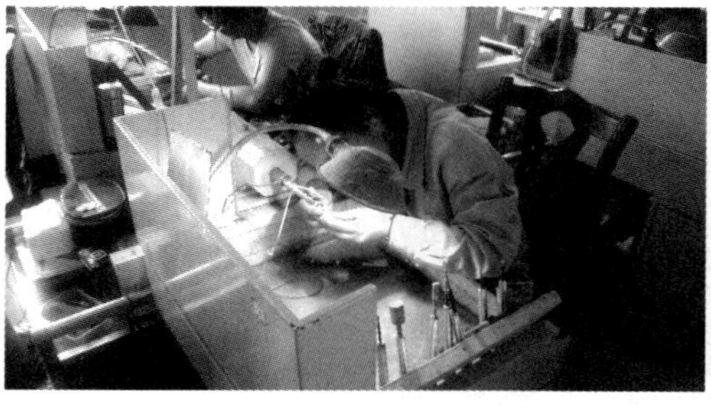

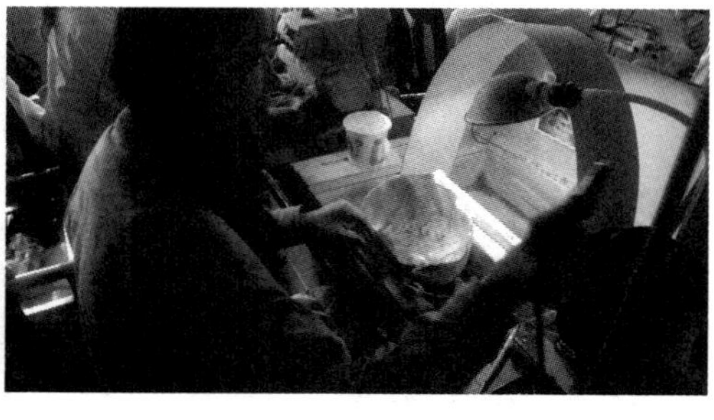

学生实践

相关课程、讲座等，使年轻人更多地了解该行业，改变他们不乏偏见的旧有看法，造就适宜山子雕技艺传承的良好社会氛围和主体条件。

（2）政府相关部门应从政策上鼓励年轻人从事玉雕行业特别是山子雕行业。如政府可以尝试出台此类扶持政策：只要年轻玉雕艺人和已经退休的老玉雕艺人合作创业，可给予他们在租用扬州最大工艺品市场“工艺坊”店面时的租金优惠。

（3）在“师徒相传”传承模式基础上，加强学艺者的全面能力培养。扬州山子雕的主要传承方式还是“师徒相传”的方式，这种传承方式不仅传承了玉雕工艺，还包括了创作理念和审美模式的传承。这种传承方式虽然较为整体，易于形成从雕刻技艺到艺术风格上的整体传承风貌，但传承人容易在对徒弟传授技艺方面有所保留，特别是保留核心技术。这就要求传承人转变思路，提高自身对行业和技艺的认识水平，站在行业和技艺整体发展的角度认识技艺传承与提高问题，在传授技艺时把自己的所有技艺和创作经验毫无保留地传授给徒弟，还要积极探索符合当今社会时代发展的传承方式，根据扬州山子雕技艺的特殊性，结合学生的具体情况和特点，制定出相适应的培养方案。在传授玉雕技术的同时，也应注重艺术修养及综合素质的培养。多组织学生进行观摩考察，开阔视野，提高艺术素养。

（4）探索“校企结合”人才培养新模式。随着时代的进步和人们精神文化需求的提高，扬州玉雕对人才的培养和技艺的传承与提高方面也提出了更高的要求。一个玉雕从业者或者说是当代玉雕艺人不仅要有卓越的雕刻技术，还要有丰富的美术、历史知识和文化素养，在作品中要体现自己独到的思想和创意。这样的人才培养需要对扬州玉雕行业提出了更高的要求，为此应该在奉行原有“师徒相传”的传承方式的同时积极探索“校企结合”方式，以实现扬州玉雕技艺的有效传承与提高。在这种新的培养模式下，学生可以在学校听老师讲课，学习理论知识，也可以到企业进行专业实践，到创作第一线观摩师傅的操作。学校老师和企业人员都参与到教学中，可发挥各自的教育优势，充分履行传承职责。“校企双方人员在角色互换的过程中进行换位思考，教师在企业运作中反思教学，企业大师以企业需求的思维考虑实际教学，双方人员在校企合作中建立起紧密、灵活的身份互融机制，共同培养人才。”[19]企业以实际生产项目为课题，以实际生产需求为标准安排课程，从实际工作出发，制定学生整个教育培养环节。通过5年的学习，学生在课堂上学习到相应的文化课知识和玉雕专业艺术理论，在企业中通过观摩实践，了解玉雕工艺流程，掌握技艺特点，这样可以实际做到对玉雕技艺的传承，大大提高学生毕业后的成才率。这样的人才培养，作为师带徒传承模式的一种有益补充，可以强化人才专业技能和理论素养的全方位学习，提高玉雕人才的创新意识，以适应当今玉雕行业的发展要求，切实解决玉雕行业后继乏人的问题。

2．针对提高实践问题的对策和建议

（1）政府相关部门对大型玉石原料进行合理调拨，把好的山子雕玉石原料分配到专业生产厂家，可以充分发挥其最大的艺术表现，避免浪费。同时，尽力控制玉石原料的价格，通过出台政策来限制不断飞涨的玉石原料价格。

（2）扬州玉器厂和扬州金鹰玉器珠宝有限公司应该发挥扬州玉雕行业领头羊的作用，把一些实力差、水平低的私营企业和个体作坊进行优化组合，以股份制方式将他们合并到旗下，或者以其他方式集中到一起，统一管理，加强培训，提升他们的总体水平。这样可以有效地做到对玉石原料的节约和对玉雕技艺的提高，从整体上提升扬州玉雕的总体质量和技艺水平。

（3）有效保障传承人的创作时间。政府、行业团体及学术机构应精简非物质文化遗产相关活动，建立传承人监督及考核机制，有效保障传承人创作时间的同时，用相应的制度来督促、监督传承人，使其更好地完成技艺提高的责任。

总之，包括山子雕在内的扬州玉雕技艺的传承与提高，应从内外共同入手。一方面，政府给予相关政策和经济扶持，创建良好的发展环境，利用媒体和各种渠道加强宣传，让更多的人了解扬州山子雕的人文价值与艺术魅力，形成市场需要的直接推动力。另一方面，玉雕行业积极探索行之有效的传承模式，建立相应的传承人监督及考核机制，加强人才培养和技艺创新与提高。同时，结合时代审美和市场需求，创作出有质量的玉雕作品，使扬州山子雕的生产性保护能够落在实处，并在传承与提高方面取得明显成效。

四、结 语

本文是对非物质文化遗产保护项目扬州山子雕技艺的实地调查研究，通过实地走访、调研，发现扬州地区玉雕在技艺的传承和提高方面所存在的问题，某些问题在全国玉雕行业中具有普遍性。该调研报告总结既有生产和传承实践经验，又结合非物质文化遗产保护相关理论，针对具体问题所提出几点也许并不成熟的对策和建议，希望对解决扬州山子雕乃至当下玉雕行业存在的普遍性问题有所帮助。作者也希望这篇调研报告可以起到抛砖引玉的作用，让更多的人了解扬州山子雕，并引起有关部门重视现在玉雕行业所存在的问题。

当然，玉雕技艺的传承与提高所面临的问题，既有相似性也有差异性和独特性，绝非一篇调研报告所能涵盖。

注释

① 顾永俊．山子雕的创作设计[J].中国宝石，2002，11（2）：189-192.

② 岳琳．以现代扬州玉器为例研究传统玉雕艺术的传承与发展[D].江南大学，2008.

③ 诗经[M].北京：北京出版社，2006.

④ 扬州档案方志网·扬州开篇·http：//www.360doc.com/content/14/0103/19/11548039_342398666.shtml.

⑤ 常素霞．中国玉器发展史[M].北京：科学出版社，2009.

⑥ 杨伯达．中国古代玉器面面观[M].故宫博物院院刊，1989（1）.

⑦ 扬州市工艺美术工业局．扬州工艺美术志[M].南京：江苏科学技术出版社，1993.

⑧ 张君陶．顾永骏与扬州玉雕[M].北京：中国轻工业出版社，2014.

⑨ 顾永俊．山子雕的创作设计[J].中国宝石，2002，11（2）：189-192.

⑩ http://baike.baidu.com/link?url=UrUYQgaHTFNF4myIuLIt8v3ez74FzcYY2FuT58nAj3V2RruuaH7MQO4xKrVImagLkKqc-CaOQIxWKZAtqZIYcq.

⑪ 苑利．非物质文化遗产传承人研究[J].厦门理工学院报，2012，9（20-3）.

⑫ 王文章．非物质文化遗产概论[M].北京：文化艺术出版社，2006.

⑬ 文化部关于加强非物质文化遗产生产性保护的指导性意见[Z]，2011.

⑭ 扬州市工艺美术工业局．扬州工艺美术志[M].南京：江苏科学技术出版社，1993.

⑮ 扬州玉器的传承与保护[A].中国玉文化及扬州玉器：2004中国扬州玉文化研讨会论文集[C].2004.

⑯ 扬州玉器的传承与保护[A].中国玉文化及扬州玉器：2004中国扬州玉文化研讨会论文集[C].2004.

⑰ 燕建泉，燕天池．助力手工技艺类非物质文化遗产人才培养体系建设——以建立“扬州玉雕教育与研发中心”为例[J].艺术科技，2015(5).

⑱ 燕建泉，燕天池．助力手工技艺类非物质文化遗产人才培养体系建设——以建立“扬州玉雕教育与研发中心”为例[J].艺术科技，2015(5).

⑲ 燕建泉，燕天池．助力手工技艺类非物质文化遗产人才培养体系建设——以建立“扬州玉雕教育与研发中心”为例[J].艺术科技，2015(5).

参考文献

1 | 王文章．非物质文化遗产概论[M].北京：文化艺术出版社，2006.

2 | 杨伯达．中国古代玉器面面观[M].故宫博物院院刊，1989(1).

3 | 卞宗舜，周旭，史玉琢．中国工艺美术史(第二版)[M].北京：中国轻工业出版社，2011.

4 | 璘冰，刘露．中华古玩通鉴·玉器[M].合肥：黄山书社，1995.

5 | 中国现代美术全集编辑委员会．中国现代美术全集——玉器[M].北京：北京工艺美术出版社，1997.

6 | 扬州市工艺美术行业协会，扬州玉器厂．中国玉文化及扬州玉器：2004中国扬州玉文化研讨会论文集[C].2004.

7 | 扬州市工艺美术工业局．扬州工艺美术志[M].南京：江苏科学技术出版社，1993.

8 | 费文明．中国工艺美术大师顾永骏：玉雕[M].南京：江苏美术出版社，2012.

9 | 扬州玉器厂．扬州玉雕论文集[C].2011.

10 | 苑利，顾军．非物质文化遗产学[M].北京：高等教育出版社，2009.

11 | 钟见慈．玉器鉴赏(上下册)[M].北京：中国鉴赏出版社，2003.

12 | 殷海霞．手工艺非物质文化遗产生产性保护探究——以阳新布贴为例[J].大众文艺，2012(2).

13 | 屈菡．生产性保护：让非遗重焕生机[N].中国文化报，2011-1-30.

14 | 马盛德．生产性保护的几个问题[N].中国文化报，2011-6-10.

15 | 徐涟，吕品田．非物质文化遗产“生产性方式保护”的意义与前景[N].中国文化报，2009-02-27.

16 | 杨伯达．清乾隆帝玉器观初探[M].故宫博物院院刊，1993（4）.

17 | 徐艺乙．关于“非遗”生产性保护的思考[N].中国文化报，2009-2-25.

景泰蓝制作技艺的当代传承与发展调研报告

Research Report on Contemporary Inheritance and Development of Cloisonne Production Technique

刘彦宁

邱春林 | 指导教师

摘要

本文首先从历史角度梳理1949年之前景泰蓝制作技艺的渊源；通过查阅文献，走访传承人和相关生产企业、非物质文化遗产保护单位，梳理了当代景泰蓝制作技艺的传承与发展状况，在此基础上对于当代三种景泰蓝传承方式的形成和实际产生的效应进行了深入考察，并对三种传承方式的长处和局限性做了分析比较；针对当代景泰蓝在工艺流程、原料加工、题材、分工等方面出现的变化一一做了检视；立足非物质文化遗产保护工作的实践，就景泰蓝制作技艺的传承价值和未来应该坚守的传承底线提出了建议。

关键词：当代；景泰蓝制作技艺；传承；发展

Abstract

This article firstly studies the origin of cloisonne making technique and its development before 1949 from a historical perspective. Then, through reviewing literature as well as visiting inheritors, related enterprises and intangible cultural heritage protection units, the article combs through its contemporary inheritance and development. Based on that, this article does in-depth research into the formation and practical effects of the three contemporary ways of inheriting Cloisonne and compares their strengths and limitations, reviews the changes in production process, raw material processing, subject matters and division of labor in making cloisonne, and finally, puts forward the value of inheriting cloisonne craft and the bottom line for the inheritance of this craft based on the practices in protecting intangible cultural heritage.

Keywords：Contemporary；Cloisonne Production Skills；Inheritance；Development

一、调研对象、目的

景泰蓝制作技艺的发展经历过发生、成熟和辉煌，也遭遇过衰落，但传承至今，一直绵延不绝。在当代中国的发展进程中，景泰蓝作为传统工艺美术的一个重要类别扮演着什么样的角色？取得什么样的进步和成就？进入21世纪以后，作为国家非物质文化遗产名录代表作之一入选的景泰蓝制作技艺，又遇到什么样的发展机遇？保护和发展之间是否存在矛盾？整个行业出现的整体发展趋势如何？如何面向未来？想要回答以上问题，首先应该往回看，看它过往的发展历史有哪些经验和教训，然后从中归纳出一些规律来。其次，还要仔细考察现状，从中发现问题，为非物质文化遗产的活态传承提出建设性主张。为此，本文以北京珐琅厂有限责任公司和张同禄珐琅艺术中心为主要调研对象，借助历史文献和田野考察获得的材料，概要性地描述景泰蓝制作技艺的当代传承与发展状况，从中揭示出其发展的内在逻辑，并以此为基础，为更好地保护这一项珍贵的非物质文化遗产提出合理的保护建议。

二、景泰蓝制作技艺的历史沿革

景泰蓝又称“铜胎掐丝珐琅”，是燕京八绝之一。清中期以前是皇家用器，清末随着清政府的衰落，手艺人流向民间，这项传统手工艺才为普通百姓所认识和接受。

关于景泰蓝的得名，主流的观点是由于在明景泰年间掐丝珐琅器的制作技艺达到比较成熟的水平，而且当时在施釉上又以蓝釉为主，因此得名景泰蓝。（图1）

图1 明中期掐丝珐琅花纹高足碗

至于景泰蓝的起源，文献上没有明确记载，也缺少有年款的器物依据，所以对这一问题还没有定论。日本正仓院所藏的唐代银胎金掐丝珐琅镜是已知存世最早的一件珐琅器，此后就没有器物和文献可考。明初洪武二十一年（1388）曹昭所著的《格古要论》可能是目前所知记录我国有关珐琅器最早的文献。书中提到的“大食窑器”被很多学者认为就是后世所称“铜胎掐丝珐琅”。据此判断，中国元代后期已有掐丝制品，故宫博物院中的勾莲鼎式炉、缠枝莲象耳炉、兽耳三环樽等应是该时期作品。另据史料载，蒙古军队在13世纪后半叶对亚欧大陆进行了大肆的征伐，在阿拉伯地区俘获的俘虏中就有大量制作珐琅器的工匠，这些工匠被带到后方，为当时的统治者制造华丽的金属器皿。“大食窑器”所指的就应该是当时从阿拉伯地区生产、掠夺来的珐琅器。

另据“1935年中华民国北平市政秘书处编辑的《旧都文物略》在谈到景泰蓝起源时，援引《陶说》：珐琅，在过去叫‘佛郎’，又叫‘发郎’‘发蓝’，产于‘拂菻’。唐书称拂菻即是大秦，大秦即中世纪罗马帝国”①。将以上线索串联，可以有以下猜想：珐琅是景泰蓝的前身，它发源于中世纪的罗马帝国，彼时通过当时的中欧贸易，有少量物品传入唐朝，为宫廷所爱，敕令仿造，故有了如今藏于日本的金掐丝珐琅镜。至宋，因战乱使技艺流失，或因宋人的审美情趣别移，珐琅未在宋时流传。与此同时，随着罗马帝国的没落，珐琅工艺流入阿拉伯帝国，遂有了“大食窑器”。再由元朝对阿拉伯帝国征伐，被带到中国，由于元朝贵族对珐琅器的喜爱，珐琅器与中国本土的“瓷”烧造技术结合，产生了明以后我们所称的“景泰蓝”。

以上仅为推想，还需实物和文献佐证。但可以基本认定的是“景泰蓝”的皇家血统和与生俱来的尊贵气质。另外，“景泰蓝”的金属工艺部分很大可能是传自阿拉伯或欧洲，“景泰蓝”应为西方珐琅工艺和中国本土工艺融通的产物。

“景泰蓝”的得名与明朝有关，真正为实物和文献可考，也是在明朝。传世的铜胎掐丝珐琅器以明景泰年款较多。明末清初人孙承泽在《天府广记》中记述：“景泰御前的珐琅，可与永乐朝果园厂的剔红、宣德朝的铜炉、成化朝的斗彩瓷器相媲美。”②明万历年间，从艺术风格和工艺技巧两方面，铜胎掐丝珐琅的制造都有了明显的变化和发展。这时的胎体较薄，成型规矩，釉面比较平滑，砂眼细小，以浅淡釉色为地的作品显著增多，擅长运用红、蓝、白、黄、绿五种色做图案装饰，题材内容多变，图案缜密，表现折枝小花时善用双勾线手法。明早期单勾线的

图2 清康熙掐丝珐琅缠枝花纹乳足炉

缠枝花卉内容明显减少，瑞兽、八宝吉祥图案增多，也有少量文人山水题材。这些特征均展现出明万历时期珐琅烧造工艺的进步与发展。

至清，景泰蓝迎来了它的辉煌，其工艺在前代的基础上迅速发展，清康熙三十年（1691），造办处的御用工匠有几百人。到乾隆时期，由于社会安定、国力强盛，景泰蓝、金漆镶嵌等宫廷制作技艺得到了空前发展，珐琅器处处可见。“小到床上使用的帐钩，大到屏风，甚至高与楼齐的佛塔（故宫珍宝馆乾隆花园内，承德外八庙小布达拉宫内的大殿都有陈设），以及日用品，桌椅、床榻、酒具、砚、匣、笔架、建筑装饰、宗教用品等，无所不备。这个时期所采用的物质材料‘分上、中、下三等，上等者金胎金丝，中等者银胎银丝，下等者铜胎铜丝’（《北平珐琅工业近况》1928年）。”③这一时期的景泰蓝在纹饰题材上更加广泛，图案更加生动，大明莲演变成了细秀的勾子莲，并出现了以历代文人画作为题材的作品。摇压丝机的使用，使得丝工匀称精美。釉料更加丰富，出现了粉彩；同时粉碎技术的进步，使得釉料更加细致，砂眼大大减少。从风格上继承发展了明代景泰蓝的华贵气质，且镀金厚重，技术远胜前朝。（图2）

明至清中期的景泰蓝一直属皇家用器，宫廷设有造办处珐琅作，招各地能工巧匠制作。现在存世的明清时期的景泰蓝制品，除器物上刻有年款外，未见有工匠姓名。中国第一历史档案馆和故宫博物院所藏的有关清代金属胎珐琅器制作的档案中，记录了一些景泰蓝制作工匠和他们的事迹：

谭荣、邓八格、吴书、张景贵、乔玉、张自成、柏唐阿、李六十、胡保住、徐尚英、张进忠、王二格、陈得、王老格，籍贯不详，均于清雍正年间在清宫内务府造办处珐琅作供职。“雍正八年（1730）三月初六日，据圆明园来帖内称：郎中海望持进画飞鸣食宿雁珐琅烟壶一对，呈进。奉旨：此鼻烟壶画得甚好，烧造得亦甚好，画此烟壶是何人？烧造是何人？钦此。海望随奏：此鼻烟壶系谭荣画的，炼珐琅料是邓八格，还有太监几名、匠役几名，帮助办理烧造。奉旨：赏给邓八格银二十两，谭荣二十两。其余匠役人等，尔酌量每人赏给银十两。钦此。本日，用本库银赏邓八格二十两，谭荣二十两。首领太监吴书、太监张景贵、乔玉，每人十两。催总张自成、柏唐阿李六十，每人十两。胡保住、徐尚英、张进忠、王二格、陈得，镀金匠王老格，每人五两。记此。"④

景泰蓝行业从嘉庆时期开始衰落，至道光前期，很少有存世作品。1840 年鸦片战争爆发后，中国被迫打开门户对外通商，具有宫廷气质的景泰蓝被西方人所喜爱，景泰蓝制作技艺也随之略有恢复。同时，随着清政府的衰落，景泰蓝手工艺人流向民间，"'咸丰年间，有德兴成、全兴成、天瑞堂等数家，精心研究珐琅一业，始又渐盛'(《北平珐琅工业近况》,《经济半月刊》1928 年 7 月)。光绪二十六年(1900)，八国联军攻进北京，海禁大开，景泰蓝向国外出口。在这种外贸经济的刺激下，除了官营珐琅作坊外，民间也纷纷开商号和店堂，诸如老天利、宝华生、静远堂、志远堂等"⑤。

1904 年，老天利生产的"宝鼎炉"在美国芝加哥世界博览会上获得金奖。从此，景泰蓝在国际上声誉大振，各国争相抢购，出现一派繁荣景象。民国初期，国内市场上水烟袋之类的实用品销量很大。位于王府井大街的仁立公司是专为外国人代收景泰蓝的机构。同时，美、英、法等国的商人在北平设立洋行，购买景泰蓝制品并输往国外。这使得作为宫廷和贵族用器的景泰蓝进入了国际市场。由于出口的刺激和社会实业家和教育家的倡导，民国时期景泰蓝在各种国际博览会上亮相获奖，这对手工艺的发展起到了促进和提高的作用。1912 年，在意大利都灵博览会上，老天利生产的景泰蓝作品获最优奖。1915 年在美国旧金山举办的万国博览会上，德昌号生产的景泰蓝作品荣获金奖。

"1923—1924 年，景泰蓝行业比较景气，仅老天利一家全年交易额就达 15 万余元，雇工 350 多人，并时常雇佣零散工。其工厂设在宝禅寺街，北京、上海、汉口等地均有销售门市。"⑥ 自此至抗战前夕是 1949 年前北京景泰蓝行业发展最好的时期。但从景泰蓝的生产规模来看，只有老天利、德兴成等少数几个作坊才具备生产的全部工序，大部分小作坊只是其中某一工序的加工作坊。

从 1937 年（日本全面侵华）到 1942 年期间，景泰蓝对外的销售中断。日本侵略者搜刮手工业原料，还把一些手工艺人当作劳工抓掠到日本去。这一时期，很多制作景泰蓝的工厂和作坊倒闭，景泰蓝行业的百余家商号锐减至30多家，工人也减少到千余人。这一时期的景泰蓝制品也是偷工减料，“十蓝九砂”，质量低劣。当时市场上流传着这样一句话：“有丝有蓝，（釉料、铜胎）不崩不漏就算是好活。”同时，北平成立了晋丰工厂。该厂是专门为天主教服务的景泰蓝作坊，有40名点蓝工人、30名掐丝工人。产品品种有圣水罐、圣水池、大小十字架以及教堂吊灯装饰等。纹样则以带十字的单丝蔓、万字、云彩地儿等为主。色彩以红、白二色为主，还有淡黄、粉、绿等颜色。1945年，该厂掌柜李明林病逝，晋丰厂歇业。

抗战胜利后，根据1946年3月的一项调查表明，北平有30余家生产景泰蓝的厂家，40余家销售景泰蓝的商店。其中自产自销的有10余家，大多集中在前门、王府井、崇文门一带。那些规模较大或具有百年历史的商号，如老天利、洋天利、德兴成、永茂荣等均已散伙。在延续下来的开创较早的商号中，有专做细工活的崇文门大街的天新成，也有专做粗工活的前门外劝业场的老亨记、瑞祥生，它们都是卢沟桥事变前就有的厂家。这一时期的景泰蓝制品常见的有瓶类，其次是壶、炉、鼎，还有杯、茶盘、烟碟、纸烟架、水烟袋套、蜡台、挂衣钩、手杖头、别针、发卡、镯子等。

总的来说，民国时期的景泰蓝没有太大发展。就其风格而言，沿袭了清代的风格；就其内容而言，因购买者多为外国人，所以出现了一些宗教用品和百姓日用品。

1949年中华人民共和国成立前夕，由于铜价的上涨、珐琅成本的提高、海运价格的昂贵，景泰蓝行业严重衰退，从业人员仅剩60余人。

从社会的角度看，景泰蓝是生产力发展到一定阶段，社会化大分工的产物。产生时因其工艺繁复、产量稀少而作为皇家用器，是皇权的象征。当封建社会瓦解，景泰蓝走出深宫之后，才逐渐有了其远销四海的“商品”属性。

三、景泰蓝制作技艺的当代境遇

1949年中华人民共和国成立后，工艺美术行业迎来了春天。在“保护、发展、提高”的工艺美术方针和“百花齐放，推陈出新”方针的指引下，古老的景泰蓝艺术获得了新的艺术生命。1949年夏，费孝通、梁思成、林徽因等学者对特种手工艺开展了调查研究。同年8月31日，北京市政府邀费孝通、徐悲鸿、梁思成、王世襄等专家学者及相关各界代表举行座谈会。会上，“费孝通指出‘北京的特种手工艺品十分复杂，且发展不平衡，其质量参差不齐，会影响到出口市场’，并且建议解决工人工资低和流通环节层级多的问题。徐悲鸿建议‘特种手工业要与美术家密切联系，以改良当时的产品图案’。梁思成和林徽因认为‘产品的艺术性与销路是一致的，必须认识过去中国美术的优良传统，要表现出新中国精神，要在形体、花样、颜色上进行改良’”[⑦]。

1950年，在政府和专家的推动下，特种工艺公司成立。同时，由梁思成倡导建立了景泰蓝创作专门研究小组和实验工厂。1951年5月19日，由北京特种工艺公司发起，召开了研究和发展有关景泰蓝行业内销产品诸问题的会议。会上林徽因《景泰蓝新图样设计工作一年总结》的发言，被刊登于同年8月13日的《光明日报》上。总结中提到：“一件好作品，除了花纹好看以外，还要形体美，颜色衬托得当。创作中往往将形体放在第一位，要求一件器物一眼望去就产生单纯的完整的明朗的效果。造型又是决定功能的，所以在创作中以形体为第一位的、首要的决定性因素加以考虑。”景泰蓝研究小组的成员里还有敦煌学者常书鸿的女儿常沙娜，以及中央美术学院华东分院的钱美华（图3）、孙君莲。他们在恢复和挽救景泰蓝技艺的同时，开展新图案的设计创作，与老艺人共同探讨创作完成了景泰蓝台灯、烟具套盘和敦煌题材装饰大盘。这些作品融汇了汉代刻玉纹样、敦煌北魏藻井、隋唐边饰图案、宋锦草纹和明清彩瓷元素，色彩对立统一，风格静美而不失华贵。因此被作为礼品赠送给1952年在北京召开亚洲及太平洋区域和平会议与会嘉宾，被郭沫若称作“新中国第一份国礼”。

“1952年12月，北京市第一珐琅生产合作社成立。1954年，为响应市政府提出的‘罗致艺人，保护技艺，培养艺徒，从根本上保护和发展首都特种工艺’的号

图3 青年时代的钱美华

召，成立了第二珐琅生产合作社。1956年，又成立了第三珐琅生产合作社，同时把42个私营小作坊联合，成立了公私合营珐琅厂。当时从业人员从1952年的122人发展到1100多人。1958年1月，三个珐琅生产合作社合并为北京市景泰蓝工厂。同年，公私合营珐琅厂与国营景泰蓝实验厂合并为地方国营北京珐琅厂。这时，北京景泰蓝行业从业人数已达2710人。同年9月，北京市工艺美术学校[⑧]成立，设有金属工艺专业，主要培养景泰蓝设计人员。”[⑨]之后，以张同禄为代表的一批热爱美术的青年人考入该校，经过三年的学习，又分配到如北京工艺美术厂[⑩]等景泰蓝行业工厂中工作。

1949年至1958年，这一时期是当代景泰蓝发展的重要时期。一方面，罗致了景泰蓝行业的老艺人，恢复和挽救了濒临失传的景泰蓝技艺；另一方面，新中国接受过西方美学教育的知识分子的介入，给景泰蓝发展带来了新鲜血液，新的纹样、设色和器型深深地影响了当代景泰蓝的发展；更重要的是，景泰蓝工厂和工艺美术学校的建立给景泰蓝在当代的传承和发展奠定了坚实的基础，也开启了现代学院化教育与集体化传承相结合的新道路。

就产品涉及的题材而言，“文革”时期景泰蓝行业以生产“红色”产品为主，张同禄以《蝶恋花·答李淑一》为依据创作出《蝶花瓶》，又以大炼钢铁为题材，结合传统纹饰设计出《钢花瓶》，同时也创作了异形产品《鸟杯》。(图4)

图4 《鸟杯》 张同禄

1958年至20世纪80年代中后期，中国工业基础薄弱，国家需要大量外汇来进口钢材和机械设备。以景泰蓝为代表的传统手工艺广受国际市场欢迎，而且换汇成本低，换汇率高。[11]到了20世纪70年代，随着景泰蓝国际市场的扩大和订货数量的不断增加，其价位不断攀升。[12]为了换取更多的外汇，支援社会主义建设，景泰蓝行业不断扩大生产规模。以北京珐琅厂为例，当时发展了数十家乡镇企业，高峰时有4000余人做景泰蓝半成品。工厂生产的景泰蓝产品几乎全部出口，销往世界100多个国家和地区，占全国景泰蓝出口总量的70%，年出口额从建厂初期的20多万美元，发展到20世纪80年代的1000多万美元，在北京工美行业首屈一指，是北京出口创汇的大户。

改革开放初期，大量国外订单涌现，工厂扩大生产后仍不能满足市场需求。故将一些订单外包给北京周边、河北的乡镇企业。这些企业开始是做辅助加工，后来也逐渐有了自己的生产能力。

20世纪80年代末、90年代初，随着国际市场遇冷，工艺美术市场下滑，景泰蓝行业过量产能的问题凸显，原来为大厂代工的乡镇小厂开始和国营大厂争抢订单，市场上产品质量良莠不齐，生产成本较高的景泰蓝国营大厂资金周转困难，企业被迫陆续裁员。据张旭讲，1995年，北京工艺美术厂库存和应收账款合计近一亿，工厂开始以买断的方式裁减人员，他和他的姐姐张颖先后下岗。2000年，他的父亲张同禄和母亲也离开了北京工艺美术厂。据钟连盛讲，同时期北京珐琅厂也裁减了一部分人员，另外将一部分生产车间和用地租售给了北京京坛医院，以缓解厂内发薪困难的问题。

20世纪90年代，国家对行业的突然放手给景泰蓝行业带来致命打击。这一时期，私营的作坊、工厂因其灵活的运营机制、有效的分配机制生存了下来。而以北京工艺美术厂为代表的国营大厂，因其庞大的体量而积重难返。当然，政府为了甩掉包袱的彻底资产清算也是不可取的，这个过程中造成了大量无形资产的流失。

这期间，被买断分流的景泰蓝行业职工大多数选择了其他行业谋生，也有一小部分精通景泰蓝制作技艺的工美行业大师成立了自己的工作室，回归“作坊式”生产。张同禄就是其中的一位，2000年，他和七八个工友成立了北京禄颖兰釉艺工艺品公司。

2002年11月，北京市珐琅厂[13]改制为北京市珐琅厂有限责任公司。北京珐琅厂作为仅有的留存下来的国营大厂，在这一时期“缓退”的做法是值得称道的。虽然裁减了一些人员，变卖了一些生产用地，但它保留了基本的生产场所、生产工具和按照流程划分的人员架构，最关键的就是保存了作为生产核心要素的“人”，这使它之后承接大型的建筑装饰工程成为可能。“非物质文化遗产”概念的提出，对景泰蓝行业起到了积极的推动作用。

2003年10月，在第32届联合国教科文组织大会上通过了《保护非物质文化遗产公约》，中国于2004年8月加入联合国教科文组织《保护非物质文化遗产公约》。公约中提出了“保护人类文化多样性”的原则，“承认群体和个人，在非物质文化遗产的生产、保护、延续和再创造方面发挥着重要作用”。同年，张同禄所在的北京工艺美术厂宣布破产。

从现今的角度看，中国加入联合国教科文组织《保护非物质文化遗产公约》，标志着工艺美术行业的一个新的春天的到来。自此，工艺美术和传统手工技艺的文化价值逐渐为政府和社会所重视。

2005年，北京市珐琅厂有限责任公司不断探索景泰蓝工艺新的应用领域，将景泰蓝与室内外装饰环境相结合，制作完成了北京市朝外C区《花开富贵》景泰蓝艺术喷水池工程，开创了景泰蓝在建筑装饰领域的新应用。

2006年6月，国务院批准公布了《第一批国家级非物质文化遗产名录》。景泰蓝制作技艺位列于第10类传统手工技艺之中。北京市珐琅厂有限责任公司被文化部认定为国家级非物质文化遗产名录项目——景泰蓝制作技艺保护传承基地。

2007年6月，文化部确认并公布了第一批国家级非物质文化遗产项目代表性传承人。钱美华、张同禄被认定为景泰蓝制作技艺国家级非物质文化遗产项目代表性传承人。（图5）

图5 张同禄

代表性传承人制度的建立是对人的认可，同时也将传承责任明确到人。这极大地调动了传承人的积极性，非物质文化遗产和非物质文化遗产传承人逐渐成为企业和个人宣传产品的重要标志。

2009 年，为纪念中华人民共和国成立 60 周年，张同禄创作景泰蓝作品《太平有象》。

2010 年，钱美华故去。生前，她谈起当年的选择：1955 年，钱美华去探望病重的林徽因，林徽因听完钱美华学习和工作情况的汇报后，对钱美华说："景泰蓝是国宝，不要在新中国失传。"会面后不久，林徽因与世长辞。钱美华正是牢记恩师的这句话，进入北京珐琅厂，为景泰蓝行业奉献了一生。（图 6）

2011 年 2 月 25 日，中国颁布《中华人民共和国非物质文化遗产法》（以下简称《非遗法》），并于 2011 年 6 月 1 日施行。《非遗法》的颁布和实施进一步明确了国家对非物质文化遗产保护工作的重视，同时从法律层面给非物质文化遗产的保护与传承提供了强有力的保障。

2011 年 11 月，北京珐琅厂被文化部评定为国家级非物质文化遗产生产性保护示范基地。同年，张同禄和儿女共同成立了张同禄珐琅艺术中心。张同禄指导设计，女儿张颖负责公司运营，儿子张旭负责生产。中心与文化公司合作，设计开发出多款以生肖为主题的景泰蓝畅销产品。

2012 年 6 月，北京珐琅厂有限责任公司建立景泰蓝艺术博物馆，博物馆展示了元、明、清各个时期制作风格的珐琅器，以及北京珐琅厂自建厂以来各时期的精品、工艺美术大师和老艺人的代表作品。基本构筑完成了展览展示、参观式生产、典藏和旅游产品销售的销售流程。2012 年 12 月，文化部确认并公布了第四批国家级非物质文化遗产项目代表性传承人。时任北京市珐琅厂有限责任公司总经理的钟连盛成为国家级非物质文化遗产项目景泰蓝制作技艺代表性传承人。（图 7）

图 6《周其垒》钱美华

2013 年 9 月，北京珐琅厂责任有限公司举办首届淘宝大集，销售的产品主要为 20 世纪七八十年代生产的手镯、戒指、首

图7 钟连盛

饰盒、茶杯等小件装饰和日用物件，价格在几十元到几百元，吸引了大量市民购买。2014年春节期间，北京珐琅厂有限责任公司举办了“首届景泰蓝皇家艺术庙会”，除了景泰蓝生产车间和博物馆的常态参观，庙会期间还开办了六场景泰蓝艺术讲座，同时参观者可以在工艺美术师的指导下体验制作景泰蓝。

近年来，景泰蓝逐渐繁荣，不仅表现在企业组织的各种大集、庙会，景泰蓝作品和技艺展示也频频在各级非遗保护机构主办的展览、文化节等文化交流活动中亮相。如2014年北京市东城区非物质文化遗产保护成果大展、2015年京津冀非物质文化遗产大展以及连续举办了五届的成都国际“非遗节”。同时，国家也常选用景泰蓝作为国礼。

2014年，由北京工美集团投标、北京珐琅厂有限责任公司制作的《四海升平》作为礼物，赠送给参加APEC领导人非正式会议的各个经济体领导人及夫人，此举再次让景泰蓝进入百姓视野。

2015年是“二战”胜利70周年，也是联合国成立70周年。由张同禄设计的《和平尊》被选为赠送给联合国的礼物。2016年2月25日，《和平尊》正式安放在联合国总部，由此也直接带动了景泰蓝高端礼品器皿的制作和销售。

四、当代景泰蓝制作技艺的传承方式

景泰蓝制作技艺的传承离不开两个主要因素：人和环境。“人”不仅限于我们常常提到的代表性传承人，他们只是景泰蓝行业在“非遗”背景下传承人的代表。从狭义上讲，从事景泰蓝行业的人都是我们的考察对象；从广义上讲，和景泰蓝行业相关的人则都应计算在内。至于“环境”，是指不同历史时期的政治、经济、文化背景。通过查阅资料和走访，特别是通过两位国家级非物质文化遗产项目代表性传承人（或其子）的口述，梳理1949年后景泰蓝行业的传承和发展历程，作者发现当代景泰蓝制作技艺的传承方式发生了显著的变化。1949年以前，景泰蓝行业主要以血亲式的家族传承为主；1949年以后，随着国家对传统手工业的社会主义改造和北京工艺美术学校的建立，出现了集体化传承和现代教育传承两种新的传承方式。下面就对这几种传承方式逐一论述，然后再加以比较。

（一）集体化传承

我们看到，两位国家级非物质文化遗产项目代表性传承人张同禄和钟连盛今天的成功是他们自身勤奋努力的结果，同时也受益于集体手工艺传承方式，即在集体企业中建立起来的新型师徒关系。

从1951年初级合作社开始至1957年高级合作社完成，形成了手工业集体化生产的主流，确立了手工技艺传承的新方式。合作社生产资料归集体所有，社员们实行按劳分配制和劳动分红制。手艺人获得新的社会身份，1966年之前，有377人被授予“老艺人”荣誉称号，有的入选为政协委员，他们从此有了政治生命。老艺人多数都乐意在公开授徒和集体生产中公开自己的技艺，因为在适应新制度、新环境时，没有什么比政治上的新生更重要了。当然，也有少数老艺人采取观望的态度，对集体化有抵触思想。他们抱着对家族技术权利的维护意识，不愿把技艺传给外姓，在走集体化道路过程中有过很长时间的徘徊，如北京“葡萄常”就是其中的一个典型。

集体化传承与1949年以前传统的师徒关系有联系，也有区别。职工刚进厂，要先拜师，经过两年的学徒期才能出徒并独立工作。在学徒期间，师徒之间没有旧时代的人身依附关系，师傅教徒弟手艺，徒弟将自己挣的工时计到师傅头上作为对师傅的孝敬，而自己只拿工资。出师后独立计件挣钱，师傅又带新的徒弟。在工作过程中，年轻人遇到问题，都会随时向老师傅（并不限于自己的师傅）请教，老师傅也乐意将自己的经验无保留地传授给年轻人。

这种在国营和集体所有制企业中产生的新型师徒传承方式，既继承了中国传统文化好的师徒伦理，又符合合作化生产对人才梯队培养的要求，反映了现代企业平等、合作、团结的价值观。

（二）现代教育传承

我们也注意到，在张同禄和钟连盛进入工厂之后，出于自身成长的要求，他们都选择了到美术学校进修学习。1959年，张同禄考入北京工艺美术学校学习金属工艺专业。1984年，钟连盛进入北京工艺美术职工大学工艺美术系装饰绘画专业深造。两位传承人都认为这段三年的学习经历在他们后来的景泰蓝创作生涯中起到了重要作用。

现代教育传承即通过职业教育学院的人才培养方式，包括中专、技校、职高、高职、夜校、大学和研究生教育，其中既有学历教育，也有非学历教育。中专、技校、职高、高职的行业方向性比较明确，甚至就是由企业开办，或招生时就明确为某一企业定向培养人才。除了基础课外，专业老师往往是聘请在本行业有多年实际操作经验，并能转化成理论传授给学生的行业能人。大学和研究生教育是一种通识教育，不以就业技能为教学指向，注重学生综合素质的培养。1999年，中国教育体制改革以后，高校扩大招生，学生自主择业。学校就业率的压力使得很多高校都将企业实习提前引入教学环节。2014年，中国艺术研究院研究生院开创性地设立非物质文化遗产保护实践与传统技艺专业艺术硕士学位，实行双导师制，聘请国家级非物质文化遗产项目代表性传承人直接指导学生学习技艺、制作作品。

现代教育也为非物质文化遗产的传承打下了基础，许多传承人通过各种渠道进入现代教育体系中，享受社会公共教育资源，不仅提高了他们的综合素养，而且一般都打下了较扎实的美术基础。景泰蓝制作技艺中的造型、装饰图案的设计尤其需要有绘画和雕塑能力，现代教育方式弥补了传统老艺人不能给予徒弟的这部分知识。事实证明，现代教育在传承人培养中也起到不可或缺的作用。

（三）家族式传承

1949年以前，景泰蓝行业主要以血亲式的家族传承为主。在我国几千年的手工艺发展史中，家族式的手艺传承占主流，近代手工工场制度的时间很短。私有制社会里，手艺人为保卫安身立命的技艺而生发保守思想在所难免——主要表现为限制授徒数量、立约规范、口传心授、保留绝活等。

1949年之后，这种传承方式因私有制的改造而一度淡出了历史舞台。2011年，以张同禄为代表的一批工艺美术大师成立自己的工作室或者家族企业，又回归“家庭作坊式”生产，传承人的培养也因此恢复了传统的家族式传承方式。比如，张同禄的儿女在自己家的作坊中，跟随其父亲从头学景泰蓝制作技艺，几年下来，已具备独立生产制作能力了。

（四）三种传承方式比较

以上三种情形是现今都存在的景泰蓝制作技艺的传承方式，存在本身就证明了各自的合理性。我们探讨集体化传承、现代教育传承和家族传承这三种传承方式，并不是讨论传承方式本身的优劣，我们考量的是它们在不同历史时期的适应性。也就是说哪种传承方式更符合时代的要求，更有利于当下行业的发展和技艺的传承，当今非物质文化遗产保护应该倡导哪种传承方式。

从出现的顺序看，家族式传承出现最早，而且一直延续到1949年。它对于传统伦理和行规具有依附性，它的长处是能帮助学徒在较长时间里养成手艺人的品格，比如坚持、诚实、守信、勤奋。这种传承方式最大的局限性是不够开放，导致社会上有志于从事景泰蓝制作技艺的青年才俊很难入行。当然，家族式传承技艺并非完全没有手工技艺权利的转移现象。如战乱、自然灾害、移民政策的影响，或者官府招募民间匠户集中生产等，都可能造成手工艺人离乡背井，家族式传承的规则自然要被打破。加上商品流通过程中也会有技艺传播的现象发生。历史上少数注重实学的文人士子进行的手工技术整理，通过著述以书面形式传播工艺法则，也可能在一定程度上打破手工行业的保守性。从个

图8 景泰蓝老手艺人金世权

人价值实现的角度讲，家族式企业、家族式传承可能较能激发个人的创造性，增强人的归属感。

可是，由于景泰蓝制作技艺需要经历多道工序，单个人很难完成。从生产流程看，企业也需要划分独立的工艺环节以提高生产效率。但作为一项技艺传承来讲，传承人需要掌握一项工艺的全流程，即非物质文化遗产保护的整体性原则。从访谈中得知，两位国家级非物质文化遗产项目代表性传承人进入工厂后都不只有一位师傅。张同禄就和老手艺人金世权（图8）学过掐丝。钟连盛虽然没有师承钱美华，但也一定受到了时任总工艺师钱美华的影响。张同禄后来创作的多种工艺结合的作品《神鹿宝车尊》更是得益于集体化的学习、探讨和协作机制。

1956年之后开始订立新型的师徒合同，各个集体企业面向社会大量招收徒工，老手艺人纷纷公开自己曾经保守的绝活。在集体劳动中，手艺人之间逐渐打破了传统陋习，形成相互交流、取长补短、集体攻关的新氛围。行业内通过作品观摩、评比，开阔创作思路；手艺人之间通过相互学习，交流技艺。合作化运动中建立了手工艺的科学研究制度。1954年至1965年，各地区成立工艺美术研究院所110余所。1961年至1965年期间，国民经济进入调整期，为打破技术垄断和专属权，轻工部调整了科研机构，明确提出了“技术民主”的口号。

事实上，合作化时代所建立的手工技艺集体化传承的新方式，在较短的时间里恢复了大量曾经濒危甚至失传已久的传统工艺。对于数千年来社会地位低下的手工艺人群体来说，新型的生产关系加上社会保障制度极大地提高了他们的生产积极性，促使他们削弱保守技术权利的思想，同时也在很大程度上消除了他们集体化传承手工技艺的后顾之忧。可见，集体化传承方式是在手工艺生产建立现代企业制度后形成的，它本身还是在这种制度下发挥了它开放、透明、交流、发展的优点。

纵观整个当代景泰蓝制作技艺传承和发展历程，从知识传播和技艺传承的效率讲，似乎现代化教育加集体化传承的方式更有优势些。理论与实践结合在任何时代都是人才培养的最好方式。

当然，景泰蓝制作技艺的传承目前出现以上三种方式并存的现象，这是时代的自然选择。作为传统手工技艺的景泰蓝，我们也不应该走单一化的传承道路，而应该多样化。联合国教科文组织《保护非物质文化遗产公约》明确提出要“承认各社区，尤其是原住民、各群体，有时是个人，在非物质文化遗产的生产、保护、延续和再创造方面发挥着重要作用，从而为丰富文化多样性和人类的创造性做出贡献”。家族式传承、集体化传承、现代教育式传承各有长处，在非遗保护政策层面应分别予以承认和尊重，同时在非物质文化遗产保护实践层面，应努力营造一种适合其行业自身规律发展的宽松的外部环境，不过多地去干预它。

五、当代景泰蓝制作技艺的发展

伴随着中华人民共和国成立初期的社会主义改造，景泰蓝由原来的私营作坊或小工厂制作为主体，转变为规模化的集体工厂制作。产权结构的改变使得企业的经营者能更宏观地思考企业的发展问题；同时接受过现代教育的管理者，如钱美华也很自然地将现代设计引入景泰蓝的生产中；另外，计划经济时期国家出口创汇的需求和市场经济时期企业自身生存发展的要求，促使企业经营者不断改进工艺、管控流程、创制新品、拓宽市场。在这一过程中，从材料到工艺，从产品造型到功能都发生着明显的变化。

（一）材料的丰富和工具的现代化

旧时珐琅釉料都是从天然矿石中提取熬制的，由于提取技术落后，杂质较多，使得烧制而成的景泰蓝出现了很多砂眼。20 世纪 60 年代，一些工厂对釉料进行了科学的研究和改进，如北京珐琅厂在 1961 年建立了釉料化验室，对各种釉料配方进行了科学的换算，使釉料的品质更纯净。至20世纪80年代，釉色也从传统的20余种增加到54种，目前珐琅釉色已近70余种，透明银蓝釉30余种。釉料的极大丰富使得设计师在设计时可以大胆用色，丰富的过渡色和调和色也使景泰蓝在颜色的艺术表现力上大大加强。

点蓝工具以前为扁平似勺的蓝枪，在点铜丝盘绕面积较小的细微之处时，不容易点到，或容易遗撒至周围。后来采用了化学实验用的吸管，大大提高了点蓝的准确性，也提高了工效。

烧活工序以前用煤火烧制，炉温不好控制，产品釉中易带入杂质，且容易烧花、烧脏。20世纪70年代以后，燃煤炉逐渐被燃气炉、电炉取代，炉温的恒定和可控使得烧制后颜色更准确，保证了烧活的质量。2011年，北京珐琅厂修建了当时全国最大的烧焊活大炉。2014年改造后，该炉可烧制高2米、直径1.8米的景泰蓝作品，如此巨制在1949年之前是不可能实现的。

（二）工艺流程更加细化

景泰蓝制作工艺复杂，主要有设计、制胎、掐丝、焊丝、点蓝、烧蓝、打磨、镀金等步骤。作坊式生产时，由于人手少，往往一人要承担多道工序。1958年，景泰蓝行业工厂化、规模化以后，由于人员的增加和量产的需要，人员分工更加细致、明确、专一。

（1）设计：设计包括饰品造型、纹样和色彩设计。

（2）制胎：胎体的造型。将紫铜片按设计图纸裁剪、捶打成各种形状的铜胎，盘可一次成型，瓶需多部件高温焊接成型。现在部分初胎已实现机械制胎。

（3）掐丝与焊丝：用镊子将铜丝蘸上白芨汁粘在铜胎上，涂上焊药，通过900摄氏度高温烘烧，让铜丝花纹牢固地焊接在铜胎上。

（4）点蓝：用蓝枪或吸管把调和后的不同颜色的釉料按设计图纸填入铜丝框架中。

（5）烧蓝：将点蓝之后的铜胎放入高温炉中，通过800摄氏度的高温焙烧，颗粒状釉料便熔化为液体，冷却之后就形成了紧紧附着在胎体上的色釉。根据铜丝的高度不同，点蓝和烧蓝一般需要连续交替进行三到五次。

（6）打磨：首先要用粗砂石将表面凹凸不平的部分磨平，将铜丝图案露出来；然后将釉料上的杂色磨掉；再拿木炭蘸上水反复打磨，直到产品发出均匀的亮光。现在为节省人力，除特形产品外，一般采用电动设备打磨。

（7）镀金：先进液槽中将产品镀金，电镀完成后再用清水冲洗并晾干，这样可以防止氧化，使产品更耐久、更美观。

为适应城市环保的要求，制胎和镀金工艺往往在乡镇企业中外包完成。

（三）造型和图案设计更具时代感

从历史上看，景泰蓝的造型大多以借鉴青铜器和瓷器的对称器皿造型为主，间或有一些动植物的非对称造型，材料均为金属和珐琅釉料。20 世纪 70 年代以后，出现了以景泰蓝制作技艺为主的多种工艺、多种原料相结合的产品。如张同禄在 1971 年创作的《神鹿宝车尊》就是景泰蓝制作技艺与北京花丝镶嵌制作技艺的完美结合。

景泰蓝制作技艺的传统纹饰有锦地、宝相花、缠枝莲，图案有宫廷用的龙凤图案，民间象征吉祥的福禄图案等。从梁思成、林徽因等学者开始关注景泰蓝制作技艺时起，当代的设计元素不断丰富着景泰蓝的纹样和图案。例如，钱美华的和平鸽图案、常沙娜的系列敦煌纹饰和钟连盛的《荷梦》系列图案，都是推陈出新的新颖设计。

（四）产品功能极大拓展

图 9 《荷梦》 钟连盛

景泰蓝在以前多为日用、装饰器皿，且以小件居多。2000 年以后，随着房地产市场的不断增长，建筑装饰业兴起。景泰蓝华贵、典雅的风格被新时期的设计师所发现，逐步应用在建筑室内外装饰领域。

2005年，北京珐琅厂有限责任公司承接了第一个大型室外装饰工程：《花开富贵》景泰蓝艺术喷水池工程。工程以景泰蓝工艺为主体，将锻铜、錾铜装饰、灯光和喷泉系统工程结合在一起，建于北京市朝外C区“昆泰国际”前广场，总长28米，最宽处8.2米，总面积约80平方米。

2014年11月，APEC会议在北京举行，雁栖湖主会场集贤厅是各国圆桌会议的重要场所。集贤厅由清华大学负责整体装饰设计，18根圆木大柱上方设置了18个大型（2米×2米×1.8米）景泰蓝斗拱。这种设计方案是史无前例的，给制作提出了很多难题。北京市珐琅厂有限责任公司对景泰蓝部分进行了工艺深化设计，通过拼接、组合和变形等手法，选取北京的风物为主题，设计出既体现源远流长的中华文明，又展现当代中国的文化自信和首都北京的地域特色的环境装饰作品。（图10）

图10 雁栖湖主会场集贤厅景泰蓝装饰工程

六、景泰蓝制作技艺如何面向未来

（一）传承景泰蓝制作技艺的意义

从历史的角度看，景泰蓝制作技艺是先辈工艺水平的物证，以器物的形式同建筑、典籍文献一起记录着历史。景泰蓝制作技艺是连绵不断、波动向前的。景泰和乾隆年间的繁荣都是因为皇帝的喜爱，前者使技艺日臻成熟稳定，后者将其在工艺上推向高峰，这两个时期奠定了景泰蓝的皇家气韵和厚重风格。清末民初，中国被迫开放市场，但客观上推动了景泰蓝走向国际市场，这一时期不在于工艺上的提升，而在于市场的扩大。中华人民共和国成立后的景泰蓝制作技艺作为国家出口创汇的工具，形成了人力、物力以及产量的集中提升，虽然这一时期对景泰蓝的发展和传承有推动作用，但就行业发展来说，这种计划的、不直接面向市场的发展是畸形的、不可持续的。不过这一时期所开创的集体传承的人才培养方式是值得积极探讨的。2011 年以后，《中华人民共和国非物质文化遗产法》颁布实施，给工艺美术行业创造了一个适宜的发展生存环境，充分调动了它的内生动力。

从国家的角度看，景泰蓝作为国礼，是国际文化交流的使者和见证物。为什么它能成为使者呢？因为首先在工艺上，它是精湛的；在造型、颜色和整体气韵上，它是美的。这种美的语言是没有国界的，是容易达成共识的。另外，景泰蓝的皇家血脉可以充分代表中国国家形象；同时，追溯其历史源流，它本身又是国际贸易、文化交流的产物。联合国教科文组织《保护非物质文化遗产公约》提出要“承认全球化和社会转型进程在为各群体之间开展新的对话创造条件”，《中华人民共和国非物质文化遗产法》的颁布实施表明我国对保护非物质文化遗产的充分重视，并把它提升为国家战略。所以作为非物质文化遗产的景泰蓝，作为文化名片肩负着促进民族间的文化交流和认同、增进国家间的文化联系的使命，特别是在联系亚欧国家方面起着积极作用。非遗同“一带一路”倡议一样，对我国今后的发展将产生深远影响。

从人的角度看，景泰蓝是内心审美的手工物化，同时作为一门在手、在心的手艺，是个人在社会上安身立命的谋生手段。景泰蓝制作繁复的工艺决定了其制作很难由单个人完成，必须由集体合作进行；而且其中一个环节出现问题，就会导致下一环节难以操作或最终成品出现问题，这就要求各工序间人与人的紧密配合。景泰蓝的制作其实就是一个小范围人和人之间沟通协作、达成共识的过程，成品代表了这一群人的共同审美，而成品的销售是他们共同价值的实现。

（二）景泰蓝制作工艺的未来

景泰蓝制作技艺很好地体现了非物质文化遗产的绵延特性，它虽然孕育于宫廷社会，但皇家文化在传统社会是不可忽略的文化层，创造主体并非皇帝一个人，而是由皇帝、官僚贵族，及官府手工作坊中的工师、匠人组成的集合体，它的文化基因还是来源于民间的。正因如此，它在宫廷社会消亡后仍能与民间文化融合适应，在保留了部分皇家气质的同时，经过几代传承人的薪火相传，不断注入新的时代气息，不断焕发新的发展活力。

这种发展势头还将继续，并不断提速。中国继当代工业化进程之后，互联网、移动互联网、智能制造正深刻地改变着人类的生产和生活方式。景泰蓝制作技艺的传承和发展也难免受这种大环境的影响。现在，钟连盛所在的北京珐琅厂有限责任公司和张同禄的相关新闻动态、个人、作品、企业的介绍都可以在网站上浏览。另外，北京珐琅厂有限责任公司在京东商城上开设了线上专卖店，并连续三年举办了淘宝大集。据钟连盛介绍，这块销售现在还以中、小器型的产品为主，但销售量在不断地上升。这是我们都可以看到的销售环节的互联网化。在采购环节，以阿里巴巴为代表的电子商务B2B网站，使原料的采购可以拓展至全球。以上这些都可以在移动的状态下通过手机来完成，新的沟通软件（如微信）可以帮助我们实时通过文字、图片、语音交流，这可以大大降低人与人之间异地沟通的成本。企业可以24小时不间断地做全球的生意。同时，密集的铁路、公路网和丰富的航空线路，使得物流更加便捷。今后芯片和编码技术的发展会使这一过程变得更具可控性。从教育和知识获取的方面看，除了上述的新闻信息，视频也被放到了网上，网上授课、网上教学方兴未艾。暂且抛开现阶段知识产权的问题，从趋势上看，景泰蓝制作流程的视频将必然会出现在互联网上。

市场的全球化和科技的日新月异直接给景泰蓝的生产者带来无限商机，同时也带来困惑和挑战。当顾客越来越“陌生化”，其文化背景也越来越多元化，对于生产制作者来说，如何设计合适的造型和图案，满足不同文化区域的顾客的需求是很困难的事情。在这种情况下，要坚守传统制作技艺、弘扬传统文化价值也是不容易的。

既然非物质文化遗产保护工作与现代化追求是同步进行的，两者有博弈，必然要有权衡。对景泰蓝制作技艺的传承是非物质文化遗产保护工作的重要抓手，对景泰蓝的发展与创新一定是在保护工作框架底下进行的。保护强调“活态传承”，本身就包含创新，否则就不是活态。

因有资本和市场的力量，故变化是商品生产的本质。文化保护重视人文价值，强调恒久的精神内核。文化部倡导非物质文化遗产的生产性保护，顺应了传统手工艺“应时而变”的特点。但在非物质文化遗产保护工作中，如何平衡变与不变的矛盾，掌握变与不变的尺度是问题的关键。吕品田提出：“要既保持传统技艺的流变性却又不至于‘流失’其核心技术和人文蕴涵，避免造成其技术本体和技术形态的蜕化、变形。”[14]这一思想至关重要。

文化保护是一项没有终止的长期工作，是一项持续的文化事业。然而文化产业讲究利益和商业规则，要求数据的递增、GDP的提高。不能以发展文化产业消解非遗保护工作的意义，协调好长期与短期利益、平衡国家与个人利益的关系是问题关键。实际上，人是决定因素，传承人的观念和做法很重要，国家在非遗保护实践中应该鼓励代表性传承人不固守私利，公开选拔那些有兴趣、有定力、有条件传承的徒弟。这种社会责任是代表性传承人应该具备的，是时代赋予的，是应当在非物质文化遗产的保护和实践中贯彻落实的。

注释

① 北京市崇文区地方志办公室．城南工艺美术［G］. 北京：科学普及出版社，2001．

② 李苍彦，李新民．非物质文化遗产丛书——景泰蓝［M］. 北京：北京美术摄影出版社，2012．

③ 北京市崇文区地方志办公室．城南工艺美术［G］. 北京：科学普及出版社，2001．

④ 中国第一历史档案馆，香港中文大学文物馆．清宫内务府造办处档案总汇4［G］. 北京：人民出版社，2007：532．

⑤ 北京市崇文区地方志办公室．城南工艺美术［G］. 北京：科学普及出版社，2001．

⑥ 北京市崇文区地方志办公室．城南工艺美术［G］. 北京：科学普及出版社，2001．

⑦ 李苍彦，李新民．非物质文化遗产丛书——景泰蓝［M］. 北京：北京美术摄影出版社，2012．

⑧ 北京市工艺美术学校后与北京工艺美术品总公司职工大学合并成为北京艺术设计学院，而后该学院并入北京工业大学，为其艺术设计学院。

⑨ 李苍彦，李新民．非物质文化遗产丛书——景泰蓝［M］. 北京：北京美术摄影出版社，2012．

⑩ 据张同禄口述，1962年北京景泰蓝厂已更名为北京工艺美术厂，并成为重要的外事参观单位，牙雕、玉雕、雕漆、花丝等多种工艺入驻该厂。

⑪ 当时一只景泰蓝鼻烟壶价值80元，而一辆锰钢自行车才卖到32元。

⑫ 1978年秋季广交会上，一套景泰蓝《绣墩亭桌》能换回6辆小轿车。

⑬ 本文在2002年11月后所提到的“北京珐琅厂”，皆指“北京珐琅厂有限责任公司”。

⑭ 吕品田．重振手工与非物质文化遗产生产性方式保护［J］. 中南民族大学学报（人文社会科学版），2009，29（4）．

参考文献

1 | 保护非物质文化遗产公约［S］. 联合国教科文组织，2003．

2 | 中华人民共和国非物质文化遗产法［S］. 国务院，2011．

3 | 王文章．非物质文化遗产概论（修订版）［M］. 北京：教育科学出版社，2013．

4 | 邱春林．中国手工艺文化变迁［M］. 上海：中西书局，2011．

5 | 苑利，顾军．非物质文化遗产保护［M］. 北京：社会科学文献出版社，2013．

6 | [美]约翰·奥莫亨德罗.人类学入门——像人类学家一样思考[M].张经纬等，译.北京：北京大学出版社，2013.

7 | 李苍彦，李新民.非物质文化遗产丛书——景泰蓝[M].北京：北京美术摄影出版社，2012.

8 | 北京市崇文区地方志办公室.城南工艺美术[G].北京：科学普及出版社，2001.

北京市珐琅厂对景泰蓝技艺的相关保护及对非遗传承基地建设的启示

Protection Practice for Cloisonne Technique and Enlightenment for Construction of Intangible Cultural Heritage Inheritance Base of Beijing Enamel Factory

潘晓曦

吴文科｜指导教师

摘要

非物质文化遗产保护在经历了前期以抢救性保护为首要目标，系统梳理和方式摸索为主要工作内容的阶段之后，生产性保护成为了新的探索方向，在众多非物质文化遗产项目，尤其是传统手工技艺项目的保护和传承实践工作中发挥了重要的作用。

关于生产性保护研究的相关课题，近几年已经出版发表的研究成果众多，而对于生产性保护示范基地的专门研讨则较为薄弱，并且在研究方向上，理论层面的研究较多，基于实践活动层面的研究较少。本文从讨论景泰蓝的发展历程和主要的景泰蓝生产企业北京市珐琅厂的发展历程入手，通过田野调查的方式获取第一手资料，主要梳理该项目的主体保护单位——北京市珐琅厂有限责任公司，在被选定公布为国家级非物质文化遗产生产性保护示范基地之后，在景泰蓝保护和传承的工作实践中，从资料挖掘整理、传承人规范化培养、营销宣传模式、科研创新辅助等多个侧面的工作措施和成功经验，试图为非物质文化遗产保护传承基地的建设提供一些参考。

关键词：景泰蓝；北京市珐琅厂有限责任公司；非物质文化遗产生产性保护示范基地；建设实践；经验启示

Abstract

The protection for intangible cultural heritage experiences a stage of taking the rescuing protection as the primary goal and taking the systemic treatment and mode-exploring as the main work content, and then comes to a new stage where the productive protection became the new direction to explore. The productive protection plays an important role in protecting and carrying forward many intangible cultural heritage projects, especially traditional crafts.

There are many punlished research results on the subject of productive protection, while special studies on the productive protection of the demonstration base are comparatively rare. In addition, these studies mainly focus on the academic level, rather than the practical level. Beijing Enamel Factory, as the the main manufacturer of cloisonné and the main protection unit of this project, was selected as the productive protection demonstration base of national intangible cultural heritage in 2011. Starting from a discussion about the course of development of cloisonné and Beijing Enamel Factory, drawing upon the first-hand information by means of field survey, this paper mainly combs through the practices and successful experience of Beijing Enamel Factory in exploring and compiling related materials, standardized cultivation of inheritors, marketing and publicity mode, application of technical innovation and other aspects, to try to provide some references for the construction of protection and inheritance base of intangible cultural heritage.

Keywords: Cloisonné; Beijing Enamel Factory Co., Ltd.; Productive Protection Base of Intangible Cultural Heritage; Practices; Experiences

一、引　言

非物质文化遗产保护在经历了以抢救性保护为首要目标，系统梳理和方式摸索为主要工作内容的初始阶段之后，如何在保持本真性的同时，将非物质文化遗产活态传承更好地推进；如何在生产性保护和兼顾经济效应的同时，使非物质文化遗产的独特价值更广泛地被社会大众认知，成为新的研究方向。

非物质文化遗产是根植于民族民间的活态文化，技艺因人而存在，传承人的保护无疑是非物质文化遗产保护工作中的核心环节。正如非遗保护的积极倡导者冯骥才所述："传承人所传承的不仅是智慧、技艺和审美，更重要的是一代代先人们的生命情感，它叫我们直接、真切和活生生地感知到古老而未泯的灵魂。这是一种因生命相传的文化，一种生命文化；它的意义是物质文化遗产不能替代的。""有史以来，中华大地的民间文化就是凭仗着千千万万、无以数计的传承人的传衍。它们像无数雨丝般的线索，闪闪烁烁，延绵不断。如果其中一条线索断了，一种文化随即消失；如果它们大批地中断，就会大片地消亡。"①

政府主导是非物质文化遗产保护工作的重要原则。近年来，政府为了保证传承人的社会地位和经济保障做了大量积极的工作：建立健全国家、省、市、县四级非物质文化遗产项目代表性传承人名录；通过多种渠道筹措资金，对传承人进行津贴扶助、生活补贴、项目资助等多层面的经济支持；健全和完善知识产权保护体系等。这些举措，有效地改善了传承人的现实境遇。

但是，我们还是要清楚地看到，目前我国非物质文化遗产的传承链依旧十分脆弱。一是传承人"高龄化"严峻形势的凸显。在目前通过认定的传承人名录中（包括国家级和省级），年龄在60岁以上的占据一半以上的比例，其中部分现今已然离世，自然衰亡造成传统文化的没落和危机显而易见。二是后继乏人，尤其是社会价值观的变化和时下生活方式的变迁对非物质文化遗产项目造成的冲击和影响。传承难的问题一部分是由于部分传统文化项目在历史的传袭过程中，为了防止技艺外泄而制定的严苛的传授习俗，例如"只传男、不传女，传里不传外"等；而另一部分则是接触到大量新文化、新资讯和新的审美观念之后，多数年轻人在追求新奇特精神内容的同时，对传统文化产生了排斥的心理，这种情况在少数民族聚集区和偏远地区的农村尤为严重，造成了非遗传承“招不来、留不住、传不下”的尴尬局面。

保护与利用永远是矛盾而又必须共存的两极。生产性保护旨在“以保护带动发展，以发展促进保护”[②]，在此理念的基础上，非物质文化遗产生产性保护示范基地应运而生，其主要功能周和平副部长曾经在讲话中给予了明确的描述：“通过生产、流通、销售等方式，将非物质文化遗产及其资源转化为生产力和产品，产生经济效益，并促进相关产业发展，使非物质文化遗产在生产实践中得到积极保护，实现非物质文化遗产保护与经济社会协调发展的良性互动。”截至目前，共公布两批国家级非物质文化遗产生产性保护示范基地，涉及98个项目企业或单位。本文主要是考察景泰蓝制作技艺生产性保护示范基地——北京市珐琅厂有限责任公司的调研报告，通过对北京市珐琅厂副总经理苗永生的实地访谈，主要就景泰蓝发展历程、北京市珐琅厂有限责任公司发展历程，尤其是挂牌景泰蓝制作技艺生产性保护基地后，北京市珐琅厂有限责任公司在保护和传承景泰蓝方面的具体措施进行了相关了解，并在此基础上针对非物质文化遗产生产性保护示范基地建设的相关问题进行浅显的分析阐述。

二、景泰蓝制作技艺的艺术传统与当代传承

景泰蓝制作技艺是极具我国传统文化特色与代表性的传统技艺类非物质文化遗产项目。北京市珐琅厂是传统景泰蓝产品的主要生产厂商。作为文化部认定的第一批国家级非物质文化遗产生产性保护示范基地，该厂对景泰蓝技艺的传承保护进行了全方位立体性的摸索实践，不仅对景泰蓝技艺的全面传承与系统保护进行了成功的探索，而且对同类生产性保护基地的建设提供了相应的启迪，具有重要的意义。

（一）研究对象

1．景泰蓝制作技艺的起源和发展

景泰蓝，又名“铜胎掐丝珐琅”。明代著作《新增格古要论》“首次著录了珐琅工艺的渊源、特点、用途等问题，成为今天研究我国古代珐琅器唯一的文献资料”[③]。据书中记载，珐琅产于大食，即现今的阿拉伯地区，与“佛郎嵌”相似，俗称“鬼国窑”“鬼国嵌”。对于景泰蓝制作技艺传入中国的时间，专家有两种认知，一种为13世纪末，元蒙军队远征，横跨欧亚大陆入侵西亚，俘虏了大批工匠，开始了珐琅在中国的制作和发展；另一种则认为是在15世纪前期，郑和七下西洋，开启大规模的中外文化交流，在文化交流过程中引进了西亚伊斯兰掐丝珐琅技术并进行了改进，形成了中国特色珐琅制品的生产制作。

目前可见最早的景泰蓝实物产于明宣德年间，这个时期景泰蓝的主要器型有炉、瓶、碗、盘、尊、觚等[④]，制作胎型的材料有金、铜两种，釉料多为蓝色底，外加红、黄、白、绿等花色，工艺特色基本已经形成。

明景泰年间，宫廷内的御用监（皇家厂坊）已开设有专门制作景泰蓝的作坊[⑤]。这个时期制胎技艺发展迅速，胎型从单纯的观赏性向实用性转变，除瓶、盘、碗、盒、熏、炉、鼎之外，还有花盆、面盆、炭盆、灯、蜡台、樽、壶等器物。在釉料色彩上，出现了宣德年间没有的葡萄紫、翠兰和紫红色。在装饰手法上，重视金工的处理，器物的顶、盖、耳、足边线等部位多有錾活装饰。朱家溍先生认为这个时期的景泰蓝制品“掐丝整齐、磨光细润、镀金匀实等，都是在宣德时代基础上的又一步提高”[⑥]。

清代，康熙初年宫廷造办处设立了专门的“珐琅作”，制造宫廷御用器皿。这一时期的制作工艺保留和沿袭了明代的制作水准和风格，掐丝工艺较明代更为细腻，但釉色方面却略显逊色。

乾隆时期，景泰蓝制作技艺大幅度地提升，开始与漆器、木器等其他工艺相结合。制作的器具用途多样而广泛，兼具实用性和审美性，几乎涉及了宫廷生活的方方面面。其器型多源自同时代的瓷器、青铜器、漆器等，按功能用途可分为宫廷陈设器、生活实用器、宫廷典章用品、祭祀宗教用品和文房器具等。[⑦]制胎材质有所突破。根据《北平珐琅工业近况》中的记载："这个时期所采用的物质材料分上、中、下三等，上等者金胎金丝，中等者银胎银丝，下等者铜胎铜丝。"在釉料色彩上出现粉红和黑色。由于手摇压丝机的使用，掐丝工艺达到了空前的精美。花纹的内容也比明代更为广泛，出现了利用历代文人名画掐制的作品。朱家溍先生认为这个时期的景泰蓝制品"掐丝、磨光、镀金等技术超过明代，圆润坚实，金光灿烂八个字可以当之无愧"⑧。这一时期，景泰蓝的生产基地也从北京内廷造办处珐琅作一处，发展到在广州、扬州均设立了生产基地。这两地制作的景泰蓝制品在原本奢华精美的皇家风格上，适当融入了当地的文化风格，如扬州制造的景泰蓝制品釉色喜好蓝、绿色，整体色彩偏冷。

嘉庆至道光年间，随着清政府的统治日益衰落，对皇家御用珍品的需求逐渐减少，内廷珐琅作名存实亡。大量工匠走出宫墙，自谋出路，逐渐把这种技艺带到了民间。据资料显示，"咸丰时期民间始有景泰蓝作坊出现"⑨。光绪年间，八国联军攻进北京，海禁大开，景泰蓝成为颇受西方市场青睐的出口商品，民间商营作坊大量兴起，较为知名的有老天利、洋天利、宝华生、静远堂、志远堂等。这个时期，釉料研磨更加细腻，对点润技术的提高和作品表现力的提升起了很大作用，砂眼数量也大大减少⑩，但整体艺术性并没有创新和提高。这一时期，为满足众多西方教会的需求，也曾出现过带有浓郁西方宗教色彩的景泰蓝制品，但产量不高，并没有形成制作规模和中西合璧的艺术风格。

民国初期，民间作坊成为景泰蓝生产的主体，采取作坊分工合作的经营模式制作不同工艺流程。景泰蓝行业的发展主要依托于出口，多个西方国家的商人都在北京设立有专门代收购景泰蓝商品的机构。到1930年之后，为了迎合市场的部分需求，景泰蓝制品开始向低俗劣质下滑。直至日寇侵华，出口业基本处于停滞阶段，景泰蓝行业的发展日趋凋零。

2．北京市珐琅厂的成立和发展

中华人民共和国成立初期，景泰蓝制作行业仍沿袭一家一户的作坊生产模式。北京一地有200多家大小不一的制作作坊，从业人员不足千人，大部分作坊规模在十几人左右，最小的只有两三个人，基本以单一工艺制作加工为主，能做"成活儿"即独立完成景泰蓝成品的非常少，产品质量也很不稳定。此时的景泰蓝行业整体处于濒危境地。为挽救这一民族传统工艺，1950年，北京市成立了特种工艺品公司，将生产作坊组织起来成立集体或公私合营企业，北京市第一、第二、第三珐琅生产合作社先后成立。同时由北京特种工艺公司领导出面，聘请清华大学梁思成、林徽因教授在清华大学营建系成立了工艺美术抢救小组，其中景泰蓝抢救小组深入各家珐琅作坊了解景泰蓝生产现状和工序操作，绘制了新的纹样和色彩图，并对今后景泰蓝的设计方向和艺术理念做了详细的阐述，使景泰蓝这一传统工艺的发展融入了新时代背景下的文化内容。

1956年1月，北京市珐琅厂由造办处和42家私营珐琅厂合并组成。当时有职工400余人，分布在王府井、前门、崇文门一带12个生产点。1957年全厂迁到现在的厂址，1958年同样生产景泰蓝的国营特艺实验厂并入，更名为国营北京市珐琅厂，并请郭沫若同志题写了厂名，景泰蓝抢救小组成员钱美华任设计室负责人。这个时期的景泰蓝生产实行了按工序分车间的大流水作业，但生产工艺还沿袭着传统的方式，生产周期长，产能低。[11]产品的艺术风格也基本承袭明清时期的传统，是景泰蓝行业的恢复期。

20世纪60年代到80年代是积极响应工艺美术产品出口创汇、支持国家建设的年代，随着国际市场的不断扩大和价格的逐年攀升，景泰蓝行业进入快速发展期。北京市珐琅厂的产品基本都是出口外销，占全国景泰蓝出口总量的70%以上，遍及100多个国家和地区，年出口额从初期的20多万美元到20世纪80年代的2000多万美元，在北京工美行业首屈一指，职工人数也激增到2700多人。为响应上级单位不断扩大生产规模的要求，珐琅厂还提供资金和技术骨干，在北京周边昌平、密云、怀柔以及河北大厂等地扶持发展了数十家乡镇加工厂，鼎盛时期有4000余人为珐琅厂生产制胎、釉料、镀金等非核心工艺的半成品。在艺术特色发展方面，由于这个时期生产的产品全部来自外贸公司的直接订单，基本上还是沿袭传统造型，以瓶、樽、盘、碗等为主，纹饰也多为传统的花鸟、龙凤、勾子莲等。但在技术改造方面，珐琅厂依靠一线工人对生产技术的熟悉，对生产工具进行了改进：试制成功了滚床（又称“擀床”）、下料机、鳔丝机等小型半自动专用机器，极大提升了产品质量和生产力；用滴管着色代替了传统的蓝枪点蓝，提高了点蓝工序的工作效率；增加了用硫酸清刷胎体的工序，基本上消灭了砂眼和气孔；开创了由设计师设计出丝工图、彩图，然后由技工按图生产的生产模式；电动球磨机代替了以往的手工粉碎对釉料材质进行处理，提升了釉料的细腻程度等。这些技术革新将景泰蓝的制作工艺和整体产品品质提升到了前所未有的高度。此外，在这个时期，北京市珐琅厂还编制了《景泰蓝工艺操作规程》和《工序质量标准》，使景泰蓝行业第一次有了文字标准，这是手工业从经验生产迈向标准化生产的一个开端；起草了《中华人民共和国景泰蓝工艺品行业标准》，从此，全国景泰蓝行业有了统一的产品质量标准，使景泰蓝的生产逐渐走向科学化管理。[12]

1990 年后约十年时间，随着出口经营业绩下滑，北京市珐琅厂经历了非常困难的阶段。这个时期国内经济正在从计划经济向市场经济过渡，外贸公司不再包销全部产品，而是依据自己实际接到的订单转给企业进行生产。景泰蓝产品由于不是人民群众日常生活的必备用品，加之历史上以皇宫御用为主，中华人民共和国成立后基本又是以出口创汇为主，在面向广大民众的市场领域缺少认知度，在国内市场上的销售空间十分窄小。最困难的时期，珐琅厂连员工的工资也无力负担，多年依赖银行贷款支撑，最终只能将工厂的部分地皮出售来维持企业的生存。

2002 年 11 月，北京市珐琅厂改制为北京市珐琅厂有限责任公司，隶属于东城区国资委。针对国内市场激烈的竞争环境，北京市珐琅厂开拓思路，将发展目光聚焦到逐渐兴起的旅游业市场。作为全国景泰蓝行业中唯一的一家中华老字号和全国工业旅游示范点，商品部展厅营业面积扩充到 1800 平方米，来厂参观和购买产品的旅游团络绎不绝，最高峰时一天能达到 300 多辆大轿车，年接待游客 80 余万次，销售额 1800 余万元。市场虽然打开了，但是由于旅游消费市场游客群体的特殊性，这个时期珐琅厂生产的产品主要以普通摆件和小型工艺品为主。

随着我国社会经济的繁荣发展，珐琅厂的经营状况也不断好转，2006 年后，珐琅厂将企业发展的重点从旅游销售向高端收藏品和大师精品的生产销售转移。釉料工艺也不断创新，目前珐琅釉色有近 70 种，透明银蓝釉 30 余种。2010 年，无铅釉料的研制成功填补了国内和国际这一领域的空白，为景泰蓝开拓更广泛的实用性产品领域奠定了基础。珐琅厂创立的“京珐”品牌目前是景泰蓝行业的第一知名品牌，连续荣获北京市著名商标称号。

（二）景泰蓝技艺传承与保护的现状

“火中求彩”的景泰蓝一直都是我国传统工艺品中一颗璀璨的“明珠”，在历经多次起伏的发展历程后，景泰蓝制作技艺被列入我国第一批国家级非物质文化遗产项目，迎来了快速发展的春天。凭借政府、传承人和生产企业多方的共同努力，景泰蓝在传承和保护方面都呈现出良好的势头，但大众认知程度低、商品市场混乱等现实隐患也不容忽视。

1．景泰蓝制作技艺的传承现状

截至目前，非物质文化遗产项目代表性传承人名录中，景泰蓝制作技艺的国家级传承人共3人，分别是第一批公布的钱美华和张同禄，第四批公布的钟连盛，其中钱美华大师已于2010年离世；北京市级传承人4人，分别为戴嘉林、米振雄、衣福成和李静；区级传承人6人，分别是耿英建、李佩卿、陈继凯、张颖、王宝双和罗淑香，其中陈继凯已经离世。在目前认定的传承人当中，多位大师都已是70岁以上的高龄。（图1）

景泰蓝的制作技艺十分繁复，包括制胎、掐丝、烧焊、点蓝、烧蓝等十余道主要工序，也是极少数按照不同工艺流程进行传承的传统技艺。多数大师和技工都只擅长一道或几道核心工艺，很少有全部流程完全精通的。在人员培养方面，缺少专

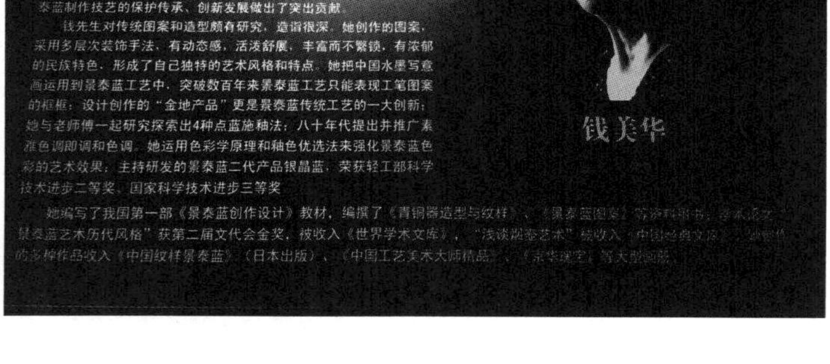

图1 景泰蓝博物馆中钱美华介绍

业的培训机构，基本是依靠生产企业或大师个人的工作室内部培训、师徒相传的方式进行，培养一个成熟技工大约需要3年的时间。1978年，北京市珐琅厂曾创办技工学校，由厂里的设计人员亲自授课，开设美术、素描、专业设计等相关课程，国家级传承人钟连盛大师就是从这里走上景泰蓝制作道路的，但遗憾的是该技工学校仅招收了三批学生就停办了。

由于市场经济的冲击，景泰蓝制作技艺的传承在20世纪90年代左右曾一度出现从业人员减少、人才培养断档的情况。由于景泰蓝制作人才培养周期长、劳务水平整体较低、工作耗时费神，还有烧蓝等需要在高温环境下进行的工艺流程，所以很长时间基本没有年轻人愿意从事景泰蓝制作工作。为此，北京市珐琅厂招收了很多聋哑员工，才得以缓解严峻的人才危机。目前，在一线工作的高级技师年龄差不多都在50岁左右。

从从业人员的教育水平看，毕业于清华大学美术学院、中央美术学院等高校相关专业的毕业生较少会投身景泰蓝设计和制作一线，多数的从业人员来自高等技术学校。不过近年从业人员受教育程度的情况略有改观。

李佩卿大师作为景泰蓝行业中带徒数量众多的一位，在传承方面有自己独特的方式。“古老技艺与现代的融合，这是一门很难的学问。学生设计时我会把多年积累的经验告诉他们，让他们大胆创作不要怕，警惕忘记根基的天马行空，也不要我一说就不敢做，我鼓励他们有自己的想法，说出来我和他们一起讨论。出来的作品，即使把学生的设计全部推翻了，作品上也会有他们的名字，就这样一步一步地带，想让他们明白创新必须立足于传统，人们购买景泰蓝作品买的是历史，我们要用景泰蓝的语言创新出的作品才会被认可。”⑬

汇聚了全国景泰蓝行业三分之二的国家级大师和高级技师的北京市珐琅厂，为传承景泰蓝制作技艺，在公司内设立了传承人工作室，长期为传承人进行技艺传承提供场所及人力、物力上的保证。对已经达到退休年龄的技师，按照职工个人意愿进行返聘，延长了熟练技师的艺术生命，也利于他们教授更多的徒弟，弥补年龄断层所带来的影响。同时为鼓励职工钻研技艺，还在一线职工中开展初级、高级技师的评定工作，截至2015年10月底，经国家职业技能鉴定中心考核认定的高级技师38名，技师、高级工20余名，形成景泰蓝制作技艺传承有序、后继有人的良好发展局面。

2．景泰蓝市场发展的现状

（1）危机四伏的景泰蓝商品市场

20世纪80年代中期，由于出口的高额收益，在上级部门的号召下，珐琅厂不断扩大生产规模，与众多乡镇企业进行合作。随着市场经济的到来，乡镇企业逐渐脱离为珐琅厂进行粗加工的行列，开始独立进行景泰蓝产品的生产和销售，并凭借相对低廉的价格，成为珐琅厂有力的竞争对手。同时，在市场低迷期，珐琅厂经营举步维艰，部分工人选择买断工龄离厂，也造成景泰蓝制作技艺的外流，北京的景泰蓝技艺逐步蔓延到许多省、市和地区，大量新开办的生产厂家纷纷对畅销的景泰蓝产品进行大批量的仿制。技艺不过关和粗制滥造，缺乏保护措施的无序竞争，致使在国内外素有良好声誉的景泰蓝口碑一落千丈，甚至被一些人称之为“景泰滥”，沦落为地摊商品，整个行业元气大伤。

（2）民众认知度不高的深宫景泰蓝

景泰蓝在明清时期，一直属于宫廷御用品，存量有限，国内博物馆中也只有北京故宫博物院、台北故宫博物院和上海博物馆等少数几家博物馆拥有藏品。由于藏品数量稀少等原因，多数景泰蓝藏品都不进行对外展览，仅存于库房供专家进行学术研究。还有一部分传世的景泰蓝文物是作为皇宫大殿的主要陈设存在，如紫禁城的金銮宝殿、国子监的辟雍宫、颐和园的排云殿、避暑山庄的部分庙堂的装饰陈设品和法器等，但也出于文物保护的缘故，普通大众难以近距离欣赏到景泰蓝宝石般璀璨的光芒。

任何传统工艺美术产品的发展，如果只停留在单纯的艺术创作和收藏鉴赏的窄小层面，远离民间大众，必然会被社会遗忘，走向消亡。北京市珐琅厂有限责任公司副总经理苗永生在访谈中谈到这个问题：“现在不要说外地人，就是在北京本地也有很多人根本就不了解景泰蓝是什么，对景泰蓝的文化也不了解。景泰蓝不是人们生活的必需品，因此大众的认知非常少。”他还讲了一个自己的亲身经历，2003年左右，珐琅厂举办了一次景泰蓝进社区的活动。在北京望京地区，当时一个北京老大爷拿着一件景泰蓝制品，非说是陶瓷的，还一再让不停介绍的工作人员不要蒙骗他。

（3）收藏热引发价格虚高，过度炒作不利于景泰蓝普及

收藏家的圈子里流传着一句话："收藏若无景泰蓝，藏尽天下也枉然。"这种共识引发了景泰蓝收藏的风潮，近年来景泰蓝收藏行情逐年加温，拍卖价格也屡创新高。2008 年，一对从海外回流的清代乾隆时期"掐丝珐琅多穆壶"在中贸圣佳春季拍卖会上以 9072 万元拍出，创造了当时珐琅器拍卖的世界最高纪录。仅仅两年后，一对清代雍正御制掐丝珐琅双鹤香炉，在香港拍出 1.1 亿元，重新改写了珐琅器拍卖的世界最高纪录。[14]

景泰蓝文物价格不断开创新高的同时，现当代景泰蓝制作大师的创新精品也成为收藏界争相购买的收藏品。当代景泰蓝作品的炒作主要出现了两种倾向：一种是过分炒作所谓大师作品。景泰蓝是一种集体创作，从设计到十几道的制作工艺流程，不可能是由大师独立完成，因而不能过度夸大大师一个人的地位。比如，米振雄大师目前的作品就是自己设计，然后由自己曾经的几个徒弟如今也都是 60 多岁的老人完成掐丝、点蓝等核心工艺，非核心工艺则是由珐琅厂的技师协助完成。另一种是对所谓限量收藏品的过分炒作。 2014 年北京 APEC 会议期间，正在创作中的景泰蓝赏瓶《繁花似锦》于颐和园水木自亲殿首次亮相，墨西哥总统夫人里韦拉亲自尝试为这件景泰蓝赏瓶点蓝，从而获得了"夫人瓶"的美称（图 2）。由于发售数量有限，无法满足广大藏家的收藏愿望，这件作品一直处于严重供不应求的状态，引发了收藏市场对该作品价格的炒作。作为景泰蓝《繁花似锦》的出品方，北京市珐琅厂首次发出公文，公布销售价格和指定独家销售平台，避免了过度炒作情况的发生。关于这次公文发布的缘由，苗永生给出了这样的解释："景泰蓝生产有可复制性，一样的作品完全可以生产出来很多件。只是任何一个作品都有生命力，生命力有长有短，市场需求决定了生命力的长短，但这并不是说某个景泰

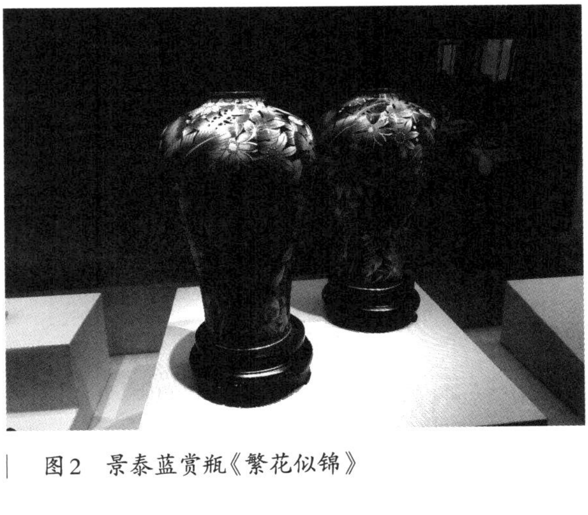

图 2　景泰蓝赏瓶《繁花似锦》

蓝作品就只有十件八件，不能再增加。”⑮

（4）行业标准陈旧，偷工减料毁根基

经济效应的巨大推动力，也随之带来了鱼龙混杂的商品市场。景泰蓝销售市场上不但出现大量的仿古文物，让资深的收藏家都难辨真伪，在现代商品的制作上，也出现了偷工减料、机器加工代替手工技艺等不良现象。

大众不具备鉴别一件景泰蓝作品究竟是手工制作还是机器加工的专业知识，也不可能甄别产品在制作环节中是否符合所有工艺流程的标准，但是大众会评判自己欣赏和购买的景泰蓝商品是否符合它的价值，是否满足自己对它的艺术需求。20 世纪珐琅厂编制和参与发布的工艺制作标准显然已经不能满足时下行业的实际需求。而且作为非物质文化遗产，最重要的就是要保留传统的工艺，必须强调核心工艺的纯手工制作，如果缺少明确的行业制作标准，既会损害景泰蓝作品的艺术价值，也不利于传统技艺的传承保护。

三、北京市珐琅厂对景泰蓝制作技艺的生产性保护

2011 年 11 月，作为生产景泰蓝制品的中国老字号企业，北京市珐琅厂被评为第一批国家级非物质文化遗产生产性保护示范基地。近年来，北京市珐琅厂在工作实践中做出积极的探索，有效规范了景泰蓝的市场销售情况，景泰蓝制品的社会效应和经济价值都出现了大幅度的提升，珐琅厂的年利润从 2011 年的 280 万元激增到 2014 年的 862 万元，在传统技艺文化附加值的提升方面展现出强大的实力。

（一）北京市珐琅厂对景泰蓝技艺的全面传扬

1. 珍贵史料的数字化梳理和存档

北京市珐琅厂成立之初的职工基本都是民国时期的老手艺人，很多都拥有各自作坊秘而不宣的工艺技法。珐琅厂深入挖掘老艺人的技法经验，整理成文并归类留档。

珐琅厂成立至今已有近60年的历史，拥有很多设计完成但没有投入生产的设计图纸，或是生产数量极少、已然绝世的作品。根据这些情况，珐琅厂着手收集和整理老艺人留存的历史资料和设计图样，购买大图扫描仪，将资料和图纸扫描后归类存档；对于部分有损毁的资料，分配专人进行修补；配合北京非物质文化遗产保护中心，整理出版《北京非物质文化遗产传承人口述史——景泰蓝制作技艺·米振雄》，梳理和留存第一手的资料。

2．还原明清工艺，“重现”历代珍品

2005年，为庆祝故宫博物院建院80周年，故宫博物院首次从馆藏中挑选10件元明清不同时期的经典作品，珐琅厂组织相关专家、大师和技师进行了高仿复制。2011年至2012年期间，又先后复制了60余种宫廷御用景泰蓝，包括掐丝珐琅、画珐琅、铸胎珐琅、錾胎珐琅等品种。为保证高仿制品真实地还原传世珍品的精美技艺和艺术表现力，珐琅厂还原制作了当时的部分制作工具，研制开发了已经失传的传统釉色，最大限度地还原了文物的韵味，在最终的作品呈现上不但不失美轮美奂的艺术特色，还达到了更精致的技艺水准。（图3）

图3　仿制宫廷御用景泰蓝制品（北京市珐琅厂供图）

此外，珐琅厂还为香山勤政殿、天坛斋宫、恭王府等文物古迹单位，复制生产了各类精美陈设品。这些高仿品的展出有效弥补了博物院馆藏珍品展出甚少，大众难以亲眼欣赏到景泰蓝珍品文物的遗憾。

3．复制老艺人精品，时代文化烙印的历史沿袭

整理老艺人的设计图样和早期作品等历史资料之后，为了将这些风格、技艺各具特色，同时还带有不同历史时期社会文化特色的作品呈现于世，让大众清晰地了解景泰蓝艺术风格发展的历史文化脉络，珐琅厂组织人员对老艺人的代表作进行了复制，共计70余件套。其中，米振雄大师设计创作的以白毛女为元素的作品、钱美华大师以绿军装红宝书为元素的作品等革命题材作品是特定时期、特定创作环境的灵感体现，这些作品当时有的没有进行生产，有的也只生产了极少的数量，复制后呈现出独特的艺术魅力。（图4）

4．兴建首家景泰蓝艺术博物馆

2011年至2015年10月，珐琅厂申请非物质文化遗产保护专项资金，并自投大量资金，分两期工程兴建了1000平方米的景泰蓝艺术博物馆，这是我国第一家独立的景泰蓝博物馆。（图5、图6、图7）为更广泛地吸引大众对景泰蓝的关注，博物馆定位为公益性博物馆，长年免费对外开放。展馆内配备有专职讲解员，在这里，大众可以参观景泰蓝制作的工艺流程；定期聆听景泰蓝大师和专家学者的讲座，深入了解有关景泰蓝文化、鉴别、保养和收藏等方面的知识；亲自动手进行景泰蓝掐丝、点蓝的制作；了解景泰蓝起源、发展的历史知识；同时还可以近距离欣赏到元明清不同历史时期景泰蓝珍品的高仿作品和景泰蓝近现代不同时期的经典作品等。

5．展销合一，获得社会效应和经济效应双赢

自2011年开始，珐琅厂先后成功举办了“首届钱氏景泰蓝作品展”“追本溯源——仿宫廷景泰蓝艺术精品展”“走进珐琅厂，探秘景泰蓝”“《中国工艺美术大师·钱美华：景泰蓝》新书发布会”，第一届、第二届、第三届“景泰蓝老物件淘宝大集”，第一届、第二届“景泰蓝皇家艺术庙会”等大型展览展示活动。这些展销活动的举办地均设在企业内部，成功地将传播景泰蓝文化和扩大企业社会影响力、提高“京珐”品牌知名度有机结合起来。（图8）

1·图4　复制生产的老艺人精品作品

2·图5　景泰蓝博物馆成立仪式（北京市珐琅厂供图）

3·图6　景泰蓝博物馆内景（北京市珐琅厂供图）

4·图7　景泰蓝博物馆内景（北京市珐琅厂供图）

图8　展销活动现场（北京市珐琅厂供图）

由于观众可以参观博物馆的展览并亲自接触景泰蓝制作技艺，加上自有展厅的销售也省去了流通环节，景泰蓝产品价格相对低廉。这些活动的举办在推广景泰蓝文化的同时，极大地带动了大众的购买力，为企业带来了可观的收入，例如，2013年9月30日首届“景泰蓝老物件淘宝大集”期间，每天的参观人数约为4000人，销售总额1866万元，是珐琅厂自成立以来参与人数最多、社会影响最广、销售额最高的一次活动；2015年春节举办的第二届“景泰蓝皇家艺术庙会”，正月初二至正月初十共接待顾客15000余人次，销售总额600余万元，仅限量版铜胎掐丝珐琅赏瓶《繁花似锦》单项产品，就以16800元的价格销售了200多个，是珐琅厂历史上春节期间销售额最高的一年。据统计，每年企业内部展厅的销售额占全年销售总额的70%左右。

6．开拓思路，多维度全方位的营销宣传理念

北京市珐琅厂每年都积极参加国内外有影响的展会20余次，包括文博会、非遗专项展会等，专门设计制作大型特装展台，充分利用展会的大平台宣传景泰蓝文化和技艺，扩大景泰蓝制作技艺的影响。

借助焦点事件，以新闻热度带动大众对景泰蓝的关注也是珐琅厂在营销宣传方面的成功经验。2014年北京APEC会议期间，在颐和园水木自亲殿首次亮相的景泰蓝赏瓶《繁花似锦》，以“夫人瓶”的新闻热点被广泛关注。为延续新闻持续的宣传效果，珐琅厂将《繁花似锦》定位为限量商品，只发售500件，在2015年的春节庙会上以7天销售200余件再次成为大家口口相传的话题。2015年，法国枫丹白露博物馆失窃，被盗文物中有一件是圆明园珍品景泰蓝麒麟，珐琅厂在看到这则新闻的第二天就行动起来，组织人员钻研复制这件失窃珍品，打算在国内再现这件文物珍品的“真容”，足以显示出珐琅厂工作人员在营销宣传方面的敏锐度。

2015年5月5日、10月24日，珐琅厂在北京大学百周年纪念讲堂举办了两期“‘京珐文化’：掐丝珐琅宫廷艺术展暨专题艺术讲座”。在艺术讲座期间，举办了为期三个月的“‘京珐文化’：掐丝珐琅宫廷艺术展”，旨在将景泰蓝制作技艺的精髓完美地展现在世人面前，弘扬中华民族的传统文化，促进景泰蓝制作技艺的可持续发展。

自2014年开始，珐琅厂与原中央工艺美术学院院长常沙娜女士合作，用敦煌图案纹样设计制作了数件景泰蓝艺术品，并陆续参加了常沙娜女士分别在深圳关山月美术馆、台湾高雄佛光山佛陀纪念馆、北京今日美术馆以及莫斯科举办的“花开敦煌——常沙娜艺术研究与应用展”，极大地宣传了景泰蓝制作技艺和历史文化。

珐琅厂还充分利用电视媒体广泛的受众覆盖效应，积极参与中央电视台科教频道百集电视系列片《手艺》、经济频道《鉴宝》栏目、北京电视台《这里是北京》栏目、2016年北京电视台春节联欢晚会录制等，与法国电视台、旅游卫视等电视台合作拍摄了纪录片，让景泰蓝通过电视机屏幕走进千家万户。

网络是年轻人主要关注的信息平台和媒介。珐琅厂从2011年起就开始和百度合作，参与竞价排名；在主流电商网站京东商城设立旗舰店；目前集宣传和销售为一身，融合3D数字博物馆展示和企业独立销售的电商平台也即将上线投入使用。多种符合当今社会信息传播特点的数字化、现代化传播模式必将带来景泰蓝文化更深远、更广泛的传播推广。

北京地铁14号线的景泰站距离珐琅厂只有不到两公里。在地铁建设规划初期阶段，这一站原本计划命名为“安乐林路站”，珐琅厂看到了其中潜在的宣传价值，经过多方沟通、商讨，与上层领导部门反复争取，最终该站命名为“景泰站”。珐琅厂十分珍惜这来之不易的成果，在车站装修过程中，又以12万元的赔本价格承接了成本高达60万元的装修工程。“这是非常重要的自我宣传窗口，一定要让每一位乘客都能体会到最精美的景泰蓝的魅力，所以我们不计成本也要把自己家门口的这个工程做好。”在采访过程中，苗永生副总经理给出了十分坚定的答案。

7．科研创新，助力景泰蓝探索工艺应用领域

除了在传统装饰品领域的设计开发创新，珐琅厂还在室内装饰、景观工程建设等方面取得极大的突破。2011年，为完成大型作品烧制的工艺要求，珐琅厂修建了全国最大的天然气烧焊活大炉，2014年又对大炉进行了改造，目前最大可烧制高2米、直径1.8米的景泰蓝作品。已完成的大型工程包括：APEC雁栖湖主宴会厅、上海世博会主会场贵宾厅及新闻发布厅、扬州某度假村巨型珐琅柱、华西村龙希国际大酒店、首都机场专机楼候机厅等标志性建筑物的室内装饰工程，以及高3.21米、直径2.15米的目前景泰蓝制品世界之最的《转经轮藏》作品，《太白醉酒图》《红楼十二钗》等大幅景泰蓝装饰画作品。这些大型制品的设计和制作，虽然沿用的都是传统景泰蓝工艺，但在设计思路、制作难度和工艺复杂程度等方面，都远远超越原有的制作水准，是景泰蓝技艺史上的重大突破，也是新时代市场需求孕育的全新创作。（图9）

传统景泰蓝制作使用的釉料中都含有一定比例的氧化铅。经过两次立项、近十年的研发，2010年，珐琅厂研制出63种无铅珐琅釉色，改写了珐琅釉料含铅的历史，填补了国内和国际这一领域的空白。无铅釉料在景泰蓝制作中的实际运用，帮助珐琅厂开发了果盘等可以和食品直接接触的产品系列，涵盖高档食品类产品的外部包装，增加了景泰蓝的实际应用领域。

图9 APEC雁栖湖主宴会厅（北京市珐琅厂供图）

（二）北京市珐琅厂对景泰蓝技艺传承的探索实践

1．传承人工作室为核心的传习场所建设

北京市珐琅厂是国内景泰蓝制作行业最资深的企业，2名国家级非物质文化遗产传承人、4名市级传承人均属于珐琅厂的职工或退休职工。基于这种优势，北京市珐琅厂先后成立了四个传承人工作室，分别是国家级传承人钟连盛大师工作室、市级传承人米振雄大师工作室、市级传承人戴嘉林大师工作室和市级传承人李静大师工作室。（图10）

图10　米振雄大师工作室（北京市珐琅厂供图）

为了改善传习教学条件，珐琅厂同时扩大了公司一楼、二楼传习所面积，新增四楼传习所。总面积由原来的750平方米，增加到1000平方米，并对传习场所的工作台、灯光系统等设备、设施进行更换。

2．传承人规范化培养

针对景泰蓝制作技艺人才年龄结构老化、后继乏人、人才输送面临断档、普遍教育状况不高等实际状况，珐琅厂制定了系统规范的传承人培养模式，以每位传承人下设4—5名高级技师，高级技师下设4—5名技师和学徒的方式，搭建自上而下的“宝塔形”传承机制，通过传、帮、带，理论与实践相结合，积极开展景泰蓝制作技艺的传承活动。2011年至2015年，共招聘年轻员工近30名，经过培养，他们当中的大部分都已经成为传承技艺的骨干力量。

3．全方位培训，做好多种类型的人才培养工作

对工艺技师、年轻设计师和新招录的大学生这些未来发展的核心力量，珐琅厂每年都会组织关于中国工艺美术史、景泰蓝艺术发展史以及专业设计的培训进修和景泰蓝工艺的专题培训、安排采风写生、展览观摩等多种活动。

2015年4月举办了“中国景泰蓝艺术发展研讨会”，会上常沙娜女士回顾了中华人民共和国成立之初，受周总理委托，梁思成、林徽因先生成立多人抢救小组，恢复景泰蓝制作技艺的历史；唐克美女士做了题为“设计与技艺是铸造‘京珐’品牌的辉煌”的主题演讲；高阳老师做了题为“装饰图案的形式美法则与现代景泰蓝图案设计”的发言。三位专家的发言意义深刻，对景泰蓝行业今后的发展和设计水平的提高，以及景泰蓝制作技艺的保护传承起到极大的促进作用。

2013年4月，珐琅厂组织人员参加了北京首期“非遗市场化运作”高级研修班，通过实际案例的学习和分析，对非遗产品市场营销方面的知识和运作方式进行了深入的了解。

4. 多元化举措，激发技艺学习热情

珐琅厂积极鼓励职工参加“北京市工业职业技能竞赛”及高级技师评审活动。在第十四届北京工业职业技能竞赛中，珐琅厂参赛的9名技师囊括了全部的金银奖和绝大部分铜奖。在2013年4月举办的“轻工业景泰蓝制作工国家职业技能鉴定评审工作”中，珐琅厂有9名职工被评为高级技师、3名职工被评为技师、5名年轻学徒被评为景泰蓝高级制作工。在2013年北京市经济和信息化委员会举办的第七届北京工艺美术大师的评定工作中，1人被破格评定为北京市二级工艺美术大师，3人被评定为北京市三级工艺美术大师。与此同时，珐琅厂还在企业内开展公司高级技师和技师的评定工作。2012年8月，公司聘任内部高级技师29人、技师5人，公司对被聘任者每月分别给予相应级别的技师津贴，在企业内部形成“比、学、赶、帮、超”的良好氛围。

5. 熏陶教育与实践基地的融合创新

珐琅厂积极推广针对大中专院校和中小学生展开的中国传统工艺之美的熏陶教育，陆续与北京服装学院、清华大学美术学院、北京工美高级技校、北京电子科技职业学院、北京联合大学特殊教育学院、北京联合大学师范学院，以及东城区国资系统企业、东城区东四九条小学等学校合作展开景泰蓝制作技艺的交流与培训。打开企业大门，为有意愿学习景泰蓝制作技艺的学生提供场地和高级技师指导培训。并将公司副总工艺师外派到北京工美高级技校，长期住校，传授景泰蓝制作技艺，为景泰蓝行业培养人才。（图11）

图11 “薪火相传”（付智华摄）

四、北京市珐琅厂景泰蓝技艺传承示范基地建设的示范价值与启示意义

北京市珐琅厂有限责任公司作为国家级非物质文化遗产项目景泰蓝制作技艺生产性保护示范基地，在保护和传承景泰蓝制作技艺的过程中发挥了巨大的作用，做出了不可替代的贡献。通过分析我们可以看出，在非物质文化遗产保护和传承的过程中，传承基地的建设和发展具有非常关键的作用。

（一）对传承示范基地建设的示范价值

1．开放的传承心态

北京市珐琅厂与多家相关院校合作展开景泰蓝制作技艺的交流与培训，同时打开企业大门，不拘泥于是否是自己的职工，只要是有意愿学习的个人，珐琅厂就可以提供传习所的场地和技师进行指导；在北京工美高级技校，北京市珐琅厂的副总工艺师长期住校，进行景泰蓝制作技艺的传授。这些措施打破了传统的师徒传承结构，也打破了过去以工厂或传承人个人工作室为单位的内部传承结构，成为面向整个社会的技艺普及和传授。

非物质文化遗产的“活态流变性”和“基质本真性”决定了最好的保护方式就是让非物质文化遗产在传承中延续、在发展中保护。传承基地拥有比单纯传承人更广泛的社会群众基础，有利于在传承保护过程中以更开放的心态，抛弃对独门技艺“敝帚自珍”的局限，有利于传承结构的突破，便于融合学校教学和国内外更多艺术创作人员的加入。

2．制定行业标准，承担品质责任

传承基地与其他生产企业相比，拥有传统技艺和生产规模等方面的优势，可以利用企业自身的社会影响力，通过制定行业制作标准，普及产品鉴别手段等方式，承担起对整个产品制作行业的质量监督功能，用自己的专业技术能力保证传统技艺和产品的质量，避免出现部分人群为了追逐利益“杀鸡取卵”，对传统技艺产生破坏性的跟风生产行为；避免广泛的生产普及出现不符合制作技艺标准，机械制作代

替手工制作等损害项目发展根基的现象。

3．核心技艺和艺术个性并存，实现独特品牌价值

北京市珐琅厂在生产过程中与传承人展开传承人设计、珐琅厂制作、传承人合作开发等多种形式的合作模式，同时也接受国内外优秀艺术创作者的设计图纸完成制作加工，积极拓展自有品牌“京珐”的知名度。比如，扬州某度假村的珐琅装饰灯柱工程就是由度假村提供国外设计师的设计样稿，珐琅厂根据实际工艺条件修改，最终完成工程项目制作。

对非物质文化遗产的传承来说，严格遵循传统、保持原生态的核心价值十分关键。但为了保证非物质文化遗产项目在现今社会文化的氛围下，能够具备相应的生命力，适应现代人的审美需求，传承的过程就不能是单纯僵化的复制，而是要在传承的过程中融入创作者自己的艺术个性，让新创作的艺术品在传统的基础上拥有自己独特的艺术风格和符合社会发展的审美内涵。单独的传承人在传承过程中会容易发生扼杀个性，或以个人审美为尊的行为；而对传承基地而言，多特色的艺术追求可以延展生产企业的产品线，也有利于打造企业产品的品牌价值。

传承基地在发展过程中要充分尊重和鼓励艺术家的创作热情，倾力塑造自有品牌的影响力和独特艺术魅力，实现社会价值和经济价值的双赢。

4．助力科技研发，追求高品质创新

北京市珐琅厂在接受故宫博物院委托制作馆藏珍品的高仿品时，研发还原了元明清时期的传统釉料，成功还原了文物珍品的璀璨光彩；历时十年，两次立项研发了无铅釉料，帮助景泰蓝得以在更广泛的市场中应用；为烧制大型景观景泰蓝制品，研发大型烧蓝设备等。这都是传承基地发展过程中可以借鉴的成功经验。

众所周知，年画不被消费者青睐的原因除了节日文化的衰落，主要的原因在于年画使用的颜料保存时间有限，削弱了年画成为收藏品的价值，如果可以利用科技手段解决年画使用的颜料保存期限短的问题，那么就可以让年画在传统实用价值的基础上，拓展其收藏的价值。类似的问题在传统技艺生产性保护中还有很多案例。

“独木难为舟”，集技艺传习和生产企业于一身的传承基地，要依托自身强大的经济实力，更多地着眼于科技的创新和新技术在传统技艺中的导入和融合。很多非物质文化遗产中的传统技艺在当今发展过程中都会遇到一些难题，比如原材料问题和生产数量低等实际困难。只有精湛的技艺，但却没有适合现今时代的材料，生产出来的产品不可能有强大的生命力。这时就需要传承基地发挥科技创新能力，研发新的技术来保证产品的价值。

5．以数字化保护和现代传播媒介作为重要载体

现有的景泰蓝博物馆和即将上线的3D博物馆，艺术讲座、展会、报纸杂志、电视和互联网多渠道、多维度的全方位宣传理念，电子商务销售模式的导入等，使得北京市珐琅厂在数字化保护和传承方面的成功经验比比皆是，值得其他传承基地学习和借鉴。

数字化保护是信息时代资料整理、存储、传播的新技术手段和新发展趋势。与传统纸质资料的保存相比，数字化保存的数据档案易于存储，不容易丢失和损毁；易于分类，便于整理和归档，同时对于图纸和音像等历史资料的还原精度高，还可以利用影像、三维制图等先进手段进行更多角度的资料记录。

非物质文化遗产的保护和传承需要更多的人认知和了解，只有将传统文化和现代文化有机地对接，让当今社会的人充分欣赏到传统文化的魅力，非物质文化遗产才真正拥有生存的土壤。“酒香不怕巷子深”的观念已经不适于现在的社会发展环境，所以传承基地必须要更多地依赖现代传播手段，如电视媒体、网络媒体，让更多的人参与到非物质文化遗产保护和传承的行列中来。

6．注重多元化人才培养，形成“合力”效应

人才的培养是传承基地的首要任务，这一观点早已不容置疑。但是笔者认为，传承基地不应该只着眼于传承人的培养，只局限在专业技艺的传承，而是应该拓展思路，将人才的培养立足于生产企业的发展，立足于行业产业化的发展，立足于如何在文化大繁荣的背景下将自身的优秀传统文化传播出去。所以在人才的培养上，也应该包括精通营销学的销售人才，精通传播学的营销人才，掌握非物质文化遗产保护知识的人才，精通材料学的专业技术人才，了解产业发展模式的综合性人才等。只有注重多元化的人才培养，才能形成合力，共同推进非物质文化遗产事业的进程。

（二）对传统技艺生产性保护的启示意义

1. 坚持发挥政府在非遗保护中的主导地位

政府在非物质文化遗产保护工作中始终发挥着主导作用，我们可以看到从中央到地方，都建立了专门的非物质文化遗产保护机构；出台和制定了众多非物质文化遗产保护的相关法律、法规；并建立了非物质文化遗产保护专项资金等，从不同维度为非物质文化遗产保护保驾护航，并取得了累累硕果。

通过对北京市珐琅厂的调研，还有几个方面是目前政府工作的空白：第一，针对非物质文化遗产保护项目生产企业税收扶持政策的建立。目前，无论是国有、集体还是个体非物质文化遗产生产企业，全部按照17%的税率进行纳税，对于主要依赖文化创意提升产品附加值，原始材料费用多数较为低廉、能进行税款抵扣的数额较小，而且还多数挣扎在生存线上、需要扶持的非物质文化遗产生产企业来说，如此之高的税率成为很多企业巨大的负担。可否制定相关的政策，针对企业实际经营状况，对于传承基地建设投入、文化宣传普及和推广、人才培养激励等方面的相关投入，进行税率和实际缴纳税额范围的调整，帮助更多企业获得非物质文化遗产保护和传承的良好发展局面。第二，健全和完善非物质文化遗产相关的知识产权法规体系。非物质文化遗产是属于全社会、全人类的财富，很多非物质文化遗产项目也并非是一个传承人或一个生产企业的专利，如何保护传承人和生产企业的知识产权，同时在保护的基础上形成传承的有效激励，这是目前知识产权相关法规难以清晰界定的范畴。既要鼓励传承人开门授业，又要避免侵权对原始技艺所有者的利益伤害，政府部门需要有针对性地对相关法规进行完善和健全。北京市珐琅厂对于“京珐”商标的积极保护就是可借鉴的解决模式之一。第三，推动文化产权交易和投融资平台建设。政府下设的非物质文化遗产保护专项资金目前主要是用于改善传承人的基本生存条件和建立基本的保护体系，但是对于数量庞大的非物质文化遗产项目和严峻的非物质文化遗产现状而言，需要更多元的资金筹集渠道。针对文化项目的特殊性，建议可在政府的主导下尝试文化产权交易和投融资平台建设。

2. 积极发挥社会民间组织和专业研究机构的参与作用

民间文化社团组织因其自身的灵活性和专业性成为非物质文化遗产保护力量的重要补充。一方面，社团组织结构多元且灵活，有利于成为传承个体和广大民众之间沟通和宣传的桥梁；另一方面，“非物质文化遗产保护工作是一项长期的事业，工作量大、涉及面宽、专业性强，需要建立熟悉业务的优秀管理队伍和学有专长的专家队伍”[16]。前文在针对北京市珐琅厂进行分析时，提及多元化相关人才的培养，而社会层面各类专家队伍的有效参与，可以加快企业培养的周期和避免高昂费用，帮助传承人和企业获得最及时的专业指导。同时，从整个非物质文化遗产保护领域而言，也需要专业研究机构的积极介入，帮助整个非物质文化遗产保护事业不断推进和发展。

3. 非遗保护与传承需要民众的参与和支持

非物质文化遗产的“活态性”决定了非物质文化遗产的保护传承、孕育与将其流传至今的地方文化和广大民众密不可分，对非物质文化遗产的保护不能是简单的挖掘、整理，将其放到镜框和保险柜中，以博物馆的形式进行展出，或者是制作成影像文件和标本，贮存于库房的深处。非物质文化遗产必须要存活在广大民众的文化生活中，如同鱼生活在浩瀚的海洋般，只有在文化的浩瀚天地里，非物质文化遗产才拥有真正的生命力，非物质文化遗产才是获得了真正的保护和传承。因此，非物质文化遗产的保护及传承需要尽可能多的民众参与和支持。

事实上，很多非物质文化遗产项目在目前的社会文化经济发展阶段，已经缺失了以往历史阶段原本的文化、群众基础，这就需要一个重新孕育和构建文化、民众基础的过程。一种情况是由于地域的局限性形成的。以国家级非物质文化遗产名录项目“羌绣”为例，原本羌族作为一个人数稀少的少数民族，“羌绣”项目的大众认知度极低，加之本民族年轻人多数离开家乡原居住地外出打工，使技艺传承面临严重的断层。2008 年的大地震虽然给这个世代栖息在山区的民众带来毁灭性的创伤，但震后国家和民众对该地区的关注，以及震后一系列旅游产业的规模性建设，却让“羌绣”获得了新生的机会。又如众所周知的昆曲代表作《十五贯》，昆曲之前一直属于曲高和寡的剧种，观众群体并不广泛，但是《十五贯》以曲折跌宕的剧情征服了观众，获得了周总理的高度赞扬，后续改编为多种戏曲形式，并于1956年拍摄为昆曲电影，成为“一出戏救活了一个剧种”的经典案例。由此可见，民众对于某一种文化形式的喜爱，并非完全被地域和时代所局限，只要能找出文化精神内涵和大众文化精神需求的契合点，该种文化形式就有可能获得民众的认可和追捧。

还有一种情况就是该种非物质文化遗产原本的文化生存土壤已经在历史的长河中不复存在。例如，本文中的研究对象景泰蓝，景泰蓝从发展之初就是皇家御用的陈设品和装饰品，主要的生产也是由皇家垄断的。中华人民共和国成立后，制作技艺虽然传入民间，但也主要是承担了出口创汇的重任，以远销西方各国为主，在我国的广大民众之中缺少文化传承和认知。针对这类非物质文化遗产，在保护和传承过程中就需要为其重新建立一定的民众基础。目前，北京市珐琅厂建立了景泰蓝博物馆，将不同时期的精美展品与生产过程一起展出，免费向公众开放。还通过多种宣传渠道和让民众亲身体验景泰蓝制作过程等尝试，都是在为培养景泰蓝文化的民众基础不断地努力。

不论是地域造成的区域文化认知局限，还是历史发展演化的文化认知断层，相关保护单位都需要从源头——民众对该文化遗产的精神需求为核心开展工作，以多元化的宣传普及推广为手段，尽可能让更广泛的大众认识和了解，继而才能进一步参与和支持。

4．手工业与现代工业的互补是非物质文化遗产生产性保护的关键

“生产性保护”是近年来非物质文化遗产保护传统技艺等领域最受瞩目的研究课题，非物质文化遗产保护和传承需要自身造血机能的良好运行，市场的建立和开拓需要大量商品的供给，现代化工业产业化的规模生产能力成为手工业产能低下的有力补充。但不可忽视的是现代工业生产“标准化”流程和手工业生产“个性化”的激烈冲突，如何处理二者的平衡关系，成为“生产性保护”的关键。

通过对北京市珐琅厂的深度调研，笔者认为珐琅厂的做法是值得推广和肯定的。对于非核心的基础工序，如制胎，可以采取工业化的生产方式，提高基础产能；在釉料的制作方面采用工业技术手段去除杂质，极大提高了原材料的细腻度，有利于提升产品的光泽感和艺术价值。而在核心工序，如掐丝、点蓝和烧制过程，则是全手工制作。一方面是尊重个性化的艺术创造过程，另一方面类似烧蓝的过程完全是凭借个人经验来把控每个釉料面受热的时间和温度，这是机器无法代替的，也是艺术品最终艺术价值和核心灵魂的体现。

我们必须看到，传统技艺的传承者并不是简单地对技艺的学习和掌握，每一次技艺的传承都是技术和文化、技巧和艺术创造力双重层面的传承，是具体到每一个传承个体对该文化艺术项目的领悟和升华。“非物质文化遗产的传承，除了技术层面的需求外，还具有思想、心灵、精神等方面的诉求愿望。因为非物质文化生产不同于工业化生产的过程，本身有着强烈的个人手工性质，存在着深刻的精神需求。”[17]

5．在文化生态视野下的科学发展和可持续保护

“文化生态平衡是指文化的多样性与丰富性，以及文化与环境间、文化与文化间、文化内部诸因素间保护能量流动和物质循环的稳定与有序状态。”[18]非物质文化遗产的科学发展和可持续保护必须打开视野，从孤立的文化项目个体转向文化生态的大视野下。“非物质文化遗产既包含着丰富多样的内容和形式，又与特定的生态环境相依存。因此，‘整体性’既是非物质文化遗产保护实践中应该恪守的理念与原则，同时也是一种重要的保护方式。作为保护方式，‘整体性’强调的是非物质文化遗产应该在所处的文化生态环境中进行保护，即全方位、立体化、多层次的保护，而不是孤立的项目保护，也就是说是一种要顾及各种因素的综合保护。只有坚持这一重要的保护原则与方式，才能实现非物质文化遗产的科学保护。”[19]

北京市珐琅厂在这个领域也做出了积极的尝试。例如，与原中央工艺美术学院院长常沙娜女士的合作。常沙娜女士从小就随父亲临摹敦煌壁画，是国内外知名的敦煌艺术研究专家，对于传统装饰图案的现代创新设计有着自己深厚的理解和艺术造诣。从2014年开始，珐琅厂盛情邀请常沙娜女士设计了多件以敦煌图案纹样为特色的景泰蓝艺术品，将敦煌和景泰蓝的艺术特色结合，并参加了常沙娜女士在世界各地举办的系列“花开敦煌——常沙娜艺术研究与应用展”。这既是一次敦煌艺术的创新展示，也是景泰蓝设计图案的一次创新尝试，对两种艺术的推广宣传都可谓一次成功的促进。作为“中华老字号”之一，北京市珐琅厂还将景泰蓝与同属“京味”文化核心代表的“全聚德”“张一元”等知名企业合作，推出文化精品礼盒等，这也是文化生态视野下普及“京味”文化概念的积极尝试。

综上所述，从北京市珐琅厂有限责任公司的成功经验可以看出，传承基地是非物质文化遗产保护和传承过程中的重要形态模式，在建设过程中要努力探索，争取打造出融合传统技艺研发、艺术创意培育、人才培养、文化信息传播及交流于一身的创意企业，真正成为传统文化项目发展的“动力引擎”和品牌示范，在确保企业可持续发展的同时，开创非物质文化遗产保护和传承的新纪元。

注释

① 冯骥才．民间文化传承人：活着的遗产[J]．文汇报，2007-5-10．

② 王文章．非物质文化遗产概论（修订版）[M]．北京：教育科学出版社，2013：328．

③ 杨伯达．中国美术全集·工艺美术编10：金银玻璃珐琅器[G]．北京：文物出版社，1988：23．

④ 李永兴．元明时期掐丝珐琅器初探[J]．故宫博物院院刊，2001（5）．

⑤（清）于敏忠，等．日下旧闻考[M]．北京：北京古籍出版社，1981．

⑥ 朱家溍．铜掐丝珐琅和铜胎画珐琅[J]．文物，1960（1）．

⑦ 李彤彤．乾隆朝宫廷景泰蓝初步研究[D]．复旦大学，2010．

⑧ 朱家溍．铜掐丝珐琅和铜胎画珐琅[J]．文物，1960（1）．

⑨ 吴明娣．百年京作——20世纪北京传统工艺美术的传承与保护（上卷）[G]．北京：首都师范大学出版社，2014：234．

⑩ 李广才．古都瑰宝景泰蓝[J]．中国质量万里行，2006（8）．

⑪ 北京市珐琅厂有限责任公司．珐琅厂及京珐景泰蓝的发展变迁[J]．时代经贸，2010（6）：171．

⑫ 王志琴．景泰蓝市场，让人欢喜让人忧[J]．中国新时代，2013（10）．

⑬ 毕少华．实现景泰蓝艺术的现代表达和传承——记当代美学粉彩景泰蓝第一人李佩卿大师[J]．海峡科技与产业，2015（12）．

⑭ 夏中和，马林．京作官廷范儿——掐丝珐琅[J]．今日中国，2014（4）．

⑮ 王志琴．景泰蓝市场，让人欢喜让人忧[J]．中国新时代，2013（10）．

⑯ 卞利．文化生态保护区建设中存在的问题及其解决对策——以徽州文化生态保护实验区为例[J]．文化

遗产，2010（4）：24－30.

⑰ 赵农．非物质文化遗产与生产性保护［J］．文艺研究，2009（5）．

⑱ 田川流．中国文化艺术可持续发展研究［M］．济南：齐鲁书社，2005.

⑲ 李荣启．文化生态建设与非物质文化遗产的整体性保护［J］．美与时代（上），2015（2）．

参考文献

1 | 王文章．非物质文化遗产概论（修订版）［M］．北京：教育科学出版社，2013.

2 | 苑利，顾军．北京非物质文化遗产传承人口述史——景泰蓝制作技艺：米振雄［G］．北京：首都师范大学出版社，2015.

3 | 吴明娣．百年京作——20世纪北京传统工艺美术的传承与保护［G］．北京：首都师范大学出版社，2014.

4 | 王文章．非物质文化遗产保护研究［M］．北京：文化艺术出版社，2013.

油纸伞制作技艺的保护与传承
——川、赣油纸伞产区调研报告

The Protection and Inheritance of Traditional Umbrella Making: Research Report from Sichuan, Jiangxi Province

朱 蕾

吕品田 | 指导教师

摘要

油纸伞是我国传统雨具，其制作和使用的历史久远。近代以来，随着现代化进程的发展，工业化生产方式既重塑了人们的生活环境和日常习惯，也改变了传统社会中生产制作的手工模式，这对油纸伞行业形成巨大冲击，油纸伞制作技艺的传承面临着很多困境。如何在现有状况下对油纸伞制作技艺进行保护与传承，是我国非物质文化遗产保护中的一个重要课题。

本文分为四个部分：

第一部分简单梳理了我国油纸伞的历史发展过程；从原材料、制作工具、制作流程三方面介绍了油纸伞的制作工艺；并指出了油纸伞及其制作工艺的当代价值。

第二部分以具有悠久制伞传统的四川分水油纸伞、江西甲路油纸伞为个案，通过实地调研，对油纸伞行业的发展状况，以及川、赣两地的油纸伞生产、传承人的保护与技艺传承实践等现状进行了细致说明。同时，比较了两地的油纸伞生产状况。

第三部分主要分析了油纸伞行业在制作技艺与传承实践方面存在的问题。将问题分为内部问题与外部问题，内部问题主要针对油纸伞从业者普遍存在保护与传承意识淡薄、工艺制作粗糙、经营模式单一、包装与推广落后等问题；外部问题主要针对政府与市场方面普遍存在社会环境变化、市场狭小、政府重视度不高等问题。

第四部分主要是油纸伞制作技艺保护与传承对策建议。在对川、赣两省油纸伞行业现状调研的基础上，根据油纸伞制作技艺保护与传承实践中存在的问题，从政府与从业者两方面对油纸伞行业的良性发展提出了对策意见，以期对油纸伞制作技艺保护发挥建策作用。

关键词：非物质文化遗产；油纸伞；保护；调研

Abstract

Chinese people have used traditional paper umbrellas as daily necessities for a long time. In modern times, due to the development of modernization, the emergence of industrialized production methods not only reshaped the people’s living environment and habits, but also changed the traditional manual production modes. It has impacted the paper umbrella industry greatly. Facing the difficulties arising from general environment, how to protect and develop the skills of paper umbrella is an important topic before us.

This paper is divided into four parts:

The first part briefly introduces the historical development of the paper umbrella, including the raw materials, tools and making process, and points out the contemporary value of the paper umbrella and this technique.

In the second part, based on the field research, the author introduces the production situations of paper umbrellas in Sichuan and Jiangxi provinces individually, and give us a detailed account of the status of the production of the paper umbrellas, the protection of the inheritors and the heritage of the techniques in Sichuan and Jiangxi Provinces.

The third part mainly analyzes the existing problems in the production techniques and the inheritance practices in the paper umbrella industry. The problems can be grouped into internal and external ones. Internal problems refers to the skill holders and companies；External problems is mainly related to the government and the market.

The fourth part is about the solutions. Base on the field researches carried out in Sichuan and Jiangxi provinces, the author proposes the solutions and suggestions from both the perspective of the governments and that of the skill holders in the paper umbrella industry.

Keywords：Paper umbrella；Intangible Cultural Heritage；Protection；Research

一、油纸伞制作技艺概述

（一）油纸伞发展简述

伞是中国发明的传统雨具。早在原始社会末期，古人的编结技艺就已经达到非常成熟的水平，他们用韧性强的植物编结出密实结构，从而阻挡雨水渗透，这种结构的雨具被称为笠和簦。簦的形状已经比较接近伞，即在笠上增加一个手执把手，当时的这种把手类似现在的伞柄，但因为还没有掌握活动关节的技巧，因此这种挡雨工具无法开合。

伞的发明在民间有许多故事传说的版本，发明者到底是谁众说纷纭，有的说是黄帝，有的说是鲁班夫妇，还有的则说是姜尚、周武王等，难以考证。这从一个侧面说明伞的出现时期很早。盖作为伞演进过程中的一个重要阶段，其形制是在笠、簦的基础上进一步定型化，主要用到木材、羽毛及纺织物来制作。到春秋战国时期，盖的制作技艺已经成熟，当时出现了不同形制的车盖、华盖、曲柄盖，其使用范围也从御用逐渐扩大到贵族阶层，盖成为很多政治活动与礼仪过程的必需品。统治阶级的礼仪需求从客观上促进了盖的制作技艺提高。2005年，湖北襄樊市出土一把古伞架，完整展现了春秋战国时期伞骨的形制，亦可从中窥见当时制伞工艺上的一些信息。根据该古伞架文物判断，战国时期制作的伞盖没有伞斗，伞骨直接插入伞柄上端一个圆形盖，环盖锯开若干楔形榫眼专门用来插入伞骨。由于体量非常大，伞骨使用木材制作而不是竹子，且不能收合，伞顶并非尖斗形状，而是圆盖的形状。因此，至少在春秋时期还未出现可以控制伞盖开合的机关。伞盖的开合技术及伞键弹跳技艺

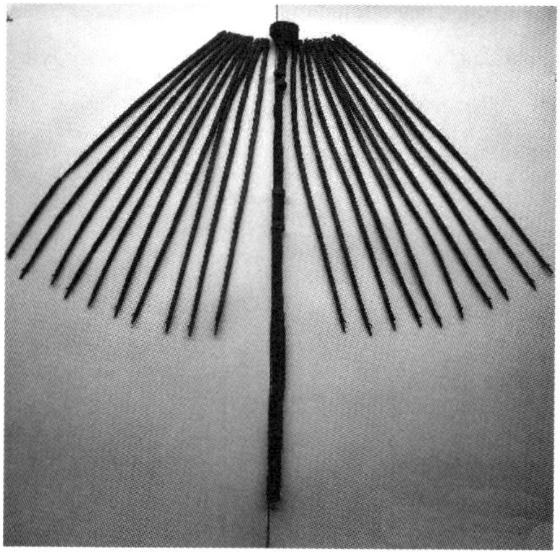

战国古伞架（安富斌摄）

是伴随着木作技艺的丰富与成熟，由工匠不断改良，直到中古时期才发明并应用于制伞技艺之中的。

到了汉代，根据现已出土的画像砖、绘画作品及随葬品可以看出，盖得到更加广泛的使用，当时也出现了华盖的称谓，其种类也更加丰富，文化属性得到拓展，其不仅能够彰显权势，且承载了"天佑""庇护""威仪"等政治含义。"华盖"一词源于星宿名称——"天皇大帝上九星"曰"华盖"。以星宿命名器物，可见华盖对于古人的意义。统治阶层对盖的使用规范与等级有严格规定，主要体现在盖的颜色、形状、材质等方面，《后汉书》卷三九《舆服志》专门针对当时的车辆及车盖使用级别、使用范围做出严格规定。尽管汉代时期盖已经在贵族范围普及流行起来，但依旧属于一种奢侈品，还没有普及进入寻常百姓家，盖的实用价值还没有达到成熟化。

魏晋时期，盖经过更加实用化的演变，逐渐成为平常人家的日用品。直到造纸术发明以后，纸这种材料逐渐推广使用成熟，出现了真正的油纸伞。可以说油纸伞在漫长的岁月进程中融合了众多民间工匠的心血与智慧。为了区别于皇家仪仗用品，民间使用的这种雨具称之为伞，而非盖。所以伞字在历史上出现得就比较晚，最初写作"繖"，逐步简化写法改为"傘"，最后繁体字改简体字的时代才正式使用"伞"字并沿用至今。制伞所用的皮纸区别于书画用宣纸，皮纸由南方地区常见的鸟皮树树皮制成，具有强韧、轻薄、廉价的特点，使伞变得更加轻便、美观和实用。清代陈元龙《格致镜原》卷三一《朝制类·伞》有载："前代士夫皆乘车而有盖，至元魏之时，魏人以竹碎分，并油纸造成伞，便于步行骑马，伞自此始。"根据此则史料判断，油纸伞出现的时间应为北魏。

至唐代，随着科技文化和对外交流的空前发展，油纸伞的制作与使用全面普及，并从中原地区开始向边疆地区甚至高丽、日本、缅甸等邻国传播。直至今日，日本人所用的和伞就是从唐朝传播过去的。此时，制伞技术也得到了极大提升，弹跳伞键与伞骨之间活动结点的应用实现了伞的收放功能，伞变得更加便捷实用。工匠还可以根据不同使用需求制作出各种专用伞具，制伞行业内呈现出专业化、精细化的特点。这一特点在唐宋时期绘画作品中也有所体现，如《清明上河图》中出现各种临街商铺及货郎使用特制大伞的画面，而普通人日常用的伞则更加小巧精致。

宋代是世俗文化蓬勃发展的时代，日常手工艺品在社会上大量普及。同时，造纸业的昌盛也促进了油纸伞的制作发展。南宋都城临安是油纸伞的主要生产基地，其地域周边盛产竹、纸及桐油，具有明显的地域优势。《梦溪笔谈》卷七《象数一》有这样的记录："循黄道，日之所行一期，当者止二十八宿星而已。"自注曰："故车盖二十八弓，以象二十八宿。"可见，古人制作伞盖有严格的形制要求，这也是伞蕴含崇天文化的例证。伴随油纸伞的制作技艺日趋成熟和完善，从事制伞行业的手工艺人也越来越多。

明清时期延续着唐宋制伞的繁荣，已经完善的制作技艺及丰富的种类广泛在各地普及。《古今事物考》记载："我明卤簿有紫方伞、红方伞、曲柄红绣伞、黄绣伞、黄罗绣九龙伞……"这些种类各异的特制伞制作技艺和用法讲究现已失传。明清两代盛产竹材的产区以家庭为基本单位，如泸州的分水岭和婺源的甲路村，全村都会制作油纸伞，制伞作为一种农闲时的副业而广泛存在于南方山区。这种状态一直持续到中华人民共和国成立后，抗战时期伞的需求量比较大，因其是军队和逃难民众的必备用品。中华人民共和国成立之后至20世纪六七十年代，随着工业建设取得初步成就，大量现代雨伞开始充斥日用品市场，加之当时对于传统文化的排斥，成为传统油纸伞行业生存的艰难时代。

综上所述，作为中国的传统雨具，伞的发展从形制上的粗糙到精致，从不能收拢的笠、簦发展为可收放的油纸伞，从上层的皇家仪仗用品到民间的日用之物。在这一过程中，伞的种类、形制不断丰富和变化，制作工艺日益完善、成熟，其文化价值也不断发展。

（二）油纸伞的制作技艺

油纸伞制作技艺综合应用力学、材料学、机构学原理，将收放功能、结构合理性、稳定性结合于一体，是一代代制伞艺人的劳动心血和智慧结晶。由于一些实际的技术问题，机器目前还不能替代人手批量制作伞骨，市场上每一把油纸伞都是纯手工制作出来的。无论是制作伞骨环节还是备伞环节都较好地保留了传统制作技艺。钻孔、开槽工序由电钻替代传统手工钻孔工具，并没有影响和改变技艺本体且提高了工作效率。竹材与桐油供应充足，就地取材天然环保。曾经传统制伞行业都必须使用皮纸裱伞面，手工制作的皮纸有很好的韧性，坚固耐用。而今天生产的油纸伞全部由机器制作的棉纸取代了皮纸，虽降低了成本但耐用性不够，这显然是由于原材料的流变导致产品质量的下降。

油纸伞制作技艺包括以下方面：

1．主要原材料

中国人讲求“天人合一”，善于将自然万物化为己用，将普通的材料通过技艺持有者的手“化腐朽为神奇”。一把看起来结构复杂精密的油纸伞，其制作所需要的主材料只有三种：

（1）竹子

竹子适应能力强，生长速度快。在中国广大南方地区运用竹子制作的生活用具和装饰品比比皆是。竹子是油纸伞的主材，竹纤维的弹性和密度是所有木材中最为出众的，它的抗拉、抗压强度远远优于其他材质。挑选制伞所需的竹材有严格的标准，竹龄过小或过大，竹子的韧性都达不到制伞要求。竹子在制伞中主要用于伞骨及配件的制作，是制伞最重要的原材料。

（2）纸

传统制伞要使用专门的皮纸，采用鸟皮树的树皮手工制成，突出特点是韧性好，不易破损。鸟皮树生长于南方的山川及河边，生命力顽强，成材迅速。皮纸在历史上一直是价格非常低廉的纸材，但今天制作皮纸的手工艺人极其稀缺，例如，江西婺源只有源口村的两个老艺人掌握这种皮纸传统制作技艺。皮纸的稀缺和价格的昂贵导致裱伞面所用的纸全部改用机器制作的棉纸。棉纸的克数决定伞的厚度，虽然棉纸价格低廉，但其韧性和牢固程度都远不及皮纸。

（3）桐油

桐油是从桐子树的果实中榨取的油脂，有浓郁的天然味道。桐子树广泛种植于贵州、广西、四川等地，天然桐油广泛用于造船业和制造业，是一种非常优质的防水涂料。生桐油不能直接作为油纸伞的防水涂料，必须通过添加配方熬煮，以解决油料的干燥问题，伞纸的防雨功能只有通过刷熟桐油才能实现。熬煮桐油的技艺与配方成分是保密的，各个地区的油纸伞由于熬制桐油的配方的不同，在涂抹伞面之后的光泽、纹理、厚度会呈现差异性。

以上制作油纸伞的原材料中，竹子与桐油在南方地区都是供应充足的天然材料。南方地区盛产竹材，就地取材利生态、成本低，这是先民顺应自然、人与环境和谐相处理念的体现。产桐油的桐子树以人工种植为主，桐子产量及出油率非常高，是受到南方农民认可的一种优质经济作物，供应充足。唯独备伞所用的纸材已经由手工皮纸变为机制棉纸，导致今天油纸伞质量远不如前。

2．制作工具

传统手工技艺中所使用的工具是手工艺者代代经验积累的产物，根据实际需要应运而生，形制虽然简单却巧妙实用。根据油纸伞制作流程所需，制作工具分为制作伞骨用和备伞用两大类。其中制作伞骨的工具包括：车芦机、槽船机、槽具、刨刀、篾刀、竹尺、竹刀、手钻、三角叉等。备伞环节的工具包括：丁字架、棕帚、棕托、网尺、牵线桶、填板等。

3．制作流程

一把完整的油纸伞有大小近百道制作工序，其技艺大致可以分为两部分：第一部分是制作伞骨，第二部分是备伞。制作伞骨最能体现技术含量，每一环节虽由手工完成，却体现出一种精确的标准化。制作伞骨时，需将整根竹子按伞的尺寸大小进行分割处理，随后精加工为单根伞骨，并通过事先做好的记号按顺序用线串联，最终制作出可以自如开合的伞骨。制作伞骨的环节在农户家中完成，专人定时上门收购。备伞是在制作好伞骨的基础上经过绕纱、裱伞、修卷、绘画、上油等一系列精加工技艺，最终完成一把精美的油纸伞。备伞环节都集中在企业厂房内，由不同的制伞艺人分工序合作完成。制作油纸伞的完整流程如下所示：

制作伞骨的部分工具

选材—锯竹—刨青—劈条—削骨—锯槽—钻孔—锯葫芦—串伞骨—蒸煮—暴晒—装柄—装伞键—绕纱—裱伞—贴边—修卷—绘画—上桐油—穿线—打外杂。

下面针对制伞骨和备伞两大部分技艺的操作要求或要领作一简述：

（1）制伞骨

①选竹

老制伞艺人正在刨青

选竹是制伞的基础，合格的竹子代表了优质的韧性、均匀的颜色、规矩的外形，制作一把传统的油纸伞从选竹开始。优质竹材的排选大有讲究，必须是三年以上六年以下的竹子，过嫩过老都不适合。制伞骨所用的竹材须选取山阳面的竹子，肉厚而饱满，光滑笔直。阴阳竹不可选、降结竹不可选、空心黑竹不可选；竹节适中、规矩，大致在 1.5 尺至 2 尺之间，不可有虫蛀、疤结；所选竹子不能用现代运输手段，只能用人手抬肩扛，因竹皮怕磕碰，硬物磕碰处会留下红疤，纤维受损，用这种受损竹材制作的伞骨不仅不美观，且影响质量及耐用程度。

②分割

选好的竹子由工匠根据需要的伞骨尺寸进行测量和标记，断竹后用刨刀修整光滑平整。通常做长伞骨时中间保留一个竹节，短骨不含有竹节。竹筒需要用竹刀刨青，目的是去掉竹子外层的青衣。刨青时，下刀过深或过浅都不符合要求，过浅会留有青皮，为后面裱伞面埋下隐患；过深则会导致伞骨的厚度达不到实用要求。做好各种规定记号后，按标记劈竹，削制成长短伞骨。在整个制作伞骨的环节中，精准的测量和稳、准、狠的下刀才能制出标准一致的伞骨。

③钻孔与开槽

削制好的伞骨需要钻孔以便穿线连接。传统制伞工艺是利用锥子快速旋转在伞骨上钻孔，现在制作伞骨都已改用电钻钻孔。钻孔后的粗糙伞骨要进行抛光去毛丝。今天制伞工艺的粗糙与去污、抛光的草率有直接关系。

开槽是制作伞骨危险性较高的环节，传统的开槽工具叫槽船，工匠坐在槽船前，双脚踩踏板带动锯片快速旋转切割直径仅 0.3 厘米的伞骨。目前都已改用电动锯片开槽。开好槽的长短伞骨按照事先做好的标记顺序排列，以便伞骨在收合时保持吻合。利用丝线将长骨与上葫芦的联结点、长骨与短骨的联结点以及短骨与

上・老艺人装配伞柄
下・伞骨结构示意图

下葫芦的联结点三点串联，形成伞面开合滑动机制，一把伞的雏形已经呈现。

④脱汁

传统方式是将伞骨长时间浸泡在泉水中达到脱汁目的，现代制伞多把质量合格的伞骨批量煮制脱汁，然后在晴天晾晒7天，干透后才能进入备伞环节的制作。在保证竹材韧性的前提下，通过煮制脱汁可使伞骨快速达到稳定与美观的状态。

⑤装配

彻底晾干的伞骨架需要装配上伞柄、伞键。伞键是实现油纸伞开合的机关，依靠物理滑动与弹跳的原理实现开合动作。伞键不能批量制作，需要根据每一把伞的大小、伞柄的空心粗细现场量身制造。竹片削制成上宽下尖的弧线形结构，塞进伞柄的空槽内，利用弧线形尖尾的物理弹性，反复开合而不会损坏、失灵。伞键也叫跳子，一般油纸伞常见的伞键有单跳和双跳两种制作形式，双跳多用于面积较大的油纸伞伞柄。

（2）备伞

①褙伞

褙伞环节包括绕纱、褙伞面、筑脑、修边、贴边五个环节。配好伞键的伞骨外沿绕棉线一到五圈称为绕纱，它可以固定伞骨之间的间距。伞骨与伞骨之间均匀的间距就是通过网尺来控制规范的，绕纱确保伞撑开的幅度不会大到撕裂伞纸。伞面用棉纸覆盖通过胶水黏附在伞骨上，彻底晾干后进行筑脑。将两层棉纸条夹一层纱布粘嵌在伞纸与上葫芦的镂空处，填补了伞面最后一处外露的伞骨。纱布增加了伞

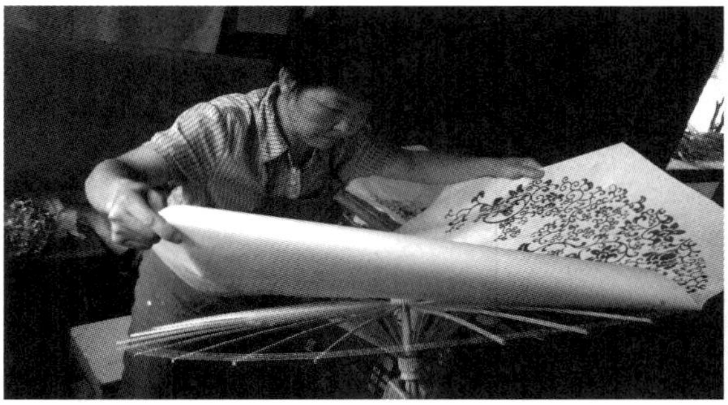

左·裱伞面
右·传统拼接方式裱伞面

面的张力，使伞反复开合伞头也不断裂。修边、贴边后进入修卷程序。

②修卷

修卷环节包括排弓、卷脑两个步骤。排弓是指伞收拢后将一根根长骨紧密排列整齐，利用填板将膨胀出的棉纸整齐塞入两根伞骨之间的缝隙中，使得一把油纸伞闭合后的造型紧致密合。卷脑是修卷步骤中一个非常重要的环节，婺源是唯一坚持使用昂贵的手工皮纸进行卷脑的产地，其他地区已经都用棉纸来替代。卷脑时不能过松或过紧，以确保伞撑开后伞头有上下浮动2毫米的活动空间。没有这个机关，伞头一旦被皮纸包死，就无法撑开使用。修卷完成之后，整个伞胚才算初步完成。

③油伞

油伞的关键在于熬制桐油。天然的生桐油是用桐子树的果实榨取而来，必须经过特殊加工才能刷在伞面上，否则油无法晒干成膜。熬制桐油的过程与配方秘不示人，每个地方只有传承人和油伞工人掌握配方。火候与经验决定一锅熟桐油的成败，火候不够刷上的桐油发黏不干，火候过了伞面出现龟裂起皱。检验熟桐油的方法是用手指蘸取桐油，两指一提会拉出2—3厘米的丝，这样的桐油熬煮状态最佳。经过加入焦土及其他特殊材料熬制过的桐油明亮、易干、防水。画师在伞面上绘画装饰需要在伞刷桐油之前完成，桐油可对伞面的装饰画起到保护固定作用，上过桐油的油纸伞需要在阳光下彻底晾晒干。

④穿线

穿线对于一把油纸伞绝非仅仅美观一种用途。制伞艺人用彩色丝线通过不同

上·半穿
下·满穿

的编结手法编出不同的花纹，不仅装饰了伞内部，更重要的是使伞骨连接灵活而稳固。彩线编结到短骨的一半称为半穿，编满整个短骨叫满穿。满穿虽更为费工费时，却更加美观且增加吉祥寓意。

⑤打外杂

打外杂是制作油纸伞的收尾工作，包括削竹钉、钉风销、上伞把、伞头等步骤。其中削竹钉和钉风销巧妙解决了风大吹翻伞面的难题。

经过质量检测后，一把油纸伞就制作完成了。

综上所述，油纸伞的制作工艺中虽没有过于高深的技艺绝活（过去学徒满三年即可出师，独立完成全部工序），但整个制作工序中处处蕴含巧思，考验着制作者熟练的技艺与灵巧的悟性。

（三）油纸伞及制作技艺的当代意义

受到新工艺、量产化现代雨伞的冲击，油纸伞这种传统生活必需品在相当长一段时间脱离了人民大众日常生活用品的行列，这使得油纸伞的制作技艺留存于极少数制伞工匠手中，日用品变成了工艺品。随着传统文化的回归，以及人们对于传统手工制品的全新认识，大量兼具实用价值与文化价值的民间手工技艺重回大众的日常生活，并作为珍贵的非物质文化遗产受到越来越多的关注。

油纸伞作为传统制伞技艺的物质载体，其自身所兼具的文化价值、审美价值、实用价值共同组成了它的当代意义，使其在时代发展与社会变迁中拥有着顽强的生命力。

1．实用价值

（1）防雨

作为一种日常生活用品，油纸伞的首要属性就是它的实用性。油纸伞虽为竹、纸制作，但涂抹加工后的熟桐油后，油纸伞就具备了绝佳的防雨功能，而且坚固耐用。在暴雨环境下，尼龙伞的伞面很快会被雨水打湿甚至渗漏，而上过桐油的油纸伞却无此种问题。

（2）防风

普通雨伞遇到大风，伞面容易被吹翻。油纸伞的伞杆上部有一根竹钉制成的风销，其作用与插销一致，它能牢牢卡住下葫芦进而锁住伞面，大风难以吹翻伞面。可见，传统手工技艺常常通过各种简单巧妙的方法解决使用中的各种难题。

（3）防电击

油纸伞从头到尾没有用一个金属零件，彻底避免了雷击导电这种小概率事件的危险。作者在考察中获悉，法国某学校专门从江西婺源甲路油纸伞厂订购了一批传统油纸伞发放给小学生使用，正是由于它环保、安全的实用特性。

（4）环保

近年来，“环保”及“可持续发展”等理念越来越受到现代人的重视，中国传统手工艺产品的制作始终秉持着人与自然和谐相处的理念。制作油纸伞原材料取材自然，制作流程从头到尾都保持环保、生态的做法，整个技艺环节不存在工业污染、资源掠夺以及工业废弃。废弃的钢骨洋伞产生的是工业垃圾，而废弃的油纸伞能够变废为肥。

2．文化价值

油纸伞除了具有实用功能，也一直应用于民俗仪式、宗教仪式等场合，或出现在文学、戏曲、绘画等文艺场景，因此带有深厚的历史维度和丰富的文化内涵。文化记忆是可听、可触、可嗅、可观、可感的。油纸伞通过特有的质地纹理、弥漫的天然桐油的香味、特点鲜明的雨水敲打之声，自然而然将人们带入传统文化生活意境之中，使人产生对传统文化的怀旧之思。

（1）伞与宗教、民俗文化

伞在宗教仪式中具有庇护、驱逐邪恶的寓意，象征至高无上的神圣力量。佛教举行重大仪式会将特制佛伞撑于佛像之上；有些佛教人物也会手执伞盖作为法器；另外，历史上有些地区还将伞用于生殖求子的巫傩仪式中。

伞在我国民俗仪式中使用历史悠久，尤其在婚丧嫁娶等重要的民俗仪式中应用较广，部分地区的农村至今仍保留着结婚当天为新娘撑红伞过门的风俗。红伞蕴含团圆美满、多子多福、驱邪避讳等多重吉祥寓意，给新人赠送红伞象征将各种吉祥祝福通通送到。伞字早期写作“傘”，在民间有成家立业、多子多孙的含义，因此还被应用于某些地区成人仪式的民俗活动中。在南方一些地区，家中老人在婴儿满月时会撑红伞抱婴儿走一走，寓意孩子健康结实、驱邪除秽。有些地区家中存放一把红色油纸伞，据民间传说，涂过猪血的红色油纸伞具有镇宅辟邪之效果。作者调研考察的婺源、泸州地区对红伞有稳定的市场需求，这与民间风俗的延续密不可分。

伞还应用在丧葬习俗中，中国传统文化讲求慎终追远，谨慎而隆重地对待死亡和丧葬仪式。民间信仰中，死亡是一个人此生的结束，同时也意味着来生的开始，人们相信葬礼的疏忽会影响死者来世的人生。伞是传说中的聚阴之物，逝者的灵魂会附着在伞上，所以伞在我国很多地区的葬礼习俗中都是必须使用的殡葬用品。送葬队伍执伞开道或用伞盖在坟墓上，为逝者遮挡阳光，抵挡野鬼邪气，祈求此生最后的圆满。作者在调研中发现，在婺源当地的迁坟仪式中，都要用一把破旧油纸伞插在旧坟上，这是因为死者不能见阳光，撑伞表示为逝者遮蔽日光，迁坟搬家。在人的一生中，成人、结婚、生子、死亡这几个重要的人生节点都有伞的使用，这种民俗文化本身就值得深入关注与研究。

虽然城镇化进程加速了乡土社会解构及民俗文化的瓦解，但仍然可以从一些边远地区和少数民族地区找到仍在沿用的与伞的使用相关的风俗习惯。这些传统民俗的保留和沿用状况呈现出明显的差异性，即南方优于北方，农村优于城市，山区、沿海地区优于平原地区，少数民族优于汉族。

（2）伞是文学及艺术作品中的特有符号

作为一种日常生活用具，历史上并没有专门记述伞制作技艺的文字资料，也没有人专门针对伞的种类及历史发展进行梳理。因此，研究伞在各个历史时期文艺作品中的形象就成为了解伞的制作及使用的重要线索。文艺作品以其特有的表达方式将这种日常生活用品升华为一种艺术符号，使人们达成一种对伞的文化认同与文化共识。

如战国墓葬中出土的帛画《人物御龙图》清晰展现出早期伞盖的形象，这种历史留存的图像为现代人直观了解伞的早期形制提供了形象依据，这幅作品也充分证明了伞作为协助逝者升天的丧葬用品这一传统由来已久。此后各个时期以车马出行图为题材的画像砖及帛画、纸画等绘画作品成为伞盖、车盖的珍贵历史图像。

相较于古代作品，伞在近现代艺术与文学作品中的应用对人们的影响更加突出。如 1967 年刘春华创作的《毛主席去安源》油画作品在当时可谓家喻户晓，这也让油纸伞借助作品的广泛传播而形成当时特定时期的历史情怀。民间传说故事《白蛇传》中西湖借伞的桥段使人们不仅记住了这个传说，也形成了人们对油纸伞是浪漫爱情象征的认同感。戴望舒的经典诗歌《雨巷》，以油纸伞营造出的温婉幽怨的情愫，引起了一代代文学青年的共鸣。

伞在中国传统文化的内涵与外延都异常丰富，这源于伞发明制作与使用的悠久历史，以及在漫长的历史文化积淀中形成的文化价值。一把油纸伞具备象征意义，拥有神秘力量，蕴含或浪漫或含蓄的情怀；而各个地区的特定民俗活动构建了油纸伞的生存空间，使得人们在享用它的实用价值之外，附加了非常丰富的文化意义的外延，牢牢形成伞在中国传统文化中特有的作用及意义。

面对现代洋伞的广泛使用，今天的油纸伞实用功能被弱化，转而突出审美、装饰功能。很多居室、公共空间开始采用传统纸伞、绸伞进行装饰。现代人非常认可油纸伞自身所蕴含的审美元素，油纸伞作为一种饱含历史文化积淀的载体能够与现代人追求怀旧、唯美的情怀形成共鸣，这也是油纸伞在当代社会存续的基础。保护和发展油纸伞制作技艺就要挖掘和运用这种共鸣，让更多人了解油纸伞的实用属性，认识油纸伞的文化属性，通过市场需求推进油纸伞制作技艺的传承与发展的良性循环。

二、油纸伞制作技艺保护与传承现状
——川、赣两地油纸伞产区考察

（一）油纸伞行业发展现状

20 世纪以来，现代雨伞以其价格低廉、高产、轻便等优势迅速进入千家万户，这使得油纸伞由生活必需品变为边缘性的旅游纪念品。随着国家经济的发展，我国已经开始进入文化消费时期，大众对于传统文化的接受度也越来越高。油纸伞不仅具有实用价值，还具备特有的文化价值及审美价值，可以满足现代消费群体的生活与审美需要。

在西方国家，众多手工制品具有高昂的价格，即使是小众化的奢侈品，却拥有大量的消费群体。例如，意大利素以皮革手工制品闻名于世，形成了国际品牌和口碑，全世界的消费者趋之若鹜。反观我国，虽然有悠久的传统手工技艺历史，消费者却不太接受本土手工制品高昂的价格。这固然与我国消费者长期形成的消费心理有关，一方面反映出我们国家优秀的传统手工技艺缺乏品牌价值的建立以及品牌文化的宣传，另一方面也表明我国传统手工技艺行业长期追求产量和廉价，导致本土手工制品粗制滥造，抹杀美感，质量与外观都无法达到消费者日益增长的实用和审美需要。中国虽是世界瞩目的手工技艺大国，却难以称为手工技艺强国。

我国现存的制作传统油纸伞的地区有四川泸州、合肥三河、江西甲路、湖南长沙、浙江余杭、云南以及福建、台湾等地。通过实际了解，由于成本高、利润低、产品边缘化严重等问题，导致整体手工制伞行业经营状况堪忧。随着老艺人的逝去，大部分制伞区域的制伞技艺也随之消失。有些地区的传统制伞企业转而从江西、湖南两地工艺伞厂批发油纸伞、绸布伞，贴牌销售，已变成纯粹的油纸伞经销商。台湾地区现有的油纸伞生产制作模式比较特殊，它已经抛开了传统油纸伞的制作技艺环节，专门从事油纸伞高端文化产业经营。台湾著名油纸伞品牌“美浓”所销售的油纸伞，伞骨及素伞半成品全部从内地批发，通过二次精加工伞面后高价销售。同时，“美浓”还开展油纸伞体验、制作、参观及餐饮旅游一条龙文化产业链，成为当地文化旅游休闲的特色，体验的环节尤其受到儿童消费者的喜爱。“美浓”成功的商业运作和追求精致细节的制作，以及贴近现代人审美理念等方面值得内地制伞者学习借鉴，但是这种半加工的生产模式对于制伞技艺的完整保护并无益处。目前仍在正规制作传统油纸伞的地区只有四川、江西和湖南三个主要产区。造成这种现象的原因主要是传承不利及相对狭小的市场需求。民国末期到中华人民共和国成立前，最后一批传统学徒制所培养的制伞老工匠已相继去世，目前的油纸伞行业面临最大的问题是极低的利润无法吸引更多人参与学习和坚守这种技艺，特别是伞骨制作环节的工匠急缺。伞骨制作技巧性强，费工费时，机械无法替代手工，全国能够独立完成伞骨制作的手工艺人群体在迅速缩减。

随着我国非物质文化遗产保护工作的深入开展，2008 年，分水油纸伞制作技艺被列入国家级非物质文化遗产名录，这给一直被市场边缘化的油纸伞制作行业注入了一剂强心针，也让油纸伞重新回归民众的现代生活视野中。本次调研所涉及的几家油纸伞厂都是从 2006 年前后开始复兴油纸伞制作的，订单也逐年增加。2008 年至 2009 年，市场对油纸伞的需求量达到了一个峰值。可见非物质文化遗产的保护和宣传工作切实推动了传统手工技艺的复兴。

非物质文化遗产保护工作虽然促进了油纸伞制作行业的复兴，但不容乐观的是，油纸伞制作工艺的整体水平下滑明显。原因在于油纸伞 70% 的利润落入中间商和零售商的口袋，真正付出艰辛的手工艺人计件收入低，付出与收获不成正比。为增加收入，从制作伞骨环节开始，手工艺人就以牺牲精致工艺来换取制作数量的提升，油纸伞的规范和精致程度远不如从前。工艺的粗糙与审美的缺失对于并不以实用属性为主要目的的油纸伞来说是硬伤。

（二）四川地区油纸伞制作技艺传承现状

1．企业生产与经营状况

泸州古称江阳，东汉时设江阳郡，距今已有两千余年历史，是国家历史文化名城、中国优秀旅游城市。分水油纸伞厂坐落于泸州市江阳区东南部分水岭乡，距泸州市城区 35 公里。分水岭乡总面积 69 平方公里，位于长江南岸，四川盆地内是云贵高原过渡地带和古盐道必经之路，也是云贵川渝四省市接合部。分水岭乡现有人口 3.8 万，辖 20 个行政村，森林覆盖面积 39.5%，属于典型农业乡镇，主要经济收入为种植业和竹木加工业。这里是著名的竹产业之乡，盛产楠竹、毛竹。除分水油纸伞厂外，镇上还有一家规模庞大的竹筷生产加工厂，当地专门成立了江阳区四峰山竹木专业技术协会协调管理当地竹木加工生产。

分水油纸伞起源于明末清初，距今已有四百多年历史。据清朝光绪八年壬午（1882）《泸县志·卷第三》载："泸制（桐油）纸伞，颇为有名。城厢业此者二十余家。崇义分水岭亦多此业，而以分水岭所制为佳。近又有美美，工作益精巧。"民国年间，许桐生在分水创立了"许桐生老伞铺"字号。当时的伞铺受到早期商业品牌意识的影响，建立了油纸伞品牌商标"美美"牌。伞铺最早生产的油纸伞为单一红伞，19 世纪中叶，分水制伞艺人第一次将石板拓印技术引入制伞过程中，套色拓印颇具特色。目前全国制伞行业中只有泸州的分水油纸伞厂独家掌握这种石板拓印技艺，制版颜料属于保密配方，多采用可食用的调料配置而成。最为当地人骄傲的龙凤图是明代原版图样，具有珍贵的历史价值。20 世纪初，分水岭从事油纸伞制作的匠人达 1000 余人，这时是当地制作油纸伞的鼎盛时期。分水岭制作的油纸伞曾多次在四川省旅游商品评比中荣获一等奖、优秀旅游产品奖。2008 年，分水油纸伞成功申遗后，为充分利用传承人自己的品牌价值，毕六福注册了"六福"商标，不再使用原有的"美美"商标。

分水岭早期制伞都是以家庭作坊为生产单位，呈现前店后场的经营模式，旧称伞铺。中华人民共和国成立后，国家建设集体经济，1952 年，分水岭成立泸县制伞生产合作社，将当地制伞老艺人以工人身份集中到合作社制伞。20 世纪 70 年代是油纸伞行业最萧条的时期，各地油纸伞生产企业纷纷关门停产，仅有分水油纸伞厂仍在少量制作油纸伞，供当地及周边山区百姓日常使用及婚丧等民俗仪式需求。制伞艺人群体的迅速萎缩导致分水当地油纸伞传统制作技艺处境濒危。受到现代雨伞的冲击，费工费时又笨重的手工油纸伞日常使用需求量越来越少，当地的制伞艺人越来越少，更罕有年轻人进场学习这项技艺。为了扩大生产，70 年代伞厂曾专门购置制作钢骨伞的机械设备，尝试转型生产钢骨现代雨伞并建立钢骨伞车间。终因生产规模小，材料成本和机器运营成本过高而宣告失败。为发放工人工资，伞厂利用另外开辟的蜂窝煤车间制煤养伞，困难年月里发不出工资就用蜂窝煤抵。1994年，毕六福从车间主任升任分水伞厂厂长，边管理边向老艺人们系统学习和研究油纸伞制作技艺并进行一系列改革和创新。为了降低生产成本，厂里也曾尝试用更加廉价的化学油替代桐油，但刷过化学油的伞面太阳晒后脆硬易碎，梅雨天易粘连。实践证明，油纸伞只能使用桐油和竹材。1996年，分水油纸伞厂根据当地政府要求进行改制，毕六福个人承包伞厂，自负盈亏。改制后分水油纸伞厂更名为泸州市六福伞业有限公司，当地几位制伞老艺人一直坚守在伞厂制作油纸伞。

伞厂发展的转机出现在2004年，当时全国各省市积极创建中国优秀旅游城市，在迎接优秀旅游城市验收组验收时，当地政府牵头将分水油纸伞厂的传统制伞技艺作为民俗特色带入旅游景区展示，消失良久的油纸伞重新回到大众视野，人们重新感受到久违而新奇的传统手工艺的魅力。专家和游客的认可使伞厂和当地政府都意识到，分水地区的油纸伞是家乡的瑰宝。分水岭人较早认识到要想发展油纸伞制作技艺就必须走非物质文化遗产保护的道路，在当地政府的大力支持下，分水油纸伞厂开始了申遗过程，政府给予政策支持。2006年9月，“伞制作技艺”批准列入泸州市市级非物质文化遗产名录；2007年3月，列入四川省省级非物质文化遗产名录；2008年3月，“伞制作技艺”进入国务院公布的第二批国家级非物质文化遗产名录。目前分水的油纸伞制作技艺成为全国油纸伞制作行业中入选国家级非物质文化遗产名录的唯一单位，分水油纸伞自此名声大噪。

在多年艰难的坚守之后，抓住机遇的分水油纸伞厂的发展与经济收益大幅提升。除了企业销售收入之外，作为国家级非物质文化遗产代表性项目，每年当地政府划拨保护资金，搭建各种非物质文化遗产相关活动的平台。在一份材料中显示，分水伞厂的经营成本、厂房建设、职工补贴等各种费用都由当地政府出资解决，此外每年伞厂还有来自当地政府的订单，如此大的政府支持力度在同行业没有可比性。伞厂因此每年可以拿出一笔资金请全厂制伞艺人旅游聚餐，也因此可以两次制作直径十多米的特殊油纸伞挑战吉尼斯纪录，达到宣传的目的。泸州市毕六福伞业有限公司成为四川省特色文化产业的一个展示窗口。

分水油纸伞厂现有制伞艺人以中老年人和妇女为主，除个别老伞匠之外，后进厂的制伞艺人都只掌握备伞的某些流程的制作技艺，分工合作。工资计件发放，多劳多得，工厂每个月按订单分配生产任务。分水油纸伞厂早期效益低，工人工资待遇也很低。随着市场行情转暖，工人工资待遇从早年间每个月20元上涨了百倍，计件工资多劳多得，批发与零售价格在成功申遗后也翻了几番。借助于国家级非遗项目的品牌效应，分水油纸伞的市场认知度非常高，销售需求大幅度提升。伞厂备伞所用的伞骨架有少量是从当地山里的农户家收购的，大部分从国内其他油纸伞厂批发半成品，伞厂职工只进行备伞工序。在笔者看来这是一个隐患，有钱的制伞企业都贪图便利放弃了一级市场，直接从外地购买半成品，当地的伞骨制作群体就要加速萎缩，这对于四川当地的传统制伞技艺的完整性是一种戕害。目前分水油纸伞厂专注制作传统的油纸伞，不需要像其他油纸伞企业那样大量生产较为廉价的绸布伞以维持企业生存。北京、上海等较大城市都有分水油纸伞的代理商。网店、微店的建立更打破了伞厂直营零售的区域限制。带着国家级非遗光环的油纸伞不存在销售压力，目前分水油纸伞厂只从事国内市场的经营销售，没有拓展海外市场。

分水油纸伞采用当地三年以上生产期的楠竹、水竹，以及桐油、棉纸等材料制成。今天的分水油纸伞保持着传统制伞技艺，及其独有的传统套色石印技艺。手工石板拓印技术是用一种特殊配方调制制版的药水，蘸取这种药水勾描图案的轮廓，每次拓印只能填一种颜色，拓印完一种颜色，在石板上涂另一种颜色套色拓印，有几种颜色就要拓印几遍，讲究各颜色区域衔接吻合。分水油纸伞厂是全国制伞行业中唯一使用此项传统印刷技术的企业。由于皮纸的稀缺，目前伞厂已经改用贵州机器生产的棉纸替代皮纸制作伞面。上、下葫芦由木料加工厂机器代工，伞骨由机器

左·传统石板拓印技艺
右·明代流传下来的龙凤图样

钻孔。这些机器的介入并未伤害制伞技艺。伞厂根据市场需求可以制作各种尺寸的手绘、喷绘油纸伞。分水油纸伞厂标志性产品龙凤伞的图案是明代流传下来的原版图样，具有珍贵的历史价值。根据伞厂实际测试，一把油纸伞可以反复撑收 3000 次不损坏，清水浸泡 24 小时不脱骨，在五级风中行走伞顶不变形，充分体现油纸伞的坚固耐用特点。

当地政府和伞厂特别重视媒体的宣传作用。毕六福曾多次参加电视台节目录制；分水“六福”油纸伞屡次登上国家、省、市报刊，借助公众媒体力量扩大知名度和影响力，成为油纸伞制作行业知名度最高的企业。国家级非遗项目的金字招牌和媒体大力宣传使“六福”油纸伞拥有其他油纸伞无可比拟的优势。社会影响力和收益大幅提升后的分水油纸伞厂并没有专门投入资金和人力针对技艺本体进行基础性的整理研究工作，产品工艺细节还有很大提升空间。

2．传承人目前所开展保护实践工作的情况简述

泸州分水地区油纸伞制作与传承历史悠久，明末清初，分水地区家家户户都在农闲时从事油纸伞制作，当地有几个制伞声望较高的大师，其中著名的许氏家族油纸伞传承至今已两百余年。传承谱系如下：

第一代：许绍楷（1813—1895），许氏家族第一代制伞人，创立了手工绘画纸伞工艺；

第二代：许桐生（1865—1946），许绍楷之子，创立了“许桐生老伞铺”字号，引进和发展了石印伞面技术；

第三代：许福廷（1905—1992），许桐生之子，发展了“许桐生老伞铺”字号，高峰时有匠人近 60 人，年产量高达 10 万把；

第四代：许子富（1925—　），许福廷之子，掌管许氏伞铺；

第五代：许昌齐（1955—　），许子富之子，分水油纸伞厂工人；

第六代：毕六福（1957—　），许昌齐徒弟，分水油纸伞厂厂长。

毕六福是“伞制作技艺”的国家级非物质文化遗产项目代表性传承人，出生于 1957 年，分水岭本地人。1964 年至 1975 年就读于分水岭小学、初中；1975 年上山下乡分到分水岭乡红卫 2 队；1980 年招工到分水伞合作社工作，拜制伞艺人许昌齐为师，认真学习并掌握全部制伞技艺；1994 年升任分水伞厂厂长；1996 年企业改制，毕六福成为伞厂的企业法人。

毕六福是许氏制伞技艺的第六代传人，民间称其为伞王，他掌握油纸伞传统制作技艺，以及熬制桐油及石板拓印技艺两项重点保密技艺。1993年主持制作了直径12米的中国最大的一把油纸伞，2014年又制作了一把直径14.6米的大伞。此举在吸引媒体和民众的眼球的同时，对油纸伞起到一定的推广和宣传作用。2009年身为泸州市六福伞业有限公司的企业法人的毕六福获评为文化部公布的第二批国家级非物质文化遗产项目代表性传承人。

目前，毕六福及家人共同经营分水油纸伞厂，各有分工。毕六福夫妻直接管理伞厂日常生产制作，订单分配，职工管理；儿子儿媳主要负责销售、宣传等各项事务。毕六福将全部制伞技艺传授予其子毕坤元，毕坤元已被命名为泸州市市级非物质文化遗产项目代表性传承人，能够独立制作油纸伞。到目前为止，除了伞厂的两三位老艺人可以从头至尾完整制作油纸伞之外，只有毕六福本人及其儿子掌握全部制作工艺，技艺传承带有家族垄断色彩。这是四川当地油纸伞制作技艺的另一个隐患。

伞制作技艺被列入国家级非物质文化遗产名录之后，作为国家级非物质文化遗产项目代表性传承人的毕六福开始频繁参与各种与非遗相关的社会活动。毕六福的制伞企业与当地妇联、宣传部等政府机构合作密切，因为企业中备伞环节90%都是妇女劳动者，伞厂成为当地妇女灵活就业的优秀典范。坐落在分水岭的伞厂每年都有企业、学校等社会团体到伞厂参观的活动。毕六福还响应政府号召，将临街的一间老屋装修为传统油纸伞制作技艺传习所，大部分时间作为工人制作油纸伞的车间，有社会单位集体参观时作为部分备伞环节的展示场所。每年大部分时间毕六福都频繁地“走出去”参加各地官方或非官方组织的非遗博览会、展览会、“非遗”节、展销会等活动，还随当地政府出访国外。毕六福借助这些活动平台，广泛宣传油纸伞的传统制作技艺，以及销售产品，力争更多的合作商机。目前已经很难在伞厂见到他。

（三）江西地区油纸伞制作技艺传承现状

1．企业生产与经营状况

江西省婺源县地处赣、浙、皖三省交界，总面积2947平方公里，属亚热带季风气候，森林覆盖率82.5%，竹材资源丰富。甲路村位于县城西北部六山南麓，距离婺源县城47公里。村中主要产业为种植业，甲路村中轴线是穿村而过的徽饶古驿道。旧时两侧商铺林立，绵延10里，繁华热闹，南宋时就形成了“上下街连五里遥”的景象，是旧时连接徽州、饶州的过境大路。这条古驿道因为船槽岭至梅岭20华里的路段修建良好，人们称赞其为甲道，意为甲级道路，遂甲路村名称由此而来。村中保存有大量传统明清古建筑，属于典型徽派民居，绝大部分古民居至今仍是村民生活的居所。2015年年初统计该村的明清时代民居共101栋，占甲路村整体居民建筑的45.6%。2003年，婺源县公布甲路村为县级历史文化名村。目前政府计划修缮古建筑，开发古街驿道，借助甲路村的悠久历史，发展当地及周边的旅游业。

婺源地区制伞业历史悠久，自南宋开始形成，明清达到鼎盛，民国时期技艺发展成熟。清末甲路村张龙盛是远近闻名的制伞大师，其徒弟张汉祖不仅掌握了精湛的制伞技艺，还在伞面书画方面造诣高深，由他发明的铁皮刮画技法精湛。当时婺源除甲路村制伞外，还有清华、江湾、赋春、中云及县城等地，家家户户都在农闲时制伞，伞骨制作则多集中在甲路、对坞、洪家等几个竹材资源丰富的山中村落。甲路村由于具有交通便利的优势，徽饶两州重要的古驿道穿村而过，两侧商铺林立，都以前店后厂的方式制伞售伞。据当地老人讲，早年间甲路制作的伞质量好，经久耐用，名气渐渐传开，货郎挨家挨户收伞，运到徽州屯溪老街等周边地区售卖，再将周边村镇制作的篾具等百货日用运到甲路，货郎是早期重要的商品交易媒介。康熙甲戌年（1694），甲路油纸伞列入《婺源县志·货属篇》。当时甲路村制伞业繁荣兴盛，名声大噪，江南有古老的民间谚语说：“景德镇的瓷器甲路的伞、杭州的丝绸不用捡。”“金溪斗笠甲路伞。”可见甲路油纸伞名声在外。据《婺源县志》记载，中华人民共和国成立前甲路制作的油纸伞种类丰富，以黑油伞、光油伞、透明花伞、张伞等种类最畅销。甲路纸伞于1936年在粤、湘、鄂、赣四省特产联合展览会上展出，继而选送参加国际产品博览会并荣获国际大奖。1943年，婺源全县制作纸伞25万把，其中17万把为外销产品，尤以甲路纸伞知名度最高，口碑最好。中华人民共和国成立后，钢骨现代雨伞逐渐取代了传统的油纸伞，从事油纸伞制作的艺人越来越少，1949年全县还有14家伞店。“文革”期间对甲路村老街驿道破坏严重，到1969年，整个婺源县已经彻底没有人再从事油纸伞制作。

改革开放之后，甲路村受到经济大潮推动，时任当地文化站长的戴根盛提出恢复甲路悠久的制伞传统，带动甲路村的经济发展，复兴这项即将消亡的传统手工技艺。1990年办厂初始，婺源县仅剩四名掌握完整制伞技艺的老手艺人，戴根盛召集这四名老艺人到伞厂，跟随老艺人们从头学起，一起研究，逐渐恢复并掌握了当地传统的制伞技艺。与此同时，他还走访并召集了附近山村中能够制作伞骨的一百多农户，协议收购伞骨，同时从农户手中收集了四套完整的传统手工制伞工具。

2001年，甲路油纸伞厂由集体性质改制为自负盈亏的私人企业，正式更名为甲路工艺伞有限公司。主要生产制作绸布伞和油纸伞两种产品，两种产品都必须使用纯手工制作的伞骨。在裱伞时，绸布伞比油纸伞制作工序简单，不刷桐油省时省力，因此产量非常高。一个熟练的工人使用化工面料裱伞面（非丝绸）一天就可以完成两百把的加工任务，而这相对于油纸伞是不可能达到的生产速度。因此绸布伞因为批发价格低廉形成更多的销售量，企业也主要依靠制伞艺人制作绸布伞维持日常的经营。2006年前后，非物质文化遗产保护工作全面展开，越来越多的人开始认识并欣赏油纸伞的美观、实用和它蕴含着的怀旧情怀。2008—2009年是甲路油纸伞销售量最大的时候，绸布伞和油纸伞销售量达到60万—70万把，甲路工艺伞有限公司成为全国产量及生产规模最大的手工制伞企业。公司目前每年油纸伞销售达到十多万把，绸布伞销量下降，油纸伞需求增加。甲路伞厂可以生产的伞种类很丰富，花色可以定制。早年间国外市场青睐中国传统文化元素，因此外贸订单多于国内订单。但近几年，伴随国外经济整体萧条，国内订单增加。目前市场需求状况为外贸订单1/3，国内订单2/3，且还在不断拉开差距。为发展经济，20世纪90年代甲路当地出现了扎堆开办工艺伞厂大潮。到1998年，婺源当地就有工艺伞厂18家，主要制作传统的绸布伞和油纸伞。经过市场淘汰，大部分都倒闭关门，今天婺源仅有两家具备生产能力的油纸伞企业。甲路工艺伞有限公司是当地唯一一家经营超过20年的老牌企业，也属于全国最大的油纸伞制作企业。多年的经营形成了相对稳定的客户群体及经销网络，目前全国主要大中城市都有销售甲路伞的客户，但伞厂整体收益并不高。甲路工艺伞有限公司严格按照传统制伞工艺制作油纸伞，伞头一圈仍然坚持用传统手工制作的皮纸包卷，成本虽有所增加，但使得甲路伞的质量在行业中属于佼佼者。机器钻孔开槽并未损害油纸伞制作的核心技艺，这项传统技艺在甲路存续良好。

2013年，甲路纸伞制作技艺被列入江西省第四批省级非物质文化遗产代表性项目名录。甲路工艺伞有限公司生产区面积1.8万平方米，原址是当地一个废旧的小学，公司借助一间间教室将制伞各个工艺环节有条理地加以区分，学校操场经简单的园林装饰，打造为甲路村的伞艺园。公司现有在编职工58人，其中本地村民占80%，外地工人占20%，职工年龄跨度在30—56岁之间。分布在周边山村的制作伞骨的农户有一百多户，这是目前当地能聚集的最大的制作伞骨规模人群，平均年龄65岁以上。无论在编与非在编工人都是计件工资，多劳多得。从事制伞技艺的人需要性格踏实、耐得住性子，因此公司招收的制伞艺人都是中年人。戴根盛说："我不愿意招收青年职工，学习制伞技艺要学三年才能技艺成熟。年轻人不踏实，坐不住，学到一年就走掉了。中年人家、业、孩子都在本村，更加踏实，你在我的厂里看不到年轻人的。"

2．传承人目前所开展保护实践工作的情况简述

在对传统的制伞师徒传承方式的调查中，作者采访到婺源当地一位年近90岁的制伞老艺人王顷。他是婺源唯一健在的经历过传统师徒传承方式学习制伞技艺的老制伞艺人。据他回忆：早期油纸伞制作技艺一直以来都秉承师徒传承，没有教材、文字、图录的记载与流传，这与工匠普遍社会地位低、文化水平低有直接的关系。拜师学习制伞没有特别的拜师流程，但一定是经熟人介绍或师傅指定的学徒，不会收不明来历的陌生人为徒。因为只有亲朋的引荐或自己熟悉的人才能确保学徒人品可靠，传统手工技艺行业中，学徒人品是放在第一位的，没有好的人品，人再机灵也不收。此外从事手工技艺的学徒性格安静坐得住很重要，过去学习制伞都是从十一二岁开始，学制三年。三年后就可以出师独自制作油纸伞，学会一门手艺就掌握了生存的能力。学徒三年无收入，还要交适当饭费。学徒期间做不好就会挨

王顷——婺源最后一位以传统师徒习艺的老艺人（90岁）

打，手艺都是被打出来的。师傅开始不教徒弟制伞，只是让徒弟从事备料洒扫的杂活，从边角活逐渐过渡到制伞的主要流程和关键技艺。师傅也不会刻意隐瞒制伞的步骤和技巧，因为徒弟制作的纸伞也是要作为自己伞铺的产品销售，因此教学严格，不敢马虎。三年期满就可以独立完成整个制伞流程。出师前要宴请师傅，这顿饭吃完就结束了师徒关系，徒弟正式出师独立。

这种形式的师徒传承关系已不复存在。今天产业化的制伞企业将备伞的所有环节分割为若干单元，不需要制伞艺人掌握全部的制伞技艺，转而专注于某几个环节的操作，新进厂的职工能更快习艺上岗。过去前店后场的伞铺经营模式也不复存在了。这些技艺传承方式的变化体现出传统手工技艺企业受到现代工业生产模式影响所做的适应性调适。

2014年，甲路工艺伞有限公司法人代表戴根盛经上饶市申报、江西省文化厅审批成为省级非物质文化遗产项目代表性传承人。其传承谱系如下所示：

①张龙盛，清末甲路人，龙盛制伞商号创始人、虎尾键创始人；

②张祖汉，民国甲路人，师承张龙盛独创铁片刮画技艺、画技传神逼真；

③胡周欣（1928—2008），13岁拜师张龙盛，掌握全部传统制伞技艺手艺精湛；

④戴根盛，1959年生人，1990年拜胡周欣为师并创办甲路油纸伞厂，恢复当地制伞传统，掌握全部制伞技艺。戴根盛大专文化程度。1990年召集婺源仅有的四名传统制伞老艺人创办油纸伞厂，借助甲路当地传统优势，开始重新制作传统油纸伞，并拜师胡周欣学习制作油纸伞，成为恢复甲路当地油纸伞传统制作技艺的功臣。

目前，戴根盛将全部制伞技艺传授给侄子戴开祥，戴开祥已被评为市级非物质文化遗产项目代表性传承人。戴根盛子女分别承担国内及国外网络销售事务，没有学习制伞技艺，只有戴根盛与戴开祥两人能从头至尾掌握全部的甲路纸伞制作技艺。这与四川情况相似，传承人的传承都带有家族垄断色彩，完整技艺持有者群体脆弱单薄。

每年厂区也有少量游客、书画家到厂区参观油纸伞的制作过程，并体验伞面绘画和购买油纸伞，但戴根盛作为传承人认为过多的游客参观会影响工人工作效率，增加损毁油纸伞的成本，因此目前并不愿意进行体验式旅游开发。在甲路纸伞制作技艺的传承推广方面，戴根盛有自己的计划。他一直与当地政府沟通，希望扩建制伞展示及销售展厅，全面展示自己所收集的四套制伞传统设备和工具，并请老艺人复原并展示传统制伞工序。戴根盛为此几次向当地政府递交报告，但由于种种原因目前还未批复。由于油纸伞批发模式利润低，不受当地政府重视，戴根盛的企业还在市场生存的基本线上挣扎，每天都在伞厂与订单之间奔波，很难有更多力量深入技艺的传承和研究。戴根盛说："我每天一睁眼就是全厂58个职工的吃饭和工资问题，一天都不敢休息。"

戴根盛每年参加"非遗"相关展览会、博览会等活动机会有限，大部分时间奔波于企业与市场之间争取订单。戴根盛一直想研究、恢复几种他见过和从老制伞艺人口中听说过的不同形制、不同功能的油纸伞制作技艺。但苦于时间与经济条件都不成熟，他的计划仍未实施。作为紧密依靠市场存活的传统手工技艺项目，没有政府支持，企业生存是第一位的，而且企业的经营活动本身就是技艺传承的基础，一旦企业倒闭，当地的这项技艺也就随之消失了。

（四）川、赣两地油纸伞生产状况比较分析

此次调研的江西和四川的这两家油纸伞厂是目前油纸伞行业中规模最大、发展相对较好的两家企业，但比较两地油纸伞生产现状，依然可发现在技艺保护传承及生产经营两方面所存在的种种问题。

首先，国家级"非遗"项目和省级"非遗"项目在经费补贴、政策扶植和品牌效应等方面相差悬殊。四川分水油纸伞企业比江西甲路油纸伞企业拥有更多的经费补贴，

更多参与“非遗”展示、销售活动的机会，更便捷的政府扶植绿色通道，这种级别和待遇上的明显差别使两家油纸伞企业的发展定位区别明显。分水油纸伞具有国家级非遗项目的光环，专注于制作油纸伞，采取网上销售和实体店代理直营的销售方式，能够最大限度减少利润流失。当地政府划拨的各种保护经费以及优质的政府订单使他们不必担心企业基本运营成本问题，有更多的经费支配权。因为订单多但生产力有限，他们有时还会拒绝一部分订单需求，优先制作政府订单及展销会订单。分水油纸伞企业有一个最优质客户——当地政府，二者互为帮助配合是最大的优势。与之相比，同样是历史悠久的制伞企业，甲路纸伞并没有引起当地政府的重视以及经费上的扶植，甲路伞厂每天还在为企业的生存而奔波。没有建立品牌意识和企业文化，把自己定位为油纸伞、绸布伞及其半成品的批发生产企业，就意味着放弃了非物质文化遗产产品文化附加值，不断压榨成本提高产量，以更低的价格占据市场。传统手工技艺制作的油纸伞不应以不断削低价格取悦市场，极低的利润率与制伞艺人的劳动负重不成正比。甲路伞的年利润率仅仅为15%—20%，3/4的利润全部让给零售商，真正付出劳动的手工艺人以及组织协调生产的企业都不是最大获益者，收入低必然削弱制伞艺人的生产积极性，工艺粗糙问题也随之产生。

其次，一味追求经济利益而忽略了工艺与品质的提升。泸州分水油纸伞作为国家级非物质文化遗产名录项目，近几年参与很多涉及油纸伞宣传方面的活动。油纸伞被列入国家级非物质文化遗产名录，确实为油纸伞行业赢得了更多的社会关注，也为当地油纸伞从业者带来了可观的经济收益。拥有更多补助经费支配权的企业本应有条件、有能力去钻研油纸伞制作技艺的保护、传承与发展，遗憾的是企业自身还没有意识到扛起行业品质大旗的意义和重要性，还没有开展一些基础性的必要保护工作。和台湾美浓伞相比，内地油纸伞的品质和文化附加值差距还很大。毕六福每年都带着匆忙赶工出来的油纸伞频繁穿梭在国内外非遗相关的旅游节、展览、展销会之间，这已成为毕六福每年工作的常态。这些活动虽达到了一定范围的宣传效果，却让传承人没有时间和精力踏实坐下来，务实地思考手中这项技艺如何提高、精进、发展。

传承人毕六福有“伞王”之称，1993年，为评选吉尼斯纪录而特制的直径12米的巨大油纸伞，破旧地躺在伞厂墙边结束了它的使命。2014年，毕六福又主持制作了直径 14.6 米的油纸伞摆放在旅游区展示。这些都可以达到一定范围的宣传作用，但不是每个油纸伞企业都能拥有这样的经济条件。油纸伞有其自身的材料局限性，不适合直接转型用于公共雕塑摆放，尤其在北方地区有易老化、松脆的缺点，这就需要更加深入地研究和探索它合理性的多元化发展方向。毕六福曾经为一位室内装饰设计师特制了一批油纸伞，作为灯罩用于居室照明装饰。设计师利用了油纸伞特有的形式美作为居室装饰，迎合市场追求复古、唯美的装饰潮流。目前，一些主打传统文化的酒店大堂、茶楼都愿意用油纸伞作为室内装饰元素，油纸伞已经开始应用于室内外装饰领域，因为油纸伞这种元素特点非常鲜明，极易获得消费者的好感。设计师或艺术家的介入确实有助于打开思路和销路，对于帮助传统手工技艺产品贴近现代社会需求和审美有很好的促进。但油纸伞行业存在很多基础性问题，在没有解决工艺水平粗糙等技艺基础问题之前还不适宜过度开发衍生品市场。所有发展与创新的前提是符合技艺发展客观规律，不伤及技艺本体。油纸伞行业应该用长远的眼光深入挖掘工艺细节的精致与油纸伞丰富的文化附加值，不能盲目抛弃和牺牲技艺本体而创新。

甲路油纸伞作为江西省级非物质文化遗产名录项目，秉持着当地悠久的制伞传统和口碑，在国内、国际市场上受到广泛好评，近两年也一直在努力申报国家级非物质文化遗产代表性项目名录。尽管甲路工艺伞有限公司还在企业生存线上挣扎，但仍在坚持传统手工制伞技艺，能够重视针对油纸伞制作技艺进行的基础调查研究背后的意义并自觉收集传统工具及相关资料。在皮纸价格高昂、原料紧缺的情况下，至少还坚持伞头卷脑的工序使用真正皮纸，这使甲路油纸伞的质量在同行业中领先。甲路伞的传承人戴根盛收集的四套完整的传统制伞工具，希望摆放在自己的传统制伞技艺展览厅内，也一直想恢复几种传统的专有用途的油纸伞制作，但受制于企业现实生存压力而搁置。

毕六福于1993年制作的“伞王”

两个伞厂的产品各有其自身的特

点，甲路油纸伞有着古徽州特有的轻盈细腻之感，相比泸州纸伞的硬朗、粗犷的风格，甲路伞更具有江南的温婉气质。台湾的美浓伞在考察了内地几个制作油纸伞企业后，最终选择了从甲路伞厂批发油纸伞半成品，可以从一个侧面说明甲路伞的品质相对在同行业中稍有优势。与此同时，甲路伞负责人也承认自身及整个油纸伞行业在制作工艺精致程度上有很大的上升空间，这是手工技艺行业必须重视和改善的核心问题。

最后，两家企业目前都没有开拓体验式文化消费经营模式，埋头做订单，目标都是游客纪念品。婺源旅游资源丰富，甲路村风景秀丽，历史遗迹丰富，当地两个热门的景区都途经甲路村。但是甲路伞因为没有专门的油纸伞展示、体验的空间，所以一直不能利用这些旅游资源。他们也曾尝试过接待游客到制作厂房直接参观、体验，不但影响制伞艺人的工作而且被游客踩坏折损的油纸伞半成品增加了伞厂的成本，他们最终放弃了这种体验式经营方式。伞厂北侧的厂房改造图纸都准备好了，却因为厂里拿不出这笔钱而搁置。帮助甲路伞厂搭建油纸伞制作技艺展示厅的计划已经连续几年上报到省政府，却一直得不到批复。泸州分水的油纸伞制作技艺是国家级“非遗”项目，是行业的带头人。由于分水当地没有开发和恢复老街的旅游资源和建设配套旅游设施，因此也没有条件吸引游客到分水当地参观体验油纸伞制作技艺。

三、油纸伞制作技艺保护与传承实践存在的问题

（一）外部问题

1. 生存环境改变、产品市场狭小

20世纪以来，现代雨伞替代了传统油纸伞，油纸伞在中国近一百年的社会变革中已经淡出了人们的日常生活。毋庸置疑，作为现代工业化大生产的产物，钢骨洋伞制作成本低、产量大，轻便易携带，适应现代人生活的需求。每到下雨，北

京的地铁口、公交站只需要十元就可以解决一把伞的问题，笨重的油纸伞显得不合时宜。现代人基本没有机会见到和使用油纸伞，完全不了解桐油的防水性能和特殊的气味，也就难以认识到油纸伞的功能价值。我们希望每一个现代人都能看到油纸伞背后所承载的传统生活记忆与怀旧情怀，至少对油纸伞有一个最基本的功能和技巧的了解和认识，为民众的日用审美提供多样性选择，使油纸伞与现代雨伞在市场上形成互补。曾经的甲路村、分水岭乡家家户户都制作油纸伞的红火场面已不复存在，旧时雨季家家户户使用油纸伞的情景也已成为一种历史记忆。这就是今天油纸伞尴尬而窘迫的生存环境。在时代变革的今天，我们首先要解决的是如何处理油纸伞与现代生活结合的问题。人们并不缺乏追求标新立异、复古时尚等多样化的需求，油纸伞行业目前还没有关注旅游区之外的市场推广问题，也就是没有主动引导和构建市场环境。

此外，油纸伞生存环境的缺失还体现在传统民俗活动的变化方面，特别突出表现在今天民间婚嫁及丧葬仪式的变迁。以川、赣两地为例，目前的山区和村镇还能看到传统婚俗仪式的缩影，红色油纸伞依旧是赠送新人的最佳贺礼，新娘也依然要撑红伞过门，寓意避邪除秽、多子多福，取“油纸”与“有子”的谐音，而城市中的婚礼仪式已经罕见传统习俗的身影。当地传统的葬礼仪式都有用到纸伞开道，坟前燃烧纸伞的环节，寓意一路护送逝者远离孤魂野鬼，顺利升天。而在城市化进程中，这样的传统礼仪已逐渐消失，使得油纸伞非常重要的民俗文化生存空间衰微不振，其本身所承载的传统生活记忆也不可避免地逐渐淡化甚至流逝。民俗活动是油纸伞及其制作技艺生存和发展的重要土壤，保护和恢复一些积极健康的民间民俗活动是各地政府、传承人及民众不应回避的问题。今天所倡导的非物质文化遗产保护绝不仅仅局限非物质形态的技艺，更重要的是通过保护和传承每一项技艺而延续其背后所承载的无形文化价值和人文情怀。民俗活动是今天绝大部分非物质文化遗产项目所依存的重要文化空间，可以这样说，只要涉及使用油纸伞的民俗存在，油纸伞技艺的存续就不会断流。

市场是企业最终的检验环节，为了弄清油纸伞消费市场的真实情况，笔者将消费市场的调研作为整个调研计划最后一个组成部分，在调研的后期抽样走访了油纸伞零售商的商铺，初步获得了一些有关油纸伞消费市场的信息，这些信息可以作为帮助了解油纸伞消费市场的依据。

首先，整个消费市场对于油纸伞制作技艺及文化背景没有一个基本的认知，绝大多数消费者对于油纸伞的特点、性能及相关民俗文化背景几乎一无所知，从未亲眼见过油纸伞，老一辈人也对这个儿时使用过的日常用品感到既亲切又陌生。非物质文化遗产保护工作提倡人人有责，如果对一个项目没有最基本的了解，又如何从民众心中激发保护的动机呢？其次，目前国内中青年旅游者和传统文化爱好者是油纸伞的主力消费群体，这一购买群体中没有悬殊的男女比例差异。这一线索可以在伞面图案设计环节重点参考，不能忽略男性审美需求的特点，偏于女性题材的伞面装饰限制了男性消费者的选择余地。最后，绸布伞作为低端纪念品呈现出逐渐被油纸伞取代的现状。十年前的旅游市场上，特别是苏杭等南方旅游城市，外形一致但更加廉价的绸布伞比油纸伞畅销得多。绸布伞和油纸伞用的是一样的手工制竹伞骨，由于化工绸布非常廉价，备伞环节简单，制作周期更短，所以很容易被低端旅游市场接纳。但绸布伞没有挡雨的实际用途，和大部分低端旅游纪念品一样，购买后被搁置、扔弃，甚至对游客形成误导，认为这就是古人的雨具。随着旅游市场和游客心态的成熟，绸布伞已经明显呈现退化趋势，湖南地区以制作低端绸布伞为主的企业已经面临倒闭。近五年甲路伞厂的绸布伞订单需求量逐年递减，油纸伞需求量逐年攀升。因此，油纸伞生产企业在经营与发展过程中，坚决不能放弃或削弱油纸伞的实用功能，制作纯粹工艺品化的油纸伞并不是行业良性发展之路，应该注重解决和拓展更广泛的消费市场，仅靠一部分旅游者与民俗活动对油纸伞的需求，其市场空间仍显狭小。

2．地方政府重视程度不高

油纸伞属于偏于小众的商品，全国油纸伞生产企业除分水油纸伞厂之外，其余企业都没能引起当地政府的重视，没有优质资源及优惠政策的外围支援，企业自身又局限于维持生存的经营现状，必然不利于油纸伞制作技艺的保护与发展。在此次调研中我们了解到，作为江西省级非物质文化代表性项目名录项目的甲路伞制作技艺没能于2015年申报国家级“非遗”代表性项目名录，地方政府将辖区内的各类非遗项目按照经济贡献分类，将当地绿茶制作技艺项目等创收大户进行优先申报国家级项目。从非物质文化遗产保护的角度来分析，以经济排名决定申报国家级“非遗”代表性名录项目的先后次序并不合理，但这种现象在很多地方存在。政府部门应该按照辖区内非物质文化遗产项目的濒危程度决定保护工作开展的程度，应具备正确的非物质遗产保护工作意识和理念，否则辖区内所开展的各类保护工作就难以充分发挥真正的保护和发展目的。分水油纸伞制作技艺从市级到国家级的逐级申报审批过程仅用了一年半的时间。台湾地区的美浓伞也是因为政府背景而发展经营得非常成功。因此，地方政府的关注对于非遗项目保护工作意义非凡。

政府重视绝不能等同于国家给不给钱保护，或给多给少。传统手工技艺如果只能依靠政府补助生存，就不能算作一个健康良性的发展方式。进一步说，在缺乏第三方监管的前提下，大量的扶植资金容易滋生腐败、侵吞或挪用等一系列问题。

地方政府最大的作用应是统筹协调辖区内的资源互联，并针对非物质文化遗产项目给予政策上的扶植。政府应切实提高保护传统手工技艺的意识，珍惜辖区内的稀缺手工技艺资源，保护和发展好油纸伞文化产业链就能有效带动和促进地区经济发展。例如，皮纸作为传统油纸伞制作的主要材料，已经全部被机器生产的棉纸取代，棉纸的韧性远不及皮纸。由于原材料的改变导致了今天所生产的油纸伞尽管工艺沿袭古法制作，但质量根本达不到使用皮纸制作的水平。甲路伞负责人曾经从全国各个造纸企业选择皮纸的替代品，没有一种纸材能达到皮纸的韧性水平。四川已经没有可以制作皮纸的师傅，婺源仅有源口村两位年逾古稀的老人掌握这项技艺，儿女也不愿学习，随时面临人亡艺绝的危险。皮纸并没有失去自身的实用价值和市场需求，应该由当地政府的相关部门主动出面，采取抢救性保护措施，不应任由辖区内优秀的传统手工技艺项目消亡殆尽。

（二）内部问题

油纸伞传统制作技艺最艰难的时期在20世纪六七十年代，当时全国都处于油纸伞的生产停滞期，现代雨伞全面取代油纸伞。直到80年代才逐渐恢复生机的油纸伞在制作与经营中呈现出大量内部问题：纯手工制作的油纸伞人工用时长、成本高，产出率低，文化附加值低。批发经营模式造成利润的压榨使制伞艺人的生产积极性受到打击，单纯依靠产量的积累增加收入，所以制作出的油纸伞越来越粗糙。

今天大部分“非遗”项目的经营企业都存在重商业轻保护，重销售轻质量，重官员轻专家的问题，只看眼前既得利益，缺乏技艺传承人的历史责任及使命担当。

油纸伞制作技艺保护与传承方面所存在的内部问题，具体可归纳为以下四点：

1．从业者保护与传承意识淡薄

油纸伞制作技艺持有者亟待加强对非物质文化遗产保护工作的认识与理解。作者在调研川、赣两省油纸伞企业时发现，从业者中普遍存在保护与传承意识淡薄的问题。他们认为非物质文化遗产的保护工作是国家和专家的事，与自身关系不大，甚至连传承人自己也没有真正了解传承人的职责所在。传承人对自己的定位首先是企业的经营者，只是多了一个传承人的“称号”，这个称号也是服务于企业经营的。在调研两家伞厂的过程中，多次听到这样的声音：“非遗不非遗的，国家再保护，该淘汰还是得淘汰。”传统技艺的保护与延续直接落在传承人和所有技艺持有者的肩上，传统手工技艺的传承与保护最重要的是依靠传承主体的生产实践活动。政府利用自身的号召力、协调力；专家建立具有实践意义的理论体系；技艺持有者发挥传统手艺的实践操作能力，三者结合才是非物质文化遗产保护工作的有效途径。但在实际操作中，一些地方政府脱离实际贪图政绩，专家的呼吁难以落实，技艺持有者消极被动生产，保护工作各自为政，不能形成互助合作的良性发展。

不能调动起最广大技艺持有者的主观能动性，直接导致企业和从业者只关注经济利益，轻技艺保护与传承。手工制伞企业一味求快求量却不求质，制作出的油纸伞价值与价格不相匹配，价格与质量又相去甚远。

从传承实践方面看，川、赣两地的油纸伞制作技艺传承人都没有真正开展切实有效的传承活动或技艺研究。他们或戴着国家级“非物质文化遗产”名录项目的光环频繁奔走于各类展会活动；或为了企业的生存而在订单与企业之间疲于奔命，根本无暇顾及核心的保护与传承工作。对于制伞技艺进行系统的梳理与保存这类基础性的工作还没有做到位，更不用说研究和恢复历史上曾出现过的各种不同用途的特殊油纸伞制作技艺。例如，旧时货郎有专用的走街售货油纸伞，伞面大，伞骨可悬挂货品，伞把专门制成可插在扁担上的样式；还有一种过去专门用于妇女河边洗衣服遮阳挡雨的油纸伞，这种伞的伞边下垂，对于伞骨制作技艺的要求难度更高。调研过程中，甲路伞的传承人提到过想恢复和实验一下，但是肩负企业生存压力，恢复已失传的油纸伞制作计划还暂时不能实现。

在传承人的确立方面，油纸伞行业的传承人倾向于将全部制作技艺传授给自身血亲的下一代，带有技艺的家族继承特点，这里包含有经济利益的考量。他们看到在现有的社会环境下，继承非遗项目的企业和技艺同时拥有了社会地位和收入的保障，只有少数人能真正受到父辈影响而将其作为文化传承的高度来看待这门技艺。这不免令人感到深深隐忧。

2．工艺制作粗糙

从油纸伞市场需求来看，其实用价值已经向审美价值转变。油纸伞企业应当充分意识到这一点，从消费者的角度入手，提升油纸伞所负载的审美价值与文化价值。市场上销售的油纸伞价格差异主要根据手绘或喷绘、名人手绘等因素区分，即便是价位较高的手绘油纸伞依然存在未经打磨的竹刺、未刷匀的桐油、被颜料蹭染的伞骨、黑斑遍布的伞把、粗糙而匆忙包卷的伞头等各种工艺粗糙问题。台湾地区的“美浓”油纸伞配套文化产业开发较成熟，出品的油纸伞以精美著称。“美浓”伞在大陆寻求伞骨及油纸伞半成品和合作伙伴，最终选择了甲路工艺伞有限公司的产品。“美浓”伞负责人对戴根盛说：“希望每年从甲路订的半成品都能更加精致，我们就满意了。”企业要清醒地认识到侧重审美价值的油纸伞一定要讲求质量，如果一味压榨工时和成本，以粗糙的产品强行与现代雨伞比拼产量如同削足适履，抹杀了油纸伞自身所拥有的文化内涵和审美内涵的价值优势。

3．经营模式单一、产品附加值低

产品附加值是以文化内涵为基础，一件产品文化附加值的高低取决于产品的文化内涵及其消费者所认可的程度。近年来，非物质文化遗产保护工作大力开展与宣传，使越来越多的人认识到包括油纸伞在内的传统手工日用品独具特色的文化内涵。笔者调研消费市场时观察到，北京一家与甲路合作多年的油纸伞零售商将批发来的油纸伞更换自己的包装，销售的就是自己的专属品牌的油纸伞，同时为自己的品牌创作出了一整套悠久制伞历史的故事，印刷宣传品广而告之。在我国现有的油纸伞产区，除泸州分水油纸伞厂之外，其他油纸伞制作企业主业都是油纸伞、绸布伞制作、批发，不参与零售业务。伞厂只挣出成本和极低的利润，制伞艺人收入所得更加微薄。利益都归零售商，这显然是不合理的利润分配，抑制了制伞人的生

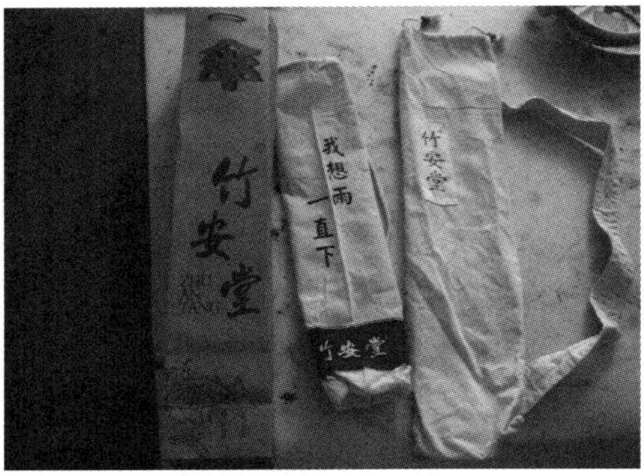

市面上的包装

产积极性。纯手工制作的伞骨，加工成绸布伞的批发价格是每把15元，加工成油纸伞的批发价则是每把80元；这两者之间65元的差价算作对传统油纸伞所用的材料和工时上的补偿。即便如此，无论是艺人还是伞厂都没有从中获得可观的收益。所以，目前这些伞厂更愿意生产工艺简单的绸布伞，只求通过快速回笼资金维持日常运营，以至艺人的劳动并不轻松但赚得很少。油纸伞行业整体缺乏品牌意识和品牌文化，只看到油纸伞作为旅游纪念品这种有限的市场需求，没有深入挖掘技艺的文化属性和产品的文化附加值。台湾的“美浓”伞在提升产品附加值这方面体现出了与时俱进的特点。在当地政府大力支持的前提下，“美浓”伞文化体验式的经营模式走在了整个油纸伞行业的前列，企业准确把握住了市场的脉搏，侧重开发产品的审美价值，制作更加高端精致的油纸伞产品，利润也落实在企业及油纸伞艺人手中，体验式经营模式值得行业参考借鉴。在一个行业中，正确而具有前瞻性的发展理念或许是盘活整个行业的制胜法宝。

4．不重视产品包装及推广

作为离开大众生活视线多年的油纸伞急需重新获得社会的了解与认可，产品的宣传和包装是其提供给市场的首要信息。包装的时尚美观可以部分地反映产品的内在质量，也更容易让消费者产生一种与其价值匹配的心理暗示。目前的油纸伞企业都存在缺乏产品包装的整体设计及合理有效的宣传推广。

市面上销售的油纸伞不外乎纸盒、布袋这两种包装，缺乏设计感与美感，在一定程度上制约了油纸伞产品的推广和大众的认知。这显然不能满足已经艺术化、礼品化的油纸伞发展趋势，无法满足大众的消费心理。

多样化的推广手段是培育油纸伞生存空间的重要途径。笔者在走访油纸伞的消费市场时看到，初次见到油纸伞实物的消费者都表现出了极大兴趣。市场上缺乏这种油纸伞相关信息的普及，宣传是一种对消费者及市场的建构，只有使公众充分了解这门技艺的精妙以及背后的文化内涵，才能赢得消费者的关注与青睐。

四、油纸伞制作技艺保护与传承对策建议

油纸伞制作技艺的生存与发展，在外需要加强文化价值推广宣传，在当地政府支持的前提下，全面培育油纸伞文化生存空间及消费市场；在内需要提高技艺持有者的保护意识，亟待解决制作工艺粗糙的硬伤，提升油纸伞自身文化附加值及审美价值，在伞面装饰、包装形象方面努力探寻传统图样与现代审美需求的平衡点。油纸伞造型古典唯美，文化价值底蕴深厚，具备防雨防晒的实用属性，正确经营理念与市场推广才能令这样一项宝贵的手工技艺在市场经济中健康良性地发展。

（一）发挥政府作用，改善外部环境

1．充分利用多样化宣传推广方式，构建良性生存环境

实践证明，只有具备文化生存空间的非物质文化遗产项目才能获得传承和发展的现实基础。在这个层面上，无论是非遗项目企业还是当地政府部门应该目标一致，通过多样化的宣传推广手段，至少使大众有可以认识和了解油纸伞及其制作技艺、文化内涵等相关信息的渠道，构建和培养利于油纸伞生存的市场环境和文化空间，这样才能打开旅游市场之外更广阔的市场空间。油纸伞是一种远离现代人日常生活的传统日用品，绝大多数现代人对油纸伞的制作技艺、文化背景以及与之相关的民俗活动并不了解，市场对油纸伞这个行业持一种漠然态度。因此，加强油纸伞制作技艺的保护与传承，首先要做的就是加强对油纸伞制作技艺及油纸伞的全面宣传推广。

在文化宣传领域，视觉影像是最直观的宣传手段，可借助电视与网络平台直接传播到全国乃至世界各地。在传统文化复兴的今天，传统手工技艺的企业应当懂得结合现代科技的手段展示和传播中国传统的手工技艺之美。先进的高清影像技术与传统手工技艺碰撞能够带来“1＋1＞2”的效应。2014年，一部有关中国地方

特色饮食文化及制作技艺的纪录片《舌尖上的中国》几乎带动了所有片中涉及的地域文化产业，借此大力地弘扬了地区传统烹饪技艺，也让人们看到一部制作精良、充满人文关怀的纪录片所带来的传播效应，产生了巨大的社会影响力。这部纪录片的空前成功为保护非物质文化遗产项目提供了成功的经验例证。如果能利用好视听多媒体传播方式，就能够从两方面正确引导非遗保护的社会环境：一方面倡导健康积极的文化生活方式，扩大市场需求；另一方面文化市场需求促进相关非物质文化遗产项目的可持续发展。宣传工作不是个别传承人、个别项目所属机构有能力单独完成的，这需要相关政府部门的政策支持，统筹协调非物质文化遗产保护专家委员会的专家提供智力支持；为媒体与企业牵线搭桥；而项目传承企业及传承人应全力配合平面、广播电视、互联网媒体等多样化宣传手段，如此综合各方优势，拍摄具有人文情怀特质的高品质的纪录片、宣传片甚至是影视作品、动画作品，让大众对油纸伞制作技艺及其文化内涵有所了解并逐渐热爱，在无形中构建出油纸伞的文化空间和消费市场。除此之外，应重视青少年群体对于传统手工技艺项目的了解与热爱，非遗题材的动漫无疑是最能博得青少年群体好感和认同的普及手段，使青少年在轻松的状态下自然而然受到传统文化的熏陶。台北故宫博物院就曾在2008年拍摄三维动画片《国宝总动员》，巧妙地拉近了古老文物与少年儿童的距离。我们在宣传推广油纸伞文化背景及其制作技艺时，若可以寻求动漫创作人员的参与，可以让广大青少年群体了解并喜爱这样一个古老而实用的日用品。

此外，以油纸伞为主题的音舞、戏剧戏曲创作纳入正规国家级比赛体系，将引领社会关注度的提升，这也是一种针对油纸伞很好的宣传普及手段。云门舞集的创办者林怀民先生曾创作的舞蹈作品《行草2》，巧妙地将宋瓷、书法元素融入舞蹈作品中，借助舞者肢体动作生动表现出传统文化的魅力。可见，如以油纸伞及其文化内涵作为一个切入点，借助某种艺术表现形式进行展示宣传，就更容易让现代人产生好感，耳目一新。同时，油纸伞是一种非常有文化意义的定制礼品，这也是推广宣传油纸伞的一个重要手段。各地政府、企业都是油纸伞制作企业的潜在优质客户，这类优质的订单及客户资源能有效促进油纸伞制作工艺的提升，同时借助地方政府、企业礼品的发放起到广泛对外宣传推广优秀的传统手工技艺的作用。

在主动恢复和构建油纸伞文化空间的过程中，还应重视与油纸伞相关的民俗活动这一重要的领域。民俗是非物质文化遗产依存的土壤，也是地域文化多样性的生动表现。受到城镇化进程影响，城乡生活日趋同质化。曾经丰富多彩的民俗活动逐渐被遗忘或淡化，各地现存的民俗活动、节日庆典也都有不同程度的简化、变异甚至是表演化。只有发掘和恢复真正存在于民众日常生活与民间信仰的民俗活动，才能守住非物质文化遗产的存续基础。传承人有责任挖掘整理曾经丰富的、与油纸伞相关的民俗活动，主动引领和倡导恢复一批健康的与伞相关的民俗活动，如恢复油纸伞在现代婚庆仪式中的使用，合理引入油纸伞在现代丧葬仪式中的使用环节，倡导油纸伞在婴儿满月、百日仪式中的使用等，这些都是积极健康的民俗，蕴含着丰富的文化价值与人文关怀。通过民俗活动的方式，使油纸伞作为民俗用品形成稳定需求。纵观历史，仪式使用的道具往往能客观上促进其工艺精致的提升。值得注意的是，在此过程中不应走入另外一个虚假民俗表演的误区，各地方应该明确区分民间民俗活动，与民俗旅游表演这两者的本质区别。只有各民族日常生活中真正存在的民间民俗活动才是非物质文化遗产赖以依存的文化空间。油纸伞制作技艺的传承人及其企业身处制作历史悠久的油纸伞产区，世代生活在当地，具备挖掘、收集及整理相关民俗活动的资料信息的优势。这项举措不仅可以丰富民间积极向上的文化生活，还有增强当地民众的认同感和凝聚力，创造和谐氛围，规范行为等诸多积极意义。

总之，发挥各方智慧和媒体的优势能够高效促进油纸伞及其制作技艺的宣传与市场推广，让全社会都能了解到这样一项宝贵的传统手工技艺与文化内涵。

2．正确发挥地方政府在保护工作中的作用

国务院办公厅颁布的《关于加强我国非物质文化遗产保护工作的意见》中明确规定了中国非物质文化遗产保护工作的目标——“通过全社会的努力，逐步建立起比较完备的、有中国特色的非物质文化遗产保护制度，使我国珍贵、濒危并具有历史、文化和科学价值的非物质文化遗产得到有效保护，并得以传承和发扬”。我国是全世界拥有非物质文化遗产项目最多的国家，如此庞大的非物质文化遗产项目的保护与传承不能脱离国家政府的统筹而孤立进行，必须始终坚持政府主导原则，国家政府肩负政策制定、战略部署、统筹协调及监督监管重要责任。每一项政府决策都具有执行和实施的法律权威性，因此政府有关部门制定和下达每一项决策指令都需要严谨和审慎。

各地方政府的非遗保护部门是直接面对非遗项目的基层政府机构，需要在工作中有高度的责任感，对辖区内的非遗项目开展保护工作应做到“三要、三不要”。各地政府的非遗保护部门要密切与非物质文化遗产保护工作的专家学者联系，协调政府、专家与传承人三方共同研究和探讨非遗项目的发展方向，借力专家的眼界与学识为具体项目的保护工作提供智力支持；要尊重不同非遗项目有不同的保护与发展规律；要鼓励、认可传承主体开展传承实践活动的主观能动性；不要以封建家长姿态替传承人管理和使用专项保护经费或直接干预非物质文化遗产企业的传承实践活动与日常经营事务；不要以直接经济贡献多寡作为确定辖区内非遗项目保护工作的先后次序；不要以一刀切的保护方法简单粗暴地对待所有非物质文化遗产项目。

政府在划拨非遗项目保护经费的问题上可以调整发放方式，尝试逐渐从直接拨款补助形式过渡到经济奖励形式。通过荣誉、奖金方式形成激励机制，调动传承主体开展保护与传承实践活动的积极性和主观能动性。借助第三方监管机构监管奖励经费，使其公正化、透明化，保障非遗保护经费专款专用；避免地方政府挪用侵占的可能性，避免滋生腐败和投机倒把；保护和尊重传承人发展和传承传统技艺的自主权，确保特定经费落实到传承人手中，用在真正需要的地方。

（二）正视并解决内部问题

1．加强对非物质文化遗产保护与传承工作的认识

做好非物质文化遗产保护工作，要从根本上明白这项工作的意义，如此落实到具体保护传承工作才有一个正确的价值导向。这个范围包括项目传承人、技艺持有者、政府部门以及社会民众。调研中看到的情况是：在政府部门眼中，非物质文化遗产保护工作是上级政府领导下达的工作命令；在传承人、非遗项目企业的眼中，手中的技艺仅仅是赚钱工具而已。可以说，构建全社会对于非物质文化遗产保护工作的正确认识与理解任重而道远。

首先，政府工作者应当树立正确的保护意识，定期开展非物质文化遗产理论体系轮训，由非物质文化遗产专家委员会的委员亲自做讲座，强制地方政府的非遗保

护部门参与学习，并与绩效工作考核挂钩。这种培训不能流于形式，含糊应付。从事非物质文化遗产保护的工作人员，不能连基本的常识都不具备，更不能错误地开展保护工作，他们应当尊重辖区内的传承人和广大的手工艺人，提高他们的社会声誉。

其次，对于那些涉及非物质文化遗产项目的企业、传承人要正确认识手中的技艺的价值所在，真心敬畏与热爱传统手工技艺并将其传承下去，有了正确的认识才能从根本上提高工艺精致水平，解决目前油纸伞产品工艺严重粗糙的问题。我们的传统手工技艺艺人并不缺解决工艺粗糙的办法和技术，真正缺乏的其实是正确的保护意识和生产积极性。此外传承人应积极开展真正的传承活动；自觉收集和研究与技艺相关的资料，慎重保存，做力所能及的基础性保护工作；以开放的心态培养真正有天赋、有担当的下一代传承人，广纳贤士。今天的非物质文化遗产保护工作对于传承人有着比以往任何一个历史时期都高的要求，他们不仅要掌握技艺，同时要善于经营，有一定的文化素养，能够对技艺进行系统归纳总结和研究，如此才算是合格的非遗项目传承人。国家对于唯利是图、糟蹋技艺的个别传承人、企业应当制定处罚措施，收回荣誉称号及相关待遇等。

最后，注重非物质文化遗产保护方面的人才储备和培养。非物质文化遗产保护工作领域之大，种类之广，亟待开展的工作量之多难以描述，需要大量经过专业培养的人才形成智库储备。中国艺术研究院研究生院早在2013年就开展非遗保护工作在高等教育领域的探索与创新，开设由25位国家级传承人担任导师的“传统技艺研究方向”以及由资深专家学者担任导师的“非物质文化遗产保护实践方向”，率先将师徒传承的传统教育方式纳入艺术硕士研究生教育范畴，此举对于非物质文化遗产保护工作急需的理论结合实践的人才梯队建设意义深远。

2．调整经营策略、坚定走生产性保护之路

非物质文化遗产生产性保护是指在具有生产性质的实践过程中，以保持非物质文化遗产的真实性、整体性和传承性为核心，借助生产、流通、销售等手段，将非物质文化遗产及其资源转化为文化产品的保护方式。[①]油纸伞行业现有的批发加工的经营模式不利于油纸伞制作技艺的生产性保护与发展，一味追求量产化背离了传统手工技艺的发展规律，为了迎合批发市场的游戏规则，以压榨成本、利润等手段伤害了制伞艺人的生产积极性，以上种种表明，油纸伞企业调整经营模式势在必行。

体验式消费在今天电子购物一统天下的时代中已经越来越凸显其优势，宜家家居就是一个典型的例子。在实用这个前提下，宜家构建了一个个不同风格不同需求的样板间，将消费者提前带入虚拟空间布置，最终找到自己所需要的目标，消费随之产生。很多依赖市场生存的非物质文化遗产项目也开始在尝试类似的这种体验式经营并获得成功，譬如一些茶文化园、酿造文化园等都是通过体验方式宣传普及传统工艺，培养消费人群。油纸伞制作的企业不能紧盯旅游纪念品的批发市场这一低端经营目标，可以认真借鉴已经成功的体验式消费模式，以台湾“美浓”伞作为范例，研究其背后的成功因素，找到适合自己的体验式经营模式。利用好文化产业经营模式来达到保护和发展非物质文化遗产项目的目的。目前甲路村、分水岭乡的政府机构都在筹划开发当地旅游资源，配套基础设施正在当地兴建，这也为当地开展体验式经营打下基础，提供可操作性。

传统油纸伞制作技艺的传承人身兼企业管理者的责任，要树立品牌意识、精品意识，把销售权和利润空间掌握在自己手中，追求单个精品价值，摆脱一般性工艺品批发企业经营模式，想方设法提高油纸伞的文化附加值，建立并培养自己的品牌价值，坚守住手工技艺制作的底线。比如，某些国际品牌长期“坚守”缓慢而费心力的手工生产方式，保证了产品的口碑与品质；尽管产量少，价格高昂，依旧吸引着大量消费者争相购买。反观我们的油纸伞制作企业，单纯以低端旅游纪念品为目标市场搞批发经营并不是摆脱困境的长久之计。我国几个大的传统油纸伞产区除了泸州分水油纸伞厂之外，其他地区都是以油纸伞、绸布伞的制作、批发为主要经营内容。批发这种讲求薄利多销的经营模式不利于油纸伞制作技艺的精进与保护，对于文化价值丰富的传统油纸伞来说是一种戕害，况且制伞艺人也并没有从中获得应有的收益。企业应该勇于优化、丰富经营结构，邀请一些真正尊重传统文化的书画家、设计师参与油纸伞装饰设计环节，想办法打造出高端精品油纸伞产品，尽可能提高油纸伞的文化附加值，获得更多利润，让辛苦的制伞艺人劳有所得，获得与所付出的功力、汗水相匹配的收入。企业负责人可以聘用市场营销分析机构协助产品的市场公关销售等，减轻经营压力，以上这些有限的成本增加能够换来更广阔的消费市场。很多消费者并不缺少购买资金，缺少的是真正能买到的精致、雅趣的商品。

综上，（具体总结如图表）企业应首先保证日常基本的生产经营，以商养文，利用经营多年形成的稳定销售渠道，继续维持各个旅游城市的油纸伞、绸布伞市场占有率，形成金字塔塔底；在此基础上开辟体验式文化产业经营模式，尝试结合传统元素与现代审美相结合的设计理念，主动适应时代审美需求，勇于探索梅兰竹菊等传统题材以外更加丰富的伞面装饰元素，设计出适应现代人审美需要的雅俗共赏的伞面装饰艺术，整体打造品牌形象和多样的文化主题配套的油纸伞，切合弘扬传统文化的时代背景及特定的市场需求。通过增加文化附加值提高单个产品价值，配套开发油纸伞整体的形象设计、包装设计和售后服务，形成金字塔的中间力量，在这一层结构中着重构建出自己的品牌文化；金字塔的顶尖是最集中体现油纸伞精品品质及文化附加值的部分，要少而精，甚至可以考虑引入高端时装市场的定制方式，满足消费型社会一部分尊贵、高端的个性需求。高产品附加值意味着绝对精致的工艺细节与文化内涵的融入，讲究严苛的材料选择、制作，彻底摆脱粗制滥造，工艺须精致到每一个细小环节。这一结构层的产品追求的是单件产品价值，必然属于具备较高消费能力的群体。传统手工技艺从不缺乏精致的技巧工艺与智慧，只要有市场需求就能实现工艺的进步，不能任由低端市场趣味牵引油纸伞行业的发展走向。从另一方面来说，大众审美的提高也有助于油纸伞整体制作水平的提升。所以，油纸伞制作技艺的工匠、传承人应树立打磨精品手工油纸伞的理念，精致讲究的制作技艺与高文化附加值才是手工油纸伞经营与发展的立足之本，精致一词也是对油纸伞这种日用品形式美的极致诠释。非物质文化遗产保护工作大力发展的这几年也正是我国从生产型文化向消费型文化过渡的历史时期。旅游、绿色产业、文化产业等第三产业迅速崛起，为油纸伞行业未来的发展奠定了时代基础，行业自身需要把准时代和市场的脉搏，设计制作出更加具备个性化、精品化，更符合现代审美的油纸伞产品，满足更高文化需求的消费市场。

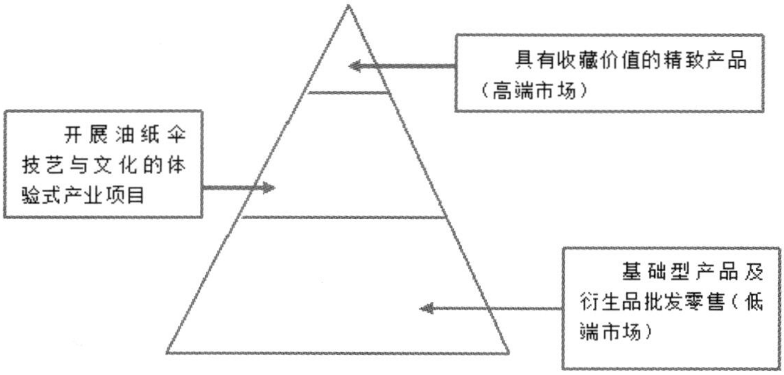

3．合理创新发展多样化油纸伞产品

创新是社会发展的核心推动力，非物质文化遗产保护与传承工作也应加大创新力度。当代的非物质文化遗产保护工作不能以凝固的方式限制技艺的发展，我们鼓励符合技艺特点与客观规律的创新发展。任何优秀的传统手工技艺如果被保守禁锢的方式保护，终会因为缺乏生命力而萎缩；但是要警惕那些盲目解构手工产品的形制，生硬地将某些流行元素嵌入，博眼球、博话题的非理性创新设计。传承人和所有技艺持有者应主动了解现代人生活方式和审美意趣的文化需求，结合现代设计理念，将油纸伞广泛引入大众文化生活领域，运用好审美领域中复古与前卫的循环往复的发展规律，积极引导和培育消费市场接纳油纸伞的文化内涵与实用价值，使油纸伞成为一种能够融入现代生活的文化元素。油纸伞制作技艺的传承人也是油纸伞企业的经营者，应当站在更高的角度判断自身定位，引入优势资源，可以邀请一些尊重传统文化的设计师、艺术家引入创作、设计环节，建立自己的品牌文化，提高产品文化附加值，着重挖掘和恢复历史上一些有专属功能用途的不同形制的油纸伞，丰富油纸伞制作种类。重视产品包装的设计，企业形象设计。不能忽视产品包装的作用，它可以更轻易获得消费者的喜爱与认同。在尊重油纸伞形制样态及传统讲究的前提下，进行适应不同领域不同需求的创新尝试，比如设计出专门用于婚礼仪式的带有吉祥寓意的油纸伞；适合葬礼使用的丧葬习俗传统的油纸伞；甚或利用油纸伞在民众心中某些神圣意义，制作专门的适合办公、居家风水的陈设之伞。由于油纸伞制作行业普遍规模小、资金少，希望地方政府能够为企业提供更多可以选择的设计机构、艺术家、独立设计师等资源平台，这也正好体现出新时代服务型政府的风貌，造福于地方经济与民众生活。

我国非物质文化遗产保护工作开展这十多年来，已经出现众多成功的范例，比如甘而可大师的漆器制作技艺，张美芳大师的苏绣技艺，吴元新大师的蓝印花布制作技艺都是保护与创新方面的优秀典范。他们都是在各自所属领域有突出贡献的传承人和领头人，在对技艺本体全面深入掌握的同时，顺应技艺发展客观规律和时代审美需求而产生的创新，有扎实的存续依据，并且大师们仍然在不断克服技术难题推动技艺向前发展进步。创新是把双刃剑，在浮躁的社会背景下，盲目地解构传统以求博眼球挣快钱就背离了事物发展规律，以致产品哗众取宠一时而终将迅速被历史湮没。因此，作为一项传统技艺的传承主体，应该审慎对待不合理的创新。对作为非物质文化遗产的传统手工技艺来说，需要强调的是，保护优先于创新，应该在充分、深刻掌握传统手工技艺的基础上开展符合事物客观发展规律的创新探索。

五、结 语

从提出非物质文化遗产保护这个概念到今天，保护实践工作已经走过了十几个年头，并取得了丰硕的保护成果。但在深入探访基层保护工作时依然会发现许多问题，现代生活飞速发展加之中国近代社会传统文化断层的历史原因使得包括油纸伞制作技艺在内的传统手工技艺处境堪忧，普遍面临的原材料短缺、产品不能融入当代生活符合现代审美等各种现实问题。本次调研对象是非物质文化遗产项目中传统手工技艺类的“伞制作技艺”，调研所选择的四川省和江西省分别是油纸伞制作技艺的国家级项目和省级项目所在地，具有行业代表性。这份调研报告主要通过实地调研川、赣两地油纸伞制作企业，以及抽样走访北京、成都、泸州、婺源四地的消费市场，运用对比研究、田野调查、访谈访问等方法，将实际调查到的信息层层剖析，揭示在现象之下隐藏的种种问题，并提出了相应的解决对策和建议。研究和解决好油纸伞这个行业的问题，对于其他传统手工技艺类的非物质文化遗产项目的保护与传承实践也可能具有普遍的意义。

调研中发现当下有这样一种论调：古老技艺消亡是自然规律，保护都是多余的更不要提传承和发展。笔者认为持有此种论调者并没有站在历史发展的高度去看待非遗保护问题。从人类历史进程来看，文化多样性对于人类发展至关重要，黑格尔在论述普遍性与特殊性关系时，就认为普遍性是蕴含在特殊性之中的。西方的大工业生产方式趋向于将人类社会生活与生产方式同质化，这如同人类只说一种语言，只吃一种食物、只穿相同的衣服，那是一种非常乏味而恐怖的画面，西方人自己也开始警惕这种趋势。

保护和传承非物质文化遗产项目就是在保护人类文化多样性。油纸伞是民间手工技艺的一个缩影，相信经过不断的调整和努力，油纸伞和现代雨伞将在未来市场上形成并存互补的态势。现代雨伞固然有轻便廉价的优势，但油纸伞毫不逊色的实用价值以及现代雨伞根本不具备的人文情怀使其存在具有特定的市场需求。中国正走在传统文化复兴和传统文化自信的道路上，随着人们生活水平的提高，中国人对于传统文化的重新认识，对于日常生活的多元化追求，以及现代人主体性的发展，不难判断类似油纸伞这种带有丰富文化属性的手工制品会逐渐形成固定的消费群体。特别是民俗活动以及民俗文化的逐渐回归与繁荣，能够为油纸伞等传统手工制品提供坚实的生存土壤。

传统手工技艺在祖先日常生活中应运而生，今天的保护与传承工作不能摆脱其民间手工技艺的特质、抛弃其实用价值，单纯将其往纯粹艺术品方面发展。全国油纸伞行业涉及范围非常小，企业规模小意味着结构调整更加灵活。传承人和政府、媒体及相关非物质文化遗产保护团体应该切实担负起保护责任。今天所开展的非物质文化遗产保护工作安排与部署需要有大局观，应该针对具体项目情况用长远的眼光做针对性强的整体规划，从原材料市场的培养、文化空间的构建、主流审美价值导向、合格传承人才储备等方面入手并切实做好相关工作。地球上每当消逝一个非物质文化遗产项目，与其相关联的文化记忆也将随之消亡，全社会都应该真正认识到非物质文化遗产保护工作的重要意义。

注释

① 王文章 . 非物质文化遗产概论（修订版）.P.328.

参考文献

1 | 王文章 . 非物质文化遗产概论（修订版）[M]. 北京：教育科学出版社，2013.

2 | 吕品田 . 动手有功 —— 文化哲学视野中的手工劳动 [M]. 重庆：重庆大学出版社，2014.

3 | 邱春林 . 中国手工艺文化变迁 [M]. 上海：中西书局，2011.

4 | 陶学锋 . 伞行天下 [M]. 北京：中国美术学院出版社，2011.

5 | 王琥 . 中国传统器具设计研究 [M]. 南京：江苏美术出版社，2010.

6 | 吕品田 . 在生产中保护和发展 —— 谈传统手工技艺的“生产性方式保护”[J]. 美术观察，2009（5）.

7 | 刘托 . 中国传统建筑营造技艺的整体保护 [J]. 中国文物科学研究，2012（4）.

8 | 吕品田 . 新手工艺术论 —— 兼论中国当代新手工艺术创作 [J]. 文艺研究，1993（3）.

9 | 吕品田 . 重振手工，激活民俗 —— 关于中国非物质文化遗产生态保护区建设基本策略的建议 [Z]. http://news.artxun.com/lvpintian-1596-7977500.shtml.2011-3-25.

文化生态视野下宣纸制作技艺保护与传承

The Protection and Inheritance of Xuan Paper Production Technique From the Perspective of Cultural Ecology

戴　健

李心峰 | 指导教师

摘要

宣纸是中国著名的传统手工制作纸，它是中国劳动人民智慧的结晶，是中华民族宝贵的文化遗产，也是中国非物质文化遗产中的瑰宝。宣纸自诞生以来，一直备受古今中外书画艺术家的青睐，宣纸对弘扬中国传统文化和传承中华文明发挥了重要作用。近些年，随着社会的发展和经济全球化进程的加快，宣纸所赖以生存的自然环境和社会环境发生了变化，特别是文化生态发生了巨大变化，对宣纸制作技艺的保护与传承产生了深刻影响。

关键词：文化生态；宣纸制作技艺；保护与传承

Abstract

Xuan paper, as the famous Chinese traditional handmade paper, is the crystallization of the wisdom of Chinese working people. It is both a precious cultural heritage of the Chinese nation and one of the Chinese Intangible Cultural Heritage treasures. Since its inception, Xuan paper has been appreciated deeply by artists of all ages in painting and calligraphy all over the world. It plays an important role in promoting and passing on the Chinese traditional culture and Chinese civilization.In recent years, with the development of society and the economic globalization, the natural and social environment has changed, especially the cultural environment has undergone tremendous changes, which exerts great impact on the protection of Xuan paper production technique and its inheritance.

Keywords: Cultural Ecology; Xuan Paper Production Technique; Protection and Inheritance

一、引　言

宣纸是中国著名的传统手工制作纸，它是中国劳动人民智慧的结晶，是中华民族宝贵的文化遗产，也是中国非物质文化遗产中的瑰宝。作为中国文房四宝之一，宣纸自唐代诞生以来，一直备受古今中外书画艺术家的青睐，宣纸对弘扬中国传统文化和传承中华文明发挥了重要作用。在千年的传承过程中，宣纸制作技艺一直沿袭着古法流程，不断被再创造，成为中国手工制作纸的杰出代表。郭沫若曾这样称赞："宣纸是中国劳动人民所发明的艺术创造，中国书法和绘画离了它，便无从表达艺术的妙味。"

2006年，宣纸传统制作技艺入选第一批"国家级非物质文化遗产名录"；2009年，又被联合国教科文组织批准列为"人类非物质文化遗产代表作名录"；2011年，以泾县中国宣纸集团公司为主体申报的宣纸制作技艺，被文化部公布为"第一批国家级非物质文化遗产生产性保护示范基地"[①]。伴随着中国非物质文化遗产保护工作的深入开展，宣纸制作技艺的保护与传承越来越受到社会大众的关注。宣纸制作技艺作为非物质文化遗产项目，其本身也是一种文化形态，其传承和发展依存于周边的自然环境和社会环境。近些年，随着社会的发展和经济全球化进程的加快，宣纸所赖以生存的自然环境和社会环境发生了变化，特别是文化生态发生了巨大变化，这些变化对宣纸制作技艺的保护与传承产生了深刻影响。2015年11月20—25日，笔者前往安徽泾县对宣纸制作技艺进行了调查，考察了宣纸制作技艺保护与传承的现状和文化生态，针对宣纸制作技艺保护与传承面临的挑战与存在的问题，通过实施整体性保护，对宣纸制作技艺的保护与传承提出了建议和对策。

二、宣纸制作技艺概述

（一）宣纸制作技艺的基本内容

1．“宣纸”名称由来

宣纸是中国文房四宝之一，自唐代诞生，迄今已有一千多年历史，因产地泾县古属宣州府，故名“宣纸”。“宣纸”一词最早出现在中国唐代著名学者张彦远所著的《历代名画记》一书中，“江东地润无尘，人多精艺，好事家宜置宣纸百幅，用法蜡之，以备摹写”[②]。由中华人民共和国国家质量监督检验检疫总局、中国国家标准化管理委员会于2008年发布并实施的国家地理标志产品宣纸国家标准（GB/T 1873—2008）对宣纸的定义：“采用产自安徽省泾县境内及周边地区的青檀皮和沙田稻草，不掺杂其他原材料，并利用泾县独有的山泉水，按照传统工艺经过特殊的传统工艺配方，在严密的技术监控下，在安徽省泾县内以传统工艺生产的，具有润墨和耐久等独特性能，供书画、裱拓、水印等用途的高级艺术用纸。”[③] 千年来，宣纸因其纸质洁白、纹理清晰、柔软细腻、百折不损、吸水润墨、不易蛀蚀等特点而享有“纸寿千年”“墨韵万变”的美誉。

2．宣纸制作技艺的原料和基本流程

宣纸是以产于泾县当地的青檀皮和沙田稻草为原料，用当地的山泉水及传统工艺精制而成的优良纸张。青檀皮来源于青檀树，青檀树生长于当地的喀斯特丘陵和石灰岩山地。青檀树的栽培既可种植，也可移植，繁殖能力极强。制造宣纸时，需要砍伐青檀树的枝条，这种砍伐方式，可以对其进行抚育并促进其生长。沙田稻草生长于当地的黄棕壤、石灰（岩）土和粗骨土等土壤，这些土壤酸碱度适中，种植的沙田稻草具有纤维韧性强、成浆率高和易提炼白度等特点，适宜加工制作宣纸。青檀皮以两到三年生嫩枝的青檀树枝条韧皮为最佳，沙田稻草以优质长秆沙田稻草为最佳。每年的“霜降”到次年的“惊蛰”时段，是收集这两种制纸原料的最佳季节。

自诞生以来，宣纸制作技艺历经千年，一直沿袭着古法流程，且在细节上未

青檀林

曾发生过多变化。“传统的宣纸制作技艺主要分原料收集、原料加工、制浆加工、成纸加工等部分。其中又分为草料、皮料、皮草台、碓班、做料、捞纸、晒纸、看纸八部分。”[④] 在原料的加工过程中，还需要加入石灰等辅料，加工成纸浆后，掺入猕猴桃藤汁，因其中含有胶质，可使浆液纤维悬浮更为均匀，捞纸时易于叠放，能提高出纸率。“一般来说，生产一张传统优质宣纸，从原料加工到成品出厂需一到两年的时间，其皮料制造过程共分为五个阶段四十三道工序，草料制造过程共分为四个阶段三十七道工序，配料过程分为四道工序，制纸过程分为六道工序，最后是整理包装成品，历经十八道工序和一百多道不同的操作过程而制成。”[⑤] 由上述可知，宣纸制作技艺的所有工序基本靠人力手工操作，每道工序都十分讲究，工艺标准要求高，生产流程精细繁杂。

近现代，宣纸制作技艺从传统工艺向现代工艺转变，宣纸制作技艺逐渐完善和成熟。当代社会，宣纸制作技艺在制造工艺的多个环节进行了现代化的革新，部分制作工具由机械代替，生产环节和流程也有了固定的标准。

3．与宣纸制作技艺有关的民间习俗

在泾县的农耕时期，与宣纸制作技艺有关的民间习俗主要有“祭蔡伦”“过会”“春酒”“关门酒”等。这些习俗在泾县当地流传已久，形成当地宣纸行业所独有的宣纸文化。

（1）祭蔡伦：每年在农历三月十六日（传说此日为蔡伦诞辰）和农历九月十八日（传说此日为蔡伦忌日）全行业停产，由业主率领做纸工人拿着香烛、纸钱和各色供品前往位于小岭许湾的蔡伦祠祭拜蔡伦。

（2）过会：“过会”是泾县的一种民间集体游艺活动，过会的日期以村庄、姓氏为单位而确定，同一宗族不同村庄或同一村庄不同姓氏的过会时间都不一样，“过会”时间都为一天，祭拜的菩萨都是“会菩萨”[⑥]。过会当天上午，每家都会把亲戚邀请过来一起“游会”。“‘游会’时，家中妇女准备筵席酒菜，每家出一男劳力，用轿子抬着‘会菩萨’走村串户，鞭炮鼓乐齐鸣。‘游会’结束后，以家庭为单位，请到场的亲戚论长幼座次坐好，吃完筵席后散去。”⑦

沙田稻草

（3）春酒：“春酒”是纸厂开工前的聚餐。每年春节后，纸厂正式开槽捞纸前，业主会宴请所有在他家干活的工人，以及村子里的邻居，每户一人。宴席开始前，业主会带领工人祭拜纸祖蔡伦。“业主开办‘春酒’，其主要作用就是宣布新的一年正式开始了，希望本作坊在全体纸工的努力下、在全村老少的帮助下、在纸祖蔡伦的佑护下，全年顺利地财源广进。”⑧

（4）关门酒：“关门酒”是纸厂放假前的聚餐。每年过年放假的时候，在农历腊月二十三日前，业主会宴请所有在他家干活的工人。宴席上，业主总结一年的工作，并与雇工们广泛交流，交代来年工作安排和开工时间，与个别雇工商量下一年度的工作去留问题，一些讲究的业主会在吃饭前祭拜纸祖蔡伦。“‘关门酒’实际上是一个企业的年终总结会议，既表达了宣纸社区间的相互尊重，也反映出业主与雇工之间相互和谐的关系。”⑨

4．宣纸制作技艺的价值

宣纸是中国传统手工制作纸的杰出代表，历经了千年的传承和发展，在当代社会绽放出了绚丽多姿的文化风采，并在人们的社会生产和日常生活中发挥着重要作用。时代的发展给宣纸制作技艺不断注入新的内容和活力，而宣纸制作技艺的存在和发展也给中国传统文化最深的滋养。宣纸制作技艺具有深厚的人文底蕴，对于经济、历史、文化、工艺、艺术等方面具有重要的价值。

（1）经济价值

长期以来，宣纸一直是泾县的支柱产业。宣纸由于生产原料有限，制作时间长，生产成本高，每年的产量十分有限，所以宣纸价格相当不菲。同时，由于国内经济不断发展，人们的购买力日益增强，宣纸收藏开始兴盛，宣纸行业具有良好的经济效益。宣纸行业的发展对工人和纸业从业人员的需求量加大，解决了不少当地人的就业问题，在当地的经济发展中发挥了重要作用。

（2）历史价值

宣纸承载着丰富的历史，人们可以从宣纸的历史变迁和发展中认识、了解古代特定历史时期的社会政治、经济、发展变迁、社会组织结构和生活方式、道德习俗和禁忌。宣纸制作技艺蓄积了不同历史时代的精髓，反映了民众的集体劳动生活和生存状况，具有浓郁的地域特色。

（3）文化价值

宣纸是中国劳动人民在长期的社会生产活动中发明的艺术创造，蕴含了劳动人民的智慧，是中国劳动人民在历史发展过程中创造的物质和精神财富。宣纸制作技艺具有自己独特的历史面貌和文化内涵，宣纸文化作为中国传统文化的精粹已走出国门，受到了世界各国人民的喜爱。

（4）工艺价值

宣纸作为中国传统手工制作纸，对制作原材料要求十分讲究，从原料生产到制作成纸，都有一整套严谨细致的流程，工艺繁复，各生产工序间要求高度配合，集体协作才能完成。宣纸制作技艺精细绝妙，是智力和体力的结合，充分展现了中国劳动人民卓越的创造力和手工造纸的价值。

（5）艺术价值

宣纸是中国传统书法和绘画的载体，具有独特的渗透、润墨性能，成为最能体现中国传统书画艺术风格的纸张。宣纸可以用于文献的复制、复原和书画作品的修复。由于宣纸所具有的优良品质和不易虫蛀的特性，使其成为保存珍贵历史文献资料的理想载体。

（二）宣纸制作技艺的传承和发展现状

1. 宣纸生产及经营现状

泾县是中国宣纸的主产地，宣纸产业已经成为当地的支柱产业。根据有关调研报告，“截至2013年，宣纸书画纸行业完成产值6亿多元，实现税收4700多万元，从业人员万余人，年产宣纸近千吨，中国宣纸集团公司生产的“红星”牌宣纸

700余吨，占宣纸总产量的70%以上，年产值2亿多元。宣纸书画纸生产加工企业（户）380余家，年产值4亿多元”[⑩]。经过多年努力，泾县宣纸行业已拥有不少国家知名品牌，如“中国宣纸集团公司‘红星’牌宣纸商标被认定为中国驰名商标，泾县汪六吉宣纸有限公司的‘汪六吉’牌宣纸、泾县紫金楼宣纸厂的‘曹氏’牌宣纸、泾县汪同和宣纸有限公司的‘汪同和’牌宣纸等商标分别被评为安徽省著名商标”[⑪]。中国宣纸集团公司创建于1951年，该企业实行“林企一体化、农企一体化、产供一体化”运作模式，现有员工1300余人，占地面积1.5平方公里，产能110帘槽，晒滩面积有100多万平方米，年产宣纸700多吨，并建成了2万亩青檀林基地，是目前我国规模最大的宣纸生产企业，该公司生产的“红星”牌宣纸在国际、国内市场占绝对份额并享有很高的声誉。

宣纸于2002年被国家公布为原产地域保护产品，保护区域为安徽省泾县现有的行政区域内。在泾县手工纸生产企业中，国家质量监督检验检疫总局批准了14家企业为原产地域保护企业，在其产品上使用原产地域产品专用标志，获得原产地域保护。这些企业分别是：中国宣纸集团公司、泾县玉泉宣纸纸业有限公司、泾县汪同和宣纸有限公司、泾县汪六吉宣纸有限公司、泾县明星宣纸纸业有限公司、泾县桃记宣纸有限公司、泾县曹鸿记纸业有限公司、泾县金星宣纸有限公司、泾县双鹿宣纸有限公司、泾县红叶宣纸有限公司、泾县紫金楼宣纸厂、泾县李元宣纸厂、泾县小岭千年古宣宣纸厂、泾县吉星宣纸厂。这些企业里，除了中国宣纸集团公司是国有企业，其他大多是乡镇集体所有制企业。目前，泾县书画纸生产企业有300余家，其中有一半以上的企业是家庭作坊，这些作坊的业主原来多为从事宣纸行业的人员，以家庭为单位组织生产，由于作坊规模小，生产不稳定，容易受到市场的影响。

燎皮

宣纸一般按刀进行生产和包装，1刀有100张，品种规格不一，价格也不同。近几年，书画市场的繁荣引发了宣纸收藏热现象。2011年到2014年，宣纸市场火爆，宣纸价格从700元每刀炒到3000元每刀，宣纸生产年代时间越久，保存时间越长，价值就越高，现在市场上20世纪80年代初生产的“红星”牌宣纸售价在5万—10万元每刀。目前，中国宣纸集团公司在全国建立了自己的市场供应体系和价格体系，通过对宣纸销售渠道进行管理，“红星”牌宣纸的生产和销售基本保持稳定，现在普通宣纸在1800—2000元每刀。

2．宣纸制作技艺的传承现状

自古以来，宣纸制作技艺都是以集体方式进行传承，并以企业形式组织生产。宣纸制作技艺之所以能够传承发展到今天，依靠的是师徒传承，这种传承方式具有顽强的生命力。跨入21世纪以来，我国非物质文化遗产保护工作全面开展，宣纸制作技艺的保护与传承越来越受到社会大众的关注。泾县当地先后有邢春荣被评为宣纸制作技艺国家级非物质文化遗产项目制作技艺代表性传承人，孙双林、朱建胜、汪息发、郑志香、曹光华和罗鸣6位先后被评为宣纸制作技艺安徽省省级非物质文化遗产项目制作技艺代表性传承人。

宣纸制作技艺工序复杂，讲究的是集体协作和配合。按照传统的分工，“宣纸制作的工种大致可分为鞭草（皮）工、洗草（皮）工、蒸煮工、袋料工、皮草台（选草、选皮工）、做料工、调皮工、碓草工、捞纸工、晒纸工、剪纸工、杂工（含烧焙、踩碓等）”⑫。

长期以来，宣纸制作技艺全靠师徒传承，口传身授。一般来说，徒弟需要跟随师傅学习3—4年时间，自己才能独立进行生产。宣纸制作技艺共有100多道工序，在这些工序中，“像捞纸工、晒纸工、剪纸工、调皮工等重要工种都有明确分工，都有严格的师承关系，也一直以家族传承为主，秉承‘传男不传女，传子不传婿’的行规。而其他技艺如蒸煮、做料等虽然也是以家族传承为主，但由于技艺难度不太高，没有严格的师承关系”⑬。

燎草

中华人民共和国成立后，学徒周期发生了变化。比如“捞纸、晒纸、剪纸、碓皮等工种改为6—8个月，其余工种学制从几天到三五个月不等。师徒关系有了变化，讲求尊师爱徒，热情授艺、虚心学习。在大厂，捞纸、晒纸、剪纸、碓皮等工种……学徒期满经工厂考核合格都正式上岗，大部分由师傅带着”[14]。

改革开放以后，宣纸制作技艺的“传男不传女，传子不传婿”的行规被打破，只要有人愿意学，不分男女，师傅都可以传授技艺。现在的宣纸制作技艺仍然坚持师徒传承、口传身授的传统，虽然宣纸制作技艺在一些环节引进了机械进行生产，但基本工序依然离不开手工。

根据调查了解，目前的泾县宣纸行业中，普通工人月工资在3000元左右，从事宣纸制作技艺核心工序的捞纸和晒纸工人月工资在5000—6000元，他们平均每天要工作12个小时，手工劳动辛苦，工作时间长、强度大，待遇不算高。中国宣纸集团

上・宣纸工人在选检
下・舂草

碓皮

公司 2011 年制定并实行《宣纸捞、晒、剪技师、高级技师评聘办法》，建立了自己的评价体系，“对于达到各项考评条件者，即评定、授予技师、高级技师荣誉，在公司范围内终身享有技师、高级技师称号，并享受一次性奖励；同时，根据公司实际需要，从获得职称者中聘用技师、高级技师，按月享受技师、高级技师津贴”[15]。目前，中国宣纸集团公司共评定了 100 余位技师和高级技师，给予技师和高级技师每月 100—200 元津贴，这一措施稳定了公司的技术骨干，鼓励工人们不断提升技艺，提高了宣纸从业人员的职业荣誉感，促进了宣纸制作技艺的传承。

三、宣纸制作技艺的文化生态

（一）文化生态与非物质文化遗产保护

1．“文化生态”与“文化生态学”

美国文化人类学家朱利安·斯图尔德于 1955 年在《文化变迁论：多线进化方法论》一书中首次提出“文化生态学”的概念，以“解释那些具有不同地方特色的独特的文化形貌和模式的起源”[16]，并倡导成立“文化生态学”学科，创建了文化生态学的理论。中国当代著名文化史家冯天瑜在著作《中华文化史》一书中这样界定："文化生态学是以人类在创造文化的过程中与天然环境及人造环境的相互关系为对象的一门学科，其使命是把握文化生成与文化环境的调适及内在联系。作为文化生态学的一个基本概念，'文化生态'（或称'文化背景'），主要指相互交往的文化群体凭以从事文化创造、文化传播及其他文化活动的背景和条件，文化生态本身又构成一种文化成分。"⑰"他将文化生态划分为三个层次，即自然环境，社会经济环境（包括工具、技术、生产方式等）和社会制度环境（包括各种社会组织、结构、制度等结合而成的体系）。"⑱"在一定历史和地域条件下形成的文化空间，以及人们在长期发展中逐步形成的生产生活方式、风俗习惯和艺术表现形式，共同构成了丰富多彩和充满活力的文化生态。"⑲

由上述可见，文化生态学既是一种研究理论，也是一种方法论，文化生态学是研究文化和环境互动关系的一门学科，用生态学的方法和理论研究文化，将文化放在它所生成和发展的环境中进行整体性和综合性研究。

2．文化生态与非物质文化遗产保护

联合国教科文组织颁布的《保护非物质文化遗产公约》对"非物质文化遗产"的定义是："指被各社区、群体，有时是个人，视为其文化遗产组成部分的各种社会实践、观念表述、表现形式、知识、技能及相关的工具、实物、手工艺品和文化场所。这种非物质文化遗产世代相传，在各社区和群体适应周围环境以及与自然和历史的互动中被不断地再创造，为这些社区和群体提供认同感和持续感，从而增强对文化多样性和人类创造力的尊重。"⑳该定义包含了非物质文化遗产的"文化生态"观念，非物质文化遗产是一种活态文化，依托于一定的文化生态环境。由于非物质文化遗产具有活态流变性和整体性特征，非物质文化遗产世代相传，会随着其所处自然环境的变化和历史条件的变迁不断变化和发展，因此需要对非物质文化遗产进行整体性保护。

2005 年，国务院办公厅《关于加强我国非物质文化遗产保护工作的意见》中指出："研究探索对传统文化生态保持较完整并具有特殊价值的村落或特定区域，进行动态整体性保护的方式。"㉑对于非物质文化遗产项目的保护，要考虑其所处的文化生态，采取动态整体性保护方式，是国家开展非物质文化遗产保护工作的一项重要原则和方法。

2006年,《国家"十一五"时期文化发展规划纲要》提出要确定10个国家级民族民间文化生态保护区。2007年6月，文化部批准设立我国首个国家级文化生态保护区——闽南文化生态保护实验区。到目前为止，全国共建立了18个国家级文化生态保护实验区，涉及16个省、区、市。2010年2月，根据文化部《关于加强国家级文化生态保护区建设的指导意见》:"国家级文化生态保护区是指以保护非物质文化遗产为核心，对历史文化积淀丰厚、存续状态良好，具有重要价值和鲜明特色的文化形态进行整体性保护，并经文化部批准设立的特定区域。要注重非物质文化遗产的不同项目之间，非物质文化遗产与物质文化遗产之间，文化遗产与自然环境、人文环境之间的关联性，将单一项目、单一形态的保护模式，转变为多种文化表现形式的综合性保护。"[22]国家设立文化生态保护区，对特定区域内的非物质文化遗产进行整体性保护，是非物质文化遗产保护工作的科学探索和创举。这里所说的整体性保护，强调要注重非物质文化遗产与自然环境、人文环境之间的关联性，要对各种文化形态进行综合性、整体性保护。

2011年颁布的《中华人民共和国非物质文化遗产法》第二十六条规定:"对非物质文化遗产代表性项目集中、特色鲜明、形式和内涵保持完整的特定区域，当地文化主管部门可以制定专项保护规划，报经本级人民政府批准后，实行区域性整体保护。"[23]该法为文化生态保护区的设立和对非物质文化遗产实行区域性整体保护提供了法律依据。各地可以依据此法，结合当地的非物质文化遗产保护工作实际设立文化生态保护区，保护非物质文化遗产所依存的文化生态。"文化生态保护区的保护对象是保护区内以活态存在并传承的各种非物质文化遗产和与之相关的物质文化遗产及自然生态。"[24]"国家通过划定文化生态保护区，使非物质文化遗产活态存在于其所属的区域及环境中，使之成为'活文化'，是保护文化及其生态的一种有效方式。"[25]

由上可知，任何一种非物质文化遗产都是在当地特定的文化生态环境下形成的特定产物，非物质文化遗产并不是孤立存在的个体，非物质文化遗产项目的存在和发展依赖于周边的文化生态环境。保护非物质文化遗产，不只是单纯的保护"技艺"，还需要对非物质文化遗产所生存的文化空间进行整体性保护。文化生态保护区的设立，就是要以保护非物质文化遗产项目为核心，通过对特定区域非物质文化遗产项目的文化生态进行整体性保护，从而更好地保护和传承非物质文化遗产。

（二）宣纸制作技艺的文化生态

非物质文化遗产项目作为一种文化表现形式，它的产生与发展与其所属区域内的文化生态环境密切相连，它的传承与流变也是为了不断适应文化生态的变迁。宣纸制作技艺作为非物质文化遗产，自诞生以来，它的存在、传承和发展都依赖于泾县地区特有的文化生态环境。本文从自然环境和社会环境两方面考察宣纸制作技艺的文化生态。

1．自然环境

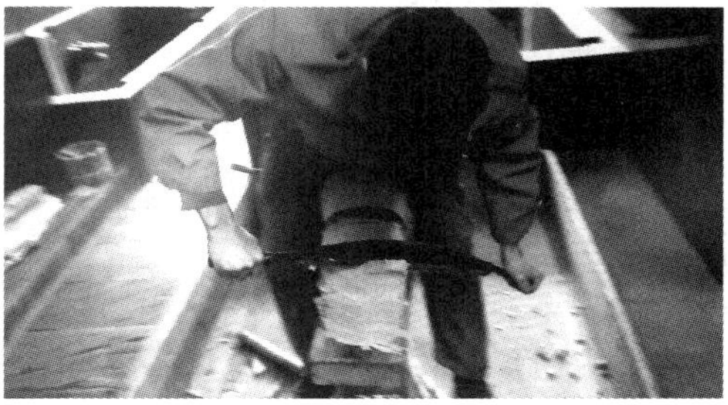

宣纸工人在切皮

泾县，作为宣纸制作技艺的发源地，位于安徽省东南部，地处北纬30°　21′至30°　50′，东经117°　57′至118°　41′之间。泾县总面积为2059平方公里，占安徽省总面积的1.47%。在气候类型上，泾县属于北亚热带、副热带季风湿润性气候；整个县常年气候温和，年平均气温15.6℃，年无霜期250天左右；雨量充沛，年均降水量1500毫米左右；四季分明，冬夏季长，春秋季短；泾县境内河溪众多，共有大小河流146条，全长695.5公里，江河面积22平方公里，占全县总面积的1.07%，为宣纸生产提供了丰富的水源。泾县境内山多地少，自古以来就有“七山一水一分田，一分道路和庄园”之说。

宣纸以青檀皮和沙田稻草为制作原料，猕猴桃藤为辅料。宣纸的选料和其原产地的地理有密切关系，泾县境内有大小山峰140余座，其地质构造主要是喀斯特丘陵和石灰岩山地，特别适合青檀树种植生长；土壤主要是由黄棕壤、石灰（岩）土、粗骨土和水稻土为主，pH值在4.5—5.5之间，也适宜沙田稻草生长。青檀树是一种石灰质指示性落叶乔木，在喀斯特山地丘陵生长后具有纤维细密、均匀、成浆率高等特点。泾县的沙田稻草具有秆高节少、纤维素含量高、容易提炼白度等特

宣纸工人在踩料

宣纸工人在袋料

点，自古便有“宁要泾县的草，不要铜陵的皮”的说法。泾县山中长有很多野生猕猴桃树，猕猴桃树藤中会渗出大量胶汁，这些胶汁是制造宣纸必不可少的纸药原料。泾县山区的泉水清澈见底，杂质少，硬度低，温度低，酸碱度适中，适宜制作宣纸。再者，制作宣纸的青檀皮和沙田稻草要放在山中斜坡晒滩上晾晒，以制成合格的“燎皮”和“燎草”，晾晒时，需将皮料和草料均匀平铺在晒滩上，经过山中日光的自然漂白和大气臭氧的氧化作用，原料中的蛋白质和淀粉等有机物会被消耗殆尽，皮料和草料不易腐烂，蛀虫也就不会再吃。同时，由于是日光自然漂白，没有加入化学漂白剂，原料经过漂白后白度高并具有稳定性。

泾县具有特定的土壤、水质，特定的生产原料和得天独厚的自然环境，这些是制造宣纸不可或缺的条件，泾县特殊的地域环境决定了宣纸只能产在泾县，而不能在别处生产出来。

2．社会环境

宣纸自唐代诞生，经历了宋、元、明、清的发展，在近代走向成熟，并在当代社会获得较大发展。本文主要考察了自唐代至今各历史时期内宣纸制作技艺的发展，依次从社会制度、经济体制和历史文化等几个方面进行考察，解析社会环境的变化给宣纸制作技艺带来的影响。社会制度是宣纸制作技艺传承和发展的基础，经济体制和历史文化是宣纸制作技艺传承和发展的动力。

（三）宣纸制作技艺的文化生态解析

1．宣纸制作技艺的历史变迁

自唐代到清代，宣纸制作技艺经历了初始、发展和成熟时期，宣纸在不同时期呈现了不同的发展面貌。

（1）唐代时期——宣纸制作技艺的起源

宣纸问世，始于唐代初期。据《旧唐书·地理志》记载，唐天宝年间，在全国各地运到京城长安的进贡物中，宣城郡船中载有“空青石，纸笔、黄连等贡品”[26]。《唐六典·太府寺》记载各地的杂物土贡时，提到“宣、衢等州之案纸、次纸”[27]。唐代所称“宣纸”是宣州地区所产上乘纸张的总称，以宣州地名命名。当时，宣州纸因质量好，年年作为“贡品”献奉朝廷。南唐后主李煜所督制的“澄心堂纸”因其优良品质而声名远扬，誉满天下。

（2）宋元时期——宣纸制作技艺的发展期

到宋代，由于文化的蓬勃兴起，特别是活字印刷术的发明，有力地促进了宣纸业的发展。宋代诗人王令在《再寄权子满》诗中写道：“有钱莫买金，多买江东纸，江东纸白如春云。”[28]可见当时的宣纸需求量大，形成了“纸贵如金”的生动场面。明代文学家屠隆在《纸墨笔砚笺·纸笺》中记载：“宋纸，有澄心堂纸极佳，宋诸名公写字及李伯时（李公麟）画，多用此纸。”[29]作者对宣纸——澄心堂纸作了极高的评价。元代，由于书画艺术的进一步发展，特别是雕刻印刷业的兴旺发达，推动了宣纸行业的发展，宣纸制作技艺在广泛的社会实践中不断提升和完善。

（3）明清时期——宣纸制作技艺的成熟期

到明代，宣纸制作技艺日趋精湛。明宣德年间，由皇室监制的宣纸加工纸——陈清款宣纸诞生，其纸张品质极高，与“宣德瓷”“宣德炉”齐名，被称为“宣德纸”，它是由生宣加工而成的熟宣，这也标志着宣纸制作技艺的成熟。至清代，特别是康乾盛世时期，由于社会政治平稳，经济较为发达，宣纸的产量和质量得到大幅提升。清嘉庆《泾县志》记载：“纸有‘金榜、路王、白鹿、画心（亦名澄心堂）、罗纹、卷帘、连四、公单、学书、伞纸，皆皮为之。千张、火纸，竹为之。下包纸、高帘、衣纸，皆草为之’。”[30]当时的宣纸制作技艺精良，宣纸品种进一

宣纸工人在捞纸

宣纸工人在叠放宣纸

步细化，开始出现按照配料、厚薄、帘纹等分类方法。随着宣纸生产品种和规格日益增多，宣纸使用范围和领域也更加广泛，泾县宣纸业呈现出一片繁荣的景象。

2．宣纸制作技艺的历史文化生态

从唐代到清代，宣纸制作技艺历经各个历史时期从形成到发展直至成熟。在组成社会环境的诸要素中，社会制度、经济体制和历史文化对宣纸制作技艺的传承和发展产生了深刻影响。

（1）社会制度

从唐代到清代，一直实行的是中央高度集权的封建社会政治制度。中国封建社会时间十分漫长，皇帝是国家的最高统治者，拥有至高无上的皇权，代表了封建统治阶级的利益，社会生产主要是为了满足封建统治阶级的需要。宣纸的产生和发展也得益于宫廷需求，宣纸由于具有优良特性和超群品质，自然便成了向朝廷进贡的佳品，成为宫廷用纸，供给朝廷和地方官员使用，可以进行书写绘画、编制文书档案。“汉唐以前，宫廷用纸是绝对保密的。到了宋朝初年，由于发生了‘南唐澄心堂纸外流’事件，用纸的规定开始有所松动，民间用纸情况则有所改变。元代以后，对宫廷用纸逐步由封闭状态转向开放状态。作为明朝宫廷纸的宣德纸，则大步走向了民间，这也是社会发展的必然趋势。”[31]在封建社会政治制度下，宣纸制作技艺也体现了统治阶级的意志和审美。比如，南唐后主李煜督制的“澄心堂纸”和明朝宣德年间由皇室监制的“宣德纸”，纸张精美，品质优良。同时，封建统治阶级也在不断调整统治制度，社会统治秩序的稳定也给商业、手工业提供了良好的社会发展环境，宣纸行业也获得了较好的发展。

（2）经济体制

封建社会里，经济体制实行的是封建土地所有制，社会经济持续不断发展。在唐代，经济较为发达，手工业和商业获得了很大发展。皖南地区地势较为复杂，多山地丘陵，树林茂密，水源充沛，但土地较为贫瘠，农业欠发达，皖南地区的百姓多以造纸为业，纸业生产和加工技术不断提高，造纸业的发达奠定了泾县生产和发展宣纸的基础。宋元时期，手工业和商业不断发展。徽州、宣州、池州等地的一些造纸作坊逐渐转移集中于泾县进行宣纸生产，当地的宣纸作坊经济实力不断增强，生产规模不断扩大，而且宣纸生产实行了专业分工，生产工具和原料加工技术不断革新，宣纸制作技艺不断改进和完善。特别是活字印刷术的发明，促进了宣纸行业的迅速发展。明清时期，由于经济发展和商业繁荣，社会需求旺盛，特别是出版业的兴盛推动了宣纸的发展，宣纸制作技艺日臻成熟，宣纸产品种类不断增多，宣纸产量和质量都有显著提高，宣纸行业日益繁荣。

（3）历史文化

封建社会里，儒家思想作为封建统治阶级的统治思想，一直支配着中国漫长的封建社会思想和文化，宣纸的发展也受到了人们思维观念的影响。唐代，由于政治稳定和经济发展，文化艺术出现了繁荣的局面，有力地推动了宣纸行业的发展。宋代宣纸加工纸的出现，为书画家提供了价廉物美的书画用纸，这一时期产生了诸如李衎的《墨竹图》、祝穆的《方舆胜览》、李清照夫妇的刻本《金石录》等一批书画传世精品和刻本。“明代泾县小岭曹氏家族创制的‘泾县连四’‘泾县绵纸’‘丈六宣’等深受书画家的推崇，明代大学士解缙编纂的《永乐大典》就是第一部采用‘泾县绵纸’手工抄写而传承于世的古籍善本。”[32]清代，政府大力提倡编书修志，如《四库全书》《红楼梦》《聊斋志异》等书，全国各地的官府以及宗族都大量修志续谱，对纸张的需求量大增，这有力地推动了宣纸行业的发展。

另外，中国传统书画艺术发展历史与书画材料发展历史联系紧密，由于宣纸所独有的润墨性和吸附性特别适宜书法和中国画创作，封建社会文人和书画家都喜欢使用宣纸进行创作，宣纸逐渐取代绢、帛等传统书画材料，成为书法和绘画的专用纸张。宣纸作为书画载体，推动了中国传统书画艺术的发展。同时，中国传统书画艺术的发展也促进了宣纸行业的发展。

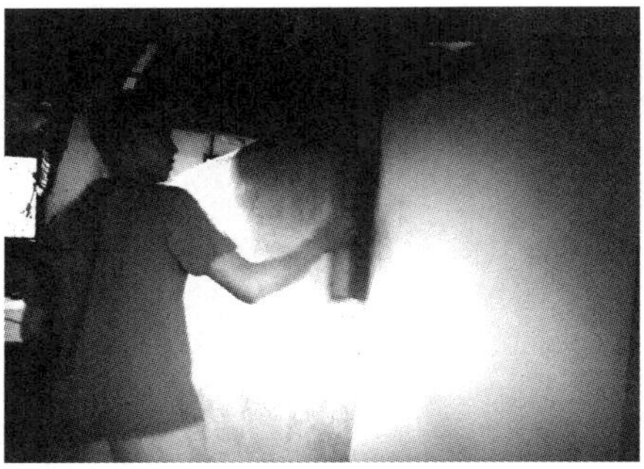

宣纸工人在晒纸

宣纸工人在检纸

由以上可知，宣纸制作技艺的传承和发展一直依托封建社会政治、经济和文化的发展，体现了统治阶级的王权思想、统治意志和审美情趣。封建社会政治环境和经济环境的稳定为宣纸行业的发展提供了良好的环境，宣纸行业的进步和发展带来了文化事业的繁荣，促进了文化的传播和交流。同时，文化事业的繁荣也推动了宣纸行业的发展。

3．宣纸制作技艺的当代文化生态

当代中国历经了巨大的社会变迁，宣纸赖以生存的环境发生了变化，特别是文化生态发生了巨大变化。这些变化对宣纸制作技艺的保护与传承产生了深刻影响，这些变化包含了社会制度和经济体制的变革、人们文化观念的影响等因素。

（1）社会制度

从民国时期至抗战前夕，由于外国资本主义的侵略，中国沦为半殖民地半封建社会，中国人民生活在水深火热中，宣纸行业一度从繁荣到衰落。抗战爆发后，国土沦陷，交通受阻，宣纸生产凋敝，泾县宣纸行业陷入低迷状态。抗战胜利后，社会动荡继续，交通依然不畅，宣纸行业继续衰微，到中华人民共和国成立前夕，泾县宣纸生产几乎全部停滞，宣纸制作技艺到了濒临人亡艺绝的境地。直至中华人民共和国成立后，国家建立了社会主义制度，人民终于当家做主，成为国家的主人。在党和国家的政策支持和资金扶持下，宣纸行业获得了新生，从业者的劳动积极性得到了提高，宣纸生产逐渐恢复，宣纸行业日益发展壮大。特别是改革开放以后，解放了社会生产力，宣纸行业从业者进一步解放思想，甩掉发展包袱，宣纸的生产活力迸发，泾县宣纸行业迅速发展并繁荣。

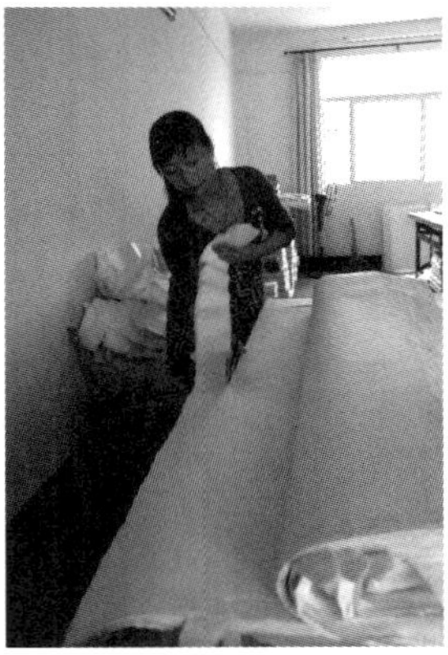

| 宣纸工人在剪纸

| 宣纸制作成品

（2）经济体制

民国时期，社会动荡不安，由于官僚资本主义对宣纸行业工人进行无情的剥削，国统区对宣纸行业征收各种苛捐杂税，宣纸生产和销售极不稳定。中华人民共和国成立后，国家实行社会主义计划经济体制。1954 年，宣纸企业实行公私合营，宣纸的生产和销售被纳入国家计划。1957 年，宣纸的生产由商业部统一安排和包销，并且实行计划供应。1978 年改革开放后，国家由计划经济向市场经济转轨，激发了市场活力，泾县宣纸厂家从计划经济产销中剥离出来，自主生产，激发了宣纸市场的活力。1984 年，泾县成立宣纸公司后，部分宣纸由公司统一销售，部分宣纸由宣纸厂方自行经营，乡镇企业宣纸厂家产品则自产自销。作为造纸行业领域中的佼佼者，宣纸制作技艺一直处于国内领先水平，泾县宣纸的销售网点目前遍布全国各大中小城市，宣纸产品远销日本、韩国及东南亚地区和欧美国家。

近些年，由于国家对非物质文化遗产保护工作的重视和当地政府支持力度的加大，宣纸制作技艺在生产实践中得到了积极保护，实现了宣纸制作技艺保护与经济社会协调发展的良性互动。在当代，宣纸行业已经进入产业化发展模式，市场不断扩大，泾县已经成为宣纸的主产地，形成了一定规模的产业集聚群，宣纸已经成为当地的支柱产业。

（3）文化观念

在现代社会，随着经济的发展，人民生活水平的提高和文化消费需求的增加，

宣纸文化园

各种宣纸产品逐渐走进千家万户，丰富了人们的精神文化生活。现在的书画市场也在不断扩大，宣纸的使用人群和应用范围得到了拓宽，宣纸的消费可以满足书画艺术家写生创作的需要，也可以满足国内外书画爱好者的使用和艺术品制作等各种需要，宣纸生产还可以根据客户的需要进行产品定制，以满足客户的个性化需求。

自古以来，宣纸行业效益不错，但也是一个很辛苦的行业。从原料制作到捞纸、晒纸，劳动强度大，特别辛劳，一般人不愿从事这项工作。当地掌握核心技艺的曹姓人基本不从事原料生产，从事原料生产的主要是曹姓以外的其他姓氏或外乡人，可见原料制作的辛苦。目前，宣纸虽已名扬四海，却仍然很难吸引年轻人前来学艺，

44名捞纸师傅协力抄制『超级宣纸』（长达11.4米、宽达3.6米）

使宣纸制作技艺的有序传承面临困境。在当代社会，中国传统文化受到西方文化的巨大冲击，西方文化在潜移默化中逐渐影响和改变我们的生活方式和价值理念，本土文化赖以生存和繁衍生息的土壤正在流失。宣纸文化作为中国传统文化，如何维护和传播好宣纸文化，避免被西方文化同化，是摆在我们面前的一个重要课题。

4．宣纸制作技艺保护与传承面临的困境

跨入21世纪以来，中国进入一个新的发展阶段，在市场经济体制下，宣纸制作技艺面临着诸多机遇和挑战。虽然目前的宣纸行业从表面上看还不错，如国内书画市场的繁荣给宣纸带来空前的需求量，呈现供不应求的局面等，但宣纸行业的发展也遇到了不少问题和困境，主要体现在以下几个方面：

（1）宣纸市场管理制度和秩序还不够完善。近年来，随着中国市场的开放，宣纸的需求量日益增大，价格也一再高涨。由于宣纸每年的产量有限，这便吸引了一些资本进入宣纸市场，收藏及投机的行为经常见到。在宣纸市场管理不到位、市场秩序不够规范、市场准入缺乏标准的情况下，一些宣纸厂家受到经济利益的诱惑，开办所谓"宣纸"的宣纸厂，使用的生产原料和工艺过程都与传统宣纸生产工艺大相径庭，书画纸冒充宣纸，大量假冒和劣质宣纸充斥市场，败坏宣纸声誉，危害极大。

（2）宣纸制作技艺从业人员的减少。由于宣纸制作技艺复杂、学艺周期长、工作环境辛苦、劳动强度大，年轻人宁愿外出打工，也不愿意去学习宣纸制作技艺，宣纸制作技艺的传承出现困难。目前，宣纸行业内员工的老龄化情况严重，从事宣纸生产的一线技术人员大多是40岁以上的中年人，年轻人多不愿意在厂子里工作，宣纸行业出现青黄不接、后继乏人的现象。另外，由于产业准入门槛低，部分宣纸制作技艺传承人的传统职业操守也发生了变化，职业道德有不同程度的滑坡，职业素养有待提高。

（3）宣纸机械化生产工艺对传统制作技艺造成了冲击。现在，宣纸行业实行产业化和大工业时代的标准化生产，在现代生产方式的冲击下，随着机械化生产的推广，一些原本靠人力劳作的工序被机械取代，用化工产品代替部分传统用料，宣纸制作技艺作为传统手工技艺的灵性和独特气质受到影响，宣纸制作技艺能否坚持传统，并原汁原味地传承下去让人担忧，这是现代经济体制下需要解决的问题。

（4）宣纸生产受到周边环境的影响和制约。宣纸是传统产业，其单位产品比普通造纸耗水量要高，所产废水排放量大，污染也较大。据调查，目前我国每吨浆纸废水排放量在 300—600 吨之间，而每吨宣纸的耗水量高达 1200 吨，处理每吨污水的成本在 3 元左右，处理每吨檀浆所产废水的费用会达到三四千元。2001 年，造纸工业污水处理的国家排放标准规定为 COD（化学需氧量）浓度小于 450 毫克每升，2008 年，造纸工业污水处理的国家排放标准规定为 COD（化学需氧量）浓度必须小于 90 毫克每升，这一标准一直沿用至今。一些规模较小的宣纸企业污水处理能力有限，如果按照现行排放标准建设环保设施处理这些废水，将会增加企业生产环节的运行和管理成本，影响企业的经营效益，企业无力承担。另外，由于外部环境因素的变化，泾县周边区域的环境也受到不同程度的破坏，宣纸原料生长和加工环境受到影响，生产的宣纸品质也会受到影响。

（5）宣纸原材料的供应日趋紧张。由于近年来的不合理开发，宣纸原料消耗速度加快，宣纸原料出现了供应不足的局面。据调查，一亩青檀林能生产 100 余棵青檀树，能形成 1000 余斤青檀干皮，将青檀干皮制作成皮料，按照 25% 的比率折算，一亩青檀林能制作燎皮 250 余斤；一亩田能生产 1000 余斤沙田稻草，可以加工成草皮 300—400 斤，将草皮加工成燎草，按照 15% 的比率折算，一亩沙田稻草能制作燎草 45—60 斤。由上可见，生产宣纸对青檀树和沙田稻草这两种原料的消耗巨大。目前，由于青檀树皮本身自然生长周期比较缓慢，加上当地广泛推广高产水稻品种，造成了长秆沙田稻草种植面积的减少，这两种原料的生产和供给出现问题将会制约宣纸企业的发展。

四、宣纸制作技艺保护与传承的对策

（一）宣纸制作技艺的整体性保护

1. 宣纸制作技艺的整体性保护

宣纸制作技艺蕴含着中华民族的创新智慧和传统手工文明。“宣纸制作技艺是经过一代又一代宣纸制作者们为了生存和发展的需要以及当时市场的需求，根据现实可能的条件所创造并不断改进的、不断享受其劳动成果的，同时，代代传承下来且影响至今的一种传统。”[33]宣纸制作技艺千百年来不断发展、流变、传承至今，在当地民众的社会生活中扮演着重要角色，已经成为人们生活的一部分。

从非物质文化遗产保护的角度看，宣纸的价值不仅在于其具有独特的品质，而且还是独一无二的手工技艺。我们要保护宣纸制作技艺，不能只是单纯地保护“技艺”，而是要对宣纸制作技艺进行整体性保护。整体性保护不是静止的、凝固的保护，而是为了发展的保护。宣纸作为非物质文化遗产，不是单一存在的，其传承和发展依存于所处的文化生态环境，只有坚持整体性保护，宣纸制作技艺才能得到良好的发展和传承。建立文化生态保护区，对特定区域内的非物质文化遗产进行整体性保护，是我国非物质文化遗产保护工作的开创性探索和实践。目前，国内设立的国家级文化生态保护区主要是以非物质文化遗产项目比较集中的区域为主体而建立的，借鉴国家级文化生态保护区建设的原则，根据宣纸制作技艺自身的特点，建议设立“宣纸制作技艺文化生态保护区”，保护区的建设主要涉及以下几方面：

（1）保护区的确立

2002年，宣纸被国家批准为原产地域保护产品，泾县行政区域被批准为宣纸原产地域，制定了原产地域产品国家标准并对宣纸原产地域进行保护。这一措施有效地保护了宣纸制作技艺，对宣纸的发展产生了积极影响，保证了宣纸的生产质量和特色。目前国内尚无在县级地方建立文化生态保护区的先例，宣纸制作技艺文化生态保护区的设立可以在全国起到示范作用。由于宣纸制作技艺具有独特的地域性，宣纸制作技艺文化生态保护区将是典型地域特色的地方文化生态保护区。保护区的建设要纳入泾县的经济社会发展规划，保护区的确立，将推动宣纸制作技艺的保护工作更加深入地开展，有利于宣纸制作技艺的保护与传承，促进宣纸行业健康、有序的发展。

（2）保护范围

宣纸制作技艺以泾县区域为保护范围，包括区域内有关的自然资源、自然景观、人文景观、生产设施、生产场所和生产社区等。

（3）保护对象

泾县非物质文化遗产“宣纸制作技艺”项目。

（4）保护内容

在进行整体性保护时，既要重视保护宣纸制作技艺，又要保护与之相关的物质文化遗产和文化生态环境，即对当地的自然环境和人文生态环境的保护，深度挖掘与宣纸制作技艺相关的民俗文化内涵，有选择性地恢复已经失传的传统生产习俗。

2. 宣纸制作技艺文化生态保护区的工作思路

宣纸制作技艺文化生态保护区的建立是地方在非物质文化遗产保护工作中的探索性实践，保护区的建设将是一项需要长期进行的工作，保护区的建设需要地方政府制定相关的政策和财政资金的投入支持，保护区的建设工作要和当地社会经济发展水平相适应，通过保护宣纸制作技艺的文化生态，实现宣纸制作技艺文化生态保护区的良性发展。

宣纸制作技艺文化生态保护区作为地方文化生态保护区，必须要建立完备的管理机构，以指导宣纸制作技艺文化生态保护区工作的开展。首先，要将保护区内宣纸制作技艺项目的保护工作纳入当地经济社会发展规划；其次，要统一规划和管理，统筹协调文化、民族宗教事务、建设、旅游、交通、发展计划等相关部门，配合做好宣纸制作技艺的保护与传承工作；最后，邀请当地民众参与管理工作，尊重民众的权利，发挥他们作为非物质文化遗产保护主体的作用，积极推动和引导民众有序开展宣纸制作技艺的保护与传承工作。

（二）宣纸制作技艺保护与传承的实践和对策

1. 宣纸制作技艺保护与传承的实践

近些年，关于宣纸制作技艺的保护与传承，泾县当地已经采取了一系列措施。比如，2005 年 11 月，成立“泾县中国宣纸协会”，通过行业自律的办法对宣纸行业进行管理，引导宣纸企业开展科学研发活动，加强质量管理，维护宣纸行业的健康发展；2006 年 3 月，创办并发行《中国宣纸》期刊，建立宣纸研究成果交流平台，挖掘宣纸文化，促进宣纸制作技艺的保护与传承研究；2007 年 10 月，中国宣纸集团公司兴建了宣纸文化园（宣纸制作技艺传习基地），该园总投资约 2500 万元，占地近 4 万平方米，以中国宣纸集团公司生产基地为依托，集中展示和传习宣纸制作技艺，供往来游客参观和体验宣纸文化；2008 年，根据宣纸行业的发展情况修订国家标准，改强制性国家标准 GB 18739-2002 为 GB /T 18739-2008，推进宣纸行业的标准化生产，提升宣纸的生产品质；2015 年 12 月，中国宣纸集团公司投资兴建的中国宣纸博物馆开馆，该馆总投资约 1 亿元，建筑面积约 1 万平方米，集中展示宣纸制作技艺、宣纸产品及历史等，传播和推广宣纸文化；2016 年 1 月，泾县将青檀树列为泾县县树，提倡种植和保护青檀树，促进宣纸业的发展；另外，还投资兴建水库，确保宣纸生产所需的用水；建设污水处理设施，防止宣纸生产废水对环境造成污染；加快宣纸原料基地建设，拓展宣纸产业和严厉打击假冒伪劣宣纸产品等。这些措施和办法取得了一定成效，推动了宣纸行业的发展，但由于一些工作流于形式，落实不到位，效果有限。当前，宣纸制作技艺的保护与传承要走出困境，实现宣纸行业的健康和可持续发展，需要进行全方位和多层次的保护规划。

2．宣纸制作技艺保护与传承的对策

在当代社会，宣纸制作技艺保护与传承面临的问题和挑战依然不少，本文提出宣纸制作技艺保护与传承的有关对策如下：

（1）加强立法保护工作，建立科学有效的管理机制

联合国教科文组织在 2003 年通过了《保护非物质文化遗产公约》，作为缔约国，国家有履约的义务和责任去保护好作为非物质文化遗产的宣纸制作技艺。2011 年，我国颁布了《中华人民共和国非物质文化遗产法》，这是非物质文化遗产保护工作的根本性法律文件，这标志着中国非物质文化遗产保护事业全面进入了有法可依的历史时期。有了国家层面的非物质文化遗产保护法律后，还需要地方建立相关法规进行具体保护。泾县当地政府要将非物质文化遗产法律保护工作纳入立法、司法日程，建立完善宣纸制作技艺保护与传承的相关法律文件，统一管理宣纸、书画纸企业，规范宣纸行业的运营，实现履约监督等。同时，还要健全职责明确、高效运作的非物质文化遗产保护工作机构，建设一支稳定的保护工作人员队伍，形成良好的工作机制，确保非物质文化遗产保护方针和政策法规在实际工作中能够得到贯彻执行。

（2）加强宣纸市场环境管理，规范宣纸市场秩序

要充分发挥宣纸行业协会的重要作用，保护宣纸市场环境，规范宣纸市场秩序。要加强宣纸行业管理，整合资源，制定宣纸产品标准和从业人员技能考核标准，加强对宣纸原产地名称、原产地域产品的保护，对泾县区域以“宣纸”命名的产品进行清查，对外地使用“宣纸”命名的产品进行调查，加大对假冒伪劣宣纸产品的打击力度，维护好宣纸品牌的唯一性。要强化宣纸企业的守法意识和责任意识，更新保护理念，提高全社会的保护意识。

（3）培养和提升传承人的科学素养，建立科学完善的传承机制

要加强地方高校、科研院所和宣纸企业的联系，建立产、学、研合作机制，要着重培养和提升宣纸传承人的专业水平和科学文化素养。要尊重宣纸制作技艺传承人，改善他们的工作环境，提高工资待遇，调动传承人的积极性，充分发挥他们的聪明才智。要坚持师徒传承，培养一批具有“工匠精神”的宣纸制作技艺传承人，增强他们文化传承的责任感和使命感，更好地传承宣纸制作技艺。

（4）坚持宣纸手工制作传统，科学面对宣纸制作技艺革新

要坚持宣纸手工制作传统，宣纸制作技艺的灵魂在于手工制作技艺，在革新宣纸制作技艺时，要保持严肃、谨慎的态度，要防止直接采用现代化机械取代传统宣纸加工器具，防止用现代化工产品替代传统原料制作宣纸，维护好宣纸制作技艺体系的完整性。要在继承传统宣纸制作技艺的基础上科学论证和实验，合理创新，提高宣纸原材料的利用率，采用科学手段保证和提升宣纸的品质。

（5）保护宣纸生产的自然环境，建设优质原料供应基地

由于自然环境较脆弱，被人们破坏后并不容易修复，要加强对宣纸原料产地生态环境的保护，协调好宣纸产业发展与环境保护的关系。要建设优质水库，保护生产宣纸的水源不被污染；要对宣纸生产过程中产生的废水进行生物法降解，实行分段处理，减少污水排放，提高废水处理效率，降低处理成本；要加强宣纸企业排放污水的监督管理，将分散的宣纸企业生产的污水集中起来，进行集中治污，做到达标排放，有效防止环境污染。要选择在宣纸产地生态条件好的地方建设优质原料基地，加大投资，增加青檀树和优质沙田稻草的种植面积，解决宣纸原料供应不足的问题。政府要多渠道增加种植宣纸原料农户的收入，提高农民种植宣纸原料的积极

性，保证宣纸原料的生产供应。

（6）加强宣纸制作技艺的舆论宣传工作，营造保护宣纸制作技艺的良好社会氛围

要加强宣纸制作技艺的舆论宣传工作，恢复宣纸社区习俗，通过开展宣纸制作技艺展览、论坛、讲座等宣传教育活动，加强宣纸制作技艺的对外交流和文化传播。宣纸制作技艺的保护必须紧紧依靠人民群众，通过调动人民群众的积极性，增强社会大众对宣纸制作技艺的保护意识，让人们懂得保护和传承宣纸制作技艺的重要性，唤起全社会保护宣纸制作技艺的文化自觉，努力营造保护宣纸制作技艺的良好社会氛围。

五、结　语

宣纸是中国劳动人民在长期的经济生产活动中总结传统造纸技术和经验，并且融入地方元素而成。在千年的传承过程中，宣纸制作技艺不断改进，经历了由简单到复杂再到精细的过程。历代的宣纸匠人不断发现、试验和改进宣纸制作技艺，不断赋予宣纸制作技艺新的内容，每一次再创造都凝聚了劳动人民的智慧。近年来，随着社会的发展和经济全球化进程的加快，社会生产和人们生活方式的改变，西方文化给中国传统文化带来了巨大冲击，宣纸制作技艺的文化生态发生了变化。本文通过文献研究、田野调查和综合分析，探讨了文化生态视野下宣纸制作技艺保护与传承和文化生态的关系，揭示了文化生态对宣纸制作技艺保护与传承的重要影响，针对宣纸制作技艺保护与传承所遇到的问题和困境，提出了有关对策和建议，对宣纸制作技艺进行整体性保护。社会公众要培育生态文明理念，共同努力去创造优良的文化生态，要采取科学、合理、有效的保护措施，保持宣纸制作技艺的生命力和创造活力，保护好宣纸制作技艺，使宣纸制作技艺得到有效、有序的传承，实现宣纸行业的健康和可持续发展。

注释

① 吴世新 . 中国宣纸集团公司荣获首批国家级非物质文化遗产生产性保护示范基地称号 [J]. 纸和造纸，2011（12）：72.

②（唐）张彦远 . 历代名画记 [M]. 北京：京华出版社，2000：23.

③ 中华人民共和国国家质量监督检验检疫总局，中国国家标准化管理委员会 . 中华人民共和国国家标准地理标志产品・宣纸 [M]. 北京：中国标准出版社，2008：1.

④ 黄飞松，汪欣 . 宣纸 [M]. 杭州：浙江人民出版社，2014：66.

⑤ 吴世新 . 宣纸生产工艺与润墨 [J]. 中华纸业，2008（7）：66.

⑥ 黄飞松，汪欣 . 宣纸 [M]. 杭州：浙江人民出版社，2014：131.

⑦ 黄飞松，汪欣 . 宣纸 [M]. 杭州：浙江人民出版社，2014：131.

⑧ 黄飞松 . 祭蔡伦及宣纸习俗 [N]. 东方早报，2014－08－27（11）.

⑨ 黄飞松 . 祭蔡伦及宣纸习俗 [N]. 东方早报，2014－08－27（11）.

⑩ 政协泾县委员会 . 泾县宣纸书画纸产业发展的调研报告 [EB/OL].http：//www.ahjxzx.gov.cn/news/Show.asp?id=712，2014－11－12.

⑪ 黄飞松 . 建立宣纸产业多层次保护的构想 [J]. 中华纸业，2010（1）：79.

⑫ 姚超，黄飞松，樊嘉禄 . 宣纸制作技艺传承状况调查 [J]. 黄山学院学报，2012（2）：43.

⑬ 姚超，黄飞松，樊嘉禄 . 宣纸制作技艺传承状况调查 [J]. 黄山学院学报，2012（2）：44.

⑭ 姚超，黄飞松，樊嘉禄 . 宣纸制作技艺传承状况调查 [J]. 黄山学院学报，2012（2）：44.

⑮ 吴章谦 . 宣纸集团评聘首批宣纸技师和高级技师 [N]. 宣城日报，2011－04－19（2）.

⑯［美］唐纳德・L. 哈迪斯蒂 . 生态人类学 [M]. 郭凡，邹和，译 . 北京：文物出版社，2002：8.

⑰ 冯天瑜，等 . 中华文化史（第3版）[M]. 上海：上海人民出版社，2010：7.

⑱ 刘晓阳 . 文化生态视野下大石窝石作技艺保护研究 [D]. 中国艺术研究院，2013：6.

⑲ 黄永林 ."文化生态"视野下的非物质文化遗产保护 [J]. 文化遗产，2013（5）：1.

⑳ 王文章 . 非物质文化遗产概论 [M]. 北京：文化艺术出版社，2006：445.

㉑ 国务院办公厅关于加强我国非物质文化遗产保护工作的意见（国办发〔2005〕18号）.

㉒ 文化部关于加强国家级文化生态保护区建设的指导意见（文非遗发〔2010〕7号）.

㉓ 中华人民共和国非物质文化遗产法（中华人民共和国主席令第四十二号）.

㉔ 汪欣．非物质文化遗产保护的文化生态论[J]. 民间文化论坛，2011（1）：58.

㉕ 黄永林．“文化生态”视野下的非物质文化遗产保护[J]. 文化遗产，2013（5）：6.

㉖（后晋）刘昫等．旧唐书[M]. 北京：中华书局，1975：3222－3223.

㉗（唐）李林甫等．唐六典[M]. 北京：中华书局，1992：546.

㉘（宋）王令．王令集[M]. 上海：上海古籍出版社，1980：44.

㉙（明）屠隆．纸墨笔砚笺·纸笺[M]. 美术丛书本．台北：台北艺文印书馆，1975：1.

㉚（清）洪亮吉，李德淦．泾县地方志办公室整理．泾县志（上册）[M]. 合肥：黄山书社，2008：256.

㉛ 刘仁庆．论宣德纸——古纸研究之十六[J]. 纸和造纸，2012（1）：72.

㉜ 吴世新．小岭青檀溪水傍，曹氏宣纸天下扬——泾县小岭宣纸历代成名记[J]. 中华纸业，2011（17）：78.

㉝ 曹天生．中国宣纸传统制作技艺之“传统”探析[J]. 自然辩证法研究，2012（5）：125.

参考文献

1｜王文章．非物质文化遗产概论[M]. 北京：文化艺术出版社，2006.

2｜王文章．非物质文化遗产保护研究[M]. 北京：文化艺术出版社，2013.

3｜刘锡诚．非物质文化遗产——理论与实践[M]. 北京：学苑出版社，2009.

4｜乌丙安．非物质文化遗产保护理论与方法[M]. 北京：文化艺术出版社，2010.

5｜唐家路．民间艺术的文化生态论[M]. 北京：清华大学出版社，2006.

6｜尹绍亭．文化生态与物质文化[M]. 昆明：云南大学出版社，2007.

7｜潘祖耀．宣纸制造[M]. 北京：中国林业出版社，2006.

8｜曹天生．中国宣纸史[M]. 北京：中国科学技术出版社，2005.

9｜曹天生等．中国宣纸发祥地·丁家桥镇故事（第二辑）[M]. 安徽：合肥工业出版社，2012.

10｜黄飞松，汪欣．宣纸[M]. 杭州：浙江人民出版社，2014.

11｜冯天瑜等．中华文化史（第3版）[M]. 上海：上海人民出版社，2010.

12｜刘仁庆．宣纸与书画[M]. 北京：轻工业出版社，1989.

13｜［美］唐纳德·L. 哈迪斯蒂．生态人类学[M]. 郭凡，邹和译．北京：文物出版社，2002.

14｜（唐）张彦远．历代名画记[M]. 北京：京华出版社，2000.

15｜（后晋）刘昫等．旧唐书[M]. 北京：中华书局，1975.

16 | (唐)李林甫等 . 唐六典 [M]. 北京：中华书局，1992.

17 | (宋)王令 . 王令集 [M]. 上海：上海古籍出版社，1980.

18 | (明)屠隆 . 纸墨笔砚笺 · 纸笺 [M]. 台北：台北艺文印书馆，1975.

19 | (清)洪亮吉，李德淦 . 泾县地方志办公室整理 . 泾县志(上册)[M]. 安徽：黄山书社，2008.

20 | 中华人民共和国国家质量监督检验检疫总局，中国国家标准化管理委员会 . 中华人民共和国国家标准 地理标志产品 · 宣纸 [M]. 北京：中国标准出版社，2008.

21 | 刘魁立 . 文化生态保护区问题刍议 [J]. 浙江师范大学学报(社会科学版)，2007(3).

22 | 黄永林 .“文化生态”视野下的非物质文化遗产保护 [J]. 文化遗产，2013(5).

23 | 曹天生 . 中国宣纸研究百年 [J]. 合肥师范学院学报，2012(1).

24 | 曹天生 . 中国宣纸传统制作技艺之“传统”探析 [J]. 自然辩证法研究，2012(5).

25 | 黄飞松 . 建立宣纸产业多层次保护的构想 [J]. 中华纸业，2010(1).

26 | 黄飞松 . 宣纸源流小考 [J]. 书画世界，2010(1).

27 | 曾芸 . 文化生态与非物质文化遗产保护研究 [J] . 中央民族大学学报(哲学社会科学版)，2013(3).

28 | 佘光斌，黄飞松 . 宣纸价值之我见 [J]. 纸和造纸，2008(4).

29 | 吴世新 . 中国的宣纸 [J]. 文献，1986(1).

30 | 吴世新 . 宣纸生产工艺与润墨 [J]. 中华纸业，2008(7).

31 | 吴世新 . 中国宣纸集团公司荣获首批国家级非物质文化遗产生产性保护示范基地称号 [J]. 纸和造纸，2011(12).

32 | 吴世新 . 小岭青檀溪水傍，曹氏宣纸天下扬 —— 泾县小岭宣纸历代成名记 [J]. 中华纸业,2011(17).

33 | 姚超，黄飞松，樊嘉禄 . 宣纸制作技艺传承状况调查 [J]. 黄山学院学报，2012(2).

34 | 汪欣 . 非物质文化遗产保护的文化生态论 [J]. 民间文化论坛，2011(1).

35 | 阮晋逸 . 作为非物质文化遗产的宣纸制造技艺发展与保护 [J]. 艺术百家，2011(7).

36 | 刘仁庆 . 对宣纸研究和应用中一些问题的思考 [J]. 中华纸业，2008(7).

37 | 刘仁庆 . 论中国手工纸与传统文化 [J]. 中华纸业，2009(18).

38 | 刘仁庆 . 论宣德纸 —— 古纸研究之十六 [J]. 纸和造纸，2012(1).

39 | 夏光田 . 大力发展宣纸产业，传承中华优秀传统文化 —— 关于泾县宣纸产业发展的调研报告 [J]. 安徽调研，2012(5).

40 | 传统宣纸产业的振兴之路 [J]. 决策，2011(6).

41 | 姚超．宣纸制作技艺保护状况调查研究[D]. 安徽医科大学，2012.

42 | 刘晓阳．文化生态视野下大石窝石作技艺保护研究[D]. 中国艺术研究院，2013.

43 | 伍梦尧．宣纸的生产性保护问题研究[D]. 安徽大学，2014.

44 | 吴章谦．宣纸集团评聘首批宣纸技师和高级技师[N]. 宣城日报，2011-04-19(2).

45 | 黄飞松．祭蔡伦及宣纸习俗[N]. 东方早报，2014-08-27(11).

46 | 周小璞．关于文化生态保护区建设的几个问题[N]. 中国文化报，2014-11-21(7).

47 | 政协泾县委员会．泾县宣纸书画纸产业发展的调研报告[EB/OL].http://www.ahjxzx.gov.cn/news/Show.asp?id=712，2014-11-12.

非遗保护视野下的车灯传承现状及保护对策

The Current Situation and Protection Strategies of "Che Deng" Under the Vision of the Protection of "Intangible Cultural Heritage"

申 文

李心峰 | 指导教师

摘要

本调研报告选取已列入国家级非物质文化遗产名录的车灯为调查研究对象，分别从三个历史时期进行梳理：车灯孕育的母体期，古老的、流行于民间、逢年过节和庙会活动常有的助兴演出形式“车车灯”；清末民初的转型期，车车灯的表演去掉彩车、彩船等道具，由农村的游街式演出转向城市街头乃至茶馆、会馆的厅堂表演，以一种更为时尚的方式，流行于市井之中，转型成“车灯调”这种新的演唱形式；中华人民共和国成立初期的形成期，经曲艺艺术家唐心林先生在唱腔、唱词、表演形式上进行改革，以注重叙事和刻画人物为主，最终演变成一种综合性的曲艺曲种——“车灯”。本调研报告对车灯艺术发展、演变的历史一一进行详解，将车灯的表演形式、音乐构成乃至其作品的文学意义，做了详尽的叙述，并对其特殊的艺术特征和审美价值进行提炼和总结。最后，通过深入遂宁、云阳、城口、涪陵、宜宾、巫山等地所做的研究调查，对车灯及类似的非物质文化遗产的传承和保护方法进行思考，并利用保护单位这个平台针对其保护、传承以及长远发展制定有效的对策。

关键词：车车灯；道具制作工艺；车灯；传承；保护

Abstract

This paper selects Che Deng that is on the national intangible cultural heritage protection list as the study subject. Its development has gone through three historical periods. The first stage is the maternal development period. At this stage, Che Deng was called Che Che Deng , an ancient and popular folk art frequently performed at festivals and temple fairs to entertain people. The second stage is the transformation period between Qing Dynasty and the beginning of the Republic of China. By removing floats, colored boats as well as other props, the performing of Che Che Deng was able to move to streets even the tea-houses and huiguan in cities from along streets in the countryside, and thus transformed into a new singing form of Che Deng tone, which is more popular with urban people.

The third stage is the formation period in the early years of PRC. It finally became a more comprehensive sort of Quyi – "Che Deng" with the reform by Mr Tang Xinlin, the Quyi aritist on music for voices， scripts and forms of performances. At this stage "Che Deng" focuses on narrative and characters. This paper explains in details the development of "Che Deng" and its history of evolution, explicates forms of performances， music structures and even the literary meanings of woks, and refines and summaries the special artistic features and aesthetic values of "Che Deng" . Finally, through in-depth investigation at Suining，Yunyang，Chengkou，Fuling，Yibin，Wushan, the author gives out thoughts on the heritance and protection on "Che Deng" as well as Intangible Cultural Heritage projects of the same catagory. The author also gives out effective strategies on protection， inheritance and long-term development of "Che Deng" based on the platform of protection units.

Keywords：“Che Che Deng”；Props Production ；“Che Deng” ;Heritance ；Protection

一、引 言

在中国的西南地区、长江上游流传着一种一人或多人载歌载舞说唱故事的曲艺曲种——车灯。它具有鲜明的地域特色，形式灵活丰富，唱腔朗朗上口、基调明朗，因唱法自由，又易学易唱，迅速流布于西南各省，深得老百姓的喜爱，在民间有着深厚的群众基础。车灯从起源到成形共经历了三个历史时期，第一个时期是孕育期，起源于民间。最初叫车车灯，是庙会活动、节庆假日常有的助兴表演。通常一人扮幺妹坐于彩车或彩船上，另一人手执彩扇在一旁载歌载舞，这种民间歌舞就是车车灯（又名“车幺妹”“幺妹灯”“彩莲船”“跑旱船”）。第二个时期是形成期，清末民初较流行。当时说唱艺术盛行，不断涌现专业说唱艺人，此时的车车灯一部分在农村保留了原始的民间舞蹈形式，另一部分则不再使用彩船、扇子等装饰、道具，由游街式的演出方式转向城市街头或茶馆、会馆等厅堂表演，并受明代时兴的时调小曲的影响，流行于市井之中，转型成车灯调这种新的演唱方式。第三个时期是成熟期。中华人民共和国初期，车灯调经重庆艺人唐心林在唱腔、唱词、表演形式上的改革，以注重叙事和刻画人物为主，在说唱的基础上借鉴戏曲的表演艺术，使其更富于艺术性、戏剧性，最终形成一个综合性的曲艺曲种，并正式命名为“车灯”，从此，车灯登上曲艺舞台，大放异彩。

2007年，车灯被纳入重庆第一批市级非物质文化遗产名录；同年6月，车灯申报国家级非物质文化遗产；2008年，车灯正式列入第二批国家级非物质文化遗产名录项目，成为国家级非物质文化遗产。作为一种曲艺艺术样式，车灯的成型时期距今一百余年，时间不长，但它祖荫深厚，源远流长，是重庆和四川人民一代一代积累起来的巴渝文化的组成部分。但是，与其他多数曲艺曲种一样，由于目前建制齐全、有传承能力的曲艺专业艺术表演团体不足百余，大部分剧团（队）艺术水平较低，师资匮乏，行当不齐，欠缺传承能力，导致像车灯这样的说唱艺术青黄不接，面临演员老化、断档、后继乏人，甚至失传的困境。车灯的传习历来靠的是老艺人一身技艺、一肚子曲目的口传心授方式，随着曲艺的不景气和老艺人的纷纷过世，车灯表演中的许多绝技、曲目面临永久失传的局面，创作、演奏人员的缺乏也极大威胁着车灯的传承和发展，这种损失不可低估。面对这些濒危的现状，车灯的保护和传承更是刻不容缓。

2011年至2013年间，笔者曾多次前往重庆、四川各地区县对车灯的起源、形成和发展做田野调查，搜集并整理与车灯艺术相关的文件、档案、报刊资料，发表过数篇有关车灯的研究论文，并以巴渝文化为背景，出版了一本关于车灯艺术的专著。为了完成此次调研报告，2015年7、8月，笔者再次前往重庆、四川等地，从新的视角对车灯现状再次进行调查研究，本调研报告是在之前田野调查的基础上，从时代变迁的角度对车灯起源到形成的来龙去脉及其现状重新做了梳理，证明它是在不断变化、改进中逐步发展而形成。同时，通过这种发展规律探讨在非遗保护视野下该如何传承、保护车灯艺术，并以传承保护单位为平台，提出相应对策。

二、车灯的古老形式——车车灯

（一）车车灯的流布区域

车车灯是车灯最原始的形式，以歌舞为主，而车灯是以演唱为主。车灯形成后，车车灯并没有消亡，仍然活跃在乡野村落。车车灯又叫“车幺妹”“逗幺妹”，主要在春节前后、庙会等节日庆典活动中表演。《成都通览》有刊印车车灯图：“一男子作妇女装，乘假车步行，口唱词曲。”[①] 车车灯通常由三人组成，一人饰“幺妹”（由男性扮演），在纸扎彩车中扮坐车状，以车为道具，其余两人在左右推车，其中一人为逗车人（小花脸、丑角），手摇纸扇在车前逗引，彩车随之进退旋转，有下坎、歪车、倒车等虚拟动作。逗车人一边挥扇舞蹈一边口中吟唱，唱词内容主要为拜年和祝福，或《回娘家》等小段。在对车车灯所做的田野调查中发现，车车灯在巴蜀和巴渝地区的流传因各地语言、风俗不同，呈现出不同的民间艺术风格，表演形式也各有差异。重庆的云阳县、城口县、巫山县和四川遂宁市保留了车车灯原始的民间歌舞形式，而重庆的涪陵和四川的宜宾两个地区虽承袭了民间歌舞的音乐元素，唱腔、词格、音乐伴奏相同，但演唱形式有了变化，表演时也没有了假车、假船作为道具。

1．城口县车车灯

城口县位于重庆市东北边缘，城口县车车灯又叫“彩船舞”，与传统车车灯相似，多为婚嫁、重要节日、贺寿等喜庆节目。一般由4—7人组成，一个引子（起引导作用），一个车芯，两个或四个梢工。车芯和引子领唱，梢工为配角，和着锣鼓清唱，其余人帮唱。名为“彩船舞”是因表演时有划船动作，唱词一般以四句为一段，四至八段为一节，每节之间有合唱，曲调婉转清秀，韵脚分明，美丽动听。

2．云阳县车车灯

云阳车车灯又名小车舞，一般在旧历正月闹“花灯”时表演。最初的云阳车车灯是在中华人民共和国成立前由河南、河北传入，当时因为黄河泛滥和虫灾，河南、河北两地的荒民流落四川，他们通过表演车车灯的方式四处拜年，讨生活。后来因这种表演形式热闹又喜庆，被本地的许多民间艺人学会，从此就在长江沿岸流行起来。

云阳县车车灯是用竹竿、彩绸、纸花制作、装饰成一辆独轮车为道具，小车周围用布围裹，车的两侧绘制有车轮图案。云阳县车车灯在表演时一般需表演者四名，乘车人走“十字步”，推车人走“行进步”，帮车人走“大十字步”，丑角表演者没有固定步式，跑来窜去，扭前扭后与乘车的人嬉逗调笑。四人相互配合，做出上山下坡、拐弯抹角、陷入泥沼、抬车出坑等情节。

由于种种原因，云阳县车车灯曾一度沉寂。改革开放以后，在政府的支持下，云阳县车车灯再次活跃于街头院坝。与此同时，云阳县车车灯在旧的传统上也有了创新，表演者口中的曲调由旧曲发展成新腔新调，唱词也改为有鲜明时代特色的内容。至今，在农历新年前后，都会有云阳县车车灯队伍到云阳县城或村落的各家各户中迎春拜年，恭贺新春。

3．涪陵车车灯与宜宾车车灯

涪陵、宜宾都位于四川东南部，或许是由于地理位置相近，涪陵车车灯和宜宾车车灯有许多相似之处。涪陵车车灯和宜宾车车灯均以城乡街头和院坝为演唱场地。演员均为2—3人，通常为一个女旦（幺妹或幺姑）、两个男丑（涪陵车车灯称“正丑和副丑”，宜宾车车灯称“逗哥和小丑”）。演出时，幺妹手持罗帕，与手拿蒲扇或折扇的正丑，在打击乐声和唱腔声中，或进或退做滑稽动作逗乐，副丑的装扮与正丑相同，手持竹竿或扇子在一旁插科打诨，增强热闹气氛，博得观众欢笑。涪陵车车灯和宜宾车车灯的乐队伴奏都为3—4人担任，乐器有马锣、钹、堂鼓等。涪陵车车灯和宜宾车车灯的唱词最初是从川剧等戏曲唱段中节选，如涪陵车车灯的传统曲目《梁山伯与祝英台》《白蛇传》《帝王传》《王三巧》《十二月望郎》；宜宾车车灯的传统曲目《柳荫记》《桃花村》《二度梅》《白蛇传》《玉蜻蜓》《荷花配》等。后现编现唱，见啥唱啥，特别是中华人民共和国成立后，为配合宣传，都新编唱词，内容契合当时的社会环境，唱词健康，多为宣传党的方针政策、歌颂英雄模范人物、表扬好人好事等，流传普遍，如涪陵车车灯《誓遇鬼子把命拼》《卢沟桥》《封建迷信莫要信》《涪陵八景》《计划生育好》；宜宾车车灯《十二月跑警报》《十二月防空》《宜宾古景》《破除迷信》等。

（二）车车灯的民间工艺及道具制作

车车灯使用道具最常见的是花灯、旱船、彩车、跑驴四种，是民间工艺的一种。

1．花灯

车车灯是从民间灯会歌舞中演变而来，不但与中国的灯文化颇有渊源，与中国传统的上元燃灯习俗更是密切相关，在上元节（元宵节）中特别引人瞩目。《四川通志》中《南充县志》载：“十五上元节夜，龙灯、狮灯、彩女唱秧歌，采莲曲，遨游街巷闾里，通宵达旦，鼓乐不歇。”每到闹元宵之时，大街小巷的老百姓为贺新年，都会出来闹花灯，为了活跃气氛，闹花灯的人往往就加入车车灯的队伍之中一起进行表演。还有专门的灯班组成车车灯队，由村里玩灯技艺较高的老艺人领队，逢年过节组成车车灯队伍进行表演，表演结束后解散，下次过节再组合在一起。

花灯的类型很多，最有特色的还属龙灯。自古以来，龙在人们心中就具有呼风唤雨、消灾除疫的功能，龙是中华民族想象中的神物，古人希冀得到龙的庇佑，制龙灯、舞龙灯既是为了欢庆，也是为了祈求风调雨顺、年年丰收。龙灯长且重，通常由数十名壮汉举竿来回奔走，龙身在锣鼓声中昂首摆尾、蜿蜒游走，各地风俗不同，龙灯的制作和舞龙的手法也各有异同。龙灯通常用竹、木、纸、布扎成，节数不等，但均为单数。内用铁丝做成圆形，安上灯泡或蜡烛，外用纱布包裹涂色而成。宋代吴自牧《梦粱录》中记载："南宋行都临安（今杭州）元宵之夜……草缚成龙，用青幕遮草上，密置灯烛万盏，望之蜿蜒如双龙之状。"胡朴安在《中华全国风俗志》一书中谈及四川泸县旧时风俗时，较为详细地描述了四川地区舞龙灯的情景："旧历正月初九日至月望，此数日晚间，七门五保，竞赛龙灯……继以龙灯，灯或纸扎者，或纱糊者，灯中亦燃油纸条。前呼后拥，招摇过市……好事者于龙灯过处，出花筒、火炮、黄烟、地耗子、滴滴金、地花等，向龙灯燃放。观者填街塞巷，锣鼓喧阗，火星乱落。戏龙灯者，赤身跣足。盘旋跳跃，口含橄榄，以解热毒。遇人燃放花筒火炮，彼等即戏龙灯。"[②] 表演车车灯的一行人举着龙灯，敲锣打鼓，浩浩荡荡地一路行进，挨家挨户表演歌舞。龙灯队伍前会有一人饰长工，一人饰"幺妹"，又叫"请长年"或"逗幺妹"。"幺妹"和"长工"扭扭捏捏地一边走一边插科打诨，唱对口句子，唱吉利词、说搞笑句，唱到末尾，一旁敲击锣鼓或围观的人群就大声帮腔，讨吉祥、贺新春，图的就是气氛热闹。

旱船和彩车

在川南宜宾地区的农村以及泸州市纳溪区等地的车车灯表演中还有盛行"牛牛灯"的：用竹篾编成牛头，糊上白纸，画上牛的眼、鼻、嘴，用床单（或两三件蓑衣）连接起来盖在牛头上做成牛身，再扎上一个牛尾巴即可。表演者为2—3人，一人或两人扮牛，一人扮牛倌，又称"看牛匠"或"放牛娃"。表演者执牛头，做出耕牛劳作时的各种形态动作，有乐队敲锣打鼓烘托热闹气氛，为表演者伴奏。也有唱曲的人，称为"灯手"，可根据现场不同的对象、不同的节气、不同的排场演唱不同的内容。唱曲的人数不限，无论男女老少，只要会唱的都可以参与，但是只有唱得最好的才能被称为“灯手”。牛是农家一宝，当地人认为耍“牛牛灯”可以企求平安，预示五谷丰登，所以通常在过年过节或者操办喜事时表演。

2．旱船和彩车

在北方的一些地区也有把车车灯称作“跑旱船”的，这是因为车车灯的表演道具中也有用纸或红绸扎“旱船”为道具的。“旱船”顾名思义是陆地上的船，依据船的外形制成船形的木架子，再在木架子周围围上绘有蓝色水纹的棉布裙，在船身上以红绸、纸花做装饰，有的地方还装有彩灯、明镜或其他装饰物，将船装饰得艳丽不凡。一人坐“旱船”，一人饰艄翁，在后面做划船的动作，也有唱腔和帮腔。在巴渝一些地区，还有以纸扎彩车或轿子为道具的，都统称为彩车，多很花哨，以烘托节日喜庆气氛。

3．跑驴

除了旱船、彩车，还有一种道具叫“跑驴”。“跑驴”是由一人执驴形道具扮骑驴人，模拟骑犟驴动作，另一人扮赶驴人的一种民间舞蹈。多在春节或赶会时随秧歌队表演。“跑驴”与车车灯（“划旱船”）有相似之处，“跑驴”的道具主要为用竹、纸或布扎的“驴”，驴身为彩绘。“驴”的腰部有开孔，表演者在开孔内站立并用彩带将“驴身”固定于腰间或肩部，以便在表演中做舞蹈动作，这与车车灯表演中演员置身于“船”中一般。表演时，一人骑“驴”，另一人做拉、扯、追、拦、打“驴”的动作，骑“驴”者左右摇摆，做出一些滑稽搞笑的动作，引围观者发笑。

跑驴

（三）车车灯的艺术特色

车车灯由歌舞和说唱两部分构成，其歌为“一唱众帮”，这种演唱方式与船工号子、川剧里的帮腔几乎如出一辙。“一唱”即一个人领唱，主要唱的是老百姓的

重庆市曲艺团演唱群唱车灯《欢迎你到山城游》

意愿，“众帮”就是帮腔，道出老百姓的生活诉求。唱词上即兴变化，想到什么唱什么，看到什么唱什么，多以历史演义、英侠传奇、地域人文、社会发展及日常生活为主，内容涵盖广。

车车灯起源之初，多于民间的节日庆典进行表演，随着历史的发展出现新的变化，由群体表演逐渐改为一人或二三人的走乡串村的游街式商业性演唱。此时的车车灯可根据事主的需求在唱词内容上即兴变化，常以历史演义、英侠传奇、地域人文、社会发展及人们日常生活为主，涵盖内容广，即兴性很强。同时，车车灯的艺术特色也由歌舞表演蜕变为以说唱艺术为主，其说唱形式开始逐步与戏曲的艺术特征相接近。但是它不同于戏曲的是，戏曲有较系统的行当之划分，分为生、旦、净、末、丑五种角色，而车车灯的演唱简洁单一，一人可分饰多个角色，既可以第一人称刻画人物，也可以第三人称演绎故事情景，甚至可以在角色之外利用旁白来加强情绪渲染，其舞更是形式灵活、舞风多样，不拘一格，这些艺术特征在涪陵、宜宾车车灯的演唱中尤为突出。

车车灯在说唱表演中的艺术特点还反映在它的地方音乐文化方面，“川江号子”“栽秧歌”“薅秧歌”“哭嫁”“夜锣鼓”“灯调”等这些流传广泛、品种繁多的山歌、号子、小调在车车灯的演唱调式中随处可见。特别是当时在川东地区的万县、巫山、云阳的车车灯演唱中，船工号子的音律，不绝于耳，凸显出巴山蜀水的山水文化中特有的艺术韵味。

三、车灯的音乐基础——车灯调

随着时代的变迁和曲艺艺术的完善，车车灯在民间的流传方式有了新的变化，受时调小曲的影响和说唱艺术的兴盛，车车灯由村野乡间转入大雅之堂，其演唱调式在时调小曲的基础上加以改变，形成新的曲调——车灯调。车灯调是车灯的音乐基础，清末民初主要演唱车灯调。

（一）调式的改变

受明代时期时调小曲的影响，车车灯演唱的调式有所改变，变为车灯调。时调就是指时兴的曲调，小曲乃民歌小曲，时调小曲就是时兴的民间小曲。明代时期社会各阶层民众自娱自乐时演唱的山歌、小曲、歌谣、时调、劳动号子等都可以统称为时调小曲。时调小曲有两个主要特点：多变性和流行性。多变性指的是时调小曲的曲调自由灵活，可以根据不同题材、音乐风格和地域特色，在基本音乐旋律不变的基础上，对其节奏和音调做相应的调整和加工改造。流行性就是：时调小曲传唱的范围十分广泛，流行于各地，由于南北方言、地域文化的差异，被地方曲艺所吸收，发展成地方性的曲艺曲种或形成新的曲调，车灯调就是在车车灯的基础上融入时调小曲的特征而形成。

到了清末，巴蜀地区带有浓郁地方色彩的说唱艺术日趋活跃，清代郑板桥的《道情》中有一段唱词就提到："尽风流，小乞儿，数莲花，唱竹枝，千门打鼓沿街市。"说明当时说唱之风盛行，具有鲜明地方特色的曲艺品种逐渐形成，与时调小曲相融合，丰富了其唱腔和表演技巧，曲艺的各大曲种在清代的近三百年间发展日渐成熟、繁盛。由于当时流行听时尚小曲，曲艺艺人为了适应市场的需求，将车车灯、清音、扬琴等曲种的唱法进行了加工。时调小曲在流布于巴蜀地区的过程中，结合本土的文化和方言地域特色，有了新的变化，形成新的曲调。流传于巴蜀地区的时调小曲与城市里流行的时尚小曲以及民间小调相结合，加以提炼，形成车灯调的雏形。车灯演唱所用的曲调正是以时调小曲为基础的车灯调，车灯调是车灯的音乐基础，车灯最初以"车灯调"命名。

（二）演出方式的改变

清末，曲艺艺人开始自由搭班演出。清末民初，行游演艺的娱乐形式已不能满

重庆市曲艺团在綦江县农村演出群唱车灯

足大众的需求和艺人技艺的发展，一些在乡间已有名气的艺人和在街头巷尾搭班行艺的班子纷纷进入城镇，在书场坐场卖艺。四川、重庆各地都有了专门的曲艺书场，茶楼、会馆，成为这些曲艺书场的主要载体，定期在茶楼、会馆演出的方式成为专业艺人谋生的一种手段。车车灯改以车灯调的形式出现，由文人改词编调，内容仍然是以反映市井生活、社会世态为主，具有一般里巷之曲的特点。

四、车灯的命名与师承关系

（一）车灯创始人——唐心林

中华人民共和国成立后，曲艺这门说唱艺术日渐成熟、繁盛，曲艺利用它灵活的艺术优势，发挥着宣传、鼓舞和激励人民的重要作用，曲艺的社会和艺术地位得到提高，曲艺艺术迎来了新生。曲艺活动的活跃调动起曲艺艺人的创作积极性，曲艺艺人不再处于过去地位低下、不受人尊重、备受歧视的窘境，有的曲艺艺人甚至被誉为艺术家，成为党的文艺工作者，他们怀着对党、对新社会强烈的感激之情，一心要革除陈规陋习、改创新剧。流散艺人唐心林就是这样一位在党和政府的关怀下，渐渐成长起来的曲艺艺术家。唐心林，1923年生于重庆较场口“百子巷”，祖籍潼南县田家乡人。1933年，他10岁时因父母双亡，过继给流浪曲艺艺人温必禄

1951年10月唐心林演唱《共产党的光辉照耀着新中国》

为徒学艺。曾用名温国桢，人称“小滑稽”，有一副委婉动听的好嗓子，主要唱四川清音和川戏的高腔、胡琴、弹戏等。40年代，唐心林由街头卖艺转为“做馆”（在同一个茶馆长时间固定演出），他很有商业头脑，对市场的适应能力又很强，熟悉大众的喜好，常在曲艺的表演中加入一些噱头，特别擅长将各大艺术门类的特点融合在一起，做些小小的创新，深受群众欢迎。

中华人民共和国成立后，唐心林参加了重庆市曲艺生产组，主要唱四川清音、荷叶、车灯调及川戏清唱，附带伴奏二胡、京胡、琵琶，常在重庆磁器口一带随生产组演出。唐心林在旧社会饱经风霜，历尽寒苦，中华人民共和国成立后深知是共产党将他从水深火热中拯救出来，正值曲艺寻求发展和改革的时期，唐心林也希望将自己的一身技艺奉献于曲艺事业，为国家的文艺工作出一份力。在曲艺生产组的三年间，观众常常指名点他的曲艺节目，他总是忍着胃病的疼痛坚持演出，观众对车灯调的热爱和他自身对曲艺艺术的执着追求，使他决心要将车灯调进行改革，以新的面貌呈现给喜爱这门艺术的观众。一次，唐心林在茶馆演唱车灯调时，突发奇想，他提出用四张桌子搭建成一个舞台，板凳做台阶，高台上放一小书桌，第一次用坐唱的形式来表演车灯调，后觉得坐唱影响了肢体上的表演，又去掉桌子，站起来表演，从那以后车灯调就由坐唱改成了站唱。这样的改革让喜欢车灯调的观众耳目一新，有了这个先例，唐心林更加兴致勃勃地摸索起车灯调从演出形式到音乐调式上的改革。

1951年10月，重庆文艺界在一川剧院举行中华人民共和国成立两周年的庆祝演出，要唐心林出一个曲艺节目，他首次将车灯新曲目《共产党的光辉照耀着新中国》搬上了舞台。这次他又做了大胆的尝试，改革了车灯调的传统调式，在音乐伴奏中加入了锣鼓（打击乐），在锣鼓的伴奏下，唐心林身穿中华人民共和国成立初期国庆游行中盛行的打腰鼓的服装，头上系头巾，脚穿“打靴”，并化了妆，双手拿四页瓦，在急切的四页瓦碰击声和锣鼓伴奏下，载歌载舞地将车灯调搬上了舞台。顿时舞台气氛热闹非凡，特别是唐心林那个“小圆场”的转身亮相，吸引了观众，在此之前，观众早已习惯曲艺表演的坐唱和站唱形式，这样的“亮相”在曲艺节目里还是头一次，唐心林又再次将站着唱的车灯调发展成能歌善舞的单人表演唱，并正式更名为“车灯”。这是一次舞台表演上的创新，在这次演出中，他以“说新唱新”的曲目创作方式歌颂重庆解放，轰动了山城重庆舞台，各界人士都为之震动。之后，唐心林又陆续演出了《懒汉和鸡蛋》《一把米》《想台湾》等几十个新创的车灯曲目，并将车灯的唱词由五言、七言发展成九言、十言，形式更加灵活多变。从此，这门新的艺术形式从车车灯到车灯调、从民间走街串巷的表演形式到茶馆坐唱，最后以“车灯”之名登入了大雅之堂，登上了舞台。唐心林丰富了车灯作为一门艺术的表现力，使车灯艺术的审美功能得到发展和提升，车灯终于可以在舞台上一展其艺术风采。通过唐心林的改革，人们才知道车灯有如此丰富的艺术魅力，这是唐心林在艺术创新上大放风采、形成划时代里程碑的重要时期。车灯作为一个新的曲艺曲种在全市掀起热潮后，新闻界、文艺界等各界人士都十分关注车灯的发展，新闻媒体在重庆各大报馆宣传车灯，“学车灯、唱车灯、编车灯”很快流行起来，新编车灯演唱的段子也越来越多，车灯由重庆蔓延到整个四川，受到全川人民的欢迎，专程到重庆来学习车灯的单位和部队络绎不绝，四川各地先后正式向唐心林拜师学习车灯的专业人士达上百人。唐心林大量招收学员传授车灯艺术，第三批国家级非物质文化遗产项目代表性传承人谭柏树、黄吉森就是唐心林的第一批车灯学员。

（二）国家级非物质文化遗产项目代表性传承人现状（根据传承人口述整理）

谭柏树：男，1940年生，重庆人。幼年时，家境十分贫寒，父亲被拉去做壮丁，母亲靠给人做工来养活他和妹妹。日子过得非常艰难，往往吃了上顿没下顿，在白象街、太平门、大码头、行街、邮局巷、文化街、巴县衙门、十八梯等地过着居无定所的流动生活。

六七岁时，谭柏树为了生活，小小年纪就拿着簸箕装上瓜子、青果、橘子沿街叫卖，流窜于大街小巷、茶馆酒肆，这些地方都是下层艺人卖艺糊口的聚集地，从小他就见到了许多“做水棚”“住茶馆”以及码头卖艺的说评书、唱荷叶、打莲潇、唱车灯的说唱艺人。唱荷叶的孙明、打莲潇的笔难画、说书的补锅匠就是当时给谭柏树留下深刻印象的曲艺艺人。谭柏树一边卖瓜子一边听艺人说书，渐渐地听上了瘾。那时，在十八梯桥铺巷对面的茶馆里有一个叫陈自由的说书人，他的《日月龙凤帕》说得非常好，谭柏树便壮着胆子去找他拜师。1951 年，陈自由收谭柏树为徒，由戏改会文书蔡佳伶和川剧生角演员罗开心二人为见证人。谭柏树拜师学艺后，和老师一起参加了联营组（即后来的演唱生产组），在联营组期间，他又跟师叔李民常常去“打老闯”、“跳号”（即卖药）、“跳册”（即卖书）。联营组改成曲艺演唱生产组后，谭柏树到了第三演唱组，曾参加南岸文化馆的宣传活动，主要以打腰鼓、扭秧歌为主，之后到了普选工作宣传队，在宣传队期间演唱金钱板、花鼓。在此期间因表现出色，被当地文化馆推荐到市中区人民政府参加第一届选举人民代表的普选宣传工作，每天都有一两场演出，普选宣传工作结束后又回到了演唱组。1953 年初，谭柏树进入重庆曲艺队（即重庆市曲艺团的前身），组织决定让他跟唐心林老师学唱车灯。他学的第一个车灯曲目是《庞师傅检修避雷针》。当时的演出任务多，每隔几天就得学一个新节目，从唐心林老师那里，谭柏树学了十多个车灯曲目《农民代表游苏联》《海上救星》《灯塔照亮了余师傅的心》《柏树拗》《西里亚和大红马》等。当时，车灯在人民群众中十分流行，重庆市文化宫和市总工会联合开办了车灯学习班，谭柏树和老师唐心林负责教授车灯。1960 年至 1962 年，谭柏树带领小分队在区县演出，被评为重庆市建设社会主义新农村积极分子，他创作的清音曲目《放火炮》获重庆少儿文艺比赛一等奖；演出的清音《盼红军》获四川省新曲书目一等奖，清音《让座》参加全国书目会演获二等奖；清音《渡口》和《飞夺泸定桥》被中国唱片公司录制成唱片，《飞夺泸定桥》还参加了 1976 年的全国老艺人示范演出。1981 年，谭柏树受聘于重庆市艺术学校曲艺班，至今作为国家级非物质文化遗产项目传承人仍然在为重庆市曲艺团的青年演员传授车灯艺术。

黄吉森：男，1943 年 4 月 16 日生于重庆市沙坪坝古镇磁器口一位民间艺人之

家。黄吉森受父亲熏陶，从小就会唱花鼓、金钱板，为了生计，8岁就随父亲跑码头卖唱献艺，从小练就了吃苦耐劳的个性和一身民间曲艺的功底。1953年，10岁的黄吉森考入重庆曲艺队学员班，向唐心林拜师，学习车灯。唐老师不收徒弟，但见黄吉森勤奋好学、能吃苦，又有扎实的曲艺功底，破例收他为徒，就这样，黄吉森成了唐心林收的第一个徒弟。黄吉森在艺术上刻苦用心，很快就开始登台演出。

1954年，黄吉森为了在艺术上有更多的成就，又拜邹忠新为师学习金钱板。邹忠新老师对弟子的要求非常严格，要求他们两天就要背会一段唱词，忘词就挨板子受罚，黄吉森走路、吃饭都在背唱词。黄吉森从邹忠新老师那里学到的传统段子有《武松打虎》《秀才过沟》等。因为黄吉森勤奋好学，很快就作为主要演员随老师一起上山下乡巡回演出，每年演出600多场。长年演出的实践使黄吉森不但对传统段子驾轻就熟，在金钱板的打法上也有自己独到之处，每到一地演出，都受到观众的热情称赞。1958年，黄吉森分别拜陈琼瑞、熊清云、沙浪平、曾海凡等人为师，学习二胡、琵琶、三弦等乐器，同时学唱清音和扬琴，年仅十几岁的黄吉森已经掌握了车灯、金钱板、清音、扬琴等多种曲艺曲种。1970年，黄吉森被借调到重庆市歌舞团参加交响乐《沙家浜》的演出，任首席琵琶，并多次为名家伴奏，成为四川省曲艺界首席琵琶。黄吉森不仅一身技艺，在车灯词曲的推陈出新上还有独到的见解和创新，多次在全国各类曲艺大赛中获奖，1955年在河南平顶山的全国曲艺调演中荣获曲艺最高奖——牡丹奖。

（三）车灯师承关系表

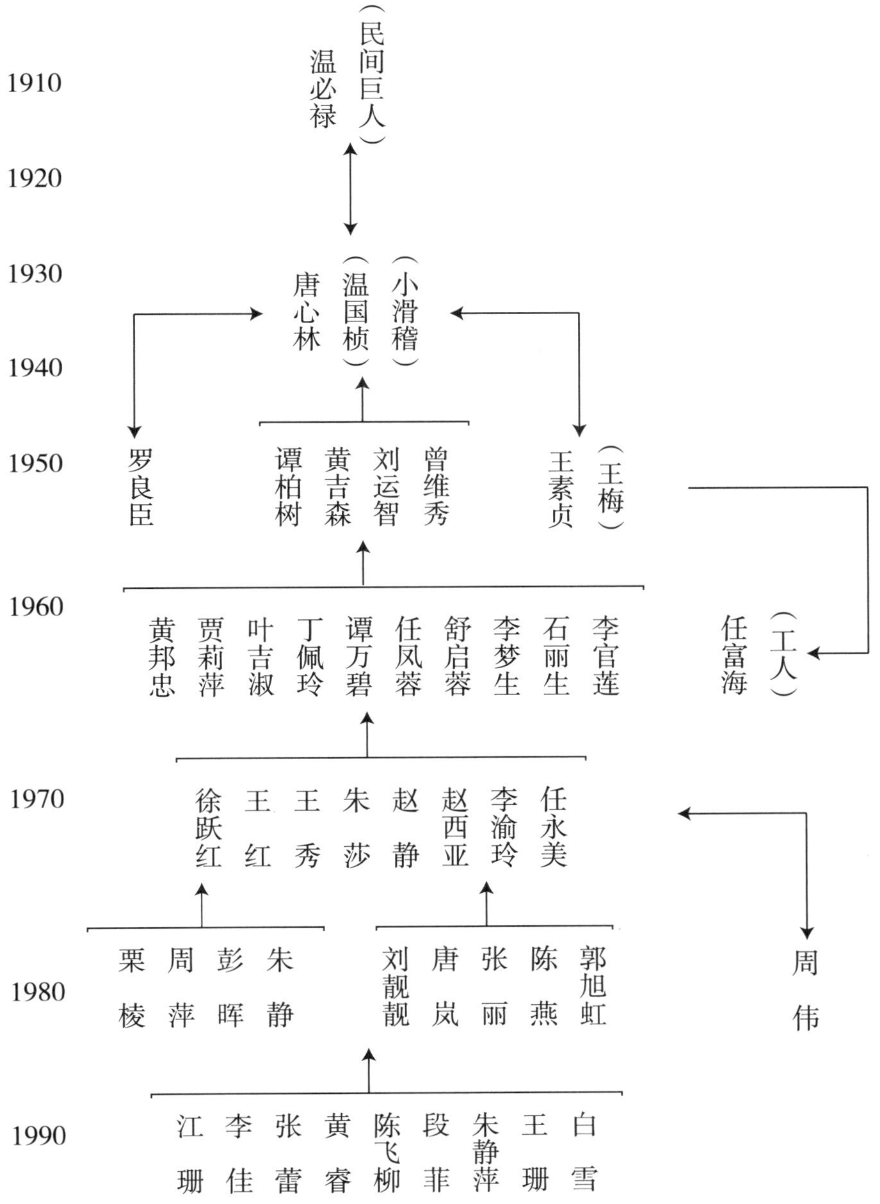
1910
温必禄（民间巨人）
1920
1930
唐心林
温国桢（小滑稽）
1940
1950
罗良臣
谭柏树
黄吉森
刘运智
曾维秀
王素贞（王梅）
1960
黄邦忠
贾莉萍
叶吉淑
丁佩玲
谭万碧
任凤蓉
舒启蓉
李梦生
石丽生
李官莲
任富海（工人）
1970
徐跃红
王红
王秀
朱莎
赵静
赵西亚
李渝玲
任永美
1980
栗棱
周萍
彭晖
朱静
刘靓靓
唐岚
张丽
陈燕
郭旭虹
周伟
1990
江珊
李佳
张蕾
黄睿
陈飞柳
段菲
朱静萍
王珊
白雪

五、车灯的艺术特征

车灯演唱的调式和曲目丰富，地域流布甚广，据笔者统计，曾流传的车灯演唱曲谱约有上千首。笔者在田野调查过程中发现，由于大部分民间老艺人已过世，资料保存工作不完善，给抢救和保护工作带来了诸多困难。经过许多努力，收集到的曲谱有300多首，按地域特色、分布区域以及演唱风格的不同，主要分为重庆和四川两个部分。重庆地区包括北碚、涪陵、潼南、云阳、忠县、城口、万州、大昌、官渡、铜古、巫山、白沙、石柱等地；四川地区包括成都、宣汉、遂宁、纳溪、南溪、万源、江安、南部、筠连、阆中等地。其中，完整的现代曲目主要形成于中华人民共和国成立后。传统车灯曲目不多，主要以曲调为主，有的只有唱词没有曲调。笔者根据所收集整理的曲谱，对车灯的艺术特征做了如下总结：

车灯的基本特征是说、唱相结合的一种演唱艺术。车灯演唱的"说"，不是日常生活中的"说白"，而是源于生活、经艺术提炼，具有一定音乐性和节奏感的说诵，是带有相当韵调的吟诵，车灯说唱中的"说"，在演唱中具有四两拨千斤的作用。"说"与"唱"是有机的结合与相融，它使车灯艺术的演唱绘声绘色，既相得益彰又幽默生动且感染力强。车灯演唱的"唱"，不是一般的歌唱，它与戏曲的唱相似，以唱来叙事抒情、塑造人物，讲究唱出独特的韵味，唱出风韵。车灯的说唱

覃丽萍、曾维秀车灯演出照

表演者，往往既是演唱者也是艺术的创作者，许多已有成就的车灯艺术家往往可以根据不同曲目的内容和听众的审美要求，结合个人演唱的特点、嗓音优势等，将唱腔加以改革，形成个人独有的演唱风格和特色。车灯有一套与众不同的发声吐字方法，讲究说和唱都要做到"字正腔圆"，要有自己的"味道"，这个味道正是车灯说唱艺术中最具特色的部分。车灯的演唱还十分注重肢体的表演，无论是单人、双人或是群体的表演，都大量吸收了戏曲表演的艺术精华，运用音乐化的对话和舞蹈化的动作去表现现实生活。但是在融合中又有与戏曲演绎人物、故事不同的特点，在铺陈故事、描景绘情、揭示人物内心世界时，常以第一人称塑造人物，甚至还可以游离于人物之外，用第三人称来加强情景描述，宣泄其思想感情，以少胜多地达到一人一台戏的艺术效果。

车灯的演唱在音乐方面将早期车灯"一唱一和"的形式发展为"一唱众帮"，将川剧的帮腔融入车灯的音乐调式中，以帮腔的方式来烘托气氛、为情境造势。在唱腔中又别具一格地大量使用"衬词"来揭示人物的内心世界，起到意想不到的艺术效果。车灯的音乐伴奏也别具一格，由演唱者以手握的"四页瓦"为掌握节奏的乐器。"四页瓦"既是车灯的伴奏乐器，又是演唱者表演的道具之一。小小的四块竹板打起来不但节奏明快，还能起到烘托唱腔、刻画人物的作用，甚至还能调动观众的欣赏情绪。"四页瓦"的创始者唐心林，自创了"打、摇、碰、抛"四种打法，将车灯由表演、唱腔到音乐形成一套完整的演唱体系和艺术风格，车灯凭借这些独有的艺术特征，造就了它非凡的艺术魅力。

（一）车灯的曲目创作

车灯的曲目创作承袭了车灯调的传统唱词规律，在演唱实践中又常常串同其他体裁的唱词，凡七字句和多段式的唱词都可作为车灯的唱词。它的词格一般为七言上下句，在唱词声韵上讲究上句落仄声，下句落平声，但是每一段的首句唱词则平仄均可。车灯的曲目多为叙事性的全韵文，只在唱词间隙中偶有说白。唱词以七字句为主，既可一韵到底，又可分段换韵，唱词用韵较为自由。唱词的段落以内容的自然段来划分，每段唱词成偶数，在四句以上。车灯的曲目内容主要有两个特征：

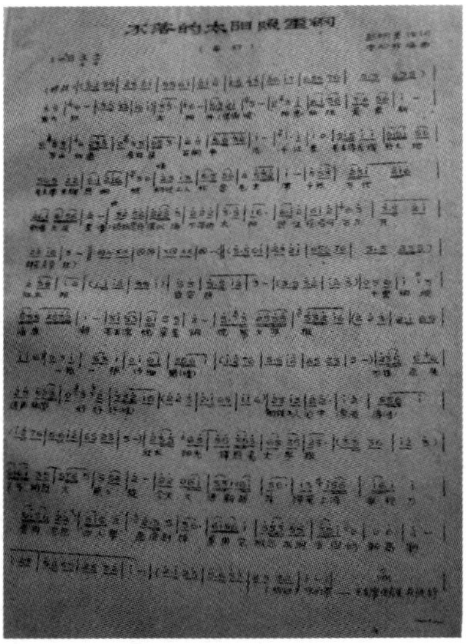

唐心林为重庆钢铁公司的车灯谱曲

一是积极反映现代生活和新时代人民的心声，具有鲜明的时代特征。车灯曲目最突出的特点是“说新唱新”，在收集整理的两百余个车灯曲目中，有近百个曲目的内容都是“说新唱新”，歌唱新中国、歌唱人民当家做主、歌唱中华人民共和国成立初期生产建设高潮中的新人新事。主要作品有宣传总路线的《灯塔照亮了余师傅的心》、反映生产节约的《洗油棉纱》、反映技术革新的《师高弟子强》、反映农业合作化的《两步当作一步走》、表达翻身做主的农民去苏联参观的激动心情的《农民代表游苏联》、批判农村一些人不想劳作就妄想致富思想的《懒汉和鸡蛋》，以及《人造卫星上天空》等。二是具有传承的民间性、娱乐性和地域性。车灯的大量作品是来自人民群众喜闻乐见的传统题材，如《车车灯不好玩》《老城门》《车幺妹不要哭》《水码头、城门洞》《车车灯街上行》，还有反映四川各地人文风情的《正月里来是新年》《正月是个一》《彩莲船一又三》《郎在荆州考秀才》《子丑寅卯》《十梦》《闹元宵》《灯花姑娘》《十想》等。这些极具民间风情和地域特色的车灯曲目，至今仍在逢年过节和喜庆日子中被人民群众所传唱。从民俗传播的角度来看，车灯已成为老百姓节日习俗中的一个组成部分，不仅娱乐了百姓，张扬了民族文化，且寓教于乐地丰富了老百姓的文化生活。车灯曲目的创作既反映现实又不失传统，赋予了车灯无限的艺术生命力。

（二）车灯的音乐特征

车灯音乐的主要特色是唱腔和帮腔，是由唐心林在车车灯、车灯调的基础上发展而来，其唱腔、帮腔和伴奏音乐及常用的伴奏乐器也是在不断的演唱实践过程中逐渐形成的。车灯形成前，唐心林在唱车灯调时，还是以坐唱和站唱的方式演唱，而唱腔则直接沿用了传统车车灯的唱法。因受茶馆场地的限制，演唱者人数不能太多，音乐声音也不能太吵，便去掉了帮腔和锣鼓。之后为了丰富音乐节奏和肢体表演的需要，唐心林自创了“四页瓦”，通过不同板式的打法来配合表演，同时加入二胡、月琴伴奏。车灯形成后，已经可以在舞台上进行表演，演唱的方式也由站唱发展成表演唱，这时的演唱者已不再限于单人演唱，可以双人或多人，甚至可以群体演唱，并在车灯的伴奏中又增加了四胡、中胡、笛子、三弦、木鱼等乐器。与此同时，四胡伴奏者孙清河配合唐心林的改革，为车灯的唱腔设计了音乐过门，使车灯的音乐更加丰满热闹，演唱也有了独特之处。1953年，唐心林、孙清河（中国音乐家协会会员）在李康生（重庆市群众艺术馆副馆长）等人的帮助下，将车灯的唱腔、过门、锣鼓和伴奏进行了反复的设计、加工，为车灯音乐设计了前奏、间奏、尾奏，渐渐完善了车灯的唱腔和音乐，并确定了车灯的基本音乐和锣鼓经，以及唱腔中的固定音型伴奏。自此，车灯的音乐、唱腔、伴奏有了一整套特定的演唱形式，形成一个地域艺术特色浓郁的曲艺曲种。50年代是车灯发展的高峰，由于各地观众的追捧，在流传的过程中又不断吸收民间演唱的特点，音乐上有了新的变化发展，它的基本帮腔“金钱梅花落”“荷花闹海棠”等已发展成风格各异并带有地方特色的十几种唱法。音乐过门和锣鼓也因演唱的需要随时变化，更加丰富多彩，但仍以车灯定型后的基本唱腔、过门和锣鼓为主，渐渐形成自己独特的音乐风格。车灯的音乐由唱腔、行腔、过门音乐和锣鼓四个部分组成，与此不同的是传统的车灯音乐则由唱腔、帮腔、过门音乐和锣鼓四部分组成。唱腔是车灯音乐的关键，用以铺陈故事、叙事和刻画人物；帮腔、过门和锣鼓起到节奏停顿、起承转合及烘托舞台气氛的作用，是构成车灯音乐最重要的因素。车灯音乐的基本音列为：【 6 1 2 3 5 】，在演唱中以此基本曲调贯穿全曲进行多次反复，在基本曲调的反复中，基本唱腔不变，而帮腔、过门和锣鼓则随故事情节或人物情绪的发展时有变化。

车灯传承人谭柏树、黄吉森表演双人车灯

车灯《灯花姑娘》

1．车灯的唱腔

传统的车灯唱腔由起腔、平腔、丢腔三个部分组成，简称“起、平、丢”。2011年5月，在重庆市曲艺团的支持和配合下，由车灯传人谭柏树、黄吉森以及清音传人李静明、丁佩玲组成的专家小组，针对唐心林的车灯唱腔进行了整理研究，发现唐心林在车灯唱腔的运用上有独到的创新。他在每段唱腔的起、平、落上，在唱腔的中部——“平部”有着独特的行腔部分，在尾部的“落部”上，又加入“放腔”而后再落到“帮腔”上。唐心林演唱的车灯结构为：前奏‖：起腔——行腔——放腔——帮腔——间奏：‖结束（简称“起、行、放、帮”）。

（1）起腔：为每段唱词的首句起，腔调多高起低落，前半句停留在全曲的高音“5”或“3”上，腔尾则均落在“5”上（根据演唱者的嗓音条件决定），并带有惯用衬词“啰喃喂”或“哟喂”、“哦喂”，起腔的特点是高亢、舒展、韵味儿十足。唐心林非常重视自由行腔，他的起腔可在唱词首句，也可在唱词第二句起腔，有时还在板上或板下起腔，演唱时往往可根据唱词的内容自由发挥，游刃有余。

（2）行腔：最能展示车灯演唱者的艺术才华。它由每段唱词的第二句开始，到末尾的上句为止，旋律由一个基本乐句进行变化而作多次反复，唱词可长可短。唱腔每句的落音因其唱词的不同，分别落在“5”“6”“1”三个音上，上句落“6”，下句落“5”“1”上。唐心林在行腔中根据旋律的变化而依字多变，并加以“花唱”和接近于口语的“数唱”。他的行腔是动态性的演唱，既可根据情绪或唱词的需要把句幅展开，形成抒情性的“花唱”，也可把句幅压缩成“数唱”。抒情性的“花唱”字少腔多，节奏舒缓深沉；而“数唱”字多腔少，节奏急促紧凑，夸张诙谐。行腔在车灯的唱腔中空间最大，它的抒情性唱段和垛句多为创腔者事先设计，其中数句非常口语化，多为演唱者即兴创作，灵活发挥，是车灯音乐中最具特色的地方。

（3）放腔：接于行腔之后，用在每段唱词的上半句开始放腔，落音为“6”“5”

或“5”“1”“2”“3”。放腔起着引领帮腔的作用，放腔的落音和放腔的方式不同，所引出的帮腔也各不相同。放腔的方式分半句放腔和全句放腔两种，半句放腔在后三字帮腔中出现，全句放腔则是末句唱词在放腔中一气呵成，帮腔中就不再重复唱词。

（4）帮腔：帮腔在车灯音乐中占有重要的位置，是整个唱腔中最精彩的部分，也是展示车灯唱腔特色的关键腔句，许多唱腔设计都在帮腔部分大做文章。基本帮腔以传统车车灯的“金钱梅花落，荷花闹海棠”为衬词。唐心林在车灯唱腔的改革中，广泛吸收了各地传统的帮腔特色，将帮腔从传统“车车灯”中的“喜灯调”和“哭灯调”的几种衬词发展演变为十几种衬词，如“七不龙冬”“栀子花儿”“呀嗬咿嗬”“咿得呀得喂”等，至今，帮腔仍在发展变化中。车灯的帮腔用于每段唱腔的末尾，由演奏锣鼓的乐队担任。帮腔有两大类，一类是以每段唱词末句加衬词的帮腔，一类是用全衬词的帮腔。车灯的帮腔在各地常用的有“金钱梅花落”“闹海棠”“四季花儿红”“花莲花”“呀嗬儿咿呀嘿”“喇哩呐哩喇”“七不龙冬锵冬锵”“麦子花儿香”“栀子花儿”等。帮腔在车灯音乐中通常用于唱段之中，起到画龙点睛之用。

2．车灯的伴奏与乐器

（1）车灯的伴奏：车灯的伴奏以弦乐、弹拨乐为主，无固定乐队编制，常用乐器为四页瓦、锣鼓、二胡、扬琴、木鱼、板胡、中胡、三弦等。车灯的音乐过门多采用齐奏，起腔、行腔、放腔、帮腔则采用跟腔伴奏。行腔中伴奏有两种：一是随腔伴奏，二是固定音型伴奏。

①随腔伴奏：是一种近似于跟腔的伴奏，伴奏的音符与唱腔一样，没有固定旋律，全凭伴奏者对唱词和演员唱腔特点的熟悉，随演唱者的唱腔进行，衬垫出各种与唱腔相同而又不完全连贯的音乐，最后稳定于唱腔的落音之上。

②固定音型伴奏：伴奏的音符与唱腔不同，是按固定的音符组成的旋律，用于行腔中的上下句。只在每句结束的尾音时相同，但不排斥随腔伴奏的手法。一个曲目的伴奏可以在固定音符伴奏基础上，和某些唱腔相同，由于各句唱腔的落音不同，固定音型伴奏的音符也不尽相同。一般情况下落音在“6”的为上句，落音在“5”“1”“2”的为下句。

（2）车灯的锣鼓与过门

①车灯锣鼓字谱说明：

达八：鼓槌敲击鼓边。

冬：鼓槌敲击鼓心。

不龙：鼓槌双击或滚击鼓心，可代两声至四声，如冬不龙（双手）。

呛：鼓、锣、钹同击。

七：钹、鼓同击。

台：马锣单击（常用于涪陵、宜宾车灯）。

乙：休止。

②车灯的锣鼓与过门有四种，分别是开场锣鼓过门、过场锣鼓过门、收场锣鼓过门和子过门。

开场锣鼓过门：用于全曲开始处，多由锣鼓开始，然后引出过门，并相互套奏。

过场锣鼓过门：用于各唱段之间，并相互套奏。

收场锣鼓过门：用于全曲结束处。收场有两种方式，一是锣鼓与过门套奏收场，一是纯锣鼓收场。

子过门：与唱腔的落音紧密相连，也有填补唱腔中的停顿而加用子过门的。

（3）四页瓦

四页瓦是车灯演唱中所击节的四块竹板。最早在演唱"车灯调"时是用两块竹板单手敲击来控制乐队和调剂演唱者节奏的，唐心林将其取名为"车灯板"。后来唐心林在演唱车灯时，发明了四块竹板双手敲击来伴奏的乐器，最初叫"四块板"，在民间又有"手莲花"之称，因竹板成圆弧形，像房上瓦片，最后改为"四页瓦"。四块竹板相同，均长100—120毫米，宽35—45毫米，厚10—15毫米，由楠竹板制成。竹皮面为敲击面，呈竹面本身的自然弧形，

四页瓦

竹心面为背面，内弧或保持原状，或两端稍为刀削的一部分，使之略呈平面。“四页瓦”为演唱者起着伴奏、调剂和情绪烘托及道具辅助等作用，是车灯演唱不可缺少的伴奏乐器。“四页瓦”的握法（以单手为例）：将竹板置于拇指第一关节和虎口之间，内拇指头弯曲勾住竹板的中间部位使之固定，另一块竹板置于中指和无名指之间，指头弯曲勾住竹板的中间部位使之固定，食指与小指自然弯曲，食指可根据表演需要做自由伸曲（双手握法相同）。唐心林在创造“四页瓦”后，在演唱实践中，根据表演的需要，摸索出一套“四页瓦”“打、摇、碰、抛”的四种打法：

①打板：主要用于演唱中掌握节奏。勾住竹板的中指、无名指和拇指将两块竹板向反向拉开又合拢，使两块竹板相碰，发出“夸”“打”的声音。

②摇板：常用于过门中的圆场和舒缓的唱腔与动作表演中，可以单手或双手摇。将两块竹板握在手中，保持较近的距离，腕、肘部关节放松，中指、无名指和拇指三指勾住竹板向左右两侧连续晃动，使两块竹板的两端连续碰击，发出一连串密集的“噔噔”声。摇板主要有滚摇和浪摇两种，滚摇多以单手击节，声音急骤、短促，常与打板的节拍相配，形成板后的花点，如“噔噔，噔，噔噔噔”等。浪摇则多为双手击节，声音密集，持续时间长。除了滚摇、浪摇，还有倒摇、直摇，这就要看演员手上的功夫了。

③碰板：常用于演唱时的亮相和舞蹈动作。双手持竹板，利用双手相碰或双手分别与左右腿相碰时，竹板受撞击而发出“叭”的声音。碰板有正碰、反碰、进出碰、腿碰等打法。

④抛板：打、滚、摇三种板式是传统车灯的打法，唐心林在其舞台实践中创造了一种新的打法——“抛”，有一手抛、双手抛、边打边抛等各种“抛”法，主要用以配合表演的需要。不同的打法还有不同的持板姿势，有“雪花压顶”“苏秦背剑”“黄龙缠腰”等。

⑤四页瓦打击字谱说明：

咵：双手同时打板。

打：单手打板。

登：单手或双手摇板。如噔噔噔噔噔噔噔噔或噔噔噔噔

扒：持板在手、肩、身、腿、脚上碰击。

六、车灯的文化价值与传承保护对策

改革开放三十年来，我国经济建设取得了快速发展，为非物质文化遗产的保护和传承打下了坚实的基础。非物质文化作为优秀传统文化的重要内容和活遗产，其传承日益受到各级政府和人民群众的重视。车灯作为国家级非物质文化遗产的一个重要名录项目，了解它的传承价值，制定对它的保护和发展计划，是文化发展战略的重要组成部分。

（一）车灯的文化价值

车灯艺术的源流，若上溯到西晋时期灯文化的影响，在民间的衍变和发展已有一千多年的历史。千百年来，巴蜀人民在生活的历史长河中创造了曲目众多、特色浓郁的车灯艺术，给人们带来多姿多彩的美好生活享受，有着丰富的民俗性、多样性和创新性的文化价值。

1．民俗性

从民间歌舞闹花灯繁衍形成的车灯，充分表达了不同时期人民群众心理审美的需要，具有独特的地域性、民俗性。车灯是伴随着古老传统节日——元宵闹花灯的民间车车灯的民俗表演而产生的，在喜庆的日子，人们划着旱船、高举可以带来欢乐和幸福的龙灯、狮灯、猪灯、牛灯、羊灯、马灯及庆丰收的各种植物灯，用民间歌舞的形式来祈祷上苍赐福，并恭迎世间万物神灵来到人间与民同乐，接受人间的膜拜和崇敬，从而使天上、人间充满祥和、安康和欢乐的气氛。人们高举纸扎的龙灯、各种动植物灯，随同装扮成车幺妹的演员游行于城镇乡村，装点着巴蜀大地，在情不自禁中演唱、抒发对新年的祝贺和对未来生活的美好期盼，这是人们由于心理和审美需要而自然产生的创作冲动，是民俗文化观念深化的一种具体表现。民间歌舞的车车灯增强了节日的热闹气氛，也反映出人们热爱生活、祈求太平的良好愿望以及对吉祥如意、繁荣安康生活的追求，这样的民间民俗文化活动延续了千年，映衬出中华民族文化代代沿袭的传统。由车车灯发展而成的车灯，承继了这一悠久的民间民俗文化传统。

2．多样性

车灯是在民间民俗的娱乐活动中产生、发展而成，它的演唱曲调以民间传统音乐文化为基础，传承了民间音乐文化中的多样性。在收集整理的车灯资料中，已查到三百多首曲目和不同类别的曲调，其中车灯调、莲船调、牛灯调、狮灯调在民俗喜庆节日中早已广泛流传，且形式纷繁、特色斑斓、娱乐性强。车灯的音乐调式丰富，甚至还有“喜灯调”“哭丧调”“哭嫁调”的影子，在百姓传统民俗仪式中随处可见。这些演唱形式繁多、曲调风格各异的车灯演唱曲调，充分表现了孕育于民间音乐的车灯艺术的文化多样性和丰富性，是民族文化宝贵的遗产。

3．创新性

车灯“说新唱新”的特性正是它紧跟时代步伐的创新性。纵观车灯艺术的整个发展过程，它与人类社会的发展相同，随着不同历史时代的更替，在艺术的创新中动态发展。作为说唱艺术的车灯从一开始就把劳动人民生活耕作的感受和思想感情，通过口头创作的方式在艺术作品中反映出来。从车车灯、车灯调到车灯，每个时期都涌现出许多反映那个时代和生活的作品，且不断创造出新的演唱形式。特别是中华人民共和国成立后，由于党和政府对车灯艺术的重视，过去地位卑微的车灯艺人在党的关怀下，思想觉悟也得到不断提高，他们将对新社会和党的热爱编演成新曲，涌现出许多反映社会主义建设、群众现实生活的优秀作品。他们将文艺当作鼓舞群众斗志的武器，贯彻党的文艺方针政策，积极为人民服务，活跃了群众的文化生活。重庆市曲艺团的车灯艺术第一人唐心林，就创作演唱了近百段反映现实生活的新曲目，在车灯艺术发展史上，留下了光辉的一页。车灯是一个时代的赞歌，“说新唱新”也成为车灯艺术工作者的光荣传统，他们为建设社会主义高度的精神文明做出了卓越的贡献。

（二）保护单位的传承和保护措施

2008 年，车灯被国务院批准列入国家级非物质文化遗产保护名录项目，并对该项目保护单位——重庆市曲艺团颁牌。始建于 1952 年的重庆市曲艺团，是西南地区成立最早、兼具南北曲艺曲种，最具巴渝民间特色和地域特色的专业艺术表演

车灯演唱《懒汉和鸡蛋》

大型曲艺《月光下的水仙》中的车灯演唱《唱重庆》

团体。多年来，在全国曲艺艺术极不景气的大环境下，他们一手抓创作，一手抓市场演出，在注意经济效益的同时，始终把注意精神文明建设和社会效益放在首位。他们每年演出的总场次多年来总居全市专业艺术院团之首，并在历次全国专业文艺会演和比赛中有20多个曲艺节目获奖，取得了惊人的成绩。2000年，宣传三峡移民题材的《搬进新居还太阳》(清音表演唱)获文化部颁发的“文华新节目奖”；为纪念中国共产党成立80周年，2001年，自主创作歌颂红岩精神的大型曲艺《雾都明灯》荣获文化部颁发的第一届“文化新剧目奖”；2005年为纪念反法西斯战争暨中国人民抗日战争胜利六十周年，将《雾都明灯》反复艺术加工修改为《月光下的水仙》，得到了广大观众和专家的赞扬肯定，在角逐2005年文化部全国舞台艺术精品工程中，入围了“国家精品工程”三十强，成为中华人民共和国成立以来，全国曲艺类作品唯一进入“国家精品工程”的原创曲艺剧目。由于重庆市曲艺团多年来在艺术改革中真抓实干、不断创新、勇于探索，进入了全国曲艺艺术表演团体排名的前列。重庆市曲艺团作为车灯项目的保护单位，绝对有能力承担起该项目的保护、传承和传播工作。从挂牌之日起，重庆市曲艺团就肩负起传承和保护车灯艺术的重任，并十分重视对车灯的保护和传承工作。笔者在对重庆市曲艺团的多次采访、调查中了解到，自2006年起，重庆市曲艺团就组建专门的非物质文化遗产传承班子进行学习，以加大对非物质文化遗产保护相关政策的认识、理解。2011年至2013年，由于田野考察工作的需要，笔者曾作为重庆市曲艺团“非遗”保护专家组的成员之一，在“保护为主、抢救第一、合理利用、传承发展”基本方针的指引下，根据文化部非物质文化遗产抢救保护的有关文件精神，结合重庆市曲艺团的具体情况，帮助重庆市曲艺团对车灯艺术的传承和发展制定了总体规划和工作目标。2015年，当笔者再次前往重庆市曲艺团进行采访中了解到，这些年的传承和保护工作已取得了显著的成效。

1．专项资金投入

在2011年至2012年间，重庆市曲艺团曾先期投入10万元专款，用于对老艺人曲目、唱本、曲谱资料的收集整理工作，之后又投入30余万元添置电脑、录像机、音响等电子器材，并逐步完善重庆市曲艺团专属剧场——“山城曲艺场”的舞台设备、设施，改善车灯演出的舞台环境，以适应现代观众对艺术审美的新需求，使车灯的普及和发展有更好的传播空间，重庆市曲艺团在资金上保障了对车灯的全面保护和传承。

2．调研整理

2012年，重庆市曲艺团和重庆市艺术研究所合作，组织已退休的曲艺老艺人，将车灯的部分经典剧目进行了抢救性的录音、录像，其中有著名车灯艺术家唐心林演唱的《懒汉和鸡蛋》、国家级非物质文化遗产项目代表性传承人谭柏树和黄吉森演唱的《老城门》《打靶》《扯谎经》《看女婿》《观灯》等，并到重庆著名的寺庙华岩寺和一些区县，对民间庙会、商贸会现场的车灯表演进行拍照、录像，保留了一批珍贵的历史影像资料。同时，在现有记载的车灯老艺人传统曲目的录音、录像、文字基础上，将车灯的曲目、唱腔、音乐、表演、舞美等各方面作全面而系统的研究整理。在全面系统地收集、整理原有保护成果，并进一步实施保护计划的基础上，深入开展对车灯艺术的理论研究，梳理车灯的历史渊源、艺术特征、审美价值，挖掘车灯艺术可持续发展的新路径。

3．开拓市场

在不景气的曲艺演出市场中，重庆市曲艺团努力探索新路径。2013年，他们在“三下乡”演出中特意安排了车灯节目，在厂矿企业的包场演出中将车灯送到基层，在新创大型曲艺节目《月光下的水仙》和《紫气东来》中，创作了“说重庆，唱重庆”和“激情重庆”这些充满现代气息的车灯新曲目，通过提升车灯的音乐品质，使之成套成型，赋予它更美的艺术表现力和感染力，在继承车灯民间音乐的基

谭柏树为学生讲解车灯的表演艺术

础上，吸纳现代音乐的诸多元素，将车灯打造成音调虽简练质朴，但有着现代气息的独特音乐风貌，受到广大青年观众的好评和欢迎。这些举措以保护非物质文化遗产为平台，宣传车灯、激活演出市场，为常态化的演出市场在疲软中走上市场营销策划的新路。

4．培养传承人

由于“文革”的原因，车灯曾在20世纪70年代开始走向低迷，到20世纪末，几乎销声匿迹。2011年到2014年，重庆市曲艺团组织专家到重庆的涪陵、合川、北碚、南岸等地，对车灯的历史源流、形成和发展进行田野调查，先后召开了五次大规模的车灯艺术研讨会，并对调研成果进行理论总结、工作筹划、方案制定和研讨论证，同时经过认真研究和搜集，明确了车灯的代表人是唐心林，国家级非物质文化遗产项目代表性传承人为其弟子谭柏树、黄吉森，并制定了车灯传承人的传承谱系。重庆市曲艺团为了解决人才问题，采取了积极措施，对传承车灯艺术有贡献的老艺人授予“传承人”称号，在经济上给予扶持和激励，并从青年演员中选拔出优秀人才举办车灯艺术培训班，让“传承人”助学授课，还拟在培训基础取得成效后，适时举办车灯艺术的传承会演，并在社会上进一步宣传普及车灯艺术。这些抢救扶持措施对车灯艺术人才的传承发展起到了立竿见影的效果。目前，重庆市曲艺团已设立专门的职能部门，针对青年人才的培养和优秀曲目的传承制定规划，形成一套有效的机制和经费的保证。有计划地组织老艺人传艺讲学，从本团的青年演员中挑选出6位优秀青年演员拜师学艺，由国家级非物质文化遗产项目代表性传承人谭柏树、黄吉森及清音传承人李静明组成师资力量，亲自教授车灯艺术，并制定艺术考核目标，力争培养出车灯艺术新的传承人。

5. 建设车灯传承基地

2011年初，笔者随重庆市曲艺团及专家小组前往北碚区凤凰乡观摩当地首创的“车灯传承基地”，到南岸区铜元局地区考察民间车灯表演状况，与民间业余骨干进行艺术交流活动，共同探讨民间车灯的传承方式，对车灯基地的发展进行艺术指导，制定一系列加大车灯在节假日、庙会、商贸展销会等民间活动中的演出宣传计划，保护了车灯的历史源流和民间地域特色，使车灯在节假日、庙会等各种民俗活动中充满生机。为更好地实施这些目标，2014年，重庆市曲艺团在“政府主导、社会参与、明确职责、形成合力”的非物质文化遗产保护工作原则的指导下，将“非遗”保护专家组改为“车灯保护组织委员会”，由团长、书记任组委会主任和副主任，“非遗”专家组为顾问，设置专门的办公室，由办公室负责日常工作的开展，按计划分步骤地实施保护传承发展的工作。重庆市曲艺团通过认真开展非物质文化遗产“车灯”的普查工作，基本摸清了车灯的艺术形成、发展以及艺术特征、传承关系等。至今，在重庆市曲艺团领导班子和专家组成员的统一部署下，分别制定了普查方案及现状调研，全面掌握了车灯的遗产资源、数量、分布状况、生存环境和保护状况以及由此存在的种种问题，建立档案和相关数据库，取得了预期成效，获得丰硕成果。重庆市曲艺团经过多年不断的努力，取得了可喜的成绩，但是面对国家“十二五”新的发展，面对非物质文化遗产的保护传承，面对艺术表演团体如何适应市场经济发展、切实转入全面协调可持续发展的轨道，面对国际国内文化市场多元化的竞争不被边缘化，仍是摆在剧团面前的严峻课题。笔者认为，当前，必须集重庆市曲艺团全团演职员工的力量，把国家级非物质文化遗产——车灯的保护、传承、发展，当成一次团队建设，让演员的艺术个性有机地融入集体创作中，获得全方位的支撑和发展。

保护、传承、弘扬非物质文化遗产是一项长久的伟大事业，车灯这个有着浓郁地域特色和丰富民间文化内涵的曲艺曲种，虽然在全国广泛开展的非物质文化遗产保护工作中获得了新生，可作为曲艺类国家级非物质文化遗产名录项目，如何在当今多元化的文化格局中，能坚守精神家园，持续民族文化的弘扬和发展，仍面临着重重困难，任重而道远。作为车灯传承载体的重庆市曲艺团，近年来在非物质文化遗产政策的保护下作了大量的抢救传承工作，取得了令人瞩目的成就。作为一门曲艺艺术，车灯艺术的文化生态环境并不令人乐观，自20世纪80年代以来，受其他新生文化形态的冲击，车灯的发展命运直转急下，它与中国其他传统艺术一样，受到外来文化的冲击，出现不景气的局面，虽在艰难跋涉中取得了不少可喜的成果，推动了这项事业的全面发展，但是如何在当前多元文化格局下，继续求得生存与发展，仍值得深思、探索。

注释

① 傅崇矩．成都通览［M］．成都：成都时代出版社，1909．

② 胡朴安．中华全国风俗志［M］．上海：上海科学技术文献出版社，2011．

参考文献

1 | 段明，胡天成．巴渝民俗戏剧研究 [M]．贵州：贵州人民出版社，2006．

2 | 薛新力．重庆文化史 [M]．重庆：重庆出版社，2001．

3 | 傅崇矩．成都通览 [M]．成都：成都时代出版社，1909．

4 | 胡朴安．中华全国风俗志 [M]．上海：科学技术文献出版社，2001．

5 | 《中国曲艺音乐集成·四川卷》编辑委员会．中国曲艺音乐集成·四川卷 [M]．北京：中国 ISBN 中心，1994．

6 | 王文章．非物质文化遗产概论（修订版）[M]．北京：教育科学出版社，2013．

山东鼓子秧歌在非遗保护下的场图变化现状研究

Research into the Formations of Shandong Guzi Yangge and Its Changing Nature as An Intangible Cultural Heritage

任胜玮

杨 秀 | 指导教师

摘要

鼓子秧歌是山东民间文化的重要组成部分，是迄今山东农村仍然广为流传的一种艺术形式，“场图”又在鼓子秧歌中起到很重要的作用。本次调研以田野调查资料为主，参照部分地方志和非物质文化遗产普查资料等内容，对山东鼓子秧歌场图变化现状进行分析。从美术视角看场图的分类及艺术形式，分析场图中存在的对称之美、圆之美。对鼓子秧歌场图变化的关注不难看出，场图的应用随着农村经济政治文化等方面的发展也在发生变化。

关键词：鼓子秧歌；非物质文化遗产保护；场图；美术价值

Abstract

Guzi yangge, as an important part of the folk culture in Shandong Province, is still a widespread folk art in northern Shandong Province. The formation(or team pattern) plays an important role in the performance of Yangge. This study is mainly based on the materials collected from our field work. Some local records and census data on the intangible cultural heritage are also a source of information. We analyze the change and status quo of the formations of Shandong guzi yangge, look at its categories and art forms from an artistic perspective, and the beauty of symmetry and circles in them. If we pay a close attention to the change of the formation of the Guzi Yangge, we then shall see that the utilization of the formations is also changing with the development in economy, politics, culture and other aspects in rural areas.

Keywords：Guzi Yangge；Intangible Cultural Heritage；Formation；Artistic Value

一、序　言

鼓子秧歌是山东民间文化的重要组成部分，是山东最为普遍流传的一种艺术形式。它一直被称为山东三大秧歌之首和北方汉民族舞蹈的代表。鼓子秧歌是在广场上表演的群众性民间舞蹈，它组织严谨、舞动起来气势磅礴，原来称之为“跑十五”“闹十五”“扮玩儿”，在20世纪40年代后统称为“鼓子秧歌”。[①]鼓子秧歌现流传于“商河、惠民、临邑、禹城、乐陵等县农村，以商河、惠民两地最为盛行，至今，该地组织和进行秧歌活动时，仍然保存诸多古代风习”[②]。山东的鼓子秧歌现在大致分为商河县、济阳县、阳信县、惠民县四大流派。其中商河、济阳、阳信鼓子秧歌已被陆续列入国家级非物质文化遗产代表性项目名录。

笔者从2015年3月开始到2016年2月跟随山东艺术学院调研团队一行分别对惠民、阳信、商河地区的鼓子秧歌进行了4次调研。调研过程中发现如今当地农民外出打工的人颇多，村子里跳鼓子秧歌的人越来越少了，这种集体性的活动只能等到当地政府宣传部门、文化馆举行秧歌比赛的时候才能重新召集人马进行练习。然而秧歌展演或者秧歌比赛都有场地、时间的限制，故而发现场图变化成为鼓子秧歌传承保护过程中变化最为明显的一部分。笔者分别对三个地区的鼓子秧歌传承人进行了访谈，了解当地的场图变化现状。与此同时，笔者搜集地方志、当地申请非物质文化遗产代表性项目名录时所准备材料以及相关的史料书籍等。通过田野调查法、文献研究法、个案研究法等对鼓子秧歌场图的保护现状进行调查和分析，发现传承过程中存在的问题并提出相应的解决方案。

二、山东鼓子秧歌的起源与分布

关于鼓子秧歌的起源，不同地区有不同的说法。2015年3月2日、12月18日，我两次跟随山东艺术学院调研团队一行来到山东省滨州市惠民县皂户李镇袁家庙村进行调研，通过考察，逐渐对鼓子秧歌场图的变化现状进行了探究。通过对当地地方志、县志等资料搜集，以及对老艺人的访谈，对于鼓子秧歌的起源进行探究。在惠民采风的时候，从《惠民县志》中得知鼓子秧歌的源起：一说是惠民西部历处郡县边鄙，是南北朝以来农民起义的策源地。百姓学习农民义军操练，相沿成习，而后不断改进形成秧歌。另一说是唐代推行均田制，此地民生初安，唐政府为发展雅乐，到民间招收乐舞人才。此地久有传统，人才较多。这些人一边献艺朝廷，一边授技民间，学者渐众，而形成群体秧歌。1972年，在石庙镇归化村出土了一晋代石椁。镂文载，西晋建国曾在此修大规模罗汉庙。有人据此推论，庙会期间，杂耍艺人云集卖艺，传之民间，久而形成秧歌。[③]关于当地鼓子秧歌传说的典故这样讲道：鼓子秧歌又叫“打鼓子秧歌”，起源于惠民县西部一带。唐代初期惠民县（那时县名叫“厌次”）有个“刘打鼓村”，村中多刘姓的农民，他们在民间击鼓基础上经过长期的演练创造了“打鼓子秧歌”，受到群众的欢迎，后来，人们为了纪念他们，就将村名定为“刘打鼓村”。因为“打”“大”谐音，后来就把“打”叫成“大”了。在“大鼓子秧歌”的创始阶段，“刘打鼓村”还没有皮鼓，是用面锣当鼓。隋末农民起义军中操练鼓舞时逐渐改用皮鼓了。[④]

2014年12月16日，笔者在山东滨州市阳信县文化馆搜集资料，得知阳信鼓子秧歌的起源说法是这样的：北宋年间，黄河水患不断，当地人民既要开荒种地，辛勤耕作，又要开沟输水与黄河斗争，每当获得第一次丰收时，人们欣喜若狂，便以“罗圈”（是筛面用的一种木圈）蒙纸为鼓，以锅梁（蒸食物时架箅子用的一种井形木架）置柄为伞，挥舞工具模仿战天斗地的姿势，高兴地跳起来，从此这种秧歌便流传了下来。

2016年2月21日，恰逢商河鼓子秧歌会演的时候，笔者走访了商河县文化馆，并对白集回族鼓子秧歌传承人白清哲、市级传承人王宗来进行了访谈。调研搜集的《商河县志》中有这样一段关于鼓子秧歌起源的记载：“举国纷纷兴若狂，新正十四挂衣裳，明朝但愿无风雪，尽力逞才闹一场。”清道光年间修《商河县志》中载：“立春前一日，官府率士民具芒神，春牛，迎春于东郊。里人行户扮渔、樵、耕、读诸戏。结彩为春楼，以五辛为春盘，饮酒簪花，啖春饼。”“元宵，张灯火，放花炮，酒宴乐歌，竞为欢会，凡三夜。”[⑤]从古书典籍中可以看出鼓子秧歌在明清时期是非常受大家喜爱的，不仅有角色的分工，而且在正月十五元宵节闹秧歌时也格外热闹。

无论从书籍中还是采风县志、艺人口述传说等了解到，鼓子秧歌起源有好多说法，不论哪种说法，都无法改变鼓子秧歌经过长久的历史岁月逐渐磨砺形成的民间文化形式。尤其是它那引人注目的一百多个秧歌场图变化种类，是经过世代演练而总结归纳出来的。

三、鼓子秧歌传承现状调查

山东是孔孟之乡、礼仪之邦，鼓子秧歌的萌芽和传统的思想文化有着渊源关系。鼓子秧歌的传承与发展和人们的生活方式、经济文化发展以及文化进步是息息相关的。笔者在此次调研过程中采取对比的方法，针对已被列入非物质文化遗产代表性项目名录的鼓子秧歌传承情况与未被列入非物质文化遗产代表性项目名录的鼓子秧歌传承情况进行比较分析。因此在 2016 年 2 月 18 日，笔者到达阳信县洋湖乡西肖村，对享有“秧歌博士”美名的于秀森、头伞于安华和老艺人肖玉得进行访谈。笔者于 2016 年 2 月 22 日到山东省惠民县皂户李镇袁家庙村，对老艺人蔡仲岐、李福林进行了访谈。通过对两个地区鼓子秧歌的传承情况进行对比，分析被列入非物质文化遗产代表性项目名录与未被列入非物质文化遗产代表性项目名录的鼓子秧歌的传承现状。

（一）以被列入非物质文化遗产代表性项目名录的阳信鼓子秧歌为例

作为表现劳动工作、抗击旱涝灾害、模仿军队作战及祭祀活动等多重作用的阳信鼓子秧歌，必然成为民俗活动不可缺少的部分，这种精神和心理的祈盼，成为鼓子秧歌之所以保留、巩固、发展的重要元素之一。[⑥] 鼓子秧歌在千年的传承中，受历史、人文、地理等因素的影响，形成了不同的流派。鼓子秧歌的发展壮大可以概括为三个阶段。

第一阶段：萌芽阶段（大致可以推测为解放战争时期“新秧歌运动”阶段）。有许多专家学者采风发现整理了鼓子秧歌，并且有意识地进行了创新，同时也有了零散的文字资料出现在书籍之中。跳秧歌的人也由自发的零零散散的表演，向有组织的秧歌队表演转变。这时鼓子秧歌的服饰、道具等方面也有了变化，更加符合民众的审美，为民众所接受。

第二阶段：提高阶段（大致从20世纪70年代末开始）。一方面鼓子秧歌初露头角后，得到了更多专家与学者的关注；另一方面随着物质生活的提高，人们希望精神文化层面也有所提高，因此，他们不再满足于在村落间跑秧歌，而是要跳上更高的舞台。专家与学者的介入则帮助“鼓子秧歌”快速成长与发展。各类艺术节与电视台纷纷出现了鼓子秧歌的身影。1979年，阳信鼓子秧歌队在山东省举行的民间舞蹈会演中获得优秀演出奖。1986年，王学岭带领的张杨小学秧歌队在阳信县民间艺术调演中获得第一名。王学岭的秧歌队也已23次在市、县获奖。1990年，在山东省广播电台举办的“童乐迎春文艺晚会”中，阳信少儿鼓子秧歌获优秀节目奖。阳信县洋湖乡在2007年5月被命名为“秧歌之乡”。北京舞蹈学院、山东艺术学院等艺术类院校也纷纷出现了鼓子秧歌的课程设置，这为鼓子秧歌的普及与发展起到了重要的推动作用。2011年，在国务院公布的第三批国家级非物质文化遗产名录中，山东省滨州市阳信县鼓子秧歌也被列入其中。

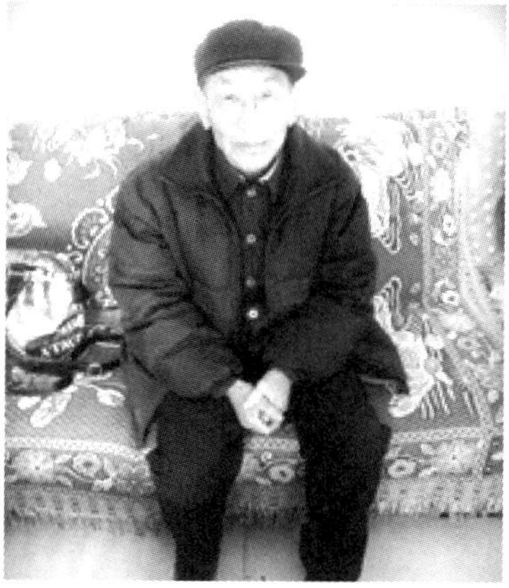

图1　2015年3月，阳信鼓子秧歌老艺人肖玉得接受采访

第三阶段：传承阶段（大致从2000年至今）。鼓子秧歌在得到了大家的肯定、进入国家级非物质文化遗产名录的同时，更重要的是要考虑如何将这种民俗舞蹈发扬传承下去。于是阳信县政府提出了许多相应的解决方法，一是组织专家学者从历史文化资料方面完善整理，二是举办鼓子秧歌比赛，通过这种竞争的力量，使当地村民在参加比赛的同时，加强鼓子秧歌舞蹈的练习以及对鼓子秧歌舞蹈文化的了解，为阳信鼓子秧歌赋予更多的特色，从而达到创新与传承的目的。

阳信鼓子秧歌舞蹈传承谱系简表

姓名	性别	出生年	家庭住址	备注
王文祥	男	1966	洋湖乡张扬村	国家级非遗传承人
王贵普	男	1966	洋湖乡古宅村	正在申报（国家级）

因王文祥成为该项目的“非遗”传承人后，在村子的鼓子秧歌活动中并无实际传承行为；故村子推举王贵普为传承人，目前正在申报过程中。两人无隶属关系，因特殊原因出现两代同龄的现象。

（二）未被列入非物质文化遗产名录的惠民县鼓子秧歌传承现状

图2　2015年，惠民鼓子秧歌表演现场

图3　2015年，山东省滨州市惠民鼓子秧歌老艺人李福林现场演示

山东鼓子秧歌的四大流派中，以商河鼓子秧歌为代表。当地文化部门认识得早，挖掘整理较为及时，目前已整理了许多文献资料，具有丰富的调研价值。

中华人民共和国成立以后，惠民鼓子秧歌于1951年被搬上舞台，参加了山东省文艺会演。[⑦]1955年参加了全国文艺会演，同时作为电影拍摄元素，还参加了第七届世界青年联欢节的演出。“大鼓子秧歌”以激越的鼓声、雄健的舞姿走在了山东省鼓子秧歌的最前列。1996年，姜楼镇的大赵村秧歌在滨州地区鼓子秧歌比赛中获二等奖。2000年，淄角镇代表队同台竞技，观众达万余人。每年正月十四日、十五日、十六日，在全县范围内选调秧歌队进城表演，整个县城处于一片秧歌的海洋之中。“大鼓子秧歌”已被收入《中国民族民间舞蹈集成·山东卷》《齐鲁民间艺术通鉴》《齐鲁群星谱》等书中。惠民县文化馆的徐丽娜根据“大鼓子秧歌”编排了群舞《村妞妞变了》，并参加首届山东省农民艺术节，获铜奖。惠民县还整理了原始的音乐、录像、照片等珍贵的材料，并举行培训，为研究、发展、弘扬惠民“大鼓子秧歌”提供了翔实的史料。惠民的鼓子秧歌特色鲜明，参与人数多，组织严谨，跑场更加具有阵势，蕴藏着厚重的历史文化资源，并且具有浓郁的时代气息，对于弘扬优秀传统文化、研究当地历史文化有着重要意义。

惠民鼓子秧歌舞蹈传承谱系简表

姓名	性别	出生年	家庭住址	备注
蔡仲岐	男	1936	山东省惠民县皂户李镇袁家庙村	
李福林	男	1937	山东省惠民县皂户李镇袁家庙村	申报中

（因蔡仲岐身体原因，惠民县申报了李福林为省级非物质文化遗产项目代表性传承人，目前尚未审批通过）

以上对鼓子秧歌传承现状做了简要分析，鼓子秧歌能传承至今很不容易。进入非物质文化遗产名录之后的鼓子秧歌，政府等多方面加大了保护力度，但是就目前调查可知，现如今的保护工作仍有很多的不足。熟悉非物质文化遗产保护理论的实践人员少之又少，对于传承保护工作的实际引领缺乏方向性的把握。针对鼓子秧歌村子与村子之间、老艺人与老艺人之间存在的风格差异性，需要专人进行搜集整理。虽然鼓子秧歌大致有四个流派，但是惠民县就有几十个自然村，每个村子的秧歌老艺人自身的风格特点、场图运用喜好等都有所不同，这需要详细的整理，以方便日后有据可循。

四、场图的变化现状分析

场图是指鼓子秧歌队舞动过程中的路线，也有地方称为“场子”。秧歌队员在鼓子秧歌中的跑动是按照严格的路线和顺序层次依次完成的，这些跑动的路线就是一幅图案，这幅图就是我们所说的“场图”。经过长期实践积累了近一百个场图，而表演的阵形千变万化，唯一不变的就是老秧歌艺人们所说的“外圆内方”。场图在鼓子秧歌整个表演过程中起着很重要的作用，正如张华在《中国民间舞与农耕信仰》一书中提到的：“秧歌大场的场图，是我们破译中国民间舞奥秘的第一个最佳入手处。无论是就其图式的丰富性而言，还是就其图式构造的精致性而言，秧歌大场场图，无疑都是世界民间舞中的一大奇观。据作者所知，世界上还没有任何民族的民间舞有如此发达的场图。而场图对于秧歌，恰恰又是其魂魄所在。”⑧

（一）商河县鼓子秧歌场图传承现状

根据传承人介绍，以前理论学者考察研究能够收集到的鼓子秧歌场图有一百多种，现在经常使用的有十几种。在实地调查过程中看到商河、阳信、惠民的鼓子秧歌对于场图的运用基本上较为一致，只有会演形态下的鼓子秧歌场图相比较有一些

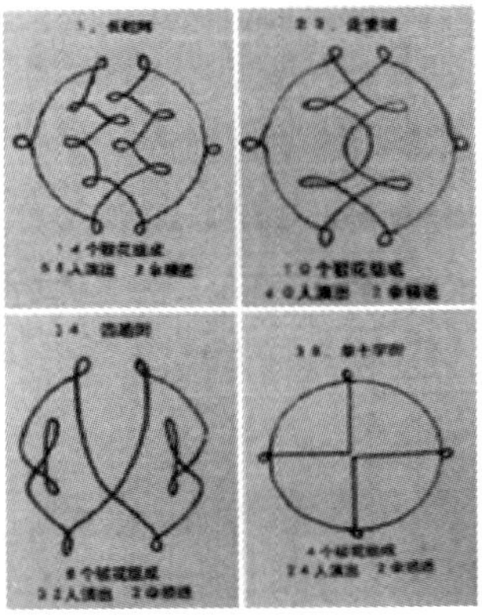

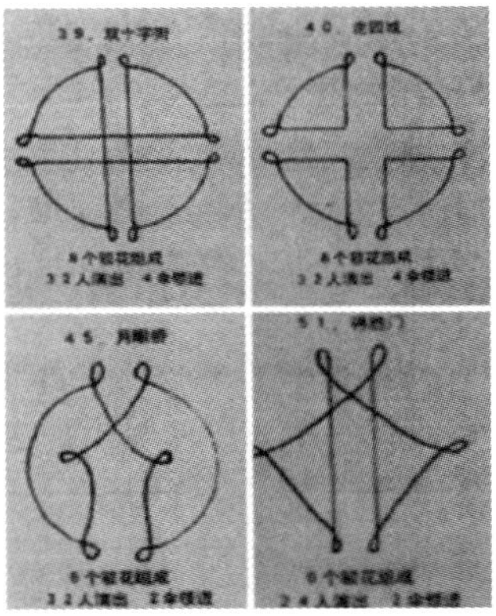

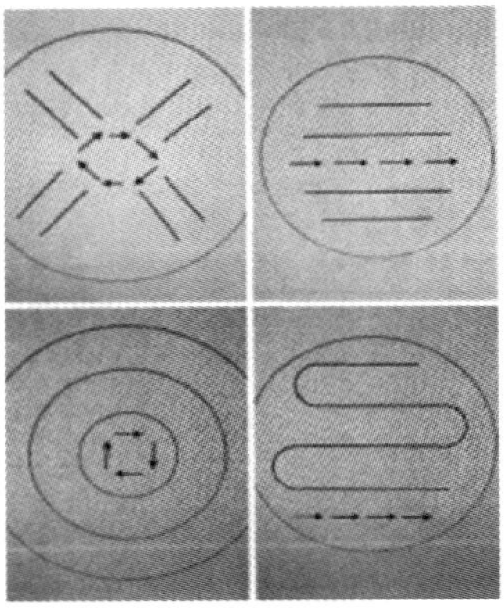

左·图4：“长蛇阵”“四趟街”“单十字街”
中·图5：“双十字街”“走四城”“月眼桥”“得胜门”
右·图6：“赶太阳”“担日月”“圆中圆”“龙摆尾”

创新的变化。鼓子秧歌在会演的时候因为表演场地、表演时间的限制因素，每支秧歌队跑出的场图也就有十几种。现在列举 2016 年 2 月 21 日在商河县调查鼓子秧歌会演时用到的几种场图图案。

就以上的这几种场图的运用上，可以看出队形流动等方式方法有所创新，具有一定的时代性。鼓子秧歌表演过程中通过整齐一致的场图来完成动作的完整性，掀起整场秧歌演出的高潮，提高秧歌的整体观赏性。但是也不难发现，目前有些队形排列吸收了排舞、广场舞等矩阵队形，把这些队形借鉴到现在的鼓子秧歌会演场图当中。

通过调查观看鼓子秧歌会演，不难看出场图的变化可以说是鼓子秧歌变化最为明显的一部分，下面是采访整理：

笔者：现在鼓子秧歌的排练，跟以往的相比场图有哪些变化？

被采访者：变化还是很大的，可以说场图变化最大。其实动作上变化不大，因为从小就跳，跳到现在，场图有场地限制，现在有会演了还要比赛，都是省里来专家给编排场图。有的时候看别的队用哪个场图现场效果好，就回来学，下次秧歌队就也用上。

笔者：那原来的老场图现在还会用到吗？

被采访者：会演的时候不怎么用了，有的也用。有的村老场图有时候还是会跳，有的村就不跳了。再就是原来的老场图，走起来时间长，现在就不大用了。用也就用蒜辫子、四门斗这样的场图。

笔者：那场图变化上最典型的是什么？

被采访者：变化比较明显的是菠花。原来的时候跳菠花是很常见的，基本上每两个人对面的时候就跳一次菠花。现在也跳，但是跳得很少。早些时候都是头伞带着走街，到了一个村形成场子，男女老少就开始扭起来了。跟现在的表演不一样，现在一开始都是先走个大圆，再从外面跟着头伞向里面走。

通过调查不难看出，在会演形态下的鼓子秧歌场图的传承过程中变化是较为明显的。就拿鼓子秧歌场图中较为常用的一种跑场方式“菠花”来说，“菠花”的路线是头伞绕着跑并跑出新的路线，鼓、棒、花演员跑场的时候必须依次流水顺序地经过头伞跑到的第一个位置上，才能继续跑下面的位置。这种流水有序替位的方法有效地调整行进中的队形，包括演员间的间隔距离和跑场速度的快慢。然而现今调查了解到“菠花”场图的使用减少了，受现在社会快速发展等外因的影响，秧歌演员没有充足的时间来练习，这使得现在的场图编排较之以前要简单易学一些。虽然如此，我们依然可以通过“菠花”在鼓子秧歌场图中起到的调整快慢、保持有序的作用看到无论秧歌队表演参与人数的多少，场图都能保持清晰有序。

（二）惠民县鼓子秧歌场图传承现状

通过2015年12月18日在山东省滨州市惠民县皂户李镇袁家庙村的调研考察得知，惠民鼓子秧歌的一般仪式过程中，场图为打乱场、单十字街、双十字街、九

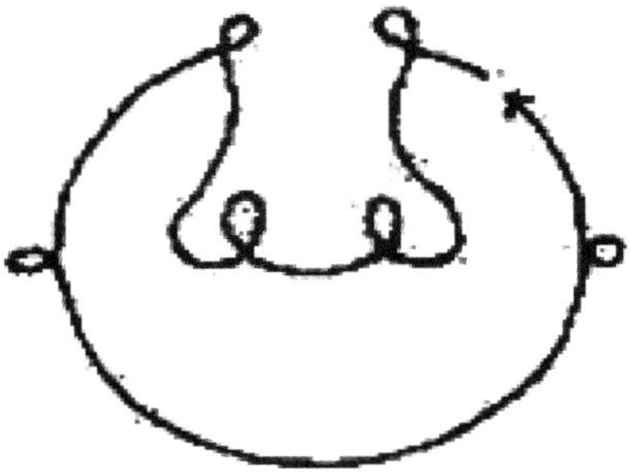

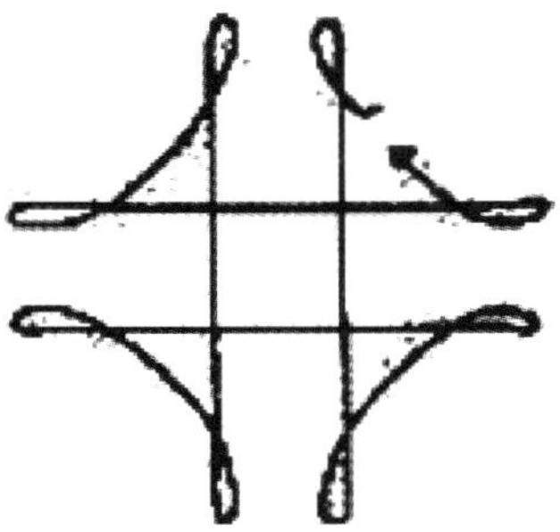

上　·图7：2015年，山东省滨州市惠民县鼓子秧歌整体观感图
下左·图8：惠民鼓子秧歌代表性场图（牛鼻圈）
下右·图9：惠民鼓子秧歌代表性场图（走四门）

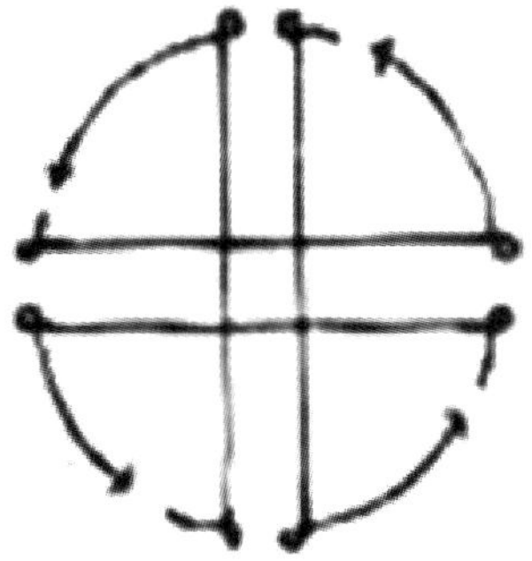

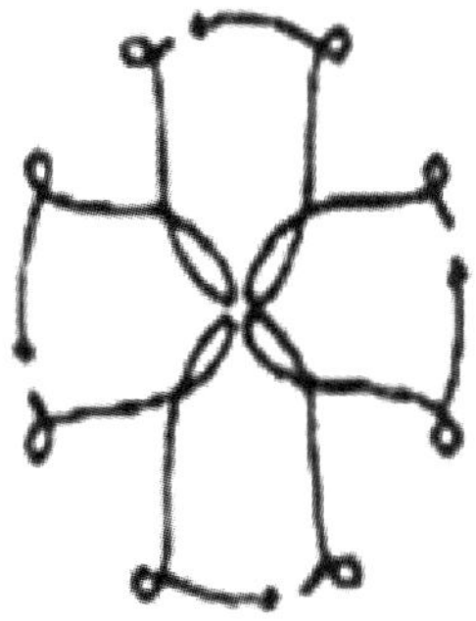

左·图10 双十字街
右·图11 迷魂阵

连环、牛鼻圈（图8）、走四门（图9）等。场图多表现战争时期的恢宏磅礴场面，更有伞、鼓、棒、花四种角色的集体场图，极具特色。

（三）阳信县鼓子秧歌场图传承现状

肖玉得是山东滨州市阳信县西肖村鼓子秧歌表演老艺人，考察团队在2015年5月20日见到老人家并与之进行了交谈。通过了解，鼓子秧歌的民间表演过程主要是“串村”，串村一般分作五个段落，即探马、进村、街筒子、跑场子、出村。表演队首先派出探马队，在要演出村子跑几圈表示秧歌队来此演出。其次探马过后被访村就要敲锣打鼓迎接秧歌队，秧歌队表演进村过程当中，被访村庄的负责人和德高望重的老人要远迎接待，端茶送水，烟糖款待，双方的炮手都鸣炮为秧歌队助威。街筒子是指秧歌队进村后在主要街道上的行进表演。跑场子是在广场上表演各种场图套路也就是跑花样，一般常用的队形“花”有单十字街、九龙盘玉柱、迷魂阵等。出村则和街筒子类似，只是从另外一条主要街道行进出村。串村的整个过程都在被访村民的簇拥下进行，场面热闹融洽，喜庆氛围极为浓厚。

（四）场图变化现状分析

场图的保护与传承现状的形成是有多方面原因的，有经济、文化等多方面的发展客观原因，也有秧歌艺人喜好使用场图的主观原因。“跑场”目前是越来越趋

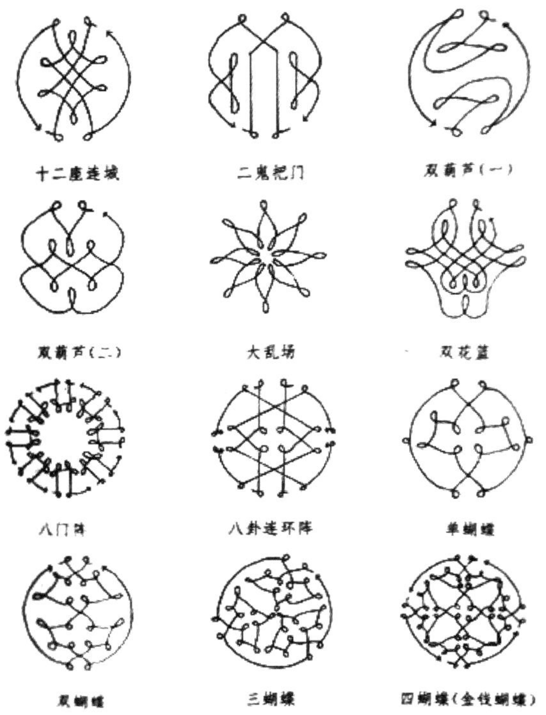

图 12

于选择简单明了的场图。在《山东民族民间舞集成志》中有列举当时已挖掘收集的鼓子秧歌场图 120 多种，遗憾的是作者没有将其归类整理，但是为后来的学者研究提供了很好的参考资料。下面截取该书中的一部分场图，就可以一目了然地看到现在表演鼓子秧歌时多数采用的都是简单的场图。

现在来看用简单的场图形式做鼓子秧歌的开场，或许就是利用了它简洁明快的优势来增加秧歌队的气势，直抓眼球吸引观看者注意力。目前最常见的用于开场的场图是“老虎斗牛”(图 13)、“四趟街”(图 14)。

现如今的秧歌表演开场的场图讲求简洁有气势，结束的场图更甚。目前秧歌队大都会选择的结束场图是“金龙盘玉柱”(图 15)。从这个场图上看“伞”角色的作用至关重要，多数采用这个场图也因为在凸显“伞”的同时，其他角色队形排列整齐，结束的时候不拖沓，整体效果干净利索，特别有仪式感。

场图的发展变化越来越趋于简单，近几年秧歌表演上大都也是新编排的场图，这一点通过每年元宵节各地各队的秧歌表演也不难看出。这种新的场图形式也很容易被大家所接受，并能够被各个秧歌队所效仿和广泛传播使用。这也说明这些新编的简单场图符合现代人的审美习惯，在符合大家欣赏习惯的情况下，既能够保持原有的秧歌气势、整齐不乱，又能够增加其可观性。只是大家将不再感受和理解原来与之相比稍显复杂的场图图案及表演过程中所体现的美感，如场图“赶太阳”(图 16)、“圆中圆”(图 17)等。

鼓子秧歌场图变化，不是“变简单”了，而是越来越多地采用简单明了的场图

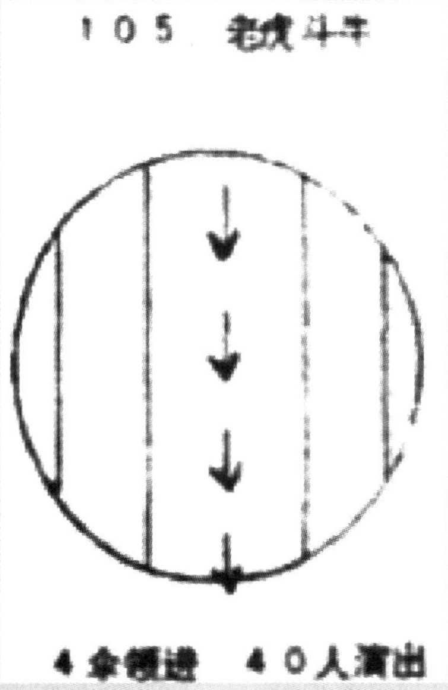

图13 “老虎斗牛”

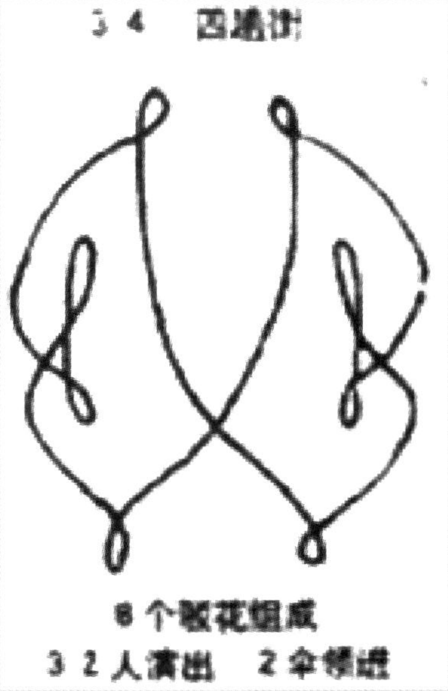

图14 “四趟街”

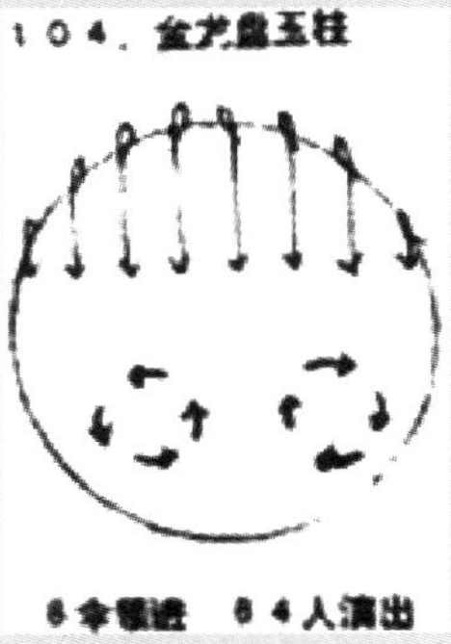

图15 “金龙盘玉柱”

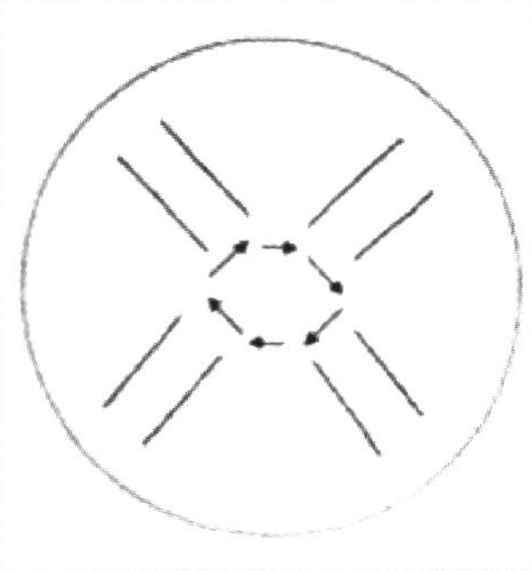

图16 “赶太阳”

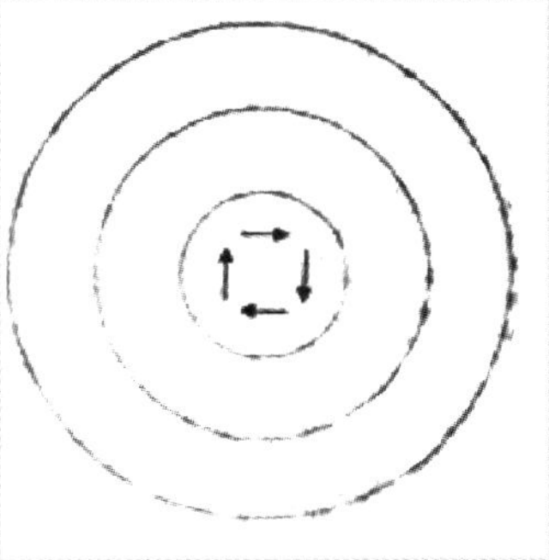

图17 “圆中圆”

来博得大家的喜爱。不再是以前自娱占很大成分的时候了，它选取简单的场图，其变化过程也随之简单了，除了外形结构的简单以外，其跑场过程的图案也随之变得简单。鼓子秧歌的场图从形成开始，就被人们赋予了深刻的内在含义。在场图的结构和实地跑动的过程中，对历史文化的渗透体现也是十分明显的。现在的秧歌场图因受到时间、场地等因素的限制，很难恢复传统复杂的秧歌场图，更多传承下来的是在传统场图基础上进行改变和新编排的场图。不可否认的是这些场图仍具有相应的文化符号意义。

鼓子秧歌的场图是有规律可循的，比如，圆的运用和平衡对称就是鼓子秧歌场图的特性，这是受传统天圆地方观念和平衡对称的民间传统审美观念的影响，在传承至今的秧歌场图中仍有体现。2016年正月十五看会演的鼓子秧歌，其秧歌场图的规律依然如此，在圆中展开场图，同时按照对称平衡的原则进行舞动。复杂的传统秧歌场图很难被现代人所理解，原来的农耕文化与现如今的新农村建设确实存在着时代的差异性，所以反倒是重新编排的场图能够直接表达人们的思想感情，能够得到组织者和观者的青睐。

五、场图的美术形式及传承保护分析

场图从美术视角来看，它是静态的图像，是由线条组成的对称图形。同时场图又是处于不断变化流动的线条。圆曲线是场图的基本单位，平衡对称是场图的基本特征。场图直截了当地体现了人民大众淳朴热烈的情感，民间艺人们按照他们的审美习惯创造了场图，人们也随着这种审美标准培养了欣赏习惯。它的以圆为美、流动之美、对称之美无不渗透其中，填满了几乎所有的鼓子秧歌场图。

（一）以圆为美

在我国的传统舞蹈里面，“圆”的形式美也是常见的，舞蹈的手眼身法步都与“圆”息息相关。山东鼓子秧歌也不例外，甚至可以说“圆”是鼓子秧歌的重要表现形式。

我国有很多习俗，其中包括过年除夕吃团圆饭、正月十五闹元宵、八月十五吃圆月饼等，王贵生老师在《剪纸民俗的文化阐释》中说："中国民俗文化把圆作为一个重要的符号来对待。"⑨因为在我们看来，只有以"圆"为轨迹的运动才能始终不离开定点"圆心"，鼓子秧歌的场图就是"圆"无处不在。正是因为"圆"在鼓子秧歌场图中的运动轨迹，也为场图提供了更为自由、更多种运动空间和空间构造的可能性。

（二）流动之美

鼓子秧歌场图中存在一种独特的艺术性，它是在人们舞蹈流动过程中形成的。每个角色的流动都有一定的程式化要求，伞作为很重要的角色，一般起到领头的作用。场图的形成与人们跑动的路线、流动过程中呈现的各个图案息息相关，可以说每个流动过程中所呈现的图案就是最终形成场图的一部分，过程中的图案也有它独特的美感。

（三）对称之美

对称是中国传统审美中的一个重要特点，也是人们对世间万物之美的规律性总结。过年时节门口贴的对联，挂一对红灯笼；对称平衡的剪纸；室内摆放一对花瓶；工艺美术构图上所讲究的对称等，"对称"在传统的艺术中占有很重要的地位。吴晓邦先生在《论舞蹈的构图》中写道"中国传统艺术里的构图，主要由对称的平衡方法和轴心论的运动思想所构成"⑩。古今中外不少伟大的画家都善于将对称之美运用到绘画艺术中，瑞士的著名画家费迪南德·霍德勒就是其中一位。对称给人以平衡之感，错落有致、井然有序的美感也存在于鼓子秧歌的场图之中，这种有序的跑场图、整齐对称的构图给欣赏者以视觉的冲击，从而加强了鼓子秧歌表演的气势和力量。

鼓子秧歌的场图是很讲求对称的，因为鼓子秧歌场图的进出方法有"双进双

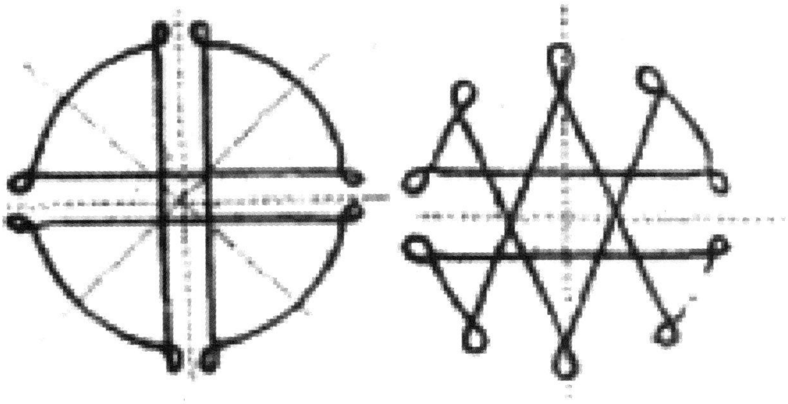

图18 中心对称场图“双十字街”“火烧连营”

出”“六进六出”“八进八出”等，每个秧歌队都是在头伞的带领下开始跑场的。秧歌队员从各自方向跑场进入同一个队形当中，从而共同跑完场图。这样一来既保证了每个秧歌人都有自己的表演位置，同时也自然形成了对称的场图。上面的跑场图就非常清晰地看出场图的对称性，而且此图也一目了然地看出了与中国传统美术的构图之相似。

“鼓子秧歌觉得多数场子都是平衡对称的，如四门斗、双十字街、牌坊驾等，并且围绕场子的圆心来跑，终而复始，无论场子如何变化，但绝不突破圆这个大的范围。”[11]鼓子秧歌场图的圆之美和对称之美就不难看出了。

六、结 语

随着年代的不断更替，惠民鼓子秧歌也在不断地发展。越来越多的村民参与其中，建立了不同规模的秧歌队，由老艺人不断地指挥编排。据笔者调研采风期间的走访与调查，惠民鼓子秧歌虽在当地甚为流行，但当地文化领域建设并不完整，村民们在“非物质文化遗产”方面知识薄弱。所以，惠民鼓子秧歌迟迟未申遗成功。在以小组为单位的调研中，滨州市一带的阳信县文化领域已初步建设完整，拥有独立的文化馆，各乡镇也安排了独立的文化站站长，所以阳信鼓子秧歌已在文化馆馆长周和平同志的组织下，申请了省级非物质文化遗产。但在惠民县走访过程中，笔者了解到惠民县还没有建立独立的文化馆，在文化领域中，只有一个较小的调研实验办公室，这让惠民县在文化领域初显弊端。但据笔者观点，这不是在一朝一夕就足以建设起来的，还需当地领导与村民团结一致，共同将经济与文化带动起来，双重发展。在惠民鼓子秧歌的传承问题上，需要了解到它刚劲火爆、威猛潇洒的男性阳刚之气。所以，需要传承的不仅是舞蹈鼓子秧歌基本的动律特征、仪式过程等，更是传承在齐鲁大地上的那份民族精神。在传承与发展的问题上，不得不提到应该注入新鲜的血液。我们无法将时间停留，所以我们要保护和发展，就必须依靠年轻的一代，代代传承下去。在惠民县皂户李镇的走访中，我们了解到了镇上小学已开设了惠民鼓子秧歌这门课程。让小学生们在学习文化课的同时，能够初步了解到山东民间舞蹈的魅力，更是起到了强身健体、愉悦身心的作用。这也是惠民鼓子秧歌在传承中一个重要的途径。

山东"鼓子秧歌"的四大流派有商河鼓子秧歌、济阳鼓子秧歌、阳信鼓子秧歌以及惠民鼓子秧歌。在当地，这四大流派都组织过不同规模的秧歌比赛。比赛时间都选择在正月十五左右，外出打工的大部分农民都因春节而返回家中，这也为秧歌比赛提供了人力与时间。秧歌比赛的建立也在不同程度上为鼓子秧歌提供了传承与发展的契机，在几十个秧歌队中，有比赛就有交流，在相互交流中取长补短，共同进步。

通过 2015 年 3 月的调研以及 2016 年正月十五的秧歌会演期间的调研工作，不难看出现如今鼓子秧歌的保护与传承分为传承人保护的方式、会演的形式等。会演过程中的鼓子秧歌场图基本遵循了以往秧歌老跑场的规律。在数字化的信息时代，人们的生活节奏加快、社会发展速度加快，农村也逐步进入社会主义小康社会，以及新农村的建设发展，所以场图的发展受到这些鼓子秧歌发展的外在因素的影响。圆形构图、对称平衡的编排设计既符合以往鼓子秧歌的跑场规律，又符合现代人的审美。我们无法准确地去评价到底编排的场图对与不对、合适与不合适，在传承、发展两条并行的方向上，鼓子秧歌的保护工作一直在路上。

注释

① 中国民族民间舞蹈集成编辑部．中国民族民间舞蹈集成：山东卷［M］．北京：中国ISBN中心，1997：50.

② 罗雄岩．中国民间舞蹈文化教程［M］．上海：上海音乐出版社，2006：195.

③ 中共惠民县委．山东省滨州市惠民县县志[DB/OL].http：//ad.sdsqw.cn/sdgd/sdd/cd2/index.htm，2014-5-23.

④ 李群．传统舞蹈3[M].济南：山东友谊出版社，2018：41.

⑤ 商河县志编纂委员会编．明清商河县志集[M].商河县新华印刷厂印刷内部资料，2005：157-158.

⑥ 王珍．阳信鼓子秧歌的源流及形式特点探论[J].北方音乐，2014（4）：2.

⑦ 茅慧，冯双白．中国舞蹈史及作品鉴赏[M].北京：高等教育出版社，2010.

⑧ 张华．中国民间舞与农耕信仰［M］．长春：吉林教育出版社，1992：233.

⑨ 王贵生．剪纸民俗的文化阐释［M］．北京：北京大学出版社，2009：187.

⑩ 吴晓邦．吴晓邦谈艺录［M］．北京：中国文联出版社，1988：172.

⑪ 李本辉．试论商河鼓子秧歌与中国传统思想文化之关系［A］．全国首届商河鼓子秧歌研讨会文集[C].1992：31.

参考文献

1 | 王文章．非物质文化遗产概论[M].北京：教育科学出版社，2013.

2 | 山东省群众艺术馆．鼓子秧歌[M].济南：山东人民出版社，1958.

3 | 资华筠．舞蹈生态学导论[M].北京：文化艺术出版社，1991.

4 | 中国民族民间舞蹈集成编辑部．中国民族民间舞蹈集成：山东卷[M].北京：中国ISBN中心，1997.

5 | 刘志军，张浔．山东鼓子秧歌[M].北京：人民音乐出版社，1983.

6 | 罗雄岩．中国民间舞蹈文化教程[M].上海：上海音乐出版社，2001.

7 | 张华．中国民间舞与农耕信仰[M].长春：吉林教育出版社，1992.

8 | 张蔚．闹节——山东三大秧歌的仪式性与反仪式性[M].北京：中国传媒大学出版社，2009.

9 | 何政荣．音乐舞蹈采风调查方法[M].上海：上海音乐学院出版社，2011.

10 | 庞宝龙．山东传统舞蹈志[M].济南：山东友谊出版社，2015.

11 | 中国民族民间舞研究中心．中国民族民间舞论坛论文集[M].北京：中国文联出版社，2001.

12 | 胡淼淼，刘佳．图说中国舞蹈[M].北京：华文出版社，2009.

13 | 上海海事大学，中国海洋学会．中国民间海洋信仰研究[M].北京：海洋出版社，2013.

14 | 王克芬，隆荫培．中国近现代当代舞蹈发展史[M]. 北京：人民音乐出版社，1999.

15 | 阳信县文化馆．阳信鼓子秧歌传承教材[M]. 滨州：阳信县文化馆，2013.

16 | 钟敬文．民俗学概论[M]. 上海：上海文艺出版社，1998.

17 | 钟敬文．钟敬文文集民俗学卷[M]. 合肥：安徽教育出版社，2002.

18 | 钟富兰．中国民俗文化学导论[M]. 上海：上海辞书出版社，2007.

19 | 杨堃．民族学调查方法[M]. 北京：中国社会科学出版社，1992.

20 | 王铭铭．20世纪西方人类学主要著作指南[M]. 北京：世界图书出版公司，2008.

21 | 王列生．文艺人类学[M]. 北京：文化艺术出版社，2008.

22 | 宗白华．美学散步[M]. 上海：上海人民出版社，1981.

23 | 李泽厚．华夏美学・美学四讲[M]. 北京：生活・读书・新知三联书店，2008.

24 | 王朝闻．审美谈[M]. 北京：人民出版社，2009.

25 | 费孝通．乡土中国[M]. 上海：上海人民出版社，2007.

26 | 李本辉．试论商河鼓子秧歌与中国传统思想文化之关系[A]．全国首届商河鼓子秧歌研讨会文集[C].1992.

27 | 孙芳．鼓子秧歌场图研究[D]. 北京：中国艺术研究院，2010.

28 | 国晓洁．会演形态下的“商河鼓子秧歌”分析[D]. 北京：中国艺术研究院，2015.

29 | 王洁，亓圣华．非物质文化遗产视野下鼓子秧歌的保护和发展[J]. 济南大学学报，2009（9）.

30 | 孟梦．山东商河“鼓子秧歌之乡”庆元宵[J]. 中国艺术报，2009（2）.

31 | 朱清泉，梁莹莹．山东鼓子秧歌的艺术形态及其传承、发展与保护[J]. 前沿2012（3）.

32 | 刘晓真．从乡俗仪礼到民间艺术——当代山东商河鼓子秧歌文化功能的变迁与传承[J]. 北京舞蹈学院学报，2004（1）.

33 | 汤虹．地方高校对本土非遗传承途径的探索——以“冯派”花鼓灯进高校为例[J]. 合肥工业大学学报，2014（3）.

34 | 张素琴．关于当代中国民间舞蹈走向的思考——读刘晓真《走向剧场的乡土身影》[J]. 民俗研究，2012（4）.

35 | 李卿．礼与闹：山东鼓子秧歌的结构与反结构[J]. 北京舞蹈学院学报，2015（2）.

36 | 刘柳．浅析山东鼓子秧歌及儒学精神的影响[J]. 东方艺术，2004（12）.

37 | 李卿．论“二老艺人”在鼓子秧歌中的价值与意义[J]. 北京舞蹈学院学报，2008（4）.

38 | 陈喆．浅谈山东鼓子秧歌与齐鲁文化的内在联系[J]. 青年文学家，2011（17）.

39 | 李宝铎．山东鼓子秧歌与鼓子秧歌文化[J]. 解放军艺术学院学报，2003（4）.

洛阳牡丹花会文化空间研究

A Research on the Cultural Space of Luoyang Peony Festival

张　絮

王文章 | 指导教师

摘要

洛阳牡丹花会是河南省洛阳市最为隆重的社会民俗活动，于2008年入选国家级非物质文化遗产名录。以往关于牡丹花会的研究多偏重于经济学、管理学、旅游学等角度，本调研报告将文献资料研究与实地考察相结合，以非遗保护理论为基础，从民俗学角度对洛阳牡丹花会这一文化空间进行研究，并通过对花会文化空间价值的挖掘，试图分析传统文化与当代的联系，以及传统文化在文化空间中的呈现状态，进一步分析传统文化在其存在的社会与历史时空中的价值与作用。

本调研内容主要包括三个方面：一是洛阳牡丹花会历史渊源及当代实践，主要是介绍在洛阳这一特定的地理、历史和文化环境中洛阳牡丹栽培简史及传统赏花习俗，洛阳牡丹花会历史渊源和当代实践；二是对洛阳牡丹花会文化空间作初步解析，从文化空间的概念出发，探讨花会组织管理、参与主体以及分析赏花等文化活动、美术实践、民间传说的联系，进一步剖析洛阳牡丹花会文化空间的构成因素及文化价值、社会价值和经济价值；三是对洛阳牡丹花会文化空间的可持续发展提出建议。

关键词：洛阳牡丹花会；文化空间；可持续发展

Abstract

Luoyang Peony Festival is one of the grandest social folk custom activities in Luoyang City, Henan Province, which has been chosen as the national intangible cultural heritage in 2008. Most of previous researches on Luoyang Peony Festival emphasize on the perspectives including economy, management and tourism. However, this report, based on the intangible cultural heritage protection theory, combines literature research with field investigation, and studies the Luoyang Peony Cultural Festival from a view of folklore. This report also focuses on the cultural space value of peony fairs to help people realize the connection between the traditional culture and the modern culture, and the present state of the traditional culture in cultural space. Finally, people will further recognize the value and the role of traditional culture played in the social and historical aspect.

The content of this research mainly includes three sections:

The first section is the history and contemporary practices of Luoyang Peony Festival. It mainly introduces the history of peony cultivation and the traditional customs of appreciating peonies in the particular geographical, historical and cultural environment of Luoyang, as well as the three development stages of Luoyang Peony Festival from the Sui Dynasty to the Republic of China.

The second section is the preliminary analysis of the cultural space of Luoyang Peony Festival. The discussion starts from the concept of cultural space to the content of the cultural space of Luoyang Peony Festival, and the connections among the cultural activities such as appreciating peonies, artistic practices and folk legends. In the meantime, this paper further analyzes the cultural, social and economic value of the Luoyang Peony Festival.

The last section gives out the suggestions for the sustainable development of the Luoyang Peony Festival.

Keywords：Luoyang Peony Festival；the Cultural Space；Sustainable Development

一、前　言

（一）选题背景

唐代诗人刘禹锡有诗云："唯有牡丹真国色，花开时节动京城。"牡丹是栽培历史悠久并被人们所深爱的著名花卉，洛阳的牡丹尤负盛名，以其形美色艳，品种繁多而被视为花中珍品，素有"洛阳牡丹甲天下"之盛誉，洛阳也被誉为"牡丹城"。据史籍记载，洛阳牡丹栽培始于隋，盛于唐，甲天下于北宋。洛阳人自古就有养牡丹、赏牡丹的习俗，每年花期，都会举办各种花会花事，热闹非凡，并吸引外地人不辞辛苦前来洛阳赏花，不分贫富贵贱，都徜徉在牡丹之间，流连忘返。牡丹雍容华贵、国色天香，在中国传统文化中被赋予丰富内涵。而由此衍生的牡丹文化深刻地影响着洛阳人生活的各个方面，如诗歌、戏剧、绘画、雕塑、雕刻、瓷器、丝绸、服饰、饮食等，成为我国独具特色的民风民俗。

（二）调研意义

洛阳牡丹花会这一民俗活动给人们提供了观花娱乐和陶冶心情的机会，人们借助花会这种民俗文化空间享受各种民俗活动的乐趣以及人与人之间难得的情感交流，是人们释放压力和抒发精神寄托的重要场所。通过洛阳牡丹花会这一民俗文化空间的研究，有助于了解民俗文化活动在其存在的社会与历史时空中的价值与作用，进一步提高我们对非物质文化遗产的认识与理解，对以节会文化空间为概念的非物质文化遗产保护与传承提供新的研究视角。同时，深入研究洛阳牡丹花会这类社会文化现象，对弘扬中华优秀传统文化，提升文化自觉，增强文化认同，促进民族团结和社会和谐，构建社会主义核心价值观也具有重要意义。今天，在党中央提出的"一带一路"的倡议下，洛阳牡丹花会的建设和发展更具有独特的作用和地位。

（三）调研方法

（1）文献研究法：通过对《洛阳市志》和全国相关文献资料的查阅，收集与洛阳牡丹花会相关的民俗活动、饮食文化、民间信仰等历史资料，将历史文献和现代文献相结合，有利于全面地、正确地研究洛阳牡丹花会文化空间的继承与创新问题。

（2）实地考察法：通过与洛阳市人民政府花会办公室工作人员进行访谈，了解历届花会情况及获得第一手资料。并对洛阳市博物馆、洛阳市民俗博物馆进行相关调研，掌握花会的相关历史资料。着重对花会活动进行实地考察，感受花会真实面貌。

二、洛阳牡丹花会历史渊源及当代实践

（一）洛阳概况

洛阳地处今日河南西部，黄河中游，古因位于洛水之北，水之北谓之“阳”，故名“洛阳”。洛阳有着五千多年的文明史、四千多年的建城史和一千五百多年的建都史，是我国建都最早、历时最长、朝代最多的都城，有“千年帝都”之称。从夏朝开始先后有商、西周、东周、东汉、曹魏、西晋、北魏、隋、唐等十三个王朝在此建都，有一百零五位帝王曾在此指点江山。洛阳是华夏文明的重要发源地、丝绸之路的东方起点之一、隋唐大运河的重要枢纽。洛阳是一座底蕴深厚、名重古今的历史文化名城。

洛阳牡丹历史悠久，古今闻名，而由此衍生出的牡丹文化更是影响洛阳人们生活的各个方面。洛阳因牡丹而国色天下，牡丹因洛阳而闻名于世，因此被誉为“千年帝都，牡丹花城”。

（二）洛阳牡丹栽培简史及传统赏花习俗

洛阳是中国野生牡丹最早的原生地之一，也是重要的传播地，具有悠久的栽培历史。洛阳牡丹栽培始于隋，盛于唐，甲天下于北宋，迄今已有1600多年的历史。

洛阳人种植牡丹有据可查始于隋。《隋志·素问》中有“清明次五日，田鼠化为鴽，牡丹华”。公元604年，隋炀帝建都洛阳，大兴土木。《海山记》载：“隋帝辟地二百里为西苑，诏天下进花卉，易州进二十箱牡丹，有赫红、飞来红、袁家红、醉颜红、云红、天外红、一拂黄、软条黄、延安黄、先春红、颤风娇……”“西苑”被谓为中国历史上首个皇家牡丹园。皇帝宫廷园林之中种植牡丹，品赏牡丹之风影响下面的官员百姓对牡丹的喜爱推崇，上行下效，牡丹文化得到快速发展。

“自李唐来，世人甚爱牡丹。”（宋周敦颐《爱莲说》）唐代，随着牡丹种植技艺的提升和人们对牡丹的普遍喜爱，牡丹文化得到全面发展，诗人歌赋、画家泼墨、装饰刺绣、青铜纹饰、陶瓷玉雕和碑刻壁画等各个领域都留有牡丹的身影。牡丹雍容华贵的形态最大限度契合了大唐盛世人们那追求浓烈、辉煌、繁华的审美心理和价值取向。上至达官贵人，下至平民百姓，无不爱牡丹、赏牡丹、种牡丹。他们大都偏爱深色牡丹，有“贵紫贱白”之说。洛阳的宫廷、寺院、名人宅第和百姓家中观赏及栽培牡丹十分普遍，此时牡丹品种有40种以上。当牡丹盛开时，所有人都会参与到游赏活动之中。彼时“花开花落二十日，一城之人皆若狂”[①]，赏花、买花、插花已然到了“家家习为俗，人人迷不悟”[②]的程度。

从武则天开始，以及之后的唐玄宗杨贵妃“沉香亭”前赏牡丹的宫廷赏花习俗是以娱乐为主，内容主要是赏花宴饮、即兴赋诗、和乐而歌。以刘禹锡、李德裕等这些达官在其私宅举办赏花活动，主要是起社交的功能，内容同是赏花宴饮、歌舞升平。

在唐代，牡丹如此受人们喜爱，这与一人有重要关系，那就是武则天。欧阳修在其《洛阳牡丹记》中说过：“自唐则天以后，洛阳牡丹始盛。”[③]她爱牡丹，尚牡丹，并将家乡山西牡丹引种到京城长安。据唐代舒元舆《牡丹赋序》云：“天后之乡，西河也，有众香精舍，下有牡丹，其花特异，天后叹上苑之有缺，因命移植焉。由此京国牡丹，日月寖盛。”武则天把家乡牡丹引种于长安，后在洛阳建立武周神都，又将牡丹带到神都洛阳，可见武则天对牡丹之钟情。人们对牡丹更偏爱，赞之为“焦骨牡丹”。民间更是流传着“武则天怒贬牡丹于洛阳”“洛阳白牡丹”等传说，也是从另一方面反映了对牡丹的喜爱不仅是王公贵族的专属，也是老百姓生活娱乐的主要内容。

宋代诗人欧阳修认为牡丹出“洛阳者，为天下第一也”。自此，“洛阳牡丹甲天下”之说便名冠天下。牡丹鼎盛是在两宋时期，以洛阳为中心的牡丹文化，形成一个新高潮。此时，由于更加熟悉牡丹的生长习性，掌握牡丹的生长周期，洛阳牡丹栽培技术有了很大提高，种植规模达到空前。宋哲宗时张峋《洛阳花谱》中记载此时牡丹品种已达 119 个，其中有许多至今仍为名贵品种，如“洛阳红”“姚黄”“魏紫”“玉千叶”等，都是距今已有八百余年历史的珍品。洛阳人眼中只认牡丹为花，他们称牡丹“直曰花，其意谓天下真花独牡丹”④。

“洛阳地脉花最宜，牡丹尤为天下奇”⑤，洛阳的天时地利人和成就了牡丹，牡丹同样名扬了洛阳。宋代花事活动达到鼎盛，钱惟演任西京（洛阳）留守时，开始举办“万花会”，距今有近一千年的历史。宋代的万花会是以游园赏花为主，以花会友，赏花吟诗，歌舞升平，亲友相约，老幼相扶，万人空巷，市井池台，搭台唱戏，好一个把酒吟欢、笙歌乐舞的热闹场景。

明清时期，牡丹的文化内涵得到了极大的丰富和普及。有关牡丹的诗词有数千首，由牡丹组合成吉祥图案的风气盛行于世。到清代，牡丹的品种有 163 个。清末至民国，由于国家动荡、战争连起、民不聊生，牡丹日渐凋零，洛阳牡丹的品种仅剩 50 余个。

由此可见，牡丹的兴衰与国家政治经济紧密相关，国运昌时花运昌，牡丹发展在盛世，太平盛世喜牡丹。

目前洛阳牡丹品种有 1268 个，全市牡丹种植面积达 15 万余亩，生产基地 160 多个，年产种苗 3000 万株。洛阳市区已建成中国国花园、隋唐城遗址植物园、国际牡丹园、国家牡丹园、神州牡丹园等 16 个牡丹园，还有鸡冠洞、白云山 2 个高山牡丹园，观赏牡丹种植面积约 20000 亩。⑥

（三）洛阳牡丹花会历史渊源

牡丹花事活动可追溯至隋代，古时“清明次五日，田鼠化为鴽，牡丹华”（《隋志·素问》），即每年四月中下旬，牡丹花期期间，自然形成花会花市，自发来洛阳赏花的人很多。到唐代全城观花赏花是一件大盛事——花开花落二十日，一城之人皆若狂[⑦]。宋代花事更盛，钱惟演任西京（洛阳）留守时（宋仁宗天圣年间公元1023—1032），开始举办“万花会”——我国历史上首次官办牡丹观赏盛会，开创了我国各地官办牡丹花会的先河。会期为每年农历三月初六至三月二十六日，赏花活动由民间自发演变到官方组织。宋代张邦基《墨庄漫录》载：“西京牡丹闻于天下，花盛时，太守作万花会，宴集之所，以花作屏帐，至于梁栋柱拱，悉以竹筒贮水，簪花钉挂，举目皆花也。”这万花会，曾被奉为“天下第一盛会”，名动天下，可以说就是现代洛阳牡丹花会的历史源头，距今有近一千年的历史。“须是牡丹花盛发，满城方始乐无涯。”[⑧]“洛阳春日最繁华，红绿荫中十万家。谁道群花如锦绣，人将锦绣学群花。”[⑨]“洛阳之俗，大抵好花，春时城中无贵贱皆插花，虽负担者亦然。花开时，士庶竞为游遨。往往于古寺废宅有池台处，为市井张幄帟，笙歌之声相闻。最盛于月陂堤、张家园、棠棣坊、长寿寺东街与郭令宅，至花落乃罢。”[⑩]均描绘出当时在洛阳的人们赏花、插花、咏花、唱花、画花的民风习俗的狂热与风尚。元明清时期，洛阳政治、经济地位逐渐下降，花事活动趋于衰弱。民国时期，社会动荡，花事活动几乎中断。

（四）洛阳牡丹花会当代实践

国盛花盛，国荣花荣。中华人民共和国成立后，随着洛阳城市经济文化的发展，洛阳牡丹开始恢复发展。由于这一时期洛阳牡丹品种仅剩30余个，抢救迫在眉睫，而牡丹的繁荣与衰败自古与洛阳城市的发展息息相关，我国国家领导人也曾给予特别关注和重视。1959年，周恩来总理来洛阳视察时说：“牡丹花是我国的国花，它雍容华贵，富丽堂皇，是我们中华民族兴旺发达、美好幸福的象征，要赶快抢救。”[⑪]在周总理的指示和期许之下，洛阳市政府迅速组织一批专业人员对当时现存牡丹品种进行收集整理，并钻研牡丹科研，引进新品种，扩大了种植面积。在改革开放的大背景下，洛阳人好花之俗被重新点燃，牡丹得到迅速恢复和发展，进入历史上又一个新高潮。

1982 年，洛阳市人大常委会把牡丹定为市花，并决定从 1983 年开始举办一年一度的“洛阳牡丹花会”。洛阳牡丹花会于 2008 年入选第二批国家非物质文化遗产名录（项目类别：民俗），2010 年升格为国家级节会，2011 年更名为“中国洛阳牡丹文化节”。“中国洛阳牡丹文化节”是升级为国家级节会后的官用名称，洛阳老百姓还是多以“洛阳牡丹花会”来称呼。自 1983 年至 2015 年，每年一届的牡丹花会已成功举办了 33 年，来洛阳赏花人数达 21950.27 多万人次。33 年来经过“创办（1983—1991）、推进（1992—2001）、提升（2002 年至今）”三个发展阶段，经历了一个地方级节会、省级节会再到国家级节会的过程。

洛阳牡丹花会举办初期由市人民政府主办，会期最初为 4 月 15—25 日，每年谷雨时节，即牡丹的盛花期。活动内容主要包括：游园赏花、庆典晚会、牡丹灯会、民俗文化庙会、“河洛风”巡演、牡丹诗会、牡丹画展、牡丹书市、民间艺术展、文物精品展等经典活动。洛阳牡丹花会以花为媒，广交朋友，推动各项文化、经济活动。从第 3 届（1985 年）开始举办了首届经济技术洽谈会，共签署协议 86 项，拉开了“经贸大戏”的帷幕。1991 年由省政府主办后，随着经济贸易、文化体育活动不断增加，活动内容更加丰富多彩，活动形式更加贴近群众，形成了“洛阳搭台，全省唱戏”的新格局。特别是自 2011 年升格后，在文化部与省政府主办下，着重深入挖掘洛阳历史和牡丹文化的内涵，在原有的传统经典活动的基础上又增加了一些高规格、高品质的活动，牡丹花会的文化性、观赏性、娱乐性和国际性更加突出。洛阳牡丹花会已经逐渐形成了自己的独有特色和风格，在国内外具有较高的影响力和知名度，呈现出旺盛的生命力和可持续发展力，已由最初的单纯的群众性赏花旅游活动，逐步发展成为融赏花观灯、文化展演、科技交流、旅游娱乐、经济贸易为一体的国家级大型民俗文化节会活动。

三、洛阳牡丹花会文化空间解析

（一）关于“文化空间”

联合国教科文组织《保护非物质文化遗产公约》中对“非物质文化遗产”的定义是：“被各社区、群体，有时是个人，视为其文化遗产组成部分的各种社会实践、观念表述、表现形式、知识、技能以及相关的工具、实物、手工艺品和文化场所。这种非物质文化遗产世代相传，在各社区和群体适应周围环境以及与自然和历史的互动中被不断地再创造，为这些社区和群体提供持续的认同感，从而增强对文化多样性和人类创造力的尊重。”根据这一定义，指出“非物质文化遗产”包括以下5个方面：（1）口头传统和表现形式，包括作为非物质文化遗产媒介的语言；（2）表演艺术；（3）社会实践、仪式、节庆活动；（4）有关自然界和宇宙的知识和实践；（5）传统手工艺。[12]

《非物质文化遗产概论》中指出在以上关于非物质文化遗产的定义里要重点关注一个词，即“文化场所”。这个“文化场所”实质是具有文化空间性质的，它包含了特定的时间和空间，以及在这特定的时间、空间内所发生的文化事项。而且，联合国教科文组织分别在2001年、2003年、2005年、2009年和2010年公布的五批“人类非物质文化遗产代表作名录”中，都有有关文化空间性的项目。由此可见，不管是从《保护非物质文化遗产公约》的定义分析，还是在非物质文化遗产代表作项目的选定上，文化空间都是一个十分重要的类别。所以，有专家学者根据《保护非物质文化遗产公约》的精神认为，它所建立的有关非物质文化遗产的内容分类，事实上应该包括6个方面内容，即与上述5个方面的非物质文化遗产表现形式相关的“文化空间”。

关于“文化空间”的含义，联合国教科文组织北京办事处文化项目官员埃德蒙·木卡拉曾解释说：“文化空间指的是某个民间传统文化活动集中的地区，或某种特定的文化事件所选的时间。在这里必须清醒认识到文化空间和某个地点的区别。从文化遗产的角度看，地点是指可以找到人类智慧创造出来的物质存留，像有纪念物或遗址之类的地方。文化空间是一个人类学的概念，它指的是传统的或民间的文化表达方式有规律性地进行的地方或一系列地方。”⑬

在《非物质文化遗产概论》中对“文化空间”的阐释是：“定期举行传统文化活动或集中展现传统文化表现形式的场所，兼具空间性和时间性。”⑭

民俗学专家乌丙安先生对民俗文化空间的解释是：“凡是按照民间约定俗成的古老习惯确定的时间和固定的场所举行传统的大型综合性的民族民间文化活动，就是非物质文化遗产的文化空间形式。有了这样的理解，就会自然而然地发现，遍布在我国各地各民族的传统节庆活动、庙会、歌会（或花儿会、歌圩、赶坳之类）、集市（巴扎）等，都是最典型的具有各民族特色的文化空间。”⑮他还强调：“民俗文化空间的保护是我国非物质文化遗产保护的重中之重。目前在我国非物质文化遗产保护工作中，加强鉴别和认定‘文化空间’的工作不仅是不可或缺的，而且是非常重要的具有文化战略意义的重要程序。因为，许多大型的文化空间的保护，都牵动着亿万海内外中国人的文化情结，不能不予以关注。”⑯

由此可见“文化空间”的特性是要有文化事项，同时这个文化事项是要被置于特定的时间和空间的。换言之，是一群参与主体在某段特定的时间与特定的空间，周期性地集中体现该群体共同信仰的传统民俗活动，其主要内容包括时间、空间、组织管理、参与主体、民俗事项等。

（二）洛阳牡丹花会文化空间内容

牡丹花会历史久远，规模自古宏大，构成了独具洛阳民风民俗的综合性的传统文化空间，这一文化空间具有典型性的特征。洛阳牡丹花会这一民俗活动给人们提供了观花娱乐和神怡心宁的机会，人们借助花会这种民俗文化空间享受各种民俗活动乐趣的同时，花会也成为人们释放压力和精神寄托的重要场所。由牡丹花会的组织管理者以及游人等不同群体的各种行为叙事过程，有效地营造出花会期间这一时空文化氛围。进一步说，人们不同的行为叙事在特定时间和特定的空间共同构成洛阳牡丹花会重要的民俗文化空间。特定的行为叙事最重要的即游园赏花和其中牡丹文化的传播，便是洛阳牡丹花会这一官办民俗传统活动得以生存、传承的重要基础。

1．时间背景

中华人民共和国成立初期，洛阳牡丹品种仅剩30余个。随着洛阳经济文化的逐渐发展和国家领导人对洛阳牡丹的关注与重视，洛阳市政府积极组织专业人员恢复和发展牡丹科研。特别是在1978年的十一届三中全会之后，在改革开放的大趋势大背景之下，洛阳经济快速发展，洛阳市政府抓住这一良好契机，利用人们“爱牡丹、尚牡丹”这一民风民俗，认识到要以洛阳牡丹资源来发展洛阳的精神文明建设和物质文明建设。1981年来，洛阳自发赏花人数就有40多万人次，1982年便增加到60多万人次，盛况空前，引起社会强烈反响。所以在1982年9月21日的洛阳市第七届人民代表大会常务委员会召开的第十四次全体会议上，审议通过牡丹为“洛阳市市花”，并决定从1983年开始举办一年一度的“洛阳牡丹花会”。每年到谷雨时节，洛阳牡丹依次盛放，闻名而来赏花的人群络绎不绝，“洛阳牡丹甲天下”的盛况再现。

洛阳牡丹花会的会期随着发展的需要，通过人工花期控制、扩大种植区域、品种引种等方法，在全市范围内实现了牡丹次第开放，逐步延长了花会会期时间。自1983年的第1届到2001年的第19届，会期为十天（4月15日至25日）；自2002年的第20届到2004年的第22届，会期为十五天（4月10日至25日）；自2005年的第23届至今（2015年第33届），牡丹花会会期调整为一个月左右，为每年的4月上旬至5月上旬，进一步将牡丹花会会期延长，与“五一”小长假有机结合起来，形成具有洛阳特色的“旅游黄金月”。四五月的洛阳，花海人海，热闹非凡，老少相随，真可谓万人空巷。特别是近几年来洛赏花人数倍增，真切感受到此时洛阳牡丹强大魅力和吸引力，人们不远千里只为一睹牡丹最动人的姿色。

2．地理位置与环境

“洛阳地脉花最宜，牡丹尤为天下奇”[17]，道出了洛阳得天独厚的“地脉”。用现在科学的解释是洛阳位于暖温带南缘向北亚热带过渡地带，地处中国中原地区，属于温暖带大陆性季风气候，四季分明，有“春风、夏雨、秋凉、冬雪”，风和日暖，平均气温14.86摄氏度；雨量适中，年均降水量600毫米左右；土壤肥沃，土壤中含有的微量元素钙、镁、铁、锰、铜、锌、硼、钼等微量元素较高，特别是

图1　洛阳牡丹

图2　第33届中国洛阳牡丹文化节开幕式

锰、铜、锌、钼含量明显高出其他地区。自古就有的“种植好牡丹，必取洛阳土”这一民间谚语恰恰说明了牡丹与当地自然环境的共生关系。牡丹在洛阳这一方土地上绽放出了最动人的生命（图1）。

3．组织管理

洛阳市政府于1982年命名牡丹为洛阳市花之后即组织实施，设立洛阳市花会指挥部，1993年成立“一会两节办公室”，即“洛阳牡丹花会中国杜康酒节河洛文化节办公室”，专门负责洛阳节会的相关筹备工作。后改为洛阳市牡丹花会组织委员会，下设花会办公室，作为每年洛阳牡丹花会筹备工作的官方常设机构，相关经费由洛阳市财政负担。随着花会规格的提升，2011年组建了由文化部、河南省政府、洛阳市政府共同参与的中国洛阳牡丹文化节组委会和执行委员会，全面负责花会活动的各项工作。文化系统的文艺编导人员主要参与牡丹花会的文艺庆典活动节目的创编和导演（图2）。

自1983年的第1届洛阳牡丹花会至今（2015年），洛阳已成功举办了33届盛大的牡丹花会。2015年的牡丹花会成立了组织委员会和执行委员会，其中执行委员会下设办公室、主体活动组、赏花园艺组、宣传报道组、经贸招商组、旅游促销组、城建市貌组、安全保卫组、接待服务组、效能监察组，这是牡丹花会有序安全进行的保障（图3）。

图3 第33届中国洛阳牡丹文化节新闻发布会

图4 群众赏花游园

4．参与主体

四月的洛阳，花海人海，来洛阳赏花的人络绎不绝，有洛阳本地人、外省市的人和国外游人。洛阳总人口696.23万，其中市区人口195.25万。第33届花会期间游客总人数达2174.76万人次，是洛阳总人口的3倍多，其中入境游客21.39万人次。据洛阳市旅游发展委员会提供的《第33届中国洛阳牡丹文化节国内旅游者抽样调查报告》显示，2015年花会期间省内游客占43.28%，省外游客占56.72%，外省游客多以山西、陕西、湖北、河北、北京为多，占外省游客的29.94%。从游客的年龄构成来看，15岁至24岁的占29.34%，25岁至44岁的占47.89%，可以看出中青年的游客占比达77.23%，是来洛阳赏花的主力军。从职业角度看，学生占23.12%，占比最大。此次花会期间有43.94%游客是第一次来洛阳赏花，有33.55%游客来洛阳赏花2—3次，有7.87%的游客是5次及以上来洛阳，说明洛阳牡丹花会的节会吸引力还是很大的，影响力每年都在提升。自1983年至2015年，来洛阳赏花人数多达21950.27万人次。可以看出，洛阳牡丹花会是中国牡丹文化代表性和群众参与性极强的民俗活动，文化内涵深厚，具有重要的社会影响力（图4）。

5．赏花等文化活动

“中国花卉园艺史上，牡丹是一个具有相当重要影响的木本花卉。从唐代中晚期以来，牡丹就被冠以‘国色天香’‘百花之王’‘雍容华贵’的美誉，一直受到国人的推崇。牡丹在全国范围的推广与普及不仅有着社会、文化、政治、经济等因素，更与牡丹文化的传播息息相关。牡丹文化是中华民族共同培育的反映民族理想与追求的雅俗共赏的文化。”[18]牡丹富贵吉祥的文化象征寓意深入民心，因此，除

图5 洛阳牡丹花会期间城市面貌

了赏花游园活动外，民俗文化庙会、牡丹绘画、牡丹诗歌、牡丹灯会等活动，表达着人们对美好生活的向往和祝愿，具有深厚的地方特色。牡丹文化体现在民众生活的各个方面，如建筑、雕塑、服饰、歌曲、手工艺品、生活用品等。

洛阳牡丹栽培种植历史悠久，分布广泛。今日，洛阳牡丹种植面积达15万亩，其中观赏面积2万余亩，油用牡丹种植面积13万亩，形成了观赏、油用和鲜切花三大种植基地。高档牡丹观赏园16个，观赏牡丹涵盖全部九大色系、十大花型，品种达1268个，年产牡丹盆花100万盆，牡丹鲜切花200万枝。[19]集中种植牡丹的观赏园有王城公园牡丹园、神州牡丹园、中国国花园、西苑公园牡丹园、隋唐城遗址植物园等，还有鸡冠洞、白云山两个高山牡丹园，是中国高山牡丹的主要观赏园。同时城市区街道、庭院、机关、厂矿，亦遍植牡丹，洛阳呈现出“满城尽是牡丹花”的模样（图5）。

笔者于2015年4月期间去洛阳参与“第33届中国洛阳牡丹文化节”，此届花会以“相约千年帝都，共享国色天香”为主题，按照“科学发展、文化引领，节俭务实、重在为民，政府引导、市场运作，产业优先、创新提升”的办节宗旨，全面做好牡丹观赏园的改造提升，并结合赏花游园引入老百姓喜爱的民俗活动，时间为2015年4月10日至2015年5月5日。

此届洛阳牡丹花会共有34项活动，包括11项主体活动、23项专项活动。既有经典传统活动，又有推陈出新的内容。11项主体活动具体是：开幕式（4月10

日晚8时，在洛阳歌剧院）、文化部推荐优秀剧目洛阳展演月活动（4月12日至5月11日，在洛阳歌剧院）、“河洛欢歌·广场文化狂欢月”活动（4月2日至4月30日，在洛阳周王城广场、牡丹广场、青年宫广场）、2015中国洛阳（国际）文化科技创意设计展览会（4月18日至20日，在洛阳会展中心）、丝绸之路非物质文化遗产嘉年华活动（4月1日至6月30日，在洛阳定鼎门遗址博物馆）、第33届中国洛阳牡丹文化节投资贸易洽谈会（4月11日至12日，在洛阳钼都利豪国际饭店）、“花与世界”——世界国花摄影作品展（4月15日至25日，在洛阳博物馆）、“牡丹歌曲大家唱”电视大奖赛（4月1日至30日）、中国国际芳香产业（洛阳）展览会（4月24日至27日，在洛阳会展中心）、2015中原旅游商品交易会（4月30日至5月2日，在洛阳会展中心）、魏碑圣地·全国魏碑书法大赛暨魏碑书法论坛（4月16日，在偃师市张海书法艺术馆）。

为丰富洛阳牡丹花会的内容，此届花会期间还为游客展示了许多具有洛阳特色的传统手工技艺，如洛阳唐三彩、洛阳宫灯、洛绣、洛阳剪纸等；传统表演艺术类的有洛阳曲剧、河洛大鼓；传统音乐有唢呐、管子等；地方饮食有洛阳水席、牡丹饼、牡丹酒、胡辣汤、浆面条、牛羊肉汤、不翻汤、烫面角、锅贴等，有百余种美食小吃，色香味应有尽有，让人流连忘返。吹糖人、手工布艺、杂耍、变脸、木偶戏、狮舞等民间绝活也一一亮相。所以，这绝对是吃喝玩乐的好去处，让你赏着牡丹，闻着花香，听着小曲，吃着美滋滋的食物。不要小看这些传统的民间艺术，有不少是我们珍贵的文化遗产。所以，牡丹花会提供了一个集中展示洛阳传统文化的机会，让更多人来领略洛阳的魅力，更多的人因此爱上这个千年古都。

6．牡丹吉祥图案

每年谷雨时节，牡丹盛开，花会活动热闹非凡，就是一幅幅生动美妙的风俗画卷，是民俗文化的充分展现。中国民俗文化历史悠久，内容广泛，其中，吉庆文化是一个十分重要的内容。吉祥图案与民众日常生活密切相关，是图像符号化的语言，具有丰富的民族特色，经过历史传承与发展，其内容、形式愈加丰富多样。“巧妙运用花、鸟、鱼、虫、兽、人、字等含有吉利祥瑞寓意的图案，并附以神话传说、民俗谚语，以象征、隐喻、谐音、双关等手法创造出图案与祥瑞寓意相统一的艺术形式，充分体现了劳动人民的创造力和想象力，以及对国家、民族、家人的

图6　寓吉祥喜庆婚姻美满

图7　寓富贵寿考

美好期盼。”[20]

牡丹象征国家繁荣昌盛、富贵如意吉祥、婚姻美满和谐（图6），是吉祥图案重要的符号元素，是百姓所喜爱并广泛使用的吉祥图案，能够满足和表达人们的心理需求，与人们的现实生活、信仰生活息息相关。人们常常把牡丹与花卉、果木、祥兽、瑞鸟等图案组合成表达人们美好生活心愿的吉祥图案（图7），讲究“图必有意，意必吉祥”，这些含牡丹元素的吉祥图案种类繁多，寓意丰富，需要我们用心去感受（见附录）。

“牡丹吉祥图案是一种文化符号，这种文化符号是在民族渊源历史中逐渐形成的，在中华民族炎黄子孙的心中有着特殊的意义，它必定与各种最美好的祝愿有关，这是一种根深蒂固的思想，这种思想并不是生来具有的，但每个人在这片土地成长的过程中，潜移默化地种到了他和她的心中，这是中华民族所特有的，是民族优秀的传统文化，在民间有着深刻的影响，所以牡丹吉祥图案具有长久不衰的生命魅力。”[21]

7. 美术实践

洛阳牡丹花会这样一个文化空间的构成离不开洛阳，离不开洛阳牡丹。在这一独特的文化空间是由许多实践活动内容组成的，其中很特殊的一项便是洛阳牡丹的美术实践。在洛阳悠久的历史沉淀基础上已经形成了丰富的牡丹资源，这一资源为洛阳牡丹的美术创作提供了特有的美术实践空间。洛阳人爱牡丹，有关牡丹的美术创作丰富多彩，有精美绝伦的艺术陶瓷“洛阳牡丹瓷”，有传统与现代技艺结合的“唐三彩瓷板画”，还有雅俗共赏的“牡丹画”等。每年花会都会举办画展，这些画展便是画家们进行交流的主要场所，每年的花会也是给艺术家们提供创作灵感的重要场所。这些美术创作对弘扬牡丹文化，促进文化交流，繁荣牡丹艺术创作事业有积极的影响。

洛阳人爱牡丹的方式有很多种，但是画牡丹是最常见的一种表达方式。这种方式是洛阳人从小通过对牡丹的认识，通过对牡丹情感的培养，通过受牡丹文化的不断熏陶，然后融于个人的生活、情感、精神等各个层面，然后他们拿出一张纸和一支笔，画出眼中、心中的那朵最美的牡丹。画牡丹，就是爱牡丹。牡丹是有花期的，但是牡丹画让牡丹花期有了时间上的延续。牡丹画的创作在洛阳已成为一种风尚，其中不乏牡丹精品画的创作，也有更接近大众消费的牡丹画作品，形成了独具特色的洛阳牡丹画文化产业。

在全国知名的洛阳牡丹画家有王绣、周彦生、文柳川等，他们创作的牡丹画各有风格，为洛阳牡丹文化的传播，扩大古都洛阳在全国乃至国际的影响，都作出了积极的贡献。王绣以传统水墨小写意笔法，并融入油画、水粉和水彩画的色彩技巧，其画作构图饱满、色艳不俗、气韵生动，所画牡丹雍容富贵、流畅自然，被誉为新牡丹画派创始人。周彦生重彩工笔牡丹的表现手法被烙上了“周氏画法”的印记，其笔下的牡丹线条明朗，层次细腻丰富，用色极其大胆，给人以自然、简静、大气之感。

除了专业画家，还有许多百姓农民也参与其中。洛阳市孟津县平乐镇平乐村是目前全国唯一的牡丹画生产基地，有百余个牡丹画专业户，年创作牡丹画十万余幅，被誉为“农民牡丹画创作第一村”。文化部和民政部命名平乐镇为“文化艺术之乡”，河南省文化厅授予平乐村“河南特色文化产业村”荣誉称号。李长春同志曾在平乐村说：“小画笔不仅画出了大产业，而且愉悦了农民的身心，提高了大家的生活质量，希望平乐这个千年古镇积极发展牡丹画文化产业，真正成为牡丹画第一村。”（图8）如今，“一幅画、一亩粮、小牡丹、大产业”已成为平乐村的日常写照（图9）。

8．民间传说

洛阳牡丹之所以品种丰富，除了与其基因不断优化有关，更与洛阳人骨子里的对牡丹的热爱有关。洛阳牡丹有深厚的文化历史底蕴，传统的牡丹品种和牡丹名品基本上都有一段广为流传的民间传说。在这众多的洛阳牡丹民间传说中最著名的便是“武后怒贬牡丹于洛阳”的故事。清代李汝珍《镜花缘》第四回“吟雪诗暖阁赌酒，挥醉笔上苑催花”以及第五回“俏宫娥戏夸金盏草，武太后怒贬牡丹花”的记载，大致是这样：一个雪花如柳絮般漫天飞舞的冬日，武则天醉酒畅饮之后，便萌发了让百花同时开放的想法，写下了“明朝游上苑，火速报春知。花须连夜发，莫待晓风吹”[22]的诏书，百花不敢违抗命令，只得次日一并开放，唯独牡丹抗命不开。武则天见状，一怒之下把牡丹贬至洛阳邙山。谁知牡丹到洛阳后，生根发芽，竞相怒放，这更是惹怒了武后，于是下令烧焦牡丹，但没想到，来年春天，牡丹反而开得更盛。所以，牡丹便被百姓赋予了不畏权势的精神，被老百姓称为“焦骨牡丹”。还有牡丹仙子八月十五画牡丹、种牡丹于人间的“紫根牡丹”的故事；抗金将军借牡丹枝条作马鞭的“枯枝牡丹”的故事；牡丹山上紫花仙子与心地善良的樵童结为百年夫妻后升仙化为“花王和花后”的故事；苦命女子冤死的“白牡丹”的故事；洛阳穷困书生结缘朱砂姑娘赴京赶考，被权势污蔑落榜的“朱砂红”的故事；贵妃娘娘手捻花瓣留下胭脂红的“一捻红”的故事；洛阳李楼村欢天喜地老夫妇种双头牡丹的“合欢娇”的故事；洛阳张氏达官贵人请花师为他培育奇特牡丹的“楼子牡丹”的故事等。

图8 在孟津县平乐镇平乐村，李长春与画家亲切交谈（记者陈伟摄）

这些代代相传的关于牡丹的各种故事传说在洛阳民间有着普遍的群众基础，其内容多样，题材广泛，以曲折多变的情节抒发人们对生活的认识与理解，表达了人们对真、善、美的追求和向往，以及对假、恶、丑的抨击和指责。从这些人们在生活实践中创作出的动

图9 平乐村农民画家

人故事中，可以看出自古人们对牡丹这一“百花之王”无比浓烈的厚重情感和精神寄托。

（三）洛阳牡丹花会文化空间价值意义

洛阳牡丹花会是中国牡丹文化代表性和群众参与性极强的民俗活动，文化内涵深厚，具有重要的文化价值、社会价值和经济价值。

1．文化价值

牡丹花会本是官民同乐的玩赏盛会，但中国人讲究玩中有道，玩中有意。牡丹因其自身雍容的外形被赋予国泰民安、爱情美好、平安长寿等寓意，形成含义丰富的牡丹文化。牡丹文化在文学、艺术、民俗、宗教等领域各有体现，是物质文明和精神文明的产物。历史上有关牡丹的诗词歌赋有上千首，古人对牡丹的情愫在这些诗词里体现得淋漓尽致，他们以花言志、借花比德、咏花明理、尚花娱君。牡丹文学的盛行，为我们留下许多宝贵的历史参考，可以想象出当时的民风民俗，社会风貌，人与人之间因花结缘、以花为友，这便使得社会一团和气，融融恰恰。牡丹元素自古被人们用于装饰、美化生活中的各种事物，扎根日常生活之中，具有独特的民俗文化价值，体现了鲜明的民族特色，与大众的情感具有普遍的认知意义，是人们对美好生活的追求与向往，是一种文化符号，是传统文化的表现。今日人们赏牡丹、咏牡丹、画牡丹可能不如古人那么纯粹，这与现代社会的娱乐文化内容多元化有关，但还是能看出人们对牡丹的那片痴情，特别是洛阳一直以来都在挖掘和发展牡丹文化的新意，用今天的方式去表达人们对牡丹传统的情感（图10）。

图10 牡丹画

2. 社会价值

花会这种民俗文化活动，会逐渐影响到人们的精神和物质生活的各个方面，给人一种无形或有形的精神教育，也会对人们的社会行为有无形的影响。在相当一部分人们的心目中，有着对牡丹花会习俗的深厚情感与依恋情结，对于他们来说，花会已经成为一种文化传统，代表了具有爱花之人共性特点的文化取向与审美情趣，是提供人们文化认同与满足审美需求的一种文化空间表现形式。人们借助牡丹花会这一民俗文化空间，以纯粹的玩赏为主，体验各种民俗活动为辅，是人们情感交流、释放压力和精神寄托的重要场所。同时，也是民间艺术集中展示的平台，给老一辈提供一个“念旧”的机会，给年轻一代展示传统文化的魅力，让他们有更多机会认识传统、理解传统、接受并发扬优秀的传统文化，这本身就是一种传统，一种传承。非物质文化遗产重要的一点就是传承，所以洛阳牡丹花会今日的勃勃生命力的根基就在于此，离不开我们每位华夏儿女心底最深处的那个根——传统。洛阳牡丹花会期间，人们的生活处于非日常化的状态，全国甚至其他国家的人们在同一时间段齐聚在这里，只为一睹牡丹的姿色，他们有着共同的价值观和相似的文化认同感。牡丹花会这一民俗文化空间对弘扬中华优秀传统文化、提升文化自觉，增强文化认同，促进民族团结和社会和谐，构建社会主义核心价值观具有重要意义。

图11　第33届中国洛阳牡丹文化节投资贸易洽谈会

3．经济价值

洛阳牡丹花会作为一个现代的传统民俗活动，具有重大的经济效益。据统计，前33届洛阳牡丹花会共签订招商引资合作项目2815个，累计投资总额9316.6亿元，这对于洛阳来说是一个很大的经济收益，也是政府办好百姓喜爱的节日的保障，也从一方面体现了洛阳牡丹花会的成功（图11）。洛阳市政府运用市场运作模式，将牡丹花会与经济活动相结合，在取得经济效益的同时，也树立了国家级特色的节日品牌，提升了洛阳和周边城市的知名度，促进了牡丹文化和旅游业的发展。

洛阳在中国历史上很长一段时间是政治、经济、文化交流的重要城市，并作为闻名世界的古代“丝绸之路”的东方起点之一。今天，在党中央提出的“一带一路”倡议下，文化、经济的广泛交流再一次推向历史新高点。洛阳作为重要节点城市，有着与丝路相关的丰富的历史文化资源，应借助洛阳牡丹花会这一节日文化品牌，进一步“以花为媒，广交朋友，发展经济”，打造具有洛阳特色经济文化发展体系。2015年4月10日，以精彩动人的大型舞台剧《丝路花开》揭开了洛阳牡丹花会的序幕，将“丝绸之路”与“洛阳元素”相结合，反响热烈。

四、洛阳牡丹花会文化空间的可持续发展

每年一届的牡丹花会是洛阳牡丹文化的延续，不仅承载着人们爱牡丹、赏牡丹、种牡丹的民风民俗，也拉动了牡丹产业的发展，对洛阳的文化宣传、经济建设具有重要的影响。

洛阳牡丹花会自古就是一个官办民俗活动，发展到今日，其内容、形式与内涵都发生了巨大变化。政府在花会未来的发展与引导上起着越来越重要的作用。需要值得注意的是，政府在每年举办花会的思路上，基本上是以如何创新、如何吸引、如何提升为焦点，以每年的来洛阳游客人次的增加、经济的增长来衡量花会活动的成效。其实往往忽略了最根本的，那就是花会活动参与主体的需求是什么。在当代城市节日的民俗文化空间的营造中，政府要以参与花会活动的老百姓为主体，将立足点聚焦于百姓的诉求，特别是在复兴牡丹文化的前提下，将优秀的传统文化与洛阳现在的城市发展相结合，创造出“以民为本”具有洛阳特色的民俗文化空间，充分发挥其“组织”作用，做好保障性工作，真正做好服务大众的工作，才不至于在牡丹文化的保护与传承中偏离方向。具体来说，牡丹科研机构要继续培养、发掘牡丹新品种，优化牡丹基因，实现科技兴牡丹。洛阳市非物质文化遗产保护中心等相关专业机构要提供专业支持，做好洛阳牡丹花会这一国家级非物质文化遗产的保护工作，进一步做好宣传，逐渐实现牡丹文化的普及、传播和发展。非物质文化遗产是世代相传的，所以政府申报“洛阳牡丹花会”为国家级非遗项目成功后，更应不辱使命，要遵循传统民俗文化活动的发展规律，将牡丹花会越办越好，体现老百姓的心声，办成老百姓喜爱的传统民俗活动。进一步增强传统民俗节会的吸引力、平衡好文化内涵与经济发展的关系，使洛阳牡丹花会在更好地发挥其社会、历史、政治和经济作用的同时，亦不丢失传统文化的厚重内涵，是政府的重任。

自2008年洛阳牡丹花会入选国家级非物质文化遗产名录的两年以后，为升级为国家级节会，洛阳市政府将之更名为“洛阳牡丹文化节”，自2011年起，官方宣传已经没有了“洛阳牡丹花会”这样的名称出现，但是在国务院公布的国家级非物质文化遗产名录里，它的名称就是“中国洛阳牡丹花会”。因为有了《中华人民共和国非物质文化遗产法》，有了国务院批准、公布的名录，非物质文化遗产的实践是受法律保护的。虽然非物质文化遗产是“在各社区和群体适应周围环境以及与自然和历史的互动中被不断地再创造”[23]，这样一种再创造应该有一些勾连，应该有一些内部关联性因素，而不是简单地从“牡丹花会”到“牡丹文化节”。所以，我们现在看“牡丹文化节”和“牡丹花会”之间到底是怎样的关系呢？需我们慎重思考。笔者认为“洛阳牡丹花会”更有传承，包含洛阳百姓对牡丹的情感。

对于洛阳民众来讲，对牡丹是有深厚情感的。洛阳人古时沉浸在浓浓的牡丹文化之中，讲着牡丹传说，吃着牡丹燕菜，插着牡丹花，画着牡丹画，吟着牡丹诗，谱着牡丹曲，把酒言欢，好不潇洒。非物质文化遗产重要的一点是为“这些社区和群体提供持续的认同感”[24]，如今洛阳人在文化多元化快速发展的今天，重新选择了牡丹来代表洛阳，可以看出洛阳人对牡丹那根深蒂固的情愫，这也体现了洛阳人的文化自觉。牡丹是洛阳的市花，是人们心中的国花，每年一届的洛阳牡丹花会是洛阳人集中抒发对牡丹喜爱的盛大活动，打开大门，迎来送往，是市民集体的狂欢。虽然自古各地就有对洛阳牡丹花会的效仿，但是凭影响，看效果，还是洛阳牡丹花会。但是洛阳人看今天的牡丹花会，似乎一部分只是停留在文化表层，甚至对“洛阳牡丹花会”入选国家级非物质文化遗产名录以及为什么入选知之甚少。相当一部分年轻的洛阳人对传统的牡丹文化认知肤浅，认为牡丹花大色艳，怎一个“俗”字了得，其实就是表象认识。由于时代的发展，人们文化生活日益丰富，审美需求越来越高，牡丹花会这一文化空间越来越多地被各种现代娱乐文化占据，而凝聚着中华文明精髓的、包含着中国文化核心价值观的传统文化却逐渐被民众忽视，甚至遗忘，特别是一部分年轻人对传统的民俗活动的认知几乎为零，进而失去兴趣，认为它们是过时、老旧的民风习俗，民俗活动因此而变得单薄无力，花会的文化内涵缺失。由于花会活动参与者大部分是中青年，那么提升民众，特别是年轻人对民俗文化内涵的认知，是影响传统文化传承的关键。

牡丹文化具有中国特色，在当今社会需要重视牡丹文化这样优秀的传统文化的发展，应该积极对牡丹文化的精华进行深入研究整理和宣传普及，积极引导、培养人们共同的文化情感，最终实现人们对牡丹文化的回归感，提升文化自觉，鼓励赏花、品花、戴花、插花、唱花、咏花、画花、刻花等传统的赏花习俗健康发展，并抓住“一带一路”的历史机遇，以更开放的思路进一步“以花为媒，广交朋友，发展经济”，把洛阳牡丹花会办成一个可持续发展的具有文化内涵的社会民俗活动。

附　录
牡丹吉祥图案分类汇总表

一、牡丹与花卉果木图案组合

牡丹与水仙组图，寓意“神佑富贵”“先富贵”。
牡丹与玉兰组图，寓意“玉堂富贵”。
牡丹与莲花组图，寓意“连连富贵”。
牡丹与海棠组图，寓意“满堂富贵”。
牡丹与芙蓉组图，寓意“荣华富贵”。
牡丹与月季组图，寓意“富贵长春”。
牡丹与蔓草组图，寓意“富贵万代”。
牡丹与藤萝组图，寓意“富贵腾达”。
牡丹与荷花组图，寓意“富贵平和”。
牡丹与牵牛花组图，寓意“富贵千秋”。
牡丹与天竺组图，寓意“天祝富贵”。
牡丹与桂圆组图，寓意“富贵姻缘”。
牡丹与石榴组图，寓意“多子多福”。
牡丹与荔枝组图，寓意“富贵门第”。
牡丹与柚子组图，寓意“富贵天佑”。
牡丹与橙子组图，寓意“富贵前程”。
牡丹与竹笋组图，寓意“富贵儿孙”。
牡丹与橘子组图，寓意“富贵多吉”。
牡丹与枸橼组图，寓意“姻缘美满，夫贵妻荣”。
牡丹与竹子组图，寓意“富贵平安”。
牡丹与柏树组图，寓意“富贵百龄”。
牡丹与梧桐组图，寓意“富贵一统”。

牡丹与桃花或桃子、牡丹与菊花、牡丹与松树组图，寓意“福禄长寿”。

牡丹与菊花、荷花组图，寓意“富贵寿和平”。

牡丹与芙蓉、荷花组图，寓意“荣华富贵平和”。

牡丹与梅花、海棠组图，寓意“春花三杰”。

牡丹与莲花、海棠组图，寓意“连富贵满堂”。

牡丹与月季、常春草组图，寓意“富贵长春”。

牡丹与勾莲、石竹子花组图，寓意“连祝富贵”。

牡丹与灵芝、竹子组图，寓意“灵祝富寅”。

牡丹与灵芝、水仙组图，寓意“灵仙富贵”。

牡丹与菊花、莲花、月季花组图，寓意“富贵连寿长春”。

牡丹与石榴、佛手、寿桃组图，寓意“富贵三多”，“三多”即“多子，多福，多寿”。

牡丹与天竺、灵芝、水仙、寿桃、石榴、佛手组图，寓意“灵仙祝富贵三多”。

二、牡丹与祥兽瑞鸟图案组合

牡丹与鱼组图，寓意“富贵有余”。

牡丹与牛组图，寓意“富贵勤劳”。

牡丹与羊组图，寓意“吉祥富贵”。

牡丹与马组图，寓意“马上富贵”。

牡丹与大象组图，寓意“富贵有象（富贵吉祥）”。

牡丹与麒麟组图，寓意“富贵驾临”。

牡丹与凤凰组图，寓意“吉祥喜庆，婚姻美满”。

牡丹与双凤组图，寓意“龙凤呈祥，天下太平，富贵吉祥”。

牡丹与鸳鸯组图，寓意“夫妻富贵”。

牡丹与孔雀组图，寓意“荣华富贵”。

牡丹与双鹤组图，寓意“双鹤富贵”。

牡丹与喜鹊组图，寓意“金鹊报喜，富贵吉祥，婚姻美满”。

牡丹与公鸡组图，寓意“前程似锦，功名富贵”。

牡丹与鹭鸶组图，寓意“一路富贵”。

牡丹与老鹰组图，寓意“英雄富贵”。

牡丹与锦鸡组图，寓意“锦上添花”。

牡丹与寿带鸟组图，寓意“富贵添寿”。

牡丹与蜡嘴鸟组图，寓意“富贵之最”。

牡丹与和平鸽组图，寓意“富贵和平”。

牡丹与白头翁组图，寓意“富贵白头”。

牡丹与太平鸟组图，寓意“太平富贵”。

牡丹与蝴蝶组图，寓意“捷报富贵”。

牡丹与猫、蝴蝶组图，寓意“富贵耄耋”。

三、牡丹与器物组合图案

牡丹与花瓶组图，寓意“富贵平安”“一品（瓶）富贵”。

牡丹与灯笼组合，寓意“富贵兴隆”。

牡丹与铜钱组合，寓意“富贵在前”。

牡丹与寿石组图，寓意“福禄长寿”。

牡丹与如意组图，如意上又有古钱、寿桃、石榴、蝴蝶、菊花，寓意“捷报富贵多寿多子如意”。

四、牡丹与文字符号组合图案

牡丹与双喜字组图，寓意“富贵双喜”。

牡丹与寿字组图，寓意“富贵寿考”。

牡丹与正万字纹饰组图，寓意“富贵万年”。

牡丹与系带子的正万字组图，寓意“富贵万代”。

牡丹与寿字、正万字组合，寓意“富贵万寿”。

五、其他图案

牡丹与孔雀、云霞组图，寓意“平步青云，大福大贵”。

牡丹与燕子、竹子组图，寓意“宴祝富贵”。

牡丹与蝴蝶、莲花组图，寓意“接连富贵”。

牡丹与蝴蝶、菊花组图，寓意“捷报富贵寿”。

牡丹与蝙蝠、勾莲组图，寓意“富贵连福”。

牡丹与蝙蝠、盘长组图，寓意“富贵福长”。

牡丹与水浪、盘长组图，寓意“富贵像海水一样源远流长”。

牡丹与瓶子、苹果组图，寓意“富贵平安”。

牡丹与瓶子、荷花组图，寓意“富贵和平”。

牡丹与寿字、大象组合，寓意“寿象富贵”。

牡丹与寿石、桃花组图，寓意“福寿双全”。

牡丹与寿石、菊花组图，寓意“福禄长寿”。

牡丹与磬、鱼、盘长组图，寓意“庆富贵有余绵长”。

牡丹与水仙、松枝、花瓶组图，寓意“仙壶集庆”。

牡丹与菊花、莲花、蝴蝶组图，寓意“捷报富贵连寿”。

牡丹与菊花、月季、明月组图，寓意“花好月圆，家庭美满”。

牡丹与菊花、荷花、盒子组图，寓意“富贵寿和合二喜”。

牡丹与蝙蝠、寿桃、如意组图，寓意“富贵福寿如意”。

牡丹与蝙蝠、寿桃、盘长组图，寓意“富贵福寿绵长”。

牡丹与蝙蝠、寿桃、如意、古钱组图，寓意“富贵福寿如意在眼前”。

牡丹与梅花、莲花、菊花、杂宝组图，寓意“四季进宝”。

牡丹与灵芝、水仙、寿字、竹子组图，寓意“灵仙祝富贵长寿”。

牡丹与石榴、佛手、寿桃、盘长组图，寓意“富贵三多绵长”。

牡丹与蝴蝶、石榴、佛手、寿桃组图，寓意“捷报富贵三多”。

牡丹与蝴蝶、石榴、佛手、荷花组图，寓意“捷报富贵和平多子多福”。

牡丹与蝴蝶、万字、带子、盘长组图，寓意“捷报富贵万代绵长”。

牡丹与四童子、荷花、菊花、山茶组图，寓意“四季平安”。

牡丹与蝴蝶、莲花、石榴、佛手、寿桃组图，寓意“捷报连富贵三多”。

牡丹与蝴蝶、莲花、菊花、海棠、彩云、蝙蝠组图，寓意“捷报富连福寿满堂从天来”。

牡丹与八吉祥组图，寓意“富贵吉祥”。“八吉祥”亦称“佛教八宝”，即轮、螺、伞、盖、花、罐、鱼、长。

注释

① 洛阳市地方史志编纂委员会．洛阳市志（第十六卷）[M]．郑州：中州古籍出版社，1998：197．

② 洛阳市地方史志编纂委员会．洛阳市志（第十六卷）[M]．郑州：中州古籍出版社，1998：197．

③ 洛阳市地方史志编纂委员会．洛阳市志（第十六卷）[M]．郑州：中州古籍出版社，1998：149．

④ 洛阳市地方史志编纂委员会．洛阳市志（第十六卷）[M]．郑州：中州古籍出版社，1998：149．

⑤ 洛阳市地方史志编纂委员会．洛阳市志（第十六卷）[M]．郑州：中州古籍出版社，1998：199．

⑥ 洛阳牡丹办．洛阳市牡丹产业发展情况汇报 [Z]．内部资料．

⑦ 洛阳市地方史志编纂委员会．洛阳市志（第十六卷）[M]．郑州：中州古籍出版社，1998：197．

⑧ 洛阳市地方史志编纂委员会．洛阳市志（第十六卷）[M]．郑州：中州古籍出版社，1998：201．

⑨ 洛阳市地方史志编纂委员会．洛阳市志（第十六卷）[M]．郑州：中州古籍出版社，1998：202．

⑩ 洛阳市地方史志编纂委员会．洛阳市志（第十六卷）[M]．郑州：中州古籍出版社，1998：150．

⑪ 洛阳市地方史志编纂委员会．洛阳市志（第十六卷）[M]．郑州：中州古籍出版社，1998：5．

⑫ 王文章．非物质文化遗产概论（修订版）[M]．北京：教育科学出版社，2013：378．

⑬ 乌丙安．民俗文化空间：中国非物质文化遗产保护的重中之重 [J]．民间文化论坛，2007（1）．

⑭ 王文章．非物质文化遗产概论（修订版）[M]．北京：教育科学出版社，2013：250．

⑮ 乌丙安 . 民俗文化空间：中国非物质文化遗产保护的重中之重 [J]. 民间文化论坛，2007（1）.

⑯ 乌丙安 . 民俗文化空间：中国非物质文化遗产保护的重中之重 [J]. 民间文化论坛，2007（1）.

⑰ 洛阳市地方史志编纂委员会 . 洛阳市志（第十六卷）[M]. 郑州：中州古籍出版社，1998：199.

⑱ 张絮 . 浅析牡丹吉祥图案的寓意 [J]. 大众文艺，2016（1）.

⑲ 洛阳牡丹办 . 洛阳市牡丹产业发展情况汇报 [Z]. 内部资料 .

⑳ 关于牡丹吉祥图案部分笔者曾经做过论述，详见张絮 . 浅析牡丹吉祥图案的寓意 [J]. 大众文艺，2016（1）.

㉑ 张絮 . 浅析牡丹吉祥图案的寓意 [J]. 大众文艺，2016（1）.

㉒ 洛阳市地方史志编纂委员会 . 洛阳市志（第十六卷）[M]. 郑州：中州古籍出版社，1998：250.

㉓ 王文章 . 非物质文化遗产概论（修订版）[M]. 北京：教育科学出版社，2013：378.

㉔ 王文章 . 非物质文化遗产概论（修订版）[M]. 北京：教育科学出版社，2013：378.

参考文献

1 | 郭继明 . 中国牡丹大观 [M]. 北京：新华出版社，2005.

2 | 李嘉珏，张西方，赵孝庆 . 中国牡丹 [M]. 北京：中国大百科全书出版社，2011：2-5.

3 | 洛阳市地方史志编纂委员会 . 洛阳市志（第十六卷）[M]. 郑州：中州古籍出版社出版，1998.

4 | 王文章 . 非物质文化遗产概论（修订版）[M]. 北京：教育科学出版社，2013.

5 | 王文章 . 弘扬传统节日文化现状与对策：中国传统节日文化调研实录 [M]. 北京：文化艺术出版社，2012.

6 | 乌丙安 . 民俗学原理 [M]. 长春：长春出版社，2014.

7 | 王贵祥 . 古都洛阳 [M]. 北京：清华大学出版社，2012.

8 | 刘承华 . 守承文化之脉 —— 非物质文化遗产保护特殊性研究 [M]. 南京：南京大学出版社，2015.

9 | 杨锐 . 试析吉祥图案的文化意蕴 —— 以牡丹为例 [J]. 文艺论坛，2013（4）.

10 | 关昕 . "文化空间：节日与社会生活的公共性" 国际学术研讨会综述 [J]. 民俗研究，2007（2）.

11 | 张晓萍，李鑫 . 基于文化空间理论的非物质文化遗产保护与旅游化生存实践 [J]. 学术探索，2010（6）.

12 | 曹香珍 . 论唐人诗歌中的牡丹情节及其文化意蕴 [J]. 西南农业大学学报：社会科学版，2009，7（1）.

13 | 李丽环 . 唐代牡丹图案的造型寓意分析 [J]. 长春大学学报（美学艺术版），2012，7（22）.

14 | 李朝辉 . 中国洛阳牡丹文化节发展现状与对策研究 —— 以第31届中国洛阳牡丹文化节为例 [J]. 洛阳

理工学院学报(社会科学版),2014,27(6).

15 | 张楠楠.当代洛阳牡丹花会发展史研究[D].长沙:湖南师范大学,2007.

16 | 洛阳市旅游发展委员会.第33届中国洛阳牡丹文化节国内旅游者抽样调查报告[R].2015.

17 | 刘福兴,李俊义.中国洛阳牡丹文化节的成效与启示[G].刘福兴,陈启明.洛阳文化发展报告(2015)[R].北京:社会科学文献出版社,2015.

18 | 扈耕田.洛阳牡丹文化品牌建设研究[G].刘福兴,陈启明.洛阳文化发展报告(2015)[R].北京:社会科学文献出版社,2015.

大型焰火燃放与公共文化宣传
——以北京实践为例

Large-scale Fireworks Show and Public Cultural Propaganda：Peking Practice as a Case

徐 莹
吕品田｜指导教师

摘要

本调研报告主要以北京实践为案例，考察大型焰火燃放与公共文化宣传开展的情况。报告人通过对烟花爆竹产地湖南省浏阳市的实地调研，及对举办过令世界瞩目的奥运会大型焰火燃放的北京市的工作实践考察，掌握了大型焰火燃放在公共文化活动中的基本情况，包括公共文化宣传媒介确定、工作实施程序、把握原则等情况，安全保卫情况，组织情况，政府部门之间协调情况，以及策划创意团队设计的理念、原则、方法、技术水平与要求等。报告以2008年第29届奥林匹克运动会开幕式“鸟巢”顶部焰火燃放为案例，根据运作方式和公共文化宣传两个方面实际情况，剖析了北京实践在大型焰火燃放方面的成功经验，并具体从深挖内涵、彰显出北京的文化底蕴，提升城市文化软实力和通过高科技手段，注重项目独创性上进行详细阐述，同时也指出了北京实践所存在的问题，提出了相应的建议。报告认为，在运用大型焰火燃放展开公共文化宣传的实践中，应着重解决环保焰火产品新技术的普及应用问题、烟花爆竹在传承上的民俗问题和建好用活燃放场地问题，以使公共文化宣传工作获得更加理想的效果。

关键词：大型焰火燃放；公共文化宣传；非物质文化遗产

Abstract

This research report, taking Peking practice as a case, mainly investigates the development of large-scale fireworks show and public cultural propaganda. The reporter grasps the general information of the large-scale fireworks show in public cultural activities through the field survey in Liuyang City of Hunan Province, the origin of fireworks and crackers, and through the investigation of practice in Peking, where the Olympic Games was held and its large-scale fireworks show drew global attention. The general information includes the conditions of confirmation on public cultural propaganda media, implementation program and principles, the status of safety and security, organization, the coordination among government sectors, as well as the design concept, principles, methods, technical level and requirement of the project staff. Taking the fireworks show above the top of the Bird' s Nest for the Opening Ceremony of the 29th Olympic Games in 2008 as a case, this report analyses the successful experience of Peking practice in operating model and public cultural propaganda in the aspect of large-scale fireworks show.It also elaborates on the project originality through the specific aspects of exploring the cultural connotation, revealing cultural heritage, promoting the soft power of urban culture and applying high-tech means, and meanwhile points out the existing problems in Peking practice and offers suggestions.The report argues that in the practice of carring out public cultural propaganda by means of large-scale fireworkshows, we should focus on the issue of the wide application of environment-fnendly fireworks technology, the folk custom issues related to the heritage of fireworks and crackers and the construction and flexible utilization of fireworks site, in order to enhance the effectiveness of the public cultural propaganda.

Keywords: Large-scale Fireworks Show; Public Cultural Propaganda; Intangible Cultural Heritage

一、前　言

公共文化宣传是社会文化建设工作的重要组成部分。公共文化管理部门往往通过一些宣传手段特别是有感染力和激发效果的宣传手段，在公共文化活动中展开主题宣传，以达到展现公共文化活动魅力和良好形象、传播社会主流思想观念和公共价值取向、增进社会交流和思想文化认同的目的。公共文化宣传有新闻发布、理念宣传、活动宣传、官方网站宣传、知识讲座、展览等多种形式。在公共文化活动中利用传统手段与方式开展公共文化宣传，可以使其充分发挥公共文化活动应有的价值与作用，丰富人民群众的文化生活。大型焰火燃放因其在公共文化活动中具有灵活多变的表现形式，在人们心中具有根深蒂固的文化情结，使得其作为公共文化宣传的媒介走在其他宣传手段的前列，独领风骚。这也是为什么在国家和国际性重大活动中采用大型焰火燃放的原因。

本文就大型焰火燃放与公共文化宣传开展的现状，做了一些调研，通过调研，了解了利用大型焰火燃放开展公共文化宣传的重要作用与意义，指出了人们在公共文化宣传中出现的思想认识问题，剖析了大型焰火燃放在公共文化宣传中操作的成功经验与现实操作中遇到的具体问题，提出了改进的方法措施，并以2008年第29届奥林匹克运动会开幕式“鸟巢”顶部焰火燃放为案例，总结其经验，分析其不足，为我国各城市在开展公共文化活动时采用大型焰火燃放，提供借鉴。

烟花鞭炮的燃放在应用形式上，分为普通燃放和大型焰火燃放两种。普通燃放是老百姓在节日[①]、喜庆[②]及办丧事等活动中的应用，简言之就是“民间燃放花炮”。这种应用形式以家庭和个体为单位，虽然每家每户燃放的数量不多，但广涉大江南北、千家万户。它一般是将烟花爆竹产品单个燃放，往往即兴而为，既缺乏严密的组织，也没有周密的措施，具有很大的随意性。大型焰火燃放则是政府、团体、企业在庆典活动中以团体为组织的一种应用，一般规模较大，多以纯焰火晚会、音乐焰火晚会、文艺焰火晚会等形式举行。它共分为五个等级，分级情况详见表1。大型焰火燃放本质上就是利用集中大量燃放焰火产品，充分发挥烟花爆竹所特有的审美视听刺激和身心震撼效应，以达到特定的社会宣传目的。在现代社会生活中，大型焰火燃放作为烟花鞭炮最专业、最集中的燃放形式，以其独特的艺术效果和审美魅力深受人民群众的喜爱。同时，它独特的艺术表现方式和审美情趣，也深受世界各国人民的喜爱，成为世界文化艺术宝库中的无价之宝。

大型焰火燃放等级划分③

等级	条件（符合下列条件之一）	
一级	10 号以上（含 10 号）礼花弹	3 号以上（含 3 号）礼花弹总数＞5000
二级	8 号以上（含 8 号）礼花弹	3 号至 8 号礼花弹总数≤5000
三级	6 号以上（含 6 号）礼花弹	3 号至 6 号礼花弹总数≤4000
四级	4 号以上（含 4 号）礼花弹	3 号至 4 号礼花弹总数≤3000
五级	不含礼花弹的其他烟花，组合烟花≥5000 或舞台焰火，架子烟花	

目前，国家在公共文化活动中采用的大型焰火燃放产品，大多出自湖南省浏阳市。浏阳自古就有“花炮之乡”的美誉，1935 年出版的《中国实业志》记载：“湘省爆竹之制造，始于唐，盛于宋，发源于浏阳也。”2006 年经国务院批准，以发源地浏阳为代表的花炮制作工艺即“浏阳花炮制作技艺”，被列入第一批“国家级非物质文化遗产名录”。

大型焰火燃放在公共文化活动中具有弘扬民族文化、打造民族品牌、整合社会精神资源、提升城市文化软实力的重要地位和作用。在世界杯、奥运会、洲际运动会，全国、省市运动会等大型体育盛会的开闭幕式中，以及国庆等节日盛会庆典中，人们都会结合仪式和表演内容进行大型焰火燃放。事实证明，在各种各样的活动中，如果没有烟花爆竹的参与，就会显得冷冷清清、索然寡味。因为在烟花升腾的过程中，人们不仅可以感受到长盛不衰、富有历史感的传统习俗，还可以寄托自己的期望与梦想，这是老百姓原始而平凡的一种快乐。

随着大型焰火燃放社会作用的不断提升及《北京市烟花爆竹安全管理规定》《烟花爆竹安全管理条例》《大型焰火燃放安全技术规程》的公布，北京市打破了十几年以来禁止燃放烟花爆竹的相关规定，自 2005 年开始由禁放变为限制性燃放④。如今燃放烟花爆竹已经成为北京春节节日中必不可少且最具特色的一部分，已经成为人文北京的重要表征。对全国各地而言，春节燃放烟花爆竹这个民俗文化传统，也早已融入现代生活，为广大民众所尊重、所热爱。由火药技艺凝结而成的烟花鞭炮，也从最初避邪祈福的民俗用途，发展到现在广泛地用于喜庆、娱乐活动以及公共文化宣传，在传承民族文化、弘扬民族精神、展现当代中国形象、促进世界文化交流等方面发挥不可替代的作用。

“公共”具有“共有的、公共的、共同的”含义，也常用来代表国家。联合国教科文组织认为文化包括六个关键的领域，“即文化和遗产、艺术表演和节日庆祝、视觉艺术和手工艺、书籍出版、视听与数码媒体、设计与创意服务。以及两个相关领域：体育和休闲娱乐、旅游。四个横向领域：非物质文化遗产、教育和培训、归档和保存、设备及辅助材料”[⑤]。“公共文化”概念形成于近代，有政治公共领域和文化公共领域之分。[⑥]“公共文化”是指那些具有公共性的文化领域、设施、空间、行为、活动、产品与服务。大致包括公共文化设施、公共文化活动、公共文化空间的营造[⑦]或涉及公共文化空间的限制[⑧]等。依照通常的理解是，由政府主导、社会参与形成的普及文化知识、传播先进文化、提供精神食粮、满足人民群众文化需求、保障人民群众基本文化权益的各种公益文化机构和服务的总和。因此，公共文化应秉持公共利益至上的价值观，主要由公共部门[⑨]加以资助和管理、受国家文化法规约束。

宣传，是一种活动形式，强调对活动的描述，同时，宣传也是一种工作，强调的是工作性。本文内的宣传，主要指的是利用大型焰火燃放开展公共文化宣传的活动形式。它也包括两层含义，一是宣传公共文化活动的主题、理念及取得的成绩。如奥运会、残奥会等大型公共文化活动，在宣传奥运会的世界性、大众性、参与性的同时，提高了全社会对奥运的认识程度和参与热情，扩大了北京奥运会的国际影响，展示了中国和北京的良好形象。二是非物质文化遗产保护方向的公共文化宣传。因为烟花爆竹制作技艺本身是非物质文化遗产项目，采用大型焰火燃放开展公共文化宣传，本身也是对非物质文化遗产的保护。宣传非物质文化遗产，是非物质文化遗产保护工作的一部分，联合国教科文组织《保护非物质文化遗产公约》所界定的“保护”是指“确保非物质文化遗产生命力的各种措施，包括这种遗产各个方面的确认、立档、研究、保存、保护、宣传、弘扬、传承和振兴”。

在当前的非物质文化遗产保护实践工作中，要努力促进非物质文化遗产与当代社会生活相融合。由于普通燃放的随机性较强，对于燃放的产品、燃放场地的选择较为随意，观看燃放产品的安全距离也得不到有效保障，这种不安全、不稳定的因素已经不适用于当代城市。社会环境的变化促使烟花燃放的形式在当代社会发生了改变。联合国教科文组织《保护非物质文化遗产公约》中，对“非物质文化遗产”的定义有这样的表述：“这种非物质文化遗产世代相传，在各社区和群体提供认同感和持续感，从而增强对文化多样性和人类创造力的尊重。”烟花鞭炮的燃放是一种在民俗活动、庆典活动中对“浏阳花炮制作技艺”融入社会生活的最好体现，它与民俗文化、民间礼仪相融合，不论是在寄托人们对美好生活热切向往的传统节日，还是在吉礼、嘉礼、宾礼和军礼、哀礼中都会燃放烟花爆竹。在时代的变迁下，普通燃放和大型焰火燃放两种燃放形式的份额正悄悄地发生改变。因为只有大型焰火燃放能够更鲜明、更强烈地表达出活动的主题，不仅能够保证安全燃放，还能提高文化认同，为观者带来强烈的文化共鸣，满足人们的文化心理期待。

二、北京实践现状

（一）大型焰火燃放北京实践的总体概况

北京市特别重视在国际性赛事和重大文化、体育活动中采用大型焰火燃放开展公共文化宣传。如 2008 年第 29 届奥林匹克运动会开闭幕式和残奥会开闭幕式、北京市第十届国际旅游文化节闭幕式、2009 年国庆 60 周年天安门庆典、2014 年 APEC 峰会开幕式等重大活动的公共文化宣传，都采用了大型焰火燃放的手段和表现形式。

在上述大型活动中，北京市所采用的烟花，多为球形礼花弹、烛光产品、花束产品和组合烟花产品，燃放形式上则有单发燃放、点射、对射、段射、齐射等多种。大型焰火燃放，要由有燃放资质的专业人员实施，非专业人员一律不得擅自燃放。目前，在燃放技术上已经实现了电脑程序控制，其中以 2008 年第 29 届奥林匹克运动会焰火燃放为标志，我国大型焰火燃放行业的整体实力和国际影响力都日益提高。

球形礼花弹

组合烟花产品

礼花弹燃放效果

组合烟花燃放效果

花束产品燃放效果

烛光产品燃放效果

烟花产品与燃放效果

大型焰火燃放在上述大型活动中所表达的主题也不相同。公共文化活动在主办之前，政府部门会有一个提纲挈领的主题，即围绕哪个主题、要达到什么目的、喊什么口号和实现什么效果等。如国庆60周年天安门庆典仪式，其焰火晚会的宣传主题是“礼赞祖国、讴歌时代、振奋民心”。焰火总设计师按照晚会总指挥、总导演“突出焰火、强化联欢”的要求，精准把握和围绕晚会的宣传主题，将其具体化，并分别以“锦绣河山”“雪域天路”“美好家园”为题，打造出三幅“网幕焰火绘画”。“锦绣河山”作为晚会之序，形成“黄河之水天上来”的美好画面；“美好家园”展现出沙漠变绿洲的过程；“雪域天路”则表现青藏铁路开通的情景，同时辅以“和平鸽”、数字“60”等新颖的焰火图案，很好地烘托出现场气氛。天安门广场东西两侧矗立的56根“民族团结柱”，也是焰火晚会的开篇部分。

对于国庆60周年天安门庆典仪式焰火晚会宣传主题的提炼，有以下两点成功经验：一是主题鲜明，名称响亮。烟花创意表现的重点是“热烈隆重，深情祥和”，紧扣“礼赞祖国、讴歌时代”的晚会宣传主题。二是特点突出，富有新意。三幅长约90米、高约25米的宏伟壮丽的“网幕焰火绘画”，创意前无古人，并且与群众联欢和主题演出相互辉映，充分发挥焰火营造节日盛典气氛的作用，完美演绎烟花艺术的精彩，使参加庆祝大会的群众屡屡发出震耳欲聋的欢呼。

国庆60周年天安门庆典仪式由北京市政府发起。北京市政府不仅是这次大型焰火燃放活动的主办单位，也是最终的责任主体。晚会总导演张艺谋和视觉特效总设计师蔡国强进行整体策划，负责制订大型焰火燃放作业组织实施方案和事故处置应急预案，具体负责实施大型焰火燃放活动许可的申请和燃放活动的组织实施工作，并对本次燃放活动负全部责任。由于现场的很多燃放效果都是“全球首放”，所以燃放现场在组织、管理上以“遵循规则，重视安全”为原则。

国庆60周年天安门庆典仪式的大型焰火燃放作业，沿用了第29届奥林匹克运动会开闭幕式、残奥会开闭幕式的原班人马——湖南浏阳市东信烟花、熊猫烟花集团股份有限公司等燃放公司来实施。2014年APEC峰会开幕式焰火也是由熊猫烟花集团股份有限公司等企业完成的。这些燃放单位都具有A级资质，同时也有工厂，主要负责焰火燃放作业技术设计方案的实施，负责生产、购买、运输和保管所燃放的焰火产品，并派出具有相应资格的高级工艺美术师、中级工艺美术师、技术

“雪域天路”网幕焰火绘画

“美好家园”网幕焰火绘画

“锦绣河山”网幕焰火绘画

“和平鸽”造型烟花

人员、燃放操作人员、安全员和保管员等参与焰火燃放。

在大型焰火燃放活动中，安全生产监督管理部门、质量监督检验部门、公安部门、工商行政管理部门等各行政职能部门负责配合北京市政府，对焰火燃放活动进行监管和组织安全实施。公安部门负责核发《焰火燃放许可证》。

（二）个案分析：第29届奥林匹克运动会开幕式“鸟巢”顶部焰火燃放具体情况

1. 焰火燃放的运作方式

（1）成立相应的办事机构、确定工作职责

2003年4月成立北京市政府奥运工作协调委员会，赵凤桐、张和平、李伟任开闭幕式焰火工作协调组负责人。2005年3月1日，北京奥组委召开新闻发布会，公开发布《2008年奥运会开幕式、闭幕式创意方案征集活动征集书》，北京奥运会、北京残奥会开闭幕式工作正式拉开序幕，在历时3个月的征集中，共收到409份方案。按照最终的评审结果，北京奥组委选择前3名创意团队的核心骨干组成导演组，由张艺谋任总导演，张继钢、陈维亚为副总导演，蔡国强为奥运会开幕式视觉特效艺术总设计师。焰火工作协调组下设执行委员会和项目督查组。执行委员会下设综合协调组、项目采购组、安全保卫组、交通保障组、后勤保障组、工程技术组、应急保障组、宣传运营组。

（2）制定工作流程

“鸟巢”焰火燃放涉及的环节与过程较多，工作流程如下：首先，主办单位指定成立的开闭幕式焰火工作协调组负责主导大型庆典活动。其次，导演组根据第29届奥林匹克运动会开幕式“鸟巢”顶部焰火燃放的不同节点、不同的宣传主题进行方案创意，并提交组委会审核。最后，焰火创意方案经审核通过后，对焰火产品和燃放服务实行全球化招标采购，制订组织实施方案。通过全球招标，最终确定熊猫烟花集团股份有限公司为“鸟巢”顶部焰火燃放的唯一单位；由各行政职能部门（主要指公安、安监、交管、运管等部门）负责配合组委会，对焰火燃放活动进行安全评估；评估完成后办理行政审批手续；中标生产及燃放企业负责具体的项目实施，包括产品研发生产、燃放技术对接和工程实施。最后，提交总结报告。

（3）确定宣传主题

第29届奥林匹克运动会开幕式上，是以总主题为指导，分主题体现总主题。开幕式的总主题是“同一个世界、同一个梦想”，由莎拉·布莱曼和刘欢演唱歌曲《我和你》，传递“和谐世界”的人本理念，闪耀着人性与情义的光华，歌声极具温情，亿万观众沉醉其中，使全世界的人们感受到“地球村”的美丽与和谐；分主题由四部分组成，分别是欢迎仪式、文艺演出、运动员入场和点燃圣火。四个部共分为11个燃放项目：倒计时、欢迎焰火、历史足迹、星星瀑布、升国旗焰火、主题歌焰火、国家主席宣布开幕式焰火、升会旗焰火、和平鸽焰火、圣火彩虹、欢庆焰火。这11个燃放项目就是根据主办方提出的总主题和分主题，按仪式节点由奥运焰火团队确定燃放的具体实施方案。

（4）制订燃放实施方案

第一，焰火产品定位。焰火燃放的安全性和环保性，主要体现在无纸屑、无颗粒状残渣或零部件、微烟、无刺激性有害气体、燃烧温度相对较低等方面。“鸟巢”顶部钢结构上弦覆有透明的ETFE膜，膜的熔点为260℃，传统烟花残渣温度高达500℃—800℃，所以传统烟花是绝对不可能应用在“鸟巢”上的，因此对燃放药物进行改良成为关键。镁、汞、铅等重金属物质是烟花燃烧后产生金属残渣的主要来源。技术人员用价格昂贵的高质量铁钛合金等轻金属粒子、氧化铋氧化剂，替代了镁、汞、铅等物质。通过严格控制颗粒的数目，使有色轻金属可燃物和色焰剂可以在燃烧过程中有效防止或减少残渣和杂质的产生，甚至减少到没有。硫黄是千百年来传统烟花产品必不可少的药物，用硫黄生产的烟花，多烟的同时还会产生二氧化硫等物质，无法满足“鸟巢”燃放的环保要求。经过科研人员的不断努力，终于找到了理想的替代材料。利用硝基化合物、多基化合物这些可燃物质取代硫黄，不但能够达到同样的观赏效果，还可以实现对人体无危害。因为它在燃放后仅会产生二氧化碳和水蒸气，减少了对环境的污染。创新性上，为体现出与晚会场景及仪式节点的独特创意，在“鸟巢”顶部选择了无纸屑残渣花束烛光产品。同时采用了当时最为先进的空气发射芯片弹项目。熊猫烟花集团负责提供燃放设备和部分芯片弹焰火产品的研发制作，北京理工大学负责点火芯片的研发制作，火箭技术研究所负责空气发射系统的研发制作。空气发射芯片弹项目利用压缩空气代替传统发射药方法，用电脑芯片代替普通定时引线，使精确度更高，弧线更为流畅，不存在环境污染，符合奥运高科技以及环保理念。

第二，焰火编排特点。北京奥运会开幕式焰火燃放部分涉及11个项目，为了配合仪式节点，每段燃放的编排都是相对独立的。为了不喧宾夺主，每个仪式节点的焰火燃放一般都控制在1分钟以内，而且时间精确，保证前后衔接紧密。开幕式中，“鸟巢”顶部共有4次燃放，燃放创意分别是“牡丹花开”“红闪鸟巢”“星星瀑布”“和平鸽”。如“牡丹花开”和“红闪鸟巢”，在迎宾仪式环节作为“欢迎焰火”出现，这个仪式节点所要宣传的主题是“喜庆和城市文化”。该环节利用焰火在高空绽放出“牡丹花开”的效果，使整个“鸟巢”宛如一个盛大的花篮插满盛开的花朵。“红闪鸟巢”是“欢迎焰火”的第二幕，它通过焰火燃放时所产生的外形及其

"和平鸽"燃放效果

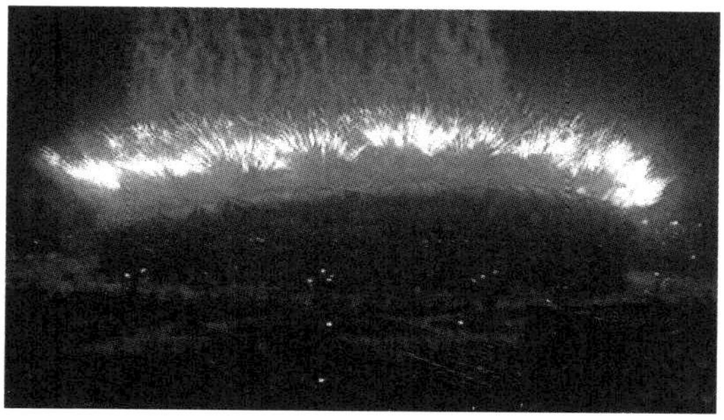

"红闪鸟巢"燃放效果

"鸟巢"顶部创意燃放效果

强烈的红闪效果，营造出欢乐、祥和的氛围，表达了"有朋自远方来"的喜庆、愉悦心情。对于这样的情景，不用提示，现场观众也能清楚地领会到焰火所要表达的意境。在主要领导人进场就座时，为表现迎宾的隆重感及热烈欢迎之情，场外焰火选择了比较震撼的"牡丹""钛雷"，同时结合鸟巢、水立方、天安门等经典城市建筑进行效果展现。"鸟巢"顶部，焰火采用红色的"花束"和"烛光"，让焰火效果充分地呈现在主观礼区视线的正前方。

第三，焰火技术设计。以迎宾仪式焰火燃放中的"牡丹花开"燃放主题为例，燃放产品名称为"花束"，燃放时间长 15 秒，颜色上选用了奥运五环色彩（红、绿、白、黄、蓝），创意上表现出了五环相连，红绿白黄蓝，五色依次旋转喷射。产品要求上，发射和效果微烟，花束发射点火率 100%，光珠 100% 同时点火、同时熄灭，无垃圾。花束效果在最高发射段完成，不回头燃烧，不能有任何坠落。花束光珠或火星效果不能掉落于"鸟巢"顶部表面。

第四，控制与指挥通信。奥运会开幕式的总导演张艺谋作为总指挥，焰火分指挥部指挥长作为副总指挥，各燃放组指挥长、各燃放场地燃放师负责执行总指挥、副总指挥的各项命令。

第五，全面测试。产品上，北京奥委会专门指定了高于国家标准的《北京奥运会开幕式焰火产品标准》，所有产品的质检抽查量高达 30%，且部分产品专门做了极限性破坏试验，确保所有产品风险在可控范围之内。系统上，进行了极限点火能力预前测试、全系统点火能力预前测试、现场全系统线路静态测试、同步通信控制系统测试和现场全系统预演燃放测试。

2．焰火燃放宣传媒介的确定

奥运宣传是贯彻奥运始终的一项重要内容。北京奥运会的宣传以“绿色奥运、科技奥运、人文奥运”三大理念、“奥运惠及人民”和“同一个世界、同一个梦想”为主题。开幕式的总主题是“同一个世界、同一个梦想”。之所以选择大型焰火燃放作为2008年第29届奥林匹克运动会开幕式的主要宣传媒介，在于它有以下方面的特点和优势：

（1）只有焰火燃放能够最好、最鲜明、最强烈地表达主办方希望在仪式各节点上所要宣传的主题，而其宣传效果又是任何一种宣传手段都无法达到的。

首先，燃放场地设在“鸟巢顶部”和“鸟巢碗口周边”，能让台下的观众感受到视野的宽广和仪式节点时焰火所带来的震撼，表现手段又不落俗套，新意十足；其次，它能精准无误地表现开幕式的总主题和分主题；再次，焰火燃放的表现形式高低错落，层次分明，有起伏跌宕之感；最后，能够被精确地加以时间控制，不过快过慢或过长过短。

（2）焰火燃放代表着我国的“四大发明”之一：火药。利用火药制作烟花鞭炮，初衷是为了“避邪驱鬼”，即驱逐所谓的“年兽”，进而被人们用以祈福求祥表达欢乐喜庆之情。烟花鞭炮是古代火药发明的文明利用，千百年来人们予以它广泛认同以至燃放烟花鞭炮成为一种底蕴深厚的民俗文化传统，每每唤起国人的文

“鸟巢顶部”燃放效果

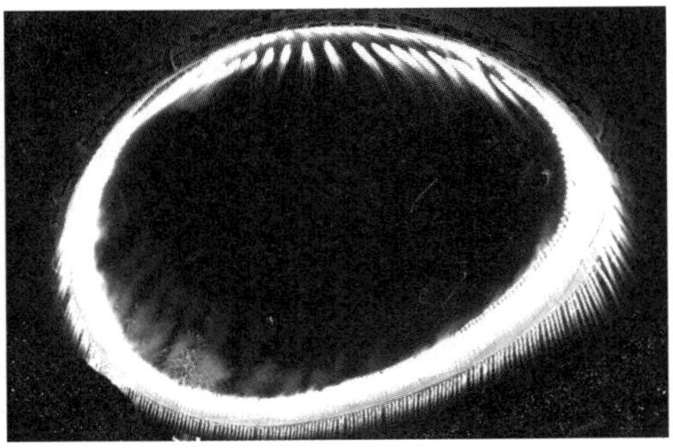

“鸟巢碗口周边”燃放效果

“鸟巢”顶部燃放效果

化记忆和乡土情怀，是中国人最有认同感的非物质文化遗产。烟花燃放所形成的无比灿烂的声色之美，也为世界人民所认同，所喜爱，以至具有跨文化交流的强大沟通力。

（3）焰火燃放能为观者带来强烈的感官刺激。人天生具有追求刺激的天性，烟花爆竹特有的声、光、色、烟可以给人的视觉、听觉和感官带来强烈的刺激。这种对人体感官全方位的、强烈的刺激性是别的宣传媒介所不具备的，或者说是难以兼备的。烟花爆竹所能产生的瞬间效果美是动态变化的，无法预知，无法捉摸，也无法固定和保存其原始的现场效果。它灿烂炫目的视听之美如昙花一现，稍纵即逝，具有让人百看不厌的强大吸引力。

（4）焰火燃放可供观赏的视域范围宽广。大型焰火燃放效果覆盖高度从地面到300—400米高空，可满足半径2000米以上的观看范围，声音效果同样覆盖超过半径2000米以上，可让现场数十万甚至过百万群众直接观看。相比之下，其他常规的艺术表现形式或媒介，除了灯光能使观赏空间大幅拓展外，一般都无法提供如此宽广的观赏视域范围。

（5）焰火燃放活动管控严格、平时较少看到。但凡举办大型焰火燃放活动，其申请、审批环节都非常严格，只有在重大节日、庆典活动和配合文艺演出活动时才会获准，平时难得一见。物以稀为贵，所以大型焰火燃放备受追捧，能取得最大限度的宣传效果。焰火晚会现场带来的不只是快乐，更多的是振奋，而在振奋之中所达到的宣传效果，是任何别的宣传媒介难以达到的。

3．焰火燃放活动成果评述

（1）进一步突出了奥运主题

“鸟巢”顶部焰火燃放实现了“绿色奥运”与“科技奥运”的完美结合。2008年奥运会宣传的成功，取得了举世瞩目的傲人业绩。8月8日开幕式当天，在“鸟巢”上空，两万发特制烟花在6万平方米的“鸟巢”顶部喷薄而出，无任何火星掉落，全场未留下一片纸屑、一粒残渣，仅耐受260摄氏度高温的顶膜毫发无损。这其中，攻克了无数的技术难关。克服了传统烟花效果药燃烧后会产生大量的金属残渣和浓烟的困扰，采用全新的制作工艺、材料和燃放技术，生产出无残渣烟花产品；克服了“鸟巢”顶部钢架呈不规则弧线扭曲形状的特点，通过上百次的试验，对烟花的发射点、发射角度、发射高度、效果范围、数量等多达近十万个详细参数进行汇总整理，并联合北京理工大学和火箭技术研究所共同研发出空气发射芯片弹技术。

（2）进一步体现了中国文化元素

北京奥运会开幕式筹备3年，排练1年。“鸟巢”焰火燃放的彩排也不例外，主要的焰火效果都进行了100%预演。2008年8月8日开幕式当天，北京设立的32个焰火燃放点，由南到北沿着北京城的中轴线依次燃放焰火，传承了5000多年的中华灿烂历史文化与有着2000多年历史的奥林匹克运动交相辉映，在中华大地上书写了奥运史和烟花史上气势恢宏的新篇章。奥运的熊熊之火，穿古越今，在中国迸发出前所未有的能量，使东方与西方、古代与现代紧紧联系在一起。

2008年8月9日，国内的《北京日报》《经济日报》《人民日报》社，以及新华社、新华网等多家主流媒体对第29届北京奥运会开幕式进行了重点报道。国际上来自亚洲、美洲、欧洲、非洲、大洋洲的多家主流媒体如路透社、法新社、俄罗斯报刊网、日本共同社、德新社、美国全国广播公司网站等对开幕式的创意、编排也给予了高度评价，认为开幕式气势恢宏，令人震撼。委内瑞拉《国民报》电子版于2008年8月8日报道了奥运会开幕的信息，称：“北京奥运会的开幕式以‘令人震撼’的焰火表演开场，重现了中国5000多年的文明。”美国《圣何赛信使报》于2008年8月8日发表题为《中国欢迎全世界》的文章。文章说，北京奥运会的开幕式集中了创新与传统的因素，囊括了中国古代四大发明的精髓，并加入了现代科技的成分，是中国向世界展示的一张名片。意大利安莎社、意大利国家电视台体育频道的网站8日分别在第一时间图文并茂报道了北京奥运会开幕式的盛况，称赞“北京奥运会上的焰火非常壮观”。

三、北京实践成功经验

（一）深挖内涵，彰显北京的文化底蕴

北京曾举办过多场利用大型焰火燃放作为宣传手段的公共文化活动，如第29届奥林匹克运动会、国庆60周年天安门焰火庆典、2014年APEC峰会，均取得了圆满成功，国内民众和国际舆论好评如潮。虽然盛会的主题不同、目的不同，但每次均得到了国际社会的广泛关注。因此，与其说大型焰火燃放在公共文化活动中作为宣传的媒介，反映公共文化活动的主题，不如说它直接反映了烟花文化所取得的辉煌成就。

北京作为国际都市，各种文化与思想观念相互交流、碰撞，呈现多元化的景况。北京市政府在大型活动中深挖文化内涵，向世界展示中国的优秀传统文化，成功地塑造了“文化中国”“文化北京”的形象。文化成为民族创造力和凝聚力的重要源泉，成为综合国力竞争的重要因素。

第29届奥林匹克运动会期间，香港凤凰网以“赛场之外的北京、奥运之外的中国”为专题，从多维视角解析奥运。国际奥委会终身名誉主席萨马兰奇说过：“奥林匹克之所以区别于其他的运动，在于体育和文化的结合。”伦敦奥组委的莫里斯也赞赏说：“我看到的东西让我感受到中国古老的文化，也感受到现代文化的魅力。体育盛会和文化交融是非常重要的，北京做得很好！”北京奥运会开幕式结束后，我国还举办了针对奥运会开幕式各环节的“大解密”活动，邀请到了奥运焰火团队的负责人介绍烟花的发展状况，解密“奥运焰火”。立足于中华传统文化，从全新的角度评说和解读奥运，不但丰富了宣传的内容，又凸显出“文化中国”“文化北京”的新形象。

残奥会期间，北京市大大小小的残奥文化活动广场都举办了中国非物质文化遗产专题展览，作为国家级非物质文化遗产名录项目的“浏阳花炮制作技艺”，也出现在展览中。

（二）提升城市文化“软实力”

第29届奥林匹克运动会结束之后，北京也收获了随之而来的奥运价值。奥运焰火燃放作为奥运会、残奥会开闭幕式有力的宣传手段，打造出了北京独特的城市文化魅力。

首先，激发了民族认同感，提升了主流文化影响力。在中华民族的节日中，唯一不按地区、不论民族而进行的民间风俗就是燃放焰火。中华民族的百年奥运梦在焰火升腾的过程中，也传递着一个大国崛起的光荣与梦想。奥运会是中国重新回到世界舞台的实力证明，也是国人百年奋斗重新赢得世界尊重的回归礼，此时此刻唯有大型焰火燃放能够表达亿万人民的心情。在开、闭幕式上，焰火部分令人印象深刻的表演，也向世界证明了5000多年来深厚历史底蕴的“软实力”。代表着我国“四大发明”之一的火药，深得世界人民所认同、所喜爱。

其次，在燃放创意中突出了中国元素，发掘了传统文化资源。如盛况空前的奥运焰火、新颖奇特的国庆焰火、磅礴大气的APEC焰火，在创意造型上均使用了中国元素。如2008年8月24日晚的奥运会闭幕式焰火，当奥运圣火徐徐熄灭时，巨大的彩虹腾空而起，接着又幻化出朵朵直径达60米的“祥云”。“祥云”代表了吉祥与和谐，旨在将“和谐中国”的祝福传递出去。大型焰火燃放的画面通过电视媒体的现场演绎，提高了全国人民对中华优秀传统文化的认知力，也成为我国民族文化的一种象征。

最后，通过媒体全球化报道的视角，推动跨文化交流。在奥运会开幕之日，记者们最关心的就是烟花是否会对大气造成污染，新华社对这一问题通过《火树银花不夜天，十万烟花无污染》的文章进行了透彻分析，用事实证明了烟花没有造成污染。奥运会结束后，身为下一届奥运会举办地的伦敦，也向我国抛来了橄榄枝，希望能够与北京奥运焰火团队合作。最终，伦敦奥运会开幕式全部采用了中国制造的焰火。

（三）运用高科技手段，注重项目的独创性

为彰显公共文化活动的魅力，突出主题，利用大型焰火燃放打造“独一无二”的公共文化活动已经成为赢得群众喜爱与支持的亮点工作。如北京奥运焰火，大家关心的当属“大脚印”和巨大无比的“奥运五环”。焰火燃放分别从南北两向的永定门和长城至“鸟巢”，燃放区域覆盖北京城区近百平方公里，创造了覆盖面积最多最大、奥运会焰火燃放数量最多的世界吉尼斯纪录。其中29个“大脚印”在180米高空绽放，每个“脚印”间距500米，堪称世界一绝。奥运焰火产品在国际上首次使用了最新科技成果的芯片礼花弹，即把电脑芯片安装在礼花弹内，通过电脑控制，在规定的高度、方位、朝向爆炸，组成各种特效的文字、图案，五环、笑脸和其他特殊图案。

为确保国庆60周年天安门焰火庆典的成功，各大型焰火承办单位用了近一年时间，不断改良烟花产品，研发新技术，终于将三幅网幕焰火绘画创意“锦绣河山”“雪域天路”“美好家园”惊艳亮相！这三幅网幕每幅都有25米高、95米长，表达了各自不同的主题。此次燃放，诞生了世界上最大的网幕焰火绘画，打破了吉尼斯世界纪录，创造了世界美术史上的一个奇迹，达成了“全球首放”[10]的心愿。为世人留下了深刻的印象，回味绵长，相当震撼。

（四）高水平的产业化有利于非物质文化遗产的保护

花炮发源于湖南，生产植根于湖南，湖南省浏阳市自古就有中国花炮之乡、世界花炮之都的美誉，名扬四海。2001年，“浏阳花炮”在上海证交所挂牌上市，成为国内唯一一家烟花爆竹行业的上市公司。2008年“浏阳花炮”更名为“熊猫烟花”。2008年3月，国际烟花协会成立，从此，烟花行业在国际舞台上拥有了话语权。2009年，浏阳华盛公司在海外上市，上市名称“浏阳花炮”，股票代码为FWK。

尽管花炮产业拥有如此之多的辉煌业绩，可真正让全世界瞩目大型焰火燃放还要从北京奥运会开始。“浏阳花炮”历经了千年发展，已经形成了以“走市场”促

保护的良性循环。北京市内虽没有花炮的生产厂家，但有三家花炮的批发企业，其中两家在湖南省浏阳市都有工厂及研发团队，能够实现自主研发、自产、自销、自配、自运；同时，拥有一级大型焰火燃放和在北京市内批发、零售的资质及占地几百亩的花炮储存仓库。通过自2008年以来北京市公共文化活动的成功举办，大型焰火燃放作为宣传的媒介受到了北京市各界人士的青睐，北京市内需求潜力巨大，企业经济效益较高，已经形成了覆盖北京市内的大型焰火燃放市场、批发零售市场销售网络。

所以，以“浏阳花炮制作技艺”为代表的国家级非物质文化遗产的花炮产业，发展水平提高的同时有利于保护非物质文化遗产，保护非物质文化遗产也有利于促进花炮产业的大发展大繁荣。

（五）适应城市环境，促进“新民俗”建设

所谓“新民俗”是相对于“旧民俗”来讲的。在中国的传统节日中燃放花炮可以追溯到唐代和宋代，王安石就曾留下“爆竹声中一岁除，春风送暖入屠苏”的佳句。大年三十和正月初一是一年中燃放花炮最集中也是最多的日子，正月初五要早起放爆竹迎财神，正月十五闹元宵更要燃放花炮。除此之外，人们还会在清明节祭扫、端午节龙舟赛仪式开始时、中秋节、重节阳等节日中燃放花炮，这些节日习俗在北京则受燃放产品、燃放场地、燃放时间和燃放数量的制约。这种自发的、松散的燃放形式，在现代正悄然发生着巨大的变化。

大型焰火燃放作为焰火燃放中的现代民俗活动形式，以更大规模，更具公共性、共享性的方式出现在人们的生活中，在满足人们传统习惯的同时，满足人们对于传统节日的心理期待。因为它是花炮燃放最集中、最系统、最壮观、最完美的体现。它在燃放上组织严密，绝大部分都能做到安全、顺利地燃放，同时又能结合北京的民俗文化、地域特点和立法要求，建设既延续传统文脉又适合当今需要的“新民俗”。例如，正月十五就曾在北京的宽沟、九华山庄、蟹岛、金盏乡等举办过迎新年、闹元宵等大型焰火晚会。这不仅仅是对“旧民俗”的传承，同时又顺应了时代的要求，融入了现代新技术，注入了时代新元素，传承的同时，使北京的节日具

有更大活力，符合时代要求，精神上适应北京市民更多的民俗传统心理，满足节日心理需要。

四、北京实践存在问题

（一）焰火燃放新技术应用受阻

无残渣、无垃圾环保焰火是高端焰火燃放科技创新的关键技术之一，它以燃放的焰火制品基本实现无残渣、无公害垃圾、无危险品垃圾为宗旨，其研究开发既满足绿色环保焰火燃放无残渣飘落物伤及观众的要求，更重要的是为现行焰火燃放实现无公害垃圾、无危险品垃圾提供了技术支撑。

目前的关键问题之一是无残渣产品由于受工艺影响，与传统产品相比，在花型和颜色上受到一定的限制，关键原材料在生产渠道和存量方面严重制约了它的发展，也导致了它的价格比传统产品偏高较多。2008 年奥运会期间的焰火燃放产品全部采用了《北京奥运会开闭幕式焰火产品标准》，微烟、无硫的环保花炮产品成为燃放的主角，焰火在选材上全部采用了硝基化合物、多基化合物这些可燃烧物质取代硫黄，以铁钛合金等轻金属粒子、氧化铋氧化剂，替代了镁、汞、铅等物质。这些材质虽然环保，生产价格相比黑火药却高出很多。我国自发明黑火药以后，烟火药就得到广泛的发展和应用，有着悠久的历史。新技术在北京奥运会后尝试了多年，至今为止，也没有一个综合指标比黑火药还优秀的产品出现。因此，如何突破传统思维，以更宽广的视野寻求新材料，在新配方上做出突破是关键。

问题之二是人们对焰火燃放产品缺乏了解，焰火产品能不放就不放，能少放则少放，这也影响了新技术的推广。烟花爆竹标准对有毒有害成分的控制非常严格。《烟花爆竹安全与质量》（GB10631－2013）自替代 GB10631－1989、GB10631－2004 安全与质量标准强制实施以来，十分重视焰火燃放所造成的环境污染与现场观看群众的伤害问题。对烟花爆竹的组成成分、药种、药量和安全性能及燃放性能、检验方法和检验规则等进行了严格控制，严禁危害人身安全的行为发生。其中，规定了严禁使用汞化合物、砷化合物、苦味酸、没食子酸、六氯代苯、镁粉、锆粉、磷（摩擦类除外）等，玩具类、旋转类、喷花类、吐珠类、爆竹类产品及个人燃放类组合烟花不使用铅化合物，另外，如旋转类、喷花类等不含硫黄，不应使用爆炸药和带炸效果件。

即便如此，人们也难以消除对烟花爆竹、对焰火燃放的负面印象，漫天绚丽的烟花仍难掩行业的尴尬。

（二）焰火燃放所代表的传统民俗文化正在逐渐遗失

任何国家的民俗都有着很强的文化魅力。民间风俗的教化功能，不但能够增进人们的认知性，还可为国家软实力建设提供坚实的基础。启蒙教化功能，是民俗的一项重要功能。每个人自诞生之日起，就离不开民俗。但北京由于受城市功能布局、人口密度、城市建筑、限制性燃放等情况的制约，大型焰火燃放在人们的启蒙教育中并未占有多重的分量。不但如此，家长还反对孩子接触烟花爆竹，认为烟花的危险性极大。孩子脱离了民俗的启蒙教化，即便他长大成人，也很难参与烟花燃放这种文化活动，中国的民俗文化将难以得到强化和保存。

中国的传统节日记载着一个民族的历史和文化，传统节日在今天更有其宝贵的价值。传统节日寄托着人们对美好生活的热切向往，它不但可以平衡、调节心理，还能促进和谐社会的构建。另外，节日还有传承传统技艺的重要功能。在传统节日中，在中国悠久的历史文化中形成了许多具有较高文化艺术水平的节日民俗物象，如各地独具特色的节日食品、节日年画、节日文艺等，这些技艺借助节日得以传承下来。北京的现代化生活受各种条件的制约，在淡化传统节日民间氛围的同时，以新的形式建立了新的文化。春节里各种娱乐活动减少了鞭炮、锣鼓带来的快感，各种“洋节”的出现也淡化了中国的传统民俗。许多传统节日逐渐被淡漠冷落，失去了原来的“味”。

（三）焰火燃放管理环节多、统筹兼顾困难

众所周知，大型焰火燃放在燃放场地、燃放条件、观看人数上都有着具体要求。最好的燃放场所是水面、湖心、空旷的场地。因为不但能够控制现场观众与燃放地点的距离，还能够达到最好的艺术效果。在达到公共文化活动要宣扬主题的同时，也能享受到艺术的审美情趣。

截至目前，北京市还没有任何一个场地能够作为大型焰火燃放的固定活动现场。一是因为公共文化活动能够获得的经费本来就不高，如再支付各项费用，大型焰火燃放很难开展。二是大型焰火燃放项目的审批，环节较多，时间较长，有时候等批复下来，却已错失了活动时间。因为公共活动的主办方和策划方对大型焰火燃放审批、评估的各项流程不是特别清楚，即便想支持焰火燃放，但因搞不懂流程最后错失机会。三是公共文化活动开展时人员聚集，《北京市大型群众性活动安全管理条例》中对参加活动人数有明确的限制，对安全许可有明确的要求，所以这也增加了大型焰火燃放场地设置的困难。

五、改进措施与建议

（一）加速科技创新，促进大型焰火燃放与现代社会和谐发展

文化的延续在于传承，文化的活力在于创新。依靠科技进步，提高科技含量，开展科技创新，已经成为烟花行业生死攸关的大事。大型焰火燃放作为公共文化活动宣传的媒介，要实现持续、健康、安全的发展，至关重要的就是要做好科技创新，只有这样，才能在市场竞争中立于不败之地。

一是加强人才队伍建设，全面提高队伍素质。关键是要加强专业技术人才建设。北京理工大学的特种能源工程与烟火技术，作为北京大型焰火燃放科研人才队伍培养的平台，在烟花行业内有较高的声誉，北京理工大学的赵家玉教授

是行业内著名的焰火专家，去年突然不幸离世，但其留下的著作却可以为后人指明方向。

二是坚持科技兴企战略，积极推进科技改造。在北京市注册经营的烟花爆竹批发企业，规模较大的有熊猫烟花、逗逗烟花，这两家企业均有符合大型焰火燃放的一级资质，也曾经参与过第29届奥林匹克运动会、国庆60周年天安门庆典仪式的焰火燃放，像北京奥运会“鸟巢”顶部燃放的环保焰火产品，也是在熊猫烟花科研人员、高校科研院所、军工、航天等专业人才的共同努力下，经过上百次的试验成功实现的。烟花企业应再掀技术创新之风，将“科技兴企”作为工作重点。另外，企业在取得经济效益的同时，不应忘记社会效益，企业在环保烟花的推广、使用上具有不可推卸的社会责任，应以加倍的热情回报社会。

三是坚持政府主导，强力推进花炮创新。北京市应充分发挥政府的主导作用，将科技创新作为北京市的一张城市名片，力推绿色、安全、环保、无污染的大型焰火燃放。

花炮的污染问题需要以“科技创新”来弥补先天不足，使之与现代文明相协调。未来的高端焰火燃放将以特效造型、安全、环保焰火需求为背景，通过进一步的科技创新，把相关技术成果市场化，只有这样，才能将大型焰火燃放纳入健康的、科学的运行轨道，跟上“环境友好型、资源节约型”的社会发展步调。

（二）传承花炮民俗文化，使其与现代社会融为一体

花炮有着1300多年的历史，花炮民俗文化是支撑花炮销售的基石，从某种程度上说，花炮的文化价值便是其商业价值之所在。因此对花炮的民俗文化内涵予以高度重视，并适时地加以宣传和弘扬，有利于加强和深化民众的文化认同心理，进而扩大花炮的销售群体以及花炮产业的影响力。

《中华人民共和国非物质文化遗产法》的“第一章：总则”第八条规定：“县级以上人民政府应当加强对非物质文化遗产保护工作的宣传，提高全社会保护非物质文化遗产的意识。”政府应在增强自身业务能力的同时为非物质文化遗产保护工作提供良好的社会环境，搭建相应的资源平台，增强全社会保护非物质文化遗

产的责任，合理规划现有的资源。《中华人民共和国非物质文化遗产法》第三十一条的规定中，非物质文化遗产项目代表性传承人必须履行的义务之一是“参与非物质文化遗产公益性宣传活动”。第三十二条规定，“县级以上人民政府应当结合实际情况，采取有效措施，组织文化主管部门和其他有关部门宣传、展示非物质文化遗产代表性项目”。第三十四条规定：“学校应当按照国务院教育主管部门的规定，开展相关的非物质文化遗产教育。新闻媒体应当开展非物质文化遗产代表性项目的宣传，普及非物质文化遗产知识。”第三十五条规定：“图书馆、文化馆、博物馆、科技馆等公共文化机构和非物质文化遗产学术研究机构、保护机构以及利用财政性资金举办的文艺表演团体、演出场所经营单位等，应当根据各自业务范围，开展非物质文化遗产的整理、研究、学术交流和非物质文化遗产代表性项目的宣传、展示。”

因此，在民俗文化的传承中，不但要提高认识，政府部门、媒体、非遗传承人等还应通过形式丰富的宣传活动，加强青少年对传统节日的认知，在保持传统节日文化性和民族性的同时，加大节日的教育性，开拓烟花的娱乐性和公众性。

（三）创新工作方式，建好用活大型焰火燃放场地

大型焰火燃放作为公共文化宣传的媒介之一，既要在政策建设、资源配置调整投入上发挥政府的力量，也需要努力探索市场经济条件下的新途径，创新思维、建好用活燃放场地。

一是加大政府的投入力度。北京市政府、各区县政府、文化部门、体育部门等其他政府部门，应继续加大对大型焰火燃放的支持力度，从人力、物力、财力、技术及政策上加以投入。建议结合大型焰火燃放对场地的特殊要求，在符合条件的基础上，在各郊区县设立并固化1—2个大型焰火燃放点，不但能够起到在大型群众性活动中分流人群的作用，还能够提高大型焰火燃放许可的审批效率，更能够带动北京郊区周末游，打造属于郊区的“名片”，丰富北京市民的精神文化生活。

二是加大社会力量的支持力度。公共文化活动是一项公益性事业，需要全社会的共同参与和支持。资金来源上，建议发挥社会公益组织的力量。政府通过制定捐

赠政策、赞助政策，鼓励全社会投入公益活动中，以缓解公共文化活动资金和设施不足的问题。

三是鼓励全国具有燃放资质的企业来京无偿提供焰火燃放。这不仅体现出企业立足长远，努力挖掘自身潜力，甘于奉献的精神风貌，更是繁荣与发展公共文化活动，承担大型焰火燃放工作重任的直接有力载体。

六、结语

通过此次调研，使我深受启迪，更加深刻地认识到总结经验的重要性，利用大型焰火燃放和其他更多的传统手段与方式开展公共文化宣传，则更能起到弘扬主旋律、传播正能量的作用。在公共文化活动中，宣扬活动主题的同时，也宣扬了中国传统文化，保护了非物质文化遗产项目，这也为我们推进文化繁荣、发展打开了光明的前景。欣喜之余，深感责任重大，烟花爆竹是不朽的传奇，永恒的经典，等着我们去挖掘、保护与传承。

注释

① 节日指的是春节、元宵节等传统节日和国庆节等现代节日。

② 喜庆指的是婚庆、寿庆等庆典仪式活动。

③ 大型焰火燃放等级划分标准详见《大型焰火燃放安全技术规程》(GB24284－2009)。

④ 俗称“禁改限”。

⑤ 参见《2009年联合国教科文组织文化统计框架》(The2009UNESCOFrameworkForCulturalStatistics, FCS)。

⑥ 参见 http：//www.unesco.org。

⑦ 公共文化空间的营造，如可供公民自由出入的文化广场、博物馆等。

⑧ 公共文化空间的限制，如剧本内容的审查、禁止在街道无牌演唱等。

⑨ 公共部门主要指国家、政府及其他公共组织。

⑩ 全球首放指的是在全世界各个国家都没有燃放过类似尺寸、造型、燃放方式、创意效果等的大型焰火产品。

参考文献

1 | 实业部国际贸易局 . 中国实业志：湖南省 [M]. 实业部国际贸易局，1935.

2 | 张人价 . 湖南之鞭爆 [M]. 湖南省经济调查所，1935.

3 | 张人价 . 浏醴之鞭爆 [M]. 湖南省建设厅，1935.

4 | 周和平 . 第一批国家级非物质文化遗产名录图典（上、下）[M]. 北京：文化艺术出版社，2006.

5 | 北京市烟花爆竹安全管理规定 [Z].2005－12－1.

6 | 中华人民共和国国务院 . 烟花爆竹安全管理条例 [Z].2006－1－11.

7 | 黄茶香等 . 大型焰火燃放安全技术规程（GB24284－2009）[Z]. 北京：中国标准出版社，2009.

8 | 张玮玲，崔娜 . 公共文化服务理论与实务 [M]. 银川：宁夏人民出版社，2014.

9 | 毛少莹 . 公共文化服务概论 [M]. 北京：北京师范大学出版社，2014.

10 | 王文章 . 非物质文化遗产概论（修订版）[M]. 北京：教育科学出版社，2013.

11 | 联合国教科文组织 . 保护非物质文化遗产公约 [Z].2006－4.

12 | 中华人民共和国国务院 . 大型群众性活动安全管理条例 [z].2007－10－1.

13 | 北京市大型群众性活动安全管理条例 [Z].2005－9－9.

14 | 张永汀 . 试论民俗文化在人文旅游中的开发 [J]. 商场现代化，2006（16）.

15 | 贺学君 . 关于非物质文化遗产保护的理论思考 [J]. 江西社会科学，2005（2）.

16 | 卞利 . 文化生态保护区建设中存在的问题及其解决对策 —— 以徽州文化生态保护实验区为例 [J]. 文化遗产，2010（4）.

17 | 乌兰察夫 . 探索非物质文化遗产保护的新模式 [J]. 南方论坛，2010（4）.

18 | 张扬 . 非物质文化遗产保护中的政府保障体系研究 [D]. 华东理工大学，2008.

19 | 杨莹 . 非物质文化遗产保护与传承中地方政府责任研究 [D]. 华东理工大学，2011.

20 | 第29届奥林匹克运动会官方会刊 [N]. 北京日报报业集团，2008－8－9.

21 | 第29届奥林匹克运动会官方会刊 [N]. 北京日报报业集团，2018－8－10.

22 | 刘魁立 . 关于非物质文化遗产保护的若干理论反思 [J]. 民间文化论坛，2004（4）.

23 | 刘魁立 . 从人的本质看非物质文化遗产 [J]. 江西社会科学，2005（1）.

24 | 张博．非物质文化遗产的文化空间保护[J].青海社会科学，2007（1）.

25 | 孔伟．社会教育视域下的公共文化服务研究[M].济南：山东人民出版社，2014.

26 | 国务院办公厅．关于加强我国非物质文化遗产保护工作的意见[Z].2005.

27 | 乌丙安．非物质文化遗产保护中文化圈理论的应用[J].江西社会科学，2005（1）.

28 | 洪映红．民俗学在非物质文化遗产保护中的学科价值——以厦门市非物质文化遗产名录为例[N].湖南文理学院学报（社会科学版），2008（3）.

29 | 孙晓霞．民间社会与非物质文化遗产保护[J].民族艺术，2007（1）.

30 | 陈勤建．民间文化遗产保护和开发的若干问题[J].江西社会科学，2005（2）.

31 | 张成福，梁平．民俗学与非物质文化遗产保护[J].重庆文理学院学报，2007（4）.

中國藝術研究院

文化保护与传承

2016届 传统技艺方向

艺术硕士学位论文集暨作品集

下卷

吕品田 · 主编

文化藝術出版社
Culture and Art Publishing House

编辑委员会

目录

作品

潮绣在庙堂的应用研究

Research on the temple applications of Chaozhou Embroidery

苗　炜

王海霞｜指导教师

摘要

潮绣与广绣合称为粤绣，是中国著名的四大名绣之一。潮绣具有比其他绣种更为明显的个性风格，独特的垫高立体钉金绣法，使潮绣呈现金碧辉煌、亮丽华彩的风貌，而潮绣风格的形成与发展，离不开潮汕庙堂刺绣应用所起的巨大作用。

本文从潮汕地区独特的地理位置、历史的变迁分析了风格迥异的潮汕文化。潮汕地少人多的自然状况，使很多人以手工技艺讨生活，木雕、石雕、刺绣等手工艺术在当地发展得尤为兴旺。靠海而生的潮汕人有崇神敬佛情结，十分虔诚，庙堂便成为寄托信仰的场所。人们将最精良的手工艺装饰在庙堂之中，把精神的祈愿托付给神灵，通过这些庙堂表达出来，呈现在庙堂内的所有物品，定是人们最为虔诚之作，也是技艺最为精良之作。

笔者通过走访调研，分析了庙堂潮绣装饰用品的应用范畴，着重研究了潮州庙堂刺绣的工艺特色，对潮绣典型技艺进行了细致的剖析，总结规律，对于潮绣艺术的传承和发展有着重要的现实意义。

最后，通过分析现代潮绣用品出现的各种现象，看到现代潮绣工艺品存在的一些问题，提出了对潮绣艺术发展前景的思考与建议。通过本文系统的研究，希望能详尽地对精湛的潮绣手工艺做出专业性分析，做到更好的传承与宣传，并给出建设性发展意见，为潮绣发展做出贡献，同时以此弘扬中华手工技艺的文化精髓，呼唤工匠精神的真正回归。

关键词：潮绣；庙堂应用；技艺特色；发展与传承

Abstract

Chaozhou Embroidery, one important branch of Yue Embroidery, is one of the four famous embroideries in China.Chaozhou Embroidery has more obvious personality style than other embroideries, and the unique three-dimensional gold satin brocade method makes Chaozhou Embroidery a resplendent and magnificent outlook.Moreover, the application of Chaoshan temple embroidery plays an enormous role in the formation and development of the style of Chaozhou Embroidery.

From the standpoints of Chaoshan area's advantageous geographic location and historical changes, this paper analyzes the Chaoshan culture of different styles.Due to the densely-populated natural state of Chaoshan area, many people live on manual skills.So, handicrafts, such as woodcarving, stone carving and embroidery, developing prosperously in local.Since Chaoshan people who living on sea have the devout complex of gods and buddha worship, temples become the places of their faith.Therefore, people decorate the temples with their finest handicrafts and thereby commit their supplication of spirit to gods.All the stuffs in the temples must be the most devout and excellent productions.

According to the visiting and investigational study, we analyze the application category of the Chaozhou Embroidery decoration products in temples, and focus on the technical features of Chaozhou Embroidery in temples.Moreover, we carry out careful analyses for the typical skills of Chaozhou Embroidery and summarize the laws, which make practical sense to the inheritance and development of Chaozhou Embroidery.

Finally, by analyzing various phenomena of modern Chaozhou Embroidery products, we find out some problems existing in the modern Chaozhou Embroidery art wares, then propose some thought and suggestions about the developing prospect of the Chaozhou Embroidery.This paper elaborately and systematically carries out professional analysis on the Chaozhou Embroidery, and proposes some constructive suggestions.We hope that this work is an inherence and disseminate of Chaozhou Embroidery, and make a contribution to the development of Chaozhou Embroidery.Meanwhile, we wish that our work could promote the culture of craftsmanship in China and call the real return of the spirit of craftsman.

Keywords：Chaozhou Embroidery；Temple Application；Technical Features；Inheritance and Development

一、绪　言

中国刺绣的发展是随着人类文明的进步而逐步发展并成熟起来的，各地域不同的地理、文化、经济、风俗等因素，决定了各地域刺绣风格与特色的形成。

潮绣，是粤绣的一个重要分支，相对另一分支广绣而言，潮绣更具有独特的个性语言和精神风貌，在中国刺绣界享有美誉。潮汕地区独特的地理位置、历史的变迁，造就了中原文化、本土文化与海洋文化的交融，成就了独特的潮汕文化，潮汕地区成千上万的庙堂祠观便是当地一大特色，是潮汕人民供奉、祈愿、寄托情思的场所，人们把最用心的制作、最精良的技艺，通过庙堂用品，将精神的最高祈愿呈现出来。刺绣用品在庙堂应用的过程中，逐渐形成了潮绣的独特风格。深入进行潮绣在庙堂中的应用研究和技艺研究，以此唤回工匠精神，对于潮绣艺术的传承和发展有着重要的意义。

二、潮州刺绣的发展历史概述

（一）潮州地理位置对潮汕文化的影响

潮汕地区包括潮州市、汕头市和揭阳市三大区域，背朝大陆，三面环山，面向大海，内陆较为封闭，有着绵长的海岸线。因与内陆交通的不便，曾是人烟稀少的蛮荒之地。

潮汕地处岭南，阳光充沛，雨水丰足，人多地少，大部分居民迁自中原，人们依河靠海而生活。古时潮汕人的谋生之道界定在渔业和手工业大于农耕的状态。随着漂洋过海经商的潮汕人日益增多，东南亚文化对潮汕文化也有所影响，因此成就了中原文化、本土文化与海洋文化并存且相互交融的独特潮汕文化风格。潮汕人精明、聪慧、敢闯的个性，是潮汕文化的一种体现。

崇尚神佛、敬奉祖宗的习俗是潮汕文化的一大特色，潮汕地区风行建庙造祠，因而庙堂文化兴盛，这促进了潮州刺绣、木雕、石雕、嵌瓷等手工艺术的发展，这些手工技艺形成统一的庙堂装饰体系，成就了潮汕庙堂奢华的艺术风范。而在这一装饰体系中，民间画师始终主宰着工艺设计，在艺术形式上保障了特殊风格的形成与发展。

因此，独特的潮汕地理位置成就了独特的潮汕文化。

（二）潮汕庙堂文化概况

1．庙堂

潮汕的庙堂遍布整个潮汕地区，有着成千上万之多，庙堂祭祀与人们的生活休戚相关，潮汕人的神明信仰不同于其他地域的宗教信仰。中国大多地区认为佛道有别，佛是外来宗教，道为本土信仰，佛者为寺，道者为观，必分置而崇。潮汕人摆脱了宗教的束缚，将二者共置一山或一室，它们共同接受人们的朝拜供奉，因而潮汕人具有宽博的信仰兼容性。同时，潮人信奉的不仅是佛道神明，还包括帝王将相、英雄豪杰、名宦乡贤等，以至于包括各行业崇奉的行业神，只要是对国家、民族、百姓有突出贡献者都会被敬奉。其中，还有得到百姓同情的不幸者，也会被供奉祭拜，由此说明潮汕人有着大爱的向善之心。这和当地生活、文化、经济特色有直接关系。

据《潮汕庙堂》一书记载："潮汕各地，古今都存在着成千上万的各种大小神庙、祠、堂、宫、观，并早已传播到潮人移居的港澳台地区和国外，深受万民崇拜。"[①]在众多的庙堂中，三山国王庙最为古老，"肇迹于隋，显灵于唐，受封于宋"（见元朝刘希孟《明贶庙记》）[②]。唐代落成的开元寺也是非常著名的，此外还有众多的土地庙、城隍庙、天后（俗称"妈祖"）庙、至圣先师孔子庙、安济圣王庙、韩文公祠堂、叩齿古寺等。以谢氏祠堂为代表的民间私家善堂、祠堂同样极多，分布在潮汕的大街小巷、城边江沿，香火之盛，令人惊叹。对神明的崇拜是潮汕人至高的精神寄托，伴随着潮汕人的生命，生生不息。

青龙古庙建于明代，昔称"大老爷宫"，关于安济圣王的传说，民间有两种，据书载[③]：三国时的蜀汉永昌郡太守王伉，为保城池鏖战殉职，当地百姓为他立庙祭祀，称"王伉庙"。明末潮汕人谢少苍任永昌府官时得其庇佑，免于危难，为报此恩，清初，他将王侃及大夫人、二夫人造像带回潮州。适逢韩江涨水，便将王侃造像供置江沿的青龙古庙，洪水果然解除，古城安然无恙，全城遂将其推崇为“安济圣王”，青龙古庙俗称安济圣王庙，是自然神（青龙）和人神王侃合祀的庙宇。

韩文公祠，是为纪念唐代大文豪韩愈（768—824）治潮功绩而建的。列入唐宋八大家之首的韩愈，河南人，“唐元和十四年（819）一月因谏迎佛骨，被宪宗皇帝贬为潮州刺史，‘刺潮八月，兴学范瓦’，‘使君臣以位，父子以亲；家国致理，鬼神革奸；人道益明，儒道益尊’（见明潮州知府王源《增修韩祠之记》），传道起文，政绩昭彰。写《祭鳄鱼文》，并驱除了鳄鱼，为民除害……”④韩愈刺潮，开启了潮汕文化的大发展，从这时起，潮汕文化逐步走向了辉煌。潮汕人感恩韩愈治理之功，改江山为韩江、韩山，并世代祭拜。

庙堂文化是潮汕文化的一个重要组成部分。庙堂祠观是潮汕人供奉、祈愿、感恩、寄托情思的场所，在这里人们用最好的、最高级的东西装扮供奉给最高的信仰，比如潮汕刺绣、石雕、木雕、嵌瓷等，精致走心的手工技艺成为潮汕庙堂视觉文化艺术的一个亮点。

2．游神赛会

潮汕人崇拜神明最隆重的形式是游神赛会，有着十分悠久的历史。在崇神色彩

潮州安济圣王庙（青龙古庙）

潮州开元寺

的渲染下，游神赛会集神圣的祭神、精彩的娱乐、技艺的展示、丰富的商贸集会于一体，是丰富多彩的潮汕文化的充分演绎。最为典型的游神赛会是潮州城南青龙古庙的“安济圣王出游”。

游神赛会是由游艺和赛会形式组成的民间自发的集会形式，其间容纳了所有的民间游艺、传统技艺和民俗艺术，并通过一系列的形式祈求一年的福祉平安。刺绣艺术在游神赛会中展示出夺目的风采，从神像的装扮用品，到幢幡、轿幔、伞盖、商号大标、五峰彩旗等，气氛热烈，异彩纷呈。尤其是潮汕的标旗锣鼓队的游艺展示，“游艺队伍中最长的彩标队，色彩斑斓，气派雄健”“接着是优雅文静的花篮担和锦标队。标为长方刀形（前导者可正方形），诸式俱有。一般长达 4.5 米，宽约 2 米，均用绸缎作底，绣上花鸟山水，并绣上‘四海升平’‘福海寿山’‘年丰人乐’‘尧天舜日’‘贞观之治’等大字，标边镶绣着各式图案穗花，缤纷耀眼……”⑤

赛会也称“斗艺”，是通过展示、打擂、评比等形式进行的竞技活动，刺绣的斗艺除了在游神赛会期间的展示之外，更有为庙堂供奉神像绣神袍的竞标活动，绣者竞相拿出最精湛的技艺绣制神袍，中标绣者以此为最高荣耀，潮州刺绣技艺也因

上·潮州游神会（图片来自网络）

中、下·游神会锦标队（图片来自网络）

此而被推动和提高。

笔者有幸在潮州名瑞集团潮绣博物馆中见到了该馆内陈列的三件神袍，这是名瑞集团公司的前身潮州刺绣厂在1989年分别为安济圣王庙的安济圣王、大夫人、二夫人神像绣制的神袍，曾在神像上穿着八年之久。绣作工艺之精美令人感动不已，称为潮绣代表作当之无愧。

在潮州市博物馆，展示有一件清代神袍，从绣作技艺、色彩感觉可以看出，名瑞之神袍与清代神袍之技艺风采有异曲同工之美，并且较清代神袍技艺更为精致考究。由此可见，潮汕庙堂刺绣的应用对潮绣的传承与发展有着至关重要的作用。

清代神袍——潮州博物馆藏

上·安济圣王、大夫人、二夫人神袍　名瑞博物馆藏

下·安济圣王神袍　名瑞博物馆藏

（三）潮汕文化与经济对庙堂文化的影响

潮州安济圣王庙

潮汕文化，包含了潮汕人在社会历史发展过程中所创造的物质文化和精神文化，其中包括文学艺术、科学教育、风俗民情、手工百业等。自秦汉以来，大量移民的迁进、诸多高官学士的贬入，将中原文化带进来，融入当地原有的本土文化和海洋文化，逐步形成了潮汕独有的特色文化，因而也生成了独特的潮汕文化精神。在《潮汕文化精神》一书中有论："从潮汕文化精神的整体中概括出五个主要特征：上善若水的生存智慧，义利并重的价值取向，挑战权威的求实勇气，敬神乐生的生命意识，人情至上的生活态度。"[6]潮汕人秉持着这些文化精神，遵循着属于自己的生存之道而生息、发展。从"三耕七渔"到"国内一个潮汕，海外一个潮汕"，潮汕人从农耕、渔业至明清时众多的潮汕人漂洋过海行商，更有以手工技艺为生的手艺人群。他们以精明、精干的潮汕人特质造就了潮汕独特的文化精神家园。潮汕人的祭拜祖先习俗由来已久，每月的农历初一、十五都会祭拜，此时，各祠堂都会将各种绣品拿出来挂上，彩眉、对联、挂幡、床帐（潮汕人称陈列贡品的桌案为床，床帐即桌帷，视床案的大小使用一联或两联床帐）等。

在潮汕立庙建祠被人们视为美德善举。潮汕地区所建大小神庙善堂比比皆是，其中包括了私有和公有的祠堂、善堂，立宗祠拜祖先为孝悌，立庙宇敬奉先贤为敬神，求神必许愿、必酬潮州安济圣王庙神，因此，建庙、塑像、匾额、对联等用上好的木材、石料、琉璃瓦，从建造技艺到木雕石雕、贴金描画、匾额撰写制作、香炉、油灯、灯笼等，皆施以最精良的工匠手艺。而庙堂内的神像装扮、门楣门柱、幔帐、桌帷、拜垫、宝盖、挂幡、幢幡等，皆以最精美的潮绣制作。

上·潮州谢氏祠堂（图片来自网络）
下·潮州刘氏宗祠（图片来自网络）

（四）庙堂刺绣应用历史及潮绣语言风格

粤绣有着悠久的历史，在唐宋时期便具有了相当高的水平，唐代苏鹗的《杜阳杂编》有载："永贞元年（805），南海贡奇女卢眉娘，年十四，眉娘生而眉如线细长也……幼而慧悟，工巧无比。能于一尺绢上绣《法华经》七卷，字之大小不逾粟粒，而点画分明，细于毛发。其品题章句，无有遗阙。更善作飞仙，盖以丝一缕分为三缕，染成五彩，于掌中结为华盖五重，其中有十洲三岛、天人玉女、台殿麟凤之象，而外列执幢捧节之童，亦不啻千数。其盖阔一丈，秤之无三数两，自煎灵香膏傅之，则虬硬不断。上叹其工，谓之神姑。”⑦ 由此说明，在唐代，粤绣便已经有了很高的声誉。虽然文中未及“潮绣”二字，但属于粤绣是毫无疑问的，而文中描述所绣内容，《法华经》为经卷，“飞仙”为宝盖、华盖或伞盖，皆为庙堂、游神或宫廷祭拜法事而作，充分说明了唐时刺绣技艺已然成为庙堂、宫廷供奉所用的尚品。庙堂文化发达的潮汕地区更不例外，因此可以推论，潮绣在庙堂的应用，在唐宋已经形成发展势头。

任何一种工艺的成熟与兴盛都要经过漫长的历史磨砺，由最初的简单、粗糙慢慢进化为丰富、精致，乃至形成独特的风格，粤绣也不例外。未挖掘的史料记载还在被人们逐步研究论证的过程中，虽说潮绣是粤绣的分支，但潮绣具体的起源时代还有很多争议，目前有唐宋说，亦有汉代说。在潮州葫芦山中麓崖刻宋代潮州知州陈炜的《题湖平石壁》中有颈联词：“朱幡影里绣屏好，绿盖香中画舫行。”充分说明了潮绣在宋代的辉煌，同时词句中所讲“朱幡”“绣屏”“绿盖”，均说明了当时潮绣的表现形式业已有了明显的特征。对于潮绣的起源，相信在今后的不断论证中会有更明晰的界定。潮绣兴盛在明清时期是毋庸置疑的，潮州博物馆、开元寺、青龙古庙等收藏的大量庙堂用绣便是证明。

清·潮绣彩眉（局部）（图片来自网络）

潮汕庙堂的众多造成庙堂用绣的大量需求，因此，除了官办的刺绣作坊以外，更多家庭妇女以绣为业，在早时更有年纪较长的男性而为，据记载，清末南阳劝业会上的获奖潮绣，便是 24 名男性艺人所绣。⑧ 潮汕男子大多从事出海渔业或海外经商，留守家中的人对亲人的牵挂，都倾注在了一针一线的绣作之上。海外潮商对潮汕庙堂文化的贡献与促进，有着不可低估的作用，很多潮汕人在海外经商成为富人，然后将金钱回馈家乡建设，他们用真金白银绣作，用珍贵木材和石材雕刻，以最精良的手艺制作庙堂供用，以示虔诚的祈愿，将潮汕庙堂艺术推向更为辉煌的境界。同时，使得庙堂文化成为潮汕连接旅居港澳台地区和海外潮汕人的重要纽带。[⑨]也成为向世界展示潮汕艺术的窗口，对潮汕的文化经济发展起到了极大的作用。

潮汕特有的经济与文化环境，形成了将金银应用于庙堂刺绣之中的做法，在彰显虔诚的同时也造就了潮绣金碧辉煌、垫高立体的独特风格，形成了独树一帜的个性风范，成为粤绣一个重要的分支与标志，为当代潮绣的发展创新奠定了坚实的基础。

垫高钉金绣龙　名瑞博物馆藏

三、潮绣庙堂应用种类概述

（一）神饰类

为神灵供像装扮所用的所有装饰物品统称为神饰，其中包括神袍、宝盖、披肩、头饰、鞋帽等。潮州庙堂所供神灵的着装，同潮汕人信神一样，没有太严谨的宗教约定束缚，一般把供奉神明所穿着的服装统称为神袍。其刺绣图案大多选择吉祥图案，其中有千龙衣、龙凤袍等，头冠有五佛头冠等。

安济圣王神袍（图片提供：李春亮）

红缎绣昆卢佛冠　清至民国　潮州博物馆藏

左 · 乌地绣金太极图方帽　清至民国
右 · 乌缎绣五佛冠　潮州博物馆藏

佛龛门楣、宝盖（图片来自网络）

刺绣宝盖有单层或双层之分，分五重、七重、九重，或是六重，没有固定约束，层次越多，越显豪华。宝盖名称也有多种：仙盖、华盖、伞盖、百叶伞宝盖、龙伞、宝顶等。

（二）装饰类

装饰类主要指庙堂内环境装饰，主要品类有：

1. 彩眉类

神龛门楣门柱（三门四柱、五门六柱等）、横额、彩眉、对联、佛帐、耳帐、龙帐、孝行绣帐、幕帐吊饰、鹤门、龙门、甘露门等。

2. 神幡类

幢幡、经幡、水陆幡、对幡、挂幡、佛堂小幡、五方佛幡、24席佛幡、彩幡。

经幡内容有佛号幢幡、心经幢幡、大悲咒幢幡、楞严咒幢幡、七宝如来经幢

佛龛门楣门柱　名瑞博物馆藏

潮州叩齿古寺观音堂门楣

幡、双层八吉祥大悲咒、心经圆幢等。

（三）用品类

庙堂中实际应用的刺绣用品很多，其中包括经书、书封、盖经布、包经布、经书袋包、经凳套、椅披、礼宾带、帖盒、香袋、罗汉袋、居士袋、床裙、拜垫、棺遮等。

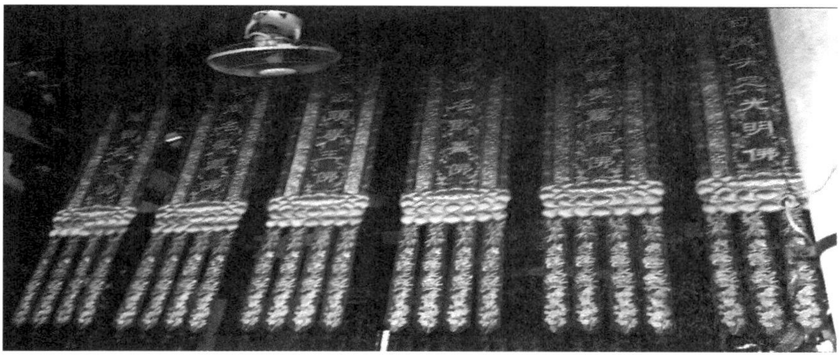

上左・经幡
上右・彩幡
下・挂幡

（四）游神赛会用绣类

游神赛会用绣类包括社团旗、社团服、枪旗、路牌、龙凤旗、标旗、五峰旗、轿幔、轿帘、彩帐、彩眉、伞盖，除此之外还有游神赛会期间举办的各种戏剧、木偶剧表演所需的戏装、舞台装饰等。

左·祝寿床裙　清至民国　潮州市博物馆藏

右·凤戏牡丹　清至民国　潮州市博物馆藏

上·彩帐

下·拜垫

上·社团厅眉　清至民国　潮州市博物馆藏
中·社团双连围裙　清至民国　潮州市博物馆藏
下·彩眉（局部）　清至民国　潮州市博物馆藏

| 游神会标旗（图片来自网络）

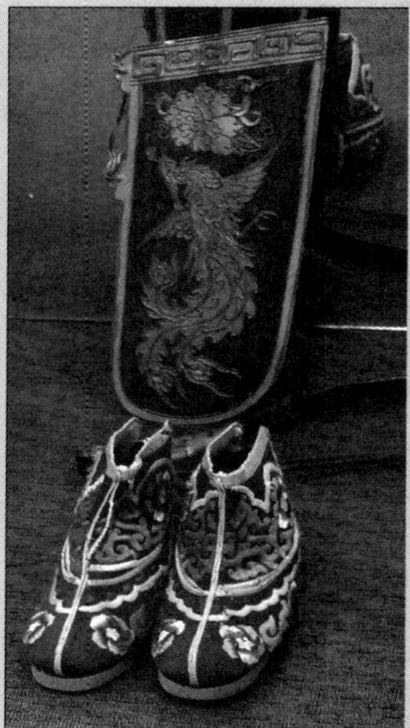

左、中·戏服
右·戏剧箭袋、绣鞋　名瑞博物馆藏

四、潮州庙堂刺绣的工艺特色

（一）立体垫高的技艺特色

潮州众多的手工艺术中，庙堂应用中最为典型的便是石雕、木雕和刺绣，其中石雕、木雕的立体造型对刺绣的造型起到了很大的影响作用。为了能够淋漓尽致地表达对神灵的崇敬，人们竭尽所能地制造最大限度的视觉冲击力，潮绣中加棉絮、加纸丁的垫高技艺便逐步产生。由于技艺的独特，图案以鬃丝界边的灵活为绣作制造了极为便利的创作方法，产生了拼贴、缀接的立体绣技，使画面具有更加生动逼真之感。金银线的应用更使潮绣具有强烈的视觉冲击力。因而，铺、垫、钉、贴、缀五个字所概括的潮绣技艺特色，使潮绣有了十分独特的语言风格，在庙堂的特殊语境当中诠释出丰富的刺绣语义。

（二）金银线应用的材料特色

金银线的应用是潮绣的另一大特色。古时候潮绣所用的金银线均为真金白银制作，人们把对神的崇拜祭祀奉为至高无上，因此也竭尽所能地用最好的材料进行绣作，加上潮汕人海外经商者甚多，富人比比皆是，更加有条件以金银施绣，在表达对神虔诚崇敬的同时，也更表述了为亲人祈求平安的热切祝愿。而金银的施用，使潮绣更加具有强烈的视觉冲击力。在庙堂应用中，与石雕、木雕相互映衬，形成了完美的艺术展示体系，这是潮绣艺术风格的最大亮点。

（三）潮州庙堂刺绣的题材内容特色

潮州庙堂刺绣题材很多，亦如潮汕人崇拜各种神灵一样，各种传说中的神灵皆为潮绣表现题材。除此之外，大自然中的动物、植物，文学艺术中的典故、戏出等都可以拿来绣作，而龙凤题材则为典型代表，龙凤之中又以龙的图案应用最多，是

| 潮绣垫高立体特色

| 金龙　名瑞博物馆藏

| 狮子　叩齿古寺藏

| 仙鹤　潮州博物馆藏

| 鸭子　潮州博物馆藏

| 银凤　名瑞博物馆藏

羊　名瑞博物馆藏

禽鸟　潮州博物馆藏

鹌鹑　潮州博物馆藏

鹦鹉　潮州博物馆藏

鹰　名瑞博物馆藏

水牛　潮州博物馆藏

潮绣代表性典型题材。在神袍、幢幡、宝盖、桌帷、幔帐、挂幡等庙堂物品上面就有很多应用，寓意龙凤呈祥、龙腾虎跃。仙鹤题材的应用也较常见，仙鹤是传说中的神鸟，被奉为一鸟之下、万鸟之上的一品鸟，是鸟类中最高贵的鸟之一，代表长寿、富贵。在庙堂潮绣中应用很多的还有荷花、牡丹、兰花、菊花、松柏、孔雀、锦鸡、鱼、虾、牛、羊、猴子、猪、狗、兔子、鸡、鸭、鹅、鹌鹑等，昭示人与自然的和谐相处，寓意对美好生活的祈愿祝福，诠释潮汕人民积极向善的美好追求。

潮汕地区有众多的私家祠堂，一般为大户人家所建，越殷实的家境越重视文化的装点，因而从庙堂刺绣派生了潮绣装饰艺术作品，或立屏或挂饰。而题材也大多来自庙堂刺绣题材之中的吉祥图案和故事，以此昭示生活的富裕、精神的愉悦以及对未来的祈福祝愿，这是潮绣艺术品发展的一大进步。

（四）庙堂潮绣对民生用绣的影响

由于庙堂用绣所表述的语义是来自潮汕人民的内心祈愿，其题材除了传说中的瑞兽神灵外，更多来自与民生息息相关的自然生物，因而庙堂之外的民生用绣也十

钉金绣门神（图片来自网络）

潮绣钉金绣“芦雁团花”（图片来源:《潮州民间美术全集》）

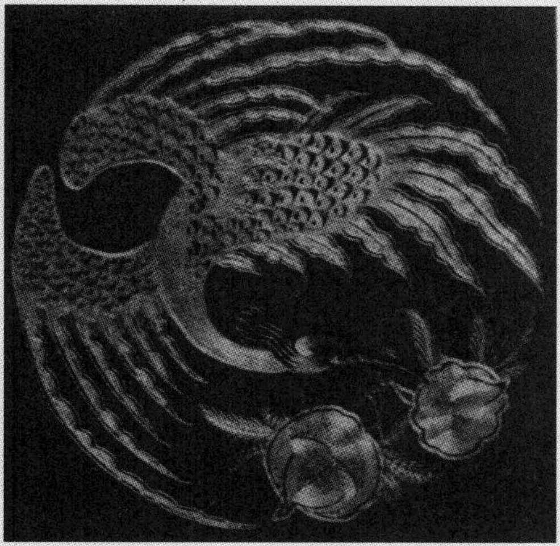

潮绣贺寿图案（图片来源:《潮州民间美术全集》）

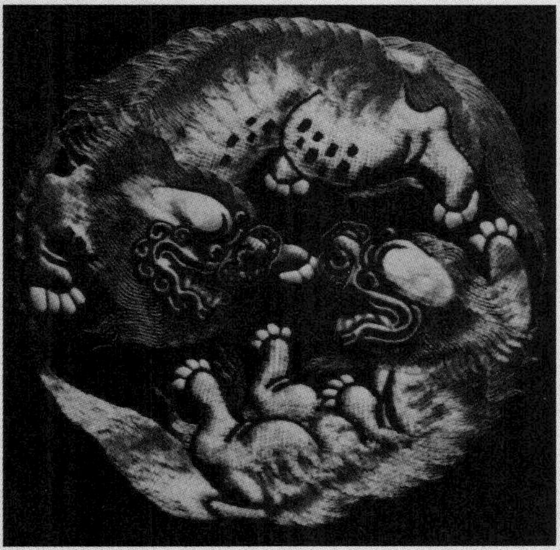

钉金绣“双狮图”（图片来源:《潮州民间美术全集》）

钉金团凤挂屏（图片来源:《潮州民间美术全集》）

分丰富多彩。以刺绣为生活祈愿美好，或以潮绣讨生活，或以刺绣养性情的社会、文化形态在当地盛行。

民生方面的潮绣应用大致分为以下两个范畴：

1．艺术装饰类

在潮州，民间流行用刺绣装饰生活空间，其用途相当于其他地域的年画、剪纸装饰。刺绣题材借鉴庙堂刺绣中的多种元素，甚至更为宽泛，但凡与生活相关的自然物种、神话传说、吉祥瑞兽等都可作为刺绣的内容。此类绣品的材料选择上较为灵活，可金银，可绒线，亦可金绒混搭。作品装饰设计感较强，呈现形式一般为装饰绣画、厅堂壁挂、条案台屏、窗棂张贴、护宅门神等，为居家生活增色添彩，祈求吉祥。

潮绣拼布口水兜（图片来源：《潮州民间美术全集》）

2．生活实用类

生活实用类的潮绣的题材选择和艺术装饰类一样，多为祈福吉祥的意愿寄托。材料选择则因语境的不同有所制约，由于生活实用性的条件对刺绣材料有所限制，金银线的语言特性在很多地方不适合现实的应用语境，比如婴儿的围嘴（口水袋），如果用金银线绣作，其硬度就会损伤孩子的皮肤。另外，作为日常用绣，金银线不宜洗涤的特性也限制了实际的应用选择，因此金银线的使用相对绒线少得多。但是潮绣在一些富足人家的应用语境中，金银线语言即可进行生活富足、吉祥如意的语义诠释，比如，椅披椅套、幔帐彩眉、寿帐、荷包、新娘婚服等。尤其在新娘婚服的潮绣制作上，金银的应用最为重要，通常会将整件衣服密绣金银，彰显华贵之态。

潮汕很多谚语、传说、歌谣表述了潮汕人生活用绣的社会状态，据书载：“明代潮州刺绣为妇女之普遍手工及技艺之熟稔，从潮地出土嘉靖刻本《荔镜记》中第二十六出‘五娘刺绣’的唱词口白可见一斑：‘捧出绣篋出闺房，金刀金剪尽成双，画花粉笔尽都有，五色线绒绿间红。’此中不仅仅描述了明时妇女刺绣的场景，同

潮绣荔枝　名瑞博物馆藏

时也对潮绣的工艺流程和使用材料有所说明，其中的‘绣篋’是指竹编的针线箱筐；‘金刀金剪’则说明刺绣所用的刀剪的精致考究；‘画花粉笔’便是绣稿上绷的工具了，说明当时在底料上画绣稿采用的是粉笔；‘五色线绒绿间红’说明了生活用绣五彩斑斓的色彩取向，以及多以绒线而为的材料取向。”[⑩]

潮绣在民间丰富多彩的应用，与广泛的庙堂刺绣交相辉映，成为潮汕地区一道亮丽的风景，是潮汕文化不可或缺的一个重要组成部分。

（五）庙堂潮绣对当代潮绣传承与发展的影响

千百年来，潮绣在庙堂中的应用奠定了潮绣的个性风格基础，无论在技艺上还是在题材上，当今的潮绣仍然沿袭着传统庙堂潮绣很多优良品格。在流传下来的潮绣文物上所展示的题材图案，至今还有很多被应用，并且在此基础之上表现得更为生动多样，更具艺术魅力。在追求象形立体的形式感之上，亦有了较大的创新与进步，不仅有了作为装饰艺术的潮绣画，还有了单、双面绣的屏风。近年来，在服饰刺绣、日用品刺绣等方面也有了很多创新与发展。当代的潮绣业已发展成为庙堂刺绣与艺术欣赏品、生活日用品并存共进的大好局面。

在各地域绣种趋于同质化的当今，潮绣独具风格的魅力尤为凸显。正是由于潮绣的独特语言魅力，在得到刺绣业界认可的同时，也在与之相关联的国内服饰行业得到高度认可。一些服装，设计师用潮绣元素设计的高档婚礼服饰就特别引人注目。例如，北京玫瑰坊借鉴潮绣技艺，在传统基础之上所进行的婚礼服创新，利用潮绣繁缛的重工所演绎的华丽，表述了婚姻的神圣，体现了穿着者的尊贵，成为一种奢侈的时尚表现，赋予了潮绣在生活中新的命题和推广意义，在国际服装行业备受关注。

| 绣裙（图片来自网络）

| 钉金寿帐（图片来自网络）

| 清代椅披（图片来源：《潮州民间美术全集》）

| 椅套（图片来自网络）

钉金绣荷包（图片来自网络）

新娘装　潮绣　20世纪80年代作品　康惠芳工作室藏

洋金银满绣新娘装　潮绣　20世纪80年代作品　康惠芳工作室藏

上·《万马军中一胆雄》 名瑞博物馆藏
中·《岁朝清供》单面大地屏 康惠芳作品
下·《松鹤同春》双面地屏 康惠芳作品

利用潮绣技艺绣作的礼服（图片来自玫瑰坊）

五、潮州庙堂刺绣技艺研究

（一）潮州庙堂刺绣的技艺特色

1. 用料多样　广纳博采

潮汕地区广纳博采的文化特色不仅体现在对所有神明先贤的崇拜方面，潮汕人在饮食方面也是什么都吃。基于这种特点，潮州刺绣的用料也是什么都用，除丝线、绒线外，还有棉线、麻线、人造丝线、棉絮、纸丁、棕丝、漆包线、铜丝、铅丝，也有孔雀毛捻线、马尾缠绒线等。

2. 图案饱满　繁缛丰富

潮汕的手工艺术在构成方面有一个共同的特点，那就是纹样繁缛丰富，构图丰盈饱满，装饰性强烈，独特的构成形式充满热闹欢乐的气氛。刺绣也一样，常以龙飞凤舞、百鸟朝凤、孔雀开屏、三阳开泰、鱼虾蚌贝、南国瓜果以及当地的潮州戏曲故事等为题材，具有浓郁的地方艺术特色。

3. 色彩瑰丽　金碧辉煌

潮绣用色明快，金、银线与丝绒线的结合运用，使潮绣色彩的融合斑斓瑰丽、丰富多彩。常用强烈的对比色，红绿黄尤为多用，并且善用金线勾勒，色彩富丽华美，具有强烈的视觉冲击力。

潮绣擅长用金，金线的施用针法多种多样，在垫高立体的作用下更显得炫彩夺目、金碧辉煌。这是潮绣最具代表性的风格之一。

4. 垫高立体　灵活拼缀

在潮州庙堂刺绣的制作工艺上，铺底垫高是一大特色。在半浮雕状的铺底之上进行绣作，或钉金，或飙绒，或施花线，或勒鬃丝，没有高度和层次的限制，反复叠加所达到的明显凹凸立体感，有着雕塑般的视觉冲击力，成为独具地方特色的技艺。

选择作品图稿中局部以拆分绣制，而后剪切拼缀于作品之上，以贴、缀、缝、包、压等技术手段进行整合，整合后的作品不露边缝，融成自然，在庙堂用绣上成为一道闪亮的风采。

5．技艺奇特　独树一帜

潮绣有很多不同于其他绣种的技艺，绣作纹理清晰，善留水路，如独创二针企鳞、阔嘴人物绣技等。技艺的灵活自由让潮绣作品既具有极强的立体效果，又具有浓郁的装饰趣味。张扬无羁，热情奔放，亮丽不敛，华彩无度，正是这种潮绣精神，使得潮绣在中国刺绣领域风格凸显，独树一帜。

当代潮州刺绣技艺基本涵盖了所有庙堂刺绣的技艺，并且在传统基础上有所创新。本节结合当代潮绣作品进行潮绣的技艺分析研究总结，以使对潮绣庙堂应用的技艺研究更为明晰。

（二）绣具

1．绣绷

潮绣的绣绷与其他绣种的绣绷基本相同，主要有台式的组合绣绷和圆形的手绷两类。

2．绣针

由于垫高立体所造成的厚重，绣作时不同于其他绣种在底料上面的针法薄施，潮绣所用绣针选号会偏大，一般的缝衣针都可选用，个别细致的平绣部分也需要 11 号或 12 号绣针。

3．底料

庙堂刺绣选用底料在不同历史时期会有所不同，由于金银线和垫高立体的需要，一般会选择较厚实的布料作为底料，底料的材质一般为真丝缎（库缎）、纱、绸、棉布、丝绒等，近年来也多有用化纤面料及金属布（金色）作为底料来绣作。需要拼贴或缀接的绣片底料，一般会选择棉布，在剪切时不易脱丝。

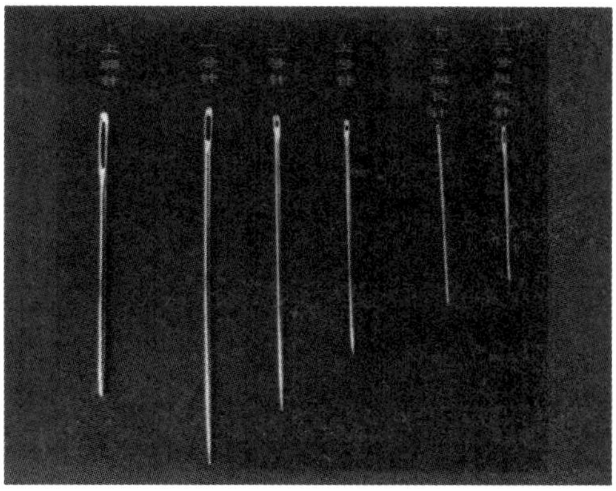

绣针

| 绣绷（图中为李淑英作品）

| 单面绣底料——丝缎

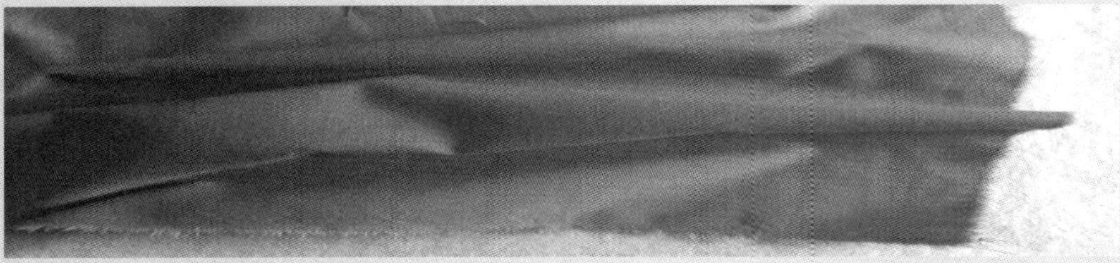

| 拼缀绣底料——棉布

双面绣底料——真丝绡

金银线

4. 金线、绒线

潮绣用线大多为金银线和真丝绒线，亦有棉麻线等，近年来也有用化纤线。金银线又分真金线和仿金线（铜箔代替金箔）、涤纶金线。真金线有捻金线（将金银箔捻缠在丝线上）、充金线。有国产和进口金银线，进口金银线也称“洋金银”。金银线的粗细一般分为四股和两股，股是指金银线芯的丝线股数。

真丝绒线是由蚕丝制作，一根绒线可根据绣作需要劈丝使用。化纤丝线多用涤纶制成，现代庙堂刺绣常有应用。潮绣丝绒线有别于苏杭产的真丝绣线，苏杭丝线为加捻的两绒十八丝，全国大部分绣种运用苏杭产线。而潮绣绒线则为蚕丝不加捻的多丝缕成，使用时根据需要劈选粗细。

潮绣使用的绒线（真丝）

大部分绣种所使用的真丝绣线

5．棉絮

一般选用的棉絮为纯棉，也有用脱脂棉、腈纶棉、羊绒等，但最适手的还是纯棉。

6．纸丁

纸丁是白色棉纸裁成不同宽窄，经过手工搓制而成的。目前潮绣所用纸丁分粗细不同的13个号码，长度54.5厘米。由于制作工艺烦琐严谨，能够并愿意做的艺人少之又少。此项技艺虽不起眼，但在潮绣制作中是不可或缺的辅助材料，因此，此技艺是需要传承、保护的。20世纪80年代之后，潮绣也有选用“漆包线”代替纸丁应用，“漆包线”有粗有细，柔软度也较为适合绣作，但其品质是否能够经得住时间的考验，还不得而知。另外，在绣钉龙须、人物帽扇时，潮汕人选用了铜丝或铅丝（铁丝）缠金线，其长度、粗细及硬挺度灵活便利，在特殊需求下比纸丁更能应手而作。

7．鬃丝

鬃丝也称绒丁，是在纸丁上根据需要缠绕各色丝线而成，要求缠绕均匀不漏缝隙，用于潮绣修饰包边和界定轮廓结构。鬃丝的粗细同纸丁一样有1号至13号，可根据不同需要选用。

8．花线

花线是在金银线外面缠绕的各色丝绒线。缠绕花线时须均匀，离缝，透露出里面的金银线，离缝的宽窄可根据需要有所不同，以起到丰富色彩变化、增加层次感的作用。

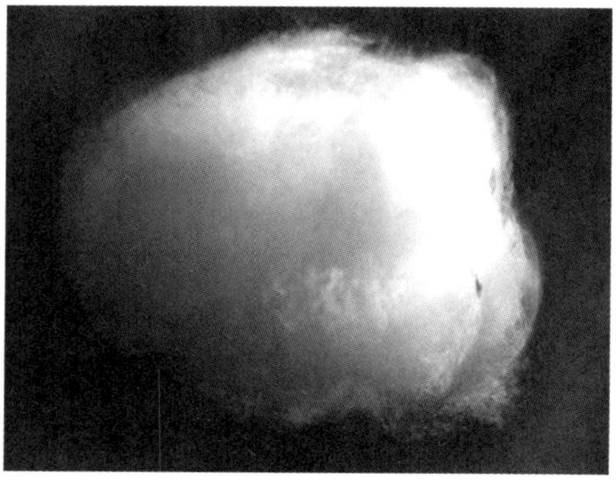

纯棉絮

清代作品破损处露出的纯棉絮　潮州博物馆藏

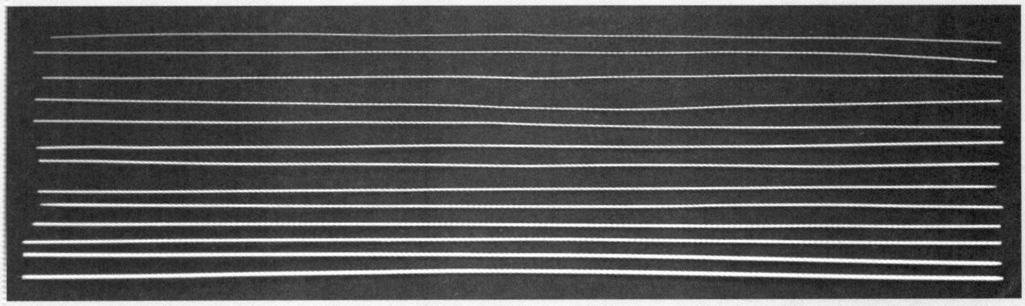

纸丁

鬃丝

花线

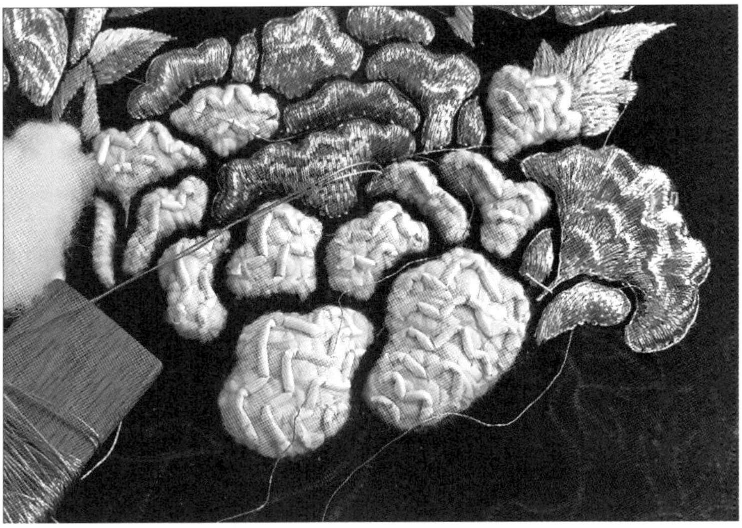

棉絮垫高再筑丁

（三）潮绣典型技艺分析

1．垫高钉金

根据图案和需要的高度及起伏，将棉絮用棉线固定住，固定时棉絮要团实压紧，以免在上面施金时变形。这一环节十分重要，要根据对象的结构合理施以高低，对对象的生长结构要有充分了解，这就需要有一定的造型能力，否则便会悖理毁型。在上施金线之后，在金线光泽的作用下，不合理的结构弊端会显露无遗，达不到理想的视觉效果。因此，手艺人各方面的学养修为都十分重要。

2．平金钉绣

在网布上根据所绣物体的质感需要，选择合适的潮绣针法进行绣作，比如绣龙的龙鼻、额、角等，施以钉金绣针法类里面的平金钉法，金线的丝理排列有多种方法，一般常用的有以下两种：

（1）直排丝理——金线竖直排列钉绣，用红色、黄色等绒线钉针，针脚相错，形成四目相对的规律。

（2）旋排丝理——以眉心、鼻梁为中线，左右对称旋排丝理，红色或黄色绒线错针钉金，这样钉出的龙头会增加金光的闪现，增强了装饰效果。但相对直排丝理

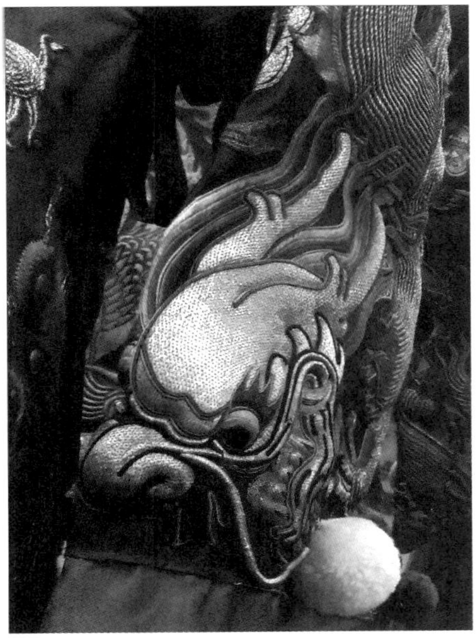

直排丝理钉金 名瑞博物馆藏

旋排丝理钉金 康惠芳工作室作品

所呈现的折光效果来看，会有更多的凹凸变化，对结构的合理性有所忽略，更多地追求了折光的闪烁。

在这一环节，平金钉绣要求金线铺平排顺，绒线钉金的针脚要匀，入针出针尽可能地倾向金线的下面，这样才能有绒线与金线裹钉在一起的感觉，同时也不会影响下一排金线的排顺布施。如果入针出针在金线两侧，除了会影响下一排的金线布施之外，还会让丝绒线的钉点加大，容易不均匀，与金线的交融不和谐。

3．转鳞针

潮绣的龙鳞绣作技艺称为转鳞针或企鳞针，与其他绣种的龙鳞绣法有着明显的不同，其他绣种一般会采用三针钉鳞法钉绣龙鳞，这样钉出来的龙鳞会固定在底料之上，而潮绣采用两针钉鳞法钉绣龙鳞，在龙鳞的前后两端分别钉针，后一排龙鳞压前一排龙鳞的二分之一，这样钉出的龙鳞一侧是可以翘起的，因而使鳞片更为立体灵动，同时也因少了一针钉绒，使金鳞更为流畅光亮。这是潮绣龙鳞针的一大特色。转鳞针又分一圈转鳞、两圈转鳞、三圈转鳞。

（1）一圈转鳞：此针法一般在绣制小龙时使用，鳞纹盘钉一圈，由于一圈转鳞

两圈两针转鳞　李淑英工作室作品

一圈两针转鳞　李淑英工作室作品

一圈两针转鳞　康惠芳工作室作品

过桥针

呈拉链环锁状，因此还可以应用在其他地方，比如鸟鳞、器物纹饰等。

（2）两圈转鳞：鳞纹盘钉两圈，一般绣中小龙使用，此针法在中小幅的潮绣作品龙图案绣制中最常使用。

（3）三圈转鳞：鳞纹盘钉三圈，一般绣作大型龙图案时常用，三圈转鳞的特点在于所绣的龙鳞，鳞片饱满圆润，龙鳞纹理更为清晰立体，具有更强的视觉冲击力，也是龙鳞针里面最难掌握的技艺之一。

4．过桥针

潮绣过桥针，是潮绣针法里面应用广泛的针法之一，在纸丁和金线的相互交替作用之下，起伏的立体变化整齐布施在和谐规律之中，富有起伏但不失平稳的节奏感，有着极强的装饰性。在潮绣作品中常用来绣作花篮、建筑等物体。

过桥针　康惠芳工作室作品

5. 筑丁绣法

筑丁类的针法技艺大致分为三种，第一种是将纸丁钉置在底料之上、绣面之下，上面用金银线或绒线钉绣，根据对象的不同，可筑一条纸丁，亦可筑两条或多条纸丁；第二种是在铺绣好的绣面之上再加纸丁筑绣；第三种是在垫高的棉絮之上再施以筑丁针法。三者呈渐次起高之势。

例如，筑丁绣鳞甲是将纸丁置于鳞甲轮廓，上面钉以金银线或绒线，从羽甲后端向前端逐层施筑，使鳞甲呈斜面状层叠，在金银线或绒线的绣面上，再施以踏针，根据不同对象，或踏鸭舌，或踏松针。亦可筑两条纸丁，纸丁之上施金银绒线时，将钉绒线钉在两条筑丁之间，形成明显的凹凸感。

筑丁绣花瓣时，在垫高的棉絮之上，可筑多条纸丁，钉金之后呈现起伏状，从而增加了金线的折光，在灯光的作用下，更显华丽富贵、金碧辉煌。

筑丁绣叶子图案，将纸丁筑于叶子的主叶脉和轮廓，上施金银线钉绣，金银线过丁布施，紧挨纸丁两侧钉针脚，使过丁金线凸起，突出叶脉或轮廓。后用鬃丝踏边、踏支脉，鬃丝可单丝踏也可双丝踏。一来脉络更为清晰，二来增加了装饰感。

筑丁绣器物，很多器物的绣制都可用到此针法技艺，比如器物纹饰、山石树木、博古柴脚等只是在筑丁之后的绣面时，分别根据不同的对象质感特征，选择不同的技法布施，以达到不同的视觉感受。

例如，绳子的绣作采用筑丁绣作，纸丁之上的金线过丁绣作，要在纸丁两侧压紧钉针，使得绳股清晰流畅、立体逼真。

山石、树木的绣作则是不规则的筑丁之后，金线过丁可以在纸丁两侧紧挨钉针，亦可在纸丁一侧紧挨钉针，另一侧离开纸丁钉针，使绣面成为一个斜面缓坡；又可在过丁金线的两侧钉针的同时，跨双丁钉针，形成凸面有宽有窄的体量变化，更为符合山石、树木的生长结构。

筑丁绣甲衣，人字筑纸丁，呈三个有角折丁边，分三叉互相规律套置，包丁绣线（或金银或绒线），三叉中心线留有水路凹感。沿三叉人字外廓钉鬃丝，鬃丝颜色根据物象需要选定，所筑甲衣结构分明，立体感强。

筑丁绣各种花纹图案，根据所设计的花纹图案采用筑丁法绣作，适合多种图案的绣作，包括单独纹样、二方连续、四方连续等。布施纸丁之后，上施钉金或绣

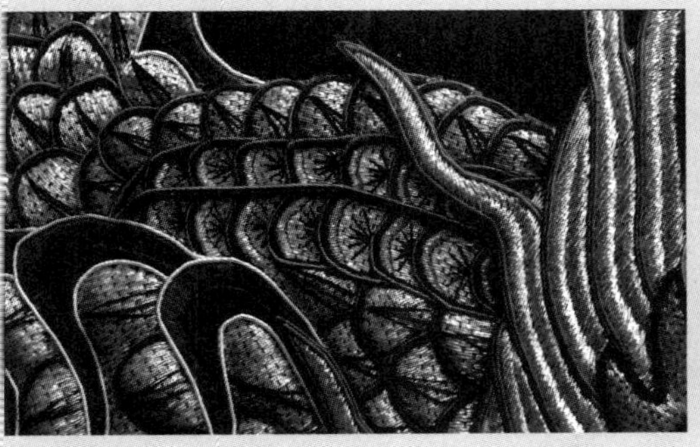

筑丁绣鳞甲　李淑英工作室作品

筑丁绣花瓣　康惠芳工作室作品

筑丁绣叶子图案　名瑞博物馆藏

筑丁绣山石　康惠芳工作室作品

筑丁绣花篮　名瑞博物馆藏

| 筑丁绣绳索　康惠芳工作室作品

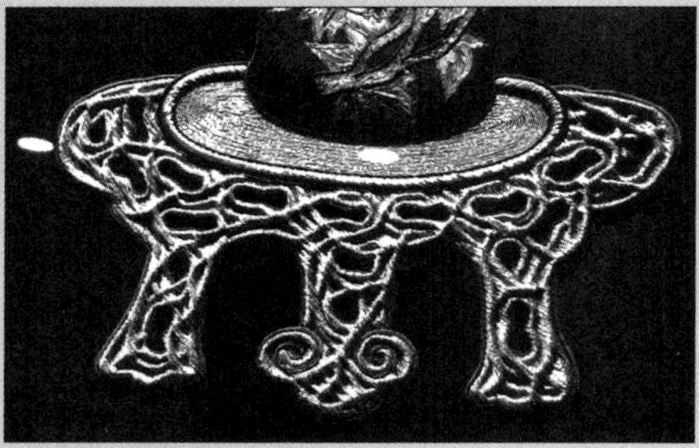

| 筑丁绣柴脚

| 筑丁绣灵芝　名瑞博物馆藏

| 筑丁绣器物

| 筑丁绣人字甲　名瑞博物馆藏

筑丁绣动物纹饰

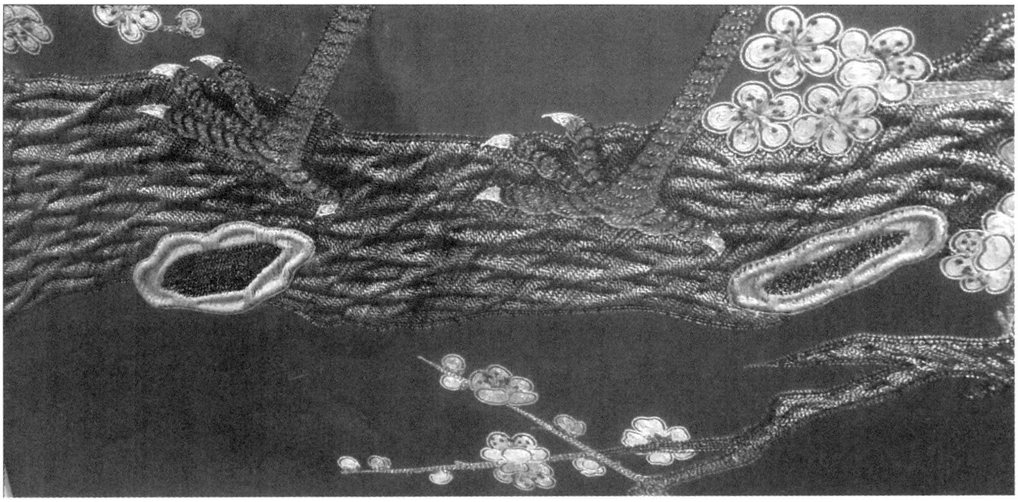

筑丁绣树干　名瑞博物馆藏

绒，方法灵活多变，可双金线过丁钉金绣，亦可单金线包丁绣，例如，椭圆形花瓣纹饰，可在纸丁筑好之后，施单金线包丁绣，花瓣两头紧挨纸丁钉绣，花瓣中间渐次加宽与纸丁的距离，钉呈椭圆状，所凸显的花瓣不仅有型，且凸面有自然坡度，视觉极好。花瓣外廓加鬓丝界边，使图案更为清晰明快。

6．捞针

捞针类针法适合做一些小型花瓣或图案，此针法的特征与很多绣种所使用的传统辫子股绣、锁链绣等属于同技艺类型。这种针法简洁方便，易于操作，可进行单独纹样、连续纹样绣作，一般作为辅助针法踏绣在其他针法的绣面之上，起到纹样

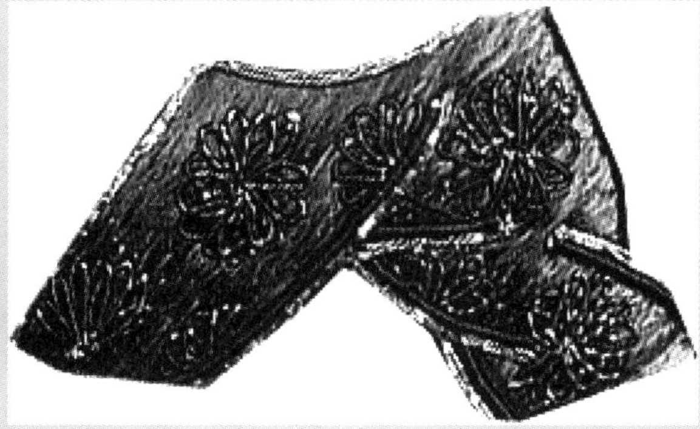

| 捞针　康惠芳工作室藏

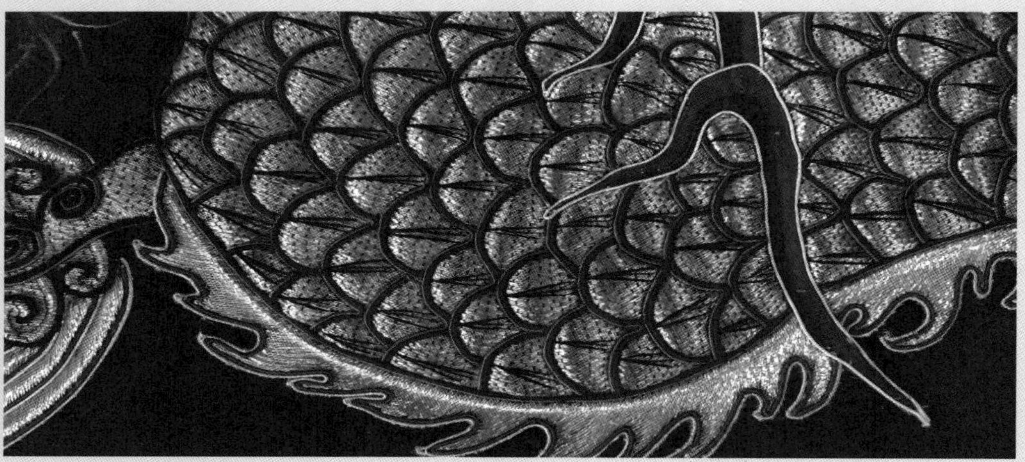

| 踏鸭舌　李淑英工作室藏

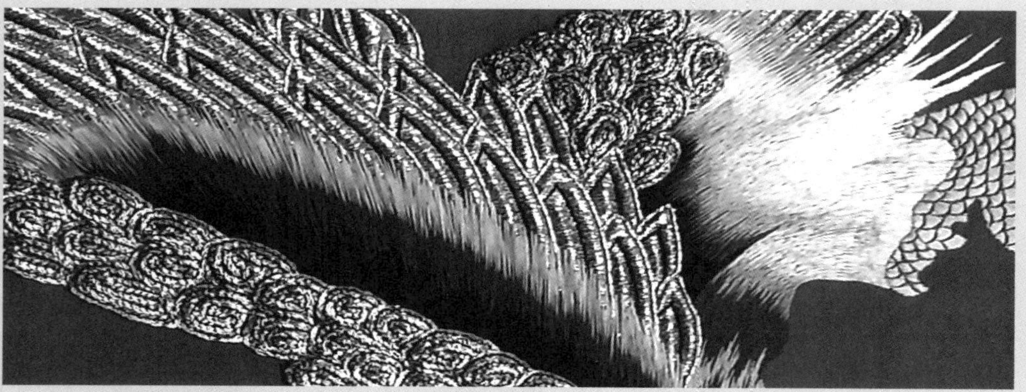

| 标针（飙绒）　李淑英工作室藏

装饰补充作用。

7. 踏针

在铺绣好的绣面上，根据物体结构踏绣纹饰图案，丰富画面层次，增加结构诠释，达到应物象形的目的。常见的潮绣踏针有踏鸭舌、踏松针、踏鹤脚等。

8. 标针

标针亦称“飙绒”，一般多为标毛使用，多用于绣凤头鸟尾或动物虚毛，其作用为体现羽毛边缘的虚化，针脚长短参差，用线一般稍细，追求羽毛的灵动飘逸感。

9. 贴绣、缀绣

这是潮绣技艺的一大独特之处。由于对立体感的追求，在一块面料上面堆砌太多变化层次有时会有难度，而在另一块底料上面完成的绣面“零部件”绣作，经过剪切、拼缀到主画面上来，全部贴紧拼绣称之为“贴绣”，一部分贴绣、一部分悬于画面之外，称之为“缀绣”。这种绣法一般要辅以鬃丝压边，使之与主体画面不露痕迹地结合在一起。此技艺为潮绣创作增加了更多的灵活空间，使作品的立体感

贴绣 李淑英工作室作品

缀绣　康惠芳工作室藏

垫高绒绣牡丹　名瑞博物馆藏

"阔嘴人物"技艺代表作《楚霸王》杜进茂作品（图片来源：《潮州民间美术全集——潮绣抽纱》[11]）

垫高绒绣水果篮　名瑞博物馆藏

更为突出，凸显了潮绣的工艺性。

"阔嘴人物"绣技艺，亦称"黑面（花脸）"戏剧脸谱人物绣作技艺，这是潮绣拼缀技艺中的一个典型。其技艺是将画面勾画在主体底料上以后，在另外的底料上分别绣出脸颊、额头、下巴等局部，再剪切拼贴到主体画面上。脸颊与下巴的造型设计非常考究，在组合之后，呈张口咧嘴的形态，与戏剧人物脸谱表情形成极好的吻合。有些作品的嘴巴施以缀绣技艺，触动时能够活动，增加了脸谱的装饰感与灵动性。

10．垫高绒绣

垫高绒绣法与垫高钉金的前期步骤相同，不同之处是在垫好的棉絮蒙布之后，采用丝绒线根据对象的质感需求施用不同针法，将所垫画面绣满，与垫高钉金相比，多了物体质感的针绣语言的灵活表述能力，多了丝线的柔美圆润。一般多用于花卉、瓜果的绣制。

六、潮绣庙堂应用的发展现状

随着国家对非遗传统手工技艺的保护与支持，对信仰问题的重视与开放，对外开放政策也日趋完善，潮绣技艺在更多用途中有了更好的展示空间。潮汕庙堂文化在海外侨民的推动下，在中国港澳台地区、东南亚国家及其他地域也越来越兴旺，庙堂刺绣的应用更为广泛。与此同时，新时期的发展和社会环境的改变给潮绣带来的正负两方面的影响十分显著。经济的发展在促进其发展的同时，也产生了一些不良影响，最严重的问题便是工匠精神的缺失。其不良影响越来越凸显在手工技艺各种门类，刺绣领域亦不例外。这和社会大环境的制约、与手艺人自身的修养都有着直接关系，认真分析各种影响因素，对潮绣在庙堂的应用及潮绣艺术事业的发展，都具有十分积极的作用。

（一）现代化科学技术对手工技艺的影响

由于潮汕及东南亚国家庙堂之多，加大了刺绣用品的需求量，在急功近利思想的驱使下，现代化的科学技术所产生的潮绣材料替代品越来越多地充斥着潮汕庙堂潮绣的市场。笔者实地考察发现，这种替代品很大程度上替代了手工绣作，一些象形的材料被广泛应用，比如，模仿平金钉针法制成的金布及机制仿鬃丝的出现就是

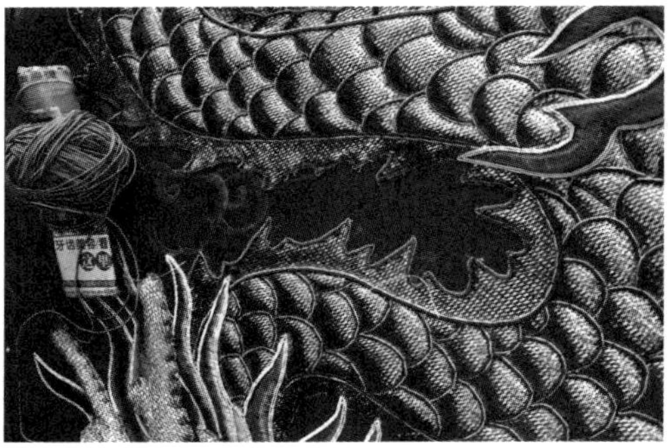

| 仿平金钉绣的金布与机制仿鬃丝

| 机绣桌帏

如此。这种金布乍一看金碧辉煌，金线布施效果平整匀称，经过手工裁剪，贴绣在底料上，再以机制的仿鬃丝压边勾勒轮廓。这种做法在省工省时的同时，却极大地降低了绣件的品质。

计算机机绣也是降低庙堂刺绣品质的一种做法。粗劣的品质、低廉的价格对潮绣庙堂用品形成极大的冲击。在潮州市开元寺附近的大街上，有很多销售庙堂刺绣的门店，经询问得知，四五米长的彩眉售价仅几百元至两千元，而桌帏则从几十元到一两百元应有尽有。偶尔有一两间门店有绣工绣作的，也是在贴金布的基础上用仿鬃丝进行表面功夫的展示。真正的手工绣作的庙堂用品，其价格受到严重的影响，导致了庙堂用品应用手工刺绣越来越少的现状。

（二）观赏类潮绣作品的发展对庙堂刺绣的冲击

现今的潮州刺绣按用途可分为三个种类，分别为装饰类的潮绣作品、庙堂应用的潮绣作品及民生用品类潮绣作品，潮绣人一般称庙堂用绣为“红货”。

在众多的工艺美术评比中频频获奖的是能够走进楼堂馆所、千家万户的潮绣装饰艺术品，而只能走进庙堂的“红货”则被冷落。笔者走访中发现，一些专做庙堂刺绣的艺人满腹冤屈地诉说不平，诉说那些做潮绣艺术品的人们看不起做庙堂刺绣的人们，他们的社会地位及心理都存在很大的不平衡，这也不同程度地影响了从事庙堂刺绣手艺人的积极性。

各行各业都存在着独特的文化精神，手工刺绣作品不管是应用在庙堂，还是应用在楼堂馆所，其共同倡导的是工匠精神的展现。刺绣艺术的应用范畴只应有刺绣语言诠释能力的高下之分，不该有应用语境的高下之分，在不同的应用语境中诠释出最好的刺绣语义，才是手艺人应该追求的目标。

工匠精神包含了手艺人的各种修养，不仅仅是技艺的修养。修德应是修技的前提，手艺人的法德、仁德、学德、心性、诚信，涵盖在艺德之中，让艺德贯穿手工作品创作的始终，加以美术知识的修养，加以精雕细琢的技艺，在静心中完善人品和作品，这是手艺人本该有的状态。

因此，摒弃一切不利于技艺发展进步的消极因素，才能让潮绣技艺在不同领域焕发出更为灿烂的光彩。

七、潮绣艺术的发展前景思考与建议

（一）潮绣发展的优势条件

1．地域人文风格赋予潮绣发展的亮彩

潮绣因风采而亮丽，因个性而独树一帜。潮绣的发展离不开潮汕人文环境的浸润泽华，潮州的木雕、石雕及其在庙堂中的应用对潮绣的影响和启发，促成了潮绣立体语言的产生和表达。在今后的发展过程中，这三种具有个性风格的手工艺术也会在更好的发展空间中继续相互影响，共同创造辉煌。

在中国刺绣领域面临着同质化严重危机之时，潮绣丝毫不担心被同化，因为特别鲜明的风格特色、题材特色与技艺特色已经牢牢地固定在潮绣这一名词之上。成熟的风格与坚定的自信相融合，足以使潮绣秉持风格继续前行。

因此，别具一格的风格奠定了潮绣在中国刺绣界的地位，其个性风采的彰显是中国刺绣在地域性风格保护方面的典型之一，继续保持和发展个性优势比起其他绣种而言，潮绣具有很大的优势。

2．潮州人的聪明执着是潮绣发展的基石

令人欣喜的是，潮汕地区还有一些潮绣人执着于潮绣的进步与发展，不管是在庙堂刺绣领域还是刺绣装饰艺术品领域，抑或是更多地将潮绣应用到日常生活中来。笔者从实地采访到的典型代表身上看到了潮绣人的敬业执着精神，很多艺人在传统的题材之上充分发现和利用现今各门类艺术的可借鉴之处，再创造成为具有潮绣风格的作品，从中汲取营养，滋养潮绣，充分体现了潮绣人孜孜不倦的创新精神，而这些精神是支撑潮绣未来发展的基石与动力。

（二）潮绣发展存在的问题与建议

1．后继乏人问题

这是一个老生常谈的问题，也是全国手工技艺范围内普遍存在的问题，更是手艺人最为头疼的问题。目前从业的手艺人大多为50后、60后，40后再往前的手艺人已成为国宝，而70后的从业人数已经在逐步减少了，80后、90后的年轻人更是从业者少之又少。究其原因，一般分为以下五种：

（1）家庭教育因素

80后、90后年龄段的年轻人多为独生子女，因家长的溺爱所养成的种种性格特点，较之20世纪六七十年代之前的一代人来说，少了来自生活的压力，少了吃苦耐劳的品质，少了改变命运的心气，也一定程度地少了目标选择的自觉。“啃老”一族便是这个时代的产物，很多孩子宁可长时间地“啃老”，很多家长也甘愿被“啃”，却不想怎样学成一门手艺，为今后的道路做铺垫。

（2）社会发展因素

社会经济的高速发展、网络信息化的快速进步、社会环境的重力冲击等因素，造成了年轻人的心气浮躁、好高骛远，适应不了刺绣艺术的慢节奏，对于刺绣技艺所要求的耐得住寂寞更是不适应。在这方面，教育者和被教育者双方都存在着问题。

（3）经济利益因素

在当今经济的浪潮中，刺绣手艺人的劳作所获取的报酬总体而言并不高。很久以来，刺绣艺术品的价值呈现极其不平衡的状态，大多刺绣艺术品所销售的价格仅仅按照工资为参照基数界定其价位，上浮的利润空间是属于经营者的，而其间的艺术价值、收藏价值等多被忽略不计。因此，真正靠手艺刺绣的艺人在解决温饱之余，很难致富发财，这也成为年轻人不愿就业的原因之一。

（4）教育体制因素

中国独生子女的特殊性让每一位家长为自己的孩子选择出了明晰的成长道路，文凭成为必不可少的。大学毕业后开始忙于就业选择，高不成低不就的情形伴随着很多求职者。自古以来，手工艺术师傅带徒弟的传统传承模式在这些有学历的孩子眼中往往不屑一顾，因为以往的手艺人大多文化程度不高。在社会发展到今日，旧的观念应该有所变化，而大多数人却忽略了时代在进步、社会在改变，是到了教育应当随社会需求变化的时候了。

（5）思考与建议

技艺的传承首先是要人来完成的，后继无人何来传承？针对这个问题，除了每个手艺人都要高度重视外，各地政府、各级协会都必须重视。目前很多大学及国家文化部非遗司已经采取了积极的人才培训措施，在这种举动的带动和感召下，各地政府、协会都应积极根据各地域特色展开人才培训工作，以此带动工匠精神的回归。

为从根本上解决后继乏人问题，建议在高校、职专开设刺绣专业课程，从理论上确立刺绣手艺人的社会地位和文化地位。面向社会招生，设置与刺绣专业相关的学科教育，除了刺绣技艺的学习之外，同时开展多学科的教学，比如国学、文学、美术、书法、音乐、心理学等，让学生在拿到大学文凭的同时，掌握一门手工技艺，既满足了家长和孩子的学历需求，又为毕业后的就业道路做了铺垫。相信经过专业学习的学生，一定能出现大量有文化、有学识的手工技艺传承人。

2. 材料制约问题

潮绣最主要的应用材料是金线，其次还有棉絮和纸丁。金线分正金线、充金线、洋金线、仿金线。正金线所绣作品自然呈现最为精彩的效果；充金线俗称“镀金线”，其自然光泽远比不上正金线来得光亮和经久；而以铜代金，或以化纤仿金的绣线，在绣品的品相方面显然有先天不足、后天更不足的缺点，面对使用金线技艺，目前有两大问题难以解决。

（1）技术问题

现今所使用的金线价格随着金的价格而起浮，其质量由价格或产地而定。20世纪80年代前后所使用的“洋金”（进口金银线）所绣的作品，其金银线的品质应当很好。南京金箔厂的K金线效果也很好，日本进口的充金线也多为潮绣人所使用。但是，据南京金箔厂人员介绍，目前掌握制作金线环节中“截金术”的技艺人员已经濒临消失，大量地生产金线已经不太可能。

另外，潮绣垫高除了棉絮的应用之外，也离不开纸丁的应用，而能够手工制作纸丁的手艺人也越来越少。潮绣人现在担心若干年之后，这些必需的材料如果后继无人制作，怎么办？

（2）价格问题

由于市场经济的原因，潮绣艺术品（包括潮绣庙堂用品）的价格没有正常体现其应有的价值，因而，手艺人在制作时自然要控制成本的投入。使用仿金线或化纤金线，尤其是庙堂刺绣，局部使用有刺绣纹理的金布，以及电脑机绣的绣品，价格降低了，但品质也相应降低。

（3）解决的办法与建议

材料的制约是手艺人逃避不了的矛盾，作为手艺人，解决的办法只有针对不同用途的要求，采用不同的材料绣作。在制作高端刺绣艺术品的时候，一定要保证使用好的材料进行绣作。一分价钱一分货，不要被眼前利益所左右，拉开绣品档次，实现真正意义的价值回归。

手艺人在绣好作品的同时，尽可能地掌握一些力所能及的刺绣材料制作工艺。金线的制作不易做到，但是纸丁的制作相对来说应该可以做到，如果现在不学，一旦到了没人做的时候，这项技艺岂不是就消亡了？同时根据绣作要求，开发制作一些能够辅助绣作的环保材料，让绣作尽可能少地受到材料的制约。

3．工匠精神缺失问题

这是一个严重的社会问题，全国的手艺人都面临这一重要问题，不仅仅针对潮绣艺人。在一部分人坚持秉持工匠精神进行手工创作的同时，更多手艺人的工匠精神却有不同程度的缺失，具体在以下四个方面：

（1）急功近利的思想问题

现今的社会是一个繁华盛世，政府支持力度越来越大，机会也越来越多，但就工艺美术界而论，各种奖项的评比、各种大师头衔的评定，让手艺人沉浸在浮华之中，攀附名利之心让本该宁静的工匠之心飘然涌动，心不沉何来技之精？

（2）自我满足的心态问题

在全国工艺美术界有很多大师，这些大师当中有专为制作者设计稿子的设计者，有掌握技艺的手艺人，有从事生产管理的企业家，也有经营手工艺术品的商人，更有既有手艺又搞经营的复合人才。

这里且不论那些本不该获得大师称号的企业家或生意人，只论真才实学的手艺人大师。这些大师本该在得到荣誉之后更加认真地钻研业务，带好徒弟，做好传承。但是，一些手艺人有了大师的头衔，便自我满足不求上进了，躺在荣誉簿上沾沾自喜，享受荣誉带来的名利硕果，从而懈怠了技艺的精进。这种行为一方面浪费人才技艺，另一方面在业界产生了很坏的影响，影响到更多的绣者对名利追逐而造成心气浮躁，造成工匠精神的缺失。

（3）学习态度与方法问题

在潮州考察期间，笔者除了走访了很多庙堂，也走进了多家著名的潮绣艺术家的工作室和绣场，看到了很多很多潮绣艺术品。在琳琅满目的金光亮彩中，除了看到很多精彩的细节之外，也看到了很多不尽如人意的地方，比如作品的题款。潮绣的构成风格本来就是繁缛丰满的，而这些题款却往往生硬地塞在画面中极少的空白处，而且一般多为电脑打印字体，这大大削减了作品的艺术性。

眼睛错位的虎头

由于很多绣者没有美术功底，对画稿不求甚解，在绣作过程中将物体错搭乱置，比如图中的虎头，错把耳朵绣成眼睛，一针一线的绣工尽被败笔所累。

因此，做一个好的工匠，除了技艺素

养之外，要具备多方面的素养，如道德素养、文化素养、美术素养、审美素养、心性素养等，这些素养丝毫不能忽视，尤其一些功成名就的大师，更不可懈怠了学习进步和补充营养。艺术创作的道路是无止境的，越多的学习进步，越能赋予作品更多的灵魂，包括技艺的、艺术的、精神的。

很多人想学习，但没有好的学习方法，一味地描摹，照搬照抄别人的好东西，这一方面侵害了他人的利益，另一方面在学习中不知不觉丢失了自己，成为一种严重的学习失德。

（4）呼唤工匠精神回归的一些建议

中国传统手工艺术讲究工匠精神，秉持工匠精神，才能使技艺具有意义和价值。所谓工匠精神，概括为心之静，技之精，艺之尚，品之高。作为手艺人，时刻加强工匠精神意识，随时汲取工匠精神的营养，养成学习修养的自觉，做到了这些便具备了真正的工匠精神。

对于工匠精神的修养建议包括以下五个方面：

①工匠精神之真爱之心

真爱是崇高的敬畏，是一种信仰。手艺人做手艺活，要发自内心地喜爱这项手艺，只有真的喜爱，才能用心去做，才能有精品的呈现。带有敬畏心的手艺制作才能够力争尽善尽美，才能有震撼心灵的精品展现。真正的大爱是往下沉的，是沉在手艺精研过程中的极致追求。

②工匠精神之执着静心

人类的生存结构没有一成不变的，手艺人也一样。政治、经济、文化、生活环境、工作状态等客观因素随着时间都会发生不同程度的变化，坚持爱好，执着手艺，不因顺境而心浮，不因逆境而消沉，干一行爱一行，在手艺中把握平衡，在精进中得到快乐，静心是工匠精神的基础条件。

③工匠精神之修德之心

手艺人要秉持的品德修养是十分重要的，这种修养体现在对技艺的看重、对同行的敬重、对知识产权的尊重、对地域文化的保重。修养法德、仁德、学德、艺德，任何违背品德修养的行为实质上就是失德。德行在先，品德至上，只有坚持品德修养，才具有真正实现工匠精神的基本保障。

手艺人要有严格的诚信之心，即对作品品质的责任心，对技艺传承的责任心，对当地刺绣文化风格保护的责任心，对作品冠名的责任心，对藏家利益的责任心，等等。诚信之心是决定匠人艺品高下的关键，手艺人的艺品是赋予作品灵魂的关键。

④工匠精神之审美之心

进行手工艺术创作，手艺人应具备一定的美术鉴赏素养，对绣品立意、构图、技法整体把控，都要在不违背美术创作原则的基础之上进行。手艺人不一定要学会素描、国画、油画等专业技能，但是一定要学会读画，要懂得绘画创作的基本元素，如立体造型的点、线、面、体所呈现的形态要素、材料要素、美感要素，中国画和油画创作中的点、线、面、黑、白、灰、色彩、肌理、黄金比等构成元素。只有具备了这些最基本的美术知识修养，才能够让作品更具艺术的灵性，充满美的感染力。

⑤工匠精神之雕琢之心

手艺人所司其职就是要做手艺活。技艺是硬件，用心是关键，坚持不断地用心研习、提高修养，学无止境、艺无止境。常言道，做喜欢的事情是一种享受，但是这种享受不仅是喜悦的，同时还包含了更多的苦思冥想、纠结、烦闷、苦恼，甚至是痛苦，这是精雕细琢过程中的特殊享受，越是要求高，这种享受就越多，而最终的结果大多会是欢愉的、幸福的享受。

精雕细琢力求尽善尽美，力求彰显灵魂，是每个手艺人必须坚持的核心精神。

（三）政府管理机制建立与健全的责任

近年来，国家致力于对传统文化的保护与支持，在各级政府机构、行业机构积极有效的努力下，取得了很大成绩，但是还有很多社会弊端随之显现，因此，需要进一步建立和健全政府管理机制。针对手艺人自身修养的懈怠、国家和政府对手艺名人的过度保护与宣传、各种评奖所造成的浮华影响、手工艺行业的管理机制混乱、各种荣誉称号评定机制不够严谨、手工艺分类品质鉴定及价值界定体系管理机制缺失、手工技艺传承人培养机制严重缺失等问题，应该采取诸多积极措施予以完善，因此建议：

1．建立国大师及国家级传承人的教育培训机制

国家和政府对手艺名人的保护与宣传要适度，在保护扶持的同时也要加强对名人的教育监管，以艺德与担当的教育提醒为主，进行多方位的监督教育。正因为他们是典范，更要让这些名人懂得，不仅要依靠国家的保护扬名得利，更多地还要有对传承与发展的重任担当。为此，阶段性地进行职业操守的培训和教育很有必要。

2．加强政府和行业管理部门对手艺人修养的监督提醒

这种教育主要体现在艺德方面。各级政府和行业管理部门都应该时刻重视这种教育。教育提醒是一个长期的工作，对手艺人修养的监督提醒表现在两个方面：正能量的提倡，主张真正工匠精神的修养；负能量的摒弃，不为图名图利的歪风邪气助力，及时警告和提醒一切不以工匠精神为准则的浮夸之风，以倡导行业正气的形成。

3．建立各级权威性手工艺术行业管理机制

目前各类工艺美术学会、协会很多，手艺人忙于各个学会和协会的展览、活动之间，无疑对作品的专注创作造成不良影响。同时，各种收费参展活动给手艺人增加了很多经济压力。应建立各级权威性的管理机制，并对管理人员进行职业操守的规范培训，使手工艺术有一个良性发展的稳定秩序。

4．建立各级权威性的评奖机制

政府或管理机构组织建立权威性的评奖机制，抑制各种名目评奖的混乱局面。可以从国家到省市分级建立权威性的技艺比赛机制，纳入长效规律性的评比轨道，成为一种规范的、具有说服力的专业性评比，以此真正带动技艺的精益求精，带动工匠精神的真正回归。

5．建立严谨的大师或代表性传承人评定机制

这是一个很敏感、争议很大的问题，因为这些称号是对一个行业标杆性人物的榜样界定。评定出真正符合条件的大师或代表性传承人，让众多手艺人心服口服地以之为榜样，评定机制尤为重要。实事求是是根本，这里包括申报人的实事求是，同时，也包括专家评委的实事求是，不被私情或私利左右，建立一个具备责任心、使命感的权威性专家团队，以及能够相互制约、相互监督的评定体系，这是保障公平、公正的前提。

要建立合理的分类评定机制，分别为设计人员、技艺人员、经营人员、管理人员进行称号评定，改正以往经营者和管理者参评工艺美术大师或代表性传承人的概念混淆。以刺绣为例，可分为刺绣设计大师、刺绣技艺大师、刺绣企业家等。大师的名头不可轻易评定，一定是真正的大师方可荣膺，彻底改变大师满天飞的混乱局面。

6. 构建手工艺分类品质鉴定体系及价值界定管理机制

针对各行业的技艺特点，构建一个由技艺专家、理论专家、市场专家组成的评定体系，通过严谨的理论加实践论证，逐步完善品质评定标准细则，让手艺人明确技艺等级，以促进精研进步。同时，也为手工艺品的价值界定提供相对参考依据。

参考品质鉴定等级，结合作品实际技艺水平，合理界定作品价值，以此稳定手工艺术的市场环境，实现真正的手工艺术价值回归，促进精品效应。

7. 完善知识产权保护在手工艺术领域的法律法规

知识产权在手工艺术领域的问题十分严重，尤其是在刺绣领域，图稿侵权大量存在。完善相关的法律法规，对侵权行为进行制约，将会督促手艺人多方位的修养提高与进步。

8. 建立长效性手工艺术学术论坛

工匠精神的提倡是一个长久的理念建设。在中国艺术研究院所举办的“2016中国工艺美术学术批评论坛”的基础上，建立长效性的手工艺术学术论坛，以此倡导工匠精神的学术批评与交流，及时对手工技艺的成果进行总结、宣传，对不利于手工艺术发展的弊端展开批评，在理论层面引导学术风气，以利于工匠精神的弘扬与稳固。

9. 呼吁高校和技校开设传统技艺专业

中国传统的手工技艺传承方式，自古以来是在师傅带徒弟的模式下进行，而现今社会快节奏发展，中国孩子的成长教育已不同于先前，人们更重视大学教育过程和文凭获得。而大学教育之后的学生就业近年来并不乐观，文凭并没有起到帮助就业的关键作用。因而在高校设置传统技艺专业，让孩子们拿文凭的同时学一门手工技艺，培养一代代有文化、有学识的手工技艺人才，对手工技艺传承人的缺失进行补充，形成一种良性循环，定能成为百利之举。

八、结　论

潮绣庙堂应用奠定了潮绣特色的坚实基础，潮绣鲜明的特色技艺与风格，彰显了潮汕的地域风范、人文风情，特色是灵魂，技艺是生命。

通过对潮汕庙堂用绣的调研，重点对潮州庙堂刺绣的工艺特色及潮绣典型针法技艺进行解剖，在分析庙堂潮绣装饰用品的应用中，看到了潮绣在观赏语境和实用语境中的进步与发展，同时，也看到了新科技带给庙堂刺绣的不利因素和副作用，在中国进入高速发展的现今，怎样把握传统技艺的发展方向，怎样使流传了千百年的潮绣技艺更好地传承发扬和进步，要担当起时代的责任，为后人负责，让后人看到这个时代所流传下去的精致传统手工技艺，而不是粗制滥造的所谓工艺品。这关系到怎样在繁闹的大环境中静下心来，回归手艺人本该有的安静心态，回归手艺人本该秉持的工匠精神，这是每个绣者不容忽视并要引发深思的问题。

笔者希望通过本文在进行专业性资料整理的同时，呼唤工匠精神的回归，让手艺更精更美，让中华手工技艺文化精髓得到弘扬。

注释

①林俊聪．潮汕庙堂［M］．广州：广东高等教育出版社，1998：1.

②林俊聪．潮汕庙堂［M］．广州：广东高等教育出版社，1998：17.

③陈韩星，王泽晖，洪介辉．潮汕游神赛会［M］．香港：公元出版有限公司，2007：13.

④林俊聪．潮汕庙堂［M］．广州：广东高等教育出版社，1998：111.

⑤陈韩星，王泽晖，洪介辉．潮汕游神赛会［M］．香港：公元出版有限公司，2007：31.

⑥陈晓东，适庐．潮州文化精神［M］．广州：暨南大学出版社，2011：5.

⑦（唐）苏鹗．杜阳杂编［OL］．卷中第二段．

⑧林俊聪．潮汕庙堂［M］．广州：广东高等教育出版社，1998：45.

⑨林俊聪．潮汕庙堂[M]．广州：广东高等教育出版社，1998：11.

⑩杨坚平．潮州民间美术全集：潮绣抽纱[M]．汕头：汕头大学出版社，2004：12.

⑪杨坚平．潮州民间美术全集：潮绣抽纱[M]．汕头：汕头大学出版社，2004：55.

参考文献

1 | 陈晓东，适庐．潮汕文化精神[M]．广州：暨南大学出版社，2011.

2 | 林俊聪．潮汕庙堂[M]．广州：广东高等教育出版社，1998.

3 | 陈韩星，王泽晖，洪介辉．潮汕游神赛会[M]．香港：公元出版有限公司，2007.

4 | 卢继定．潮汕老百业[M]．香港：公元出版有限公司，2005.

5 | 陈友义．潮汕民间禁忌[M]．香港：公元出版有限公司，2008.

6 | 陈卓坤，王伟深．潮汕民间礼仪[M]．香港：公元出版有限公司，2006.

7 | 杨坚平．潮州民间美术全集：潮绣抽纱[M]．汕头：汕头大学出版社，2004.

8 | 黄炎藩．潮绣[M]．广州：岭南美术出版社，2014.

9 | 廖来保．潮州二千年（修订本）[M]．潮州：潮州市地方志办公室，1991.

10 | （明）董其昌．筠清轩秘录[OL].

楚人刺绣工艺及其审美初探

Chu Embroidery and Its Aesthetic Exploration

哈斯其木格

邱春林 | 指导教师

摘要

楚艺术的华丽浪漫、恢诡谲怪，不仅表现在楚文学里，同样也表现在出土的楚文物之中，尤其体现在青铜器、漆器和丝织刺绣品之中。自20世纪二三十年代开始，特别是20世纪70年代以来，随着安徽、河南、湖南、湖北等地出土了大量珍贵的楚文物之后，人们对上古时期的中国南方艺术有了越来越深刻的感知与认识，从最初的文物发掘到目前的成果研究，学界也已经建构了庞大的楚学研究体系。然而，目前对于楚艺术中楚人刺绣的工艺性研究展开得并不充分，现在已有的对楚人刺绣的研究成果多侧重于对其图案纹饰的构成分析，以及楚文学、巫文化和老庄思想对其视觉呈现的影响，又或者是侧重于楚纹样对当代设计的指导意义等，这些成果都较少涉及对楚人刺绣本身的工艺性以及对其工艺之美的研究，例如，对楚人刺绣的主要针法——锁绣针法的探讨以及对此针法的功能性研究等。本文将侧重于从工艺角度深入认识楚人刺绣的人文价值和当代应用前景。

本论文对楚人刺绣工艺及其审美的研究将分五个部分展开。

第一部分：楚人刺绣。从国内外的考古发现、楚人刺绣艺术特点及楚国丝织业发达的原因等角度出发，对楚人刺绣进行简要概述。

第二部分：绣者。本章将从绣者、绣者来源、官府织室以及“物勒工名”制度等方面，对楚人刺绣的主体进行研究。

第三部分：楚人刺绣的常用针法——锁绣针法。根据现有的考古发现和文献资料推断锁绣针法的源起时间，并对锁绣针法的样式和绣制方法以及锁绣针法的特点等分别做具体的介绍和分析。

第四部分：楚人刺绣的工艺流程。将楚人刺绣的工艺流程分成九个步骤并分别加以介绍，使古老的刺绣工艺流程逐步呈现。

第五部分：楚人刺绣的审美初探。以楚人刺绣的常用针法——锁绣针法与同时期存在的其他针法进行对比，从实用和审美的角度分析楚人选择锁绣针法进行刺绣的意义以及楚人刺绣工艺之美的具体体现。

关键词：楚人刺绣；绣者；锁绣针法；工艺流程

Abstract

Ancient Chu arts are well known by glorious, romantic, mysterious.These features are not only reflected in the Chu literature, but also in unearthed Chu relics, such as the bronze vessels, lacquers and Chu silk embroidery. After a large number of precious archaeological Chu artifacts were excavated in Anhui, Henan, Hunan, Hubei and other places, researchers and scholars gradually learned and comprehended the scope of ancient southern Chinese arts.Based on those historical records, archaeologists and historians have developed a research field on ancient Chu culture and social system, and a large number of researches and discoveries have been published.

As an important part of Chu culture and arts, Chu embroidery has been well studied.These studies primarily focused on Chu embroidery pattern, composition, decorative functions, its potential impact on Chu literature and philosophy of Daoism (Lao Zi and Zhuang Zi) .The potential roles of Chu embroidery patterns in modern design have also been proposed. However, little or no research has been done or published on the critical stitching technology and techniques of Chu embroidery, the beauty of its embroidery crafts, and embroidery craftsmen.In particular, there is no published research on chain stitch, the main stitching method of Chu Embroidery, and its impact on stitching technology.

As a practicing embroidery artist, I focus my research on the beauty of Chu embroidery crafts; the practice of Chu embroidery including craftsman and embroidery production; and their significance on the development of Chu arts and embroidery.

The thesis consists of five chapters.

Chapter 1 : Chu embroidery.A brief overview of Chu embroidery introduces the domestic and international archaeological discoveries, artistic features of Chu embroidery and development of Chu silk industry.

Chapter 2 : Craft of Chu embroidery.This chapter studies Chu embroidery workers, sources of embroidery workers, governmental embroidery system, and embroidery marks or signatures.

Chapter 3 : Chain stitch, the main method of Chu Embroidery.This chapter focuses on the origin of the chain stitch and stitching technology evidenced from various archaeological records and historical literature; analyses chain stitch and its style; and explores embroidery characteristics of chain stitch.

Chapter 4 : Production of Chu embroidery.Chu embroidery processes are dissected into 9 steps.The characteristics of each step is explored and described.

Chapter 5 : The beauty of Chu embroidery craft.The stitch methods in Chu embroidery are compared with other stitching technology at that time; and its significance to embroidery crafts is discussed.

Keywords : Chu Embroidery; Embroiderer; Chain Stitch; Embroidery Technology

一、引　言

楚文化在 20 世纪二三十年代以前只是一个概念性的词汇，人们对它的认识也只局限在文献领域[①]，直到 20 世纪 70 年代以来，络绎出土的、精美奇绝的楚文物在一次次震惊着世人的同时，也填补了我国先秦文化史上的许多空白。作为华夏文明的南支，楚文化独具地域民族特色，楚人先民“筚路蓝缕，以启山林”，八百年间，楚人把最初五十里封地的蕞尔小邦扩建成了方圆达五千里的显赫大国。从弱小到强大，从忍辱到反击，从落后到领先，在这八百年间，楚人创造了无数举世瞩目的奇迹，楚国的崛起和成长经验已得到学界的广泛重视。虽然我国学术界对于楚文化的研究起步较晚，但却取得了丰硕成果，这其中既有侧重于楚文化发展史的研究，也有侧重于对考古实物的研究，涵盖了墓葬考古、楚系简帛文字、都城考辨、丧葬礼制、楚人族员、老庄哲学、屈原辞赋、楚巫文化、科技艺术等诸多领域。然而根据笔者现已查到的相关资料来看，学界对于楚人刺绣工艺的研究性著作和论文相对较少，而且在现有的对楚人刺绣的研究中，又多是侧重于楚文化对艺术设计的影响、对纹样的描述以及对图案的构成分析等，因此，对于本文的写作，笔者需要借助各领域前辈的相关研究成果来完成。

（一）对楚人刺绣的研究现状

目前，国内对楚文化的研究已经构建了庞大的体系。对于楚文化的研究方法不断丰富，研究领域也不断扩大，出现了大量多角度、跨学科的综合研究局面，从广度和深度上都较先前有了量与质的提升。

从 1933 年到 1938 年，位于安徽寿县李三孤堆的楚幽王墓三次被盗掘，出土文物数以千计，其中有些文物经收藏者公之于世，引来学术界的关注，成为楚文化这个学科诞生的契机[②]。

中华人民共和国成立至 20 世纪 80 年代前半期，众多楚国故地的考古发掘和学术研究成果为新一阶段的楚文化研究奠定了坚实的基础。

自 20 世纪 80 年代起至今，国内对于楚文化的研究已进入黄金时代，湖北、湖南乃至全国各地都掀起了研究楚文化的热潮，有大批以楚文化为主题的研究成果和专著接连出版，如张正明的《楚文化史》、皮道坚的《楚艺术史》，以及彭浩的《楚人的纺织与服饰》等；也有鸿篇巨制相继问世，如石泉主编的《楚国历史文化辞典》、张正明主编的《楚学文库》、罗运环主编的《荆楚文化》，以及皮明庥主编的《武汉通史》等。

几乎在同一时期，一些楚文化研究机构相继成立，如湖北省社会科学院楚文化研究所，中国楚文化研究会，湖北、湖南、河南、安徽等省的楚文化研究分会，湖南省楚史研究会，各地的屈原研究会等，部分高校也在各自研究成果之下成立楚学研究所等。

国内众多期刊网站，如《考古》《文物》《江汉考古》《华夏考古》《文物研究》等期刊对楚文化论文的连续性刊登；权威机构专门制作的网站，如湖北省人文社科研究基地荆楚文化研究中心的“荆楚文化网”、武汉大学中国地域研究所的“楚文化研究网”、湖北省图书馆网站的“楚文化”栏目，以及湖北省博物馆、荆州博物馆、湖南省博物馆、河南省博物馆、浙江省博物馆等，都是楚学的重要研究基地。

随着资讯的发展、学科划分的不断细致，楚文化引来了国际学术界的关注，越来越多的外国学者参与到楚文化的研究中来。有频繁的关于楚文化的国际学术研讨会的召开；有众多国家的著名大学，如芝加哥大学、哈佛大学、东京大学、早稻田大学等为学生开设了楚文化课程；亦有国外学者的个人研究，如哈佛大学东亚系中国历史及哲学教授、哈佛大学亚洲中心资深研究员杜维明对郭店楚简的研究等。

目前，国内外对于楚文化的研究越来越细致，也越来越系统化，而对于楚文化尤其是对于楚艺术的研究几乎都要涉及对楚人刺绣的研究。虽然近年来单篇的对楚人刺绣进行研究的论文越来越多，但其中大多是侧重于楚文化对艺术设计的影响、对楚纹样的描述以及对图案的构成分析等，而对于楚人刺绣在工艺方面的研究却依然少见。相信未来会有更多的力量加入对楚工艺的研究。

（二）关于本文研究目标和方法的说明

通过对文献资料和出土的刺绣实物的研究以明确：锁绣针法作为楚人刺绣时的

必用针法是楚人在造物思想上将实用与审美统一的选择，也是楚人刺绣工艺之美的具体体现。

1．拟解决的关键问题

（1）锁绣针法的源起时间。

（2）锁绣针法作为一种并不简易的针法，需要绣者双手做出绷上绷下互相配合（即绣者双手的配合不只在绣绷之下，还在绣绷之上）的一系列循环动作，这样略显复杂的针法却在楚人刺绣中大量使用，其根本原因在于以锁绣针法绣出的绣品不仅美观而且更实用，这也是符合古人造物思想的行为表现。

（3）楚人刺绣因锁绣针法的运用而得其工艺之美。

2．研究方法

本课题拟运用实地考察方法、文献资料收集方法、分析与综合法、列举与对比方法以及实践操作应用等方法，对楚人刺绣的常用针法和楚人刺绣的工艺之美进行深入探讨。

（1）实地考察方法：对楚文化在博物馆展示的楚刺绣文物进行考证整理和分析。此次考察的博物馆主要集中在今湖北、湖南境内。

（2）文献资料收集方法：尽己所能地将各种与楚艺术、楚人刺绣以及刺绣工艺相关的文献史书资料收集整理，然后进行归纳总结，得出比较全面的研究分析。

（3）分析与综合方法：分析楚人刺绣的常用针法——锁绣针法的独特性，总结楚人选择这种针法的实际原因及其意义所在。

（4）列举与对比方法：对同时期存在的几种针法进行分析比较，从实用与审美结合的角度分析锁绣针法的特点，并以此论证锁绣针法在楚人刺绣中的价值和意义，即楚人刺绣的工艺之美因锁绣针法而得以存在。

（5）通过实践设计与操作，将锁绣针法运用到笔者的刺绣作品中，使古老的针法得到新的诠释。

（三）关于“楚人”这个概念

说楚人之前先说“楚族”。

楚族，源自以黄帝为先祖的北方游牧部落集团，《史记·楚世家》载："楚之先祖出自帝颛顼高阳。高阳者，黄帝之孙，昌意之子也。""高阳生称，称生卷章，卷章生重黎，重黎为帝喾高辛居火正，甚有功，能光融天下，帝喾命曰祝融。共工氏作乱，帝喾使重黎诛之而不尽。帝乃以庚寅日诛重黎，而以其弟吴回为重黎后，复居火正，为祝融。吴回生陆终。陆终生子六人……六曰季连，芈姓，楚其后也。"

芈姓的季连是从陆终部落联盟中分裂出来的部落，大约在商代从中原的东北部被商朝的军队不断驱逐而向西南地区迁徙，并最终在江汉平原定居。自此，楚族与江汉地区的土著"三苗"[3]共同分享这片神奇的土地。

楚族不断与周边"蛮夷"融合，自周成王封鬻熊的曾孙熊绎为"子男"后，楚族在方圆五十里的楚蛮之地建立了国家，从此楚国诞生，"楚"成为他们正式的国号。

楚人便是自此以后生活在楚国境内的、接受楚国政权管辖的、包括从中原一路迁徙南下的楚族人在内的整个楚国疆域之中的各部族、各社会阶层的人的总称。本论文所言"楚人刺绣"之中的"楚人"，即从此意。

二、楚人刺绣

丝织刺绣工艺作为楚文化的六大支柱之一（青铜冶铸工艺、丝织工艺和刺绣工艺、髹漆工艺、老子和庄子的哲学、屈原的诗歌和庄子的散文，以及美术和音乐[4]），它包含了丝织工艺和刺绣工艺两个部分。本文仅以刺绣工艺论。

春秋战国时期是我国从奴隶制转向封建制的变革时期。西周王朝的没落、各诸侯国的崛起与较量交织上演，新兴的地主阶级在各诸侯国中推行一系列改革举措，实行奖励耕织等富国强兵的政策，各诸侯国的这一系列行为使春秋战国时期中原大地的物质文化和精神文化得到空前的发展与繁荣。楚国的刺绣业就是在这样的历史和社会背景下发展起来的。

自商周以来，种植桑树的习惯一直在我国广大地域中得以留存，虽未被列入春秋战国时期桑树种植的五大区域[5]（陕西中部、山西西南部、河南北部及中部、山东西南部以及黄河流域中下游地区），但是从地理气候条件、楚人先民远古的经历、文献记载内容和出土实物等诸多方面的印证，我们依然可以判断楚国是一个丝织业发达的大国，并且缫丝技术较北方地区也更为科学和完善[⑥]。成熟且完善的缫丝工艺为刺绣工艺的发展提供了最基础的材料上的保障。然而，目前我们只能从考古发现的实物中见到《诗经》与《楚辞》对华美奇幻的楚人刺绣描述的一斑而已。

（一）楚人刺绣的考古发现

虽然文献记载战国染织工艺以齐鲁地区最为发达，但迄今为止已发现的先秦时期的丝织刺绣品实物多数都出自楚人之墓，而且在域外的考古发现里也有楚人丝绣品出土。

从有关资料来看，战国中期到晚期前叶，楚国丝织业处于鼎盛时期。考古发现的实物可以证实，楚国的丝织刺绣业足以代表当时我国丝织工艺技术的最高水平。[⑦]

1．国内的考古发现

根据已知数据统计，自20世纪楚墓发掘有文字记录开始至今，有关楚人丝织刺绣品的考古发现已有多起，如下：

（1）1942年，长沙东郊子弹库楚墓出土帛书一件。1972年，又从该墓中出土“人物御龙”帛画一幅，帛书、帛画质地为绢，时代为战国中期。

（2）1949年，长沙陈家大山出土“人物龙凤”帛画一幅，质地为绢，时代为战国中期。

（3）1987年，荆门包山2号楚墓出土一批保存较好的丝织品和刺绣品，品类有纱、绢、绮、锦、组及刺绣，出土时碳化严重，时代为战国晚期[⑧]。

在这些关于丝织刺绣品的出土记录中，涉及刺绣品的考古发现至少有六起：

（1）1951年，长沙五里牌406号墓出土有绣花残绢、褐紫色菱形花纹绮、丝织网罗和丝绵被残片，时代为战国。

（2）1958年，长沙烈士公园3号墓发现有精美的丝织刺绣品，时代为战国。

（3）1965年，湖北江陵县望山1、2号墓出土文绮，绢底刺绣以及记载丝织品的竹简，时代为战国。

（4）1981 年，江陵九店砖瓦厂楚墓出土丝织品及刺绣品，时代为战国。

（5）1982 年，江陵马山 1 号墓出土大批保存完好的丝织品和刺绣品，计有：素纱棉袍一件，浅黄色绢舞凤飞龙纹绣棉袍一件，浅黄色绢棉袍一件，深黄绢夹衣一件，紫红绢龙凤相蟠纹绣单衣一件，浅黄绢对龙对凤纹绣锦袍一件，小菱形纹锦棉袍二件，大菱形纹锦棉袍一件，素罗龙凤虎纹绣单衣一件，残单衣一件（仅存领、缘、边），红棕绢凤鸟花卉纹绣绵袴一件，深黄绢单裙一件，深褐绢单裙一件，红棕绢凤鸟践蛇纹绣秋衣一件，浅黄绢蟠龙飞凤纹绣衾一件，凤鸟凫几何纹锦衾一件，浅黄绢对凤对龙纹绣衾一件，以及帽、鞋、镜衣、棺罩、帛画等，共 35 件衣衾。其中 21 件施以刺绣，且丝织物的品种相当齐全，有纱、绢、绨、组、罗、绮、锦、绦等。该墓的时代属战国晚期前叶，下限为公元前 278 年秦将白起拔郢以前（图 1—8）。

（6）1987 年，荆门包山二号楚墓出土一批保存较好的丝织品和刺绣品，品类有纱、绢、绮、锦、组及刺绣，出土时碳化严重，时代为战国晚期。

综合以上信息可以得知：

第一，上述已出土的战国时期的楚人刺绣品在同时期出土的丝织品中占有较大比重。

第二，刺绣品在楚人贵族生活中有着不可或缺的地位。

第三，上述楚人刺绣品以做衣、袍、面衾、镜衣等的面料为主，皆为生活用品。

2．国外的考古发现

“我认为，考古发掘材料已经证实的中国与苏联阿尔泰居民的最早的关系是发生于公元前第一千年的中叶。这一推断，大概是不至于错误的。

……

巴泽雷克第 5 号墓出土的丝绸……这是一块鞍褥面……上面的刺绣，是用彩色丝线以链环状的针脚绣成。刺绣主题——凤栖息于树上……

已故的 B.M. 阿列克谢耶夫院士说：“这类丝织品是中国制造的……刺绣的题材，大概与古代关于凤凰的故事有联系。”⑨（图 9—11）

图1　蟠龙飞凤纹绣（局部）　战国中晚期　湖北省荆州博物馆藏

图2　素罗龙凤虎纹绣单衣（局部）　战国中晚期　湖北省荆州博物馆藏

图3　红棕绢凤鸟践蛇纹绣秋衣　战国中晚期　湖北省荆州博物馆藏

图4　浅黄绢凤鸟花卉纹绣袍（复制品）　湖北省荆州博物馆藏

图5　红棕绢凤鸟花卉纹绣绵袴　战国中晚期　湖北省荆州博物馆藏

图6　凤鸟花卉纹绣镜衣　战国中晚期　湖北省荆州博物馆藏

图7　浅黄绢蟠龙飞凤纹绣衾　战国中晚期　湖北省荆州博物馆藏

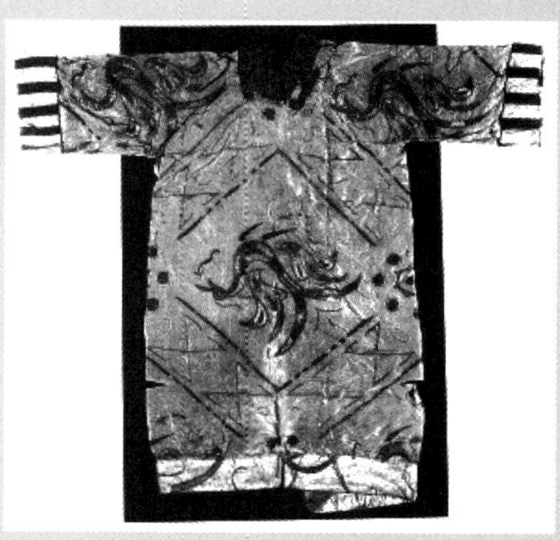

图8　飞凤纹绣　战国中晚期　湖北省荆州博物馆藏

上引材料表明：

无论从时间节点、构图规律、纹样特点，还是从行针方式等方面均可以推断，此阿尔泰地区巴泽雷克古墓出土的丝织刺绣品来自春秋战国时期的楚地。

楚人的刺绣作为生活用品，不仅具有实用意义，还承担了不同民族间文化交流的使命，并受到域外文明的接受与认可。

（二）楚人刺绣的艺术特点

从考古实物来看，楚人的刺绣品多以丝织品为绣地，这些丝织品织造精细，色彩多样，组织结构复杂，楚人就是在这样精妙的丝织物上完成一件件既美艳绝伦又华贵典雅的刺绣作品的。

与同系统的楚青铜器、漆器乃至丝织品相比较，楚人刺绣有着与它们一脉相承的格调，华丽浪漫、自由灵动、张扬恣肆。但是由于材料和工艺本身的特质，楚人的刺绣在表达楚人浪漫情怀上有着更多的优势。

1. 构图自由、线条多变

楚人刺绣纹样的构图设计比较自由，图案根据需要可大可小，不似青铜器、漆器以及丝织品的制作，会受到空间和织机尺寸的限制。楚人刺绣作为一种装饰方式，其纹样与幅面大小在设计上相对自由，大

上·图9　阿尔泰地区巴泽雷克墓出土鞍褥面（局部）
中·图10　阿尔泰地区巴泽雷克墓出土鞍褥面（局部）
下·图11　阿尔泰地区巴泽雷克墓出土鞍褥面（局部）

可拼缝制成面衾、衣（图2）、袍等，小可剪裁制成镜衣（图6）、鞍褥等。

楚人刺绣的线条也更富于变化，刺绣上的凤纹、龙纹、花卉和卷草纹几乎都是由生动的线条构成。这些富于动感和节奏感的曲线环绕盘旋，巧妙地使每一幅画面都充满生机与活力（图15）。

2．严格对称、繁而有序

随着对出土的楚人刺绣品研究的不断深入，有学者发现楚人刺绣品纹样以各种形态的凤鸟、蟠龙和花草（仅有一件绣品中带有虎纹样）为主，这些纹样都严格遵从对称的原则构成，作为单独纹样保持对称，用单独纹样构成的连续纹样和综合纹样也都是对称的[⑩]（图12、13）。

在凤、龙、虬、虎、花卉、卷草的世界里，楚人赋予它们相互交织往复、错综复杂、流动升腾的生命力，它们穿插掩映，扑朔迷离，使人目不暇接，然而它们的形象和在画面中的位置以及相互之间的关系又是规矩有序的（图16），它们的运动也是有韵律和节奏的。这奇妙的繁而有序的现象在不断牵引着人们来解开笼罩在它们身上的谜团。

3．用色丰富、虚实相间

楚人对色彩的运用向来自有一套法则，它并没有过多地受中原地区五行、五方、五色的搭配规矩的影响。楚人的用色表现出他们对生命的崇尚与热爱以及他们对自由的向往与追随。在楚人的刺绣中，他们根据设计需要配置各色丝线，于是在情感的呈现上，更容易实现也更具有表现力。以江陵马山1号楚墓出土的刺绣实物来看，楚人刺绣用到的绣线颜色也空前地丰富，有棕、红棕、深棕、深红、朱红、橘红、浅黄、金黄、土黄、黄绿、绿黄、钴蓝12种颜色之多[⑪]。虽然绣线颜色众多，但一般每一种纹样只配三到五种颜色，并多以暖色为基调，以缓和的对比和相邻的调和色在明度上拉开层次，在此我们看到了色彩的对比、调和以及过渡（图2、图8）。楚人刺绣图案丰满充实，但又不失通透空灵，在满与空之间楚人追寻着自然的平衡。在表达某些局部和连接部位时，楚人会以单行或数行锁绣排或稀疏的线条绣出，另有些部位为了绣出细小线条的效果，楚人采用了单行的劈绒接针的锁绣方法[⑫]。而整幅作品的其他部位均为填满的实绣（图5）。

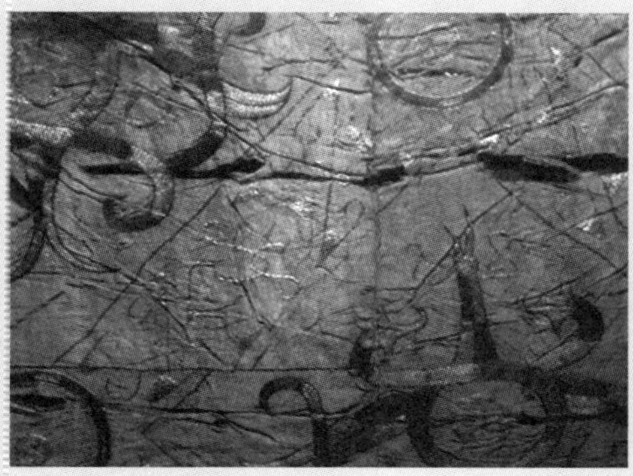
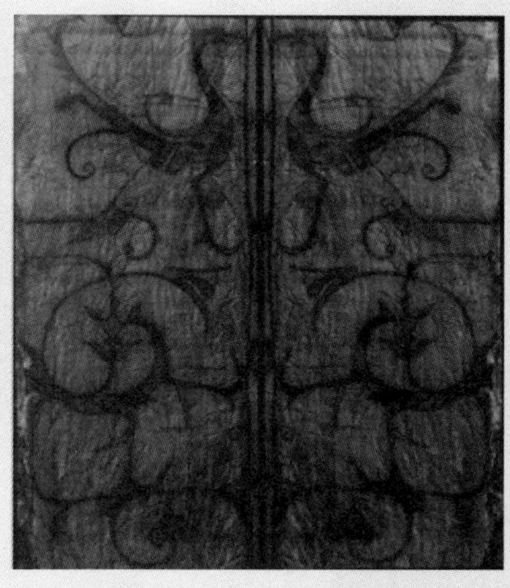

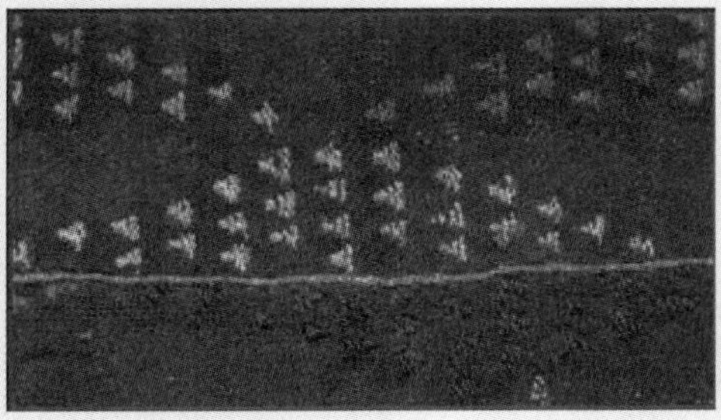
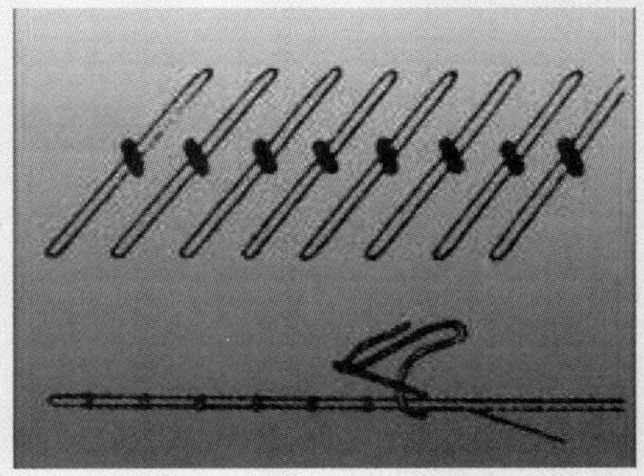

上左：图12　一凤二龙相蟠纹绣（局部）　战国中晚期　湖北省荆州博物馆藏
上右：图13　浅黄绢对凤对龙纹绣（局部）　战国中晚期　湖北省荆州博物馆藏
中左：图14　一凤一龙相蟠纹样稿
中右：图15　蟠龙飞凤纹绣（局部）　战国中晚期　湖北省荆州博物馆藏
下左：图16　平针绣
下右：图17　钉线绣

4．流畅有力、自由神秘

在楚人眼中，绣地不只是针与线的载体，它更是一个深邃无限的空间。在这个深邃无限的空间里，飞凤与蟠龙恣意遨游，卷草与花卉浪漫生长，楚人刺绣展示给世人的是徜徉在其中的，流畅的、有生命力的美，活泼的、流转回环的美，洒脱的、轻灵升腾的美，奔放的、自由神秘的美（图6）。

5．锁绣针法贯穿始终

从现已出土的楚人刺绣实物中，我们不难发现锁绣针法是楚人在刺绣时的必用针法。虽然已知同时期还有平针绣[13]和钉线绣[14]（图16、图17）的针法存在，但楚人却用锁绣针法贯穿了几乎每一幅刺绣的始终，如紫红绢龙凤相蟠纹绣单衣、浅黄绢对龙对凤纹绣锦袍、素罗龙凤虎纹绣单衣等。不得不说“绣必用锁”也是楚人刺绣的一个显著特点。

（三）楚丝织刺绣业发达的原因

楚国的丝织刺绣业兴盛发达，主要有以下三方面的原因。

1．桑植之地

（1）在新石器时代，人们已经懂得利用天然蛋白纤维，其中最突出的是对蚕丝的利用。蚕丝纤维细软、光滑，富有弹性，是很好的纺织原料。我国古代神话传说中有许多关于养蚕起源的内容，如“伏羲化蚕”“西陵氏之女嫘祖始教民育蚕”等。而根据《汉书·地理志》的记载，江夏郡辖十四县，首曰西陵，位于洞庭江汉一带，或许这个传说暗示，江汉地区和长江中游地区有可能是养蚕的起源之地[15]。自商周以来，种植桑树的习惯仍在广大地域中保持着，而楚国地处长江中下游地区，土壤潮湿肥沃，气候温润适宜，十分利于桑树的种植生长，有着发展丝织原料生产的得天独厚的地理优势。《管子·小匡》载有：“南据宋郑征伐楚，济汝水，逾方城，望文山，使贡丝于周室。”这说明作为贡品丝织物的提供者，楚国必然盛产丝织物并且这些丝织物的品质得到周王室的青睐；另外，根据上海纺织科学研究院理化分析室的实验鉴定，湖北江陵马山1号楚墓出土的丝织品纤维的各种参数和特性都与现在湖北地区所产桑蚕丝相似或相同[16]，这无疑为楚国是春秋战国时期的丝织大国提供了又一力证。

（2）《史记·楚世家》记载："吴之边邑卑梁与楚之边邑钟离小童争桑，两家交怒相攻，灭卑梁人，卑梁大夫怒，发邑兵攻钟离，楚王闻之怒，发国兵灭卑梁。"楚人在不断地与"蛮夷"的融合过程中逐渐形成了英武好战的性格，而这场"卑梁之衅"不仅记录了两国的宿怨和楚人的骁勇，也展示了楚人的智慧与果敢，同时也说明了楚人对桑丝业的高度重视。

2．官手工业发展迅速

战国中期，楚国经济发达，作为雄踞南方的霸主，楚国拥有辽阔的疆域、肥沃的土地、丰富的资源和不断提高的百工技艺[17]。楚国的官手工业便是在这样的社会背景下迅速发展起来的。

东周时期，官手工业是直接为统治阶级服务的，其所作之物并不投入市场[18]，因此，统治阶级对官手工业的生产管理、工艺技术以及制作者均有着更高的要求。

（1）官手工业的门类齐全，并且多以材料进行划分，《周礼·考工记》记载："凡攻木之工七，攻金之工六，攻皮之工五，设色之工五，刮摩之工五，抟埴之工二。"这种以材料划分工艺门类的做法在现在看来依然是非常科学并且合理的。

（2）官手工业的分工细致，往往在同一门类里，也设有不同的职务，如在《周礼·天官冢宰第一·典妇功·夏采》中记载有"典妇功""典丝""典枲"等职，其分别负责女工丝枲之事和掌管丝、麻之物。这些职务的设立都是官手工业为贵族提供服务的直接证明。

楚国贵族追求奢华的生活，他们对精美费工的刺绣的大量需求也促进了刺绣业生产的发展。刺绣不仅用作服饰面料，也用于楚国贵族之间彼此交往馈赠的礼品，是楚国上层社会必不可少的奢侈品[19]。在楚墓出土的丝织物上曾发现有书写或戳印痕迹，长沙左家塘 44 号墓出土的一块锦的边缘处，有墨书"女五氏"及戳印。江陵马山 1 号楚墓出土的丝织品上，有"㯮""门肤"二处墨书文字，并有出处印痕。这些文字和印记很可能是当时工匠或负责织室的官员的姓名。[20]即春秋战国时期，楚国已有专门的政府机构和人员负责丝织刺绣品的生产和质量检验。

3．重视吸收先进技术

楚国对丝织刺绣业的发展极为重视，不但体现在对本地域刺绣工艺技术的重视上，也同样注重对先进技术人才的引进。《左传·成公二年》记载：“楚侵及阳桥，孟孙请往赂之，以执斫、执针、织纴，皆百人，公衡为质，请以盟，楚人许平。”执针、织纴就是缝刺工匠和纺织工匠。这些来自中原的鲁国工匠将当时中原地区精湛的丝织刺绣技艺一同带到了楚国，这无疑对楚国的纺织刺绣业的发展起到了积极作用。仿佛对技艺工匠的获取也是楚国进行这场入侵的目的之一。

楚国适宜桑植的地理气候环境与楚国贵族对丝织刺绣的大量需求，从根本上为楚人丝织刺绣业的发展提供了物质基础和生产动力。而对优良技术人才的引入则是楚人丝织刺绣业逐渐趋于成熟并达到鼎盛的关键因素。

三、绣　者

人存在于客观世界之中，是成就一切事物的关键所在。

在认识客观世界的过程中，人也在逐步影响并改造着客观世界。在改造客观世界之时，人的作用始终是第一位的，随着意识形态的进步，人促进了社会的进步。在手工艺的世界里，人的主体性地位则更是毋庸置疑。在此，对楚人刺绣的绣者进行研究是必需也是必要的。

春秋战国时期，随着经济的多元化和社会生产力的较显著提高，官、私手工业都得到了快速发展[21]。因官手工业直接服务于贵族，其所造之物较私手工业在用料和品质上更为华贵精湛，而且并不进入市场流通，所以备受统治者重视。

《周礼·考工记》记载：“国有六职，百工与居一焉……审曲面埶，以饬五材，以辨民器……谓之百工……治丝麻以成之，谓之妇功。”“凡攻木之工七，攻金之工六，攻皮之工五，设色之工五，刮摩之工五，抟埴之工二。攻木之工：轮、舆、弓、庐、匠、车、梓；攻金之工：筑、冶、凫、栗、段、桃；攻皮之工：函、鲍、韗、韦、裘；设色之工：画、缋、钟、筐、㡛；刮摩之工：玉、楖、雕、矢、磬；抟埴之工：陶、旊。”

《周礼·天官冢宰第一·典妇功·夏采》中有“典妇功”一职，“掌妇式之法，以授嫔妇及内人女功之事赍，凡授嫔妇功，及秋献功，辨其苦良，比其小大而贾之，物书而楬之，以共王及后之用，颁之于内府”。

通过上述文献的记载，我们可以得出如下信息：

第一，周时的各项手工业不但在技艺上达到精妙绝伦的高度，而且在组织、分工上也发展得非常成熟。

第二，丝织刺绣位列百工之中。

第三，从事丝织刺绣者多是女性。

至此，我们可以判断楚国那些华美精妙、绣工精巧的刺绣品多出自女性之手。

（一）绣者来源

根据文献资料记载，楚国绣者来源有三类：第一类，宫中女子；第二类，民间工匠；第三类，无期之役。

1．宫中女子

《礼记·昏义》记载："古者天子后立六宫，三夫人、九嫔、二十七世妇、八十一御妻。"

《周礼·天官冢宰第一·典妇功·夏采》中有"典妇功"一职，"掌妇式之法，以授嫔妇及内人女工之事赍，凡授嫔妇功，及秋献功，辨其苦良，比其小大而贾之物书而楬之，以共王及后之用，颁之于内府"。

这些夫人、嫔、世妇、御妻等皆为宫中女子，"典妇功"授给她们从事妇功所需要的材料，到秋季看她们所做的成绩，辨别所做之活的好坏和数量的多少，并书写记录下来，交到内府收藏，以供给王和后使用。

2．民间工匠

《考工记》载："知者创物，巧者述之守之，世谓之工。"

《荀子·儒效》云："工匠之子，莫不继事。"

《周礼·天官冢宰第一·典妇功·夏采》记载："典丝掌丝入而辨其物，以其贾楬之。掌其藏与其出，以待兴功之时。颁丝于外内工，皆以物授之。"

根据文献记载得知，工匠的技能各自世代相传，并逐渐演变成为工匠赖以为生的手段。在阶级统治下，官织室的部分工匠来自民间，每年要用很长的时间为官府劳作，以抵消其他劳役或赋税。

3．无期之役

官织室内还存在着另一部分没有人身自由的工匠，如下：

第一，被当作财产而进行转让的工匠。

《左传·成公二年》记载："楚侵及阳桥，孟孙请往赂之，以执斫、执针、织纴，皆百人，公衡为质，请以盟，楚人许平。"

第二，社会等级低下的人。

《左传·昭公七年》申无宇对楚灵王言："天有十日，人有十等，下所以事上，上所以共神也，故王臣公，公臣大夫，大夫臣士，士臣皂，皂臣舆，舆臣隶，隶臣僚，僚臣仆，仆臣台。"

在这里我们清楚地看到先秦时期森严的等级制度，此处指出了楚国有十等人，即"王、公、大夫、士、皂、舆、隶、僚、仆、台"，依常识可知，前四者为贵族，是统治阶级，而后六者是奴隶和杂役，是被统治阶级，要为统治阶级服务。所以官织室的工匠里也必有他们的存在，而他们几乎没有人身自由。

第三，罪隶、刑徒和刑余之人。

这些人中若有人掌握某种技艺，便会被安排到官府相关手工业部门服劳役，而他们中许多人的劳役是无限期的。

由宫中女子、民间工匠和服无期之役的人们共同组成了楚国刺绣业的中坚力量，那些精美华雅、流动升腾、轻灵活力的刺绣品正是由他们创造完成的，他们用双手将自然之灵引向人间；他们一代接续一代地为楚国刺绣业的发展与辉煌倾尽了毕生力量；他们是楚艺术的创造者，也是楚艺术的传播者；他们的劳动装点了楚国贵族的衣饰与宫殿，也开启了我们的创作之源。

（二）戠室

戠室即织室。

通过文献记载与考古发现的相互印证可知，春秋战国时期，随着经济发展，社会分工已相当细致。在楚国的官手工业中，已设有专门的织室，负责织绣生产。

随着1957年长沙左家塘44号楚墓那批丝织物一起出土的，还有一枚阴文四字“中戠室鉨”的方形坛钮印玺及另一枚战国玺，“戠室之鉨”（见太田孝太郎《梦庵藏印》[22]，亦具有鲜明的楚国玺印文字的特点，因此可以断定它应是楚玺[23]）的现世，证明楚国设置专门的机构——戠室来管理官织绣手工业的机制确定无疑。

（三）“物勒工名”

“物勒工名”制度是我国古代手工业一项重要制度，始于春秋战国时期。最初它要求工匠在完成制作后，将自己的名字刻于器物之上，以便管理者对其进行管理和追责。

在江陵马山1号楚墓出土的“浅黄绢对龙对凤纹绣锦袍”的灰白绢里上，盖有一方朱印；在一件塔形纹锦带上面，多处盖有相同朱文印；在另一件小菱形纹锦面棉袍的深黄绢里上，也盖有一方朱印[24]；在有些衣衾、袍里的接缝处，也发现有用楚国文字特有的书写特点墨书的“柬”“门肤”“女五氏”等，这些印章与文字都应当是工匠或织室负责人的名字[25]，它们即为“物勒工名”制度在丝织刺绣工艺上的表现。

（四）合作

通过对出土实物的观察、测量与分析，有专家对绣绷尺寸和多人合作完成刺绣进行了相应推断。对此，笔者也略作梳理，不当之处愿得指正。

“……最长的绣品达181厘米，由此可以推知，当时已经有了很大的绣架。”[26]对于这个依照绣品长度而对绣架尺寸的推断，笔者略有异议。

笔者认为，绣地的横幅尺寸决定所用绣绷横轴的长度，而不是绣地的长度决定绣绷横轴的长度。即绣地的宽度是绣绷横轴长度的决定因素，而绣地的长度可由卷绷环节来调整，因为依据刺绣的动作规律以及人的手肘的尺寸等因素，两横轴之间距离应尽量保持在50厘米之内（此处不包括潮绣等在绣制垫高绣时因无法卷绷而需要从中间向上下两方进行刺绣，并需要支杆支撑等特殊情况）。笔者不否认春秋战国时期有尺寸较大的绣绷存在，但其大尺寸却不会是因绣地的长度而决定。

对于多人合作的观点，笔者赞同。

通过对文献和考古实物的分析与观察，我们知道楚人刺绣的数量十分庞大。楚国贵族在日常生活中对刺绣的需求量惊人，甚至楚庄王的爱马都要“衣以文绣”。因为刺绣工艺十分耗时等客观因素的存在，要满足庞大的需求量则必然采取合作模式，并且这不只是画、绣与承装的分工合作，也是绣者之间的合作。这一点可以从组成同一件衣或衾的不同绣片中，依其不同走针习惯与方式看出。

四、楚人刺绣的常用针法——锁绣针法

锁绣针法是楚人刺绣中的主要针法，它贯穿楚人刺绣的始终，并最终将楚人刺绣标签化。从出土的楚人刺绣实物中，我们可以清楚地看到，无论是何种纹样与颜色，楚人必以锁绣针法绣之（图6、图10、图18）。

（一）锁绣针法的考古发现

1. 已知最早的锁绣针法的考古发现

陕西省宝鸡市茹家庄西周墓出土的锁绣织物印痕[27]（图19）是目前已知的年代最早的刺绣品，也是清晰可辨的最早的锁绣针法实证；河南省光山县黄君孟夫妇合葬墓中的紫色绢绣[28]是春秋早期的刺绣品，其纹样也是用锁绣针法绣出（图20）。这两项考古发现是现在已知的最早的锁绣针法存续的直接证明。

2. 锁绣针法源起时间的推断

由上述两则考古资料可知，锁绣针法至迟是从西周延续到春秋战国时期的，并一直延续至今，即锁绣针法的产生至迟在西周，甚至可能早于西周。其源起是否与人类早期的结绳记事或结网捕鱼活动有关则有待进一步考证。

隋唐以后，随着刺绣针法的不断丰富，刺绣品功能的逐步增多，以及社会主流文化的趋向的转变，锁绣针法已逐渐淡出了我国刺绣高频使用针法的范围，但锁

绣针法依然流传下来并沿用至今。在几千年人类的一代接一代的技艺传承过程中，锁绣针法作为独立的、可衍生出多种针法的个体，其生命力一直存在，如何将其更好地使用、发挥，则是今天的绣者需要思考和实践的。当然，它只是众多传统刺绣针法之中的一种。

（二）锁绣针法的样式和绣制方法

锁绣针法是人类最古老的刺绣针法之一，国内外的相关资料显示，从其最初的粗朴雏形到今天不同样式的演变，锁绣针法已衍生出十几种样式之多（见附录一、图39），此处笔者仅以楚人刺绣中所用到的锁绣针法论。

锁绣针法是一种由绣线环圈成套，再相连而成链式模样的刺绣针法。锁绣针法可以依据表现对象的不同而做适当变形，进而形成不同的样式。

1．样式

在楚墓出土的绣品中，大部分使用的是锁绣针法，而根据绣制纹样的不同所采取的锁绣样式也不同。楚人刺绣用到的锁绣针法样式有闭合式锁绣、开口式锁绣、双套锁绣、辫绣等[29]。根据不同走针方向又可分为顺向锁针与逆向锁针。

上·图18　素罗龙凤虎纹绣单衣（局部）　战国中晚期　湖北省荆州博物馆藏
中·图19　陕西省宝鸡市茹家庄西周墓出土的锁绣织物印痕
下·图20　河南省光山县黄君孟夫妇合葬墓中的紫色绢绣

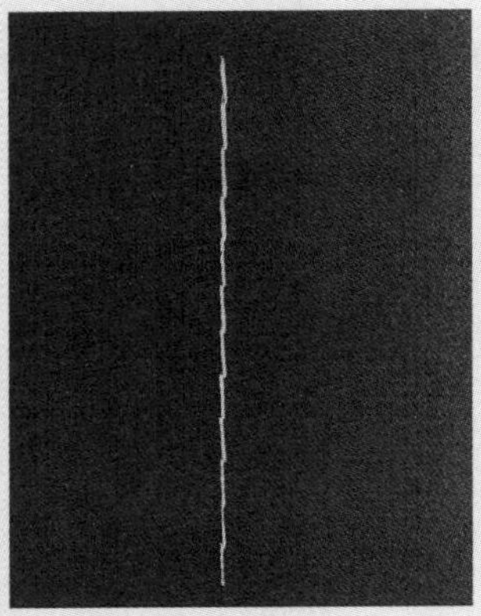

图21　闭合式锁绣（正面）

图22　闭合式锁绣（背面）

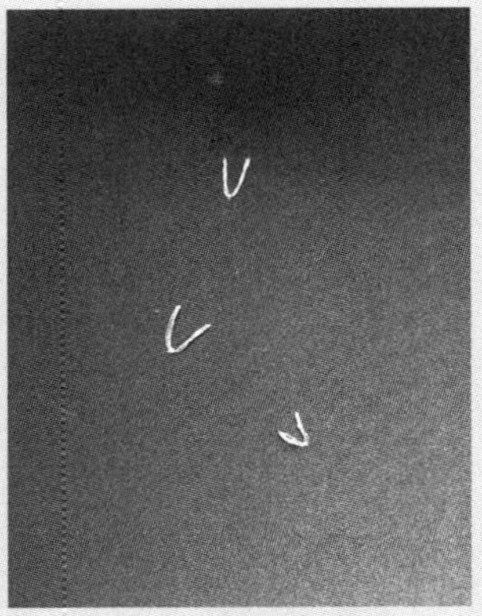

图23　开口式锁绣

图24　双套锁绣

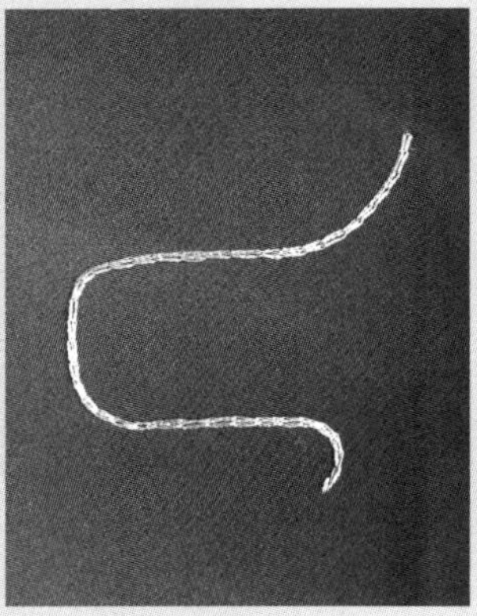

图25　辫绣

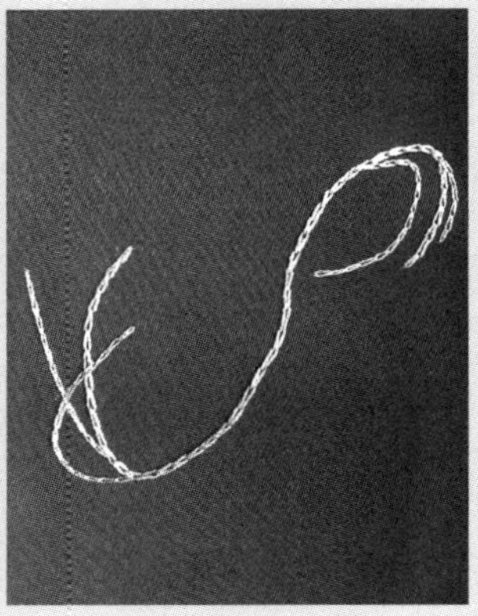

图26　顺向锁绣

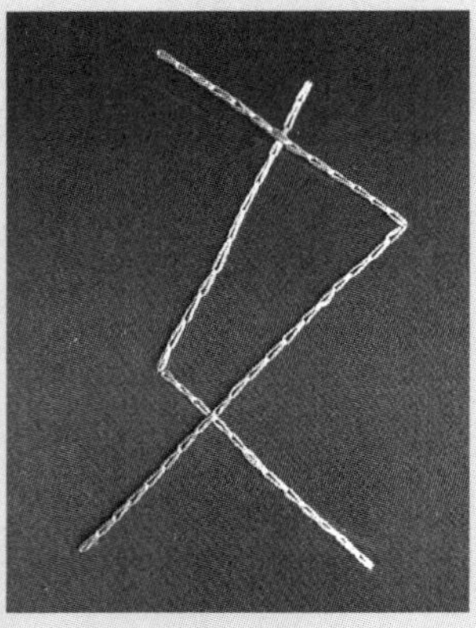

图27　逆向锁绣

图28　羽毛绣

图29　复羽针

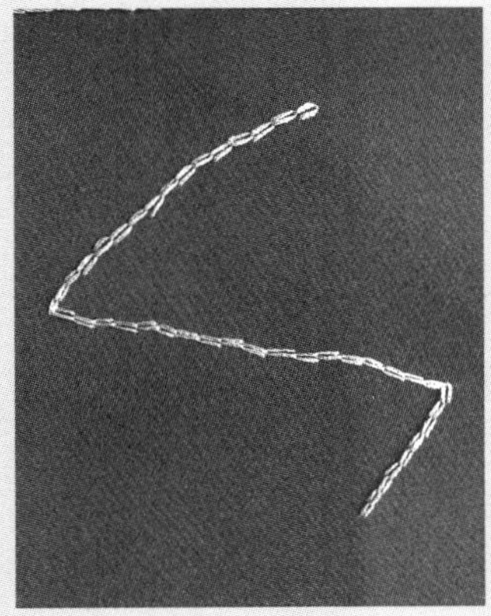

| 图30　锯齿形连续锁针

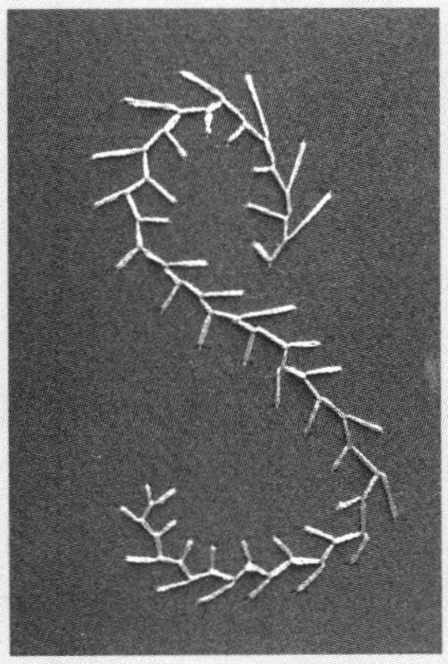

| 图31　克里特岛针

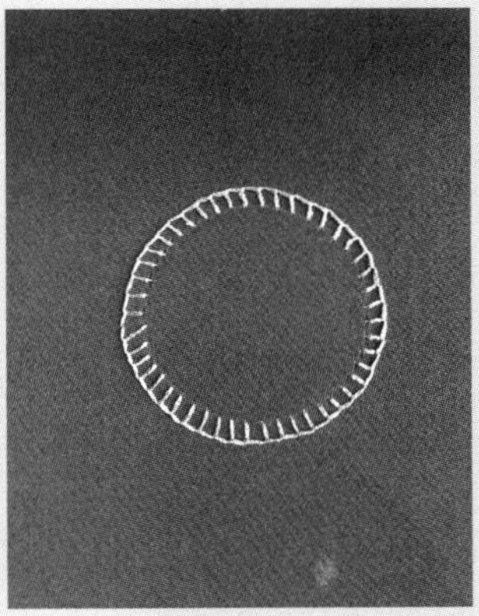

| 图32　锁边

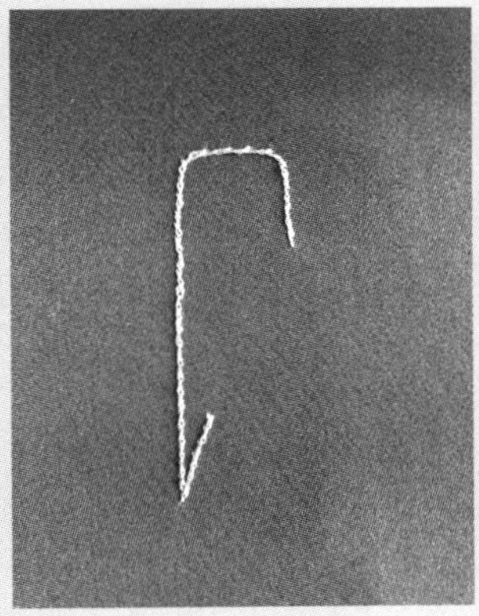

| 图33　交叉锁针

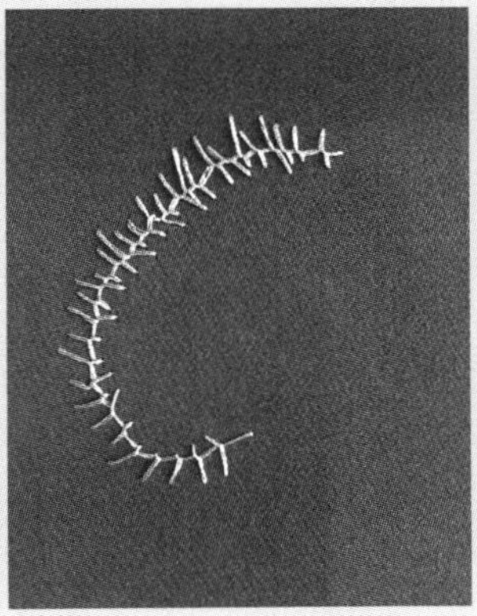

| 图34　珊瑚针

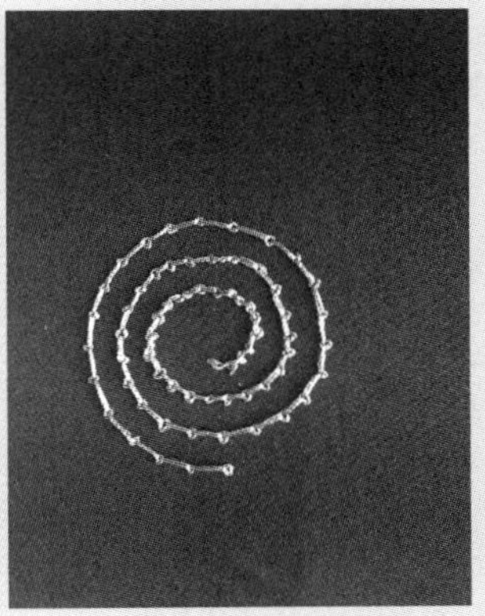

| 图35　玫瑰花结针

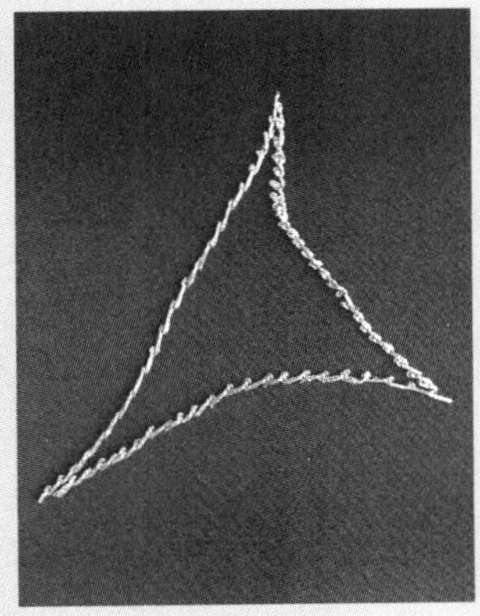

| 图36　涡纹针

| 图37　空心扣

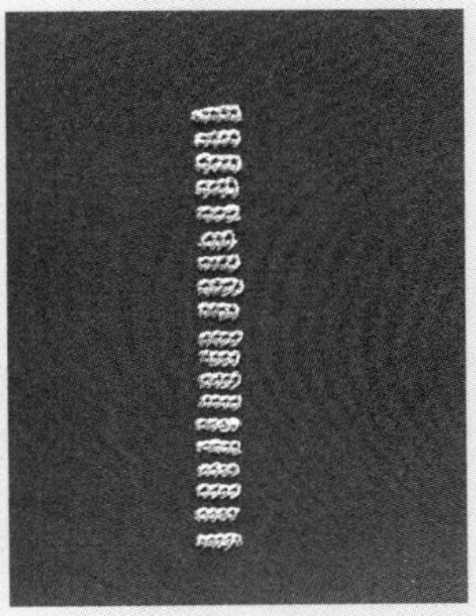

| 图38　浮凸锁针

2．绣制方法

闭合式锁绣：环套起落针在同一个针孔内。（图21、22）

开口式锁绣：环套起落针之间形成或大或小的开口。（图23）

双套锁绣：每锁一针压两个线圈，形成一种边缘紧密的针法。（图24）

辫绣：又称“辫子股绣”，是锁绣的变形。它是用针刺破前一个线圈，压过第二个线圈再拉起绣线的动作重复。辫绣线圈紧密，如同发辫，故而得名。（图25）

顺向锁针：多排锁针按同一方向排列。（图26）

逆向锁针：多排锁针按相反方向排列。多见于折线，即两线相交处。（图27）

（三）锁绣针法的特点

锁绣针法是楚人刺绣时的首选针法，楚人就是通过这种针法勾勒出其丰富浪漫的精神世界的。

在介绍锁绣针法特点之前，我们有必要了解一下与锁绣针法在同一时期共存的其他针法。依文献资料和考古实物，现已证实在春秋战国时期与锁绣针法共同存在的刺绣针法至少还有两种，即平绣与钉线绣。

“绣，是当时最高级的丝织物，在罗、绢等织物上用人工一针一线绣出各种花纹。此墓出土的绣花图案有二十多种，针法主要是锁绣，间以平绣，绣工技术已经达到了相当高的水平。”[30]

“原始氏族的妇女，在纺纱织布的同时，还试图用针线来模仿天然事物形状的纹饰，这就是刺绣的先导。通过最简单的花纹，一类是以圆弧为基础的水涡、贝壳、谷粒、藤蔓、线绳等形态。另一类是以线条为基础的山形、菱形、网形、禾束、连栅等形状。这就是用针缝制兽皮的线条纹和编网的结点纹的基本原形，它是绣纹的源头。以这两种原始针迹绣纹，构成了刺绣的两种基原针法来显示花纹。即第一种以结圈状为‘原’的锁链形针法。第二种是以线条为‘原’的齐平形针法。”“齐平绣的毛绣实物最早在新疆哈密五堡西周墓（公元前1000年）出土的红褐地上，用白、黄、蓝、粉绿四色合股毛线，分别以平针绣出小三角形堆砌的几何纹。”[31]（图16）

上文中的“平绣”与“齐平针法”实为同一种针法，即平绣。刺绣时，绣线在起针与落针之间形成线段，且绣线线段在起针与落针的循环动作间排列成面，进而形成既定纹样的一种古老针法。

钉线绣是用较粗的单线或双线按预先的设计钉置在绣地上的一种针法。

“丝绣先从钉线绣针法结构来看，它是用条状线，按纹样设计后，在每一分段的区间上，以针线钉于（骑马）条线的两旁，固钉于丝质底料表面，形成钉线花纹。故钉线绣针法，应是齐平绣的舗纹内容。实物首见于湖北望山沙冢楚墓出土的石字纹锦表面上……这就是‘锦绣合璧’的最早实物佐证。”[32]（图17）过去一般认为钉线绣始于五代末年（公元960年左右），这一发现也将钉线绣的产生提早到公元前三世纪左右。[33]

在多种选择并存的情况之下，楚人只将锁绣针法作为刺绣时的主要针法，其原因在于楚人刺绣皆以日常用品为主，如衣、袍、面衾、镜衣等，这就需要刺绣品不但美观，还要可用、耐用，而锁绣针法正是兼具这两项功能的。这也是前人不断地尝试、总结经验后的智慧之选。

综合出土的刺绣实物及上述锁绣之样式与绣制方法，我们可以将锁绣针法之特点作如下归纳：

1. 原始古拙却抽象灵动的视觉效果

从外观上看，锁绣针法呈环圈状，这是对人类远古回忆的承载。不论是开口锁绣、闭口锁绣或是辫绣以及双套锁绣，其每一种锁绣针法的单独的环圈都是一个象征，抽象且神秘。虽然结环成链是否源于对先祖结绳记事与结网捕鱼的纪念有待考证，但它给现在的观者带来的内心的熟悉与震荡却是毋庸置疑的。

2. 紧实牢固且可疏可密的独立单元

锁绣针法的绣制方法使它的紧实牢固成为必然。我们看到其正面是环环相扣（图21），而其背面则呈斜线间断式排列（图22），随着绣针一上一下有秩序地游走，丝线已被紧实固定于绣地正反两面。锁绣针法可进行单行或数行稀疏的排列，也可以将某一个区域平铺填满，它的每个环圈也都可以作为独立的纹样加以使用（图23）。

五、楚人刺绣的工艺流程

每一项传统手工技艺都有自己的一套制作工序及流程，刺绣亦然。从最初的选料到最后的完成，刺绣工艺要进行以下几个步骤。

（一）选择并处理绣地

绣地是刺绣的载体，它承载了刺绣的图像纹样、刺绣针法和绣线色彩，是烘托刺绣主体的背景，对刺绣效果的呈现有着至关重要的作用。绣地材质、织造方法以及颜色要与所烘托的刺绣主题和谐而融洽。此处列举楚墓出土的几种常见绣地。

从现已出土的考古实物来看，楚人所选的绣地主要是丝织品，并且要经过练染。

1．练染过的绢

楚人刺绣大部分绣地以练染过的绢为主。这些经过练染后的绢为熟绢，结构较为紧密和均匀。马山1号楚墓出土的绣品用绢的经密为每厘米60—120根，纬密为每厘米36—64根，厚度为0.11—0.25毫米。与衣物用绢比较，用作绣地的绢经纬密度适中，比较厚实，这也是根据当时刺绣工艺的实际需要。

2．罗

目前楚墓出土的丝织品中仅有素罗，它是由左右两根经线有规律地交替向左右绞转，每相邻的四根经线组成近似六边形的网孔，每织入四根纬线完成一个组织循环。素罗对织机要求非常高，所以十分罕见。由于江陵马山1号楚墓出土的凤龙虎素罗单衣在经纬向都加了S形捻，捻度为每米3000—3500次，所以这灰白色素罗的质地薄如蝉翼，再加之刺绣流动的线条和华美的色彩，在视觉上更具迷离的美感。但罗的织造工艺导致它易因受力不匀而起皱、变形。

3．锦

锦为经线或纬线提花织物，其生产工艺复杂，织造难度大，是中国古代最为贵重的织物种类，只有贵族可以享用。从楚墓出土的锦品种繁多，有二色锦和三色锦两大类，包括几何纹、动物纹和人物纹。但目前在锦上刺绣的出土物只有残片，如江陵望山沙冢楚墓出土的石字纹锦绣。

4．外包绢的皮革

此物见于江陵天星观1号楚墓，因有争议，且资料有限，在此不做妄言。

（二）绘制绣稿

楚人在刺绣前，通常是用淡墨或朱红颜料以极细的线条将画稿临摹到绣地上，且每一个图稿只用一种颜色描绘，根据现有的考古资料，笔者判断这个用来画细线条的工具应为毛笔[34]。

有些绣品的绣线并不与绣地上的画稿线条完全重合，这是由于事先绘制在绣地上的画稿因在上绣绷的过程中经过拉扯，绣地在上绷之后出现经纬上不同程度的变形。此时，绣者必须根据上绷后绣地的拉抻情况采取相应的调整，从而使画面最后保持规矩、完美。这种现象在现代传统手工刺绣中依然存在，并有“弯树直木匠的”行话。

那么，为什么不直接上绷之后再画绣稿，这样不是可以避免所绘线条与绣线之间出现的不完全的重合的尴尬吗？对于这个问题，笔者做了三个可能性的推测：第一，分工不同。刺绣纹样的绘制者与绣者因分工不同而各司其职，甚至工作地点也可能在不同的区域，所以，才在纹样绘制好以后，再进行上绷和刺绣。第二，绣制量大。楚国的丝织刺绣是楚国贵族竞相使用的奢侈品，它是地位、权势和财富的象征。《史记·滑稽列传》记：“楚庄王之时，有所爱马，衣以文绣，置之华屋之下，啖以枣脯。”仅此一例，楚国贵族对丝织刺绣的需求量之大可见一斑。大量的对刺绣品的需求与费时的刺绣操作工艺之间必然产生矛盾，只有将大量绣地事先绘好纹样，继而再上绷刺绣，这一矛盾才稍事缓解。第三，绣品尺寸。当绣品尺寸过长时，需要卷绷，即绣绷上好后，根据刺绣一手在下、一手在上的绣制方式和人的肘关节到指尖的长度等因素，决定了绣者在绷上绣制的距离范围在50厘米之内（可从两边分别向中间进行），这就决定了较长的绣品不能在一次上绷后就完成全部刺绣。所以，在这种情况下，也是要先画好绣稿再进行上绷和刺绣的。

（三）上绷

即将绣地与两根横轴和两根绷边竹缝缀相连，再将两根栓与横轴和绷边竹固定，将绣地绷平于绣绷之上，以便刺绣。

（四）绣线配色

根据图案纹样、绣地色彩以及用色习惯，如“五行五色”“五色配五方”或楚地巫文化用色习惯等进行配色。春秋战国时期的楚国丝织物印染技术已经非常卓越，就荆州马山1号楚墓出土的刺绣品用线来看，已有12色之多，如棕、红棕、深棕、深红、朱红、橘红、浅黄、金黄、土黄、黄绿、绿黄、钴蓝。

（五）刺绣

在继选择处理绣地、绘制绣稿、上绷、配色线之后，刺绣的主体工作开始进行。绣者依事先的安排或记号，用相应的色线以开口锁绣、闭口锁绣或者平绣、钉线绣进行刺绣。

（六）卷绷

在绣制长幅作品过程中，绣品露于绷上的部分完成后，绣者便将其卷入一侧横轴，同时，将待完成的部分由另一侧横轴依照合适的长度放出并固定，以继续完成整幅作品。在整个刺绣过程中会根据绣品长度进行多次卷绷。

（七）落绷

落绷，也叫下绷，是指在刺绣完成后，将绣品从绷上解下，至此刺绣环节完成。

（八）绣地剪裁

在隋唐以前，刺绣基本上以生活用品为主。楚墓出土的刺绣均作为面料，以供贵族使用，所以，在刺绣环节完成之后还要根据最初的设计需要进行剪裁，以供制作衣、袍、面衾、镜衣、鞍褥等物。

（九）面料承装

将剪裁好的刺绣面料按需要进行缝制、承装，以最终制成衣、袍、袴、面衾、棺罩等物。

六、楚人刺绣的审美初探

楚人刺绣，无疑是美的。我们看到它纹样之美、色彩之美，而它的美不仅在于其视觉之美，也在于其实用之美，即工艺之美。按照常规的理解，工艺是粗陋的，其中并没有美的法则可言。然而，美，并不只存在于高雅的美术和其他艺术形式之中，工艺的世界也不仅限于平庸与粗陋问题，工艺之美亦具有其独特之处和不可替代的本性，它将美附于实用之中。

（一）楚人刺绣之“用”

按战国礼俗，各诸侯国上层社会的墓葬多用“人器”（即死者生前所使用器物）同死者一起入葬，因此，那些楚国贵族生前所用的大量的精美华丽的刺绣品也必然会伴随他们的躯体一同深埋于地下。故依此习俗以及楚墓出土的刺绣实物我们可以得知，楚人刺绣皆以用品为主，且多用于衣、袍、衾等面料，也有用于竹席缘和镜衣等物的[35]。根据楚墓出土的刺绣实物的种类与用途，笔者将楚人刺绣之用分为人之用与物之用。

1. 人之用

人之用，即为人所设计制造，并为人所直接使用之物。如衣、袍、面衾、鞍褥等。

衣、袍、衾仅以1982年江陵马山1号楚墓出土刺绣品为例。

衣，如紫红绢龙凤相蟠纹绣单衣、红棕绢凤鸟践蛇纹绣秋衣（图3）、素罗龙凤虎纹绣单衣（图40）等。

袍，如浅黄绢凤鸟花卉纹绣锦袍（图41）等。

衾，如浅黄绢蟠龙飞凤纹绣衾（图7）、浅黄绢对凤对龙纹绣衾等。

鞍褥，如阿尔泰地区巴泽雷克古墓出土的凤纹鞍褥面等。

上述这些刺绣品都是为人所设计并为人所直接使用的，都是楚国贵族在其日常生活中可穿、可盖、可坐、可用的物品。

2. 物之用

物之用，即为物所设计并制造，人并不直接使用。如凤鸟花卉纹镜衣等器物之衣、罩（图6）、竹席缘等，亦如《史记·滑稽列传》中记载的楚庄王为心爱之马所做的绣衣等。

此类皆属物之用，是为物而绣制，为物所直接使用，为人所间接使用的物品。

3. 因何为用

楚人刺绣的美在于使用，然而除了作为绣地的丝织物本身，还有什么因素决定了楚人刺绣的可用与耐用？答案即是锁绣针法。因为，第一，在采用同种丝线为绣线的前提下，锁绣针法具有紧实牢固的特性，从而使以锁绣针法绣制的绣品在人们日常穿着和使用的过程中，不似以平针绣法绣制的绣品容易起毛、起套、断线；第二，与钉线绣相比，以锁绣针法绣制的绣品在视觉上更丰富灵动，且随形轻盈，亦不改变绣地本身的质感。楚人是在综合比较同时期共存的三种刺绣针法之后，将锁绣针法选定为“可用”的刺绣针法，并在其刺绣品中广泛使用。

（二）楚人刺绣之“美”

楚人刺绣上那些绚丽华贵的色彩、精力弥漫的飞凤和蟠龙以及烂漫环绕的花卉和卷草是楚艺术的重要成就，而所有这些自由的生命是通过楚人特有的艺术手段——刺绣表现出来的。

1．造型之美

在古老的楚人刺绣品中，各种变幻盘曲、灵动升腾的飞凤舞龙形象，把先秦时期南方的楚人美术造型生动地呈现于我们面前，我们可以从中窥探到部分古代楚人的精神追求和灵魂信仰。

楚人刺绣上的凤纹、龙纹、花卉和卷草既生动流畅也盘曲回环；既铺陈繁缛也精确周到；既追求抽象夸张也主张圆满完整。那些三头、龙凤共身、亦花亦凤、亦草亦龙的造型在写实与浪漫之间相生相融，这独特且流畅的造型之美无不处处彰显着楚人刺绣的灵秀与生机。

2．时间之美

楚人刺绣品作为一种特殊的面料而广泛应用到楚国贵族的生活之中，它被制成衣、袍、面衾、镜衣等，不但客观地记录了我国先秦时期南方楚国贵族的服饰与生活，也清晰地显现出隐藏于其后的时代的规则与法度。它是先秦时期鲜明地域文化的代表，也是先秦时期人类生活痕迹的遗存。

刺绣是时间的艺术，每一幅刺绣作品的完成都需要绣者投入大量时间与精力。在针的穿插和线的积累之下，用时间展现设计之美、纹样之美，也用时间记录了绣者的手工劳动之美。

3．空间之美

楚人刺绣在二维的平面内创造了无比虚幻深邃的空间，在这扑朔迷离的空间里，生命恣意生长、游动升腾。绣地似天空一般，映衬着鲜活灵幻的生命，这是飞凤、蟠龙、花卉、卷草的世界，是有形有声有色的世界。正如我们在浅黄绢对龙对凤纹绣衾与锦袍之上见到的那个龙凤起舞、磬声回荡、色彩华雅又光怪陆离的浪漫世界[36]。（如图 42）

4．形式之美

楚人刺绣在注重实用功能的前提下，亦在追求生动、灵巧、富于变化的形式美感。在严格遵从对称原则的同时，也注重图案的均衡，在其繁缛之中亦见虚实和谐。如蟠龙飞凤纹中凤冠的稀疏与凤翅的满铺，在灵巧清丽的柔美中亦孕育了苍劲坚毅的力量。同样，楚人刺绣对色彩的运用和把握，亦在对比中寻求和谐与统一。

5．工艺之美

“用即是美”，柳宗悦在《工艺之道》里如是说：“用为用品，美由用而发生，离开用便不再是工艺之美。因此，不耐用的作品或是无实用价值的制品，自然难得工艺之美。”

工艺，起源于人对实用器物的制作，其制作者也是消费者。在人类社会形成的最初并没有物的交换，也没有依靠技艺为生的匠人。然而伴随着剩余物品的产生、交换的出现以及社会制度的转变，手艺也逐渐成为制作杰出者赖以生存的技能，实用器物之美通过技艺精湛的匠人之手得以呈现，不论是旧时为封建贵族服务的工艺，还是现在为民众服务的工艺，都体现了以用为目标、将用与美结合的匠人本心。工艺之美承载着不同时代、不同地域、不同材料以及不同的匠人通过手工劳动赋予实用之物那亦用与亦美的意义。

工艺之美应具有如下特点：

（1）实用性

所有工艺都产生于用途。真正的工艺之美存在于实用之物中，工艺之美的价值亦在实用之物中体现。工艺的本性为“用”，因而器物之美离不开用。实用性是根本，实用性决定了美的性质，而“用”并不妨碍美的发生，生活中的实用器物即体现了工艺之美，美来自生活之用。

（2）装饰性

工艺于器物实用功能之外的，具有程式化的性质，用于美化和装饰器物的图案、纹饰导致了装饰性的产生。装饰将纹样纳入了程式，于是也有了图案的均齐、对称、平衡等。变形的图案不只是单纯的变形，而是对所表现事物本身的强调。所有的描绘方法与表现都被显示为装饰性的事物，它们以一种方式流传，由描绘的形态总结出程式。至此，也可以明确美与工艺的关系，美育于工艺之中，工艺通过美得到升华。

综上所述，楚人刺绣是具有工艺之美的，它的工艺之美通过楚国贵族的日常使用而得以实现。当绣者用各色丝线把自由浪漫之纹样绣于丝织物之上，并将其作为面料，制成衣、袍、面衾、镜衣、鞍褥等物供贵族使用时，楚人刺绣的工艺之美尽得展现。因为是日常所用，因为对物（如衣、衾、镜衣等）的熟悉以及对其装饰纹样和色彩的熟悉，楚人刺绣品在其使用者看来是自然的，是熟悉而亲近的，是可用且美的，这种特殊的面料在楚人眼中不仅具有奢贵华美的气质，更是楚国贵族彰显身份、地位以及财富的有效标志。

虽然目前我们无从证明楚国民间刺绣的存在与样式，但一些文献和考古资料已经说明，在春秋战国时期，楚人刺绣品的数量庞大，而这庞大的数量却从另一个角度证明了楚人刺绣技艺的熟练与精湛。

庞大的数量、精熟的技艺支撑着楚国贵族对刺绣品需求的日常之用，楚人刺绣的工艺之美便也在其实用与装饰的合二为一中得以实现。

七、结　论

楚国作为春秋战国时期后来崛起的南方大国，创造了与北方文化截然不同的文化脉络。就像是带着中原大地的优秀基因的种子，楚人在江汉平原落地生根，并茁壮成长。楚国兴衰成败的历史总是拨动人的心脉，在楚国八百年的岁月里，楚人不断创造着人间的奇迹，中国第一段长城[37]出现在楚国，第一个县[38]设在楚国，第一支毛笔[39]出现在楚国……楚人从中原而来的远古记忆与他们同周围蛮夷交往的经验融合在一起，成就了楚人惊人的创造力；他们激烈热情、自由浪漫的性格决定了他们不同于中原文化艺术的样式。楚人刺绣便是这样式的典范。

楚人刺绣以其律动的线条、瑰美的色彩著称于世，亦以其精湛的刺绣工艺而流芳千载。对于锁绣针法的选择与应用，楚人无疑是正确的，因其在美观的同时更兼具实用的功能，大到衣、袍、面衾，小到镜衣、鞍褥，无一不是精美而耐用的。这是楚人造物的理念，也是工艺之美的体现。楚人刺绣在注重实用功能的前提下，亦在追求生动、灵巧、富于变化的形式美感。

楚人刺绣并不因它属于贵族之用而给人以冰冷和距离之感，相反，它因手工之作与手工之美给人以亲切之感，它因被使用者所熟悉、因被我们久远的记忆所熟悉，而带给我们那亲近且自然的感动。我们通过它领略到了楚国贵族色彩绚烂、奢

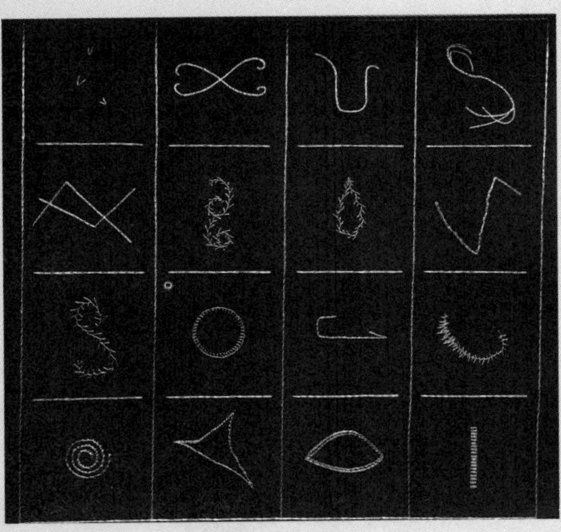

图39　锁绣针谱

图40　素罗龙凤虎纹绣单衣（局部）　战国中晚期　湖北省荆州博物馆藏

图41　浅黄绢凤鸟花卉纹绣锦袍　湖北荆州博物馆藏

图42　浅黄绢凤鸟花卉纹绣袍（复制品、局部）　湖北荆州博物馆藏

图 43　对凤对龙纹绣样

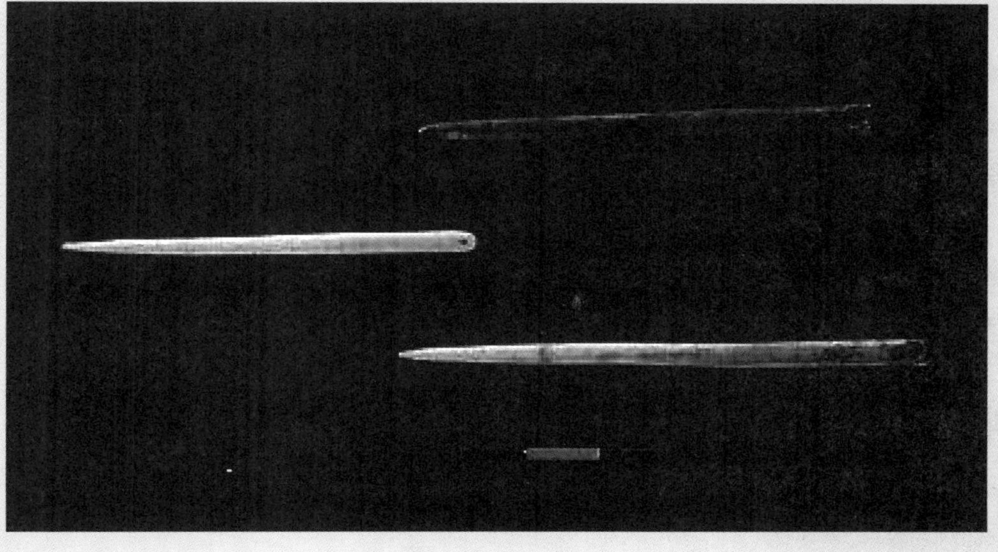

图 44　骨针

华明艳的生活世界。楚人刺绣不但彰显了楚艺术的纷繁富丽、流动明艳，也陈述了楚人造物时对审美和实用的考量，而这一点正是今天的匠人需要斟酌与反思的。正所谓，以用为美。

楚人刺绣作为楚文化中的一类实用艺术，其绣品不但向西方世界进行传播，其工艺与审美也深远地影响着我国汉代以及后世刺绣艺术的发展。楚人刺绣是中国先秦时期的重要地域绣种，它在中国刺绣史上的地位和意义乃至其对中亚和西方刺绣的影响都值得我们做出进一步的研究。

附录一　锁绣针法及其衍生

一、闭合式锁绣：环套起落针在同一个针孔内。（图 21、22）

二、开口式锁绣：环套起落针之间形成或大或小的开口。（图 23）

三、双套锁绣：每锁一针压两个线圈，形成一种边缘紧密的针法。（图 24）

四、辫绣：又称辫子股绣，是锁绣的变形，它是用针刺破前一个线圈，压过第二个线圈再拉起绣线的动作重复，辫绣线圈紧密，如同发辫，故而得名。（图 25）

五、顺向锁绣：多排锁针按同一方向排列。（图 26）

六、逆向锁绣：多排锁针按相反方向排列，多见于折线。（图 27）

七、羽毛绣：连续针的开口锁绣，松时如水草，密时如羽毛，因此，西方称其为羽毛绣，又称半环针。（图 28）

八、复羽针：亦是开口锁绣的连续，唯绣时，连续向左或向右。（图 29）

九、锯齿形连续锁针：连续锁绣，运针时，一针向左，一针向右，呈“之”字形。（图 30）

十、克里特岛针：连续的开口锁绣，似“羽毛绣”，但开口角度要大，因而针形亦不同。（图 31）

十一、锁边：锁针的衍生针法，常用来收拾毛边，或修饰边缘，或绣小花朵。若锁边绣法包绣金银线，则称为“锁金”。（图 32）

十二、交叉锁针：锁针第二针起针与第一针落针处交叉，即为交叉锁针。（图 33）

十三、珊瑚针：交叉锁绣针法，唯绣时反方向拉线。（图 34）

十四、玫瑰花结针：线绣一针交叉锁针，针拉出后反时针方向，穿过第一针出针的线底，即绣成丰厚的“玫瑰花结”。（图 35）

十五、涡纹针：出针后，将线绕成一个圈，然后在圈内垂直绣一个短直针，然

后将线拉出，即完成一个“涡纹针”。（图36）

十六、空心扣：在绣地边缘出针，腾空绣出纵横与经纬的一种针法，有网绣效果。（图37）

十七、浮凸锁针[40]：似“空心扣”针法，只是垂直由上而下绣，不横向施针。在套“空心扣”之前，先绕线一圈，再套一个“空心扣”，此针法鼓凸，很有质感。（图38）

笔者将这十七种锁绣针法整理并绣制成谱。（图39）

附录二　绣之具

一、针

刺绣，又名鍼（针）绣。

鍼（针），所以缝也——《说文》。

绣必以针，我国刺绣历史悠久，刺绣所用之针也历经了材质的变迁。

（一）骨针

针是远古时期人们因缝制兽皮衣物的需要而产生的。其实物首见于辽宁海城小孤山遗址（距今约2万到3万年）出土的骨针。“骨针用动物肢骨磨制，针眼用对钻法制作。”[41]（图45）另有北京周口店山顶洞人遗址（距今1.8万年）出土的骨针，长82毫米，针头锐利，证实当时人类已在用兽皮等自然材料缝制简单衣服。

（二）青铜缝纫针

人类从新石器时代进入青铜时代，青铜器的使用逐步覆盖人们生活，在殷商高度发达的青铜制造工艺下是否有青铜针的产生？

虽有史学家在各自著作中列载有商代青铜制造的生产工具中有缝纫用针[42]，但亦有学者提出因从先秦的文献到现已出土的考古实物均未见有青铜针的出现，且依青铜为合金的特性，以及当时铸冶技术的限制，做出青铜时代并无青铜缝针[43]的结论。对于上述两种观点，笔者更倾向于第一种，即商代青铜制造的生产工具中有缝纫用针。

（三）铁针

综合文献和考古发现，我国至少在春秋中叶已进入铁器时代，至迟在战国时期，铁的使用已经普及于社会生产和人们生活之中。

桓公曰："衡谓寡人曰：'一农之事必有一耜、一铫、一镰、一耨、一椎、一铚，然后成为农。一车必有一斤、一锯、一釭、一钻、一凿、一銶、一轲，然后成为车。一女必有一刀、一锥、一箴、一鉥，然后成为女。'"(《管子·轻重十四——轻重乙》)

挫鍼（缝衣）治繲（洗衣），足以糊口。(《庄子·内篇·人间世》)

20 世纪 50 年代，在山西侯马牛村和侯马地区的陶窑洞室墓分别发现了战国时代的铁针，这是我国目前发现的最早的铁针实物。

"此外还有不少纺轮、骨刀、骨铲、铁针等生产工具……铁针的出现，证明了在公元前两百多年以前，这个地区已开始从铜器时代向铁器时代过渡。"[44]

"在堆积物中，有日常生活用品的壶、甑、鼎、鬲、豆、盘、杯、瓦片及少量的骨蚌、铜器和铁针等。"[45]

"钢针一枚（M2：482）。鼻部扁平，针体截面呈圆形，锋残。直径 0.08 厘米，鼻孔直径 0.06 厘米，残长 8.18 厘米。"[46]

自此，刺绣用针进入钢的时代。

二、剪

我国是最早发明剪刀的国家。

《诗经·召南·甘棠》有"勿剪勿伐""勿剪勿败""勿剪勿拜"；《管子·海王第七十二》记："一女必有一针一刀，若其事立。"《管子·轻重十四——轻重乙》载："一女必有一刀、一锥、一箴、一鉥，然后成为女。"

1953 年，河南洛阳烧沟 75 号西汉晚期墓葬中出土了一把剪刀，剪刀作直背直刃，前端尖锋，刃后双股交叉，把部绕成"8"字形，刀把之间没有轴眼与支轴，支点在剪刀后部的铁圈上，刃长10厘米，全长21.2厘米。此外，陕西宝鸡、西安、湖南长沙等地也曾出土过西汉时期的剪刀[47]。

东汉以后，剪刀逐渐成为人们日常生活的工具，甚至作为礼品进行馈赠。唐代山西并州剪刀闻名天下，历经宋元直到明清。清初，杭州张氏父子（张大隆、张小泉）在剪刀发展史上做出重大贡献。

而今剪刀种类更是繁多，而刺绣之用剪，宜小，宜密锋，宜锐刃[48]。

三、绷

《雪宧绣谱》中提到绣绷有三种，一是绣旗袍边缘的大绷，亦称边绷；二是绣女衣袖缘的中绷，亦称绣绷；三是绣童鞋和女鞋等小件的手绷。大绷与中绷原理相同，都以两根横轴和两根有定位孔的竖栓为基本骨架，另有绷布两块，上下连在绣地和横轴之间。绷边竹，两根，与栓同向，在绣地与栓之间。绷绳，棉纱线加捻制成，连接栓与绷边竹，以绷平绣地。绷丁，两颗，插入定位孔以控制绣地纵向的展开幅度。

四、架

即支架，将绣绷置于两个支架上，以便刺绣。《雪宧绣谱》中提到的绣架为三足，现在也有四足。但总的尺寸原则是要与人及坐具相适宜。

五、凳

即绣者坐具。笔者认为当以木质、竹质或藤质为宜，方圆皆可，无须靠背。

注释

①我国传统文献记载楚国历史的著作主要有：汉代司马迁的《史记》，东晋习凿齿的《襄阳耆旧记》、张辅原的《楚国先贤传校注》、罗含的《湘中山水记》、庾仲雍的《湘州记》《汉水记》，南朝宋人盛弘之的《荆州记》，南朝梁人宗懔的《荆楚岁时记》，南北朝梁元帝萧绎的《荆南地志》，唐人余知古的《渚宫旧事》，宋人卢藏的《楚录》、路振的《楚青》，明代陈士元的《楚故略》、何迁的《全楚志》，清代高世泰的《三楚文献录》、陶晋英的《楚书》、廖道南的《楚记》、周圣楷的《楚宝》等，记载人物、地理、风俗等，但多数尽失。

②张正明．楚文化史［M］．上海：上海人民出版社，1987：2.

③三苗，别称“有苗”或“苗民”，是一个庞杂的族群。三苗的“三”，恰如九黎的“九”，是说他们族类纷繁、部落众多。

④张正明．楚文化史［M］．上海：上海人民出版社，1987：3.

⑤王生铁．楚文化概要［M］．武汉：湖北人民出版社，2013：38.

⑥王生铁．楚文化概要［M］．武汉：湖北人民出版社，2013：39.

⑦张正明．楚文化志［M］．武汉：湖北人民出版社，1988：97.

⑧张正明．楚文化志［M］．武汉：湖北人民出版社，1988：102-103.

⑨C.N. 鲁金科，潘孟陶．论中国与阿尔泰部落的古代关系［J］．考古学报，1957（2）：37-48.

⑩彭浩．楚人的纺织与服饰［M］．武汉：湖北教育出版社，1995：94.

⑪皮道坚．楚艺术史［M］．武汉：湖北美术出版社，2012：167.

⑫张正明．楚文化志［M］．武汉：湖北人民出版社，1988：114.

⑬滕壬生．江陵发现战国“丝绸宝库”——马山砖瓦厂一号楚墓发掘简记［J］．江汉考古，1982（1）：9-10.

⑭金旟兰，高汉玉，周启澄．中国刺绣针法起源研究［J］．中国纺织大学学报，1998，24（3）：20-23.

⑮彭浩．楚人的纺织与服饰［M］．武汉：湖北教育出版社，1995：2-3.

⑯张正明．楚文化史［M］．上海：上海人民出版社，1987：160.

⑰张正明．楚文化史［M］．上海：上海人民出版社，1987：210.

⑱彭浩．楚人的纺织与服饰［M］．武汉：湖北教育出版社，1995：126.

⑲彭浩．楚人的纺织与服饰［M］．武汉：湖北教育出版社，1995：88.

⑳张正明．楚文化志［M］．武汉：湖北人民出版社，1988：101.

㉑彭浩．楚人的纺织与服饰［M］．武汉：湖北教育出版社，1995：126.

㉒石志廉．战国古玺考释十种［J］．中国历史博物馆，1980（2）：108-113.

㉓彭浩．楚人的纺织与服饰［M］．武汉：湖北教育出版社，1995：128.

㉔张正明．楚文化史［M］．上海：上海人民出版社，1987：171.

㉕彭浩．楚人的纺织与服饰［M］．武汉：湖北教育出版社，1995：126.

㉖彭浩．楚人的纺织与服饰［M］．武汉：湖北教育出版社，1995：89.

㉗李也贞．有关西周丝织和刺绣的重要发现［J］．文物，1976，4（4）：60-63.

㉘河南信阳地区文管会，光山县文管会．春秋早期黄君孟夫妇墓发掘报告［J］．考古，1984（4）：302.

㉙彭浩．楚人的纺织与服饰［M］．武汉：湖北教育出版社，1995：90.

㉚滕壬生．江陵发现战国"丝绸宝库"——马山砖瓦厂一号楚墓发掘简记［J］．江汉考古，1982（1）：9-10.

㉛金龢兰，高汉玉，周启澄．中国刺绣针法起源研究［J］．中国纺织大学学报，1998，24（3）：20-23.

㉜金龢兰，高汉玉，周启澄．中国刺绣针法起源研究［J］．中国纺织大学学报，1998，24（3）：20-23.

㉝彭浩．楚人的纺织与服饰［M］．武汉：湖北教育出版社，1995：91.

㉞湖北省荆沙铁路考古队包山墓地整理小组．荆门市包山楚墓发掘简报［J］．文物，1988，（05）：1-14.

㉟张正明．楚文化志［M］．武汉：湖北人民出版社，1988：114.

㊱彭浩．楚人的纺织与服饰［M］．武汉：湖北教育出版社，1995：96.

㊲左传·齐桓公伐楚［Z］．北京：中华书局，2007.

㊳宋亚平．第一个县的出现［J］．中国县域经济报，2012（4）：25.

㊴湖北省荆沙铁路考古队包山墓地整理小组．荆门市包山楚墓发掘简报［J］．文物，1988（5）：1-14.

㊵粘碧华．刺绣针法百种简史与示范［M］．台北：雄狮图书股份有限公司，2003：62-67.

㊶张镇洪，傅仁义，等．辽宁海城小孤山遗址发掘简报［J］．人类学学报，1985，4（1）：70-79.

㊷翦伯赞主编的《中国通史参考资料》、周谷城所著《中国通史》等，都列载有商代青铜制造的生产工具中有缝纫用针。

㊸徐汉安．青铜时代并无青铜缝针［J］．学术月刊，1990（1）：68.

㊹侯马东周时代烧陶窑址发掘记要［J］．文物，1959（6）：45-46.

㊺山西省文管会侯马工作站工作的总收获（1956年冬至1959年初）［J］．文物，1959（5）：222-228.

㊻湖北省荆沙铁路考古队包山墓地整理小组．荆门市包山楚墓发掘简报［J］．文物，1988（5）：1-14.

㊼王心喜．剪刀探源［J］．科学24小时，2002（1）：42.

⑱沈寿．雪宧绣谱图说［M］．张謇整理，王逸君译注．济南：山东画报出版社，2004：47.

参考文献

1｜余冠英．诗经选［M］．北京：中华书局，2012.

2｜司马迁．史记全译［M］．北京：京华出版社，2004.

3｜班固．白虎通义［M］．上海：上海古籍出版社，1992.

4｜陈立．白虎通疏证［M］．吴则虞点校．北京：中华书局，1994.

5｜刘安．淮南子［M］．上海：上海古籍出版社，1989.

6｜袁珂．山海经校注［M］．北京：北京联合出版公司，2014.

7｜郭璞．尔雅注疏［M］．邢炳疏，王世伟整理．上海：上海古籍出版社，2010.

8｜郑玄．周礼注疏［M］．上海：上海古籍出版社，2010.

9｜闻人军．考工记译注［M］．上海：上海古籍出版社，2008.

10｜沈寿．雪宧绣谱图说［M］．张謇整理，王逸君译注．济南：山东画报出版社，2004.

11｜丁佩．绣谱［M］．北京：中华书局，2012.

12｜闻一多．楚辞校补［M］．长沙：岳麓书社，2013.

13｜沈从文．花花朵朵 坛坛罐罐——沈从文谈艺术与文物［M］．重庆：重庆大学出版社，2014.

14｜沈从文．沈从文说文物·织锦篇［M］．重庆：重庆大学出版社，2014.

15｜顾颉刚．中国上古史研究讲义［M］．北京：中华书局，2007.

16｜李泽厚．华夏美学·美学四讲［M］．北京：生活·读书·新知三联书店，2008.

17｜王朝闻．美学概论［M］．北京：人民出版社，1981.

18｜王朝闻．审美基础（上下卷）［M］．北京：生活·读书·新知三联书店，2011.

19｜吕品田．动手有功：文化哲学视野中的手工劳动［M］．重庆：重庆大学出版社，2014.

20｜吕品田．必要的张力［M］．重庆：重庆大学出版社，2007.

21｜吕品田．守望理想——中国当代艺术思想与实践批评［M］．北京：北京时代华文书局，2015.

22｜邱春林．设计与文化［M］．重庆：重庆大学出版社，2009.

23｜邱春林．中国手工艺文化变迁［M］．上海：中西书局，2011.

24｜王思琪，徐瑛姑．图说中国非物质文化遗产——中国最美织染绣［M］．武汉：湖北美术出版社，2013.

25 | 皮道坚．楚艺术史［M］．武汉：湖北美术出版社，2012.

26 | 柳宗悦．工艺文化［M］．桂林：广西师范大学出版社，2011.

27 | 柳宗悦．工艺之道［M］．桂林：广西师范大学出版社，2011.

28 | 张正明．楚文化史［M］．上海：上海人民出版社，1987.

29 | 张正明．楚文化志［M］．武汉：湖北人民出版社，1988.

30 | 彭浩．楚人的纺织与服饰［M］．武汉：湖北教育出版社，1996.

31 | 王生铁．楚文化概要［M］．武汉：湖北人民出版社，2013.

32 | 粘碧华．刺绣针法百种简史与示范［M］．台北：雄狮图书股份有限公司，2003.

33 | 赤木明登．造物有灵且美［M］．蕾克，译．长沙：湖南美术出版社，2015.

34 | 许道胜，李玲．流光溢彩——楚国的楚国的漆器竹简玉器丝绸［M］．武汉：湖北教育出版社，2001.

35 | 河南省考古学会，河南省博物馆，河南省文物研究所．楚文化觅踪［M］．郑州：中州古籍出版社，1986.

36 | 楚文化研究会编．楚文化研究论集（第四集）［C］．郑州：河南人民出版社，1994.

37 | 高至喜．湖南楚墓与楚文化［M］．长沙：岳麓书社，2012.

38 | 李红．美的巡礼——走进荆州博物馆［M］．武汉：湖北美术出版社，2011.

39 | 石志廉．战国古玺考释十种［J］．中国历史博物馆，1980（2）：108-113.

40 | 金龑兰，高汉玉，周启澄．中国刺绣针法起源研究［J］．中国纺织大学学报，1998，24（3）：20-23 .

41 | 滕壬生．江陵发现战国"丝绸宝库"——马山砖瓦厂一号楚墓发掘简记［J］．江汉考古,1982（1）:9-10.

42 | 李也贞．有关西周丝织和刺绣的重要发现［J］．文物，1976，4（4）：60-63.

43 | 河南信阳地区文管会，光山县文管会．春秋早期黄君孟夫妇墓发掘报告［J］．考古，1984（4）：302.

44 | C.N.鲁金科，潘孟陶．论中国与阿尔泰部落的古代关系［J］．考古学报 ：1957（2）：37-48.

45 | 湖北省荆沙铁路考古队包山墓地整理小组．荆门市包山楚墓发掘简报［J］．文物，1988（5）：1-14.

46 | 徐汉安．青铜时代并无青铜缝针［J］．学术月刊，1990（1）：68.

47 | 侯马东周时代烧陶窑址发掘记要［J］．文物，1959（6）：45-46.

48 | 山西省文管会侯马工作站工作的总收获（1956年冬至1959初）［J］．文物，1959（5）：222-228.

49 | 湖北省荆沙铁路考古队包山墓地整理小组．荆门市包山楚墓发掘简报［J］．文物，1988（5）：1-14.

50 | 王心喜．剪刀探源［J］．科学24小时，2002（1）：42.

51 | 张镇洪，傅仁义，等．辽宁海城小孤山遗址发掘简报［J］．人类学学报，1985，4（1）：70-79.

52 | 宋亚平．第一个县的出现［J］．中国县域经济报，2012（4）：25.

53 | 高至喜．长沙烈士公园3号木椁墓清理简报［J］．文物，1959（10）：65-70.

54 | 张正明，滕王生，张胜琳．凤斗龙虎图象考释［J］．江汉考古，1984（1）：96-100.

55 | 刘咏清．论楚国刺绣艺术的形式特征［J］．现代丝绸科学与技术，2012，27（4）：161-172.

56 | 李也贞，张宏源，卢连成，赵承泽．有关西周丝织和刺绣的重要发现［J］．文物，1976（4）：60-63.

57 | 彭浩．湖北江陵马山砖厂一号墓出土大批战国时期丝织品［J］．文物，1982（10）：1-7.

58 | 彭浩．打开丝绸历史的宝库（之二）——江陵马山一号楚墓发掘小记［J］．丝绸，1992（7）：50-51.

59 | 院文清．江陵马山砖厂二号楚墓发掘简报［J］．江汉考古，1987（3）：30-34.

60 | 熊传新．长沙新发现的战国丝织物［J］．文物，1975（2）：49-56.

61 | 策·图尔巴特，特尔巴依尔．蒙古国阿尔泰巴泽雷克墓葬的研究［J］．草原文物，2013（2）：133-140.

62 | 随县擂鼓墩一号墓考古发掘队湖北随县曾侯乙墓发掘简报［J］．文物，1979（7）：1-24.

63 | 刘永清．楚国刺绣艺术研究［D］．苏州大学博士学位论文，2012.

64 | 楚文化研究会．楚文化研究论集（第十一集）［C］．上海：上海古籍出版社，2015.

心有灵犀——徽州犀皮髹饰中的晚明文人趣味及其影响研究

The Aesthetic Taste of Literati in Late Ming Dynasty Contained in Huizhou Xipi Lacquer Decoration

林 岩

邱春林 | 指导教师

摘要

晚明时期文人审美趣味形成了高峰，文人积极参与设计，出现了许多反映文人设计思想的理论著作。工艺美术呈现出雅俗共赏、匠心独运的艺术风貌。晚明文人在坚守设计实用性的原则下，以全方位的身心感官对物质展开审美品鉴，以诗性的意趣进一步强化物质的审美价值，从而获得深度的审美体验。小小的日用器物不再只具有单纯的日常实用功能，而兼具文人意趣，呈现出精致典雅、适宜致用的风格面貌，表达了中国人独特的审美观与丰富的精神诉求。徽州犀皮漆器身在文风兴盛的江南，深受晚明文人趣味的影响，其不仅作为日常生活之用，而且在其背后蕴藏着陶养人格与规范伦理秩序等丰富的人文内蕴。围绕晚明文人审美趣味这一主题，本论文以徽州犀皮漆工艺为切入点，通过对徽州的犀皮漆髹饰工艺的田野实践与历史文献的梳理与总结，立足于对徽州的人文环境、晚明以来文人广泛参与物质文化的时代审美潮流和徽州犀皮漆实物的具体分析，进一步结合徽州犀皮漆工艺晚明文人趣味融入当代设计后呈现出新面貌的历史发展逻辑，展开了对徽州犀皮漆器中从本体形制的审美到人文功用的审美这一完整审美过程的探讨，以揭示晚明文人审美趣味是如何对徽州犀皮漆器的审美产生重要影响的。由此可以小见大地把此种审美方式上升为一种具有符号意义的中国工艺器物的审美方式。本文对徽州犀皮漆工艺的形制功能与人文功能的密切关系进行了深入分析，以此揭示以髹饰为代表的中国工艺以器载道的精神境界与文化追求。进一步而言，在当代中国的物质文化下，晚明文人趣味对如何构建出健康适宜又富于审美情趣的物用审美体系，在物欲横流的时风中何以处身有所启发。本论文旨在透过徽州犀皮漆髹饰工艺历史发展背后蕴含的人文精神与美学价值，重新唤起人们对徽州髹饰的历史经典性地位，以及晚明文人审美趣味对当下中国髹饰工艺审美境界与文化内涵重要意义的关注，希望抛砖引玉，对中国其他地区传统髹饰工艺的发展有所启示。

关键词：徽州髹饰；犀皮漆；文人趣味；晚明

Abstract

The aesthetic taste of literati is a unique aesthetic fashion exclusively owned by literati and officialdom in traditional Chinese society. This aesthetic taste means that life is used to apprehend both the relationship between subjects and objects and the relationship between human beings and the world. Due to the comprehensive cultural accomplishment of literati, this aesthetic taste is of premier quality. By the late Ming Dynasty, the aesthetic taste of literati reached its peak and exerted far-reaching influence. Literati participated in design activities actively. They designed cultural antiques and objects artistically on the basis of the interior design and landscape design.The literati of the Late Ming Dynasty adhered to the principle of practicality in design and gained profound aesthetic experience, and hence made their life more artistic. Consequently, daily utensils not only have simple practical functions, but also express an aesthetic orientation of literati. Their shapes and designs are adapted to the corresponding environment and are characterized by flexibility, simplicity and exquisiteness. This refined elegance conveys the unique aesthetic view and abundant spiritual pursuit of Chinese people.

The rhinoceros skin pattern in ancient Huizhou lacquer technique, as one form of the various and exquisite Huizhou techniques, prospered in Late Ming Dynasty. This technique, with its root in the cultural richness of southern areas of the Yangtze River, is greatly influenced by the literati taste of the Late Ming Dynasty. It is not only used for daily life but also endowed with humanistic implications such as temperament cultivation and code of ethics. This paper revolves around the aesthetic taste of literati in Late Ming Dynasty. It tries to explore how the aesthetic taste of literati in the Late Ming Dynasty influenced the rhinoceros skin pattern in ancient Huizhou lacquer technique. Two methods are mainly used in this research. One is the field work, which is based on my several field trips to Anhui. The other one is literature research, which is carried out by the study and analysis of historical documents and works, especially Xiushi Lu, the only ancient Chinese treatise on the craft of lacquering. By the concrete analysis of the Huizhou lacquers with rhinoceros skin pattern as well as the cultural environment at that time, this research presents the historical development of rhinoceros skin pattern in ancient Huizhou lacquer technique. It tries to discuss how the aesthetic taste of literati in Late Ming Dynasty enhanced the quality and connotation of Huizhou lacquers in an imperceptible way, and how it is integrated into the modern design to acquire a symbolic meaning.

The aesthetic taste of literati in Late Ming Dynasty contained in Huizhou lacquers with rhinoceros skin pattern implies that the traditional Chinese culture, by means of craft wares, has didactic influence on both individuals and society. This influence is further deepened by the wide-range pragmatic functions of the craft wares. The paper has a thorough analysis of the relationship between the shape function of rhinoceros skin pattern in Huizhou lacquer technique and its humanities function. It further reveals how Chinese craft wares, represented by Huizhou lacquers, convey its cultural connotation and pursuit through its shape. This paper does not entirely focus on the aesthetic expression of the rhinoceros skin pattern in Huizhou lacquer technique. Instead it tries to uncover the humanistic spirit and aesthetic value behind the historical development of rhinoceros skin pattern in Huizhou lacquer technique. By reviewing the classic status of rhinoceros skin pattern in Huizhou lacquer technique and arousing the concern about its rich cultural connotation, the research hopes to bring some inspirations to traditional lacquer techniques in other regions of China.

Keywords : Huizhou Lacquer Technique ; Rhinoceros Skin Pattern ; the Aesthetic Taste of Literati ; Late Ming Dynasty

一、引　言

（一）选题的缘起与意义

任何工艺都离不开其产生的地域环境，以及背后的人文精神。人们往往惊叹于工艺的巧夺天工，却不会去深入思考工艺背后的深层文化内涵与产地深厚的历史影响因素。而这种体现工艺精神与美学价值的人文精神却潜移默化地影响着工艺的风格与审美，并随着历史的变迁形成了工艺独特的艺术价值。

就具体的工艺来说，由于笔者的实践专业为徽州髹饰技艺，而作为徽州丰富精湛工艺文化一部分的徽州髹饰技艺，又以犀皮漆作为主要代表性髹饰工艺。徽州犀皮漆工艺在晚明时期因徽商崛起，以及其对物质文化的巨大需求开始走向鼎盛，并在清中后期至民国随着徽商的没落与战火纷乱的动荡社会环境而曾经一度失传，直至1949年后经几代屯溪漆工的努力抢救恢复，终于在当代全面恢复过来，实属不易。笔者的实践导师甘而可先生在徽州犀皮漆领域卓有建树，其不仅恢复了这项技艺，并且在工艺上勇于创新，使水准超越前代。同时，笔者在徽州导师工作室学习期间，游走于徽商鼎盛一时之际建造的独具风格的高大民居，耳濡目染徽州门目繁多的精湛工艺，遥想晚明时期徽州承接朱熹理学传统，乡野重教文风兴盛，徽商重金购置文雅之物提升居住品位，文人墨客多次游历徽州咏叹抒怀的辉煌历史，更加使笔者萌生了从地域的深层历史文化因素去深入认识徽州工艺的人文精神，选择稀少而珍贵的徽州犀皮漆器作为揭示中国传统工艺背后人文精神的切入点则再自然不过了。

徽州犀皮漆器变化丰富而绚丽多彩的纹理，简洁而富于实用性的造型，寓意伦理与礼仪的文化观念等特点，受到晚明兴盛发达的物质文化与文人审美趣味的影响。这些犀皮漆器多见于文房雅玩与家具等形式中，除了具有日常生活的使用功能外，还体现了源自徽州地域儒雅的人文精神与晚明文人参与物质文化风尚所体现的审美情趣与境界。文人趣味作为一种中国传统文化高品位的审美观念，渐进式地浸润中国人的日常生活，尤其到了晚明时期文人广泛参与物质文化开历史之风气，从园林等一系列造物活动开始，以文心艺匠的审美方式深远地影响着中国人高品位的物质文化。在晚明文人审美趣味下，以髹饰工艺形成的器物也开始得到关注。正是在此背景下，晚明时期的徽州诞生了中国古代唯一一部漆器工艺著作《髹饰录》[①]，其中就有对犀皮漆的描述与介绍，虽仅有只言片语，但徽州犀皮漆器在晚明的鼎盛使其被历史性地注入文人的风雅情趣，不仅是作为日常生活之用，同时，兼具有高品位的文化审美与社会伦理秩序的教化功能，具有深刻的美学价值与文化内涵。

由于犀皮漆器传世的稀少与传承的曲折，有关徽州犀皮漆器的研究少之又少，同时，以晚明发达物质文化为背景，对晚明文人审美趣味在髹饰工艺中的具体呈现进行深入分析研究，目前尚无人涉猎。当下关于髹饰工艺已有的研究成果也多侧重从髹饰工艺的历史与功能等层面，鲜有从具体地域的髹饰工艺入手并分析其背后所承载的深刻社会历史与人文情境，进而对髹饰工艺的审美提出一些有价值和影响的评判标准。同时，髹饰工艺作为一项非物质文化遗产，对其工艺的人文情境随着时代的变迁而变化，以及当代设计从传统工艺文化中寻根，以新形态呈现的趋向进行系统的总结梳理，也是接近空白状态。因此，本文立足于徽州晚明辉煌历史的人文情境，通过笔者切身的实践体悟，结合实物的古今面貌，对徽州犀皮漆背后蕴含人文精神的审美表达进行诠释，希望将徽州犀皮漆作为中国传统髹饰工艺的具体案例，可以抛砖引玉，从而对中国其他地区的工艺实践有所借鉴。同时，使我们重新全面认识中国众多优秀传统工艺背后的深刻审美价值，并引导中国当代设计更加本质有效地向传统文脉回归。

最后，特别需要说明的是：（1）对于晚明的界定，有不同的学术观点，但大部分学者都将其视为中国社会向近代社会转型的开端，本论文的晚明不以严格的历史分期为标准，而取台湾学者毛文芳以文化史作为划分依据。考虑到文化审美变迁的循序渐进演绎和连续完整性，不应简单以朝代更迭一概而论，故本文晚明即可界定为自嘉靖末年至清康熙二百年间。一些生于晚明而活动于清初的“遗民”也可纳入范围。大部分“遗民”在文化上依然坚守前代的标准，尽管他们相当长时间生活在清初，但其文化活动却延续着晚明的方式，如李渔等。（2）本文将晚明的文人限定为那些对闲居生活密切相关工艺进行总结的文人，其设计的初衷是精神自娱，并不为社会提供服务，其审美趣味是中国传统等级社会体制下古典设计的理论总结，而一些反思中国传统设计，主张以西方的设计理念改良中国设计的文人观点不在本文中予以陈述。前者是自足自娱的设计理念，后者以徐光启王徵为例，是济世救民、经世致用的社会理想，更多展现的是一种理性精神，与传统中国文人感性化的设计审美有较大出入，但两者都促进了中国传统设计向近现代转型。（3）本论文对晚明文人设计审美趣味的文献的整理也多集中于代表性著作中的器物部分，以及涉及与髹饰有关的部分，对于其他工艺门类不做过多整理与赘述。

本论文对徽州犀皮漆既从造型、纹理、组织形式、使用功能等本体层面进行研究，又立足其历史文化背景与实物考证，从人文功用价值与审美接受的角度对其进行了深入分析。在论文写作目标上来讲，第一，全面地收集整理与徽州犀皮漆相关的文献资料，使之成为较为完整的资料，以供未来关于徽州犀皮漆的基础研究之用。第二，由于明代以前犀皮漆器实物十分稀少罕见，且对其出现的原因与具体年代尚无明确定论，使徽州犀皮漆的本体审美与种类样式易显得苍白无力，所以，本文试结合一些美术作品与其他近似工艺，对其形态进行预测性的判断与思考。第三，大胆从形式组织审美上剖析形成其形质的过程，较为完整全面地证实徽州犀皮漆中源自文人趣味的深刻审美内涵。从宏观上来说，希望能对以徽州犀皮漆为代表的中国传统工艺在兼具实用与审美价值的认识基础上，还能深入挖掘工艺背后源自地域和历史的人文精神与美学追求，进而思考中国造物文化的深层内涵与其对当代中国设计构建民族物用体系，重新回归传统和谐的人与物关系的设计立场有所参考和启发。

本论文拟要通过解决一些问题来体现文章的意义与价值，现阐述如下：

（1）通过大量古籍文献对徽州犀皮漆各种名谓、出现的年代、历史传承与演变进行系统梳理，形成较为系统的关于犀皮漆基础内容的研究。

（2）通过整理晚明文人笔记著作与晚明徽州漆工艺著作经典《髹饰录》等历史文献，结合自身在徽州的田野实践，为未来进一步深入研究徽州其他髹饰工艺，以及晚明文人趣味对髹饰工艺审美的影响奠定基础。

（3）着力研究徽州犀皮漆的形制与功能，分析其所呈现的人文功用，揭示晚明文人趣味通过对徽州犀皮漆形制与功能层面对人的情操、身心，以及人的社会规范产生的影响，体现晚明文人趣味由对物的塑造到对人格的塑造，由日常生活实用性到社会礼仪性的隐性影响。

（4）以徽州犀皮漆在当代设计中的运用，展现这种源于晚明的文人趣味在当代随着复古潮流而重新实现对物与人的塑造，对生活使用与社会规范潜移默化的作用。同时，为中国当代髹饰以何种审美方式和面貌立足当代提供具体参考案例。

（5）由对徽州犀皮漆未来探索实践可能性的分析，进一步突出徽州犀皮漆所具有的极强表现力，以及在当代较强的拓展空间，为其他传统髹饰工艺如何处理好继承与创新的问题提供借鉴与思考。

（二）研究现状与文献综述

1．对古籍文献中与晚明文人趣味、髹饰器物相关论述的整理

晚明文人的审美趣味引领时代的审美风尚，其趣味的审美对象从书画、文房到园林等。晚明出现了大量的器物鉴赏典籍，记录了晚明文人对器物的审美标准和经验，如曹昭的《格古要论》②、屠隆的《考槃馀事》③和《文具雅编》④、文震亨的《长物志》⑤、高濂的《遵生八笺》⑥、董其昌的《骨董十三说》⑦、张谦德及袁宏道的《瓶花谱瓶史》⑧等，是本论文最重要的理论来源，辅以传世的犀皮漆器实物图片作为参考依据。目前学术界尚未从髹饰审美与器物审美角度对这些文献进行系统的整理与研究。从当前研究的整体情况来看，20 世纪 80 年代学者的研究重点主要集中在晚明文人趣味的历史溯源、历史研究、艺术本体等范畴，带有鲜明的历史性特征。20 世纪 90 年代以来开始出现了从社会学、符号学等角度切入，力求以新的视角寻求研究成果的新突破。历史上的个别论著诸如《园冶》《长物志》《闲情偶寄》等从器物、园林的角度进行了大量深入研究。虽然如此，对晚明文人趣味在器物与髹饰工艺上的审美分析仍显得过于笼统，且未有以此审美趣味对某项具体髹饰工艺进行集中品评。对晚明文人设计批评文献进行全面把握，并挖掘出适用于髹饰审美价值取向的观点，并从审美表达的角度结合具体髹饰工艺加以剖析，对晚明文人审美趣味的当代转型等方向的研究成果几乎是空白，亟待深入展开。

2．对现当代文献中髹饰工艺研究方面的整理

当代与髹饰相关的大量研究大概分为以下几个方面：（1）对髹饰肌理与胎骨的

工艺语言类型进行研究的论著。（2）对髹饰史的专题研究。（3）以漆艺髹饰创作与制作技法为研究的著作。（4）对特定区域性髹饰流派与作者的专题研究。（5）研究当代漆艺的发展、运营模式等产业相关的论著。（6）关于漆艺的鉴赏与收藏的研究。而关于研究髹饰背后设计思想与审美观念的专著不多。而从某一具体髹饰工艺本体因素出发，全面地对髹饰工艺审美进行研究，探寻传统髹饰工艺器物背后的文化、社会、心理等要素及使用者的审美接受体验，从而指导当代漆艺创作实践的论著几乎没有。而对古籍中晚明文人趣味中关于髹饰的论述部分进行整理，进而分析髹饰审美背后文人趣味的影响，以及其对中国当代漆艺美学价值与影响的研究也无人涉及。当前对髹饰审美的论述也多是从视觉审美的角度进行阐释，未从触觉等其他感官的角度涉入。由于本人从事徽州漆艺实践，徽州工艺在历史渊源与文脉上与晚明文人趣味很贴近，并且在漆艺的实践中对髹饰工艺与身心在审美上的相互感知有所体悟，希望从此角度重点对髹饰工艺进行全方位的审美认知。从身心感官上介入髹饰器物的审美体验是本论文的特色与创新之处，也是研究价值所在。本文借鉴了王世襄先生《锦灰堆》[9]中以游艺与把玩物件的视角对漆器，以及其他日常器物进行鉴赏的记述方式，吕品田先生的《动手有功——文化哲学视野中的手工劳动》[10]对手艺的艺术精神与审美内涵进行了哲学性解析，赵佳琪博士论文《乘物游心——中国传统审美方式的把玩研究》[11]中对中国把玩文化以传统审美的角度进行全面阐释，对本论文的写作亦有启发。日本漆艺在传统髹饰如何融入当代设计生活上做出了很好的尝试，其设计师与工艺师有着很好的合作，在喜多俊之《给设计以灵魂——当现代设计遇见传统技艺》[12]一书中对传统髹饰如何进行现代转型的描述，为本文对犀皮髹饰的当代价值与思考提供了写作素材。

3．对现当代文献中晚明文人趣味研究方面的整理

近年来，关于晚明文人设计趣味的学术研究已取得相当成就，从各个角度对晚明文人设计趣味进行了广泛而深入的探讨。对晚明器物的品鉴与雅集休闲活动的研究是近几年工艺史论界与设计学界研究的热点，研究成果颇丰。有对某部明代文献体现的工艺审美观念的研究，也有对文房器玩的美学研究。针对多位学者曾经发表过相关研究综述，笔者将近年来与本文相关的研究成果做简要综述。

国内方面，王树良的《文心匠意——晚明江南文人意趣与居室陈设思想》结合晚明文献与江南文人设计思想和审美趣味的角度对室内陈设的特质进行了解读，并简要分析其历史意义与局限性。[13]赵琳的《元明工艺美术风格演变——以青花瓷为主线》[14]中对晚明工艺美术的整体风格与青花瓷的图案造型色彩的风格具体演变分析，对晚明瓷器的文人化审美趣味进行了论述，两者对本论文从髹饰的角度论述甚有启发。彭圣芳的《微言：晚明设计批评的文人话语》[15]则从设计批评的角度将晚明文人的审美观予以详细分析，试图挖掘出这种审美观后深层的机制和动因。杜书瀛则对《闲情偶寄》中居室器玩部分进行设计美学的思想论述，论证了以李渔为代表的晚明文人开创的中国日常生活审美化的理论。导师邱春林在《设计与文化》[16]中对晚明文人居室陈设与清玩进行了深入的阐释，对论文具有指导意义。台湾学者对晚明文人鉴赏与社会生活的历史文献整理做出了详细的梳理分析，如黄明理的《"晚明文人"型态之研究》与《明人的鉴赏生活——江南文人的鉴赏活动与鉴赏自娱》等。还有一些博士论文为本论文提供了写作素材与灵感。如赵强的《"物"的崛起：晚明的生活时尚与审美风会》、田军的《〈长物志〉的生活美学研究》、苏状的《"闲"与中国古代文人的审美人生》等，还有很多在此不做赘述。

国外方面，西方学者已掀起立足中国古代文化史与历史展开对器物文玩审美的研究热潮，英国学者柯律格的《长物志：早期现代中国的物质文化与社会地位》《明代的视觉与图像性》[17]从设计文献的社会环境出发，以社会学的物质文化消费的角度对晚明设计思想进行了阐释；另外，还有美国学者史景迁的《前朝梦忆——张岱的浮华与苍凉》、加拿大学者卜正民的《纵乐的困惑——明代的商业与文化》等对论文的研究十分有价值。

4．对现当代文献中中国传统美学与审美表达方面研究的整理

尽管本文以晚明文人趣味作为审美视角，但中国传统的审美方式深深地影响了晚明文人的审美方式，所以有必要对美学著作中对传统艺术意境、精神、空间、审美关系的论述进行梳理。关于此方面，可借鉴参考的研究资料甚多，如宗白华的《美学散步》、叶朗的《中国美学史大纲》、杭间的《中国工艺美学史》、朱良志的《中国艺术的生命精神》、徐复观的《中国艺术精神》等，可对晚明文人审美方式、审美思维及所追求的艺术精神境界有更深入的认识和理解。同时，为避免对晚明文人审美表达的阐释中陷入中国艺术的不可言说与含混的文学性描述，以西方文艺批评中对于审美视觉，以及心理学的逻辑性与科学性的描述，使审美表达更加清晰而便于理解和接受。可借鉴的研究成果如黑格尔的《美学》、鲁道夫·阿恩海姆的《艺术与视知觉》、贡布里希的《秩序感——装饰艺术的心理学研究》、苏珊·朗格的《情感与形式》、梅洛·庞蒂的《知觉现象学》等。由上所示，笔者的研究希望较前人更加细化具体清晰，以承袭传统审美方式的晚明文人趣味为主线展开，立足于髹饰审美的角度，全面分析晚明文人趣味的内涵和挖掘传统髹饰工艺所传达的人文精神和功能意义。

笔者希望通过由以上研究成果进而对徽州犀皮漆做细致深入的分析，以晚明文人趣味为主线，阐释徽州犀皮漆的形制与人文功用，并对徽州犀皮漆的名谓与历史传承进行总结，并展现徽州犀皮漆在当下融入当代设计与进一步拓展的新形态。在此基础上挖掘其形制与功用中对人格陶养与社会规范教化的因素，探寻出晚明文人审美趣味在徽州犀皮漆器中所影射的中国传统文化通过器物对社会和人格润物无声的影响。

（三）文章架构与研究方法

本文分四章进行论述：

第一章介绍徽州犀皮漆的概况。通过对徽州犀皮漆的从属类别与审美趣味渊源—徽州髹饰进行归纳总结，进一步分析了徽州犀皮漆中晚明文人审美趣味存在的合理性。并结合徽州犀皮漆演变的历史，以及几种名谓与工艺流程的梳理，考察徽州犀皮漆形成和发展的过程。

第二章探讨晚明文人趣味下徽州犀皮漆本体形制与功能的审美。对造型、髹饰纹理，造型与髹饰形式审美协调性、使用功能等进行审美具体分析。归纳出徽州犀皮漆外在形制与功能所蕴含的晚明文人审美趣味。为下面试图分析隐含其中对人的身心情操与社会规范的影响做铺垫。

第三章对徽州犀皮漆人文功用进行分析。在承接第二章内容的基础上，对徽州犀皮漆形制，以及使用功能所蕴含的深层人文内涵进行阐释。通过进一步分析徽州犀皮漆中的晚明文人趣味对使用者人格、修养，以及社会规范的影响，展现徽州犀皮漆对人格与社会潜移默化的熏陶、教化作用。

第四章承接上几章从历史发展脉络总结中国当代设计复古的审美倾向，以及徽州犀皮漆融入当代设计的拓展与未来探索倾向，以徽州犀皮漆与上下设计品牌结合案例进行分析，说明晚明文人趣味与徽州犀皮漆髹饰进入当代设计的可能性和这种审美与髹饰工艺所具有的当代价值，为今后中国其他地区的传统髹饰工艺进入当代设计提供借鉴和参考。

结语则是对徽州犀皮漆所寓意的人文精神的分析，揭示隐藏于徽州犀皮髹饰中晚明文人趣味对人的情操与身心的陶养，以及对社会规范的制约影响，总结徽州犀皮漆"形制功能"与"人文功能"的密切关系，由此以小见大地体现了中国传统工艺审美体系中器以载道、托物言志的精神境界与文化追求。为中国当代设计提供既具有高文化品位，又适于实用，兼具个人身心修养与社会规范建设的中国造物系统。

本文采用的主要研究方法：

（1）文献分析法——通过大量的相关文献资料的整理，梳理出与论文相关的脉络和内容，从而全面地掌握本研究的内容，整体把握研究内容和发展方向。在已有研究的成果上提出新的看法。

（2）比对分析法——通过同一时期体现晚明文人审美趣味的工艺与美术作品间的比较，分析出该审美趣味在髹饰工艺中的应用方式与规律。同时，以日本韩国当代设计很好地从传统技艺中吸收进行再设计的例子与当代中国设计复古倾向状况进行比较，说明晚明文人审美趣味，以及徽州犀皮髹饰的具体应用，以达到研究的系统化与全面化。

（3）实证分析法——梳理相关古代绘画作品与出土文物、历史实物资料等图像，为徽州犀皮漆的形成、演变等提供可靠有力的依据。

（4）田野实践个案分析法——把徽州犀皮髹饰技艺作为晚明文人趣味在髹饰工艺中运用的具体案例，通过在徽州实地做工艺和考察徽州本地的历史文化，了解徽州犀皮漆工艺在当代的制作面貌、日常生活使用状况等。

二、徽州犀皮漆的概况

（一）徽州犀皮漆的从属类别与审美趣味渊源

1．徽州髹饰的种类

中国众多传统技艺中重要组成部分的髹漆技艺历史悠久，发端于新石器时代，在秦汉时期就已经达到很高水准，成为当时中国人日常生活中不可或缺的实用器物。徽州漆器是利用徽州本地产的徽州生漆为主要原料，运用多种髹饰手法装饰家具、容器，或制成各种日用品、工艺品等，是安徽省汉族传统工艺品之一。徽州髹饰工艺种类丰富，包括嵌螺钿（嵌硬螺钿、嵌软螺钿）、漆砂砚、犀皮漆、骨石镶嵌（即百宝嵌）、刻漆（即款彩）、描金彩绘（即描漆）等制作工艺。技法多样，精美绝伦，体现了明清时期徽州卓越高超的髹漆技艺水准。相比较全国其他地区的髹饰工艺，徽州漆工长于雕嵌、平磨螺钿、犀皮、漆砂砚等工艺，形成精致典雅、文绮秀丽、富有文人趣味的风格。髹饰纹理磨显清晰，工艺细致而纯熟。现按照徽州漆工黄成在漆工艺经典著作《髹饰录》中对漆器十四大门类的分类方法“于文为阳，包括纹匏门、描饰门、阳识门、堆起门、裹衣门；属阴为质，包括质色门、罩明门、填嵌门、戗划门、雕镂门；阴阳交错，包括斒斓门、复饰门、纹间门；单素门为纯色漆器，不属于阴阳之列”[18]，对徽州漆器的髹漆技艺进行归类。

第一类填嵌门。徽州漆器在其中包括螺钿玉骨石蛋壳百宝镶嵌、犀皮漆、漆砂、雕填等。其中，螺钿镶嵌、犀皮漆、漆砂砚也是徽州漆器的特色髹饰技法。填嵌类漆器历来被文人们所推崇，列为髹饰第一。如明代文人高友荆在《燕市漆器歌》中对漆器进行了排座次的品评：“品题第一号填漆，再次波罗次剔红。”[19]其中，高友荆所说的“波罗”即是“破螺”，是犀皮漆器的南方称谓，“填漆”分为镂嵌填漆和磨显填漆两种。镂嵌填漆也称雕填，即在镂嵌处填数次彩漆直至与凹处齐平后磨平，磨显填漆可分为具象和抽象两种纹饰，指在完成中涂的漆胎上用稠漆描绘漆象或撒各种颗粒状装饰材料，后覆盖多层推光漆然后磨显。其实犀皮漆、漆砂也同属于填漆中磨显填漆类，与填漆一同归属于填嵌门。对填嵌类漆器而言磨工至关重要，只有经过精细研磨才能很好地展现出漆器变化无穷的图案纹理、含蓄蕴藉的光泽，符合文人对温润如玉质感的审美追求。徽州镶嵌漆器分为螺钿镶嵌和百宝嵌，其中，最典型的是徽州螺钿镶嵌漆器，即是一种把磨制成薄片具有彩色珠光的螺壳、贝壳、蚌壳依画面所需，裁截成各种形状镶嵌入漆器胎体表面漆层的一种髹饰工艺，其也是东亚具有悠久历史传统的髹饰技法。依照螺钿壳的厚度可以分为薄螺钿和厚螺钿。扬明在《髹饰录》(螺钿）中有“壳片古者厚，而今者渐薄也”[20]的说法，薄螺钿也称软螺钿，可以通过拔贝、擦贝或者煮贝的方式获得，色彩分明而富有变化，比厚螺钿色彩差异更强烈，具有较强的装饰表现力。

自元代以后中国螺钿髹饰就开始了由厚转向薄的趋势并持续繁荣发展，软螺钿工艺自晚明时期开始随着工艺造物的持续繁荣走向顶峰，展现了明代徽州髹饰工艺的华丽典雅，成为当时徽州漆器代表性髹饰工艺而流行全国。百宝嵌是以竹、木、金属等为胎，把用螺钿、象牙、犀角、珊瑚、琥珀、玛瑙、宝石、玳瑁等珍贵材料雕镂或剔刻好的山水、人物、鸟兽等图案纹样组合好，镶嵌于硬木胎体并搭配各种颜色的漆层，再经过打磨抛光形成如浮雕般五彩斑斓、绚丽夺目的百宝嵌髹饰。黄成在《髹饰录》中有“與彩漆板子错杂而镌刻镶嵌者”[21]。犀皮漆又称“虎皮漆”或“菠萝漆”，其做法有很多种，无论何种做法都是用矿物色与色漆调制成稠漆，用各种工具和手法做成高低不平的埝子，以一定规律髹涂到表面光滑的胎体表面，此工序通常也被称为“打埝”。如今徽州制作犀皮漆主要采用丝瓜络蘸稠漆或用螺钿粉粒作为起纹引起料，再髹涂多层各色相间的不同色漆于高低起伏的阴干稠漆埝子上，上完最后一道漆后漆器表面凸现微微高起的纹理，最后通体磨平，则呈现出各种变化的纹理。

王世襄夫人袁荃猷女士曾在《谈犀皮漆器》一文中对犀皮漆纹理做了形象的描述：“表面是光滑的，花纹由不同颜色的漆层构成，或作行云流水之文，或像松树干上的鳞皱，乍看很匀称，细看又富有变化，漫无定律，天然流动，色泽灿烂，非常美观。”[22]晚明文人董其昌在《骨董十三说》则谓：“漆器……其佳者有古犀毗、有古剔红、有堆红、有戗金、有攒犀、有螺钿。”[23]其中的古犀毗即是犀皮漆器，形成的纹理无人工刀凿痕迹，满足文人们对自然意象美感的追求，由此可见犀皮漆器受到晚明文人的推崇。徽州还有一个特色髹饰品种叫漆砂，属于填漆中磨显类的粉粒研绘，常用于髹饰砚台称为漆砂砚。漆砂砚质地细润如玉而不油滑、发墨益毫、易于保存宿墨、体质轻巧不易损毁、外表髹饰低调沉稳而不失精巧雅致，因而既是书画家实用的文房用品，又是备受文人雅士追捧与珍爱的案头清玩。

第二类描饰门。徽州漆器此髹饰技法包括描金、描漆彩绘等。描金是在漆地上采用贴金或画金方法描绘花纹，由于纹理突出表面为“阳”，故又称“识文描金”，列于《髹饰录》中的“阳识”门。在高于漆面平堆、线堆的花纹上再加纹样，或描或堆形成花纹则称为“阳中阳”。描漆彩绘即在光素的漆地上用各种色漆描绘花纹。徽州漆器在此一门类中最具特色，即是将描金与彩绘结合的描金彩绘竹编漆器，可分日用和陈设两种用途，造型考究，讲求实用性。徽州竹编漆器胎骨竹篾细如丝，薄如纸，编织缜密。将取材于绘画的图案以彩漆描绘于竹编胎骨上，髹饰后的器物既坚固耐用，又华丽美观，富有文人艺术魅力。传世的徽州竹编漆器多以碗、杯、盘、瓶等生活日用器物为主，还有箧盒、书箱、礼盘、果盒、祭具等具有文化礼仪性的器物，历来受到文人们的欢迎。

第三类戗划门。徽州漆器在此门类的代表性漆器是戗金。此髹饰工艺的特点是精细凹刻，在器表凹陷处填色以致平整，因而谓之“阴中阴”。戗划门包括戗金、戗银、戗彩，与剔犀在多层髹饰堆起一定高度的漆层表面上雕镂不同，戗划类漆器是用尖锐的刀或针阴刻出纤细的纹样和图案。若为戗金则将金胶填在花纹凹陷处，而后趁金胶将干未干时贴上金箔或者金泥以形成金色图案纹样，此种髹饰方法在日本被称作沉金。

第四类堆起门。徽州髹漆技艺属于此种方法的为堆漆技法。堆漆在《髹饰录》中被概括为隐起和识文两类，通常把漆灰塑形成花纹，不加雕琢的髹饰方法称为识文，归于“阳识”门。隐起则需要对堆起的花纹加以雕琢，是以为“阳中有阴”，列于“堆起”门。这两种方法都是对凸起的堆漆纹饰加以髹饰并在堆漆纹饰上髹饰色漆，在色彩上有堆红、堆彩两种，通常与描金髹饰技艺相结合，故有识文描金和隐起描金之称。

第五类雕镂门。徽州髹漆技艺中常用于此门类的技法为刻漆雕填。在《髹饰录》中雕镂门包括剔红、剔黄、剔绿、剔黑、剔犀、剔彩、复色雕漆、款彩等，是宋元常见的髹饰技法。其中，款彩的方法是用漆灰在胎骨上做底子，然后用色漆填入漆灰底上阴刻的花纹图案凹陷处。剔红则是在髹涂红漆于胎骨上使厚度达到三十至百余层的漆层上雕镂图案纹样，以此形成凹凸起伏的雕刻厚度。明代徽州漆工黄成的剔红技法就很高超精湛，以高濂为代表的晚明文人对徽州漆工精湛的剔红髹饰给予了高度称颂与认可。剔犀则是先在胎骨表面以一种色调为主色按规律做犀皮髹饰，待髹漆达到一定高度后，再用刀剔刻漆面雕刻出云纹、勾纹、回纹等婉转回旋形图案纹饰，使整体纹样富有动感，其后在剔刻的刀口断面处则会露出不同的漆色层，近似于犀皮漆多色交织环绕的肌理，故而得名“剔犀”。在这里要特别说明的是，剔犀与犀皮由于都有相同的“犀”字，在古代涉及犀皮髹饰记载的文献中经常被混淆，两者在工艺上截然不同，犀皮漆器属于填嵌类以打磨光滑为结果，剔犀则属于雕镂门，以凹凸不平见刀法的纹样为结果。（图 1-1、图 1-2）

第六类质色门。指各种通体光素一色不加任何纹饰以极简为美的素髹漆器。其盛行于宋代精雅简洁的时代审美潮流中，以朱、黑、紫三种漆色最为常见，貌似做法简单实则很难做到完美境界。在明代黄成《髹饰录》中的“金髹”亦为一色漆器，此种髹饰方法常用于明、清徽州所制文房用品中。《长物志》中有“研匣宜用紫黑二漆……”[24]屠隆《考槃馀事》中也有“有倭人造黑漆秘阁……上描金泥花样，其质轻如纸，为秘阁上品”[25]。推光漆器抛光如镜，精致到位，漆色浓重深邃，手感温润如玉，因而颇受晚明文人的青睐。

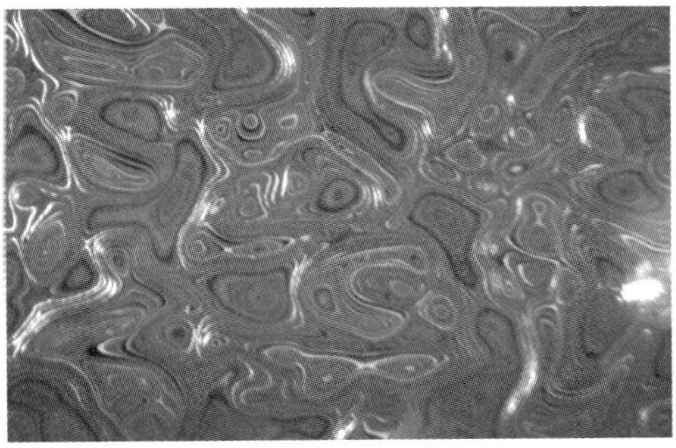

左·图1-1 犀皮漆纹理
右·图1-2 剔犀纹理 （图片来源：网络）

第七类多种髹饰技艺结合门类。在《髹饰录》中其包括纹间门、斒斓门、复饰门等髹饰工艺。纹间门是指综合运用戗划门类某种髹饰与填嵌门类中的某种髹饰技法的一类漆器。徽州漆器此门类的代表性工艺为戗金间螺钿、戗金间犀皮、戗金间漆砂等。黄成《髹饰录》中则有“嵌金间螺钿，片嵌金花细填螺钿者”。㉖斒斓门指两种或两种以上髹饰技艺相结合的各种漆器。《髹饰录》中有扬明对“斒斓”门的注释：“总所出于宋、元名匠之新意，而取二饰、三饰，可相适者，而错施为一饰也。”㉗斒斓门中的各种髹饰技艺要阴阳协调、相互适应，才能充分展现漆器变化无穷的各种髹饰效果而不落宋元窠臼。徽州漆器属于此门类的有漆砂砚系列，通常砚台运用属于填嵌门的漆砂髹饰，而砚盒盖常运用填嵌门的犀皮漆、螺钿镶嵌、堆起门的识文堆起等髹饰工艺。故可列入斒斓门。徽州的揸金彩绘作品即是将描金和彩漆两种髹饰技艺结合，也可列入斒斓门。《髹饰录》经典中还有很多门类尚未被恢复，期待未来有更多的徽州髹饰工艺能重见天日。

2．徽州髹饰的风格与晚明文人审美趣味存在的合理性

自古以来，中国很多地方都有漆器制造业，不同产地的漆器受地域环境与文化差异影响，髹饰工艺往往会有所不同。尤其在中国古代传统封闭稳定的农业社会形态下，各地髹饰工艺形成了鲜明的地方特色。因此，形成了以北京、山西平遥、甘肃天水为主的北方漆器，和以扬州、福州、徽州为主的南方漆器。如扬州漆器以螺钿镶嵌、剔红为主，北京漆器主要以剔红和金漆镶嵌为主，山西主要是推光漆、剔犀为主，徽州地区则主要制作犀皮漆、漆砂、描金彩绘、螺钿镶嵌等漆器。这种鲜明的地域风格直到改革开放后因现代工业生产自动化和市场流通网络化的冲击而被打破，各地的漆器在风格和髹饰工艺语言上越来越接近。但从髹饰的工艺语言上依稀可以窥见各地区髹饰工艺自身的地域文化特色与历史底蕴。如北方漆器受宫廷审美影响多华丽浑厚，南方漆器受文人趣味影响多精致典雅。其中，以江浙皖为代表的江南地区是明清以来文人士大夫文化最为集中发达的地区，这一地区的文化艺术，从绘画、工艺、园林建筑、室内陈设等无不打上中国传统文人精英文化的深深烙印。尤其明中叶以后，手工业商业的空前繁荣与思想的解放带来的消费意识觉醒，使中国传统贬斥技艺轻视工匠的传统观念有所削弱，文人士子开始关注良工技艺，与工匠进行默契互动，将自身审美趣味与文采风流注入工艺造物，引领江南工艺推向历史的巅峰与高潮。《陶庵梦忆》中记载:“陆子冈之治玉,鲍天成之治犀,周柱之治嵌镶,赵良璧之治梳,朱碧山之金银……盖技也而进乎道也矣。”[28]王世贞《觯不觯录》中也有“……及歙吕爱山治金、王小溪治玛瑙、蒋抱云治铜,皆比常价而再倍,而其人至有与缙绅坐者”。[29]由此可见晚明时期江南工艺得到文人群体广泛的价值认同与积极参与。

晚明时期同属于江南地区的徽州也毫无例外深受文人趣味的影响而诞生了许多技艺高超、精致典雅的工艺。“徽州工艺以儒雅著称,富有文化品位,这除了大量文化人的参与外,最要紧的是他们提高了每一位工匠的文化水平和审美能力,而徽州给众多工匠提供了一个深厚的人文背景。”[30]南宋以降,徽州曾有“程朱阙里”之称。晚明时期,王阳明心学流派在徽州形成心学思潮,加之深厚的朱学传统,使徽州文风兴盛,因注重教育而培育起来的浓厚文化氛围,潜移默化地对徽州工艺施加影响。同时,地处江南的地理位置,依傍新安江和黄山的优美地理环境使徽州形成良好的人文氛围。“徽州工匠生活在徽州这样一个充满文化和艺术的天地里,无时无刻不接受着熏陶。”[31]晚明以来,来自江浙的文人群体如董其昌、陈继儒、李日华、汤显祖、徐霞客、钱谦益、徐文长、姚舜牧、黄宗羲,画家丁云鹏、萧云从、石涛、弘仁等频繁往来于徽州,使徽州工匠的文化素养得到熏陶,进而使工艺作品呈现出晚明江南的文人趣味。《徽州文化全书》中提到:“他们是刻工,是以雕刻版画为生的匠人之流,但和士大夫接近的结果,他们是完全浸润于明末士流的风尚中了。他们知道自己所创作的是艺术品,是可珍重的,和诗文词曲小说,以及图画一样是可珍重的。”[32]另一方面,晚明时期随着徽商的崛起,促进了徽州工艺的繁荣兴盛。久经商场的浴血奋战,徽商们身心疲惫,需要一个舒适环境调养身心,便将大量的商业利润投入与家乡徽州生活起居相关的物质文化中,徽州山区在具备资源优势的同时还得到徽商雄厚财力的滋润。“千艘舳舻四海通,亦官亦商亦儒宗,文明若问因何盛,应论徽商第一功。”“富商显宦,邻里相望,以故百艺工巧。”[34]因此,晚明时期的徽州工艺呈现出繁荣与多样性的面貌,并翘楚于世。

晚明嘉靖年间匠役制度的松绑推动了漆工从果园厂走向民间自立,同时,禁奢令的废止促使作为奢侈品的漆器市场的壮大,这些都为历来不受历史待见的民间漆工创造了前所未有的契机。伴随着晚明玩古、推崇长物之美的时代风尚,中国长期重道轻艺的传统开始发生动摇。特别是晚明时期，文人参与包括漆器在内的工艺造物潮流，使过去一直不受主流社会待见的工匠开始凭借文人的工艺著述得以留名史册，以黄成为代表的徽州漆工即是因此而受到社会的关注。许多制作精美漆器的漆工开始与他们的文人雇主交流互动并产生联系，文人们偶尔会凭借其笔记著作对漆工们的生平事迹、漆器作品进行品评，有关髹饰的经典理论著作、著名漆工的个人资料开始见于历史文献中。尽管晚明开始了对髹饰工艺的审美关注，但我们只能从文献的只言片语中去揣测那段中国漆工难得被主流文化接受认同的短暂历史。晚明以徽州漆工黄成为代表的漆工正经历着漆器工艺从器物的流行风靡到社会生产力的全面解放，其作为漆工的社会地位也随着时代变迁而发生转变。漆工终于开始可以作为具有专业水准的艺术匠人而受到以文人主导的社会群体的尊重。这与当时工艺造物盛行背景下，漆器颇受市场消费欢迎的情况是分不开的。徽州漆器在晚明鼎盛发展，并向周边辐射而形成了与文人趣味相近的髹饰文化圈，在上海、江苏一直以来都有徽州漆器销售，从中可见徽州漆器与江南漆器一脉相连。自古以来古徽州工艺深受江南文风影响而文化底蕴深厚，徽州漆器在风格上则一直延续着源自晚明的文人审美趣味，是江南文人审美趣味物化的产物。随着当代徽州髹饰向传统文脉的进一步回归，徽州漆器的这种独特风格越发彰显其魅力与价值。

（二）徽州犀皮漆的称谓由来与历史传承

1．徽州犀皮漆的名谓解说

徽州髹饰技艺蕴含着古徽州地区深厚的文化内涵与历史底蕴。在徽州历史上种类繁多的髹饰技艺中只有一小部分流传至今。在《徽州文化全书》工艺卷中将磨漆、描金彩绘、镶嵌、刻漆、堆漆五大髹饰门类作为徽州的主要髹漆技艺。磨漆类漆器以犀皮漆和漆砂砚为代表，彩绘类漆器以描金漆器为代表，镶嵌类漆器以螺钿漆器为代表，而其中又以犀皮漆器最为著名。犀皮漆在《髹饰录》中被记载为："犀皮，或作西皮，或犀毗。文有片云、圆花、松鳞诸斑。近有红面者。共光滑为美。摩窳诸斑。黑面、红中、黄底为原法；红面者，黑为中，黄为底；黄面，赤、黑互为中，为底。"[35]犀皮漆各种纹理形态可由"片云、圆花、松鳞"进行意象性的总体感官认知，令人产生无限遐想。通常把在完成中涂的漆胎上打埝并层层髹涂色漆，待干后表面磨平抛光，而显露出斑驳夹杂、美丽流动纹理的一种髹饰技艺称为犀皮漆。

犀皮漆源于何时，尚无定论。目前学术界普遍认为1984年出土于安徽省马鞍山市南郊东吴朱然墓（现藏于该市博物馆）的一对耳杯是现存最早的犀皮漆实物（图1-3），其纹理形态疏略，虽然整体色彩呈黑褐色，但依稀可见红、黄、黑三色的交替变化，且表面光滑，已经具有了犀皮漆的特征。“由此推断，安徽犀皮漆艺当有自身传统，安徽或为我国犀皮漆器发源地。”[36]但东汉至元代犀皮漆存世实物极少，目前也未发现相似的犀皮漆实物，可谓孤例不成证，况且学术界对这对耳杯是否属于犀皮髹饰门类也存有质疑。王世襄先生在《髹饰录解说》中认为：“犀皮漆器似唐代已有，至宋代更为流行。唐袁郊、甘泽谣（《太平广记》卷一九五）中讲到犀皮枕。”[37]另外，我们通过历史的横向比较来为唐代犀皮漆的出现提供依据，从唐朝绞胎瓷器的发展与釉面纹理可以判断犀皮在纹理上类似于唐代绞胎瓷器（图1-4），两者具有相互影响借鉴的可能，犀皮漆那种变幻莫测的纹理符合唐代审美。宋代的犀皮漆器同样国内未见。现存的传世品与出土品极其稀少，藏于日本根津美术馆的犀皮漆盏托（图1-5）是古老的犀皮漆工艺传世的第二件作品，盏托外壁髹饰红、黄、绿三色相间的犀皮漆，内壁髹饰朱红色漆，口、足边缘处髹金漆，总体呈橙红色片云状有规律性的排列纹样。这件犀皮漆当为南宋犀皮漆佳品。

《髹饰录解说》引用宋代记载文献：“宋吴自牧《梦粱录》中提到清河湖下戚家

左·图1-3　犀皮漆耳杯　安徽马鞍山博物馆藏（图片来源：网络）
中·图1-4　唐代绞胎瓷器（图片来源：网络）
右·图1-5　犀皮漆盏托（传南宋）　日本根津美术馆藏（图片来源：网络）

犀皮铺，与游家犀皮铺并列……《西湖老人繁胜录》中讲到犀皮动使。襄按：动使即家庭中的日常用具。”[38]由以上文献可推断犀皮漆是一种在当时应用比较广泛且受欢迎的髹饰品种之一。但有些文献记载如宋程大昌《演繁露》认为：“按今世用朱黄黑三色漆，沓冒而雕刻，令其文层见叠出，名为犀皮。”[39]则是混淆了犀皮漆与剔犀的概念。以上说明在南宋时期江南一带，犀皮漆工艺取得了长足发展，技术日臻成熟。目前，尚未见到宋以前和元代的犀皮漆器实物，也少有文献记载，无从知晓其发展状况。期待看到更多明以前的犀皮器物面世，以窥见古代犀皮的真面貌。

犀皮的称谓古往今来一直说法不一。犀皮乃学名，又做犀毗、西皮，近代南方称作菠萝漆、波罗漆，北方称作虎皮漆，南北的称谓不一。唐代赵璘《因话录》中记载：“髹器称西皮者，世人误以为犀角之犀，非也，乃西方马鞯，自黑而丹，自丹而黄，时复改易，五色相叠。马镫摩擦有凹陷处粲然成文，遂以漆器仿为之。”[40]此为犀皮漆称谓第一种西皮说。意为中原人在西方人使用的马鞍的马镫摩擦凹陷处看到有黑、红、黄等色彩丰富相叠混杂，因经过摩擦在磨破处粲然成文的肌理，由此而获得灵感，以髹饰技艺去模仿。然而犀皮漆制作工艺极为复杂，工艺要求标准高，数量稀少，且历代漆工大都密而不传，故几近失传。在明末的文献中有很多对漆器的品评，其中，对犀皮漆器的评价甚高。上文已述《帝京景物略》中有高友荆记载的《燕市漆器歌》将犀皮漆排在第二位，董其昌在《骨董十三说》则将“古犀毗”排在了首位。到了明代，有人反对“西皮”说，认为应该是犀毗，故有董其昌的犀毗称谓的表述，明人都穆在《听雨纪谈》中记录：“犀皮当作犀毗，毗者，脐也。犀牛皮坚而有文，其脐四旁，文如饕餮相对……后之髹器，效而为之，遂袭其名。”明人马愈《马氏日抄》中对犀毗称谓来由也持有相同观点，即认为古犀毗就是犀皮漆器。[41]“犀”指犀牛皮，“皮”字应该是“毗”，指犀牛的肚脐坚硬又有纹路，其脐中一圆孔，四旁文如饕餮相对。西域人把犀牛因坐卧地面的摩擦而显得圆润光滑的肚脐表皮割下装饰成腰带，后人以髹饰技艺对此纹样进行模仿而得名。此即是第二种犀毗说。而曹昭《格古要论》中对古犀毗的注解：“古剔犀器以滑地紫犀为贵，底如仰瓦，光泽而坚薄……剔得深峻，其骨子少有坚者，但黄地者，最易浮脱。”[42]其所讲的其实都是多层堆积漆层后再剔刻的剔犀工艺，而非犀皮工艺。犀毗在《汉书匈奴传上》又有记载：“帝赐单于黄金饬具带一，黄金犀毗一。”[43]当时黄金犀毗是贵族身份的象征性饰物之一。可以看出，犀皮漆的腰带说既顾名思义，又比较合乎实际。不管以上两种说法哪种是犀皮漆名称的真正来源，但都将当时在自然界或者某种物体上发现的五色相叠的自然纹理以髹饰方式进行再现，漆工综合其外观特点为五色相叠，间杂斑驳，进而模仿创造出了犀皮漆工艺。另外，宋人文献《席上腐谈》中有“漆器有所谓犀皮者，出西昆国，讹而为犀皮”。[44]把来自西昆国的漆器假称为“犀皮”的说法很牵强，难以令人信服。[45]晚明文人李日华在《六研斋笔记》中说：“戎人性巧，喜文章陆离之观，割破马鞍皮，累数重漆者，为小合子，若狸首鹿胎然，名曰犀毗。”[46]犀皮变成为上了几道漆的马鞍皮做成的小盒器物显然是不对的。明末文人方以智在《通雅》卷三十四《杂用》中说：“智按宋漆有犀毗，即史师比，借称其杂采也。云南棋罐、香盘。皆五色相叠，是其类矣。”[47]方以智说五色相叠的云南棋罐、香盘与犀皮同属一类。但见不到其所言实物，仍无从知晓判断五色是怎样相叠的。

综合以上说法，只有《髹饰录》较全面具体地对以上两种说法同时采纳，指出“犀皮或作西皮，或犀毗”。[48]即表面光滑平整而纹理形式丰富多样。犀皮被黄成列入“填嵌门”，而“填嵌门”中的各种漆器，无一不是最后经过打磨才完成的。王世襄在《髹饰录解说》中则认为：“凡是在漆面上刻花纹，然后用漆或金，或银，或螺钿等物填嵌进去的，或用稠漆在漆面做出高低不平的地子，然后用漆填入磨平的，都列入这一门类。”[49]这里的门类即指填嵌门。明代犀皮漆箱与犀皮漆圆盒（图 1-6、图 1-7）是王世襄先生的心爱之物，内部髹饰朱漆，器表红黑相间，是研究明代犀皮的重要实物资料，两件犀皮漆器形与纹理符合时代特征，漆面肌理色泽包浆均为上品。其造型古朴，天然流动的纹理有《髹饰录》所言的片云、圆花、松鳞等诸特征，层次丰富，漆色属于黄成在《髹饰录》中提及的红面者，并夹杂暗绿色。明代犀皮漆色泽温润，包浆肥厚，漆面会形成类似于于古琴的断纹，大断间杂小断，小断中有微断，在放大镜中可见异常丰富微妙的纹样变化。

2．徽州犀皮漆的历史传承

在《徽州文化全书》“徽州工艺卷”中有记载：“徽州漆器制作工艺有镶嵌、刻漆、描金彩绘、磨漆、堆漆五大类，其中镶嵌以螺钿漆器著名，磨漆以波罗漆器和漆砂砚著名……”[50]徽州古称新安，地处皖南山区，在明代被称为徽州。徽

左·图1-6　明代红面犀皮漆箱　王世襄先生俪松居旧藏（图片来源：网络）
右·图1-7　明代红面犀皮漆圆盒　王世襄先生俪松居旧藏（图片来源：网络）

州一带自古多丘陵，山多地少，亚热带气候温暖湿润，漆树资源丰富盛产天然生漆，一直以来生漆就是当地重要的经济作物。因生漆原料的充足，故古代徽州髹饰技艺是当地较发达的重要手工业。徽州漆器早期主要产地在歙县（是古徽州的政治中心）、岩寺（今徽州区）、休宁（今屯溪地区）等。屯溪是古徽州的重镇，也是徽州犀皮漆器的主要产地，有着悠久的历史。《髹饰录》的作者黄成就是歙县人。据南宋罗愿《新安志》中记载："佳漆则诸邑皆有之，山民夜刺漆，插竹笕其中，凌晓涓滴取之，用匕刮筒中，磔磔有声，其勤至矣。岁旱则益少，天时雨汁则又不佳。"[51]虽然早期文献中没有关于徽州犀皮漆的明确记载，但是，从此处文献对徽州采漆生产的记录可以推知，徽州地区的髹漆技艺在宋代甚至更早就有发展。《中国传统工艺全集·漆艺卷》中说："宋代，安徽屯溪已有菠萝漆工艺，做法是：漆胎髹涂推光漆后，立即撒上破碎的螺钿砂粒，干后依次髹涂黄红黑诸色推光漆，逐层填平漆面，干固后磨现出螺钿砂粒。围绕螺屑，黑红黄漆圈圈成文，当地称为破螺漆。"[52]另据有关记载，早在南宋时，徽州漆工就用矿物颜料混合搅拌当地生产的生漆制成犀皮漆砚盒、笔杆、花瓶、笔筒、扇柄等文房文玩小品，精致古雅而备受时人欢迎。徽州犀皮螺钿漆器曾风靡一时，徽州漆工被称为徽帮一派。

自古徽商以经营生漆、茶、建材、造纸、制墨、桐油等生意为主，在明代成化年间后转向贩盐，随后于晚明之时富甲一方。徽商的崛起带动徽州经济开始转向兴盛发达，也给徽州漆器的繁荣带来了广阔的发展空间。同时，新安理学的进一步发展使徽州文风兴盛，人文荟萃，成为明代著名的刻书文房制作中心之一。以徽州制墨业为代表的文房用品也带动了漆器制作业的繁荣，诸如各种墨块、墨盒多以描金髹饰在漆地上做图案装饰。徽州犀皮漆鼎盛时期出现在明代中后期至清代中期。徽州漆工黄成就是在这样的环境下受到熏陶而博通经史、文采飞扬，成就了一代经典髹饰理论《髹饰录》。

晚明文人高濂《燕闲清赏笺》道："穆宗时，新安黄平沙造剔红，可比园厂，花果人物之妙，刀法圆活清朗。"[53]"奈何庸匠网利，效法者颇多，悉皆低下，较之往日一合三千文值，今亦无矣，何能得佳。"[54]晚明文人高濂对当时徽州著名漆工黄成高超髹饰技艺的称颂与认可由此可见一斑。明末文人方以智《物理小识》中有记载："近徽吴氏漆，绢胎鹿角灰磨者，螺钿用金银粒、杂蚌片成花者，皆绝，古未有此。"[55]可见当时徽州吴氏漆工脱胎夹纻的鹿角砂漆器和螺钿漆器在髹饰工艺水平上有很大创新和突破。大明万历《歙县志》卷九对当时徽州髹饰技艺也有明确记载："髹器则余氏、汪氏俱精。有退光罩漆、胎锡雕红、泥金螺钿诸种。上者欲追果园厂。"[56]清代文人吴骞《尖阳丛笔》有云："元时攻漆器者有张成、杨茂二家，擅名一时。明隆庆时，新安黄平沙造剔红，一合三千文。"[57]

依靠徽商雄厚资本带来的经济富庶与徽籍文人士绅的强力支持，徽州漆器在明末万历至崇祯年间而后至清乾、嘉年间空前发展，极为兴盛。在工艺种类上，螺钿镶嵌、犀皮漆、鹿角砂、戗金、刻漆、描金彩绘、百宝镶嵌等多种髹饰技艺层出不穷，蔚为壮观。在漆器消费市场上则广阔深入时人的日常生活中，徽州犀皮漆器成为当时富商与文人雅士喜爱的珍品。当时徽州富商大贾崛起，追求生活奢靡，大者屋宇小者器皿，无不讲究称心悦目，富有的文人往往会把需要做髹饰的生活用具像做艺术品一样做到精致完美。徽州犀皮漆器在当时无论雅集宴享还是古董赏鉴，都会被作为一种身份地位的象征，可以说正是晚明时期徽州犀皮漆器在中国工艺史上第一次获得了文人士大夫的集体青睐和赏识。蓬勃的商业环境为漆器的制作、鉴赏收藏、市场买卖等提供了文人话语介入的平台。晚明文人群体通过对绘画器物的长物之癖、宗教信仰的慰藉、游山玩水的闲赏等方式获得食色性上的愉悦快感。他们将文房居室陈设用具做成髹饰之物与诗书画印收藏鉴赏等文人雅事融为一体，如茶具、砚盒、笔筒、镇纸、画案、博古柜等。漆工匠们则以各种精益求精、争奇斗艳的髹饰技艺手法投文人群体所好。在方寸器物空间中，徽州犀皮漆器以其变化无穷、精美雅致的髹饰工艺成为文人们寄情游心、抒志畅怀的文房清玩。这种现象背后展现了晚明以来有经济实力文人的文化艺术修养在髹饰器物中的体现。

徽州平常人家生活常用的杯盘箱盒、亭廊门窗、桌几橱匣等民间日用生活器具也莫不以髹漆为饰，深受徽州独特人文环境影响，典雅精致富有情趣，具有浓厚地域特色。尤其徽州精湛的竹编技艺使徽州出现一种以藤或竹编为胎或镶边，外髹各种髹饰的漆器，如犀皮漆竹编围边圆形盘（图1-8、图1-9），犀皮漆竹编镶边委角正方形盘等以竹编为胎或镶边的犀皮漆器。以淡水螺钿或描金彩绘或仿自然纹理的犀皮漆漆砂做髹饰，其中，螺钿镶嵌为最常见的髹饰工艺，最有代表性髹饰工艺的则是犀皮漆、漆砂砚。还有很多制作精美、器型丰富、富有艺术价值的明清生活日用的徽州漆器收藏于安徽博物院。

清代的徽州漆器同样闻名且工艺精良。随着大量徽商到扬州经商贩盐发展，徽州螺钿漆器与漆工也随徽州盐商来到扬州，徽州螺钿髹饰技艺开始流传到扬州并对后来举世闻名的扬州螺钿漆器的发展产生深远影响。除了螺钿漆器，清代徽州漆器的主要髹饰技艺就属犀皮漆器、漆砂砚了。清代中后期以前，徽州漆器依然延续了晚明以来的繁荣，道光年间《歙县志》有记载："山民夜刺漆插竹笕其中，凌晓涓滴取之，用匕刮筒中，磔磔有声，其勤至矣。"[58]清代纳兰常安在《宦游笔记》中

左·图1-8　犀皮漆竹编围边圆形盘　靖海堂藏
右·图1-9　犀皮漆竹编围边圆形盘（局部）　靖海堂藏

记载："今江南产漆之土，十有七八，所作漆器，亦巧冠天下，而在休、歙者尤盛。凡大至屏几，小至盘盂，皆以金采描画，备极工细。"[59]而清末以后，随着清代中叶徽商逐渐淡出历史经济舞台且社会动荡的影响，加之徽州犀皮漆器许多髹饰工艺极为复杂，历代漆工秘不外传，徽州犀皮漆器因此又陷入一片凋敝衰败的境况。在民国时偶尔昙花一现，据民国《歙县志》记载："程以藩善制漆器，精者有银胎嵌甸红黑退光诸目，缀补旧物，无迹可寻。"[60]

在中国大量有关漆艺的书籍和博物馆所藏的漆器品类中，犀皮漆器存世量是极少的。俗话说，物以稀为贵，犀皮漆器以色泽华美、肌理丰富而著称，其天然流动之美的纹理非人工雕琢而自然显现，妙不可言，是其他漆器无法替代的。以董其昌为代表的晚明文人士大夫阶层对犀皮漆的品评和推崇，把犀皮漆器名列漆器之首，反映了犀皮漆器受到文人的珍爱与重视程度。明代的黄面红面犀皮制作工艺从清代一直延续至今。故宫博物院收藏有一些清宫旧藏的犀皮漆器，主要品种有笔筒、唾盂、攒盒、八方盒、小圆盒等生活用器，还有采用犀皮漆工艺髹饰的为数不多的桌几、台面等家具。这些器物多是作为贡品进贡到皇宫内的。《清宫造办处活计档》里面有犀皮漆器进贡的记录："雍正七年十月二十五日太监张玉柱王常贵交来……波罗漆都盛盘四件……系年希尧进。传旨着送至圆明园交园内总管太监收……进贡紫檀边菠萝漆面心圆桌。"由故宫文物藏品目录上采用犀皮漆南方称谓的"波罗漆"，而非北方的"桦皮漆"或"虎皮漆"称谓，可推断清代宫廷犀皮漆器多是由南方进贡到宫廷之物，代表南方最高犀皮漆工艺水平。尽管出自民间，清宫旧藏的犀皮漆器精细的纹理、规整的造型同样不逊色于出自宫廷造办处的奢华雍容工艺。另有内套九个黑漆盘的清代犀皮漆葵瓣式大攒盒（图1-10），造型古朴大气，色泽温润，盒盖面、壁处由深浅黄色漆髹出犀皮斑纹，层次丰富而富于变化，纹理细密匀称。由此可见，明清是传统犀皮漆发展的黄金时代。明代中叶至清乾、嘉年间，徽州的漆艺产业最为兴盛。当时人们的亭廊门窗、桌几、橱匣、文房雅玩，莫不以漆为饰。在徽州髹饰中，犀皮、漆砂、螺钿镶嵌漆器最为常见。清代至现代，安徽屯溪能制犀皮漆器。但由于犀皮漆制作工艺的复杂与历代漆工的技艺保守，加之晚清以来中国社会战争连年的动荡不安，因此，徽州犀皮漆在清代中期至民国期间多次失传。

20世纪50年代以来，与其他手工艺门类一样，徽州犀皮漆渐渐受到现代化机器生产的影响，漆器店铺及艺人转移到屯溪发展，屯溪开始成了徽州犀皮漆制作工艺的中心。因新政府刚刚成立需要大量出口外汇，故采取政策和措施恢复传统手工艺生产。徽州当地政府组织民间艺人成立屯溪工艺品厂，制作平磨螺钿、百宝镶嵌、雕漆、堆漆屏风家具等工艺产品。徽州漆器制作的主流由传统的私人家庭作坊制逐渐转变为集体工厂制。实行改革开放政策以后，进入工艺厂的年轻人不再系统完整地学习漆器制作的全过程，现代化分工使徽州漆器与传统出现了断裂。20世纪80年代以来，借助于改革开放庞大的外销市场，一批具有浓郁徽州特色的漆器工艺品重获生机，受到外销市场的欢迎，以屯溪漆器工艺厂为代表的一大批漆器工艺品厂家因此迅速发展壮大。尤其是屯溪工艺厂老漆工俞金海，20世纪80年代初，根据多年漆工经验与祖传秘方，恢复试制成功犀皮漆等徽州的一些代表性髹饰技艺，极大地提高了徽州漆器在全国的知名度。俞金海先生是现代中国做徽州漆器代表性的人物，其对徽州漆器的特殊贡献之一就是抢救出了在旧中国已经陨落的，被誉作“漆中明星”的徽州髹饰犀皮漆技艺，为后来徽州犀皮漆的进一步发展奠定了基础（图1-11）。但是好景不长，由于改革开放浪潮而带来的过度重视经济效益，国家出口创汇方式转型，外贸进出口迅速萎缩，传统工艺行业因不再受重视而日渐凋敝，徽州犀皮漆也深陷其中。漆器的原材料质量下降，原材料由先前从天

图1-10　清代葵瓣式大攒盒　故宫博物院藏（图片来源：网络）

图1-11　犀皮漆圆盒　现代　俞金海作品（图片来源：网络）

然生漆提炼的纯推光漆改为腰果漆，再到后来索性改成树脂漆，以化学漆替代了传统的生漆。将生漆古瓦灰改为桐油普通灰甚至猪血灰，木胎上裱夏布的工序也被省略，给漆器质量带来了很大影响，以致漆器工艺逐渐衰落。特别是90年代后期俞金海先生逝世后，徽州犀皮漆技艺再度失传。90年代后传统漆器行业的日薄西山使全国很多漆器工艺厂相继倒闭，屯溪漆器工艺厂也难逃厄运，于2004年4月在国企体制改革浪潮中倒闭。倒闭后，屯溪工艺厂的技术工人们开始自谋生路。

今日谈起徽州犀皮漆器，漆艺界的行家里手都会提到在黄山屯溪作犀皮漆器的国家级非物质文化遗产项目徽州髹饰技艺代表性传承人——中国工艺美术大师甘而可先生。其曾在屯溪工艺厂师从俞金海先生，对徽州犀皮漆器耳濡目染。屯溪工艺厂的倒闭与俞金海先生的辞世，犀皮漆器技艺的失传，使他决心重振徽州犀皮漆器工艺的辉煌历史，具体从事徽州犀皮漆器技艺的传承、保护与创新。21世纪以来国家出台的一系列保护、扶持和发展古老传统艺术的政策更让他认为这是徽州犀皮漆这一古老技艺千载难逢的机遇。凭借着在屯溪工艺厂多年的漆艺实践经验，加之懂绘画、善木工、会雕刻、精设计的良好艺术素养，经过连续多年的艰苦钻研和努力探索，甘而可终于恢复了犀皮漆、漆砂砚这两项最具徽州漆器特色的技艺。他恪守古法，以天然大漆为主要材料，做工上要求绝对完美，力求每个细节都没有瑕疵，精益求精。2008年6月，第二批国家级非物质文化遗产名录将以犀皮漆为代表的徽州髹漆技艺列入其中。甘而可也随之被认定为国家级非遗传承人。古往今来，徽州髹饰技艺的代表性传承人主要有：赵千里、黄成、俞德魁、俞金海、饶云卿、甘金元、甘而可等。其中，宋代徽州岩寺人赵千里是宋代徽州漆器的创始人，明代徽州歙县人黄成是《髹饰录》的作者，其他均为屯溪市工艺厂或屯溪漆器工艺厂的老技师，俞德魁、俞金海为父子，可见徽州漆艺历史久远，犀皮漆制作传承有序。目前甘而可被认定为徽州髹饰技艺国家级非遗传承人，章国华、俞均鹏、奚建辉被认定为省级非遗传承人。他们均成立了工作室制作徽州犀皮漆器。出身徽州漆艺世家的俞氏漆器有限公司创始人俞均鹏，祖父俞金海，代表作品主要有菠萝漆笔筒、笔杆等作品。黄山市徽漆工艺有限公司的奚建辉，主要代表作品为犀皮漆梅瓶、犀皮漆砚盒等。随着徽州犀皮漆技艺的进一步恢复发展，当代徽州犀皮漆技艺焕发着勃勃生机，整体工艺水准位居全国前列。由于犀皮漆能够长期保存，历经几千年而完好如新，具有历久弥新的艺术魅力，同时，色泽绚丽、雍容华美，在当代漆器中显得越发弥足珍贵。因此，有必要做好徽州传统犀皮漆技艺的传承、保护与创新，要像爱惜自己的生命一样保护好这项文化遗产，才能使徽州犀皮漆技艺在新时代的发展道路上走得更高更远。

（三）徽州犀皮漆的工艺流程

徽州犀皮漆的制作以天然大漆为主要制作材料，辅以夏布、优良的古旧木材和天然矿物质材料等。要经过的工序有：（1）设计器型图；（2）选择优质木材做胎骨；（3）刷面漆裱夏布；（4）糙布；（5）上粗中细生漆灰若干遍；（6）上推光漆；（7）打磨平整；（8）用稠漆打凸起的埝；（9）刷各色推光漆达数十遍；（10）精细平整打磨；（11）抛光等。（图1-12至图1-22所示）

徽州犀皮漆器制作的每道工序都异常烦琐复杂，耗时长则要一两年、短则要八九个月才能基本完成，需要怀有一颗虔诚之心与坚韧不拔的毅力才能做好。首先，按器形设计造型图稿选择优质木材把胎骨的胎形塑好，利用生漆的黏合性使夏布依胎骨塑型，夏布要两面均匀涂抹生漆裱在胎体上。之后再刷上生漆与古砖瓦灰拌成膏状的漆灰以批灰。接下来循环反复地层层批灰，阴干打磨，少则十几遍，多则几十遍。每当批灰一次后，就要把胎体放入温暖湿润的荫房，待其阴干后打磨平整再重复批灰的工序，时间长达几个月。裱布一般三五天至一个星期就能干，但若错过最佳的干燥期，就会拖得很久。胎骨好比根基骨架，是器物形成的至关重要的环节，若有一点疏漏后面的工序则白费。接下来就是在做完的胎骨上面刷推光漆，让其更加平整并进行打磨。然后需要均匀反复地髹涂黑推光漆到打磨好的胎骨上，直到胎体表面平整光滑。

在完成的胎骨上进行犀皮髹饰工艺，最终呈现出美轮美奂的犀皮漆器。其工序如下：

1．调制稠漆

犀皮漆“打埝”是制作的关键。打埝的形状、高低、疏密决定以后磨出来的犀皮纹理的形态样式。打埝首先需要调制稠漆。如若稠漆打的埝没有高度，就会使

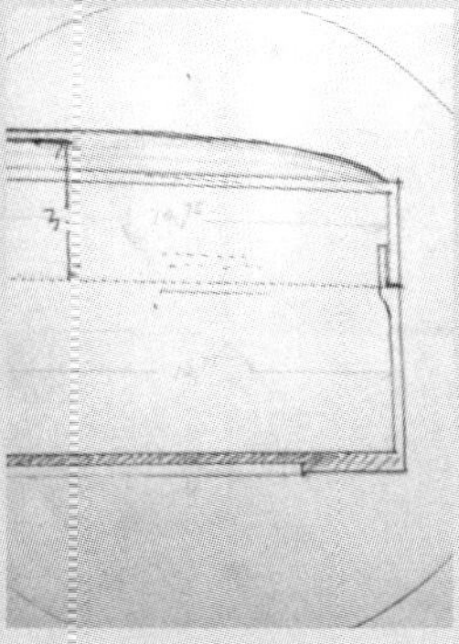

图1-12　设计器型图

图1-13　选择木材做胎骨

图1-14　刷面漆裱夏布

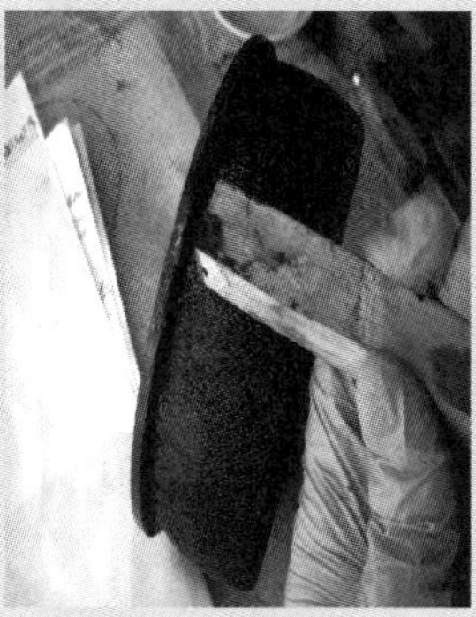

图1-15　糙布

图1-16　上粗中细漆灰若干遍

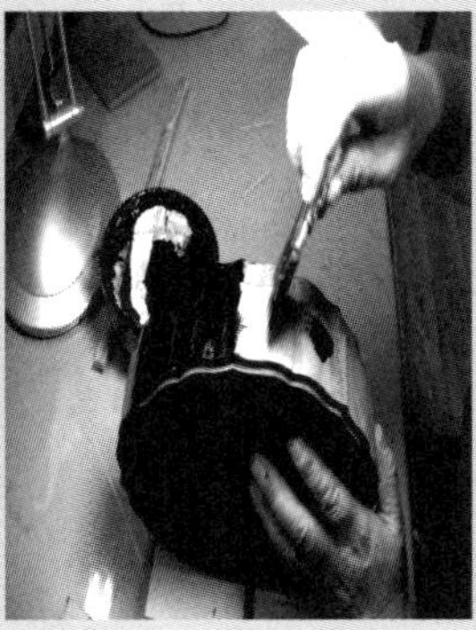

图1-17　上推光漆

图1-18　打磨平整

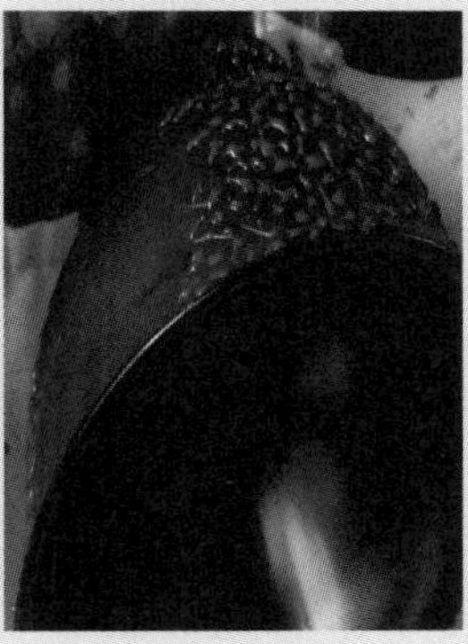

图1-19　用稠漆打捻

图1-20　刷各色推光漆数十遍

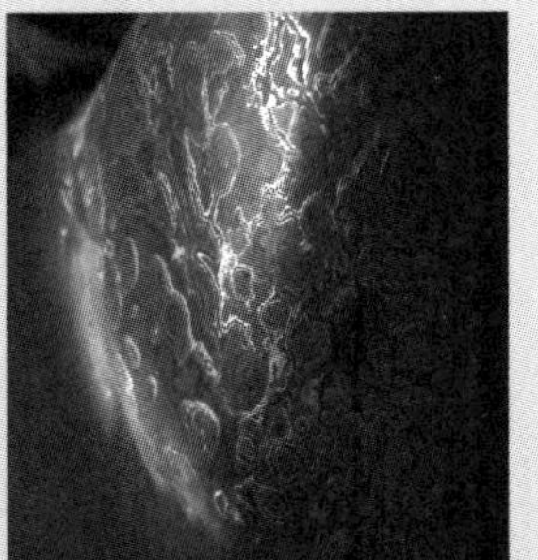

图1-21　精细打磨

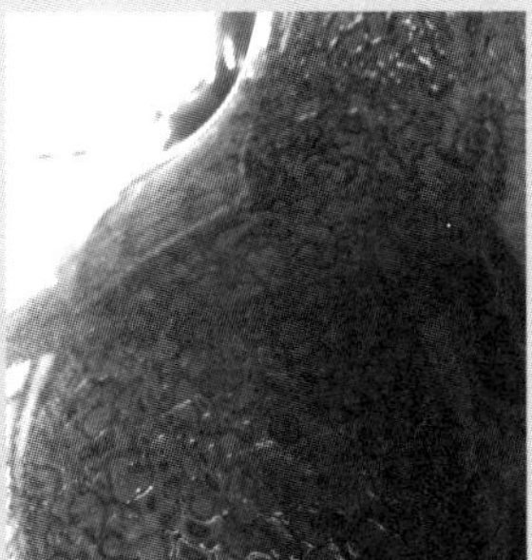

图1-22　抛光

后面多层上色漆失去依附基础，所以要保证漆的稠度和硬度。通常在生漆中加入一定比例的矿物颜料防止漆液过稀而流淌，稠漆调到何种程度全凭经验。要设法让外层凸起埝的漆层慢干而放入荫房干燥，将荫房温度控制在26摄氏度、湿度控制在70—80度，且不通风的环境最有利于干燥。

2. 打埝工序

打埝又称打点，是犀皮制作的关键环节。古籍中的描述多是点到为止，让人多疑惑不解。犀皮漆技艺在古代文献中未见详述，实为过去艺人秘不外传，保守工艺制作流程所致，他们视技艺如生存之本，防止因公开技艺制作秘籍而影响生计。打埝的手法趋于多样化，方法可以不拘一格，或豪放大气或细腻婉约，要有立起的高度，为后面的刷漆留有余地。埝的浓稠度、颜色顺序、高度、疏密等决定了犀皮漆的肌理形态。打埝需要意在笔先的提前预设构想，心到、眼到、手到，三方全面配合才能达到理想境界。出色的打埝得益于深厚的绘画功底与无数遍熟练的操作经验。

3. 髹涂色漆工序

打埝的稠漆干透之后，再在凹凸不平的埝子上有规律地反复髹涂色漆数十层，如同之前制作胎骨时一般进行周而复始的工序。每髹一层色漆需放入荫房干透，直到满意为止。色漆是由优质生漆中加入不同的矿物色粉末调制而成，以保证色泽的浓郁纯正。古代的犀皮漆色泽多见凝厚而不透明，有板结和平面感即是由于当时调入漆中的色料种类较少，仅限于银朱、朱砂、石黄、石绿、赭石等矿物色。徽州犀皮漆中最基本的色漆以红、黄、黑为主。明代扬明在《髹饰录》注中对犀皮漆的色漆髹涂方式做了详细介绍："黑面红中黄底为原法。红面者，黑为中黄为底；黄面者，赤、黑互为中互为底。"[62]黄成在《髹饰录》则提到："犀皮……近有红面者，以光滑为美。"[63]可见黄成认为光滑而且红面的犀皮漆是精美一流的。今日我们所能看到的明代犀皮漆颜色总体以赭色为主，赭色形成的因素是由于犀皮漆髹涂依次相叠黑、红、黄三色漆层，按顺序反复髹涂待干后磨平抛光，在胎体上形成的三种颜色搅在一起并在视觉上呈现出的整体赭色色调，但仔细观察会发现在这种明代犀皮漆纹理上出现了由黑、红、黄三种色漆组成环环相扣的小圆圈，由里向外层层扩大，从而形成漫无定律、如行云流水般流动的美观纹样。古代犀皮漆器色彩大多以赭色、红色为主，也有橙红面或者黄面。明清两代犀皮漆制作日趋成熟，各色犀皮相续出现，纹样面貌更为丰富。晚明隆庆年后，红面犀皮得到青睐，这种犀皮色彩特征得到延续。清代的红面犀皮漆器以北京故宫藏红面犀皮漆笔筒（图 1-23）为代表，纹理天然流动，色泽富贵华美，黄面犀皮漆则是依次反复髹涂红、黑、黄色漆，以北京故宫藏黄面犀皮漆葵瓣式大攒盒（图 1-10）为代表，纹理由深黄、浅黄两色构成，色调古朴雅致。从目前存世的犀皮漆器来看，黄面、红面、赭面的犀皮尚可见到，而黑面犀皮实物未有发现。期待有朝一日，随着考古的深入，可以一窥黑面犀皮真容。犀皮漆花纹是由色漆层构成的，以细密流畅灵动和谐为美。丰富的纹理是犀皮漆审美标准的关键所在，为了犀皮漆色彩的丰富，可在红、黄、黑大色调中加入绿色、紫色、褐色等使颜色更加绚丽生动，也可采用贴黄金箔的方法。总髹涂层数要视犀皮大小、器型、精神气质而定。少则十几遍，多则可达五六十遍，每遍必须要在阴干后再髹涂下一道漆。不以犀皮漆单一色漆层的薄厚来片面判断色彩优劣，要把握好犀皮总体的调子，使之沉稳古朴而不晦色，明快艳丽而不艳俗。

图 1-23　清代红面犀皮漆笔筒
故宫博物院藏（图片来源：网络）

4. 打磨工序

经过多次髹涂色漆和阴干之后，漆面高低不平的埝已经逐渐被后来的色漆填补平整，这时候就要进行打磨让纹理显现。打磨看似简单，实际很讲究，打磨到何种程度与所用力度的合适把握是关键，这些需要丰富的经验去判断。即使磨到较为理想的漆面，仍需要面对各种技术上的难题去做决断，诸如下面的漆层是否会超越现有的效果，也许会因冒风险继续打磨而发现下面犀皮漆纹理已经到头，并导致先前犀皮纹理规律性圈层被打磨破裂而懊丧不已；若保守止步则未知的奇妙肌理显现不出，不能丰富犀皮漆通体肌理的变幻美感，贸然跟进则会使现有的肌理被磨散掉，反而凸显出显眼的单色疤痕而破坏了层层相叠的效果，尤其在红面犀皮中打磨过头而导致底下黑色漆层跳出来犹如点点黑痣令人不忍直视。这正是犀皮打磨工序过程中颇具挑战性、刺激性、冒险性的乐趣所在。

5．抛光工序

这是漆器制作的最后步骤，抛光又称推光，是对漆面进行推光或退光的处理。通过手的反复摩擦产生的临时性高温使漆面的漆分子重新排列并均匀结膜，直至漆面达到晶莹光润的效果，然而漆器表面发出的光芒宜温润如玉，触感温和而有余热，避免过于刺眼夺目抑或仅罩上一层清漆般单薄的油亮效果。髹饰抛光追求的晶莹光润效果如同古典家具扶手等处，以及竹木牙角石雕中某些部位被日复一日触摸把玩过后形成厚厚的透明质感，即类似于中国古玩鉴赏中备受推崇的“包浆”。任何材质经过一定年头的反复使用，都会形成这样一层厚厚的包浆。而在犀皮髹饰的抛光中所追求的即是这种迅速以高密、洁净的方式实现的近似于包浆效果，使漆分子重新组合达到的晶莹醇厚的美感。黄成在《髹饰录》中形容“推光”要如“玄玉”，“退光”则要如“乌木”。犀皮漆的“推光”则需直接用手指和掌部肌肤与漆面亲切接触，从中感应频繁摩擦漆面而形成细腻、晶莹的表面质感。“退光”则是另一些髹饰工艺所需要的，虽然没有推光漆温润的光泽但类似于亚光的内敛含蓄也颇为耐人寻味。要根据器型的气质来判断是要光洁照人还是要古朴含蓄。

三、晚明文人审美趣味在徽州犀皮漆形制与使用功能中的表现

（一）简洁适用性的造型

器物设计的实用性，从本质上说就是以器物的功能来满足人的使用需要目的，满足人的生存需求和提高生活质量的“利生”目的。功能性是设计和制作器物实现其社会价值最基本的属性，成为设计的首要考虑因素。晚明社会结构的变化和等级制度的松动促使文人群体主体意识觉醒，同时，由于受到当时心学体系影响，文人普遍更加关注与自身生活密切相关的日常器物，对器物功能设计更加看重，从实用

的角度去看待器物并使之服务于日常生活需求，因此，明代晚期造物设计的实用性被强调和重视。甚至本不是作为实用物出现的远古器物，也被置入特定的生活情境或为生活用品的一种，通过“再设计”服务于当下生活成为营造文雅生活的道具，重新被士人赋予生活实用功能，使之能够重新融入日常生活中。在晚明时期，文人士大夫提出了许多实现器物功用的设计方法，如运用“宜”来达到制器造物艺术尚用的目的，实现这种注重实用性的功能审美。这种对“宜”的认识既是实用性，又是一种形式美的选择，甚至可以说是一种独立人格精神的追求。然而这种对器物实用性的推崇应是在某种适宜的范围内追求极致的精雅，并非在极端物用下显现的简陋粗鄙，理应表现为一种在时尚中追逐理智以及对生活品质的需求。

1．顺应生理的线条

徽州犀皮漆器继承经典徽州髹饰造物的样式，就器型来说，其造型简练，如同明式家具一样注重线条的微妙曲直变化，使之合乎身体使用中的舒适反馈。器型轮廓线条在人经常使用部分做出适应身体肌肉的线条弧度，注重器物尺寸符合人手接触时的合理尺度，比例追求一种功能美，结体匀称和谐，线条刚柔相济，细致而不纤弱，雍容又透着健劲，不自觉地体现了人体工程学的基本原理。诸如犀皮漆束腰撇口圆形笔筒等具有微妙束腰变化的器物，口部略敞至腰部则顺应手部肌肉外轮廓的弧度逐渐收紧，在近足处逐渐外撇，线条变化微妙，很好地适应了人手使用时手指接触器型的舒适感（图 2–1）。

这些器物腰部的直径多为 8—11 厘米，接近手掌半弯曲握住的弧长。同理还有犀皮漆书卷几近 8 厘米的高度和近半弯曲手掌弧度的圆润器型轮廓（图 2–2、图 2–3）。为了顺应手部使用的生理舒适感，徽州犀皮漆器多依据使用中手部不同部位的需要而对器物外部线条做出相应的变化。又如在钵与圆盒一类的器型中，由于使用时需要借助掌部的弯曲去捧住器物，所以在造型上多呈敛口圆曲腹的形态去顺应手掌的弯曲弧度（图 2–4、图 2–5）。且直径多在 14—20 厘米之间，接近人手的长度，即便是像南瓜盒、柿形矮脚钵等多瓣形器物，每瓣的弧长与弧度也接近于拇指与食指之间的距离（如图 2–6、图 2–7），最大限度考虑到人手部对器物的接触使用的便捷舒适性。如徽州犀皮漆长方形直身墨砚盒，在接近长方规整的盒身中，对笔直尖锐的棱线交接处进行了圆化的处理，锐利的交角变成接近人手的曲线弧度，避免使用中被划伤，边角的曲线柔和地融进以方形为主体的结构框架中，增加了器型方圆有度的和谐形式美感（图2-8）。又如在笔架的造型中多做明显的山形，左右的架勾处多向内紧收敛，与中间的架勾形成以便能勾住笔身的凹槽，弧度贴近毛笔杆与笔腹的弧度（图2-9）。还有在犀皮漆臂搁中，搁面的弧度也十分接近人身臂部的微妙弧度（图2-10）。又如犀皮漆长方形小盘，长21厘米，宽14厘米，考虑到端长方形盘时多从宽部端起，在两端稳定重心的小足外，留出正好相当于手掌宽度的距离以方便手掌端起，同时，底部线条做出符合手指肌肉的弧度（图2-11）。再者如盘底髹朱漆“大明万历丙辰年制”款的犀皮漆圆形盘简洁规整的造型，在足处特意做出接近两手指肌肉的波浪形曲线以增进手部端起的舒适感，在实用功能与人体体验上可谓用心良苦（图2-12、图2-13）。

2．重心的稳定与造型方圆有度的平衡感

这种实用性同时体现在徽州犀皮漆器的重心平稳上。由于犀皮漆器的打磨性工艺特点，所以其造型在满足人体使用时的舒适感时，亦考虑到如何顺应打磨的方便而力求两者的平衡。考虑到打磨的顺手，通常线条的视觉造型会很凝练简洁，并注重线条收尾处的饱满，使足处与地面的接触面积较大，如前面犀皮漆书卷几在足处的扩大，以及犀皮漆笔架两端向上下中间处的汇聚，紧凑地向中心聚拢，都极大增加了重心的稳定感（图2-2、图2-9）。加之犀皮漆器型多呈对称状，通过对口缘、足、腰、侧面棱与棱交界处之间线条的到位处理，增强了造型的力度，因而具有很强的稳定平衡感。即使有些并不方正的器型，也通过口处、颈处、腰处、足处向内收敛和紧致的收势来达到重心的平稳，同时，使规整简洁的线条多了方圆对比变化而富有节奏韵律美。如源自晚明明式家具造型的犀皮漆葵花凳桌，取自葵花造型审美意象，其平面上注重实用性，以四面均等的长方形作为形制的基本结构，力求使被坐的空间最大化（图2-14）。通过凳桌面板到束腰，牙板到凳腿至凳足之间微妙的曲线变化，张弛有度在足处以向中心聚拢内翻的圆润的弧度很好地收住了凳桌的重心，同时，又以与面板、牙板、腿部葵瓣式装饰弧度相一致的曲线在足处围起了托泥，进一步稳住了重心，使矮凳更加紧凑，耐于承受重力，在规整方正的造型结构中又富有整体流动感的变化，构成了一个向中心围合的稳定空间。

在徽州犀皮漆器中有一些十分对称的器型，从平面到立面各个角度都很对称，

图2-1　犀皮漆束腰撇口圆形笔筒

图2-2　犀皮漆书卷几

图2-3　犀皮漆书卷几(局部)

图2-4　犀皮漆圆形钵

图2-5　犀皮漆大圆盒

图2-6　犀皮漆南瓜盒

图2-7　犀皮漆柿形矮脚钵　甘而可藏

图2-8　犀皮漆长方形直身墨砚盒　靖海堂藏

图2-9　犀皮漆笔架

图2-10 犀皮漆臂搁

图2-11 犀皮漆长方形小盘

图2-12 犀皮漆圆形盘底款

图2-13 犀皮漆圆形盘

图2-14 犀皮漆葵花凳桌

也呈现出向中心聚拢的紧凑感，这种对称强化了器物的重心与稳定感。同时，这些类似于晚明明式家具的多角形器型与直身的器型，在方正笔直的造型内部或者棱的交接处，为了承担器物的受力，会对方形形制做出适当的圆化造型处理，使格局不受僵硬线条的束缚，同时，又使方圆形制得到了充分融合，方圆搭配和谐统一。如犀皮漆方形直身委角笔筒与犀皮漆八角直身小笔筒底部牙板的曲线处理（图 2-15、图 2-16）。又如犀皮漆竹编镶边委角正方形盘，俯视上看委角使近正方形平面的边角处形成向中心聚拢的圆弧，形成向内聚集的气势，强化了造型视觉的稳定与紧凑感，同时，使线条方中有圆，避免了由于过于方正带来的呆板僵滞（图 2-17）。另外从侧面立体看，四面近似于晚明明式家具牙板的盘边采用了中心对称的连续性云纹装饰，产生了重复的节奏与秩序感，疏密分明繁而不乱，加强装饰的同时与方正的盘子造型形成了方圆的视觉平衡，同时，又强化了方盘稳重的造型（图 2–18）。这些多边器型各线条距离中心的距离相等，各边的长度与形成的角也相等，使徽州犀皮漆体现了一种全方位的对称与均衡，这种上下左右的高度对称性从造型上强化了徽州犀皮漆器的平衡与稳定感，诸如此类在方正造型中有装饰纹理的犀皮漆造型，既以有节奏韵律美感的曲线与方正的造型形成方圆的对比变化，又以向上向内聚拢的气势进一步稳住了器型的重心，达到一举两得提升造型设计的功能，具有挺拔敦实的感觉，使人产生一种安全稳定方正的心理感受。

笔者通过对徽州犀皮漆器实物的考察整理发现，徽州犀皮漆器从口缘至腰足线条通常会根据器物的尺寸大小来进行调整，束腰略矮或略高，或圈足外敞或内撇

图2–15 犀皮漆方形直身委角笔筒 靖海堂藏

图2–16 犀皮漆八角直身小笔筒 靖海堂藏

图2–17 犀皮漆竹编镶边委角正方形盘 靖海堂藏

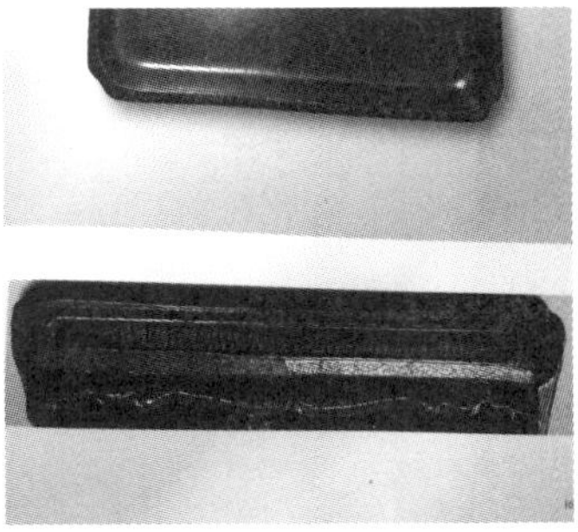
图2–18 犀皮漆竹编镶边委角正方形盘（局部） 靖海堂藏

等，但都是为了突出整个器物重心的稳重与挺拔，通过规整对称的造型达到了对重心力的稳定平衡。由于漆器在晚明奢华享乐的时风中依然会承担日常生活中的饮食功能，甚至礼仪性功能，因此，对犀皮漆器的造型不能过于夸张变形以保证重心的稳定感。

（二）自然意象美的髹饰纹理

曹昭的《格古要论》和谢肇淛的《五杂俎》中都曾对木纹的意象美做出描述，谢肇淛的《五杂俎》中有："木之有瘿……截以为器，盖有瘿而后有旋文，磨而光之，亦自可观……此以大为贵也。"[64]曹昭的《格古要论》中有："花梨出南蕃……有鬼面者可爱，花粗而色淡者低。"[65]同样，闻名天下的徽州歙砚龙尾石在高濂的《遵生八笺》中亦有意象美的归类："歙石出龙尾溪者……故歙石有龙尾、金星、峨眉、角浪、松文等名。"[66]及晚明镶嵌大理石的明式家具中富有水墨氤氲之美的山水云石都体现了晚明文人善于从自然意象中展开对纹理的品鉴与审美。

之于髹饰工艺，漆工便以人工制造断纹来满足文人群体对髹饰纹理之美的特殊偏好。在备受文人喜爱的古琴中有流水断、牛毛断、冰裂断、梅花断、蛇腹断等，是需要天时、地利、人和的条件才会形成这种特殊的美。断纹的产生是古琴由于使用年久，而大漆与灰胎层层相叠，且漆、灰与木质三者间的膨胀系数不同，导致胎骨及漆层经年累月受寒暑温差热胀冷缩，加之拨弄琴弦带来的音响震动而形成的。晚明文人不但不将断纹视为漆器的毛病，反而以有断纹为贵，对其所拥有独特缺陷的瑕疵之美别有钟情。通常断纹的纹样分裂密布，错落有致，其形致别有风韵，充满节奏秩序美，与犀皮漆纹样的审美大有异曲同工之处。这些人工无法达成的自然美感，以及充满变幻的纹路，让人心驰神往。中国古代文人常常痴迷于这种千变万化的纹理，体会这种自然纹理带来的苍古意境与无限联想。

在《髹饰录》中，对一些髹饰纹样做出非常丰富的意象性描述，并提出要"巧法造化"的审美观，如在阳识门中有："绮纹刷丝，纹有流水、洄澋、连山、波叠、云石皴、龙蛇鳞等，用色漆者亦奇。"[67]"堆漆，其文以萃藻、香草、灵芝、云钩、绦环之类。"[68]"彰髹，即斑文填漆也。有叠云斑、豆斑、粟斑、蓓蕾斑、晕眼

| 图2-19　海浪斑

| 图2-20　蜂巢斑

| 图2-21　玛瑙斑

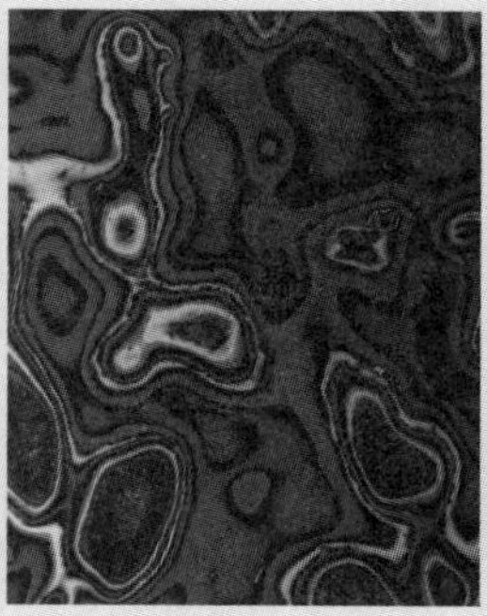

| 图2-22　虎皮斑

| 图2-23　岩浆斑

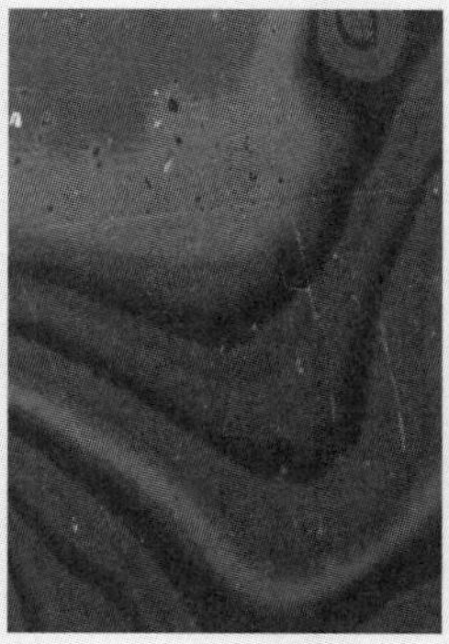

| 图2-24　彩虹斑

| 图2-25　熊掌斑

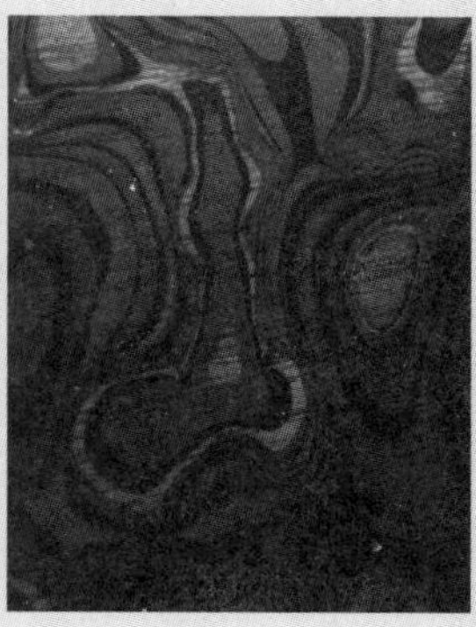

| 图2-26　葫芦斑

| 图2-27　荷叶斑

| 图2-28　瘿木斑

| 图2-29　大漠斑

| 图2-30　凤梨眼斑

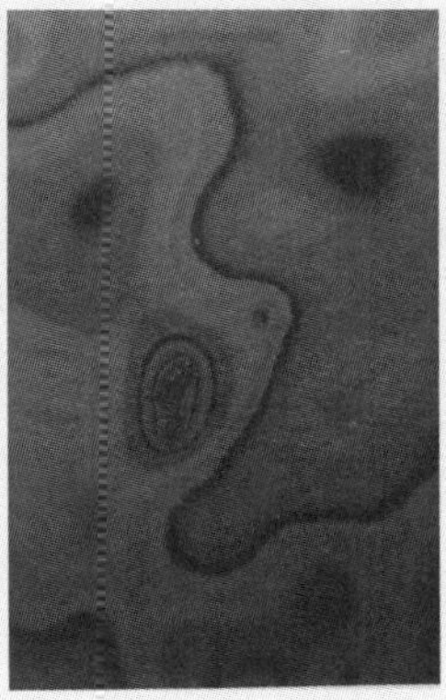

| 图2-31　彩霞斑

斑、花点斑、秾花斑、青苔斑、雨点斑、彣斑、彪斑、玳瑁斑、犀花斑、鱼鳞斑、雉尾斑、绉縠纹、石绺纹等，彩华瑸然可爱。”[69]“磨显填漆……又一种有黑质红细文者，而界郭空闲之处，皆为罗文、细条、縠绉、粟斑、叠云、藻蔓、通天花儿等纹，甚精致……”[70]“洒金……其文：云气、漂霞、远山、连钱等。”[71]“紫髹……故有雀头、栗壳、铜紫、骍毛、殷红之数名……”[72]“犀皮，或作西皮，或犀毗。文有片云、圆花、松鳞诸斑。”[73]等诸多髹饰纹理的描述。

显然，《髹饰录》里对犀皮漆纹理意象的描述过于稀少，其实犀皮漆的纹样远不及这几种，完全可以借鉴其他髹饰工艺丰富的审美意象对纹样审美进行拓展，并根据已有纹理进一步拓展纹样的审美意象以增进趣味性。笔者对存世的诸多犀皮漆器纹样进行放大和微观分析，得出一些个人主观的意象审美，如海浪斑、蜂巢斑、玛瑙斑、虎皮斑、岩浆斑、彩虹斑、熊掌斑、葫芦斑、荷叶斑、瘿木斑、大漠斑、凤梨眼斑、彩霞斑等诸多自然意象美的纹理（图 2-19 至图 2-31）。

徽州犀皮漆的纹理不是靠雕刻出来的，而是通过打埝髹涂若干层色漆后，经打磨形成的一种天然去雕饰的表面光滑的自然纹理形态，并对其进行自然视觉意象的对应联想而得名。《考工记》即有“材美”一说，既要重视对优良材料的选择，又要充分发挥材料的特性。《老子》也说要“道法自然”，强调要顺应自然，不要破坏自然的属性。因此，徽州犀皮髹饰的工艺语言也要以自然为师，顺应大漆的自然属性。晚明文人对这种顺应自然、浑然天成的美感趣味十分推崇，主张发挥材料的自身属性特点，减少人工雕琢的成分。在中国古典美学当中，意象美是一个重要的品评标准。这种自然意象审美并不十分具象或清晰可见，只是欣赏者的一种整体直觉感受。而这些正与犀皮漆纹理充满不确定性，经过打磨后才展现出来的天然肌理美是完全一致的。这些富有变化的图案纹理看似漫无定律，实际上是有规律可循的。通过打埝时对纹样的疏密大小高低的安排组合，产生了良好的节奏韵律感，富有自然意象美。流畅连续的各色圈纹在经过若干次重复后，会跳跃性地从一组埝圈内与另一组埝圈的圈纹汇合，或者是一种豪放粗犷的纹样，或者是细致工整的纹样，通过各色色漆有规律地重复循环，达到一种连贯而气韵生动的美感。“由于中国人对天然纹理与材质的喜爱，于是在造物活动中也常追求这种天然意趣，达到虽由人作，宛自天开的效果。因此，在中国古代工艺造物各个门类中都出现大量仿生，或以一种材料模仿另一种天然材料效果的器物。这其中一方面的原因，则正是中国人对于自然形成的纹理与材料状态的喜爱。”[74]无论犀皮漆的这些纹理有多少种变化，“如此朦胧不辨，若有若无的花纹，中国人就是喜爱来自大自然鬼斧神工的奇幻造物。这些花纹或许不如人工刻画那般精美，或者没有那么规整绚烂，但正是在这些莫可明辨，如梦似幻的朦胧纹理中，与中国人敏感而富有想象力的心灵产生了碰撞与共鸣。使人内心发出丰沛的审美意象与无限联想，从而整个身心完全进入一种美的享受与境界。神游万物之中”[75]。目前在徽州犀皮漆中可见到如下髹饰纹样：古法的红黄黑松鳞斑犀皮漆，红黄黑、红黄绿黑片云、片花斑犀皮漆，以及当代甘而可先生的红金、绿金、黑金片云斑犀皮漆，红金、绿金、黑金片花斑犀皮漆，褐黄玳瑁斑犀皮漆等。希望未来会有更多审美意象的犀皮漆斑纹出现。

（三）温润如玉的质感

曹昭的《格古要论》对铜器的质感进行了品评：“铜器入土千年，色纯青如翠……皆莹润如玉，未及千年，虽有青绿而不莹润。”[76]可见有明以来文人对温润如玉质感的喜爱。中国自古就有以玉比德的悠久尚玉传统，劝诫君子做人要如玉般的温和而谦虚，不可锋芒毕露。把玉的温润特质作为最高的审美标准，甚至后来代替漆器成为中国广泛民生用具的陶瓷器具也以此审美作为品鉴瓷器釉色的标准，像龙泉青瓷如碧玉般沉静的绿色即是受到这种玉文化的影响。由此有了后来在赏鉴中较流行的把玩，即通过对心爱之物的多次盘玩达到一种如玉一样的“包浆”。这种自然的光泽很好地诠释了我们中国人的民族性格：含蓄而温柔敦厚。这种审美和西方推崇钻石的审美是极其不同的。《髹饰录》中有“填漆。即填彩漆也……妍媚光滑”“……近有红面者。共光滑为美。”[77]黄成在《髹饰录》中形容推光要如“玄玉”，退光则要如“乌木”。虽然“退光”作为另一种髹饰，没有推光漆光洁照人的温润光泽，但其内敛含蓄的哑光效果依然给人一种耐人寻味的古朴含蓄感，也可以看作对温润质感的别样追求。

在犀皮漆的“抛光”工序中，需直接用手指和掌部肌肤与漆面亲切接触，从中体验频繁摩擦漆面而在漆器表面所形成的细腻、晶莹质感。由于犀皮漆是靠反复打磨平整后经抛光产生的表面光滑而纹理变化无穷的一种工艺，因此，从千百次的手感接触漆面中，会使漆面由于多次摩擦氧化形成如玄玉般亮度的抛光效果。犀皮漆的打磨是非常讲究的，前面在工艺流程中讲到犀皮漆经过多层髹饰色漆后，需要用把握好分寸的力度，一点点地将隐藏于漆面下极其丰富的纹理呈现出来，这种打磨不是机器般的快速打磨一蹴而就，而是在极其小心翼翼下一层层磨显出每一圈犀皮纹理，每一次打磨都如同把玩心爱之物一样对犀皮漆进行触感的体验，只有这种缓慢而带有情感的精细打磨，才会完整地将犀皮漆纹理呈现出来。抛光则可以被看作在打磨呈现纹理后还要进行的另一种打磨，使犀皮漆纹理呈现出如玉一样的光泽。而抛光过程中不能用力过快，否则会因摩擦漆面氧化过度而形成过量的光泽，俗称“贼光”。这种光泽过于耀眼，不是犀皮漆所追求的温和光泽。由此可见，抛光工序也依然要掌握好力度，使手更自然地接触漆面，经过这种漫长的另一种打磨使犀皮漆器具备柔润而温和如玉一样的肌理效果。犀皮漆抛光后再经过手上多次使用后，依然可以形成一种类似包浆的效果，在光滑的漆面下欣赏犀皮漆穷尽各种变化而依稀可见的纹理成为一种美妙的享受。徽州犀皮漆器的这种因纹理需要靠打磨呈现的工艺特点，使其与生俱来地具备了对手的触感的绝妙体验。人们接触犀皮漆器的漆面时，不像其他髹饰工艺纵然有视觉审美，但触感则会因镶嵌雕镂等工艺特点带来的凹凸不平的质感，而不易引起平滑柔润触感的体验欲望，使这种髹饰工艺的器物更多地成为欣赏使用之物。犀皮漆器则由于光滑平整抛光后略带幽光的视觉效果而激发了对手触的强烈欲望。当手触摸犀皮漆面时，犀皮漆器不再是一个无生命的冰冷之物，而成为与手部触感产生共鸣、带有情感温度可把玩的贴心之物。在髹饰工艺中，只有犀皮漆器在规整的整体造型下，兼具了绚丽夺目、意象万千的微观视觉体验，同时，又兼具如推光漆器般光滑的触感与如玉一样的温润含蓄光泽。一件工艺器物能有如此丰富的审美体验，实属难得。因此，从这个角度讲，犀皮漆受到以董其昌为代表的晚明文人的推崇认同是一种必然选择。

（四）造型与髹饰纹理形式审美的统一

对于器物髹饰美的欣赏不能单一地只从外表纹理上理解，而应综合地从造型、形式等多方面去理解髹饰在题材的选择、意境的表现等各方面对符合审美标准的追求。要掌握一些内在的形式规律对器物的造型进行髹饰，才能将髹饰的纹理发挥到极致。所髹饰之物要使人既能感悟到大漆材质温润典雅、古朴内敛的浑厚美感，又能感受到髹饰在形、色、音等全方位的感官审美上与造型的必然联系。即便因后天环境而形成的断纹，也要与造型相适宜而体现出各种意境美。文震亨在《长物志》中提出的“随方制象，各有所宜”[78]，可视为晚明造物设计形式审美原则中文人趣味的一个概括总结。这种审美趣味以“象以载器，器以象制”的方式，实现了器物造型与其他各因素的完美形式结合，强调在各种相关设计元素之间追求一种顺应自然的和谐形式组织方式。在《髹饰录》中，作者把各种髹饰工具、材料与胎骨以“天时、地利”“巧法造化”“质则人身”等词汇相对应，与中国传统“天人合一”的和谐观念相结合，同样，也可以看作对髹饰工艺造型与纹样形式审美的进一步引申，对内在因素形式审美相协调的追求。

1．规整造型与自由纹理的对比和谐

徽州犀皮漆器规整稳定的造型与外表自然灵动的髹饰纹理达到了一种相互适宜、动静合一的对比和谐。从深受晚明文人喜爱的明式家具中我们大致可以找到这种对比和谐的形式审美，明式家具的许多构件本身也是线条，这些线形依附于形体，形成了起伏的曲线，既简洁流畅又有微妙的对比。如高丰在《中国器物艺术论》中说：“明椅靠背最上的横木——搭脑，其形体曲线起伏，对比微妙，变化丰富，或翘或垂，或仰或倾，或出或收，或曲或直，或刚或柔，充分展示了线条的家居魅力。……至于明代家具的各种线角，如边袜、腿足的线脚，都是通过各种直线与曲线、阳线与阴线的不同对比组合，面与面交接产生的不同凹凸效果，既增加了家具形体的空间层次感，又在对比中产生了不同的艺术效果。”[79]关于对立因素的和谐美，古希腊美学家提出的“美即是和谐”的理论也认为对立形式因素的相互协调统一就是和谐。高丰进一步在书中总结道：“一件器物从功能到内容，从材料到造型，装饰都要注意整体的协调统一，这是最重要的和谐，根据功能的要求，材料的特质，工艺的特点，来决定造型形式特征和装饰形式的运用……既要考虑装饰对造型的适应与附丽关系，即装饰与造型的和谐……”[80]具体到徽州犀皮漆器方正对称的造型，其使人产生一种安定稳固同时在生活中很实用的感觉。但这种对称的造型如果纹样过于单一，将更加凸显造型的庄严感、威慑感和稳定感，会有一种商周祭器的感觉，因而需要富有节奏韵律美感的纹样使之回归日常生活中，从而达到均衡的视觉效果。贡布里希曾对这种通过纹样形式的对比均衡达到整体和谐的妙用有过很好地诠释："完全由直线组成的图案免不了单调，不能产生完善的快感，但如果加上一些使人产生角度感的线条，就有了完美的和谐，这些图案中，正方形是主导图形，夹角和圆圈是附属的。"[81]

犀皮漆的圈状纹样反复循环并层层递增，以一个埝或多个埝为单元向四周连续反复的变化，依据所打埝的形态或呈现散点状，或呈波浪线状，或呈斜线状，反复起伏连续渐变错位，随意变化多端错落有致的纹理极具节奏感和韵律美。虽然犀皮漆纹样变化多端，其实打埝是有规律可循的。好比晚明明式家具在规整造型中用浮雕或者透雕方法雕刻的各种对称重复的几何纹或者植物纹装饰，使明式家具既强化了稳重简洁方正感，又通过有序和节奏美感的装饰增加了形式美感。犀皮漆纹理虽然是一种以圈线为主，富有节奏韵律美感的装饰纹样，但犀皮漆器本身对称规整的造型，以及庄重的礼仪与闲雅之事的使用，使髹饰纹理与造型达到一种庄谐并重的和谐。徽州犀皮漆器既可以成为晚明文人把玩微观的珍玩，又可以规整有序、棱角分明的造型承担礼仪性器物的功能。也许这种艺术形式是晚明文人身居市井，却能心远地自偏般地神游自然山川，勤于园林之艺不误山林之乐的缩影。同样，若不考虑造型，就犀皮漆髹饰本身来讲，在与其他髹饰技艺结合时，要考虑到不同髹饰工艺对比的和谐。如犀皮漆竹编镶嵌委角四方形盘，盘四边露出竹编底胎，同时，髹饰填彩朱漆花边，盘内髹饰犀皮漆，填彩与犀皮漆同属于填嵌门，但是填彩需要雕镂出凹陷的纹样，再往里填彩漆后磨显出纹路，而为了不与犀皮漆绚烂缤纷的纹理产生冲突，嵌刻的缠枝莲纹与回纹被处理成舒朗简洁、有节奏韵律的连续样式，配以露出的匀整质朴的竹编胎，嵌刻的阴线与竹编紧密排列的阳纹以及盘内光滑的犀皮漆形成了不同的凹凸组合，既产生了和谐的对比效果又增加了器物的空间层次（图 2-32）。还有一件竹胎犀皮漆描金臂搁，在臂搁底部髹黑漆描金山水画，凝重深沉的黑漆间以富有笔墨趣味的山水图像，构建了一个文人所向往的幽静且安顿心灵的歇息之地，与外部犀皮漆灵动、变幻莫测的纹理形成和谐的对比（图 2-33）。

图2-32　犀皮漆竹编镶嵌委角四方形盘
靖海堂藏

图2-33　犀皮漆描金臂搁
靖海堂藏

2. 造型与髹饰纹理文质多样性的协调一致

“多样统一，既有各种对立因素之间的对立统一，也有各种非对立因素互相联系的统一。而对立与和谐则是在形式的各种对立因素之间协调统一。”[82]我们欣赏一件漆器工艺品，往往把以图案、肌理、色彩为代表的漆器外观髹饰视为评判髹饰美的标准。其实外观髹饰只是髹饰美的外在部分，外观髹饰作为一种“文象”是漆器内在的胎骨品质的反映，所以也要关注漆器内在胎骨的质量，使内外兼顾，追求一种表里如一、浑然天成的设计品质。《髹饰录》“坤集”卷首云：“质为阴，文为阳；文亦有阴阳：描饰为阳……而其象凸，故为阳；雕饰为阴……而其象凹，故为阴。”[83]黄成将漆器外表髹饰的方法归纳为“文象阴阳”，其中提到漆器内在胎质的“质”为阴，与其相对应的外在髹饰纹样被称为“文”；髹饰纹样的各种“形状”则被称为“象”，“纹理”“色彩”及“形状”等可被看作“文象”。扬明注“文象阴阳”曰：“定位自然成凹凸，生成天质见玄黄。”[84]“阴阳”与“凸凹”“玄黄”相通，说明髹饰的“文象”要凹凸有致，顺应天地阴阳和谐之道，达到天生丽质之美。《论语·雍也》所谓：“质胜文则野，文胜质则史，文质彬彬，然后君子。”[85]在这里“文质彬彬”阐明了在中国的古典美学中，注重把事物外在形式美与内在本质恰如其分协调配合的审美取向。“文”字由表面的纹理、色彩之意，可延伸为一种外观的形式，甚至文章与文化。而把事物内在本质称为“质”，并可延伸为一种内在的内容，进而可上升为伦理、道德层面的东西。扬明的《髹饰录》中有注：“骨肉皮筋巧作神，瘦肥美丑文为眼。”[86]在这里“质”即为肉皮筋，“文”为肥瘦美丑，神与眼的相互协调状态即应是文与质的理想关系，装饰于漆器表面的肥瘦美丑等各种“文象”，如人眼睛所传达出来的眼神般能够反映出漆器内部胎质的质量状况。因此，必须一丝不苟地对一件漆器的制作从内在的“胎质”到外在的“文象”进行严格把关处理。同样，犀皮漆造型的简洁规整，也要根据整体的需要搭配恰到好处的犀皮纹理。

徽州犀皮漆器的很多造型传达出仿生性亲近自然的设计理念，为了使这种仿生性自然造型更加贴近自然意象之美，犀皮漆髹饰语言就要做出与造型仿生性设计理念相一致的纹理，使造型与髹饰在形式美感的追求上与要表现的仿生性设计理念相统一，最大限度地展现这种仿生设计的自然之美。这种自然仿生的设计理念也是晚明文人趣味中的重要部分，如晚明以来紫砂壶花壶样式的兴起和晚明文人这种借自然之物抒己向往山林之乐的设计理念不无关系。在徽州犀皮漆器物中，我们可以看到这种设计理念带来的浑然天成的自然美感，如红面犀皮漆柿形钵、红面犀皮漆南瓜盒、红面犀皮漆桃型盒等诸多取自然意象与肌理纹样的仿生性犀皮漆器，尤其红面犀皮漆柿形钵、红面犀皮漆南瓜盒最大限度地展现了犀皮漆模仿自然纹样的审美趣味，宛如秋收的果实，很好地通过模仿自然物的造型恰如其分地表现出来（前文图 2-6、图 2-7）。即使就造型自身各部分因素来讲，也力求通过形式多样性的统一，使器物各部分造型整体协调一致。以犀皮漆葵花凳桌造型为例，其牙条、腿处内部、托泥与凳平面中间处均作葵花瓣形，葵花纹样以中轴对称原则对称展开，通过单独葵花纹样上下左右反复穿插，形成连贯呼应、节奏富有韵律感的组合，使各装饰部位规整地统一于稳重的凳座造型中。同时，辅以与葵花凳座造型相一致的犀皮漆纹理，使造型与髹饰纹样又多样统一为一个整体（前文图 2-14）。同理也要根据所制砚的形制与样式，在与之相适应的砚盒上做出与砚台审美趣味相一致的犀皮漆髹饰，最终达到砚盒与砚台审美上的高度统一。

在晚明时期还流行一种器型，即成套的攒盒。盒内部数件方圆结合的小盘均匀分割组成一个整体，每个盘可用于盛不同食物，并依内部盘子的数量取以文雅之名，如“五子”“八仙”“十成”等。盒内的小盘与大盒的外部造型上充分体现了多样统一的形式美感。同时，髹饰纹样的形式美感又与盒身相一致，如黄面犀皮漆葵花盒，以近葵花黄色的犀皮漆与造型很好地统一在一起（前文图1–10）。

（五）使用功能的风雅性注入

1．文房

晚明文人陈继儒说；“文人之有砚，犹美人之有镜也，一生之中最相亲傍。故镜需秦汉，砚必宋唐。”[87]文房四宝之于中国历代文人如同知音，代表了文人治国平天下的生活理想与生活情趣。晚明文人趣味与歙砚的审美融合构成了特定的文化内涵，据文献记载早在南宋时期，徽州漆工就用矿物颜料混合搅拌当地生产的生漆制成犀皮漆砚盒、笔筒等文房文玩小品，精致古雅而备受时人欢迎，徽州犀皮漆器曾风靡一时而被称为徽帮一派。徽州漆工在文房雅玩上进行髹饰工艺受到了文人士大夫的影响，文人士大夫的文化烙印深深打在了这些依附于文房用具的髹饰工艺上，如很多文房用具以各种髹饰技艺清淡雅致地进行诗、书、画、印的描绘，表现出江南文化特有的情趣和韵味。

“一方上等的歙砚，必须有精美的砚盒来装潢……大小恰到好处，使砚在盒中，摇而无声，盒面光洁如玉，明亮似镜。徽州髹漆业的发达，闻名当时也是与广为流传的歙砚有关。而歙砚借助晶莹明亮的髹漆砚盒装饰，则更加明丽光照。”[88]尤其以徽州另一特色髹饰技艺漆砂做砚台，具有砚质地细润如玉而不油滑，发墨益毫且易于保存宿墨，体质轻巧不易损毁的优良特性，是书画家实用的文房用品。配以外表绚丽的犀皮漆髹饰砚盒，不失精巧雅致，因而成为备受文人雅士追捧与珍爱的案头清玩。既要仿造石质的颗粒大小、密度对要调和生漆的大量色漆粉末的颗粒大小与粗细度进行分析，同时，使色漆色彩要与自然物象相似，还要根据砚台设计的形制与样式，在盒面上选择与之相适应的犀皮漆语言进行髹饰。砚盒上的犀皮漆髹饰要独具匠心，使犀皮髹饰审美与砚台本身的审美融合为一个整体。犀皮漆本身色彩与纹理极富天然之美，髹饰样式丰富多样，可取自然审美意象以假乱真地仿制自然物象，彰显其美丽的色彩与肌理质感，如晚霞色、绿松石色、玛瑙色等。为了更好地使犀皮漆髹饰纹样接近自然趣味，显现出无人工刀凿痕迹的气韵生动，可用稠漆进行随心所欲打埝以接近自然物象的天然肌理美。徽州犀皮漆砚盒形制随砚台的样

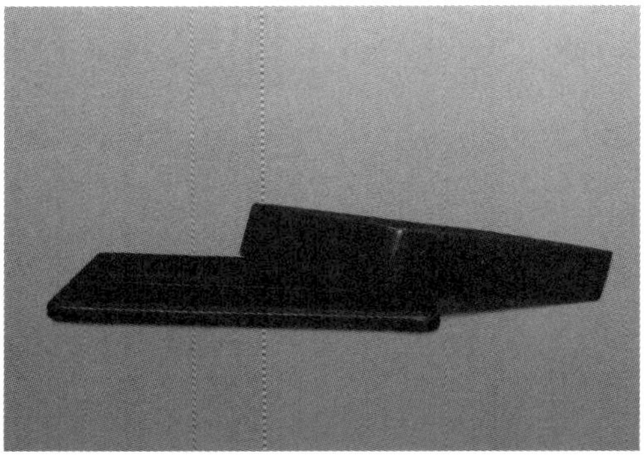

图2-34 犀皮漆长方形直身墨砚盒 靖海堂藏

式而品种繁多，如八角、风字、椭圆、蝉形等经典砚盒形。又如徽州犀皮漆长方形直身墨砚盒，造型简洁规整，朴素大方，且线条方圆有度，制作精致，犀皮漆纹理如梦似幻，有令人叹为观止、神人共畅之感（图2-34）。诸如此类，徽州犀皮漆还用于笔筒、山子、毛笔杆、搁笔、镇纸、水盂、书卷几等文房用具的髹饰中，都富有文雅之气。

2．花器

作为中国优秀古典艺术之一，历史源远流长的插花艺术至清代中叶后开始衰退。尽管政治上黑暗腐败，但晚明在文化艺术与思想方面却呈现出活跃开放的面貌，中国插花艺术史上的第二次高峰即在晚明时期，插花艺术无论在文人墨客还是皇室贵族中都很盛行。插花艺术在晚明时期较为发达流行，晚明瓶器的造型即深受插花艺术发展的影响。因插花艺术的需求，许多造型大小不一的瓶类器皿应运而生，以及樽类、斛类等古代青铜器物重新得到使用，被作为花器选用十分讲究。如袁宏道在《瓶史》中说："养花瓶亦须精良，譬如玉环、飞燕不可置之茅茨，稽、阮、贺、李不可请之酒食店中。"[89]除了袁宏道的《瓶史》、张谦德的《瓶花谱》这类专门介绍插花与瓶器鉴赏的著作，在很多晚明文人笔记文献中都对花器有所涉及，如文震亨的《长物志》、高濂的《燕闲清赏笺》、屠隆的《考槃馀事》等为我们提供了关于晚明花器颇有价值的文献资料：(1)"凡插贮花，先须择瓶……堂厦宜大，书室宜小，因乎地也……忌有环，忌成对，像神祠也。口欲小而足欲厚，取其安稳而不泄气也。"[90]（2）"瓶宁瘦毋过壮，宁小毋过大。极高者不可过一尺。得六七寸、四五寸瓶插贮，佳。若太小，则养花又不能久。”[91]（3）“瓶忌有环，忌放成对，忌用小口瓮肚瘦足药坛。”[92]（4）“窑器如纸槌、鹅颈、茄袋、花尊……皆需形制短小者方入清供。不然与家堂香火何异，虽旧亦俗也。”[93]由以上可得知晚明在插花上的一些讲究：（1）插花瓶制的大小与摆设位置有关，较大的花器用于厅堂堂供这类庄重场所，较小的用于书斋这样私密的小空间。（2）不可成对像供器一样摆放花器，而且不可选择有环的花器。（3）为了保持花器的稳定，可采取缩小口缘，加厚足底的方法，使口部和足部的比例拉大，花器的重心处于较低的位置。（4）花器宜采取口缘微敞，颈略微收缩，整体形态呈直筒长身形态瘦长的造型。晚明时期有一种花器甚为风行，器呈直口，溜肩，腹至足为长筒形，无环且单只不成对，俗称“筒形瓶”。而参照存世的筒瓶与用于文房清供插花的小型瓶类器型，我们可以从晚明的文献与美术作品中发现这种审美要求的器形。如在晚明画家陈洪绶的《岁朝图》中可见这种造型（图2-35）。

其实在晚明很多绘画作品包括兴盛一时的徽州版画中，有很多室内场景绘有各种花器，器型多种多样，可见插花已经成为晚明文人悠闲平淡的生活中的一大雅事。晚明时期插花艺术也对徽州犀皮漆花器造型产生深远的影响，徽州犀皮花器因工艺审美符合晚明文人审美风尚与当时因花艺的盛行导致的市场对于插花艺术的审美需求而广受欢迎。徽州犀皮漆花器的造型因插花艺术的需求而做出相应的变化，并在髹饰纹理方面受文人趣味影响而与造型相适应。如徽州犀皮漆小天球瓶与小梅瓶尺寸都在14—18厘米，小敞口厚足，较低的重心，束颈，形态瘦长不过于粗壮，符合晚明人对花器的审美追求（图2-36）。同时，也有高约44厘米用于厅堂堂供的大花瓶和高36厘米的花斛，特别

图2-35　陈洪绶《岁朝图》

左·图2－36　犀皮漆梅瓶　明嘉靖
中·图2－37　《调梅图》(局部)　明　陈洪绶
右·图2－38　犀皮漆花觚　靖海堂藏

是犀皮漆花斛的造型与晚明画家陈洪绶《调梅图》中仕女背后的青铜花器造型如出一辙（图2－37、图2－38）。可见以犀皮漆髹饰花器来满足晚明文人群体对讲究花器的需求是一种历史必然。

3．茶器及其他

茶文化的历史同样在中国源远流长，自中唐以来茶就已经成为寻常百姓生活开门七件事中的一事，是普通布衣待客或休闲的必备饮品。另外，饮茶被赋予文雅与品德的含义，成为文人骚客寄情山水赏画赋诗的最佳伴侣之一，这在文学、书画、版画等作品中多有表现。明代之时，冲泡法的正式确立在茶文化发展中起着承前启后的作用，茶艺方式也因之产生转变，而到了晚明则成为饮茶最主流的方式。晚明文人对茶具与饮茶环境的营造与追求、品茶的宜忌、茶侣的身份与多寡、茶童等都有着特定的讲究。有屠隆的《茶笺》、陈继儒的《茶话》、周高起的《阳羡茗壶系》、李日华的《茶衡》等。在一些晚明画家包含茶文化内容的绘画作品中，一些描绘文人隐居品茗的图像可以帮助我们一窥晚明时期文人的茗饮文化。通过逐一分析画中茶事用具与装饰摆件，从画中茶具与陈设出发，可以探讨晚明文人在茶事中对于茶具与茶寮等饮茶生活用具方面的追求，这些绘画也是研究晚明社会人物的服饰、器物的形制、建筑的风格等的重要依据。从中可以探寻到《遵生八笺》《长物志》中所表达的关于晚明人看待“器物”观点的缩影。如在晚明画家丁云鹏的《煮茶图》中描绘有一件朱漆盏托，垫在白瓷茶盏底下即“茶托”或“盏托”(图 2-39)。在此作者应该是希望通过漆器茶托去烘托卢仝煮茶作品的古意。

虽然明代以果园厂为代表的漆器工坊制作了大量漆器，但到了明末时期，盏托其实已经鲜有人使用。以盏托茶具为例，这种器具在魏晋南北朝人们已经开始使用，根据李匡文《资暇集》载其始于唐德宗建中年间，当时是为了饮茶的方便，宋代时已经很流行。南宋审安老人《茶具十二图赞》中有茶盏托（漆雕秘阁），漆雕秘阁别称：承之、易持、古台老人，即盏托，以“秘阁”名之，其用途是承托茶盏，防止茶盏烫指。宋代盏托形式多样，多以漆制，且以素色漆或雕漆为多。辽墓壁画中与元朝冯道真墓壁画中也出现了相应的茶盏。通过上述对画中茶具的逐一分析，画家营造了一个符合晚明文人室内陈设与茶具摆放审美趣味的清雅品茗环境。同样在仇英的《东林图》等绘画作品中依然可以看到晚明文人的品茗文化（图 2-40）。以 2015 年日本美协秋拍的晚明犀皮漆葵花式茶盏托为例，盏托圆口圆腹，较深，中空无底，下部呈葵花瓣状，微向上展开，圈足较高且外撇，庄重稳健，敦厚有致。盏托外壁髹红面犀皮漆，内壁髹深沉黑推光漆（图 2-41）。在徽州犀皮漆中还有一些彰显晚明文人风雅之事的器物，如各种犀皮漆圆钵，尺寸腹直径大致为 12—16 厘米，高 6—8 厘米，多呈现矮盂形，鼓腹，钵口与钵底向中心收缩，在钵体底部做矮小圈足（图 2-42）。由晚明文人注重叶茶泡饮、悠游茶事的品茗风尚，可推断其可能是泡茶用的茶洗，做盛装洗茶具的污水与杂陈之用。另外，由明式家具茶几的种类中，茶几以方形或长方形为主的面板和以扶手椅扶手的高度可推测，犀皮漆葵花凳座高 17 厘米，近方形的边长为 15—20 厘米，可能是用以放置茶杯具的茶几（前文图 2-14）。除此之外，一些宝珠盖圆形直身香筒等香道用具被以犀皮漆髹饰。

左·图2−39 《煮茶图》(局部) 明 丁云鹏
右·图2−40 《东林图》(局部) 明 仇英

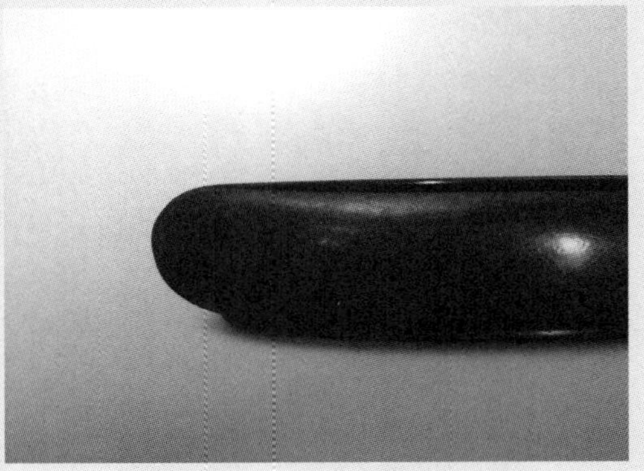

左·图2−41 犀皮漆盏托 晚明
右·图2−42 犀皮漆圆钵 靖海堂藏

四、徽州犀皮漆人文功用的晚明文人审美趣味

（一）形质的情操陶冶

1. 尚趣

重视道德与精神的崇高，追求超越普遍理性的超逸之趣是文人趣味在晚明以前的主要表现倾向。而走向世俗生活并遵从自我主体的生命感受以及注重无功利的感官愉悦在晚明开始出现，因此，晚明文人善于从日常生活中发现审美趣味，这种趣味与休闲的生活密不可分，更注重与人感性生命相连的闲适和自由主体生命的状态，而这种快乐正是晚明文人的一种情感寄托。吴从先的《小窗自纪》中有“文房供具，借以快目适玩，铺叠如市，颇损雅趣，其妆点之法，要如袁石公瓶花，罗罗清疏，方能得致”[94]。只有当主体在身心俱闲的状态下，完全融入对象，沉浸于所好之物时，趣才会产生，但不是无所事事，冷漠的、懒惰的、消极的闲趣。在对世俗审美趣味的追求中，晚明文人长期被压抑的感性情感得到了解放。在对事物实用性超越的同时，又获得了感官愉悦的提升，是一种在自由与自觉的精神心理状态下所感受到的愉悦。晚明文人的闲趣打破了长期以来对雅文化的绝对依赖，开启了雅俗相互交融共赏之意。因此，晚明文人尚古、推崇天然的趣好使审美情调也兼具有世俗性。趣，其实就是人的心灵的自然流露与灵性显现，晚明文人有感而发的性情抒怀即是对本真惬意生活之趣的反映，这种真趣表现为率性放情于平淡世俗生活而又不失自然，意态天真而又任情而发，富有轻松灵动的艺术之趣，是审美主体与审美对象均怡然自得的一种自然本真趣味。趣要立足于审美主体和客体的生气与灵性而激发主体心灵的活泼灵动，屠隆的《山斋清供笺》中有“斋中几榻、琴剑、书画、鼎研之属……铺设得体，方称清赏……无事忧心尽可终老”[95]。晚明文人喜爱参与器物的设计制作，其创作往往富于天趣。如发端于宋代的赏石文化在晚明达到了鼎盛，以吴彬的《奇石图》为代表的画家们喜好以观赏石入画，米万钟玩石成癖甚于先辈米芾，皆是以一种对奇石峥嵘的肌理、极富动感的走势、表面如火焰般跳跃交织的纹理、阴阳向背的结构的趣味性欣赏，这种趣味源自对细节全方位的、多

角度的、微观的感知，同样使壶器变俗为雅，使之进入文人的日常生活，成为文房清供的紫砂壶即是晚明文人寄情于物的趣味性改良。

绘画构图在徽州漆器中，无论大件的家具还是小件的器皿都占据着主要装饰位置，无论中心图案怎样雕镂镶嵌或绚烂夺目，四角周边一般不再如北方漆器多雕镂复杂琐碎的装饰图案，显得清爽怡人。在极致精工下仍见清丽典雅的书卷气，画面疏朗空灵充满诗情画意的文人趣味。徽州漆器装饰图案有缠枝花草、历史典故、文人雅集等题材，从中可以感受到百姓对科举功名的重视、对闲情逸致生活的向往等情感寄托。不同于竹木牙角雕等其他工艺多从民间题材取材，将各种花卉图案纹样寓意吉祥平安富贵等诸多民间美术观念，徽州漆器则受当时地域时风影响，在很大层面彰显了文人美学。就螺钿描金雕漆等漆面上髹饰的山水人物故事、花卉图案装饰而言，精美的图案稿本多来自文人画家参与绘制的手稿，在图案纹样的装饰上，清雅的庭院居舍通常隐蔽于静谧幽深的林泉中，人物常做品茗、抚琴、酌酒、赏花、吟诗、踱步等闲趣雅逸之事，极富有诗意境界的画面极大地彰显了文人趣味的影响。

具体到徽州犀皮漆器中，“晚明文人罗致奇石，盆景雅玩，不仅比德寄情，在观看赏玩这些物品的同时，也融通诗情画意”[96]。这种由观赏文化培养的重闲情逸致趣味性的观看方式与审美习惯，在犀皮漆纹理观赏中亦会有所体现。徽州犀皮漆充满意象性扭曲回旋的、张弛聚散的、灵动飘逸的、疏密相间的、深浅交错的肌理美，可以是晚明文人近距离深入观看犀皮纹理无穷的奥妙和趣味性的表达，极大地满足了晚明文人对趣味性的迷恋，最终使其成为与身心相通的钟爱长物。同时，一些形同紫砂壶花货形式的仿生性犀皮漆器很好地将趣味性与实用性功能完美结合，器型上融入了各种意象性的趣味，充满了想象的意境和情趣，微妙变化的线条需要用心去体会其蕴含的各种吉祥寓意，在使用中增加了各种乐趣而耐人寻味。如犀皮漆南瓜盒，在造型上与紫砂壶经典花货南瓜壶身如出一辙，构思巧妙雅而不俗（图3-1）。又如束腰敞口圆形笔筒，近竹段的挺拔而清秀，寓竹清高之意，富有清雅之趣。自古文人墨客以足比节蔚为大观，似有古风徐来又如君子款款走来。另外，还有徽州犀皮漆银锭式盒、犀皮漆轿箱、犀皮漆枕形盒（图3-2至图3-5）等从日常生活用具中传达出造型内容，使人产生观后莞尔一笑的趣味性。若能将珍爱之

左、中・图3－1　犀皮漆南瓜盒与紫砂南瓜壶
右・图3－2　犀皮漆束腰敞口圆形笔筒

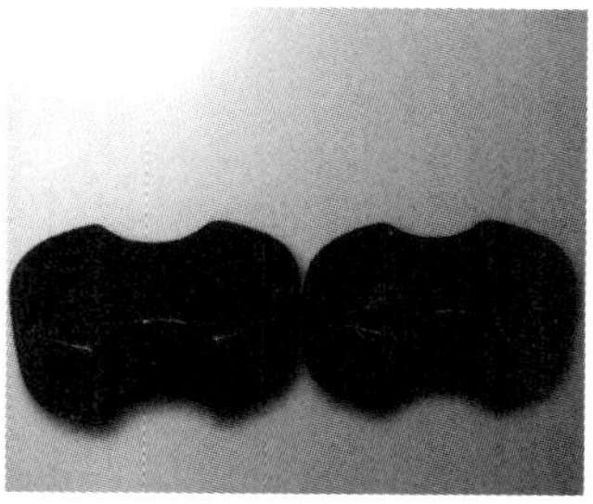

左・图3－3　犀皮漆银锭式盒
中・图3－4　犀皮漆轿箱
右・图3－5　犀皮漆枕形盒

物藏在与近似日常生活形影不离的用具中，更加凸显器物在主人心目中非比寻常的地位。

2．尚古

《帝京景物略》里有“图籍之曰古今，鼎彝之曰商周……书画之曰唐宋，夫列我圣，物异弗贵，器奇弗作……古未有，后不磨，当代已稀重购”[97]。可见晚明文人对器物的古意推崇，尤其是晚明赏玩之风兴盛，对古物的迷恋成为一种风尚。《万历野获编》亦有徽商附庸文人风雅对古玩器物的描述：“玩好之物，以古为贵……其价遂于古敌……始于一二雅人，赏识摩挲，滥觞于江南好事之缙绅，波靡于新安耳食之大贾，曰千曰百，动辄倾囊相酬。”[98]表现了时人对有着深厚传统，风靡精英文化群体、具备学识、彰显高雅时尚品位的古雅文人趣味的推崇与追慕。

"古雅"性是中国文人趣味至关重要的审美标准之一，体现为对传统经典造物文化的崇尚和迷恋。

在《髹饰录》中曾有"尚古"门一说，即是从欣赏、修补与仿制古漆器等角度阐发了在漆器审美中这种古雅文人趣味的重要意义。黄成在《髹饰录》"仿效"条中也说："非为卖骨董者之欺人贪价者作也。凡仿效之所巧，不必要形似，唯得古人之巧趣，与土风之所以然为主。然后考历岁之远近，而设骨剥、断纹及去油漆之气也。"[99] 扬明在书中认为"黄氏之意在于斯，……总论成饰，而不载造法"[100]，说明对传统经典髹饰技法的温习是黄成写作《髹饰录》的主要目的，以"故"作为髹饰工艺的重要评判标准，也即是一种"温故而知新"。在《髹饰录》中正是建立在"温故"的基础上展开了对髹饰工艺所涉及的戒、失、病等问题的批评。由此可见对"古"的品评欣赏深刻地影响了当时徽州漆器的生产及其流通。

工艺美术这种对尚古趣味的推崇始自宋代，到了明代尤其晚明时期在漆器领域则与日俱增。随后晚明鉴赏之风日渐兴盛蔓延，许多涉及漆器的品评与审美鉴赏的内容在晚明文人笔记、古董鉴赏文本中偶有涉及，都一致认同"尚古"的趣味实为漆器审美的高境界。诸如"古雅"的漆器在晚明文人文震亨的《长物志》中受到推崇并被多次提到："雕刻精妙者，以宋为贵，……国朝果园厂所制，刀法视宋尚隔一筹，然亦精细。"[101] 另外，明代从仕宦之家、商贾百姓到文人士子等群体中雅好收藏古董者甚巨，收藏鉴藏之风颇为盛行。由此可进一步揣测，晚明文人趣味已经作为当时庞大漆器市场核心审美的标准，文人雅士在漆器审美趣味，以及消费方面已转向对"精雅""古雅"的追求，对于经济宽裕的文人雅士而言，获得具有"古雅"趣味中的"奇品"漆器是难能可贵的。

在晚明画家丁云鹏《煮茶图》与仇英《东林图》中的漆盏托依然可见，虽然漆盏托在两宋时期曾经很流行，但到了明末时期，盏托其实已经鲜有人使用，在此作者应该是希望通过漆器盏托去烘托卢仝煮茶作品的古意。以一件晚明的徽州犀皮漆葵花式盏托为例，盏圆口较深曲腹，中空无底，下部呈葵花瓣状，微向上展开，圈足较高且外撇，整体造型庄重稳健，敦厚有致。盏托外壁髹红面犀皮漆，内壁髹深沉黑推光漆。在外形上很是接近江苏常州武进区出土的南宋朱漆木胎盏托，同样，圆形略敞的托口与六瓣略微翘起的葵花瓣，外髹朱漆内髹黑漆，盏托器型为南宋经典风格（图3-6、图3-7）。盏托因宋代斗茶之风的兴盛而流行，因宋人高雅的艺术品位与修养而呈现出一种简洁典雅的趣味，继承了宋代器物线条精练典雅之美。在晚明文人对宋人审美意趣回归的潮流中，以及上文曾经提及的存世第二件珍贵的南宋犀皮漆盏托与犀皮漆工艺备受晚明文人喜爱推崇，就不难理解在晚明时期会出现一批仿宋代茶事雅器的犀皮漆茶器，引领一场古朴典雅的艺术潮流。

上·图3-6 犀皮漆盏托 晚明
下·图3-7 朱漆盏托 南宋

再举徽州犀皮漆花觚为例，其是一种盛行于晚明嘉靖万历时期仿青铜器的造型，用于插花布置厅堂的器具，在器型上仿造商周青铜器中一种祭祀用樽的造型，造型高古隽秀，大方典雅，线条变化微妙而丰富，在晚明时期流行三段式，上部呈喇叭外撇状，中间鼓腹，下部呈凤尾外撇状，风格硬朗，一般纹理样式为接近青铜饕餮纹常绘较为繁密的纹样。而犀皮纹理的绚丽多彩，富有审美意象，适合与花觚器型相结合，进而出现了这种以犀皮漆髹饰的花觚（图2-38）。如前文提及的广东省博物馆所藏晚明文人画家陈洪绶的《调梅图》(图2-37)，描绘主仆三人围于火炉旁调梅的情景。画中的女主人背后即放着一个和犀皮漆花觚器型一样，插有梅花古意盎然的花瓶，可见花觚器型是晚明流行的复古风插花器型。在这张画中的花觚造型古朴，设色以墨色为主，设绿色以接近青铜古器的色调，衬托出整个画面的淡雅情调，具有浓郁的古典风韵，可见在晚明时期的好古玩古之风的盛行。另外，一些徽州犀皮漆器如图3-8所示犀皮漆圆形笔筒、犀皮漆书卷几等，在内部和底部温润的髹黑漆中，形成了疏密不等、形同古琴断纹的裂纹在晚明文人屠隆《考槃馀事》中曾有对古琴各种断纹形态的描述，尤其以龟纹断和冰纹断为例，是晚明新出现的品种，上文已提及断纹通常是古代漆器因年久使胎骨和漆层不断地涨缩形成的具有独特的缺陷美的纹理，裂纹错落有致、疏密相间，形态颇具气韵美感而有节奏。晚明文人因对有时间历史感古意的崇尚不但不将这种缺陷瑕疵视为髹饰弊

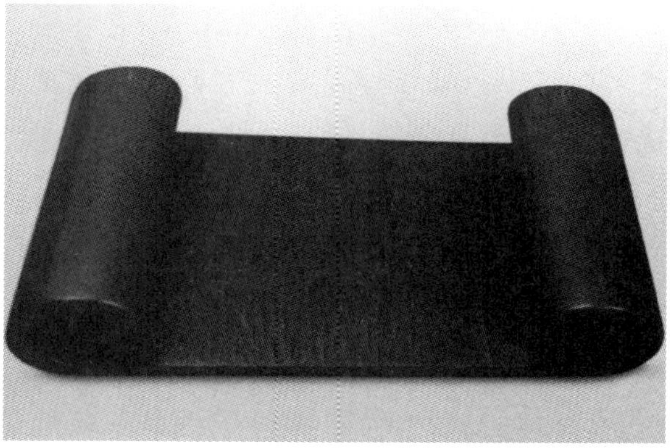

图3-8 犀皮漆书卷几底部断纹 靖海堂藏

病，反而以之为贵。从安徽屯溪漆工在髹漆家具中进行粗中细漆灰的糙漆并髹涂面漆，之后模拟热胀冷缩原理再放置于烈日下暴晒并以冷水浇之，如此反复使漆面出现裂纹的人为制造裂纹的历史传统来看，由于断纹的珍贵性，以及晚明文人群体的尚古偏好，不排除徽州漆工会在犀皮漆器中人为制造富有岁月感和古意的断纹，以满足文人群体对有时间生命感的古意的偏好与喜爱。

（二）协调身心的把玩

在中国传统造物文化中，器物一直被儒家文化视为承载礼乐的重要媒介，在明代以前往往被文人倾注以社会意义，具有礼乐的文化内涵。物质文化往往不受文人士大夫们所待见，器物的生产技术、形式美感与日常功用性时常遭到忽视与规避。与前代有所不同，晚明的文人经常以充满感官性的嗅觉、触觉和味觉等来接触物质文化，注重用身体去感知和发现器物之美，通过品香、品茗、把玩等对生活中物质的感官接触，将物质文化纳入感官世界并承载个人的情感。同时，参与的各种感官互相影响渗透，形成一种全身心体验感悟物象的中国传统审美观。但又不局限于嗅觉、味觉或者触觉等感官享受，而是再经由情感的投射又物我相交融形成超凡脱俗的文雅生活情境。如在《长物志》中，晚明文人文震亨认为把玩器物最为关键乃是触觉感受，认为触觉感受的审美至关重要。文中提到几案的手感“摩弄滑则”，禅椅“须莹滑如玉”，手杖宜“须长七尺有余，摩弄滑泽，乃佳……”[102]由此可见，晚明文人已将把玩上的触觉感官作为审美主体鉴赏力的重要指标。他们注重日常生活的审美化和艺术化，追求身心合一的审美体验，精益求精地关注器物的每个细节，由此而得到身体感官的愉悦和快感并带来生命的快乐。当一切理想和价值都破灭之后，追求生理和心理舒适享乐的本能使晚明文人们从享乐和审美中面对真实的存在的生命肉体，面对人生的价值和意义。

从身体体验和感受角度阐发的关于造物设计的言论是晚明文人趣味比较集中而突出的部分，以身体经验为出发点，强调摩抚谛玩带来的舒适感和全方位的感官体验。髹饰器物被晚明文人以身体客观经验所建立的形、质乃至功能上的造物系统所引导，以使用者的心态和观念回归其日常使用价值。明代中后期盛行于思想界的王阳明心学体系强调自我意识的独立，注重生活的经营、身体的养护，形成了晚明社会推崇自我与主体观念的思潮。同时，晚明相对发达的物质环境推动了晚明文人自我主体意识的增长，使其通过将自身的物质和精神需求提升到较高的位置，在感观上细致入微地体验闲适生活带来的种种愉悦与满足感，来突出自我主体生命凌驾于自然环境和物质世界的意义。晚明文人认为把玩器物可以延年益寿，通过对把玩物品习性的谙熟以及与物品的亲密接触，对之在感官上进行“摩抚谛玩”的真切而丰富的深度体验。晚明文人高濂在《遵生八笺》中论器物曾提及“摩弄”一词，即可看作一种把玩，如“近日淮安铸法古鎏金器皿，有小鼎炉，香鸭等物，做旧颇通，人不易识。入手腻滑，摩弄之功，亦非时日计也”[103]。这里的“摩弄”表明，手的参与所带来的触感体验已经成了鉴赏者和使用者以自身体验为中心，品玩器物的标准与核心要点。张应文《清秘藏》中有：“余向蓄一枚，大仅拳许，峰峦叠起，绝无斧凿痕，极玲珑可爱…… 长有三寸两分，高两寸六分……令人念念耿耿。”[104]晚明文人认为在人与物的朝夕接触中，把玩器物必然会使身心与物相互通感，达到使耳目愉悦甚至调剂身心性情的作用，从而对人产生由外至内的积极影响。他们以物品的实用性和舒适性为中心参与造物设计活动，来满足自身感官对安逸、舒适和享乐的需求。将生活重心由注重社会的“寓意于物”，转向注重个人的“借怡于物”的回归。由此可见，以苏轼为代表的宋代文人对物质保持劝诫般谨慎疏离的态度并不受到晚明文人的认同，取而代之的是将设计物放在自我生命的首要位置中。

进一步而言，晚明文人为进一步增进造物设计日常使用价值而对造物设计在自身身体经验基础上提出了形、色、质乃至功能要求。“在把玩中，人的视觉触觉等感官感受能力得到极大的拓展，试听等审美欲望亦全面攀升。”[105]身体经验是身体内部综合系统诸如视觉之于光线、色彩、形状，触觉之于质地、温度，嗅觉之于气味等带来的感官感受，在此基础上肯定“日用”和“人”的主体价值，从实用性的角度去造物、用物并使之服务于日常生活需求。“遵生”思想在晚明的盛行使晚明文人在接触物质产品的过程中，聚焦于以用物体验中身体感官的“舒适感”作为评价标准。全方位调动视觉、触觉、嗅觉等诸如身体感官以更接近设计物，如对书斋环境的布局中晚明文人做如下描述：“坐斋室、行槛上、览绿植、嗅芬芳……”[106]晚明文人不仅在设计物形式风格上追求一种美感，而且寻求一种身体享乐所追求的舒适快感。这种快感可以称作体舒神怡，舒适的身体感官与愉悦的精神促进感性欲望的审美提升。在追求感官愉悦的同时，晚明文人更渴望通过复杂的思维和经验的参与获得精神的满足。这种复杂思维和精神满足被西方艺术史家贡布里希定义为艺术的知觉心理学。在中国民间所谓“包浆”的说法即是长时间把玩后的产物，诸如在很多日用家具的把手与凭靠处以及手串饰物等，人体与其经常接触的地方长时间后会在表面形成一种“莹滑而温润”的感觉，此即把玩所带给用物细腻而真切的感受。之于髹饰器物的把玩，要使器物的造型形态、肌理质地宜于把玩，漆面微温，并散发大漆天然的芬芳，给人极为适体的感官体验。

在徽州犀皮漆器中，一些器物完全可以凭借其体态娇小、近乎手掌的尺寸，温润光滑的质地，充满幻象与自然趣味的纹理，适应手部肌肉曲线的线条轮廓，充满古意与伦理寓意的造型，风雅闲事的文化功能等特性而成为晚明文人珍爱的把玩之物。诸如高9厘米、腰径12厘米的犀皮漆柿形矮脚钵（前文图2-7），高5厘米、直径8.9厘米的犀皮漆圆形平底小粉盒（图3-9），高7.4厘米、腹径12厘米的犀皮漆圆形钵（图3-10），高8.2厘米、直径10.5厘米的犀皮漆圆形高唇盖盒（图3-11）等器物。同时，把玩性还体现在使用过程中的一种把玩，一些唇部较高的盖盒，在盖盒盖时可以充分玩味盒盖沿长距离唇部缓缓落下，并在瞬间与下半盒身紧密地合在一起的情形，这种综合触觉、视觉、心理感官的过程，极其美妙富有禅意，把玩起来回味无穷。

左一·图3-9 犀皮漆圆形平底小粉盒 靖海堂藏
左二·图3-10 犀皮漆圆形钵 靖海堂藏
左三·图3-11 犀皮漆圆形高唇盖盒（1） 靖海堂藏
左四·图3-11 犀皮漆圆形高唇盖盒（2） 靖海堂藏

（三）生活使用中的礼仪性

中国传统中一直有“藏礼于器”“器以载道”的设计理念。对于晚明文人来说，器物不仅仅服务于个体人生的审美和物质消费，也应该是礼乐文化的载体或是道德情操的象征。漆器在晚明时代相当于一种高雅的奢侈品，由于当时社会生活与人们的需要，晚明漆器消费市场，以及与漆器鉴赏品评相关的知识呈现出繁荣与层出不穷的倾向。对髹饰知识的掌握日趋重要，因此，以《髹饰录》为代表，晚明文人从髹饰工艺门类、髹饰工艺审美品鉴、漆器的流通等方面对漆器进行详细梳理与批评，可以理解为既是当时漆器的流行与生产扩张所致，也是因消费群体需求旺盛而出现漆器商品交易竞争日渐激烈的表现。

以刊印于明崇祯年间的彩色套印本《西厢记》中许多文人画家参与绘制的生动插图与徽州螺钿镶嵌、描金彩绘、雕漆等漆器髹饰在图案纹样上的近似一致为例，根据实物会进一步发现髹饰有《西厢记》之类装饰图案是当时漆器等工艺品极为普遍的方式，由此可推断在漆器上装饰著名戏剧插图已经成为当时徽州漆器的一种潮流现象与趋势，并且有着巨大而广阔的市场。这些以螺钿、描金彩绘髹饰技法装饰漆器上《西厢记》图像的消费者是否为文人雅士？这些有才子佳人情节故事的髹饰图案和在内容情境上与之近似的文人阶层的日常生活起居是否有联系？这些漆器的常规用途与特定礼仪使用场合之间有何种关系？若从以上角度去思考，髹饰有《西厢记》等精美插图图案的徽州漆器的文化内涵显得更深刻。

杯盘碗碟等髹饰器物一直是中国古代瓷器流行以前重要的日用器物类型，而到了精英阶层盛行雅玩、清赏之风的明代，漆器则由于成为鉴藏的高贵的礼仪欣赏性珍玩古董而成为失去日用功能的生活器物，在晚明拥有或使用髹饰华美的犀皮漆器成为当时人们彰显身份与地位的象征。徽州漆器深受晚明江南日益崛起的商业经济影响，此时过去来自沿海或其他地域专门进贡给皇亲贵胄所享用的镶嵌有贵重工艺饰料诸如金银、螺钿、珊瑚、象牙等的漆器，除了继续以进贡的形式进入皇室贵族阶层之外，逐渐通过商贾之手运转至江南，进入民间成为富商大贾的把玩之物。这些装饰有高贵工艺材料的漆器造型款式众多，髹饰效果精美绝伦。在明代，流通于市场的漆器在髹饰类型和花式造型上千姿百态，除了日常生活用途以外还有他用。这些做工精细的徽州漆器在使用上而言，通常礼仪象征方面的功能远高于其他。高贵华美的徽州犀皮漆器广泛使用于以文人士大夫为主体的名门望族社会的交际中，对维系共同阶层价值观念与彰显主人艺术品位与社会地位发挥着重要作用。为达到一种亮丽炫目的效果，明代徽州漆工在徽州犀皮漆器中加入大量珍贵矿物色彩与各种打埝方式。通过各种富有层次变化的漆色与充满节奏韵律美感的犀皮纹理进行搭配，使犀皮漆绚烂缤纷的纹理和漆色彼此相互映，显示出一种奢华的美感，更加绚丽动人。红黄绿各色交织焕发的光泽与质地，将徽州犀皮漆器奇珍异宝般高贵的感觉充分展现出来。通过横向工艺比较对晚明时期徽州螺钿漆器中精细雕刻螺钿片表现文人雅士的闲暇时光，或退隐园林，或放松思索，或吟诗作画，或与友人交往互访等通常也见于绘画的绘饰主题的观察，可以体会到中国文化丰富的视觉语汇与晚明文人隐士避世的思想。

西方明史专家柯律格先生在《明代的图像与视觉性》一书中曾对晚明时期漆器的使用功能做了推断："事实上，明代流传下来的物品，其中，相当大的比例都深陷于互利互惠的人际关系网……把礼物作为一个分析范畴，无论如何生硬简化，就明代物品而言，仍然会有效打破地纯美术/工艺美术之间的界限……在整个明代时期，退隐归田，作为重要的人生大事之一，需要通过诸如绘画作品或诸如漆器的传递予以纪念。"[107]"……描绘了文人之间的互访，在拜访中，这类漆器被用于盛纳礼物。"[108]"……描绘众仙人为老君祝寿的场景……这类漆器是用于赠送寿礼的。"[109]

“盛放礼物的盒子与礼物赠送在明代密切相关……盒子的功用，正如圣诞时的包装纸一样，把一件商品变成礼物。这一做法在明代社交生活中是如此司空见惯……发现门前的路都被城中显贵人家所送的食盒堵住了。”[110]“礼物一旦被检视，之后精美的盒子会被送回……这类的漆盒因此物归原主，或许下次祝寿时再次使用。”[111]“当一件物品的意义在于其移动性，在于其从赠予者到接受者的转移，我们就不能像对待现今静止地摆放于博物馆展柜中的物品那样，从中解读出一种固定不变的意义。”[112]由此可以进一步推断，徽州犀皮漆器诸如各种造型饱满的大圆盒、大捧盒、提梁盒等同样用于宴会雅集等重要场合，或者用以盛装精致的珍馐佳肴一类美食，赠送的礼品需放在捧盒里奉上，既能显示庄重的礼仪性，同时，又具有保护物品的功能（图3–12至图3–14）。

总而言之，方寸的盒体间接地展现了晚明时期徽州犀皮漆器在髹饰纹样与髹饰风格上正在形成当时文人群体因避世在野而追求雅趣闲情的设计趣味，表现了时人对有着深厚传统，风靡精英文化群体、具备学识、彰显高雅时尚品位的古雅文人趣味的推崇与追慕。在徽州犀皮漆器中，亦有很多具有这种礼仪性功能的圆形长方形捧盒性器物，以犀皮漆长方形大盒与蘑菇形大圆形捧盒为例，造型规整简洁，方圆有度，且呈现向中心聚拢的形态（图3–15至图3–16）。

这种向中心聚合的形态在视觉形态上给人以庄重中和之感，显得沉稳肃穆。方圆有度的形制隐喻了中国人天圆地方的空间认识及与天地精神往来的人生境界。方圆平衡即是一种中和，是中国传统崇尚天人合一思想的体现，“和而不同”“以和为贵”都说明了这种中和思想在中国传统伦理道德中的重要地位。同时，这种捧盒在作为礼盒奉上时会因盛装物品贵重程度、被赠予者的长幼贵贱而做先后顺序的安排，因捧盒形态与盛放物品的贵重而在厅堂的摆放位置而有宾主之分，因民俗节日的不同性质而奉出不同器物形制……从深层次的社会文化生活中，以捧盒为代表的徽州犀皮漆器超越了本身的物质形态，成为维护社会秩序与强化礼仪功能的符号，通过这种先后顺序、宾主位置、形制专属等方式将礼仪性在社会文化生活中传达出来。另外在犀皮漆圆形全盒的内部，分成五个协调统一的小盒，四个扇形小盒围聚在中心（图3–17）。圆形小盒四周形成隐喻儒家礼仪的左右对称，置于正中心的圆形好似徽州民居的主宅，是凝聚力的核心，通常做供奉先祖牌位之用，隐喻着一种

上左·图3－12　犀皮漆大圆盒　靖海堂藏
上中·图3－13　犀皮漆大捧盒　靖海堂藏
上右·图3－14　犀皮漆提梁盒　靖海堂藏
中左·图3－15　犀皮漆长方形大盒　靖海堂藏
中右·图3－16　蘑菇形大圆形捧盒　靖海堂藏
下左、右·图3－17　犀皮漆圆形全盒　靖海堂藏

绝对权威与威严性。四个扇形盒好比纵横于主宅两旁的各进各路的院落，与中心主宅形成从属关系。众所周知，在徽派建筑中主宅常做接待客人与礼仪活动之用，展现中国人进行伦理与礼仪教化的空间场所而气势庄严。此盒内各个小盒组成了一种近似徽州大型民居宅院，深达数进，有若干天井，但轴线分明、系统性强的格局模式。徽州民居是朱熹家族社会严明伦理观念在徽州的产物，讲究尊卑等级的礼制与秩序。尊礼重教是这种格局的指导思想与根本原则。在严肃规整中同时又有和乐的精神体现，四个扇形小盒围绕中心正圆盒，有四喜同堂之寓意，在规整有序中追求团结和谐，以和乐精神协调各自由小个体向中心聚集。

这些同样通过上文对徽州犀皮漆器文雅生活功能可知，在晚明文人的日常生活中，徽州犀皮漆器亦是在以插花品茗焚香为主导的风雅之事中发挥着潜移默化的礼仪性功能，诸如用于堂供的犀皮漆大花瓶与花斛的插花。通常在徽派建筑中肃穆威严的中堂被用于对先祖图像的供奉，已经成为一种具有宗教性质的精神性物质载体。犀皮漆盏托是晚明文人雅集、尚古践行宋代点茶之风、以礼仪行茶事的重要器具，将犀皮漆器稳定社会秩序、协调人际的礼仪性功能通过饮茶方式传达出来。实际上其在中国传统器物中一直有所影射，以器物的形制影响着人们日常的行为规范。因此，徽州犀皮漆器与中国古代其他器物一样，通过这种方圆有度向中心聚合的造型在无形中教化着人们对礼制的遵守与伦理行为的规范，通过具有象征隐喻性的形制克己复礼，在日常生活中践行礼仪，推进人格的自我提升。

晚明文人趣味体现了从日常生活出发，追求个性化自适与满足的审美观。无论是在园林、居室陈设、器物等皆是充分考虑到各个设计要素之间形成统一的整体，营造出一种和谐的审美境界。在其可以看作中国传统“天人合一”哲学观下，追求人与自然和谐思想的延伸。晚明文人将自己的精神情感寄托于物质文化，使物质世界与精神境界融通成为晚明文人的人格化身，在物我交融中达到物我两忘的境地，传达出一种高格调的艺术品位。以徽州犀皮漆器为代表的工艺器物而言，通过器物简洁适用性的造型，强调人在使用中的舒适体验，细致入微地考虑到人对物质的适应感，可以说是早期的人体工学雏形；通过在器物纹理中对自然意象美的推崇，间接地反对过度的人工雕琢，体现对本真与天趣之于艺术大美重要价值观念的认同；通过协调身心把玩，体会器物温润如玉的质感，展现了以文心自适的高情逸趣与为人处世平和恬淡的人生智慧；通过诗意化品鉴古雅精丽之物，营造出超凡脱俗的文化氛围。晚明文人趣味在中国传统造物思想“器以载道”的基础上，融入文人主体的感情色彩，更加关注人本价值，注重生活品质，回归日常，探索个人生活之美，具有浓烈的生活色彩。

明代工艺美术的成熟与晚明社会所孕育的中国近现代社会的萌芽，使以晚明文人趣味为主导的晚明设计思想开始具有近现代设计注重生活化设计观的特征。同时，晚明文人开启了与工匠的互动，积极参与工匠的造物文化，文人审美趣味影响甚广，使中国长期以来截然对立的两种审美趣味开始融合，保证了中国古代设计思想的完整性。其所倡导有感性而发的生活体验，以艺术眼光艺术化的生活，关注个人内心世界的表达，注重生活适用性等理念阐明了在设计中文化修养与人文精神的重要性，其决定了设计的品位与格调。对于今天当代中国工艺美术与设计界因过于细化与职业化带来的文化修养与人文精神缺失局面具有重要的借鉴意义。同时，当代占领市场主流的工业机械化生产使传统工艺造物使用价值优势不再，因此，需要充分从器物的艺术审美价值进行深度挖掘以凸显其当代继续生产存在的必要性。时过境迁，在当代工艺美术与设计中，文人参与设计造物的传统已经割裂，工艺与设计充满了材料的过度堆砌与有违生活适用性等现象，当代处处充斥为膨胀消费欲望而追求强烈视觉冲击与感官刺激的西方式审美，而不断产出的设计师已经少有文人雅士精通书法、绘画、诗文等全面的艺术修养，而这种全面的艺术修养恰恰是工艺与设计造物中审美最为重要的部分，决定造物的审美高低与品位。无论工艺师还是设计师，都可以从晚明文人的审美趣味中有所启发：对自我文化素养进行提升，在造物活动中自觉运用这种审美方式认识人与物和谐共生的关系。恢复与重建具有中国艺术精神境界的民族审美体系是当下中国艺术界所要解决的首要问题。

五、徽州犀皮漆晚明文人趣味在当代的传承与发展

徽州犀皮漆器作为国家级非遗项目徽州髹饰技艺中重要部分，只有很好地继承蕴含在其中的文化与精神，才会在当代得到有效保护和继承。对非遗传承人来讲，

深度理解犀皮髹饰技艺背后的文化内涵与意义对其发展至关重要。虽然今天孕育文人的社会土壤已经分崩离析，但晚明文人趣味中有很多审美思想对于今天徽州犀皮漆器依然具有借鉴意义，值得发扬光大。将晚明文人趣味作为传统的宝贵资源进行深入研究并有效地运用于当代以徽州犀皮漆器为代表的造物设计中，既是当下徽州犀皮漆器保证传统审美格调与品位的需要，也是徽州犀皮漆器保护研究的新方向。这种重新观照晚明文人趣味的文化自觉不是守旧复古，而是为了进一步增强面对当代新环境而进行文化转型的自主能力。

（一）徽州犀皮漆晚明文人趣味的当代传承

在犀皮漆器的制作上，徽州髹饰技艺国家级非遗传承人甘而可先生做出的犀皮漆器富有文人审美趣味，风格上精致典雅，代表了当代徽州犀皮漆器的最高水准。甘而可先生在造器前匠心独运，反复揣度能够传达内心情感与意象的器型，在器型设计上崇尚晚明文人所推崇的宋元的古意经典之美，注重实用功能性，通过长时间的验证比较得出符合生理的优美器型与合适的体量，诸如器型的厚度与重量感的合适把握。同时，为了使髹饰在造型与纹理形式审美的统一，反复考虑犀皮漆器的总体色调、多层色彩排列组合的纹理所营造的视觉深度是否与器型相适合。为了更好地诠释温润如玉的质感与把玩的乐趣，以光润照人的抛光亮度彰显犀皮漆器光润的触摸质感与文雅的气质。

在继承传统工艺的基础上，甘而可先生对徽州犀皮漆加以创新，在犀皮漆里面创新性地添加了黄金成分，替代过去的石黄，再加入了绿松石粉末和红珊瑚的粉末，使犀皮漆打磨以后更能呈现那种珠光宝气。漆面更加坚韧、光鲜亮丽，技艺水平在恢复传统的基础上有了新的提高。他制作的犀皮漆器不管是在纹理的丰富程度还是色彩的绚丽程度等方面都超越了古人，其创作的犀皮漆器色泽艳丽，光彩夺目，触感平滑，如婴孩肌肤般细嫩，丰满而莹润。其代表作有与晚明花器红犀皮漆梅瓶大小相近的红金斑犀皮漆梅瓶（图 4–1）、对明代拜盒进行精致典雅化改良的红金斑犀皮漆大圆盒（图 4–2）等。其中，红金斑犀皮漆大圆盒还被故宫博物院收藏，这也是故宫博物院自中华人民共和国成立以来第一次收藏当代的漆器艺术品，标志着徽州漆器得到了国家最高权威文博机构的认可，走进了中国古代艺术的最高殿堂。

另外，甘而可先生与晚明文人尚古审美一致，借鉴宋人雅致茶文化而创作了一系列犀皮漆茶具，如仿南宋造型的哥窑绿金斑犀皮漆贯耳瓶（图4-3），沉静而富有动感的绿色犀皮纹理仿佛哥窑的开片，仿存世稀有的南宋红斑犀皮漆盏托（图4-4），精巧雅致的玳瑁斑犀皮漆仿宋建窑小盏（图4-5）。由宋代斗茶之风兴盛而创作的一系列茶器，以犀皮髹饰为首创，弥足珍贵。以仿宋玳瑁斑犀皮漆小盏为例，其做工考究，将文人趣味深入贯穿，从口缘到足底有厚度的微妙变化，外壁犀皮髹饰温润沉着，为更好地呈现文人斗茶之趣，将黄金融入盏内壁漆层，反复细腻磨制，以便呈现出有益于茶色的珍珠光，当茶汤注入时，金色与茶汤辉映荡漾，愈加衬托茶汤之色。同时，盏底以漆灰做生动活泼的旋削纹状，以增进品茗悠游时观茶汤流动的视觉新意与情趣。晚明文人审美趣味是宋代文人审美趣味的延续，如颇受文人青睐的唐宋器型进而创作出红金斑荷叶盖罐、绿金斑犀皮漆莲瓣形漆奁盒、红金斑犀皮漆菱花盒（图4-6至图4-8）等系列犀皮漆作品。其中的荷叶盖罐因字面与“和”“冠”等吉祥寓意谐音，而历来受到文人的推崇。

在文房方面，甘而可先生曾创作一套乾隆仿古六砚造型的歙州漆砂砚，造型别致，古朴大方，以漆砂仿端砚、歙砚、澄泥砚、瓦当等材质纹理惟妙惟肖，是当代徽州漆砂砚的经典之作。其中，“寿殿犀纹砚”“玉兔朝元砚”别出心裁地使用犀皮漆制作原理模仿石纹奇妙的肌理效果。另外，诸如甘而可先生制作的天鹅湖犀皮漆砚盒，在湖面形态的砚盒上做出与砚台意境高度统一的犀皮髹饰，展现了夕阳下天鹅湖面波光粼粼的美景，富有艺术魅力（图4-9、图4-10）。砚盒与砚石珠联璧合，相得益彰，继承了徽州髹饰精致典雅的艺术特色与晚明文人趣味这种人文精神。

“传承是非物质文化遗产的基本特点，只有通过传承主体的口传心授，才能使非物质文化遗产代代相传，永不断流。”[113]甘而可先生以自己的文化自觉扎实地传承与发展犀皮技艺，在实践、传承、社会影响方面推动徽州犀皮漆技艺的保护与传承，其长年累月的坚持、专注于犀皮漆技艺的完善与推广，以口传心授的方式通过精湛的技艺向其工作室的徒弟们传授着犀皮漆的文化内涵。在当下非物质文化遗产保护工作如火如荼展开以及国家大力提倡工匠精神的背景下，以晚明文人趣味作为一种文脉根源与基因的样本，进行深入研究与挖掘其之于当下的重要美学价值，寻找其与现代生活方式相契合的点，使其可以成为我们传承与保护非物质文化遗产中所需要的宝贵传统审美参照资源，也应该是我们所有立志于从事传统艺术研究与保护者需要努力的方向。

（二）徽州犀皮漆晚明文人趣味融入当代设计的新发展

对于传统技艺而言，若不能以适应当代社会需求的形式融入当代生活中，那么只能坐等日薄西山的历史命运了，甚至终将遗憾地成为濒危失传的非物质文化遗产。在全球化时代，更不可能故步自封地把传统技艺与当代工业设计割裂开来。随着当代中国经济的高速发展，我们已经开始从满足基本生活的物质需求转向具有传统文化底蕴与高雅艺术品位，能够带来审美愉悦的高品质生活的物品需求。要能建立起两者之间的联系，使传统技艺在新时代下产生新的文化属性与创意。既保留精湛的传统工艺，又具有现代设计的理念，才能使悠久的传统技艺重新焕发新的生机。在此背景下，当代设计中越来越多的有识之士倡导复兴传统审美与生活方式，重新认识发现经典文化中厚重的生命力，使其以一种新的方式融入当代生活，并致力于传统技艺的再创造。

1．当代设计的复古潮流趋向

目前中国有很多设计与传统技艺的工作室大多以作坊的形式运作，一些有识之士开始寻找有中国独特审美意识的生活方式，诸如一直深受晚明文人喜好的茶道、花道、香道等。在当代语境中这种对传统历史文化某个阶段的追慕，从历史经典中梳理中国美学与造物系统，以其作为个人对生活方式的理解正在成为一种趋向。中国当代设计师宋涛在主题为“文人设计”的采访中说：“现在中国设计走到了很微妙的一个时刻……即四十多岁的一代不约而同地从各自的领域在往回找自己的本源。”“一旦到了某个年龄，就会去寻找自己的文化和背景，找到出处，才能更好地往回走……都在很痴迷地往回找东西……中国的设计文化要崛起，就要有新的表现方式和哲学。”“希望彰显中国传统里文人气的那部分价值。尤其是审美上的价值，

图4-1　红金斑犀皮漆梅瓶

图4-2　红金斑犀皮漆大圆盒

图4-3　绿金斑犀皮漆贯耳瓶

图4-4　红斑犀皮漆仿宋盏托

图4-5　玳瑁斑犀皮漆仿宋盏托

图4-6　红金斑犀皮漆荷叶盖罐

图4-7　绿金斑犀皮漆莲瓣形漆奁盒

图4-8　红金斑犀皮漆菱花盒

图4-9　天鹅湖犀皮漆砚盒

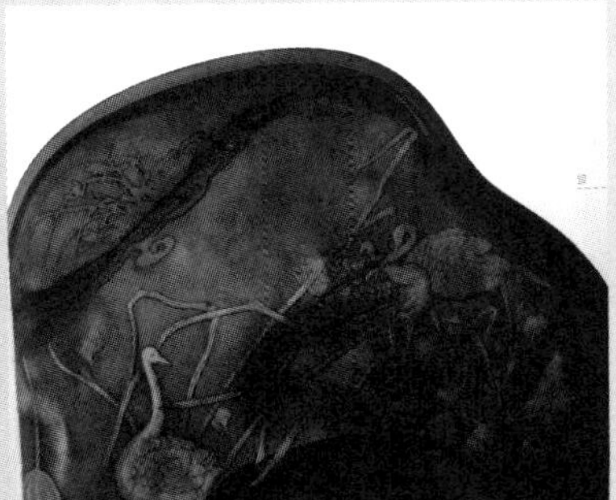
图4-10　天鹅湖犀皮漆砚盒局部

中国的传统其实很复杂，包含的东西很多……提出文人设计是想彰显中国‘雅’的这种文化传统，因为我觉得总得有一个主流文化存在。”[111]

由此可见，在当代中国设计中以晚明文人趣味作为出发点是为了要传承这种雅的传统，通过对晚明文人的生活方式与文献中思想的交流，将那种高雅格调与审美境界在日常生活中自然而然地表达出来。王岳川在《后现代主义文化研究》一书中写道：“科技以不断推翻陈说，标新立异而高歌猛进，但文化却不能完全丢掉已立足期间的历史和传统，相反它步步退却寻根不断返回存在的本源，去发现生命的意义。”[115]方李莉《新工艺文化论——人类造物观念大趋势》中也有相似观点：“艺术的寻根趋势终将使艺术向工艺艺术回归，向生活回归，绝不会永远只停留在表面形式的追求上。”[116]

在当代设计生活中，重新激发传统活力的实践上，与我们同属于东亚文化圈的韩国和日本当代设计的做法很值得我们中国设计师去思考与借鉴。韩国当代设计界的“日常艺术”设计展举办了近20年，把具有韩国民族特色的传统工艺以日常生活的形式展现出来，使其重新成为具有当代设计功能性价值，并推动全民培养自己的艺术审美与品位。展现他们对经典在生活中的美与追求。以当代日本顶尖工业设计大师喜多俊之为代表的当代日本设计界一直致力于将日本的传统工艺与日本当代工业设计合作，逐步发展为具有强烈民族风格与审美特点的和风设计，并使传统工艺走向世界市场成为有商业价值的品牌。其设计思维始终来自日本的传统工艺，积极挖掘日本传统工艺遗产，以及日本民族独特的审美趣味，以全球化的视野，注重以本土文化资源的理念去践行设计，巧妙地把日本优秀的传统技艺融入源自西方的当代设计中。经过多年的辛勤耕耘，日本当代设计成功地打造了一批以日本传统工艺为灵魂具有世界影响力的品牌，使传统工艺顺利转型走向世界。

喜多俊之在个人专著《给设计以灵魂——当现代设计遇见传统工艺》中写道：“……灵活运用匠师的传统工艺技术，以及有限的素材，并带入新科技，制作符合现代生活的物品。”“日本的传统工艺中，大部分具有极高的原创性，是匠师们一物入魂，追求极致的作品，给设计以灵魂具有能让人感动的力量，将其用于制作现代日常生活中用得上的物品，适时传达给与销售给需要的人。”“我思索着是否可以从这些古代作品中获得线索，于是，仔细观察以前陶器的形状与题材……这成为我的灵感来源……三叶幸运草形状的盘子就是能装三种料理，不仅是日本料理，我觉得似乎因此可以发现今后餐饮的新概念。”“以17世纪的盘子为灵感而设计的HANA果盘，像这样堆叠起来，整个印象又会大幅改变。在HANA变形盘中，小小的前菜可以分别独立盛放。”（图4-11至图4-14）“然而保留手工制作匠师的精神，借助新的科技或机械的力量，以匠师的心执行高品质产品的大量生产，这将是接下来日本地方产业的新形态。”[117]

诸如以日本岐阜县传统手工造纸美浓和纸为工艺技术，与现代照明器结合形成的风靡全球的“TAKO”系列灯具；将神奈川县的小田原拼木工艺以现代色彩图案

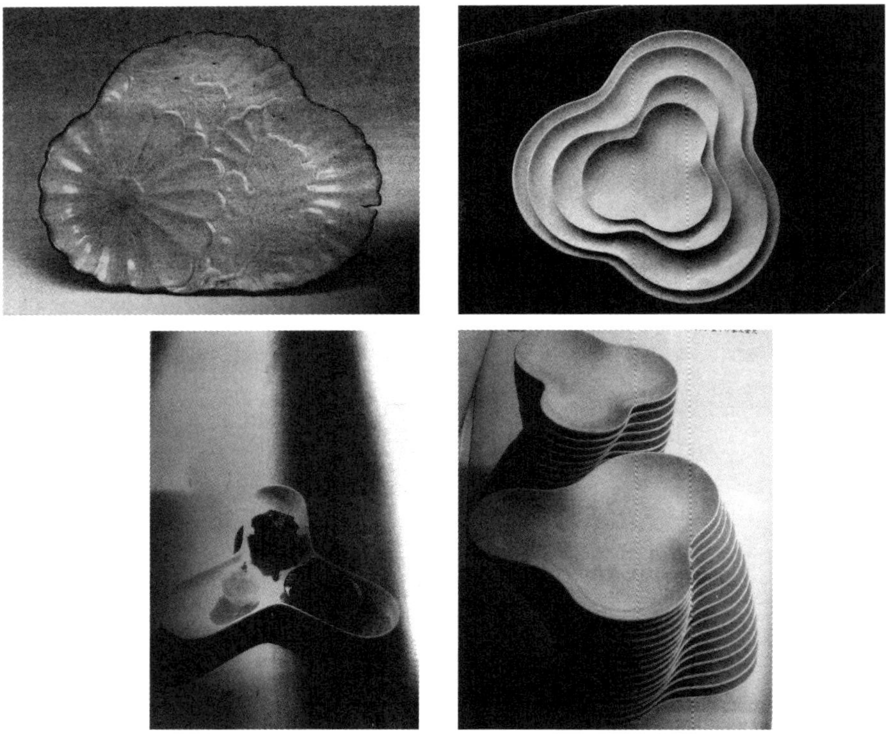

上左·图4-11　日本17世纪瓷盘
上右·图4-12　以17世纪瓷盘为灵感的HANA变形盘
下左·图4-13　以17世纪瓷盘为灵感的HANA变形盘
下右·图4-14　以17世纪瓷盘为灵感的HANA变形盘
（图片来源：《给设计以灵魂——当现代设计遇见传统工艺》）

进行改进，又保留传统木艺本身的温暖质感的拼木器皿，在米兰国际设计大展上广受欢迎；把新潟县燕市传统金属锻造技术和极具人体工学、注重使用细节与功能的西式餐具设计结合起来产生经典的“XELA”系列餐具等，都是喜多俊之以日本传统技艺为根基，结合当代设计理念开发的成功设计产品。

作为髹饰技艺，徽州犀皮漆器可以更多地从以喜多俊之为代表的日本当代设计师在保有传统审美格调与精神境界下对日本传统髹饰技艺融入当代设计的方式中获得启发，如其将日本石川县轮岛的沉金莳绘漆器进行生活实用性与制作工艺的改良，使漆器的质感与实用性充分符合当代生活的需要，如为避免容器食物冷却而注重兼具盛放食物功能的盖子的设计（图 4–15），考虑各种能兼容东西方餐饮习惯的器物（图 4–16），考虑器物的堆叠空间使其在不使用时也可以完全收纳不浪费空间（图 4–17），注重器物使用的手感和对用者的使用吸引力，配合时尚潮流对器物宣传单中图像目录质量的格外重视等（图 4–18）。同时，保留了传统日本漆器承载的庆典仪式与四季节庆的意境气氛，诸如二叠榻榻米大小的节庆茶道空间“二叠结界”，把传统漆器应用场所由传统节庆的冥想，潜移默化地转化为可在现代客厅进行的派对（图 4–19）。“二叠结界”组合式茶屋作品曾经在西方当代设计界引起轰动，其立足于有着深厚日本民族精神审美的茶道文化，以日本传统髹饰工艺轮岛涂的蜡色漆，将四根木柱搭起的具有庄重仪式形式感的空间进行髹饰，拓展了传统髹饰工艺的表现空间，当进入可容纳四个人并可组合移动的空间进行茶事时，形式结构所带来的肃穆神圣感会使人内心顿时平静下来，从而与茶事活动创造的小宇宙境界进行心灵的交融，将日本茶道的文化精神与内涵很好地传承下来。从做胎骨就讲求精密详细的设计图（图 4–20），使传统美丽的曲线更贴近用者的身心愉悦体验，但依然尊重传统的工艺而保持手工制作的韵味与情感的温度。传统的漆器相较于瓷器等虽然在清洗等方面并不轻松，但依然以其无可比拟的天然质感与经久耐用的功能等优越特性进入当代日常生活中。同时，寻求髹饰技艺与当代各种科技电子的结合，将其髹饰于液晶家电的外框中，使家电因髹饰的美感而具装饰性。如与夏普合作的“AQUOSCUSTOM”漆框架等（图 4–21）。

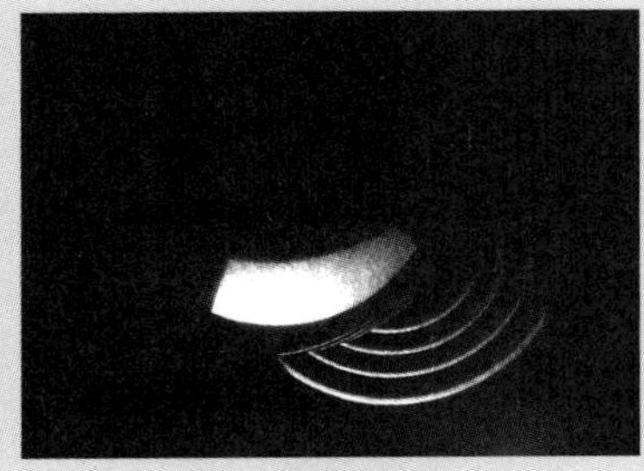

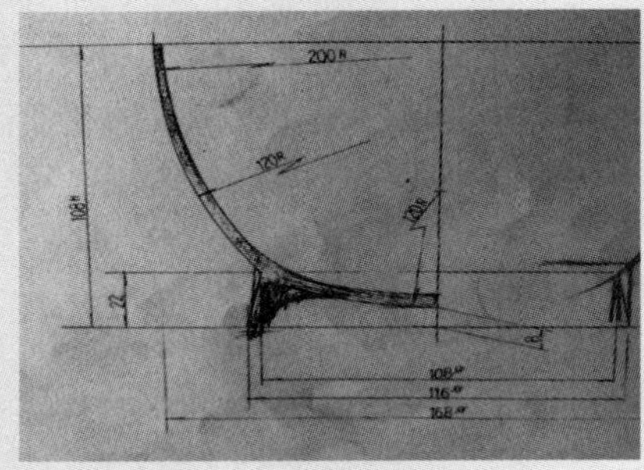

1左·图4－15　兼具盛放与保温功能的带盖漆器设计

1右·图4－16　兼具东西方饮食习惯的漆器设计

2左·图4－17　考虑堆叠空间的漆器设计

2中·图4－18　注重宣传图质的漆器设计

2右·图4－19　“二叠结界”漆艺茶空间

3左·图4－20　精密讲究的漆器胎骨设计

3右·图4－21　融入家电的漆器设计

（图片来源：《给设计以灵魂——当现代设计遇见传统工艺》）

2．徽州犀皮漆与当代“上下”品牌设计结合案例分析

当代徽州犀皮漆器一方面在工艺语言本身诸如胎体造型色彩纹样等方面都很好地恢复继承了传统犀皮漆艺的工艺水准，反映了古徽州的审美观念和艺术品位，在中国漆器界独树一帜。另一方面勇于对传统的髹饰工艺进行了超越性的改良与深入再创作。在尽力打入传统髹饰工艺的同时，立足当代兼具有开阔的国际视野，近年来黄山而可漆艺工作室与爱马仕中国子公司上下品牌的跨界合作即是传统犀皮漆艺如何很好融入当代潮流与发展的案例，也为中国传统手工技艺在当代格局中的新出路与转型提供了很好的借鉴。当代雅致生活设计品牌“上下”从悠久的历史与传统工艺文化中汲取灵感，结合当代生活需求进行设计，并与顶级的工艺大师合作，选取最上等的原材料，使最精湛的中国传统手工技艺通过现代设计的手法与中国传统的生活美学重现创造力并回归当代日常生活。从典雅风致的木作家具、精巧实用的茶具餐具，再到文房雅器，深入日常起居，诠释着中国式的儒雅与热情。“上下”与国际艺术品拍卖行佳士得于2014年和2015年先后成功举行了“中国当代设计”专场，两次拍卖引发业界的广泛专注，获得了极佳的反响。佳士得的两次“中国当代设计”专场在更广阔的语境下延续当代设计与中国传统手工技艺的对话，展现中国卓越的传统手工技艺融入现代设计生活的实用性与蓬勃生机，激发工艺大师和设计师不断挑战、尝试新的艺术实践。从全球范围的设计拍卖专场表现来说，带有中国传统工艺文化元素与当代设计理念完美融合的设计作品广受关注。以“上下”为代表的当代工艺设计将现代美学和当代生活方式注入中国传统手工艺是一种创举，这种审美及生活方式是对经典工艺及设计师的尊重，会极大地提升中国制造的品质与文化内涵。

物质是文化的反映，这些设计专场中就有令人瞩目的“大天地”系列犀皮漆家具，其巧妙运用了徽州犀皮漆技艺，在甘而可先生严谨的工艺标准下取得绝佳理想的工艺效果。“大天地”寓意“广阔天空”和“无垠大地”。以上下“大天地”红金斑犀皮漆碳纤维对椅为代表（图4-22），其形制设计灵感来自传统明式座椅，却将原本外圆内方的设计改成外方内圆，使之拥有了更具现代感的线条，轮廓方直，线条简洁明确而柔和，富有韵律美感，追寻天地般的从容大气。极少人知晓其背后传统技艺徽州“犀皮漆”与当代设计高科技材质“碳纤维”上的完美创新融合。碳

纤维材料轻且坚硬的特性，为当代传统家具的制作提供了新的可能。在尊重传统形制的同时，也留心人体工程学的巧妙运用，力求让使用者身心舒适。在轻巧的碳纤维材料表面髹饰犀皮漆会产生新的审美空间与想象，完美的线条结构搭配精湛且多次耐心上漆打磨的徽州犀皮漆工艺，令红金斑犀皮漆精湛华丽髹饰效果展露无遗，家具表面拥有如玉一般温润的质感，色调沉稳却彰显雍容华贵。还有一件“上下”2015 作品“大天地”褐色犀皮漆碳纤维长桌，桌形雅致，桌腿纤细，依然采用高科技碳纤维材料（图 4–23）。结构虽然极其纤细却异常坚固，表面髹饰有精细的棕色犀皮漆，纹理如楠木瘿及花梨瘿般奇丽瑰变。“大天地”系列犀皮漆碳纤维家具将明式风骨融于现代感的简约线条之中，巧妙优雅地演绎了传统形制的创新、传统工艺的继承与现代科技、审美的完美融合，达到轻盈与坚固的和谐统一。

又如甘而可先生与顾永琦先生合制的大叶紫檀黑金斑犀皮漆压金书桌与大叶紫檀黑漆罩金圆桌（图 4–24 至图 4–25），体量纤长秀雅，矩形桌面与圆形椅柱辉映，或寓意“天圆地方”。加入金箔打磨的黑金斑犀皮漆桌面，由于是大叶紫檀的木作家具，所以需要细致的手工打磨以保证每一处细节的光润匀称。在全手工精心打磨之下，漆面纹理如玛瑙般梦幻富有情趣、滑润如丝绸般的质感，增加了舒适度和实用性，并散发出丝绒般奢华的花纹光泽。

由此可见，优秀的犀皮漆工艺传统的创新不局限于任何形式，关注当代生活审美与生活方式需要，关注科技新材料，关注未来都会为传统犀皮漆髹饰工艺的复兴带来更多表现途径和应用方式。又如上下的“如园”系列红金斑犀皮漆大圆盒（图 4–26），灵感源自中国晚明文人风雅的赏石文化，以玲珑剔透的太湖石为灵感创作开盒把手，湖石线条精练而奇峻玲珑切割巧妙。盒内有规律地分割成六个大小交错方圆有序的黑推光漆小盒，形制与上文提及的犀皮漆圆盒近似，都讲求各小盒向中心集中聚拢的礼仪秩序性。整件作品的完成制作至少需要一年，才能将古雅韵味和现代质感融为一体。为了保证表面的绝对平整和湖石微妙的弧线转折，需要十分精细的手工和平和的心境，反复上漆打磨。精湛的犀皮漆工艺让它表面温润如玉，暖暖含光，触感温暖。远看低调却气度非凡，近看则犀皮漆丰富纹理显得奥妙无穷，犹如园林湖面的波光粼粼映衬造型秀美奇雅的湖石。红金斑犀皮漆山毛榉木四足雪茄盒的灵感取自徽州犀皮漆长方形箱（图 4–27），但在近足处变化为明式座

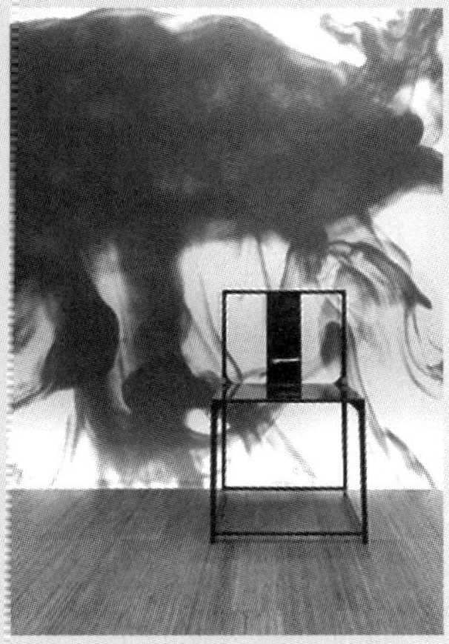

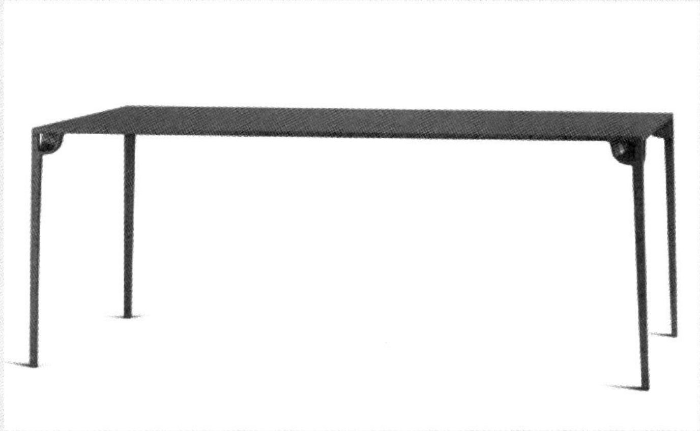

左·图4－22　上下“大天地”红金斑犀皮漆碳纤维对椅
右·图4－23　上下“大天地”褐斑犀皮漆碳纤维长桌

左·图4－24　上下“大天地”系列大叶紫檀黑金斑犀皮漆压金书桌
右·图4－25　上下“大天地”系列大叶紫檀黑漆罩金圆桌

图4－26　上下“如园”系列红金斑犀皮漆大圆盒

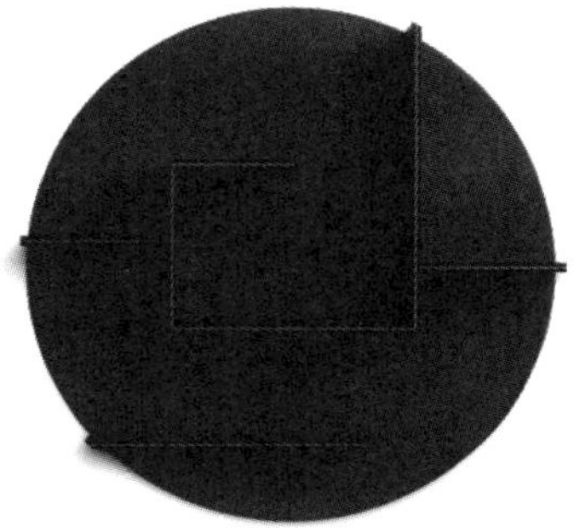

上左·图4－27　红金斑犀皮漆山毛榉木四足雪茄盒
上右·图4－28　褐斑犀皮漆六角盒
下左·图4－29　上下红犀皮漆金镶钻如意形把手晚装包
下右·图4－30　上下红金斑犀皮漆博古架

椅的腿部并嵌入托泥，牙子与腿部形成微妙的圆弧曲线，同时，在盒盖处形成近正圆，微妙弧度的凹陷使方正的盒面避免了过于呆板，整体造型更加方圆有度。还有褐斑犀皮漆六角盒（图4－28），在继承传统徽州犀皮漆多角形盒形制的同时，将蘑菇形大圆盒犀皮漆盒盖隆起的向上聚拢的崇高庄重的气势感吸收进来，分成方正而有动感的菱形三足鼎立向上聚合，增强了盒身的稳定感与礼仪性。诸如此类，还有上下红犀皮漆金镶钻如意形把手晚装包（图4－29），上下红金斑犀皮漆博古架（图4－30），光滑平整如镜面的漆面上一如既往地传达了一种源自中国古典的雍容华贵，又兼具内敛儒雅的谦谦君子之风度，将传统犀皮漆技艺与当代设计很好地融合在一起。

（三）徽州犀皮漆晚明文人趣味未来的实践与探索

徽州犀皮漆从自然中汲取审美意象而形成备受文人喜爱的自然肌理美，犀皮漆在纹理与色彩的审美上使人产生无限遐想，富有意境美感。交织律动的犀皮漆纹理是犀皮漆审美价值的核心所在。最后出现于漆面上的纹理形状取决于隐藏在漆面下多道凹凸色漆的打埝手法。《髹饰录》里描述犀皮漆漆面“文有片云，圆花，松鳞诸斑”[118]，目前所见到的古代犀皮漆作品也大致如此。主要是以红黑黄赭诸色漆层层髹饰磨平后得出的均匀带状斑纹，纹理细密生动，色调沉着厚重。使用沾埝法做成的犀皮漆纹理多有行云流水之纹，形成的色漆层次较多，变幻莫测，细密流畅。使用推埝法打埝漆面会留下固定的凹陷形状。形成的纹理会出现一定的连续性和重复性，故多呈现出松鳞斑形态，其形态最初从围绕着一个个豆斑纹似的埝点，一层层的色漆随着埝点的形状开始显现出一圈圈纹理，随着打磨的加深，围绕埝点的圈线层数逐渐扩大，不断往外扩展，连在一起，形成千变万化的线条、图形，最终变成前文所提及袁荃猷女士所形容的美丽富有自然肌理美的纹样。磨显后形成片云、圆花、松鳞等形状的斑纹。由于使用固定形状工具挤压漆面，使用篦埝法做出的犀皮漆则层次相对较少，纹理稀疏，纹理样式单一，但排列有序，富有装饰性。如日本根津美术馆馆藏的南宋犀皮漆盏托，其花纹呈如意云纹状。目前以甘而可先生为代表的徽州犀皮漆制作技艺已经使传统犀皮漆在视觉审美的基础上有了极大的提升。红金斑犀皮漆（图 4-31）中纯正银朱与金色相辉映，带来如精细富丽织锦般的浓浓喜气以及红中夹杂黑绿橙漆色带来的如焰火般的华丽绚烂之美，也有黑金斑犀皮漆（图 4-32）朴素沉静的黑漆中间赭褐漆色带来的如同夜空满天星斗般深邃的静谧之美，更有绿金斑犀皮漆（图 4-33）温润如玉的雅致绿色与黑金漆色交融协调搭配带来的如波纹涟漪般流动荡漾之美，以及褐斑犀皮漆（图 4-34）的各种近木纹般棕色和谐共生营造的朴素自然之美。另外，除了以上个性鲜明的主色调犀皮漆外，甘而可先生还创作了一些颇具意象美感，富有艺术魅力的犀皮漆纹样，极大地拓宽了犀皮漆的当代视觉审美表现力，单就褐斑犀皮漆就创作了一系列别具匠心的纹理（图 4-35 至图 4-38）。

这些充满自然意象美感的犀皮漆创新适应了当代注重个人表达、强调主观精神诉求的审美表达，同时，又兼具犀皮漆自身源于天然、浑然天成的朴素美感，在图像影像泛滥、视觉审美疲劳的当代具有难能可贵的审美价值与意义。当代日渐丰富的新技术、新工具材料、新的审美需求促使传统技艺必须以新的面貌应对时代的发展。对比《髹饰录》中犀皮漆的种类，徽州犀皮漆还具备更多无限表达的可能，可进一步拓展传统方式并尝试加入各种新原料，模拟气韵生动的自然变化和律动之美诸如从黄昏夕阳、彩霞缤纷、金光海岸、碧波黄沙、皓月星空等各种源自自然造化的美景中吸取灵感。以不同的配色与打埝方式带来不同的意境之美，表现流淌奔放、充满幻想的犀皮漆纹理，为今人营造出更加丰富奇幻、美妙多样的犀皮漆面境界。

在徽州犀皮漆的诸多创新尝试下，也要进一步明确其未来创新宜坚守的原则。

首先，要在犀皮漆的创作中始终贯穿对髹饰技法与器物造型搭配的整体性协调的追求。（1）要重视漆面中色彩感觉的搭配，在打埝髹饰前为每件犀皮漆器预先设定好主打色调。例如，在暖色调作品中，会将一种暖色与另一种暖色配合使用并在两者中间以中性色调来协调，这种对于视觉整体感审美的追求，使犀皮漆花纹即使再繁复也不至于显得驳杂。（2）要重视犀皮漆技法与其他技法的协调搭配使用，如

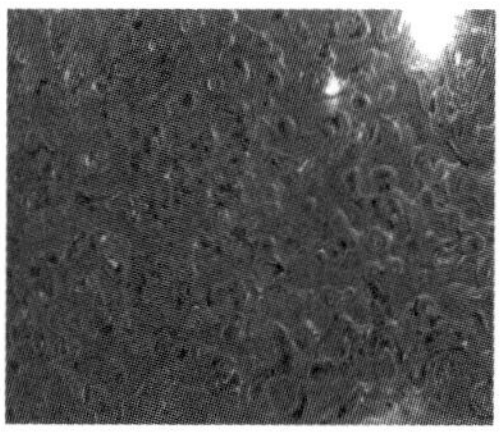
| 图4－31 红金斑

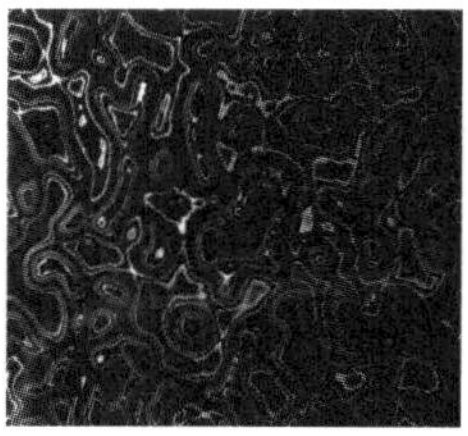
| 图4－32 黑金斑

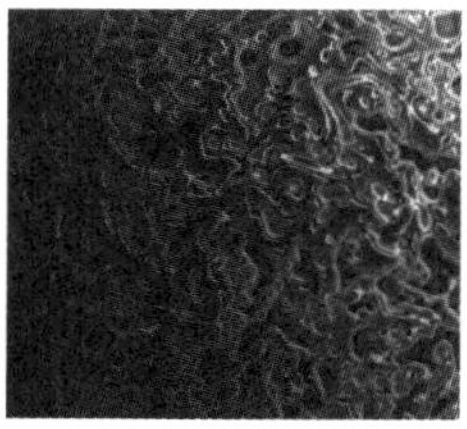
| 图4－33 绿金斑

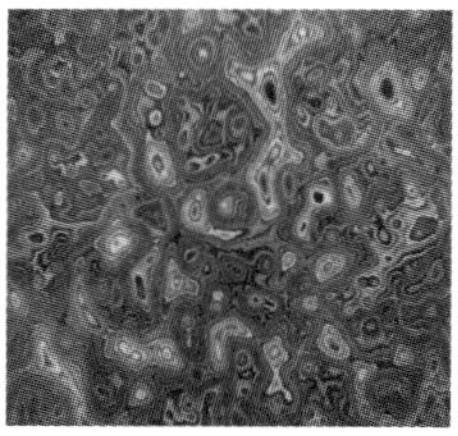
| 图4－34 褐斑

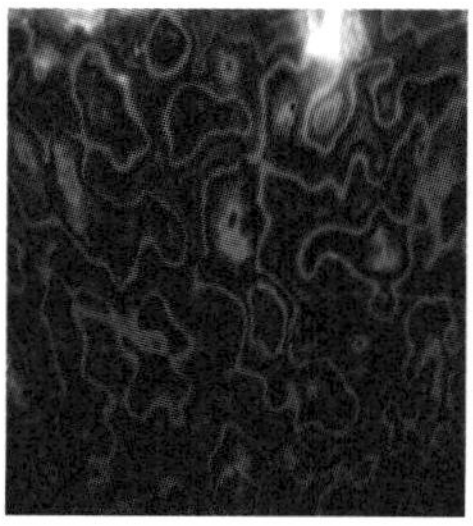
| 图4－35 玳瑁斑

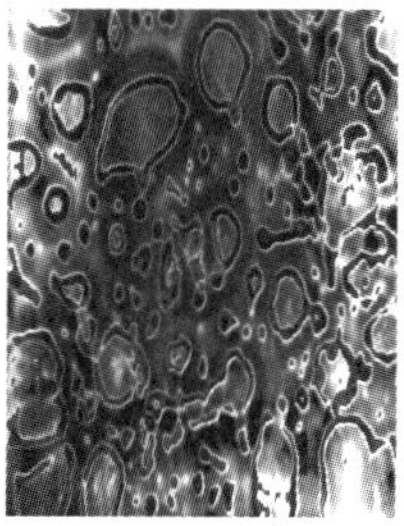
| 图4－36 油滴斑

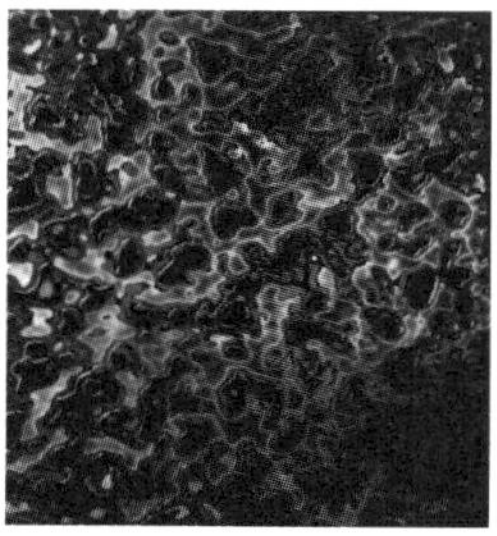
| 图4－37 熔岩斑

| 图4－38 残垣斑

与红黑推光、擦漆等髹饰技法的搭配使用，达到多样和谐的视觉效果。犀皮漆虽靠丰富的纹理取胜，但若漆器整个器身都遍布花纹，则会让人眼花缭乱。素净的红黑推光能够很好地中和犀皮漆的华丽感，单纯朴素的擦漆方法则能很好地彰显名贵的木材肌理，这些搭配如果运用得当，则会使作品锦上添花。上文已述犀皮漆纹理与一些髹饰技法和谐对比搭配的样式，在此不再赘述。（3）若以犀皮漆髹饰砚盒，需考虑盒面犀皮漆与盒内砚台气质的协调一致。使砚外之盒与盒内之砚在主题与气质上相互协调契合，使美感内外相生。（4）若以犀皮漆技法髹饰器皿，则需使犀皮漆肌理的审美观念与器皿器型传达出来的审美观念相统一协调。如甘而可大师制作的玳瑁斑褐犀皮漆小盏，以褐色犀皮尽可能表现建窑特有的色彩气质，同时，髹饰与建盏审美气质相匹配的褐色玳瑁斑犀皮漆，纹理由深浅褐色组成，天然流动，敦厚古朴。又如，甘而可大师制作的褐斑黑金斑犀皮漆家具，犀皮纹理近木纹而有自然天成之趣，以大块色斑富有挥洒感的犀皮漆纹理髹饰，与明式家具简约追寻原木纹质感之美的形式相呼应。

其次，坚持对原创性和工艺精度的极致追求。以古代宫廷内府，造办处为代表收藏的漆器作品做工都极其精巧严谨，令人叹服。造器的艺术就是以高超的技术水平来追求美，在复杂高难度的工艺中寻找乐趣。要努力明确将传统经典中最精工的制作作为标准来要求自己，以此来指导漆器创作。力求每件作品都达到完美，所有的线条都必须曲直规矩，方圆有度。盒口处要严丝合缝，不允许有半点误差，漆面打磨要平整，抛光要达到镜面效果，毫发毕现。整件作品要用最精工制作，内外如一。如前文提到的北京故宫博物院收藏的甘而可大师的红金斑犀皮漆大圆盒，做工极为精致，内外抛光达到镜面效果，盒盖与盖口制作工艺精准度高，当盒盖盖下后，在不用外力的作用下，盒盖会自动缓缓下垂，盖密下垂时间约 5 秒。非常优雅玄妙，达到一种器物自身的天物合一的境界。

最后，开阔视野多方借鉴。通过大量的阅读中外图录、艺术史论、美学、哲学等书籍，参观博物馆，借鉴古代经典器型和其他工艺美术领域的技术与材料，来丰富漆器髹饰语言，提高髹饰技艺的艺术品位与精神格调，使作品充满新奇的创意，诸如借鉴钧窑变幻莫测的窑变效果，建窑、吉州窑、定窑黑釉瓷器中富于装饰性趣味性斑点，以及绞胎瓷器与犀皮漆异曲同工之美的纹理，或从自然界中富有天然材质肌理美感的物象诸如玳瑁、玛瑙、犀角、瘿木纹等纹理中吸取灵感。徽州犀皮漆技艺千变万化的艺术表现力与极强的包容性使其在当代工艺美术格局中具有更加多元丰富的面貌与艺术创作表现空间，这项历史悠久根植于徽州精致典雅工艺传统的髹饰技艺理应值得努力传承发展下去。

六、结　语

本论文由对徽州犀皮漆器的具体全面分析研究进一步引申到对中国传统工艺物用本体与人文功用的认识，挖掘隐含在传统工艺中深层的人文价值与文化观念。梳理工艺本身的形制功能与人文功用的密切关系，并随历史时间变化形成一种活态的文化符号不断演绎深化，以此揭示中国工艺实践与器物文化器以载道、托物言志的精神境界与文化追求。

很多中国传统工艺形成的器物背后具有深厚的人文价值与源自地域文化特点的审美价值，通过进入人们的日常生活，成为具有日用功能的器物，对人们的情操、身心、礼仪等产生潜移默化的影响，工艺器物本身因此具有了人文功用，成为人伦教化的载体。这种影响通常以一种悄无声息的隐性力量随着使用的不断深入，在日常生活中发挥更大作用。这种人文功用同时具有持久性与稳定性，帮助人们在完善自身人格修养的同时，将富有生活审美情趣的本体转化为对人与社会的道德伦理约束，以温文尔雅的行为举止转化来自社会的刚性规范与要求。展现了中国物质文化，以及传统观念注重器以载道，艺以会心的审美观，通过对器物的使用，逐渐完成对人格修养的完善，同时，强化社会秩序的高明智慧。

选择徽州犀皮漆器中的文人审美趣味的研究，是以小见大地展开中国工艺背后蕴含的文化观念的研究。同时，立足晚明这一中国审美鉴赏与物质文化发展的高峰，研究这种源自传统文人高品位的艺术审美在造物中的具体体现，以此系统梳理出一种代表中国自己审美文化的物用体系。通过具体的案例，希望人们重新挖掘中国工艺器物中的文化观念与审美内涵，并在当代设计与工艺制作中将这种融入人文关怀与社会规范的传统审美观念承袭下去。

注释

①（明）黄成．髹饰录［M］．北京：中国人民大学出版社，2004．

②（明）曹昭．格古要论［M］．北京：中华书局，2012．

③（明）屠隆．考槃馀事［M］．北京：金城出版社，2012．

④（明）屠隆．文具雅编［M］．北京：商务印书馆据学海类编排印本．

⑤（明）文震亨．长物志［M］．重庆：重庆出版社，2010．

⑥（明）高濂．遵生八笺［M］．成都：巴蜀书社，1992．

⑦（明）董其昌．骨董十三说［M］．北京：金城出版社，2012．

⑧（明）张谦德，袁宏道．瓶花谱 瓶史［M］．北京：中华书局，2012．

⑨王世襄．锦灰堆［M］．北京：生活·读书·新知三联书店，2013．

⑩吕品田．动手有功：文化哲学视野中的手工劳动［M］．重庆：重庆大学出版社，2014．

⑪赵佳琪．乘物游心——中国传统审美方式的把玩研究［D］．中国艺术研究院，2015．

⑫［日］喜多俊之．给设计以灵魂——当现代设计遇见传统工艺［M］．北京：电子工业出版社，2012．

⑬王树良．文心匠意——晚明江南文人意趣与居室陈设思想［M］．重庆：重庆大学出版社，2011．

⑭赵琳．元明工艺美术风格流变——以青花瓷为主线［M］．上海：复旦大学出版社，2014．

⑮彭圣芳．微言：晚明设计批评的文人话语［M］．上海：上海人民出版社，2014．

⑯邱春林．设计与文化［M］．重庆：重庆大学出版社，2009．

⑰［英］柯律格．明代的图像与视觉性［M］．北京：北京大学出版社，2011．

⑱夏幼平，樊嘉禄．徽州髹漆技艺的发展历史及传承现状研究［J］．黄山学院学报，2015（4）：12-15．

⑲（明）刘侗，于弈正．帝京景物略［M］．上海：上海古籍出版社，2001：27，21．

⑳（明）黄成．髹饰录图说［M］．扬明注．济南：山东画报出版社，2007：28．

㉑（明）黄成．髹饰录［M］．北京：中国人民大学出版社，2004：36．

㉒袁荃猷．谈犀皮漆器［J］．文物参考资料，1957（7）：36．

㉓（明）董其昌．骨董十三说［M］．北京：金城出版社，2012：27．

㉔（明）文震亨．长物志图说［M］．济南：山东画报出版社，2004：46．

㉕（明）屠隆．考槃馀事［M］．北京：金城出版社，2012：58．

㉖（明）黄成．髹饰录图说［M］．扬明注．济南：山东画报出版社，2007：67．

㉗王世襄．髹饰录解说［M］．北京：文物出版社，1983：53.

㉘张岱．陶庵梦忆·西湖寻梦［M］．上海：上海古籍出版社，2001：34.

㉙（明）王世贞．凤洲杂编·斛不斛录·窥天外乘［M］．北京：商务印书馆，1937：12.

㉚鲍义来．徽州文化全书·徽州工艺［M］．合肥：安徽人民出版社，2007：73－86.

㉛鲍义来．徽州文化全书·徽州工艺［M］．合肥：安徽人民出版社，2007：73－86.

㉜鲍义来．徽州文化全书·徽州工艺［M］．合肥：安徽人民出版社，2007：73－86.

㉝鲍义来．徽州文化全书·徽州工艺［M］．合肥：安徽人民出版社，2007：73－86.

㉞鲍义来．徽州文化全书·徽州工艺［M］．合肥：安徽人民出版社，2007：73－86.

㉟（明）黄成．髹饰录图说［M］．扬明注．济南：山东画报出版社，2007：53.

㊱乔十光．中国传统工艺全集·漆艺［M］．郑州：大象出版社，2004：63.

㊲王世襄．髹饰录解说［M］．北京：文物出版社，1983：75－86.

㊳王世襄．髹饰录解说［M］．北京：文物出版社，1983：75－86.

㊴王世襄．髹饰录解说［M］．北京：文物出版社，1983：53.

㊵（唐）赵璘．因话录［M］．北京：中华书局，1985：13.

㊶（明）都穆．听雨纪谈［M］．北京：中华书局，1985：24.

㊷（明）曹昭．格古要论［M］．北京：中华书局，2012：42.

㊸后汉书·汉书匈奴传［M］．文渊阁四库全书本．

㊹（宋）俞琰．席上腐谈［M］．文渊阁四库全书本．

㊺（明）黄成．髹饰录［M］．北京：中国人民大学出版社，2004：35.

㊻（明）李日华．六研斋笔记［M］．台北：商务印书馆，1983：28.

㊼（明）方以智．通雅［M］．文渊阁四库全书本．

㊽（明）黄成．髹饰录［M］．北京：中国人民大学出版社，2004：56.

㊾王世襄．髹饰录解说［M］．北京：文物出版社，1983：37.

㊿鲍义来．徽州文化全书·徽州工艺［M］．合肥：安徽人民出版社，2005：65.

(51)（南宋）罗愿．新安志［M］．文渊阁四库全书本．

(52)乔十光．中国传统工艺全集·漆艺［M］．郑州：大象出版社，2004：56.

(53)（明）高濂．遵生八笺［M］．成都：巴蜀出版社，1992：45.

(54)（明）高濂．遵生八笺［M］．成都：巴蜀出版社，1992：48.

⑤⑤（明）方以智．物理小识［M］．台北：商务印书馆，1986：53.

⑤⑥歙县地方志编委会．歙县志［M］．北京：中华书局，1995：47.

⑤⑦（清）吴骞．尖阳丛笔［M］．上海：上海古籍出版社，1995：34.

⑤⑧歙县地方志编委会．歙县志［M］．北京：中华书局，1995：123.

⑤⑨（清）纳兰常安．宦游笔记［M］．台北：广文书局，1960：78.

⑥⑩歙县地方志编委会．歙县志［M］．北京：中华书局，1995：257.

⑥①清宫内务府造办处档案总汇［M］．北京：人民出版社，2005：45.

⑥②王世襄．髹饰录解说［M］．北京：文物出版社，1983：56.

⑥③（明）黄成．髹饰录［M］．北京：中国人民大学出版社，2004：67.

⑥④（明）谢肇淛．五杂俎［M］．上海：上海古籍出版社，2012：56.

⑥⑤（明）曹昭．格古要论［M］．北京：中华书局，2012：43.

⑥⑥（明）高濂．遵生八笺［M］．成都：巴蜀出版社，1992：38.

⑥⑦王世襄．髹饰录解说［M］．北京：文物出版社，1983：56–67.

⑥⑧王世襄．髹饰录解说［M］．北京：文物出版社，1983：56–67.

⑥⑨王世襄．髹饰录解说［M］．北京：文物出版社，1983：56–67.

⑦⑩王世襄．髹饰录解说［M］．北京：文物出版社，1983：56–67.

⑦①（明）黄成．髹饰录［M］．北京：中国人民大学出版社，2004.

⑦②（明）黄成．髹饰录［M］．北京：中国人民大学出版社，2004.

⑦③（明）黄成．髹饰录［M］．北京：中国人民大学出版社，2004.

⑦④赵佳琪．乘物游心——中国传统审美方式的把玩研究［D］．中国艺术研究院，2015：75–83.

⑦⑤赵佳琪．乘物游心——中国传统审美方式的把玩研究［D］．中国艺术研究院，2015：75–83.

⑦⑥（明）曹昭．格古要论［M］．杨春俏编．北京：中华书局，2012：56.

⑦⑦（明）黄成．髹饰录［M］．北京：中国人民大学出版社，2004：43.

⑦⑧（明）文震亨．长物志图说［M］．济南：山东画报出版社，2007：56.

⑦⑨高丰．中国器物艺术论［M］．太原：山西教育出版社，2001：76–89.

⑧⑩高丰．中国器物艺术论［M］．太原：山西教育出版社，2001：76–89.

⑧①［英］贡布里希．秩序感——装饰艺术的心理学研究［M］．长沙：湖南科学技术出版社，2000：87.

⑧②高丰．中国器物艺术论［M］．太原：山西教育出版社，2001：67.

⑧3（明）黄成．髹饰录［M］．北京：中国人民大学出版社，2004：56．

⑧4（明）黄成．髹饰录［M］．北京：中国人民大学出版社，2004：65．

⑧5（清）孙星衍．孔子集语·卷四［M］．上海：五凤楼，1920：35．

⑧6王世襄．髹饰录解说［M］．北京：文物出版社，1983：87．

⑧7（明）陈继儒．岩栖幽事［M］．济南：齐鲁书社，1997：24．

⑧8鲍义来．徽州工艺［M］．合肥：安徽人民出版社，2005：76．

⑧9（明）张谦德，袁宏道．瓶花谱　瓶史［M］．北京：中华书局，2012：78-86．

⑨0（明）张谦德，袁宏道．瓶花谱　瓶史［M］．北京：中华书局，2012：78-86．

⑨1（明）张谦德，袁宏道．瓶花谱　瓶史［M］．北京：中华书局，2012：78-86．

⑨2（明）高濂．遵生八笺［M］．成都：巴蜀出版社，1992：36．

⑨3（明）张谦德，袁宏道．瓶花谱　瓶史［M］．北京：中华书局，2012：45．

⑨4（明）吴从先．小窗自纪［M］．北京：中华书局，2008：38．

⑨5（明）屠隆．文具雅编［M］．北京：商务印书馆据学海类编排印本．

⑨6沈歆．从画山到画石：奇石观看与吴彬的山水画创作［J］．文艺研究，2015（7）：46．

⑨7（明）刘侗，于弈正．帝京景物略［M］．孙小力注解．上海：上海古籍出版社，2001：67．

⑨8（明）沈德符．万历野获编［M］．上海：上海古籍出版社，2012：47．

⑨9（明）黄成．髹饰录［M］．北京：中国人民大学出版社，2004：64．

⑩0 王世襄．髹饰录解说［M］．北京：文物出版社，1983：45．

⑩1（明）文震亨．长物志图说［M］．济南：山东画报出版社，2007：86．

⑩2（明）文震亨．长物志图说［M］．济南：山东画报出版社，2007：78．

⑩3（明）高濂．遵生八笺［M］．成都：巴蜀出版社，1992：57．

⑩4（明）张应文．清秘藏［M］．上海：上海古籍出版社，1993：45．

⑩5 沈歆．从画山到画石：奇石观看与吴彬的山水画创作［J］．文艺研究，2015（7）：68．

⑩6（明）张应文．清秘藏［M］．上海：上海古籍出版社，1993：87．

⑩7［英］柯律格．明代的图像与视觉性［M］．北京：北京大学出版社，2011：64．

⑩8［英］柯律格．明代的图像与视觉性［M］．北京：北京大学出版社，2011：65．

⑩9［英］柯律格．明代的图像与视觉性［M］．北京：北京大学出版社，2011：66．

⑪0［英］柯律格．明代的图像与视觉性［M］．北京：北京大学出版社，2011：68．

⑪ [英]柯律格.明代的图像与视觉性[M].北京:北京大学出版社,2011:77.

⑫ [英]柯律格.明代的图像与视觉性[M].北京:北京大学出版社,2011:78.

⑬ 王文章.非物质文化遗产概论[M].北京:教育科学出版社,2008:85.

⑭ 方晓风,汪芸,朱亮.文人设计[J].装饰,2012(9):38-40.

⑮ 王岳川.后现代主义文化研究[M].北京:北京大学出版社,1992:96.

⑯ 方李莉.新工艺文化论——人类造物观念大趋势[M].北京:清华大学出版社,1995:77.

⑰ [日]喜多俊之.给设计以灵魂——当现代设计遇见传统工艺[M].北京:电子工业出版社,2012:38-78.

⑱ (明)黄成.髹饰录[M].北京:中国人民大学出版社,2004:64.

参考文献

1 | (明)曹昭.格古要论[M].北京:中华书局,2012.

2 | (明)张岱.夜航船[M].成都:四川文艺出版社,2008.

3 | (明)都穆.听雨纪谈[M].北京:中华书局,1985.

4 | (明)沈德符.万历野获编[M].上海:上海古籍出版社,2012.

5 | (明)黄成.髹饰录图说[M].扬明注.长北校勘.济南:山东画报出版社,2007.

6 | (明)高濂.遵生八笺[M].成都:巴蜀出版社,1992.

7 | (明)谢肇淛.五杂俎[M].上海:上海古籍出版社,2012.

8 | (明)张濂德,袁宏道.瓶花谱 瓶史[M].北京:中华书局,2012.

9 | (明)李日华.六研斋笔记[M].台北:商务印书馆,1983.

10 | (明)张应文.清秘藏[M].上海:上海古籍出版社,1993.

11 | (明)文震亨.长物志图说[M].济南:山东画报出版社,2007.

12 | (明)方以智.物理小识[M].台北:商务印书馆,1986.

13 | (明)董其昌.骨董十三说[M].北京:金城出版社,2012.

14 | (明)陈继儒.岩栖幽事[M].济南:齐鲁书社,1997.

15 | (明)刘侗,于奕.帝京景物略[M].孙小力校.上海:上海古籍出版社,2001.

16 | (明)屠隆.考槃馀事[M].赵菁编,北京:金城出版社,2012.

17 | (明)屠隆.文房雅编[M].商务印书馆学据学海类编排印本,2012.

18 | (清)吴骞．尖阳丛笔[M]．上海：上海古籍出版社，1995.
19 | 王树良．文心匠意——晚明江南文人意趣与居室陈设思想[M]．重庆：重庆大学出版社，2011.
20 | 陈宝良．明代社会生活史[M]．北京：中国社会科学出版社，2004.
21 | 陈江．明代中后期的江南社会与社会生活[M]．上海：上海社会科学院出版社，2006.
22 | 万明．晚明社会变迁问题与研究[M]．北京：商务印书馆，2005.
23 | 彭圣芳．微言：晚明设计批评的文人话语[M]．上海：上海人民出版社，2014.
24 | 赵琳．元明工艺美术风格流变——以青花瓷为主线[M]．上海：复旦大学出版社，2014.
25 | 巫仁恕．品味奢华——晚明的消费社会与士大夫[M]．台北：台湾联经出版公司，2007.
26 | 毛文芳．晚明闲赏美学[M]．台湾：学生书局，2000.
27 | 宗白华．美学散步[M]．上海：上海人民出版社，1981.
28 | 余英时．士与中国文化[M]．上海：上海人民出版社，2003.
29 | 王朝闻．审美基础(上下卷)[M]．北京：生活·读书·新知三联书店，2011.
30 | 王朝闻．美学概论[M]．北京：人民出版社，1981.
31 | 叶朗．中国美学史大纲[M]．上海：上海人民出版社，1985.
32 | 朱良志．中国艺术的生命精神[M]．合肥：安徽教育出版社，2006.
33 | 李泽厚．美的历程[M]．合肥：安徽文艺出版社，1999.
34 | 徐复观．中国艺术精神[M]．南宁：广西师范大学出版社，2007.
35 | 陈晓华．工艺与设计之间——20世纪中国艺术设计的现代性历程[M]．重夫：重庆大学出版社，2011.
36 | 邱春林．设计与文化[M]．重庆：重庆大学出版社，2009.
37 | 杭间．中国工艺美学史[M]．北京：人民美术出版社，2007.
38 | 吕品田．动手有功：文化哲学视野中的手工劳动[M]．重庆：重庆大学出版社，2014.
39 | 邱春林．设计与文化[M]．重庆：重庆大学出版社，2009.
40 | 高丰．中国器物艺术论[M]．太原：山西教育出版社，2001.
41 | 方李莉．新工艺文化论——人类造物观念大趋势[M]．北京：清华大学出版社，2014.
42 | 潘天波．现代漆艺美学[M]．南宁：广西师范大学出版社，2012.
43 | 王世襄．中国古代漆器[M]．北京：生活·读书·新知三联书店，2C13.
44 | 王世襄．锦灰堆[M]．北京：生活·读书·新知三联书店，2013.
45 | 索予明．漆艺鉴赏[M]．台北："行政院文化建设委员会"，1987.

46 | 傅中望．大漆世界：材质·方法·精神［M］．武汉：湖北美术出版社，2011．

47 | 路甬祥．漆艺［M］．郑州：大象出版社，2004．

48 | 沈福文．中国漆艺美术史［M］．北京：人民美术出版社，1992．

49 | ［日］柳宗悦．工艺文化［M］．南宁：广西师范大学出版社，2006．

50 | ［日］笠原仲二．中国人的美意识［M］．杨若薇译．北京：生活·读书·新知三联书店，1988．

51 | ［日］喜多俊之．给设计以灵魂——当现代设计遇见传统工艺［M］．北京：电子工业出版社，2012．

52 | ［英］贡布里希．秩序感——装饰艺术的心理学研究［M］．长沙：湖南科学技术出版社，2000．

53 | ［美］苏珊·朗格．情感与形式［M］．北京：中国社会科学出版社，1986．

54 | ［美］史景迁．前朝梦忆：张岱的浮华与苍凉［M］．南宁：广西师范大学出版社，2010．

55 | ［美］鲁道夫·阿恩海姆．视觉思维——审美直觉心理学［M］．成都：四川人民出版社，1998．

56 | ［加］卜正民．纵乐的困惑：明代的商业与文化［M］．方俊等译．北京：生活·读书·新知三联书店，2004．

57 | 陈宝良．风物闲美——晚明江南生活［J］．语文教学与研究，2012（27）．

58 | 樊树志．“全球化”视野下的晚明［J］．复旦学报，2003（1）．

59 | 邱春林．设计生活——论李渔的设计艺术宗旨［J］．湖北美术学院学报，2004（2）．

60 | 王树良．文心匠意——晚明文人设计的审美观念研究［J］．艺术百家，2006（2）．

61 | 彭圣芳．从“格物”到“玩物”：明代器物鉴赏的转变［J］．艺术探索，2009（5）．

62 | 巩天峰．晚明造物艺术批评特征解析［J］．民族艺术，2013（6）．

63 | 朱良志．物化境界三层次［J］．江汉论坛，1990（12）．

64 | 朱良志．中国古代审美共感论［J］．天津社会科学，1991（4）．

65 | 赵强．物、生活与艺术——晚明生活美学的观念、趣味与表征［J］．江汉学术，2014（6）．

66 | 曾婷婷．论晚明文人生活美学的“闲趣”［J］．吉首大学学报，2015（2）．

67 | 田军．《长物志》的生活美学研究［D］．华东师范大学，2014．

68 | 安艺舟．明代中晚明文人雅集研究［D］．中央民族大学，2012．

69 | 苏状．“闲”与中国古代文人的审美人生［D］．复旦大学，2008．

70 | 赵佳琪．乘物游心——中国传统审美方式的把玩研究［D］．中国艺术研究院，2015．

71 | 何振纪．《髹饰录》研究［D］．中国美术学院，2013．

72 | 夏更起．元明漆器［M］．香港：商务印书馆（香港）有限公司，2006．

73 | 李久芳．清代漆器［M］．香港：商务印书馆（香港）有限公司，2006．

74 | 中国漆器全集编辑委员会．中国漆器全集［M］．福州：福建美术出版社，1993.

75 | 周成．中国古代漆器［M］．台北：艺术图书公司，1994.

76 | 施能河．彩斑流韵——靖海堂藏中国犀皮漆器［M］．香港，2015.

77 | 台北故宫博物院编辑委员会．海外遗珍——漆器［M］．台北，1987.

78 | 中国现代美术全集编辑委员会．中国现代美术全集——漆器［M］．北京：人民美术出版社，1998.

79 | ［美］李汝宽．东方漆器艺术［M］．纽约，1972.

80 | ［美］詹姆斯·C．Y．怀特，芭芭拉·布伦南·福特．东亚漆器：佛伦伦萨及赫伯特·欧文收藏品［M］．纽约，1991.

81 | ［德］莫妮卡·科普林．龙的印记：关于中国漆器之美［M］．慕尼黑，2006.

新中国北京牙雕技艺的传承发展研究

The Inheritance and Development Research of Beijing Ivory Carving Art Since 1949

李九龙

邱春林 | 指导教师

摘要

北京象牙雕刻技艺作为中国工艺美术中的一支，有着独特的魅力，除材质稀有、质地润泽外，北京象牙雕刻的技艺更是一绝。作为燕京八绝之一，在中华人民共和国成立后，在政府和老一代牙雕艺人们的努力下不断发展壮大，为当时新中国创下了大量外汇。在发展的同时，北京象牙雕刻的技艺也在不断发展创新，无论从题材，还是从工具的更新，都展现了其时代特色。

本文共分为两部分，第一部分以中华人民共和国成立为起点，1989年为止点，对北京象牙雕刻技艺的发展进行探讨。主要包括雕刻技法、表现形式、工具、工艺流程、作品题材等的发展创新，以及对其现象进行分析。

第二部分为1989年至今，对北京象牙雕刻技艺的发展状况进行描述和分析，包括材料问题、后继乏人的问题、年轻者入行谨慎、象牙材料的替代品及笔者根据北京象牙行业现状提出的发展建议等。

关键词：北京象牙雕刻；技艺；发展创新；现状；建议

Abstract

Beijing ivory carving skills as one of China arts and crafts, has a unique charm, in addition to the rare material, moist texture, the skill is the mostly special.As one of the most special skills in Beijing, it was growing stronger under the efforts of the government and the old chinese artists, and created a large amount of foreign exchang for the Peoples' s Republic of China.At the same time of development, Beijing ivory carving skills is also in constant development and innovation, no matter from the subject or the update of instruments, and all these shows the characteristics of the times.

The first part of the paper is from the year of 1949 to 1989, discusses the development of Beijing ivory carving techniques, mainly includes the development and innovation such as the carving techniques, forms, tools, processes, work etc. and also analysis its phenomenon.

The second part is the description and analysis on the development status for Beijing ivory carving art since 1989 until now, including the material problem, the problem of no successor, ivory substitute for material and some development suggestions based on the Beijing ivory industry status.

Keywords：Beijing Ivory Carving；Skills；Development and Innovation；Current Situation；Advice

一、引　言

在开题之前，笔者向理论导师邱春林老师提出想写关于北京象牙雕刻技艺的内容，随即得到了邱老师的赞同。为避免文章范围过于宽泛，导师提议论文研究的对象的时间段选为当代北京牙雕，即中华人民共和国成立之后。原因在于：一是笔者平时多是实践创作，在北京牙雕雕刻技艺方面有着一定的理解；二是目前关于象牙雕刻的文章或是书籍多是以介绍牙雕的历史、风格差异等内容为主，中华人民共和国成立之后的北京牙雕技艺的传承发展研究目前还处于空白状态，虽有如《当代北京工艺美术大事记》等的记载，但也多是零散的。因此，经与导师商议并仔细斟酌后就把论文题目定为：新中国北京牙雕技艺的传承发展研究。通过研究，本文拟解决的关键问题：工具的更新、题材的创新、技法和雕刻工艺的创新等内容的具体时间、过程，并分析其利弊；对北京牙雕的发展现状进行分析，并提出相关建议以应对目前较为困难的处境。本文采用的研究方法主要有：实地考察法，对收藏在北京工艺美术博物馆的牙雕藏品进行考证和整理；文献资料收集法，通过个人查找及导师提供的与北京牙雕有关的文献资料，获取关键信息；传承人采访法，通过采访恩师李春珂大师收集相关信息；实践结合法，笔者通过个人实践操作，分析电动工具和传统工具的优势和劣势。本文以1989年为转折点，将中华人民共和国成立后北京牙雕的发展分为两个不同的时期，原因在于1989年10月《濒危野生动植物种国际贸易公约》成员国在瑞士洛桑召开会议，通过了全面禁止非洲象牙及其制品国际修正案后，北京牙雕陷入严重的材料短缺的尴尬境地，致使北京牙雕出现了全面萎缩的现象，因此，1989年前后呈现了不同的发展状况。

二、概　述

迄今为止，中国发现的最早的象牙制品是浙江余姚河姆渡遗址的双凤朝阳纹象牙匕，此象牙制品距今已有7000多年的历史。而在北京地区发现的可供考证最早的象牙制品是黄土坡的战国墓中出土的象牙梳，距今已有2000多年的历史。象牙制品因其材料的特殊性，历朝历代作为皇家贡品，明代的“果园厂”和清代的“造办处”均有专门制作象牙制品的人员。黄振效便是乾隆时期最有影响力的牙雕名师之一，他的作品布景深远，层次丰富，力遒韵雅，至今仍是牙雕创作者学习和研究的对象。

北京作为千年古都，其文化底蕴丰厚，北京牙雕的发展自然离不开北京的文化熏陶。北京牙雕的发展则是与宫廷文化一脉相传的。清朝灭亡以后，“造办处”的牙雕艺人们流散到民间，大多还都集中在北京。他们纷纷开起牙雕作坊，以此来继续传承和发展牙雕技艺。清末民初的北京已有十几家牙雕作坊，主要分布在花市大街以南上、下堂子胡同，以及上、下唐刀路口及珠市口一带。至新中国成立前，已涌现出“耿子”耿润田（擅长立体圆雕、仕女、罗汉）、“美人邓”邓文利，以及王彬、杨士惠、曹斌、丁玉亭等大师。[①]

1952 年，孙志清等 42 名牙雕艺人成立了北京象牙雕刻合作社，社址就设在珠市口附近的留学胡同和鹞儿胡同 19 号。1958 年 5 月，北京象牙雕刻生产合作一社、二社和公私合营的象牙雕刻厂三个单位合并组建北京象牙雕刻厂。[②]自此北京牙雕步入了新中国成立以来最大规模、创作题材最广泛的辉煌时期，在数量上为当时新中国创造了大量的外汇收入，质量上创作出了一系列的优秀作品，如《颐和园》《北海全景》《飞夺泸定桥》《毛主席走遍全国》《东方红》《揭竿起义》（1972 年）、《嫦娥奔月》（1972 年）、《万景台》《遵义会议光芒照前程》《成昆铁路》（1974 年）、《花卉象牙球》《八十七神仙卷》等。这些作品大多被国家作为国礼赠送给了外国元首，还有一部分被国家收藏，可见当时北京牙雕技艺发展到前所未有的高度，以及国家对北京牙雕行业的重视。

1989 年是北京象牙雕刻行业由盛转衰的转折点，其主要原因是材料来源受到限制，这使北京象牙雕刻行业陷入了“无米下锅”的困境中，从业者纷纷被迫下岗，行业规模日渐萎缩，库存的象牙材料使用谨慎。国家林业局公告（2015 年第 7 号）明确表示：“从公告发布之日起至 2016 年 2 月 26 日止，我国临时禁止进口《濒危野生动植物种国际贸易公约》生效后所获的非洲象牙雕刻品，国家林业局暂停受理相关行政许可事项。”这也就意味着现有的象牙原材料将来只是作为传承象牙雕刻技艺使用，并不能在市场流通。这不仅对北京象牙雕刻技艺的发展不利，更使其传承陷入了困境。如今的人们对象牙材料的来源问题存在着偏见，认为所有的象牙都是通过猎杀大象得来，造成这种误解的原因，更多的是拒绝象牙制品的广告的不合理，笔者在文中也提出了相关建议。在当前形势严峻的时期，相信党和政府以及相关业界人士的关怀能够让有着7000多年悠久历史的北京象牙雕刻技艺传承下去，并且能够发展壮大。

三、北京牙雕技艺的特点

北京牙雕因象牙材料的质地润泽、可塑性高等特点，在历史发展中形成了系统的制作方法，并且在北京地区形成了具有宫廷风格的艺术风格。

（一）工艺流程

一件牙雕的完成需要经过很多步骤。第一步是设计。设计分为两种，一种是根据料形选择合适的题材及表现形式；另一种是根据创作者的设计草稿去选择适合的料形。第二步是凿活。凿活阶段包括画活，即把设计图纸画到所选用的牙料上，画的过程中凿活人员要经营好位置，在保证作品效果的前提下，尽可能多地利用牙料，行话叫“占料”。画好活便进行凿活，凿活是塑造形体的过程，凿活人员要把表现的内容经营到位，并且结构关系也要处理到位，以及装饰品或者衣纹“领出来”，凿活是牙雕最重要的一步，起到关键性的作用。凿活的过程中其实一直伴随着画活，每凿一遍都进行一次更为精准的画活。第三步是铲活。也可以理解为细化作品，即作品细节的处理。第四步是磨活。这一步是把作品进行磨平、抛光处理，使象牙的本身质感更强烈。第五步是彩熏。即为作品进行染色或者熏色，这一步骤可根据作品的需要来决定熏色的程度或者做与不做。除以上步骤外，如若涉及人物的制作，会多一道开脸工序，此工序一般由凿活人员自行完成，从塑造面部表情到打磨抛光，最后点睛。

（二）艺术风格

北京牙雕的创作题材广泛，工本投入高，立意求大气，显华贵、典雅，且注重文化内涵。北京牙雕在继承了清朝的宫廷文化基础之上发展而来，清朝时期的“造办处”聚集了来自全国的技艺高超的牙雕艺人，如李体壬、杜士元、黄振效、杨占维等著名牙雕艺人。其中，影响最为深远的便是黄振效，他创作的《渔家乐图笔筒》至今还是年轻从业者学习和研究的经典作品，笔筒运用浮雕技法表现渔夫的隐居生活，构图严谨，疏密有致。笔筒上还刻有乾隆皇帝的“御题诗”：“网得鱼虾足酒钱，醉来蓑笠伴身眠。漫言泛宅曾无定，一曲渔歌傲葛天。”诗和浮雕所呈现的意境相同。

（三）雕刻技法及工艺

北京牙雕的雕刻技法主要以圆雕、浮雕以及两者结合为主，因象牙材料的不可逆生长型特点，在雕刻时凿掉一块便减少一定的体积，因此，从体量上讲是在做减法。但是从形体塑造上讲是在做加法，是要把表现对象的细节由粗糙到精细，由无到有，逐步雕刻出来。

北京牙雕的加工工艺是艺人们在做活时根据不同的料、题材等实际因素所采用的不同的制作方法，目前主要有十二种：雕刻工艺、磨活工艺、彩熏工艺、车旋工艺、取胎工艺、拼镶工艺、包镶工艺、编织工艺、堵牙修补工艺、镶嵌工艺、平刻（微雕）工艺、镂空工艺。

（四）产品分类

北京牙雕的产品分类方法主要有两种，第一种是按照不同雕刻技法、题材以及产量多少等进行分类，有仕女、佛人、武人、老人、花卉、小孩及用人、兽、小活、平刻（微雕）、包镶等十一类。其中，前七种属于圆雕技法，并且在北京牙雕的产量中占较大比重，因此，每一种题材都分为一类。第二种是按题材分类，分为人物、动物、花卉、山水风景四大类。

四、新中国成立至1989年北京牙雕技艺的传承发展

（一）北京牙雕行业最初的恢复和整理

北京牙雕的兴衰与市场有着密切的关系。20世纪30年代初，传统手工艺产品出口的增长带动了北京牙雕行业的快速发展，但好景不长，由于受到战争影响，行业急剧萎缩、衰退。到1937年前后，北京象牙雕刻行业已没有20世纪30年代初那么火爆了，当时从事这一行的人较少，大约有40人，多分布在南城一带③。据统计，1948年北京象牙作坊有40家，从业人员56人，除去作坊主本人外，只有7名师傅，9名徒工。④

北京象牙雕刻厂

新中国成立后，百废待兴。当时的北京经济基础处于非常薄弱的状态，重工业处于空白状态，轻工业亦是少之又少。鉴于北京手工艺品优势明显，海外市场大，见效快，北京市政府便出台相关政策大力扶持北京手工艺行业，包括低利率贷款、开拓海外市场、供应材料等相关优惠政策。1949年4月11日，北平市合作供销总社主任王纯传达上级关于组织发展手工业集体生产组织的三种形式：手工业生产合作社、合作工厂、手工业生产组。

当时从业者及已经改行的艺人们看到了政府有利政策纷纷响应、归队，北京象牙雕刻行业队伍慢慢壮大起来。1952年12月12日，由13户象牙雕刻从业者组成的北京象牙雕刻生产合作社筹备

成立，社员 42 人，在原宣武区鹞儿胡同 19 号和留学路驻地集中生产，并于 1953 年 7 月 1 日在民主剧场召开大会，正式成立北京象牙雕刻生产合作社，孙志清任主任，这是北京第一家象牙生产合作社。[⑤]1956 年，在西单石板房又有十几名象牙雕刻艺人成立了北京第二家象牙生产合作社。除此之外，在北京市外交部街还有一个北京敬业象牙雕刻厂，属公私合营性质，有职工数十人。至此，北京象牙雕刻行业初步得到恢复。

1958 年 5 月 1 日，北京第一象牙生产合作社、北京第二象牙生产合作社以及北京敬业象牙雕刻厂合并，成立了北京象牙雕刻厂，厂址设在原崇文区北官园 7 号，现为北京象牙雕刻厂有限责任公司。《京华工美概览》中特种工艺行业合作组织一览表显示：1953 年象牙雕刻职工数为 51 人，到 1956 年职工数为 257 人。1958 年北京象牙雕刻厂职工数为 496 人，到 1980 年职工数发展到 715 人，直接生产人员 625 人。这些数字充分体现了新中国成立后北京牙雕行业的发展壮大。

（二）产品种类的增多

小孩

新中国成立之前，北京牙雕的产品种类较少，只有“大人”“小活”“兽”三大类，另外，还有手镯、项链、图章、筷子、棋子等属于实用品和饰品的“素活”，以及平刻、微雕。新中国成立以后，随着北京象牙雕刻行业的发展壮大，产品种类也日渐丰富，分类更为细致，形成了专门制作仕女、老人、武人、佛人、小孩及用人、花卉、兽、小活、素活、平刻、包镶等十一大类。每一大类又分许多小类，如象牙仕女雕刻的产品规格主要有：劈仕女、加细仕女、特加细仕女、劈料风带仕女、劈料双仕女、圆身斜坐仕女、特加细站式“四音”“四美”、特加细坐式“四音”“四美”等。除此十一大类主要产品外，还会根据市场需求制订生产计划，1960 年北京象牙雕刻厂的生产计划竟多达 180 个品种，1500 种花样，

| 特加细仕女

| 武人

| 老人

| 佛人

这其中包括了大量的图章、手镯、项链等与实际生活相关联的产品。

（三）题材内容的时代性

这一时期的作品在题材上一是继承传统优秀题材并加以创新，二是出现了大量的反映社会主义新面貌的、具有时代特征的作品。

传统题材并没有被当时的市场所摒弃，而是得到了进一步的丰富，并在表现手法和表现形式上加以创新，使传统题材的作品更符合时代的审美特性。1959 年 11 月 13 日，《北京晚报》报道：北京象牙雕刻厂最近完成了一件象牙立体圆雕作品，它是以表现《红楼梦》中“大观园”为主题的作品……是艺人们根据《红楼梦》第三十八回雕刻的，集中表现了大观园藕香榭四美钓鱼，史湘云组织菊花社等生动活泼的场景。雕刻极为细致入微，景致十分优雅，在艺术形式上有了进一步的创新。⑥

杨士惠大师于 1952 年、1954 年分别创作完成的《颐和园》（又名《万寿山》）和《北海全景》（又名《欢庆新宪法诞生》）标志着北京象牙雕刻发生革命性变化，开创了北京象牙雕刻现实主义创作的新局面。这类题材多为革命题材、现实题材和民族

民族题材作品

现实题材作品

《阿芙乐尔号巡洋舰上的炮声》 北京工艺美术博物馆藏

题材等。

1961年8月6日，《人民日报》报道：以老艺人杨士惠为首，集体创作的大型牙雕《两万五千里长征》刻制完成。作品是在一支长两米多、重达98斤的象牙上雕刻的，费时两年。它刻画出中国工农红军胜利完成二万五千里长征的情景。作品包括遵义会议、红军巧渡金沙江、飞夺泸定桥、爬雪山、过草地、冲过天险腊子口等场面。艺人们综合运用牙雕的各种技法，在作品中表现了110多个人物形象。毛泽东的名诗《长征》也由董必武书写，刻在作品的上端。[7]较为著名的还有《毛主席故乡——韶山》、反映我国1958年国庆游行的《天安门》、表现人民解放军渡江南下雄伟气魄的《百万雄师过大江》、反映北京和平解放前后巨大变化的《新北京》和《旧北京》、以列宁为领导的十月革命题材《阿芙乐尔号巡洋舰上的炮声》，以及《翻身区》《山村货女郎》《草原英雄小姐妹》《海防前哨》《新农民》等具有民族气息的作品。

无论是传统题材作品还是具有时代特征的创新型作品，与新中国成立之前的传统牙雕作品相比都具有以下特点：

1. 构图更具画面美感

由于象牙雕刻受到材料形状的限制，创作者要想实现设计草图，就必须充分考虑牙料的形状。在有限的牙料体积上合理构图，既要把想要表达的内容表现出来，又要充分利用象牙材料，达到占料的目的。这与做泥塑在方法上有着一定的区别。《北海全景》是由杨士惠大师设计并带领胡凤山、马春、刘荣昌、刘双贵、石

《两万五千里长征》(局部)之“红军巧渡金沙江” 北京工艺美术博物馆藏

《两万五千里长征》(局部)之“遵义会议” 北京工艺美术博物馆藏

《两万五千里长征》(局部)之“爬雪山” 北京工艺美术博物馆藏

《两万五千里长征》(局部)之“飞夺泸定桥” 北京工艺美术博物馆藏

《两万五千里长征》(局部)之“过草地” 北京工艺美术博物馆藏

《两万五千里长征》(局部)之“冲过天险腊子口” 北京工艺美术博物馆藏

《新北京》(局部)　北京工艺美术博物馆藏

《旧北京》(局部)　北京工艺美术博物馆藏

《北海全景》 北京工艺美术博物馆藏

长海等人共同制作完成的，历时 15 个月。作品表现的是 1954 年国庆时，首都人民在北海举行狂欢的热烈场面。整件作品除亭台楼阁、秀岛碧水、甬路桥梁等园林内容外，还有 1298 个神态各异、雕工精致的男女老少人物，场面宏大、画面感强。但在杨士惠大师设计此件作品时，经历了一番波折才将其设计完成，他本考虑用天安门广场作为表现内容，但经过勾画草图发现天安门广场太过规整并不适合在象牙上表现，经过慎重考虑最后选定北海为表现内容。经过实地写生考察，了解了古建筑的性质特点，以及园林造景的空间要素，并且吸收借鉴《清明上河图》的构图手法，运用了多种牙雕技法，才表现出了层次感丰富的《北海全景》。

2．形体结构更加准确

传统的象牙雕刻人物多不“破形”，完成品也能推测出牙料原本的形状，在视觉上美感稍差些。受西方雕塑的影响，无论是人物还是动植物都开始讲究结构原理，把解剖原理运用到象牙雕刻中去。但是这与西方的完全写实雕塑有着本质区别，因为受中国绘画及中国传统工艺美术的影响，牙雕艺人们把结构原理用得恰到好处，即在“似与不似之间”。如象牙雕刻仕女，相比传统仕女，人体结构比例更加协调，动作更加舒展自然。而整体风格依然属于中国传统风格，把传统文化的精髓继承并发展起来。

3．艺术价值得到提升

在那样一个新的时代，艺人们并没有摒弃传统文化，而是继承、提炼加以凸显，吸收西方美术理论知识运用到象牙雕刻中去，无论是技法工艺还是题材的文化内涵都上升到一个新的层次，使当时的北京象牙雕刻作品艺术价值得到了很大提升。

仕女

仕女

（四）工艺流程和生产工具的发展变化

1．工艺流程

新中国成立后北京牙雕发展进入了繁荣时期，出现了流水线式生产，如出现了专门开脸的人员，此类人员只负责开脸其他步骤不参与。那时的北京牙雕生产分工明确，从设计到凿活、铲活、开脸、磨活、彩熏等，都有专门人员负责，这种方式提高了生产效率，在当时为国家换取了大量的外汇，为国家解决国计民生问题提供了很大的帮助。

2．生产工具

20世纪50年代之前，北京牙雕的制作所使用的工具是传统意义上的工具，即纯手工工具。这些工具是由从业人员自己制作，主要分为四大类：一是传统切割工具，二是传统打孔工具，三是传统雕刻工具，四是传统修整工具。这些工具用起来

画活完毕

凿活完毕

铲活完毕

磨活完毕

传统凿活铲子

传统铲活凿子

需全部由人力来作为动力，效率较低。

在科技发达的今天，电动工具已经不足为奇，而现代象牙制品的制作也离不开电动工具，这些电动工具是怎样慢慢地被引用到原本纯粹手工制作的象牙雕刻中的呢？

1954年8月26日，《人民日报》报道：北京市象牙雕刻生产合作社成立于1953年，当时有社员41人，现在已有56人[⑧]，并改变了千年来认为雕刻象牙完全要用手工的偏见，部分生产过程已使用机器。1954年8月6日，北京象牙雕刻生产合作社用公积金购置了6台“劈料机”和“磨光机”，开始使用机械生产。从此以后更多的电动工具陆续被用于北京牙雕的制作中。1978年，北京市特种工艺工业公司接收区属企业基本情况一览表中显示：崇文象牙雕刻厂拥有机床5台。除此之外还有台钻，台钻是用来在牙料上打孔的，使用台钻打出来的孔相比手动打出的孔更为规整。

杨士惠大师是当时北京牙雕行业的佼佼者，不但艺术造诣高，而且技术全面，敢于创新，不故步自封。他成功地把日本产的牙科医生所用的软轴钻（蛇皮钻）引用到象牙雕刻中来，并在1958年创作《五子闹丰收》时成功使用了软轴钻，既保证了作品的效果，又提高了生产效率。此时所使用的蛇皮钻被业内人士称为“小蛇皮钻”，即牙医所使用的软轴钻，由一台交流电机提供动力，靠皮带传动，一台电机可安装五到六条小软轴钻，钻头为钢质钻头。1959年1月5日，杨士惠等艺人又自行研发出了一种“土蛇皮钻”来进行凿活和铲活。1970年，北京工艺美术

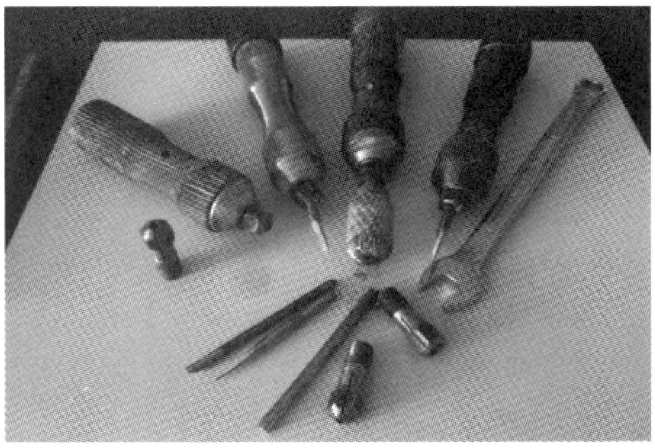

左　·使用“劈料机”开料
右上·日本进口的软轴钻
右下·软轴钻配用的手柄和钻头

厂的技术人员还研制出了“风轮钻”，但因其不如电动的更方便最终被淘汰。直到1973年，北京工艺美术厂从联邦德国及日本引进了专业的蛇皮钻，代替了原来的小蛇皮钻，这种大功率软轴钻被业内人士称为“大蛇皮钻”。它的好处在于：一是功率大，动力更强；二是有调节功率的旋转钮，可根据实际情况来调节转速；三是与软轴相连的手柄可随意更换，而且手柄上的“三瓣”可随意更换大小不同的型号，在制作不同作品时需要不同型号的钻头时就更加方便了。

象牙雕刻所需要的钻头除可以购买一些合适的型号外，还需要自己动手制作。1959年1月5日，北京市工艺美术研究所的牙雕艺人们找来各种废铁滚球锉成了各种铣刀，有球形、橄榄形等十多种，并在滚珠上钻上孔，插入钢条，再把它安在工业用的电动软轴磨机的卡头中，用电力带动，使铣刀旋转，就能代替手工凿锉象牙了。这一举措在提高功效的同时，还解决了雕刻中遇到的技术问题，如横岔、竖岔式的出丝，难以处理的极薄之处，如风带、花纹、花瓣、水纹、云朵等，都能做到细柔和符合艺术的要求。⑨

在凿活的过程中需要把象牙材料固定在工作台上，才能有效地使用敲锤击打凿子来完成凿活工作。传统固定工具是行内人称作“皮条”的绳子，这种绳子为8毫米见方的牛皮制成，折成两股，一端固定在工作台上，另一端从工作台前甩下，并装有木制脚踏。在工作时，把象牙活放在工作台上，皮条搭在象牙活之上，用脚踩住脚踏以达到固定的目的，这种传统的方法至今还在北京象牙雕刻厂使用。1986年末，李春珂大师一改传统的固定象牙活的方法，首次把台钳运用到象牙制品的生产中。但是由于台钳均为金属材质，表面生硬，极易伤活，所以李春珂大师想办法对所使用的台钳进行了改造，即在台钳口粘上一层废旧的自行车橡胶轮胎，因这种轮胎有弹性，因此，在夹活的过程中这种橡胶轮胎会起到一定的缓冲作用，使台钳既不伤到活，又能固定得牢固。因台钳还可以左右任意旋转，使得凿活工作变得更

使用传统皮条固定并凿活

使用传统皮条固定

加灵活。

随着科技的不断进步，越来越多的电动机器被运用到牙雕的制作当中，如小钻、小台钻、电锯、手枪钻、抛光机、角磨机等，使牙雕的制作越来越方便。

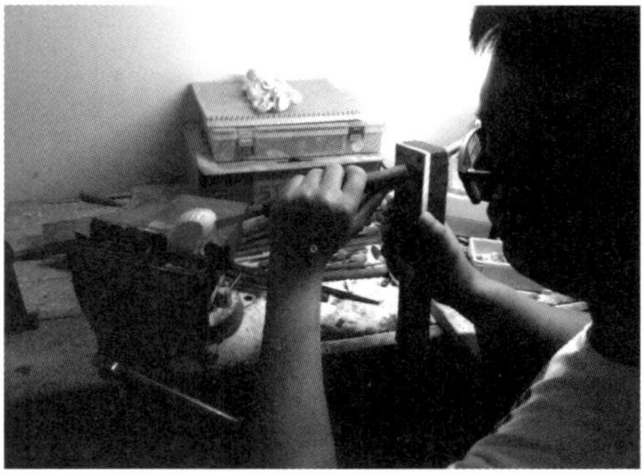

使用台钳固定并凿活

与传统纯手工工具相比，电动工具不仅提高了生产效率，而且在作品的展现效果上也是更上一层楼。电动工具的钻头可以轻松地实现传统凿子很难实现的掏挖、做薄等表现能力，如花卉的花叶可以做到很薄、很俏，因为电动工具采用的钻头旋转的工作方式，对牙活的冲击力相对小得多，通过钻头的高速转动可以轻松地将多余的牙料卸掉，而传统的凿子需要通过敲锤来击打凿子以达到去料的目的，震动和冲击力度很大，把握不好极易伤活。

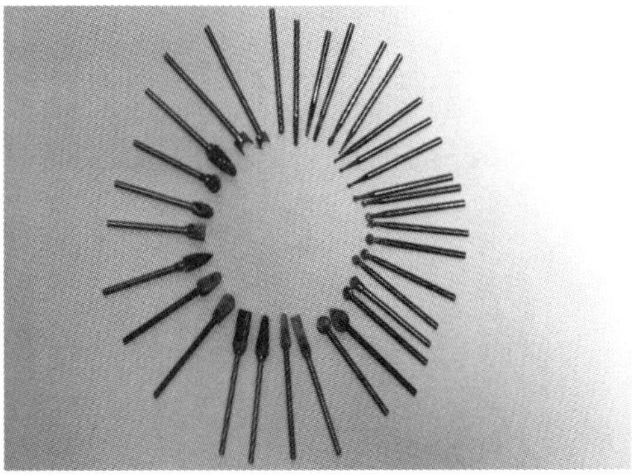

小钻上使用各种样式的钻头

3．传统工具与现代工具的关系

铲活使用的小钻

电动工具在现代牙雕的制作过程中起了极大的促进作用，但是并不能取代传统工具的地位。凿子是传统工具中最为核心的工具，北京牙雕发展到今天仍然在使用凿子，原因就在于它有着电动工具不可替代的作用。李春珂大师1964年进入北京象牙雕刻厂学艺，至今仍在从事象牙作品的创作。据李春珂大师讲，蛇皮钻与凿子最重要的区别在于作品的艺术性上。用凿子凿出来的线条流畅有力度，而用蛇皮钻打出来的线条软绵无力，如果整件作品都是用蛇皮钻打出来的，那这件

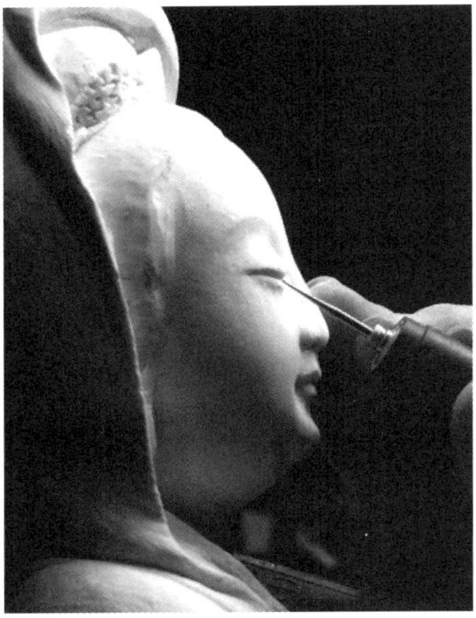

用小钻刻画眼部

用凿子刻画眼部

作品就会看起来精气神不够好，而且在作品的结构上也不够到位。在铲活过程中，凿子也发挥着巨大的作用，如线条的流畅度及作品表面的找平等，使用凿子修整后会使作品显得干净利落。因此，无论是在凿活还是铲活阶段，凿子都发挥着巨大的作用。正确地对待电动工具和传统手动工具，有利于提升作品的艺术价值，电动工具和传统手动工具是为作品最终艺术效果服务的，而电动工具与传统手动工具又是相辅相成的。如在凿活卸料和塑造形体的过程中，蛇皮钻起到辅助凿子的作用，蛇皮钻只是起到切断、划线、掏孔等作用，而凿子卸料既快速又能准确地表现形体结构，使整件作品看起来结实有力，而且整体感强。再如开脸，开脸是一件活最重要的部分，脸部神态表情做得好，作品就成功了一半。用凿子凿出大形，定好与身体的整体比例，可用小钻进行面部五官刻画，此时小钻的优势就较为明显了，因为选用球形钻头不会伤活，而且大小型号俱全，可以进行细节刻画。但最终还是要用凿子来刻画，因为凿子的力度大，刻画出的形象肯定而有力，能够起到点睛的作用。因此，传统手动工具并不能被电动工具取代。

（五）表现形式及雕刻技法的传承与创新

北京牙雕按照现代美术的表现方法有圆雕、浮雕以及圆雕和浮雕混合使用三类。北京牙雕在1949年以前分类方法和中国绘画分科相似，分为“大人”“小活”“兽”三大类。所谓“大人”是指用圆雕的表现手法把一块象牙料雕刻成一件象牙人物，人物身上会带有适当的装饰物，行话称“棍子人”。“小活”场面宏大，构图讲究，配有山水、花鸟、人物等，多出现在仿古象牙器上作为装饰。“兽”则是“制作四条腿的瑞兽”。除上述三大类之外，还有一些“素活”作为实用品和装饰品，如象牙筷子、手镯、项链、图章、棋子等生活用品或玩物，另有象牙平刻、微雕，表现技法和表现形式较为单一，表现效果较为单调乏味。

1958年，北京象牙雕刻厂成立，政府把从事象牙雕刻的艺人们组织到厂里，成为中国最大的一家象牙雕刻专业生产厂。由于市场需求量的增大及艺人们的刻苦钻研，北京象牙雕刻品的种类日渐丰富，并且分类更为细化，有仕女、老人、佛人、小孩、用人、花卉、走兽、小活、素活、平刻、包镶等十一大类。这十一大类有的是按题材分类，有的是按工艺不同分类。类别增多的同时，北京牙雕的制作工艺和表现形式也在继承传统的基础上不断进行着创新。

1．人物动作

“棍子人”的叫法是行内人根据材料和作品的形状所起的名称，这类牙料的挑选规则是挑选一根细长的段料，其看起来就像一根棍子，多用来制作仕女和老头等题材的作品。这类作品在传统的表现方式中，成品能够看出材料最初的形状，也就是在不破坏材料原形的情况下雕刻出人物，通常只有人物的头部采用圆雕的处理手法，其他部分如胳膊、衣褶等都紧贴身体，采用划线的浮雕形式表现出来。人物动态不舒展，视觉效果平直拘谨。经过当时艺人们的认真研究和琢磨，一举打破了“棍子人”的单一表现方式和表现技法。其创新性主要表现在两方面：一是打破了“棍子人”不破形的表现程式，使人物动作更加舒展，更加婀娜多姿；二是在表现形式上实行场景化，即为人物配景、组件以及运用拼镶技术创造大型场景等，增加了作品的表现力和感染力。杨士惠大师于1960年创作的《晨妆》和1962年创作的《洛神》，都根据人物的动作和牙料的形状进行了恰到好处的破形，人物动态夸张而优美，神态细腻传神。

明代牙雕表现形式

《洛神》 北京工艺美术博物馆藏

《晨妆》 北京工艺美术博物馆藏

2．小立体雕刻

北京牙雕小活类产品原本都是以浮雕的形式表现牙器的表面，起到装饰作用。新中国成立后，北京牙雕中小活类产品朝着“小立体雕刻”的方向发展，即比深浮雕更立体。而且在构图需要和牙料充足的情况下，可以局部采用圆雕的表现技法，即圆雕与浮雕技法搭配使用，使作品更加生动，虽然尺寸很小，但是符合“丈山尺树，寸马分人”的特点。1954年至1956年，杨士惠大师用整支牙料创作了《北海全景》，又名《欢庆新宪法诞生》。在这件作品的创作中，杨士惠大师运用了深浅浮雕、立雕、圆雕、镂雕等多种技法，“在截面仅20厘米的牙料上，推落竟达数十层之多……作品的前景采用立雕，中景和远景依次为半圆雕、浮雕……”开象牙雕刻混合雕刻技艺运用之先河，使这一类型的象牙雕刻作品在视觉效果上层次更加丰富，通过透视感加强了艺术效果。[10]

局部采用小立体雕刻技法的作品

3．立体花卉

花卉是北京牙雕中的一大类。新中国成立初期，北京牙雕行业花卉只会雕刻简单的蝈蝈、白菜之类的作品。杨士俊自1952年开始钻研花卉牙雕，在短短的七八年时间里创造了北京牙雕立体花卉。1960年以后，北京牙雕圆雕花卉技法逐渐成熟，培养了一批专门雕刻象牙花卉的技术人员，从此北京牙雕花卉成为北京著名的工艺品。与此同时，北京象牙雕刻厂老技工、花卉能手杨士俊还研制出一种能够节省材料又能“显活”的套料开料法，即根据作品的造型凹凸程度开料，一改传统的切西瓜式的开料方法，使作品的艺术性充分地表现出来。

立体花篮　李春珂作品

（六）雕刻工艺的传承与创新

1. 包镶工艺

20世纪70年代末，北京象牙雕刻厂发明了一种工艺，业内叫作“包镶”工艺。这种工艺的做法是用厚度2—3毫米的三角形或四方形象牙薄片通体镶嵌在已经雕刻成型的木胎上，然后对象牙薄片进行精细加工，因其与建筑行业贴马赛克瓷砖的做法很相似，又名“马赛克包镶”。选择采用这种工艺的产品尺寸都在七八十厘米以上，属于大尺寸的作品。主要作品类型有象牙包镶唐马、象牙包镶关公、象牙包镶仿古大瓶、象牙包镶武人等，最后装饰采用老彩做旧，器型高大，风格古朴。包镶工艺的优点有三：一是因其只有作品表面一层是象牙材质，减少了牙料的使用量；二是因包镶所用每一小块牙料体积较小，使其他作品所留下的边角料能够得到充分利用，达到了二次利用的效果；三是因象牙原料整体呈弯曲的圆柱形，几乎找不到适合做如此大尺寸和造型的作品的牙料，所以包镶工艺解决了牙料的局限性问题。

2. 镶嵌工艺

20世纪70年代，考古学家在河南安阳商王武丁之妻妇好墓考古发掘出土了3件象牙杯，整体雕刻风格与当时玉雕基本相似，以浮雕为主。其装饰方法除浅雕以外，最具特色的便是镶嵌绿松石以及其他宝石，色彩艳丽，对比强烈，富有层次

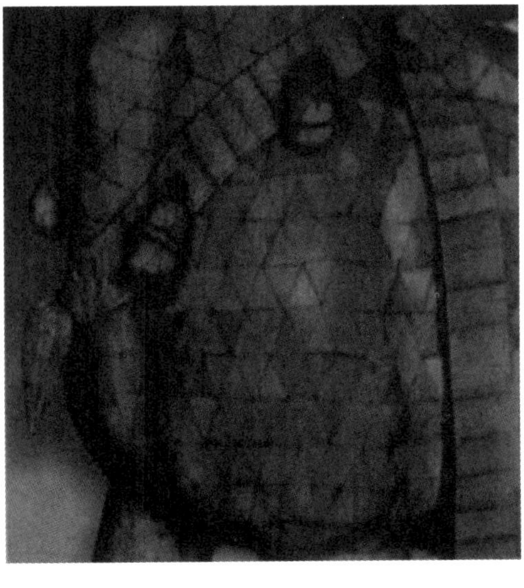

象牙包镶工艺局部

感。这是迄今为止发现的最早的使用镶嵌工艺的象牙制品。但是在1958年之前，象牙的镶嵌工艺一直处于空白状态，既没有可参考的实物，也无文献记载。1958年4月17日，《北京日报》报道：著名牙雕艺人杨士惠、杨士忠在雕刻两件高达7寸的仿古唐人。他们在仿古唐人的头部和服装的装饰部分镶嵌各色宝石，这是停滞了多年的一种技艺。[11]1958年7月7日，《北京晚报》报道：象牙雕刻老艺人杨士惠、杨士忠最近创作了10件高级象牙雕刻艺术品……其中番佛高20.5英寸（带座），全身镶着100多块红蓝宝石，章法新颖，刻工精细……整件作品高雅美丽。[12]此时的镶嵌工艺还只是起到部分点缀的作用，直到20世纪70年代有了更大的发展，已经出现了与玉石、花丝、景泰蓝、红木、铸铜等相结合的人物、兽作品，得到了市场充分认可。这些工艺均是由象牙行业带头研制出来的。这种工艺使多种材料相结合、多种行业相结合，增加了作品层次感，使得作品本身的艺术价值得到提升。

3. 腐蚀工艺

传统的象牙制品制作过程中有一道工序叫作凿活，凿活的目的是通过卸掉无

象牙杯

采用腐蚀工艺制作的大花熏炉

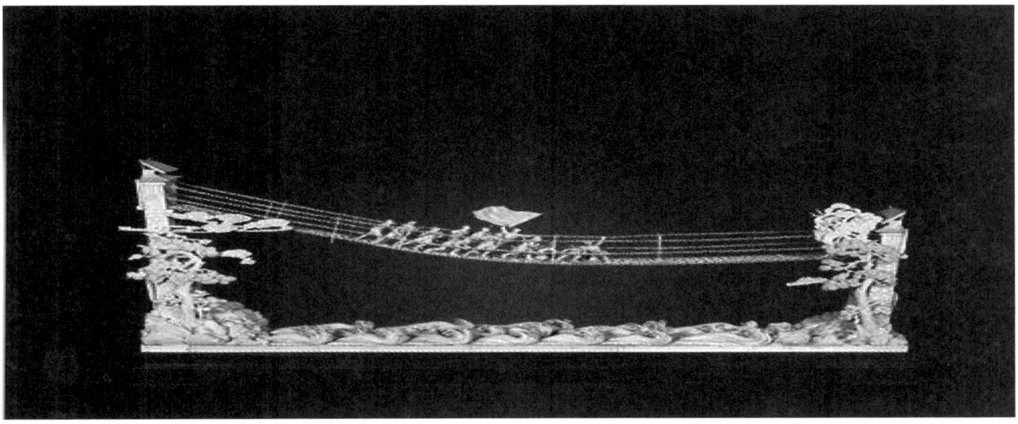

牙雕《飞夺泸定桥》 北京工艺美术博物馆藏

用的料来塑造形体。1960 年，北京象牙雕刻厂研制出了一种可以代替凿活工序的工艺，叫作象牙腐蚀工艺。但是这种工艺并不能代替所有的象牙制品的凿活，它适用于表面做浮雕的象牙制品，如仿古青铜器。工艺原理是通过酸腐蚀象牙料，去掉想要被凿掉的料，从而留下有用的部分，这样作品表面就形成高低起位，达到浮雕的效果。这种工艺在 20 世纪 60—80 年代被北京象牙雕刻厂专门用来仿制商代青铜器，器型优美、纹样繁复华丽，具有很强的装饰性，在当时很受国际市场欢迎。但是，这种工艺后来由于牙料的缺少而停产。

4. 链子活工艺

“链子活儿”是玉雕中玉器素瓶中的技艺，这种技艺是在一块小料上掏挖出一根环环相扣的整链子，而且是可以活动的，要求每一环的大小、厚薄都要一致，环环镂空相扣。1959 年，由杨士惠大师创作完成的《飞夺泸定桥》中，首次使用了“链子活儿”技艺，作品通过 12 条象牙活链子将材料充分展开。这件作品不但把象牙雕刻的艺术价值推到新的高度，而且也丰富了象牙雕刻的技艺。

（七）雕刻技艺快速发展的主要因素

新中国成立后北京牙雕技艺的快速发展壮大主要有以下五个因素：

第一，政府在政策上的大力扶持。为了扶持北京手工艺行业发展，北京市政府出台了低利率贷款、开拓海外市场、供应原材料等相关优惠政策，促使北京牙雕行业能在起步艰难的情况下快速恢复生产。

第二，从业者物质待遇和社会政治地位提高。在优待手艺人方面，我国向当时苏联政府学习重视人民手工艺的精神。战争时期的苏联，手艺人不但可以不参军入伍，而且在物质方面政府还给予保证，并且政府分给手艺人稀有材料，使其能够继续生产，此外，苏联政府还注重艺徒的培养工作。结合当时北京手工业的实际情况，1956年3月27日，全国手工业合作总社筹委会主任白如冰，在全国城市手工业改造工作座谈会上做题为“关于当前手工业合作化运动中的几个问题的意见”的报告，报告中提出：“对于老艺人的保护和对青年学徒的培养工作做得很差……部分特种工艺品的生产技艺逐渐下降，甚至有的已陷入‘人亡艺绝’的情况……如象牙雕刻的‘笔洗’，目前也只有几个老艺人会做，如再不注意就会失传。”[13]因此，政府在经济和政策方面给予了很大帮助，提高老艺人工资和技艺津贴，让其参加必要的政治活动。在当时，有的老艺人被选为北京市政协委员，还有一部分被选为生产合作社的理事或者研究会的负责人，对于带徒教学的老艺人还给予教学津贴。

第三，行业以及企业制度的完善。1954年6月4日，在北京市手工业生产合作社第一届第一次社员代表大会上，讨论通过了《北京市手工业生产合作社联合总社章程》，同时，选举出理事会、监事会，并在北京各区建立了办事处。领导机构的建立和规章制度的建立，使北京象牙雕刻行业生产队伍得到壮大。

1978年5月，北京特种工艺工业公司决定鼓励创作者把自己的名字标注在优秀的工艺美术作品上，以鼓励其钻研创作的积极性。1983年10月，北京象牙雕刻厂在厂内试行“创作专利”制度，主要是对职工新创作出的品种、优秀作品给予专利权，不许他人仿制，同时，对贡献大的给予奖励，体现多劳多得的原则，将其所创作的成果载入技术档案，作为考核晋级的依据。[14]另有工艺美术行业考级制度，从初级技工到高级技工，再到评选大师，对于从业人员都形成了激励效果。

北京工艺美术行业自从手工业合作化以后，行业内都实现了工业化的管理，逐步建立和完善了一套有章可循的对完成品的质量验收标准。由于手工艺美术品的特殊性，在衡量产品质量时，除选料、用料、造型、光洁度、工时占用等，还要涉及作品主题和思想内容，这就直接提高了北京牙雕行业的作品质量。

由于受到封建社会落后思想的深厚影响，有些老师傅在教授徒弟技艺的时候会“留一手”，并不会把真本事全部教给徒弟，这样在技艺的传承上就遇到了很大的问题，甚至导致有些“绝活”失传。在新中国成立后，社会主义制度的实行革除了许多老旧的“行业弊病”，不但实现了男女平等，而且带徒制度实现了重大革新。1956 年，北京象牙雕刻厂推行“六二制”艺徒技术培训方式，即学徒每天用 2 小时学习美术基础知识，用 6 小时在师傅的指导下从事生产实践。[15]在生产实践上采用的是一师教一徒的方式，由师傅进行技术指导、产品质量分析和技术表演。象牙厂 1956 年招收的 31 名学徒中有不少女学徒学习了凿活，并在 1959 年底出师，打破了“女人不能凿活”的旧习。到了 1964 年，北京象牙雕刻厂的艺徒培训方法又有所变化，除采用一对一的师徒教学方法外，还定期地组织集体培训，有时专门请几位技艺全面的老师傅进行讲课，有时会根据行业特点及每一批艺徒的实际情况采取不同的培养方法，完全打破了传统的师徒学习模式，打破了学习的局限性，使资源能够共享，技艺得到更好的传承。

第四，专业的设计队伍。设计人员主要有以下几种：大中专院校毕业的具有美术基础的毕业生，职工中自己既会制作又会设计的，美术界转行过来的等，这使北京牙雕行业有源源不断的创新作品创作出来。如 1960 年 12 月 11 日，北京市工艺美术学校雕塑专业学生理论联系实际，到象牙雕刻厂学习牙雕技艺，通过老艺人的指点，他们在短短的 10 天时间里，设计出较高艺术水平的画稿并投入生产，受到了师傅们的好评。[16]

第五，正确的学习方法和扎实的美术理论支持。正如毛主席《在延安文艺座谈会上的讲话》精神所倡导的创新、深入生活、体验生活，北京工艺美术行业多次组织行业内老艺人们下乡实地考察。如 1962 年 6 月，北京市工艺美术研究所组织玉器、象牙雕刻、雕漆三个行业的著名艺人去山西参观学习，历时 35 天，共临摹画稿 850 余幅，泥稿 7 件，木雕、牙雕设计稿 6 件等为创作开阔了思路。

老艺人们清楚地意识到美术基础对于牙雕创作的重要性，无论是西方美术知识还是中国传统美术理论都对北京牙雕行业的发展给予了很大的理论支持。1950 年 3 月，中央美术学院院长徐悲鸿建议：特种手工业以后要与美术家密切联系，以改良现有产品的图案……梁思成、林徽因在发言中特别强调保持与改善产品质量的重要……马衡、韩寿萱、王世襄相继发言，希望工业生产今后能与博物馆多多联系。[17] 1962年3月31日，北京工艺美术研究所邀请画家吴光宇讲授人物的绘画技法，听讲的有琢玉、牙雕等行业的老艺人、创作设计人员90多人。[18] 这次讲课使人们进一步掌握了人物画的传统技法，对古装人物的各种特点有了进一步的了解。

五、1989年至今北京牙雕的发展状况

（一）象牙材料来源断绝

1981年4月8日，中国正式加入《濒危野生动植物种国际贸易公约》，1989年五六月开始，美国、欧洲共同体、日本及中国香港地区做出禁止国际象牙进出口贸易的决定。1989年10月，《濒危野生动植物种国际贸易公约》成员国在瑞士洛桑召开会议，通过了全面禁止非洲象牙及其制品国际修正案，并决定该修正案于1990年1月18日生效。这一修正案的实施使北京象牙雕刻行业陷入严重困境，产品积压严重导致资金短缺。到1992年1月，北京象牙雕刻厂一直处于半停产状态，先后有55%的职工脱岗回家，厂里也只能靠借贷发放工资。是年，北京象牙雕刻厂为了解决职工生计问题开办了旅馆、餐厅。随着国际象牙贸易禁运的不断深化，北京象牙雕刻行业日渐萎缩，“至今为止北京象牙雕刻合法企业仅留存七家，制作象牙雕刻制品的人员约有百十来人，这其中北京市本地人约占三分之一”。[19]

2006年，象牙雕刻入选国家级非物质文化遗产保护项目，使象牙雕刻技艺得到了应有的重视。国家林业局公告（2015年第7号）明确表示：“从公告发布之日起至2016年2月26日止，我国临时禁止进口《濒危野生动植物种国际贸易公约》生效后所获的非洲象牙雕刻品，国家林业局暂停受理相关行政许可事项。”这就意味着现有的象牙原材料将来只是作为传承象牙雕刻技艺使用，并不能在市场流通了。

（二）牙雕行业艰难生存

为了让北京象牙雕刻技艺传承下去，从业人员利用库存的象牙原料少量生产高档精品象牙制品，作品多选用仿古并且文化内涵高的题材，相比较 20 世纪 80 年代以前，不再生产大型的具有时代特色的现实主义作品。对于料形好、牙质好的象牙材料需慎重使用，一般只留给资质较深的大师们使用。如李春珂大师在 2002 年创作完成的《韩熙载夜宴图》，用的就是一支难得的长达 180 厘米的大象牙，他构思良久，才决定将唐代画家顾闳中的名作《韩熙载夜宴图》以浮雕的形式移植到这支大象牙上。作品完成后，一经展览面世，便引起了业界广泛关注，评价颇高，相关专家一致认为这是一件难得的艺术品。

（三）年轻学徒入行谨慎

从事象牙雕刻艺术需要很高的灵性和长期的磨砺，通常拜师学艺要三到五年才能入门，之后才可独立操作。再者，原材料受限制，个人发展空间小，如今的社会环境的影响和生活的快节奏，使鲜有年轻人再选择象牙雕刻行业，致使象牙雕刻技艺处于后继乏人的状态。

牙雕《韩熙载夜宴图》（局部）

（四）出活效率变低

由于从业人员的减少，北京象牙雕刻的生产工序也发生了变化。起初为了提高生产效率采用了流水线的生产方式，即每个环节都有专门的人员制作，现在慢慢变成从设计、选料到凿活和铲活，再到最后打磨和抛光都由一人完成。出活效率也大大降低。行内人经常说“凿一铲三”，意思是说铲活要比凿活更费工，铲活是最需要耐住性子去做的一道工序。笔者学习象牙雕刻已有五六年时间，工作方式便是自凿自铲。虽已熟悉象牙雕刻流程和工艺，但由于象牙雕刻流程的不可逆性和本着慢工出细活的态度，在出活效率上与20世纪80年代相比低很多。笔者的恩师李春珂大师讲，你现在一年干活的数量还赶不上过去我一个月干活的数量，其原因就在于：（1）只凿不铲，能够节省出时间去练习凿活的造型能力；（2）材料充足，仓库里有大量的各种形状的材料供艺人们选用；（3）能力各有差别。

（五）生产工具变化小

在生产工具上，传统工具变化不大，如凿子等手动工具还都需要个人制作，因为这是象牙雕刻的核心工具，并且会根据制作过程中遇到的实际问题去制作一把适合的凿子，这样用起来会事半功倍。而电动工具会随着科技的进步由艺人们自行更换，如蛇皮钻、小钻体积都变得更小，转速更快。蛇皮钻上的钻头的型号也更加齐全，使用起来也更方便，提高了工作效率。

（六）牙雕技艺的“新载体”

象牙雕刻技艺在雕刻技艺类别中属于工艺较为全面的种类，要想使象牙雕刻技艺能够传承并发扬下去，就必须找象牙材料的替代品。目前较为理想的能够替代象牙的材料是猛犸象牙，但猛犸象牙因在寒冷的地下埋藏时间太长，多数已经损坏，不容易找到料质较好的材料。除此之外，还有牛骨、驼骨、野猪牙、海象牙、鲸鱼牙、河马牙、植物象牙、人造象牙等，但这些材料在价值上都远不如非洲象牙。其实象牙雕刻技艺完全可以运用到其他雕刻门类，如木雕、竹雕等。技艺是手段，作品效果是目的，虽然会因材料属性略有区别而使雕刻技法存在差异，但理论是相通的。如果未来象牙制品彻底不被允许制作了，而象牙雕刻技法被运用到其他雕刻门类，那个时候这些技艺也许就不叫作象牙雕刻技艺了，多年以后谁还会记得或者能够说得清楚到底什么技法才是象牙雕刻技法，所以象牙禁止买卖了，象牙雕刻也就不存在了。

（七）针对象牙行业现状的建议

1．解决材料来源

近些年，关于拒绝象牙制品的广告不断地在电视和地铁站等公共场所播放，其中，影响力较大的广告语是“没有买卖就没有杀害”。而政府迫于国内外的舆论压力也发布了禁止进口象牙材料及象牙制品流通的公告，把象牙雕刻技艺也一同带入了绝境。虽然这些做法看起来对走私象牙材料和偷猎大象行为行之有效，但笔者认

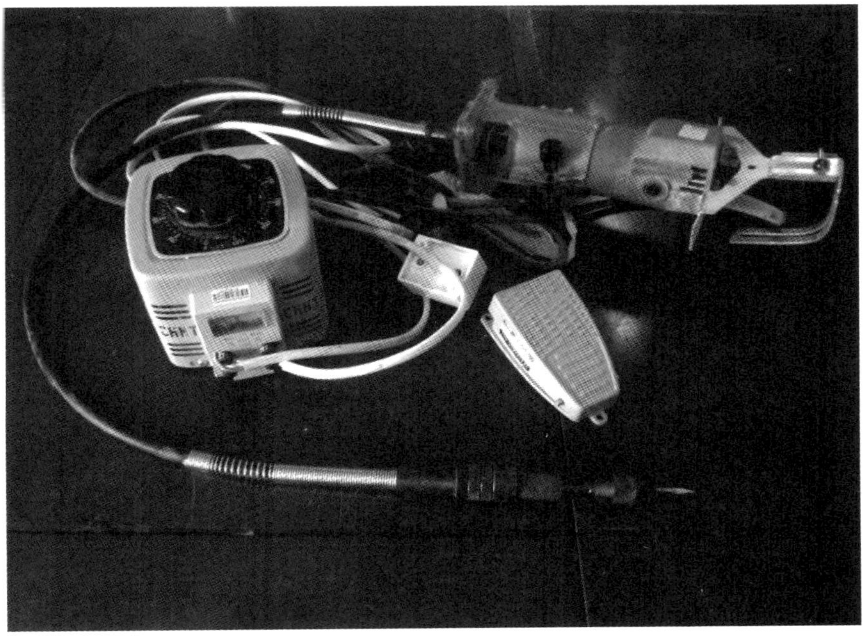

修边机改进的新型软轴钻

为这些做法有不妥之处，一是此做法只是禁止了合法象牙企业生产象牙制品，而象牙雕刻技艺的传承主要靠的是合法从业者，这样就会导致象牙雕刻技艺的传承遇到无料传承的尴尬局面；二是走私的象牙制品都是通过黑市销售，而合法的象牙制品禁止买卖了，就会导致黑市的象牙制品价格上涨，利润空间变得更大，所以这种做法不但达不到制止非法走私和偷猎大象的犯罪活动，反而会间接促使偷猎更加猖獗。因此，笔者认为这些做法既不能解决国内市场需求和象牙雕刻技艺的传承问题，也不能从根本上解决走私和偷猎大象的犯罪行为。

对此笔者提出以下两点建议：

（1）消除人们对象牙制品的误解并建立合法象牙制品流通制度。国家进口的合法象牙材料并非是通过猎杀大象得来，而是自然死亡的大象，每只象牙都会带有死亡证、编号。经过国内合法企业雕刻完成的象牙制品在出售时都会有收藏证书，这张证书上会有关于这件象牙制品的信息。政府有责任和义务给人民正确地普及象牙相关知识，而不是采用“一棒子打死”的政策。

（2）合理控制象牙制品的价格。很多人冒着坐牢的风险去走私象牙材料是因为其利润空间大。如果政府通过合理的方法降低象牙制品的成本，让象牙制品变成大部分人都能买得起的东西，这样就能够达到抑制黑市市场的效果，从而减少走私象牙材料的犯罪活动。

2．培养继承人

（1）政府扶持。因象牙行业的特殊性和当前社会环境，使得年轻人少有踏入牙雕行业。为了北京象牙雕刻技艺的传承和发展，北京市政府有责任和义务对特殊行业以及从业者实行优待政策。前文中曾提到苏联政府在战争时期都不忘优待手工艺者，使其有优越的环境进行生产。那么，我们国家现在发展稳定了，就更需要政府大力支持北京象牙雕刻行业的发展。

（2）院校培养。牙雕行业的从业者需要具有一定的美术理论基础知识，美术院校则是最为理想的培养牙雕人才的地方。具有美术基础的学徒对形体的理解和结构的把握更加准确，老师傅们在传授技艺时与学徒们沟通起来效率更高，很多时候只需老师点拨一下，学徒就会立即明白师傅所讲的意思。

3．提升专业能力

（1）提高设计能力。由于象牙艺术品的设计需要根据材料的形状和大小来决定题材和构图，因此，这需要创作者有很强的应变能力，能根据材料的不同形状和大小设计出不同题材和构图讲究的作品来。要提升设计能力首先要熟练掌握画活技巧，懂得在材料上画与在纸上画的区别；其次可借鉴前辈们的创作经验。

（2）增强作品的创作思想。除学习雕刻技艺以外，更重要的是作品应具备思想性，这是创作的灵魂，有思想的作品才能打动人，才能与观者进行交流。

（3）要有一颗虔诚的心。象牙雕刻其实是一个修身养性的手艺，想要做好作品就必须有虔诚的心。尤其在造佛像时，更要有一颗敬畏之心。

4．结合其他材质

材质结合在现在看来不是什么创新，但是在当前社会形势下，象牙材料日益减少。笔者认为可以继续推动多材质结合，把象牙雕刻用在最适合、最能出彩的地方，这样既能够解决象牙材料短缺的问题，又能提高作品的艺术性。在2014年中国工艺美术双年展上，李春珂大师创作的《释迦牟尼佛》和《香炉》便是运用多种材质结合，一经展览便得到了中国艺术研究院相关专家的认可。

5．发扬工匠精神

2016年3月5日，李克强总理在政府工作报告时首次提到了“工匠精神”。2016年4月22日在中国艺术研究院召开了主题为“工艺美术如何弘扬‘工匠精神’”的学术论坛会议，会议上各位专家都阐述了自己的观点。就象牙雕刻而言，我所理解的工匠精神是：

（1）对待作品的严谨的态度。恩师李春珂大师常常教导我们说：“活不在大小”。意思是说象牙材料虽然大小不一，形状也各异，但是都要一视同仁地对待，即使再小、再难设计的料都要仔细琢磨，设计好了都能做出一件精彩的作品。再加之象牙材料稀有珍贵，所以我们必须认真对待每一块材料，这既是对材料负责，也是对自己负责。

（2）持之以恒的毅力。坚定、踏实、精益求精似乎是现在年轻从业者较为缺少的。学习象牙雕刻技艺不仅仅是学习“技”，更多的是学“艺”，这其中包括文化修养、艺术理解、道德修养等许多综合性的因素。因此，要想学好这门技艺，并不是一朝一

牙雕与金银錾刻工艺结合的《释迦牟尼佛》 | 牙雕与景泰蓝工艺结合的《香炉》

夕能够解决的，必须坚定信念，脚踏实地学好基本功，将来才能青出于蓝而胜于蓝。

（3）正确的学习方法。具备了以上两个条件，还要有正确的学习方法，才能事半功倍，它是通向成功的“捷径”，这其中包括拜师访友、自学、借鉴前辈经验等。

六、结　语

牙雕技艺有着7000多年的历史，文化底蕴深厚。而北京牙雕在悠久的古都文化中孕育了上千年，形成了独具特色的手工文化形象，它既充实了北京古都文化，又为中国传统工艺美术增添了色彩。

新中国成立之初，北京牙雕在党和老一代艺人的努力下得到恢复和发展，取得了辉煌成就。很多作品出口换汇，为社会主义建设做出了巨大贡献。北京牙雕还多次承担制作国礼的任务，以其精妙的艺术形式和巧夺天工的雕刻技艺，向世界人民展示了中华民族灿烂卓越的文化艺术，同时，向世界人民表达了中国人民的深厚情谊。新中国成立至20世纪80年代末，北京牙雕的发展并没有摒弃传统，而是真正做到了传承和发展并重，传统题材和现实主义题材双轨并行，传统工具和现代工具综合使用，传统技艺和创新技艺综合运用。同时，老艺人的社会地位也得到很大提升，甚至有的老艺人受到毛主席、刘少奇等国家领导人的亲自接见，可见北京牙雕在中国工艺美术中有着举足轻重的地位。

20世纪80年代末，北京牙雕遭遇了当代较为困难的时期。北京牙雕企业面临着材料来源断绝的尴尬局面，而有限的库存牙料如今也只留作传承技艺使用，整个牙雕行业日渐萎缩，生产规模缩小，从业人员锐减，题材拘泥于仿古，优秀作品也多出自部分综合能力较强的牙雕大师之手。年轻学徒入行谨慎，效率较低。这种尴尬现状无疑使北京牙雕的传承和发展陷入险境。

当前是北京牙雕的转折时期，材料的限制并不能阻碍北京牙雕技艺的传承和发展。寻找代替材料也是北京牙雕技艺传承和发展的方法之一，虽然象牙的材质美并不能被代替，但技艺传承更为重要。虽然当前形式很严峻，但笔者相信，在党和政府以及艺人们的努力下，北京牙雕会继续传承并发展下去。

注释

①新东报．民间绝世［M］．北京：当代中国出版社，2005：30.

②新东报．民间绝世［M］．北京：当代中国出版社，2005：30.

③吴南，唐克美．中国工艺美术大师：杨士惠［M］．南京：江苏美术出版社，2012：16.

④张加勉．象牙雕刻［M］．北京：北京出版集团公司、北京美术摄影出版社，2012：26.

⑤李苍彦，王琪．当代北京工艺美术大事记［M］．北京：中国文联出版社，2014：15.

⑥李苍彦，王琪．当代北京工艺美术大事记［M］．北京：中国文联出版社，2014：85.

⑦李苍彦，王琪．当代北京工艺美术大事记［M］．北京：中国文联出版社，2014：101.

⑧李苍彦，王琪．当代北京工艺美术大事记［M］．北京：中国文联出版社，2014：22.

⑨李苍彦，王琪．当代北京工艺美术大事记[M]．北京：中国文联出版社，2014：73.

⑩吴南，唐克美．中国工艺美术大师：杨士惠[M]．南京：江苏美术出版社，2012：69.

⑪李苍彦，王琪．当代北京工艺美术大事记[M]．北京：中国文联出版社，2014：22.

⑫李苍彦，王琪．当代北京工艺美术大事记[M]．北京：中国文联出版社，2014：68.

⑬李苍彦，王琪．当代北京工艺美术大事记[M]．北京：中国文联出版社，2014：40.

⑭李苍彦，京华工美概览[M]．北京：中国文联出版社，2015：251.

⑮李苍彦，王琪．当代北京工艺美术大事记[M]．北京：中国文联出版社，2014：49.

⑯李苍彦，王琪．当代北京工艺美术大事记[M]．北京：中国文联出版社，2014：95.

⑰李苍彦，王琪．当代北京工艺美术大事记[M]．北京：中国文联出版社，2014：4.

⑱李苍彦，王琪：当代北京工艺美术大事记[M]．北京：中国文联出版社，2014：107.

⑲李春珂大师口述。

参考文献

1 | 田自秉．中国工艺美术史[M]．上海：东方出版中心，2010.

2 | 吴南，唐克美．中国工艺美术大师：杨士惠[M]．南京：江苏美术出版社，2011.

3 | 李苍彦．京华工美概览[M]．北京：中国文联出版社，2014.

4 | 李苍彦，王琪．当代北京工艺美术大事记[M]．北京：中国文联出版社，2018.

5 | 张加勉．象牙雕刻[M]．北京：北京美术摄影出版社，2012.

6 | 新京报编．民间绝艺[M]．北京：当代中国出版社，2005.

7 | 徐锋．京工巧匠[M]．北京：北京工艺美术出版社，2005.

8 | 轻工业技工学校试用教材——象牙雕刻工艺学（征求意见稿）1、2[Z].1985.

9 | 徐锋．中国工艺美术大师——杨士惠[M]．北京：北京工艺美术出版社，1990.

10 |《当代北京工业丛书》编辑部．当代北京工艺美术[M]．北京：北京日报出版社，1989.

11 | 北京市地方志编纂委员会．北京志·工业卷·纺织工业志·工艺美术志[Z]．北京：北京出版社，2002.

12 | 北京市崇文区地方志编纂委员会．北京市崇文区志[Z]．北京：北京出版社，2004.

浅探越窑青瓷烧制技艺的恢复与发展

The Recovery and Development of the Yue Kiln Celadon Firing Technique

陈兴圆

王海霞 | 指导教师

摘要

越窑是我国烧瓷历史上最早的瓷窑之一，越窑延续烧造了一千多年，是我国陶瓷烧造延续时间较长、影响范围广泛、文化艺术价值丰富的窑系。越窑青瓷的成熟工艺使其在造型和装饰艺术方面都达到了当时很高的水平。

本文通过在实际烧制越窑青瓷时研究泥土和釉料的成分与配方，试图用较为科学的方式去尝试恢复越窑青瓷，并从历史发展角度总结分析越窑青瓷釉色、造型和装饰的特点，浅谈越窑青瓷烧制技艺的恢复与发展。越窑青瓷的恢复和复兴任重而道远，只有不断地尝试和研究，才能看到越窑青瓷复兴的希望。

本文侧重于从工艺角度探讨越窑青瓷的烧制和发展。

关于越窑青瓷烧制技艺的恢复与发展，本论文将从四个部分展开：

第一部分，越窑青瓷。从越窑青瓷的历史发展角度出发，对越窑进行简要概述。

第二部分，越窑青瓷烧制技艺。从最基础的原料开始，结合笔者自身的制作经验，一步步展示越窑青瓷的烧制技艺，以及制作过程中的疑问和解决方向。

第三部分，越窑青瓷的造型和装饰。按越窑的历史发展进行越窑青瓷的造型、装饰的总结，以及恢复越窑青瓷烧制以来的对比和创新。

第四部分，越窑青瓷的恢复与传承。本章概述了越窑青瓷几个地区的恢复情况和可持续发展中面临的问题以及可能的解决方法。

关键词：越窑青瓷；试验；发展

Abstract

The Yue kiln is one of the earliest kilns in the history of porcelain in China, with a continuation of the kiln fire for over one thousand years. It continued for a long time, affected a wide range, and had its own rich cultural and artistic value.The mature technigue of Yue kiln celadon in modelling and decorative art had reached a high level during that time.

Through many firing tests, we study the composition and formula of the mud and glaze and try to use a scientific way to restore the Yue kiln celadon. In addition, this thesis analyzes the characteristics of the Yue kiln celadon's glazing colors, shapes and decoration, and discusses the recovery and development of the Yue kiln celadon firing technigue from the perspective of historical development.There is a long way to go before the real recovery and reconstruction of Yue kiln celadon is done, and only by constant attempts and researches, can we see the hope of Yue kiln celadon revival.

This thesis includes four chapters :

Chapter 1 : Yue kiln celadon. A brief overview of Yue kiln celadon.

Chapter 2 : Yue kiln celadon firing craft.Starting from basic materials, combined with the author's own experience, this chapter shows the kiln celadon firing skills step by step, as well as questions generated in the process of production and their solutions.

Chapter 3 : The modelling and decorating of the kiln celadon.This chapter focuses on discussing the glazing colors, shapes and decoration of Yue kiln celadon, as well as the contrast and innovation since the recovery of Yue kiln celadon firing craft.

Chapter 4 : The protection and heritage of the Yue kiln celadon.This chapter summarizes the problems arising in the sustainable development of the Yue kiln celadon and their possible solutions.

Keywords : Yue kiln; Recovery; Development

一、引　言

越窑是我国古代最著名的青瓷窑系，是我国烧瓷历史上最早的瓷窑之一。东汉年间，越窑成功烧制出中国最早的瓷器，完成了从原始青瓷到青瓷的历史过渡，是人类文明发展史上的一个里程碑。从东汉到北宋，越窑持续烧制了一千多年，出产了无数的精美瓷器，通过遍布越窑周边的发达水系运输到四方，在唐代，甚至通过海运，远销海外，越窑青瓷无愧为中国持续时间较长、影响范围甚广的窑系，在我国陶瓷史上具有极高的地位。2005年，越窑青瓷烧制技艺入选浙江省首批非物质文化遗产名录；2011年，入选第三批国家级非物质文化遗产名录。

越窑青瓷品种繁多，造型优美，釉色苍翠，装饰丰富，具有很高的实用价值和艺术价值。越窑青瓷在我国陶瓷史上占有十分重要的地位，通过对越窑青瓷传统工艺流程的分析研究与仿制创新，以达到继承、恢复和发展的目的。

本文通过对越窑青瓷发展历史的追溯，实践烧制越窑青瓷中所遇到的问题的探讨与研究，并通过从古至今越窑青瓷造型和装饰的总结，以及当今越窑青瓷的恢复与传承所面临的问题几个方面展开，浅谈越窑青瓷烧制技艺的恢复与发展。

二、越窑青瓷概述

“越窑”最早于唐代提出，《新唐书・地理志》载：“越州会稽郡中都督府，土贡……瓷器。”[①] 考古调查证明，最早的成熟瓷器出现在浙江省的宁绍平原东部地区，窑址在慈溪、余姚、上虞、绍兴一带，这里也是中国古代海上陶瓷之路的起点，在我国陶瓷史上具有极高的地位。

越窑青瓷的成熟工艺，使其在造型和装饰艺术上都达到了当时很高的水平。越窑青瓷具有自身独特的审美价值取向和发展特点，从东汉到南宋初的一千多年，是一个不断发展、不断提高、不断完善的过程。

越窑青瓷经历初创（东汉）→发展（东吴）→繁荣（西晋）→停滞（东晋）→低落（南朝）→恢复（初盛唐）→发展（中唐）→繁荣（晚唐）→鼎盛（五代北宋

早期）→衰落（北宋晚期）→停烧期（北宋晚期）。

（一）初期

东汉至三国期间瓷胎较白，呈淡灰色，烧制的技术不够成熟，还原气氛不足，导致大部分的越窑釉色为淡青，部分发黄，或者介于青黄之间。烧制上多用三足支钉叠烧。

三国西晋时期是越窑青瓷发展的第一个高峰期，越窑的产品种类丰富，其中，集多种动物和人物、亭台楼阁于一身的堆塑罐最具有代表性。此时的越窑瓷胎较厚，颜色发灰，釉层也比较厚，青中带灰。西晋时则用锯齿口的盂形垫具叠烧，东晋已出现坯件之间只放几颗托珠垫隔烧制。

（二）繁荣期

唐朝的繁荣发展也影响到了当时的手工艺行业，单是慈溪上林湖地区迄今发现的唐宋窑址就有 170 余处。尤其进入中唐以后，制瓷技术上创造性地开始大量使用匣钵装烧，瓷器质量显著提高。此时的越窑青瓷以上林湖为中心向四周迅速发展，辐射地区广阔，窑场林立。青瓷的胎质相较以前更加细腻，颜色为浅灰，釉色莹润，青中带黄，唐代时期的越窑尤以造型和釉色为主，纹饰简练，以划花为主，也有少量印花、刻花和镂雕。越窑青瓷在唐代的诗词歌赋中更是享有盛名，在历史上经久流传，引得后人向往不已，其中，最具盛名的，当属“秘色瓷”。从法门寺出土的“秘色瓷”来看，其胎质细腻坚固，大多呈青灰色。釉色晶莹滋润，以青绿为主，可以看出当时的烧瓷技术已从以往泛黄不成熟的还原色釉色，发展成为还原较稳定的青灰色釉色，这也是制瓷工艺上的一大进步。

“九秋风露越窑开，夺得千峰翠色来。好向中宵盛沆瀣，共嵇中散斗遗杯。”晚唐诗人陆龟蒙的《秘色越器》[②]，是与秘色瓷相关的最早的文献记载。“越窑开”就说明了秘色瓷来自越窑。可以说“秘色瓷”是越窑青瓷自东汉创烧以后，至唐代连续不断地发展所凝结出的精华。越窑秘色瓷不仅受到当时的最高统治阶级的喜爱，特别作为宫廷御用瓷器，也被写入诗歌文献广为传诵。消失世间千百年来世人苦苦寻觅的秘色瓷，甚至在确切的有相关文字资料的法门寺秘色瓷出土前，秘色瓷一度被认为是杜撰的，这让世人对于秘色瓷的好奇在所有的陶瓷类别里达到了前所未有的高度，更增添了越窑青瓷的传奇色彩。

笔者认为所谓秘色瓷，不单单是指其色泽的罕见、造型的优美，还有其神奇的使用感官体验。在法门寺的越窑青瓷展览中，在展柜内单一光线的照射下，五瓣葵口凹底斜腹秘色瓷碟碟内玲珑剔透，宛如一泓清水，莹泟婉约，这就是秘色瓷的“无中生水”。其原理非常简单，碟子底部微凹，发散光线使碟内有了盈盈水光，说明了秘色瓷的造型工艺之高绝。这样的极致美物带给使用者的是无上的美的体验，当时的最高统治阶级虔诚地将秘色瓷供奉于佛前，足以表明其珍贵。法门寺秘色瓷的造型都十分优雅端庄，尤其是其中的八棱净水秘色瓷瓶，釉色晶莹，胎质细密，有种静静如水的极致美感。

秘色瓷的烧制技术在当时难度极高，青瓷的烧制本就十分困难，除配方之外，窑炉的火候，甚至窑内的位置都有影响，同一窑烧制的釉色都可能相去甚远。根据后来不断的试验得出的结论，一件完美的瓷器烧制成功，与泥坯入窑后的摆放位置、窑内的剩余空间、烧成温度的高低、窑内火焰燃烧的化学变量等都有极大的关联，在古代烧窑条件如此恶劣的情况下，不得不说每件秘色瓷都是数以万计失败的青瓷堆积出来的珍品。但是即使在现代技术的帮助下，烧制的成功率仍然较小，并有一定偶然性。秘色瓷的造型、釉色、装饰之美，仍值得世人去探索、去研究。

五瓣葵口凹底斜腹秘色瓷碟

八棱净水秘色瓷瓶

到了唐代晚期，越窑进入了鼎盛期，产品的种类繁多，造型优美，器物普遍采用匣钵装烧，有一匣一件和一匣多件装烧。

五代时期的越窑生产的器物器形多样，胎壁普遍减薄，造型轻巧。

北宋早期的越窑继续繁荣发展，器物造型精巧，釉色细腻，装饰简洁细致。

（三）衰退期

到了北宋中期，越窑开始逐渐衰退。至北宋晚期，越窑已完全衰落。

直至南宋初期，由于朝廷征烧祭器和生活用瓷，越窑出现了一个短暂繁荣时期，但终归还是渐渐退出历史舞台。

三、越窑青瓷烧制技艺

（一）瓷土原料

我国南方盛产瓷石，组成主要为石英和绢云母，由于风化程度不同也会含有少量的其他矿物。这些矿物组成反映在化学组成上则是高 SiO_2 低 Al_2O_3，一定量的 K_2O 和 Na_2O，以及少量 CaO、MgO、Fe_2O_3 和 TiO_2 等杂质。现代研究表明，浙江、江西、江苏、福建、安徽等地区所产瓷石的化学组成变化都不大，一般 SiO_2 含量在 74%—79%，Al_2O_3 含量在 13%—18%，熔剂总量在 8% 左右。

青瓷的发展与制瓷原料密不可分。越窑青瓷发展最为鼎盛时期，大大小小几百个窑厂日日夜夜不停地生产，所耗费的原材料是多不胜数的，原地取材是唯一的办法。

我们在慈溪上林湖的工作室进行了多次试验，采用窑址附近不同区域的泥土进行加工过滤成适合的瓷土，根据配方的不同，搭配不同的釉色。但是南方的土质含铁量较高，发红偏硬，密度较大，目前还是无法完全恢复出古代越窑胎质偏灰色的

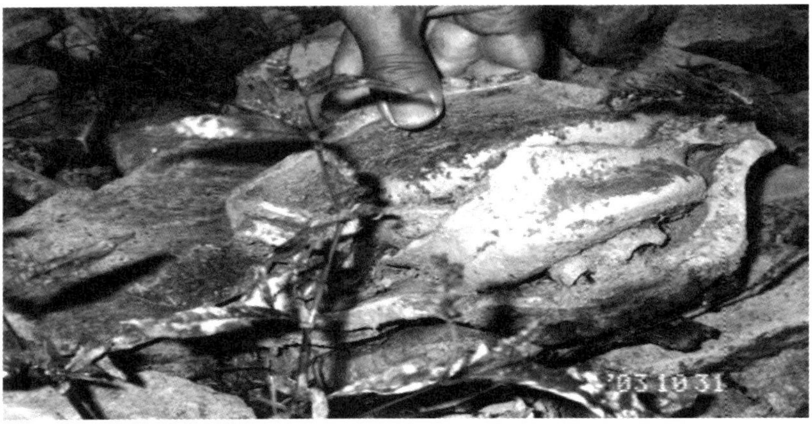

| 采集越窑青瓷瓷土样本

材质，试验仍然在不断进行。

以下为瓷土的基础原料和辅助原料：石英是自然的结晶氧化硅，具有玻璃光泽，硬度为7，比重为2.65—2.66，熔度为1730度，粉碎后无黏性，可降低陶瓷原料的黏度。长石，以氧化硅和氧化铝为主，并夹杂钠、钾、钙等金属氧化物。用含有较多长石原料制成的瓷器，胎质坚硬，呈半透明状，吸水率低，机械强度高，并具有良好的化学稳定性。高岭土是以高岭石为主要成分的黏土，光泽暗淡，硬度为1，比重为2.58—2.60。

瓷土经过初步加工后，再按照所需进行比例的调配。这些都需要在实践过程中摸索。古时候的越窑窑场使用的瓷土原料的比例都是有差别的，这就导致各个窑厂所生产的器物的胎质、色泽、强度、致密性等都有差别。现代也是如此，上虞、绍兴、慈溪等地各有越窑的生产基地，其制品也都各有特色。目前为止，越窑青瓷的极品“秘色瓷”那种轻盈的胎体和灰绿莹润如玉石质地的釉色，仍是我们不停探索的目标。

（二）青釉原料

釉料的原料也是矿物质，加工过程类似于瓷土。具体加工过程如下：

（1）粉碎：釉的原料一般都是矿物质，需要进行粉碎。

（2）球磨：为使釉原料更加细腻则需要进一步研磨。

（3）配料：将釉原料根据需求进行混合配制。

（4）除铁：用吸铁石和细的筛网将釉料过滤，清除其中的杂质。

釉原料及配方：瓷釉的化学组成标准（%）为：

SiO_2：59.00—64.00　CaO：12.00—19.00　Al_2O_3：12.00—4.00

MgO：1.51—4.09　Fe_2O_3：1.53—2.45　K_2O：1.59—1.91

TiO_2：0.56—0.69　P_2O_5：0.72—1.95　Na_2O：0.72—1.25

越窑青瓷最难以恢复的就是胎质和釉色，其中，又以釉色最为直观。现代越窑青瓷相比较于古代越窑青瓷普遍偏绿，更接近湖水的深绿，也有其自身独具的美感，但这没有恢复越窑青瓷的本质。上林湖附近的窑址上沉淀了近千年的青瓷碎片，所呈现的横截面可以非常直观地看到古代越窑青瓷的胎质和釉色，以及胎和釉的厚薄，现代越窑青瓷只能说是接近，而不能说已恢复古代越窑青瓷的烧制技艺和胎釉呈色。其中，需要攻克的问题无数，都需要我们不断的试验与研究。

青釉最初来源于草木灰，是古代烧窑时作为燃料的大量树枝草木在高温下燃烧后在窑壁内不断累积，滴落到原始瓷器表面，我们称为“窑汗”。在上林湖工作室试验烧制时，我们收集各种草木的断枝落叶，平铺于开阔干爽的地面上，自然光将其晒干后，充分烧制，再细细地研磨过滤，将最后得到的浆水作为青釉的最主要的配方，与其他成分进行不断的比例调配。

釉料的烧制过程

（三）制作工序

“共计一坯之力，过手七十二，方克成器。其中微细节目，尚不能尽也。”[③]这是宋应星《天工开物·陶埏》中关于陶瓷制作工序的记载。一件成功的瓷器背后的付出超出人们的想象。越窑青瓷的制作也是一个非常复杂的生产过程，所以才有记载：“银、铜、青瓷，皆切民用。而青瓷尤易视之，盖不知其成之之难耳。苟知之，其忍暴殄之哉。”

越窑青瓷的烧制工序十分繁杂，尤其要得到单一釉色、无杂质、无瑕疵的精品时，光是工序上的尽心细致是不够的，因为烧制过程中不可预知的因素实在太多，所以，不仅在工序上要加倍小心，还必须大量烧制，再从中精选出最佳试验品。

越窑青瓷烧制大体工序有取土、粉碎、筛选、淘洗、陈腐、练泥、成型、晾晒、修坯、装饰、施釉、烧制。以下为越窑青瓷的基本烧制工序：

（1）取土是制瓷的第一道工序，窑工往往开采窑址附近的瓷石或瓷土作为制瓷原料。粉碎是将瓷土用水碓进行粉碎至粉末状。

（2）之后通过筛选，再淘洗，使原料更加细腻。一般淘洗需经过几十次来回过筛，把瓷土中的泥油保留下来。

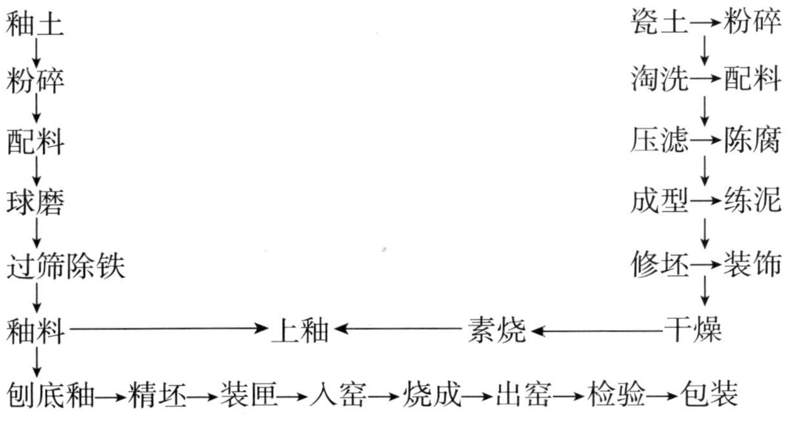

制作工序

（3）陈腐是将泥料在一定的温度和湿度中放置于室内一年左右。泥料在储存过程中发生氧化和水解反应，胶质增多，柔韧度增强。

（4）练泥是对泥料反复敲打、揉搓，使泥料更加细密均匀。

（5）成型是将加工好的泥料制成素坯。拉坯是最为常见的成型方法。在现代大规模批量化的商业生产的需求下，模具灌浆成型和模具压印成型是比较便捷的成型方法，能高效快捷地进行量产，其缺点是没有手工制作的优良精细。但是在现代社会环境下，批量生产与手工制作应该进行适当的结合，而不是敌对对立。尤其在科技的飞速发展之下出现的3D打印机，都可以利用起来，不仅利用在新的造型上，还可以对古代精品进行数据的恢复保留。越窑青瓷最美的地方就在于釉色和造型，对于古代越窑青瓷的精品，我们要尽力去吸收其经典造型，而不是操之过急地开始所谓的创新设计。没有传统的经典的积累，就难以达到飞跃的成功的创新。

（6）成型后的坯体，需将其晾晒，使坯体达到一定的硬度，以继续后面的工序。

（7）修坯是进一步对外形进行修整，使坯体表面平滑均匀。

（8）装饰是美化瓷器的重要手段。越窑青瓷中常见装饰技法有刻划花、褐彩绘制、镂空、贴花等。根据工艺的不同，相应的工具截然不同，有些经验丰富的制瓷人更是自己发明创造新的工具，这也是制瓷工艺的进步的表现。越窑青瓷传统的

传统手工拉坯（规则圆器造型）

陶瓷3D打印机（规则的和不规则的造型）

雕刻

烧制后的效果

装饰技巧几乎都是利用釉色的深浅堆积组成图案纹样，现代的陶瓷装饰手法繁复多样，也可以尝试着借鉴其他种类的陶瓷装饰手法到越窑青瓷上，这也是目前我们在尝试的一个项目，比如，以高温色釉绘制图案，结合青釉，别有一番美感。

（9）完成装饰后的泥坯，需等待其自然干燥，在干燥过程中泥坯的收缩可能产生变形或开裂。

（10）现代越窑因内外上釉，泥坯较厚重，含有较高的水分，吸附釉的效率较差。通过中温的煅烧使之体内水分挥发、有机物挥发和碳酸盐分解，促进矿物质组成和结构初步形成，从而使坯体具有一定强度，更利于刻划花装饰和施釉等工序。

传统修坯方式基本利用拉坯机进行修坯

泥坯须自然晾晒

填釉（用于不规则造型或雕刻）

浸釉（一般用于规则造型）

施釉即在越窑坯体表面施上釉水，这层釉水在烧制后就是光亮坚硬的青釉。按泥坯的不同状态，采用相应的上釉方法，一般有吹釉法和浸釉法。现代越窑强调釉色和润泽度，所以，多采用内外浸釉法，使釉水厚厚地吸附在泥坯上，烧成之后格外润泽。但是，本身已较重的泥坯，再结合内外上釉的厚釉，现代越窑通常较为厚重，对于日常生活用品来说，略微不便，所以，多作为装饰摆件，虽然大气美观，但是也在一定程度上限制了越窑产品的发展。古代越窑先是作为日用器，慢慢变成日用和观赏器，现代越窑几乎完全变为观赏器，实在是一种遗憾。

（11）最后将完工的坯体装入窑炉中，通过一定的温度和气氛进行烧制。烧制成功一件完美的瓷器泥坯入窑后的摆放位置、窑内的剩余空间、烧成温度的高低、窑内火焰燃烧的化学变量等都很重要。现代烧制中，装窑时要尽量满窑，否则会导致炉内环境不均衡，从而受热不均。古代越窑青瓷常见的装烧方法有叠烧、垫烧、支烧、覆烧等。窑炉形制则有龙窑、馒头窑等，现代越窑青瓷的烧制通常使用气窑或电窑，利用高科技的机械化能更好地控制窑炉温度和烧成气氛，稳定的燃料供应也有利于青瓷的烧制，更不会造成环境污染与树木砍伐。烧制越窑青瓷，一般烧成时间大约为 12 个小时，窑炉内是强还原气氛，最终烧成温度控制在 1300—1400 度之间。但是为了追求釉面的玉质感，有时甚至会特意减缓烧窑的进程，如同小火煨炖，持续烧制 36 个小时左右。但是有时候的烧制效果仍然让人不满意，釉面过于光亮平滑，而失去了如玉石的润泽，这更需要通过不断的试验积累数据。

现代煤气窑

最终出窑

上林湖龙窑遗址

（12）烧成后窑内温度非常高，在开窑前需要有一个降温过程。温度自然下降到60度以下才可以从窑炉中将青瓷制品取出，否则釉面会产生崩裂。

（13）出窑后，需要对每一件瓷器进行全方位的检查。瓷器制作过程工序繁多而复杂，导致其成功率较低。在古代，不合格的瓷器就丢弃在窑炉附近，现代调查发掘古窑址时所采集发掘的瓷片就是古时候的残品。

（14）将检验好的青瓷进行包装。至此，一件优秀的越窑青瓷制品就完成了。

在越窑青瓷制作过程中，瓷泥（石）的选取、釉料的制作、成型、装饰与烧戌，是其中最为重要的环节，尤其通过不断地摸索恢复出来的现代越窑青瓷，与古代越窑青瓷仍有一定距离，还需要大量的试验研究，投入无数的时间和精力，才能恢复越窑青瓷真正的往日荣光。

四、越窑青瓷的造型和装饰

（一）造型

越窑青瓷是古越州地区有千年左右生产历史的，既登大雅之堂，又在民间盛行的瓷器，它透露出各个阶层在历史演变中不断发展变化的艺术传统和审美情趣，蕴含着区域传统造型和装饰文化的精髓。

1．饮食、饮酒、饮茶器具

饮食文化的盛行必然促进饮食器具的发展，饮食器具从材质上分有木、陶瓷、石、金属等；以功能来分有食、酒、茶三类。而其中历史最悠久、使用最普遍的还是陶瓷饮食器具。越窑青瓷饮食器具最常见的造型有碗、盘、碟等，这类器具以实

上林湖岸边千年前堆积的碎瓷片

海棠杯

鸳鸯注子

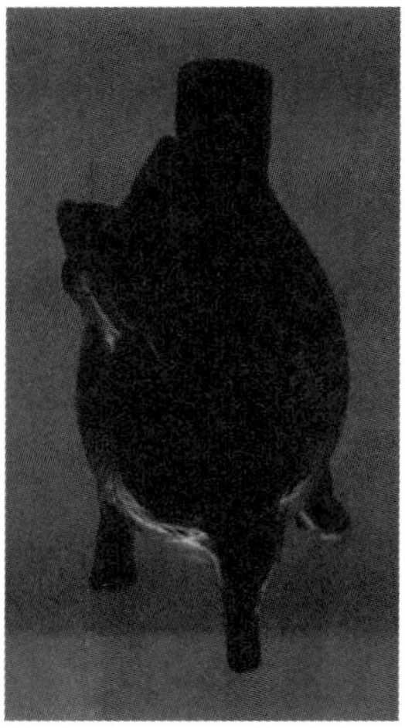

兔形砚滴

蟾蜍砚滴

用为主，造型通常简洁大方。

越窑青瓷酒具按功能分，一般用来贮酒、盛酒和饮酒。贮酒器以较大的瓯等为主，造型通常非常简洁，注重实用功能。盛酒器中较常见的有鸡首壶，还有各种造型的青瓷注子，如浙江上虞出土的鸳鸯青瓷注子，背部开口，水从喙流出，造型精美生动。而饮酒器的造型一般以觞、碗为主。尤其在唐以后，随着生产力的发展，饮酒器的造型也随之丰富起来，在实用功能之外，也开始注重装饰功能。如“海棠杯”，线条优美，造型雅致，具有较高的实用和观赏价值。

唐和五代时期，饮茶的器具主要是碗、盏、茶托等，造型都较为简洁。

2．文房用具

青瓷在文人中颇受欢迎。越窑青瓷文具较常见的有砚台、笔筒、水丞和砚滴

晋代越窑青瓷虎子

熏炉

越窑青瓷堆塑罐

等，砚滴可以少量贮水，用来研磨和使用墨时微量的加水。越窑青瓷的砚滴造型较多，如浙江上虞出土的兔形砚滴，背部水口，兔嘴出水，形态可爱。还有越窑青瓷中较为常见的如蟾蜍砚滴，线条简练，生动可爱。

3．生活用具

越窑青瓷在民间的盛行状态可以从民众的日常生活用具中看出，较常见的有唾壶、熏炉、虎子、香炉、粉盒、灯具、瓷枕等。其中，较为特别的有以狮虎造型为主的虎子，因造型多塑成蹲伏的老虎状，故名虎子，十分生动地体现出当时的生活文化。

4．明器

明器，即“冥器”，陪葬品。历史上三国两晋时期的厚葬之风最盛，从出土文物可以看出，这段时期的陶瓷明器又以越窑烧制的青瓷最为精美。

越窑青瓷的明器中以堆塑罐最有代表性。堆塑罐的基本器型分为上下两个部分，上部装饰较为复杂，题材多样，有人物、动物、建筑等，以亭台楼阁与人物或动物的组合运用最为多见。

5．越窑青瓷造型的发展

随着时代与科技的发展，越窑青瓷也在慢慢地恢复往日荣光。上林湖和上虞地区的越窑青瓷基地不仅通过传统的方式去恢复越窑青瓷，20世纪八九十年代以来更是以科技和试验手段模仿古代越窑青瓷的釉色和造型。可以从下面的对比图看出，有了现代技术的辅助，恢复烧制的越窑青瓷更加精细，虽然在烧制的过程中

唐代越窑青釉褐彩云纹熏炉

现代仿制

晋代越窑青瓷羊尊

现代仿制

仍有偶然性，但是现代的越窑青瓷生产基本已经能稳定地烧制出传统越窑青瓷的釉色，也能模仿出过去越窑青瓷的经典造型。但是，我们仍需要清醒地认识到，由于现代市场经济的大发展，过去青瓷作为民间日常用具的情形在市场竞争下略有不足，更多的是作为文房用具和装饰用品出现在人们的生活中，如或雕刻或绘画的盘、瓶、罐等，这些造型上仍以传统造型或装饰为主。

越窑青瓷造型方面的发展主要表现在雕塑上面。但是，由于陶瓷烧制的特殊性，陶瓷雕塑的限制性非常大，通常以简练的造型为主。还有一种手工性非常强的泥片塑像法运用得也较多，将泥压成较薄的片状，再设计造型。由于泥的特性，需要在较短时间内一次成型，造型通常较为奔放随意。如下图中的《老僧》，重点刻画了人物的脸部与手部，随意翻卷的泥片组成了粗陋的僧衣，表现人物的佛性。《山石笔架》则以整块泥巴为基础，慢慢镂空雕挖而成，自然而嶙峋的山石成为趣

《老僧》

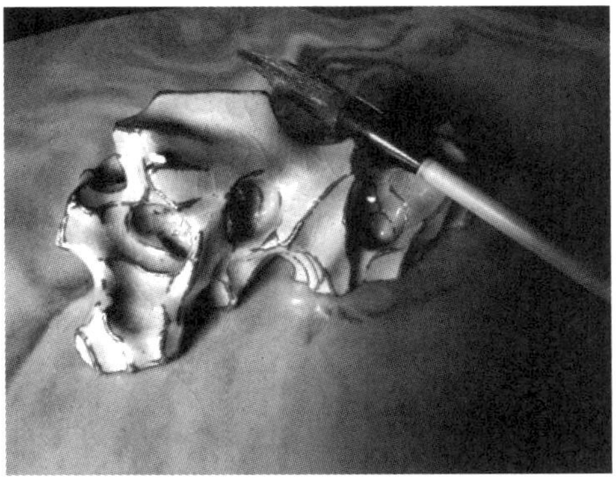

《山石笔架》

味盎然而又实用的笔架。

传统越窑青瓷的经典造型还有许多值得我们研究学习的地方，在不断发展创新的同时，更重要的是能完整地继承到传统的造型和釉色，只有在这个基础上有所创新，才是越窑青瓷真正的新发展。

（二）装饰

越窑青瓷以青釉本身的素雅而闻名，但是，其装饰手法与装饰题材也非常多样。人物、动物、植物的纹饰五花八门，各有其传统的代表含义，这是当时人们的社会生活文化的具象体现，也是人们审美情趣的外在表现。

1．印花

三国两晋时期，装饰花纹一般以压印和戳印较为常见。印花纹样中除简单的几何纹饰以外，还有较为复杂的花卉和动物的印纹，具有很强的装饰感。印花的装饰手法十分方便快捷，也具有一定的随意感。

2．刻划花

历史上东汉较常见的刻划纹饰有弦纹和水波纹，三国两晋以后，动物的纹饰增多，非常形象生动。南北朝时期，因佛教盛行，出现了较多的莲花纹，之后莲花纹成为越窑青瓷的代表性装饰之一，尤其以传统手法“半刀泥”所刻划出的莲花纹，凹凸鲜明，刚柔并济，装饰感极强。此类装饰手法是在泥坯半干的时候下刀，需一

印花

印花

细线刻花

半刀泥

气呵成，虽然缺乏精雕细刻的精致感，但是格外简洁大气，具有别样的美感，是越窑青瓷最主要也最具代表性的装饰手法。

3．褐彩

唐末五代时期，越窑青瓷装饰中出现了彩绘，一般以褐彩为主。褐彩烧成之后的颜色为棕褐色，与绿釉结合，装饰感较强。褐彩装饰中除了如意云纹，点彩的运用更为多见，清雅的绿色釉面中，看似随意的深色褐点，简约而不简单。

东晋越窑系青釉褐斑四系壶

唐越窑褐彩云气纹盖罂

4．当代越窑青瓷装饰的新发展

越窑青瓷恢复烧制以来，因为更强调其装饰功能，再加上科技和审美的变化，当今制瓷人发展出了许多别具一格的新装饰方法。

（1）浮雕。随着社会生产的发展和人们审美的多样化，除了更倾向于平面感的传统刻划花之外，许多现代烧制的越窑青瓷都采用精雕细刻的浮雕手法，图案细致，层次丰富，经过釉色深浅不一的积淀强调其立体感。

（2）褐彩。褐彩的运用除了传统装饰法中简单随意的点缀装饰外，更开始被运用在大面积的精细绘制中，图案整体感强烈，淡雅的青色和深浅不一的棕褐色相结

浮雕青瓷盘

浮雕青瓷罐

未烧制时

未烧制时和烧成对比

釉上彩 《水仙花》

釉上彩 《缠枝牡丹》

合，装饰效果十分强。

（3）釉上彩。传统的青瓷装饰往往以青釉本身的色泽和器型相结合为主，装饰手法也多是简单大方的，无论是雕刻还是彩绘，仍旧以突出青瓷本身的色泽美为主。而这种新的装饰手法则大胆地以青釉为底色，结合或浓或淡的釉上彩绘，既有传统的图案美，又富有现代多彩的装饰美。如上图中的青瓷结合粉彩的《水仙花》，用古彩玻璃白在已经烧制成功的青瓷上绘制，水仙的花瓣隐隐透出底下的青色，使得花瓣给人的感觉薄而透，不同于一般在白瓷上的釉上彩绘，栩栩如生。而青瓷粉彩盘《缠枝牡丹》，仍旧以青釉为底，古彩玻璃白绘制的雪白的牡丹花与新彩描边的藤蔓蜿蜒其中，典雅大方，庄重美丽。青瓷和彩绘只要能适当结合，表现出的美远远大于一加一。

（4）花釉。高温花釉与青瓷相结合也产生了意想不到的美，如下图中的青瓷高温花釉瓶《青山绿水》中，青釉美丽的底色与高温花釉相结合，青釉成了绿水青山，与花釉绘制的嶙峋山峦组成动人的山水画。但是，高温色釉的不稳定性仍需不断去试验。

（5）多种手法相结合。单一的装饰手法已经不能满足日益多样化的大众审美，为了追求更富有变化的装饰效果，多种装饰手法的组合开始出现。如青瓷盘《石榴》，用浮雕手法细细刻画出石榴的形态与枝叶，再以颜色鲜亮的釉下五彩简单点缀，清新可爱。《喜上眉梢》则以浮雕和褐彩相结合，浅浅雕出喜鹊和梅花，底面则简单刻出纹路，再施以淡淡的褐彩，更加衬托喜鹊和梅花，传统而有新意。《打马球》则以釉上金色在浮雕的基础上再次刻画了唐朝女子打马球时的动感，金色在深浅不一的浮雕上明明暗暗地闪现出美丽的金色，金色与青釉的结合简单而美丽。

花釉《青山绿水》

《青山绿水》（局部）

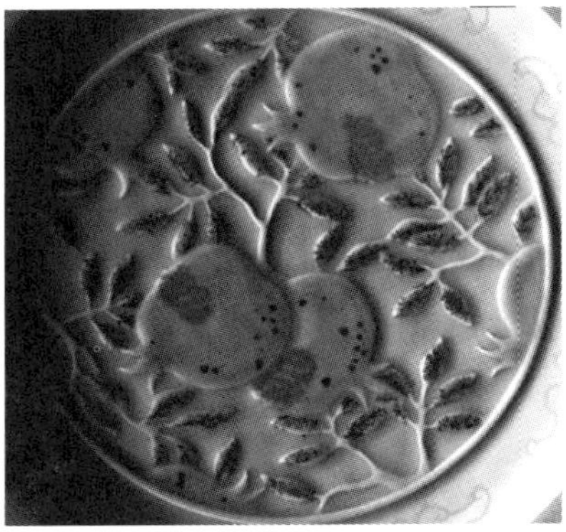

《石榴》

《喜上眉梢》

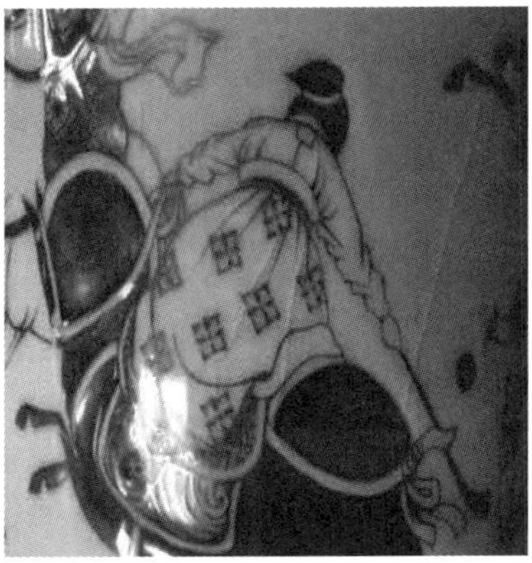

《打马球》(局部)

《打马球》(局部)

五、越窑青瓷烧制技艺的恢复与传承

(一)调查发掘与科学研究

越窑青瓷历经近千年烧制，发展出日用品和日用观赏品，它的历史价值和艺术价值毋庸置疑。如今越窑青瓷烧制技艺已经被列入非物质文化遗产名录，我们应该思考的是如何去传承和发展这一宝贵的资源。

陈万里先生是第一位对越窑古窑址进行实地考察的学者。20 世纪 20 年代末到 40 年代，他多次亲身前往浙江当地的越窑古窑址进行考察，并著有《瓷器与浙江》

《中国青瓷史略》等。20世纪50年代后，许多考古人员开始对浙江宁波和上虞等地的古窑址进行田野调查，如余姚地区的上林湖、白羊湖等，上虞地区的窑寺前、窑山等，宁波地区的沙叶河头、云湖窑等，萧山地区的石盖窑、戴家山窑等。这些考古调查留下了大量的文字资料，还有大量在古窑址出土的珍贵的碎瓷片标本。到80年代，中国硅酸盐学会为编写《中国陶瓷史》展开了更具规模的田野调查，发现多处古窑址，收集大量瓷片标本。90年代至今，考古人员仍在进一步发掘和进行田野调查。慈溪博物馆编著的《上林湖越窑》对20世纪80年代至今的上林湖、古银锭湖、白洋湖和杜湖四大窑址进行了总结；《郭童岙：越窑遗址发掘报告》则总结了对东钱湖窑场的发掘调查。

从事中国古陶瓷科学研究工作的周仁先生创新运用自然科学手段对越窑青瓷进行定性、定量分析以及年代测定。1960年，他与李家治先生联合发表了《中国历代名窑陶瓷工艺的初步科学总结》，首次将科学技术引入对越窑青瓷的研究中，并提供了新方向。近20年来，还有许多针对上林湖中心窑区的瓷片进行的测定，如中子活化法、同步辐射X荧光法等，研究青瓷瓷片的产地属性、年代特征、瓷胎釉料配方等；有学者提出利用热释光前剂量技术方法测试，用来提高测定瓷片年代的精确度；还有学者对不同地区的越窑青瓷样本进行科学技术分析，对瓷胎和釉料的微量元素进行分析，以研究各地原料来源有何异同；朱顺龙首次使用古陶瓷显微科技气泡测定方法对不同时期的越窑青瓷釉层中的气泡进行科学测定；李国桢所著《历代越窑青瓷胎釉的研究》一文中阐述了其对越窑青瓷瓷片的胎和釉做了一系列物理、化学实验，还与其他名窑如汝窑、耀州窑、南宋官窑、龙泉窑所产的瓷器不断做对比研究。

前辈们对越窑青瓷的调查发掘，以及运用科学技术对越窑青瓷的研究分析，都是越窑青瓷恢复和发展的重要基石，越窑青瓷的恢复和复兴任重而道远，只有不断地尝试和研究，才能看到越窑青瓷复兴的希望。如今虽然越窑青瓷在恢复上已经取得不少的成绩，但是，存在的问题还是不容忽视。现代恢复烧制的越窑青瓷，与出土的越窑青瓷以及秘色瓷相比，釉色与胎体差别还是非常显著，我们可以看到目前的越窑青瓷制瓷人与相关专家学者对古代越窑青瓷的烧制法研究还是不够深入透彻。由于断烧年代早，工艺失传时间长，资料缺失，研究人才缺失，对古代越窑青瓷的制作流程和烧制技艺的研究困难重重，其中，传承人的缺失问题尤为显著。陶瓷烧制需要的工序繁多，每一道工序又需要花费极大的时间与精力去学习并掌握，在如今快节奏的消费时代，越来越少的年轻人愿意在回报有限的情况下去踏踏实实地学习技艺。再有关于越窑青瓷的釉色与胎体的配料研究则更是需要不断地调整配比并开窑试烧试验，其中，所耗费的时间、金钱与人力不可估量，这些都是非常迫切的越窑青瓷研究方面的问题，更不用说还存在着对于古窑址的保护、瓷土釉料的发掘等问题。

（二）越窑青瓷主要原产区的恢复情况

1．慈溪上林湖地区越窑青瓷的恢复

2011年5月，越窑青瓷烧制技艺被列入国家级非物质文化遗产名录。以上林湖为代表的越窑青瓷在鼎盛时期，环湖周围一百多处青瓷窑址终日窑火不断。千年过去，上林湖畔遍地的碎瓷片似乎仍在诉说昔日的辉煌。2001年开始，慈溪市决定全力支持恢复越窑青瓷生产。同年12月，浙江省非物质文化遗产越窑青瓷传承人孙迈华在慈溪市成立越窑青瓷有限公司。经过长期不断的瓷土采集、瓷釉配方、烧制温度等实验，越窑青瓷的烧制取得了阶段性成功。随后，孙迈华成立了慈溪市越窑青瓷研究所，已经恢复出许多越窑青瓷经典造型，如鸡首壶、八棱瓶等，现在仍在不断试验中。这些试验不仅有针对传统的器形的仿制品，还有根据市场需求开发出的新产品，在越窑青瓷的造型和装饰上有不少发展创新。

2003年，浙东越窑青瓷博物馆成立，这是我国第一家专注于越窑青瓷展示的博物馆。浙东越窑青瓷博物馆的藏品器型十分丰富，数量庞大，藏品的年代跨度十分大，从西周、春秋战国、东汉、三国、两晋、南北朝，到隋唐、五代和北宋。浙东越窑青瓷博物馆积极参加国内各种大型的文物展览活动，向公众展示越窑青瓷文化，为宣传越窑青瓷文化做出贡献。

浙江中立古陶瓷博物馆是由闻长庆开办的一所民营博物馆，2007年创办开馆，成为慈溪市对越窑青瓷展示、研究、教育的基地。与大多数博物馆倾向于收藏完整器物不同的是，中立古陶瓷博物馆收藏展示的更多的则是越窑青瓷的碎瓷片，其

浙东越窑青瓷博物馆展陈越窑青瓷

浙江中立古陶博物馆展陈越窑青瓷瓷片

中，有黏有窑渣的标本，不同釉色黏连在一起的标本，虽然其貌不扬，但是，这些瓷片对于考古研究和越窑青瓷的恢复来说十分珍贵，不仅能在其中看到越窑青瓷清晰的历史脉络，还能在恢复烧制的实验中提供真实的对比数据。

2．上虞地区越窑青瓷的恢复

早在东汉时期，位于上虞的“小仙坛”瓷窑便已经能够烧制出成熟的青瓷器皿。近年来，在地方政府和文物保护单位的支持下，上虞地区越窑青瓷得以实现其恢复与传承。当地许多越窑青瓷相关的公司、企业都致力于越窑青瓷工艺的传承。在烧制技术上，结合了传统烧窑工艺和现代更为先进、环保的以煤气和天然气为燃料的窑炉，利用烧窑工的经验和先进的电脑控温技术，根据不同的泥料配方，能够更好地调节火候、控制温度，这也是烧制技艺上的一个突破，大大提高了烧制的成功率和稳定性。在生产高仿瓷的同时，结合市场开发定位于普通消费者的日用青瓷，并与各个博物馆和研究所合作，为恢复和发展越窑青瓷不断做出努力。

（三）越窑青瓷的保护与传承面临的现状与问题

1．断烧时间长，文献资料传世少，传统烧制方法失传

越窑青瓷釉色清美，造型优雅，但是自宋代以来长达八百多年的沉寂，以及战乱等社会因素，导致传统的越窑青瓷烧制技艺已失传，也缺乏系统的文字资料记载，对于恢复越窑青瓷烧制技艺来说是个不小的阻碍。

2．社会地理环境的变化

上林湖地区曾是越窑青瓷的发展中心，经历两汉、三国、东西晋、南北朝、唐、五代、南北宋千余年的发展直至沉寂。而现在上林湖一带地理条件上的变化，尤其是烧制最重要的原料瓷土和釉料的缺失，以及交通条件的限制，在原越窑遗址上已经不可能重现当年的盛况。另外，现代社会经济和科技的飞速发展导致人们生活需求的多样化，越窑青瓷的市场也受到极大的压缩，需和求的不平衡也会限制越窑青瓷的发展。

3．后继人才缺乏

越窑青瓷烧制技艺工艺流程繁复，并且需要长期不断反复而枯燥的练习，虽然学习的周期十分长，但是，就业范围却较为狭窄，就业机会有限，导致许多有心的年轻人在考虑到实际问题后望而却步。再者，目前越窑青瓷的传承仍以兴趣钻研、学徒传承、小作坊技术工等方式开展，缺乏可持续发展，缺少良性的培养机制。

（四）浅谈越窑青瓷的保护与传承

1．政府主导

越窑青瓷是中华民族历史的见证和智慧的结晶，保护和传承越窑青瓷不仅是社会的责任，更是历史的使命。这就需要充分发挥政府的政策保障和宣传引导，统筹规划和资金投入，开展对越窑青瓷的烧制研究和对古窑址的挖掘，并积极开展交流、展览、经营等与保护传承相关的活动。2011年，越窑青瓷烧制技艺成为国家级非物质文化遗产，并有了一批国家、省级和市级传承人，这是一个良好的开端。

保护和传承青瓷文化，要重视青瓷本源地。当地政府要为青瓷文化的保护和传承创造良好的社会环境，注重弘扬青瓷文化中优秀的传统和精髓，尤其是让当地人民加深对青瓷文化的了解。越窑青瓷的传承需要当地政府及教育、文化、宣传部门发挥导向性作用，在教育、旅游、文化产业等方面以高品位的文化服务来延伸和拓展青瓷文化传承功能。加大宣传力度，通过电视媒体、书报杂志、文化读物等途径展开宣传，还需要在青少年一代强化青瓷文化教育。越窑青瓷的保护与传承，需要持续性的发展。

2．人才培养机制

越窑青瓷的保护与传承，关键在于人才的培养。完善的人才培养机制能够提升人才的专业水平，并扩大优秀人才的培养规模和数量。而建立人才培养机制，则需要保障人才的培养需求，设立合理的培养制度、开启有效的培养模式、吸收先进的培养经验、创造积极的交流机会等。只有建立好人才培养机制，才能真正推动越窑青瓷烧制技艺的良性和持续发展。青瓷生产长期以来主要表现为一种手工产业，即使现代陶瓷生产的许多环节借助于计算机科技和机器生产，但是，最本质的陶瓷仍旧是手工技术。尤其是对于仿古瓷和高端陶瓷工艺品，更是依赖于手工。所以，对于恢复和发展越窑青瓷来说，既需要技艺超群的工艺大师，也需要操作熟练的工人，两方面的培养都需要重视。

2012 年，浙江省杭州市“工艺与民间艺术薪火传承计划”，5 位国家级工艺美术大师面向全国招收了 24 位徒弟。此项活动旨在把国家级大师的优秀技艺传承下去。

2013 年，中国艺术研究院增加了传统技艺研究方向的艺术硕士。

这些都是非常良好的人才培养方式，不仅为手工艺行业注入了新血，更是提升了人才的技术与理论水平。

（1）作坊型家族传承

历史上许多传统手工艺的传承，一直是以家庭作坊为技艺传承的基本单位，以家族亲缘关系为技艺传承的主要脉系。而每个传承家族所掌握的技术各有特点，有的在青瓷的造型和装饰上有独特的风格，有的则是在瓷土的原料和釉料的配方上有自己的配方，还有的掌握了最佳烧制方式。家族的传承有其技术保守和观念封闭的弊端，但这种传承方式能够较独立完整地形成青瓷传统烧制技艺的不同文化风格。

我们既要尊重这种传承方式，也要尽量避免家庭作坊之间的不良竞争，为家族之间的技术交流创造机会，拓展家族式传承的文化视野，使家族式传承方式在现代社会得到更加健康的、可持续的发展。

（2）生产型传承

青瓷产品的企业化生产也是传承越窑青瓷烧制技艺的一种传承方式。企业生产商品的过程，是一种规模化、标准化的技艺传承的过程。慈溪、上虞、绍兴等地已经有多家较为成熟的青瓷企业，主要是批量化生产日用瓷、纪年瓷和陈列瓷。而且许多企业的管理者还是青瓷烧制技艺的传承人，本身就具有丰富的烧制经验。同时，在经营企业的过程中，他们对现代青瓷标准化、大众化、实用化产品的生产也有着较为现代的发展性理念。生产型传承对青瓷技艺来说，是分解式、流水式的，是适应企业大规模、批量化和标准化生产需要的一种现代商品化市场经济发展下特有的技术传承，也需要得到适当地引导和支持。

（3）普及型传承

越窑青瓷的烧制技艺，还可以通过高校、大师工作室、博物馆、研讨会等开展的学生课堂教育、高校实践实习、专家考察调研、观众参观展览、学者学术研讨等活动进行宣传和普及，这是一种更具有大众性、普及性的开放性的传承方式，打破了传统的家族式传承方式的局限。

青瓷传统烧制技艺传承人和国家级、省级工艺美术大师，是掌握最前沿的越窑青瓷烧制技艺的传承人，具有丰富的实践技能，他们的艺术经验和审美思想能促进现代艺术青瓷的创作水平。博物馆则收藏有大量的青瓷珍品，使参观者感受越窑青瓷的艺术魅力，并宣传普及青瓷文化。

越窑青瓷烧制技艺的保护与传承不再只是单纯的田野考察与数据和图片的记录，也不仅是对历史上民俗文化的文献研究或博物馆里的历史文化遗迹、遗物的搜集和保存，而是对于越窑青瓷烧制技艺各个方面的确认、研究、保存、保护、宣传、传承和发展，这是一种真正的传承和发展。越窑青瓷的保护和传承最终还须以人为本，关注和保护以人为载体的技艺传承方式，发展多样化的技艺传承形态，这样才能使越窑青瓷焕发出勃勃生机，促进越窑青瓷的良好的可持续发展。

3．创新

越窑青瓷从创烧之初，就一直在不断地发展完善自己，无论从造型还是釉色、装饰，都能清晰地看到其发展创新之路。如今的越窑青瓷更是如此，要想不断地传承下去，只有不断地发展自身。

越窑青瓷发展的每一步都是制瓷人的心血和智慧的结晶，越窑青瓷的每一项成就都与制瓷人不断探索、勇于探索是分不开的。对于一切优秀的外来工艺技术，以开放的姿态去学习，如国内外其他著名窑口的烧制工艺和特点，横向对比更能看出越窑青瓷的不足与缺点，从而能更全面地发展。关注了解相关高新科技，勇于探索，敢于实践，突破自身，如3D打印技术的运用就是传统陶瓷造型的一大突破，关键是如何学习和利用这一技术，如何使之成为越窑青瓷发展的一大助力，这也是越窑青瓷发展的一个重要方向。

4．与市场结合

越窑青瓷的发展不能完全依赖于政府的扶持，健康的可持续发展之路必然要求越窑青瓷具有自身的商业价值。在研究恢复越窑青瓷的同时，还需要结合市场，开发符合现代人审美需求的产品，如日用瓷器、旅游纪念瓷器、家居装饰瓷器，这也要求越窑青瓷的造型和装饰充分为之服务，这不只在工艺上有要求，更需要对大众的现代审美和实用需求有较明确的理解和认知。对于越窑青瓷的可持续发展之路，开发市场是十分重要的一个途径。

六、结　论

陶瓷在工艺美术中的地位比较独特，几乎与人类的发展史同步，虽然制作工艺烦琐，但是成本相对较低，又与生活息息相关，这促使人们不停地去研究和烧制陶瓷。尤其越窑青瓷历史悠久，又历来受到国人的喜爱，越窑青瓷烧制技艺的研究都是十分有必要的。对于越窑青瓷烧制技艺的研究，笔者从实践入手，通过研究每一个细微的步骤，总结数次试验和烧制得出的经验，同时，结合文献和专家学者们对于越窑理论方面的研究，以及实地考察浙东地区对于越窑青瓷的恢复状况，大致探索了目前越窑青瓷烧制技艺的恢复和发展情况。在笔者实践烧制青瓷的过程中，烧制出越窑青瓷巅峰代表——秘色瓷所具有的乳浊色釉面的概率仍然较小，目前的泥坯和釉料的配方也仍需要进一步地调整和试验，烧制方式更需要不断探索，这也是笔者仍在探索研究的一个方向。

中国陶瓷传承几千年，其中精华无数，是由前人通过不计其数的实践所凝练而成的，其珍贵性毋庸置疑。只有对过去的智慧经验进行更好的传承，才能发展得更深更远。传统越窑青瓷陶瓷所达到的巅峰，无论是造型、釉色还是装饰，有许多仍是今人所难以望其项背的。传统越窑青瓷的经典造型还有许多值得我们研究学习的地方，在不断发展创新的同时，更重要的是能完整地继承到传统的造型和釉色，只有在这个基础上有所创新，才是越窑青瓷真正的新发展。

本论文梳理了越窑青瓷的发展经历，总结了部分烧制的数据，希望这些宝贵的知识与经验能与本人今后的创作更好地结合。

注释

①《新唐书·地理志》载："越州会稽郡，中都督府。土贡：宝花、花纹等罗，白编、交梭、十样花纹等绫，轻容、生谷、花纱、吴绢、丹沙、石蜜、橘、葛粉、瓷器、纸、笔。"按，王永兴《唐代土贡资料系年——唐代土贡研究之一》。

②唐人陆龟蒙（？—881），《秘色越器》诗云："九秋风露越窑开，夺得千峰翠色来。好向中宵盛沆瀣，共嵇中散斗遗杯。"这首诗首次明确点出当时越窑已生产颜色青瓷的秘色瓷。参见《全唐诗》卷629。

③宋应星《天工开物·陶埏》："共计一坯之力，过手七十二，方克成器。其中微细节目，尚不能尽也。"

参考文献

1 | 李知宴．中国古代陶瓷［M］．北京：商务印书馆，1998．

2 | 李刚．青瓷风韵［M］．杭州：浙江人民美术出版社，1999．

3 | 冯先铭．中国陶瓷［M］．上海：上海古籍出版社，1994．

4 | 林士民．青瓷与越窑［M］．上海：上海古籍出版社，1999．

5 | 中国硅酸盐学会．中国陶瓷史［M］．北京：文物出版社，1987.

6 | 陈万里．瓷器与浙江［M］．北京：中华书局，1946.

7 | 陈万里．中国青瓷史略［M］．上海：上海人民出版社，1956.

8 | 慈溪博物馆．上林湖越窑［M］．北京：科学出版社，2002.

9 | 宁波市文物考古研究所．郭童悉：越窑遗址发掘报告［M］．北京：科学出版社，2013.

10 | 蒋赞初．越窑·秘色瓷［M］．上海：上海古籍出版社，1996.

11 | 郑建明．越窑之青及其对浙江其他窑口的影响——论浙江加彩瓷及其成因［A］．《中国古陶瓷研究辑丛·越窑青瓷与邢窑白瓷研究》［C］．北京：故宫出版社，2013.

12 | 邱春林．中国手工艺文化变迁［M］．上海：中西书局，2011.

13 | 徐定宝．越窑青瓷文化史［M］．北京：人民出版社，2001.

14 | 孙海芳．中国越窑青瓷［M］．上海：上海古籍出版社，2007.

15 | 陈克伦，叶倩．古代瓷器制作术［M］．北京：文物出版社，2008.

16 | 李军．千峰翠色——中国越窑青瓷［M］．宁波：宁波出版社，2011.

17 | 浙江省博物馆．浙江纪年瓷［M］．北京：文物出版社，2000.

18 | 彭尚德．瓷国之光——上虞古代瓷业回眸［M］．杭州：浙江人民美术出版社，2007.

19 | 汪济英．记五代吴越国的另一官窑——浙江上虞县窑寺前窑址［J］．文物，1963（1）.

20 | 郑嘉励，张盈．三国西晋时期越窑青瓷的生产工艺及相关问题——以上虞尼姑婆山窑址为例［J］．东方博物，2010（2）.

21 | 沈芯屿．三十年代以来浙江青瓷研究概述［J］．东南文化，1989（6）.

22 | 彭杜伟．论越窑的装饰技法——越窑制瓷工艺研究之一［J］．东方博物，2012（4）.

23 | 章金焕．上虞越窑兴衰原因初探［J］．东方博物，2007（2）.

24 | 陆明华．唐代秘色瓷有关问题探讨［J］．文博，1995（6）.

25 | 韩金科，卢建国．扶风法门寺塔基出土秘瓷的意义及其相关问题［J］．文博，1995（6）.

26 | 王莉英，王兴平．秘色越器研究总论［J］．故宫博物院院刊，1996（1）.

27 | 张福康，张浦生．五代越窑的烧制工艺及其对南方地区某些青瓷窑场的影响［J］．文博，1995（6）.

28 | 周仁，李家治．中国历代名窑陶瓷工艺的初步科学总结［J］．考古学报，1960（1）.

29 | 李家治．浙江青瓷釉的形成和发展［J］．硅酸盐学报，1983（1）.

30 | 冯松林，等．浙江寺龙口越窑青瓷元素组成年代特征的NAA分析［A］．第十二届全国核物理大会暨第

七届会员代表大会论文摘要集[C].2004.

31 | 夏君定，等.上林湖越窑瓷器前剂量测定年代中的热激活特性（TAC）研究[J].文物保护与考古科学，2009（4）.

32 | 熊樱菲，等.上林湖越窑青瓷胎釉化学组成的EDXRF分析[J].文物保护与考古科学，2010（4）.

33 | 李家治，等.上林湖历代越窑瓷胎、釉及其工艺的研究[A].陶瓷科学技术1989年国际讨论会论文集[C].上海：上海科学技术文献出版社，1992.

34 | 李虎侯，王增林.越窑瓷中的微量元素[J].考古，1995（7）.

35 | 吴隽.各地出土越窑青瓷胎釉微量元素的研究[J].中国科学E辑：科学技术，1999（2）.

36 | 朱顺龙.古陶瓷显微科技气泡测定研究初探——以越窑青瓷研究为例[J].中国文物科学研究，2008（1）.

37 | 李国桢，等.历代越窑青瓷胎釉的研究[J].中国陶瓷，1988（1）.

38 | 范东宇，等.寺龙口越窑青瓷的XRF研究[A].全国地球化学分析学术报告会与X射线光谱分析研讨会论文集[C].2003.

39 | 沈毅，李珍."夺得千峰翠色来"——越窑青瓷[J].中国陶瓷，2003（3）.

40 | 徐华颖.青瓷烧制技艺的保护与传承[J].文艺争鸣，2011（10）.

41 | 浙江省文物考古研究所，北京大学考古文博院，慈溪市文物管理委员会.浙江越窑寺龙口窑址发掘简报[J].文物，2001（1）.

基于徽州地理、历史、文化的徽州木雕艺术特色浅探

The Shallow Exploring of Huizhou Wood Carving Art Characteristics Based on the Huizhou Geography, History and Culture

汪达西

王海霞 | 指导教师

摘要

徽州木雕艺术是徽州自然、人文、历史传统相融合的不朽结晶，包含了大量的徽州社会历史内容和社会文化信息，深刻体现了徽州的地域文化特征。徽州木雕雕刻技艺精湛，文化底蕴深厚，构思奇巧，风格多样，雅俗共赏，具有极强的审美价值，同时，又具有实用价值。

首先，本文立足于徽州地理、历史、文化，探讨它们对徽州木雕形成和发展的影响。其次，本文具体分析了徽州木雕的雕刻刀具及其雕刻技艺。再次，文章在分析徽州木雕题材取材动因的基础上，从人物类、山水风景类、花木鸟兽类、吉祥纹样图案类和诗文楹联等几个方面，对徽州木雕的题材进了详细分类。最后，本文还对徽州木雕艺术的价值进行了探讨。

关键词：徽州木雕；雕刻技艺；题材；价值

Abstract

Huizhou woodcarving art, the immortal crystallization of the integration of nature, humanities, history and traditions of Huizhou, contains rich social and historical contents and social culture information of Huizhou, and profoundly reflects the characteristics of regional culture in Huizhou. Huizhou woodcarving is of superb carving techniques, profound cultural connotation, novel design concepts, various styles, strong aesthetic value and practical value.

According to the subjects of Huizhou woodcarving, it is divided into five categories: (a)ghosts-gods, (b)landscape and scenery, (c)plants, birds and beasts, (d)decoratve patterns, and (e) couplets respectively. Taking the specific content of Huizhou woodcarving as a starting point, combining the structure characteristics of the Huizhou ancient local-style dwelling houses with the woodcarving decoration, design concept, this paper makes a specific analysis of the culture connotation of the Huizhou woodcarving. Thus, Huizhou woodcarving art reflects not only the aesthetic quality of Huizhou people, but also the living conditions, spiritual pursuit and goals in life of Huizhou people at that time.

Keywords : Huizhou woodcarving ; Carving skills ; Subject ; Value

一、引　言

地处皖南的徽州地区，“钟灵毓秀，山水清淑，人文郁起，素有‘东南邹鲁，礼仪之邦，文物之海，文化之乡’之雅誉”。在这片美丽的土地上，自古以来诞生了繁多的艺术门类，作为徽州三雕之一的木雕就是其中的代表。徽州木雕是徽州自然、人文、历史传统相融合之后形成的结晶，以其独具特色的艺术魅力和丰富的文化内涵成为中国艺术宝库中的一颗璀璨明珠。徽州木雕技艺精湛、题材众多，并且在作品的结构、布局、意蕴等诸多方面都有独特的表现。

徽州木雕在构图上丰满雍容，木雕造形、图案追求艺术的张力，风格大气而婉约。其雕刻人物往往寥寥数刀勾勒，人物神态、风姿体态却栩栩如生、宛在眼前。徽州木雕的每一幅作品都有着特定的创作目的，或是展现人生态度，或是体现伦理道德，或是表现对美好生活的追求等。

徽州木雕构思奇巧，风格多样，雅俗共赏，具有实用价值的同时，又具有极强的审美价值。在古代，它常常是民居装饰中不可或缺的手段，屏风、窗楹、床、椅、桌、案等用品用具上均能见到木雕之痕迹。而同时，它也是一种独立的艺术门类。徽州木雕产生、兴盛以及衰落，都和徽商的命运息息相关，深刻地体现了徽州的地域文化特征，包含了大量的社会历史内容和社会文化信息，是反映徽州民风民俗的一面镜子。

二、徽州木雕的成因

（一）徽州木雕产生的地理因素

1．徽州的地理环境

古徽州地处皖南山区，属中亚热带北缘，常绿阔叶林繁茂，属红壤黄壤地带，其气候属于湿润性季风气候，四季分明，温和多雨。

徽州的地形以山地为主，四周有黄山山脉、白际山脉、九华山脉、天目山脉等众多山脉环绕，山体陡峭，地势斗绝，自古有“山郡”之称，其最高海拔达千米以上，道路多蜿蜒崎岖，“鸟道萦纡，两旁峭壁，仅通单车”[①]。

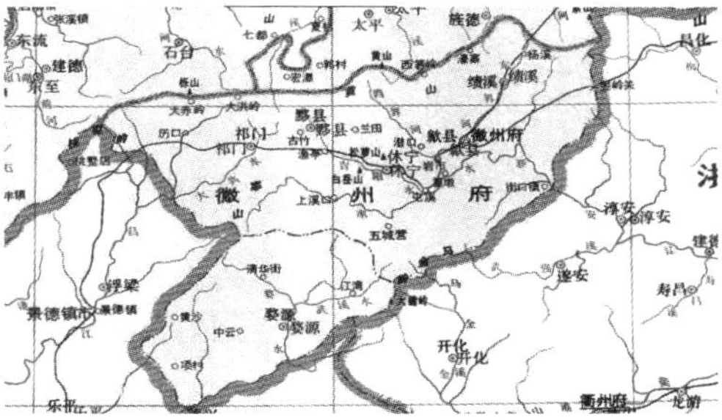

古徽州地理位置

徽州外围多山，中部是小型盆地，其余大部分地区属新安江水系，朝东南流向钱塘江流域。小部分属于阊江、徽水和婺水水系，朝西南流向鄱阳湖水系。还有直接流入长江的青弋江、秋浦河以及水阳江等，使徽州与钱塘江、鄱阳湖、长江水系连为一体。

徽州民居

道光《徽州府志》有载：“东有大鄣山之固，西有浙岭之塞，南有江滩之险，北有黄山之厄。”徽州重峦叠嶂，溪河纵横，风景绝美，钟灵毓秀，素有“八分半山一分水，半分农田和庄园”的说法。山谷、平原、盆地在这里交会错落，犹如一幅风景妙不可言的画卷，南朝梁武帝就曾以“新安大好山水”之语赞誉徽州。

徽州的地理特征

相对封闭的地理环境，使徽州地区自古以来很少遭受到战乱和兵燹的破坏，为文化的发展和社会的稳定提供了天然的保障。古徽州自古物产丰饶，但是因为地形原因，耕地稀少，促使徽州萌发了以互通有无为目的的商业行为，并且渐渐演变成商帮，即“徽商”。徽商将徽州盛产的木材、茶叶、生漆、瓷土、桐油等土产及传统技艺生产的笔、墨、纸、砚等手工精品运销各地，成为中国古代四大商帮之一，在促进中国经济发展方面产生极为重要的影响。尤其是明清时期，江南一带常有“无徽不成镇”之说。

2. 独特的地理与徽州木雕

古徽州“群山环抱、盆地居中”的地形结构，孕育了造型优美、构想巧妙、技艺高超的徽派民居，富庶的经济条件促进了教育、文化的繁荣。千百年来，在中国历史上留下了深远的影响，同时，也深刻地影响了徽州木雕在徽州地区的诞生和发展。

首先，徽州自古拥有丰富的木材资源，松木、柏木、杉木、银杏木、楠木、樟木、榧木等木材，具有纹理鲜明、木理通直、质地优良、耐腐坚韧、易于雕刻的特点，成为徽州木雕的材料来源。② 家家户户都用随处可见的木雕作为装饰，形成木雕艺术。因为取材方便，徽州木雕便有了极大的生存和发展空间。

最后，丰富多彩的自然和人文地理，也深刻地影响了徽州木雕内容题材的选择，使徽州木雕在题材表现上独具地方特色。自古以来，徽州木雕的题材中常常能够见到徽州本土景观，诸如“黄山松涛”“新安流水”“白岳飞云”“徽州古镇”等。此外，还有大量关于徽州特有题材的作品，如奇松、怪石等。甚至一些反映劳作场景的木雕作品，也多体现了徽州自古以来所习见的农耕文明生产方式。

（二）徽州木雕产生的历史因素

1. 徽州历史的沿革

首先，是古代徽州。根据历史发展的特征和相关演变的脉络，大致可以将古徽州的历史分为 5 个阶段：

（1）前山越阶段：西周以前的时期，此阶段的文化被划分为前山越阶段的徽州文化。

（2）山越阶段：秦时设黟县、歙县，归丹阳郡管辖，三国以前，古徽州地区是山越人的天下，大部分的山越人过着与世隔绝的生活。此时的社会可以用司马迁在《史记》中说的“无冻饿之人，亦无千金之家”来形容，还不是理想的社会状态。

（3）新安阶段：三国时期，因为此时的山越人不断地在背后对孙吴政权进行袭击，迫使孙吴政权派遣大将诸葛恪、贺齐将徽州山区的山越人平定，使其成为国家的编户齐民。为了加强对徽州地区的控制，孙吴政权将黟县和歙县两县析分为始新县、新定县、黎阳县和休阳县四县，再加上黟县和歙县，徽州共有六个县，同时设立地一级的机构——新都郡，来进行管辖。西晋在短暂统一中国以后，将新都郡改为新安郡，依然管辖六个县，从此古徽州的封闭大门逐渐被打开。两晋时期，匈奴、鲜卑等民族进入中原，受永嘉之乱、五胡乱华、军阀割据等影响，北方为各少数民族政权所控制，汉人不堪忍受，许多中原的世家大族和平民陆续迁入徽州山区，对躲避战乱的世家大族来说，徽州独特的封闭性山势是理想之地。山越人和中原地区的世家大族完全融合在一起，移民带来的先进科学技术和文化，大大促进了徽州山区经济发展和社会开发的进程。

（4）歙州阶段：隋朝统一中国以后，改新安郡为歙州。随后的黄巢起义、安史之乱等战乱，导致汉人被迫南下，迁至徽州躲避战乱。

（5）徽州阶段：宋徽宗宣和三年（1121），北宋平定方腊起义之后，将歙州分置六县并改名为徽州，此后徽州一直管辖着休宁县、婺源县、绩溪县、歙县、祁门县和黟县，这“一府六县”的行政格局一直处于稳定状态。这一时期是徽州文化全面发展，大放光芒的时代。此时的徽州也成为名副其实的“东南邹鲁”，位于全国十大地域性商帮之首的徽商也开始脱颖而出，创造了徽商遍天下和无徽不成镇的财富神话。

其次，是现代徽州。中华民国以后及新中国成立之后，徽州的版图又有了新的变化：

中华民国三年（1914），歙县、绩溪县、休宁县、祁门县、黟县、婺源县、太平县、旌德县及石埭县（当今池州市石台）九个县划归到安徽省芜湖道之内（但此时的“道”仅仅是行政监察区，并不是行政区划）。

中华民国二十三年（1934），因为当时所谓“剿共”所需，又将婺源划归江西，但是彼时的婺源不愿从徽州分离出去，民间掀起了规模浩大、持续近两年的“婺源返徽”运动。

中华民国三十六年（1947），持续二十个月的“返徽运动”取得成效，当时的中华民国政府于该年同意婺源重划归安徽省。

中华民国三十七年（1948），因为解放战争的缘故，当时的安徽省政府曾迁到屯溪。

最后，是当代徽州。因为解放战争中，婺源属于江西所在的解放军四野，因此1949年中华人民共和国成立后，又重新将婺源划归江西。

随后，旌德于1956年并归绩溪县管辖。屯溪市则于1960年划归为休宁县下属一镇。

1961年，中华人民共和国重新设立徽州专区时将太平县并入，也是在这一年，绩溪县分离。同年，宁国县被划入徽州专区，设屯溪为地辖市，直到年底黟县复置，徽州专区下辖的县达到八个之多。

此后的徽州地区，只是内部稍有变动，整体格局版图变化不大。一直到1987年，黄山市取代原本的徽州专区，原本的黄山市改为一个所辖区即黄山区，绩溪县被划出徽州版图由宣城管辖，同样划出的还有石台县，由池州管辖。在此基础上，黄山市形成了现在“三区四县”的格局，三区为屯溪区、黄山区、徽州区，四县为休宁县、歙县、黟县以及祁门县。

2. 悠久的历史与徽州木雕

徽州有着悠久的历史，尤其是自南宋而兴起，由明清臻至巅峰，至清末逐渐衰落，其间有着相当清晰的脉络。徽州木雕艺术起始于宋，明代之后徽商群体崛起，因为修建宅邸、园林、亭台、楼榭、祠堂的需要，木雕艺术开始迅速发展，其很大程度上代表着徽州自古以来的蓬勃生气，具有精致、典雅、大气的汉唐风致[③]。从前文的梳理中可以看出，古徽州实际上是吴越文化和楚地文化相交融之地。东吴灭山越族之后，山越人开始正式与外来移民聚居。而汉代以后，徽州封闭的环境算得上是当时人们心目中的“世外桃源”，因为避乱之故，不断有中原移民迁至徽州，这是一个一直持续的过程，并非限于某朝某代。唐末黄巢起义、北宋末皇室南渡皆有大量移民汇聚徽州。不同的移民带来了不同的文化，徽州木雕正是在这种文化交融共生的格局之中酝酿而生。

（三）徽州木雕产生的文化因素

徽州自古以来孕育了丰富而灿烂的文化，我们说的“徽文化”是一个相当广义的概念，它可以细分出儒家文化、徽商文化、徽州民俗文化、徽州建筑文化等多个方面。可以说，徽州文化是多元文化交汇融通之后的集合体，它不仅是我们考察徽州木雕的文化视角，也是研究和探讨一切关于徽州问题的视角。它既是徽州木雕产生的背景，同时也是徽州木雕所要着重表达的精神内蕴。

1. 儒家文化与徽州木雕

徽州自古尚儒，无论是做官、经商还是生产及日常生活当中，处处可以见到儒家伦理道德的规约和影响，其精神支柱便是理学与徽州文化相结合之后形成的“新安理学”，它对徽州文化、艺术的形成与发展有着不可磨灭的作用。

徽州木雕艺术中有着大量关于“孝悌”“忠义”“中庸”“科举”“入仕”“诗书传家”题材的作品，其内容正体现了徽州世俗观念对儒家文化本质和内涵的诠释及理解。例如“二十四孝图”中的“卧冰求鲤”“郭巨埋儿”等徽州木雕作品，正是徽州“孝悌”观念的外在表现；“岳母刺字”“木兰从军”体现的是“忠君报国”；而“百子闹元宵”等作品反映的是传宗接代、儿孙满堂的儒家伦理生育观念；“状元及第”“金榜题名”等作品则体现了儒家传统文化中的入世思想。

徽州木雕艺术的独特品格自然也来源于其坚实的儒家文化基础，受到理学文化的影响。其外在表现精致、典雅、赏心悦目的同时，也注重“成教化、助人伦”的教化功用。这是木雕艺术精神内蕴的体现，反映的是理学影响之下，徽州人伦理、道德、人生追求。

2. 徽商文化与徽州木雕

徽商，又称徽州商帮，它主要是指徽商发展至鼎盛时期的明清时代，徽州府所辖六县的商人所组成的一个地域性的商帮群体。

徽商是儒商，徽商是一个文化素养较高的社会阶层，具有亦贾亦儒的特征。孔孟儒学的长期熏陶，程朱理学故乡浓厚的封建文化氛围，使徽商自身有着较高的文化素养，更容易走向成功。徽商充满了传统儒学的人文精神，以孝悌为基础，以血缘为纽带，以家国为单位。重宗法，讲儒风，始终谨记“第一等好事是读书”，因此能创造出“无徽不成镇”的商业神话。

在以农耕文明为主的中国传统社会，“尊儒重仕”“崇农抑商”的传统思想使徽商很难获得与其财力相匹配的社会地位和社会认同，因此常处于某种心理失衡状

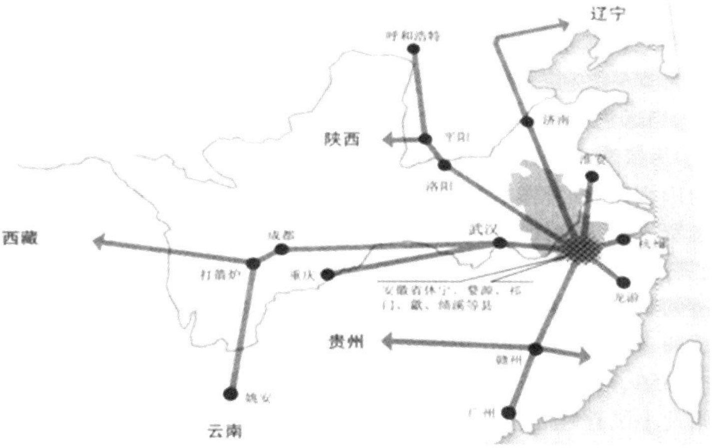

徽商的主要经商路线图

态。于是，他们将经商所获得的财富用于衣、食、住、行的生活消费，并且极尽奢华，以期获得世人的关注和认可。他们追求建筑和居室的精致考究，“一宇之中，三雕骈美”，大量的雕刻工艺被用于徽派建筑的装饰。因此，徽商们的这些心理特征，在一定程度上促进了徽州木雕艺术的繁衍。④

3. 徽派古村落、古建筑文化与徽州木雕

在过去的数百年间，徽商群体在创造庞大的物质财富的同时，也留下了宝贵的人文遗产。大批徽商外出经商，积累了不菲的家资，在“富贵还乡”的观念的影响下，徽商在徽州故土建造了规模庞大的村落、民居、宅院、楼阁、园林、牌坊、祠堂。古徽州人在古村落的选址时是十分讲究的，他们追求吉祥的风水环境，对山形、地势、面向、气韵等各方面都有要求。古村落的选址要求是“风水之说，徽人尤重”现象的证据。设计上，古村落的设计是建立在人们生活劳动的基础上的，外部朴实典雅，内部精巧实用，还暗藏阴阳五行，古村落的整体布局与自然山水和谐共存。徽派建筑是古徽州人借天地灵气的造化，把高深莫测的程朱理学世俗化、艺术化、具象化的产物。徽派建筑整体的建筑风格、结构语言等文化表象，都体现了中国传统民间艺术的最高审美，是真正历史文明进步的文化遗产。

徽商们不惜耗费大量的财力、物力对这些建筑进行装饰，雕刻艺术也在此基础上蓬勃发展，形成了秀美、精致的艺术风格。徽州木雕也正是在这个过程中不断酝酿的，最终形成了独立而完整的艺术形式，拥有了精致秀美、变化无端的艺术风格。

徽州民居、建筑中的雕刻既是徽州人追求富足、美好的物质生活的体现，同时，也受到其地域文化的影响，在装饰作用之外，也能看到诸如“三从四德”“读书入仕”“诗书传家”“光宗耀祖”的精神生活上的追求。

4．徽州民间艺术、民俗文化与徽州木雕

徽州木雕艺术的形成和发展，与徽州本土其他艺术形式是息息相关、密不可分的。各种各样的艺术门类是徽州木雕艺术的灵感来源和素材宝库，从艺术风格、雕刻技巧等方面对徽州木雕的发展起到促进作用。徽州本土主要艺术形式有以下几种：

（1）徽州三雕：除了徽州木雕之外，徽州还有砖雕和石雕两种主要的雕刻形式，它们和徽州木雕一同构成“徽州三雕”。作为民间艺术的奇葩，“徽州三雕”自古以来承载了徽州劳动人民的心血与智慧，体现着自然与人文的高度结合。作为徽商文化的产物，它见证了徽州商帮曾经的辉煌，同时，又因其蕴含的地域文化特色而具备独立存在的意义。

（2）徽派版画：是在徽州这块钟灵毓秀的土地上，由徽州画家、刻工、印刷人员以及书坊主持人共同努力和长期的研究实践，创新出的一种独特的艺术表现形式。徽派版画率先创用套色，历史上的徽派版画不仅影响了后来的《芥子园画传》，到了清末，北京荣宝斋更是继承了徽派，尤其是十竹斋艺术的优良传统，并在此基础上加以发展。同时，徽派版画很早就在国外得到了传播，日本的“红绘”和“浮世绘”就是吸收徽派版画和十竹斋的创作方法而发展的。总之，徽派版画艺术的贡献是巨大的。

（3）徽派篆刻：中国文人篆刻史上第一个文人篆刻流派。所谓文人篆刻，就是文人学者将自己的审美意趣投诸印章方寸之间的一门造型艺术。文人篆刻由对篆法的研究，转而对刻法的重视，继而又讲究篆刻合一，融笔意于刀法之中。徽派篆刻的崛起，确立了文人篆刻艺术的地位，实现了由实用印章向篆刻造型欣赏艺术的转变，同时，徽派篆刻一直影响着文人篆刻风格的发展演变。

（4）徽剧：傩舞是徽剧的前身。徽剧是一个兼收并蓄的剧种，它是以二黄调为

墨模雕刻

徽派篆刻

徽派版画印版

徽州石雕

徽州砖雕

主，同时，也保留有昆腔、弋阳腔、梆子腔等的剧本。这些剧本进京之后，又对京腔和秦腔中一些观众喜欢的剧目加以吸收，经自身改造并利用，形成了由徽剧向京剧的转变。京剧不仅继承了徽剧的声腔，还从剧目、脸谱到舞台表演艺术，乃至伴奏音乐，都秉承了徽剧的传统。

（5）新安画派：新安画风主要是继承了董源所创文人画一脉，画风并非一朝一夕形成。从唐至明初的新安画家，基本上是以“富贵堂皇之派”为主体；从明末到清初时期，基本上以“林泉野逸之派”为主体；明中叶以丁云鹏为代表的新安画家则兼备两派的特征。

此外，徽州的艺术门类还有漆器艺术、徽墨制作艺术、歙砚制作艺术等，在此不一一阐述。

在诸多艺术门类当中，新安画派以及徽州版画对于徽州木雕艺术的影响最为深刻。“新安画派”的绘画作品中，线条刚柔、粗细、曲直、虚实变化多端，徽州木雕对其多有借鉴。徽州版画所体现出的高超技艺和徽州木雕也是一脉相通的。徽剧等艺术，不仅是中国文化艺术的瑰宝，也影响到了徽州木雕的创作，很多木雕作品当中不仅有关于徽剧演出的现场描摹，其雕刻过程中的构图和布局，也受到戏剧舞台布景的影响。⑤

儒家文化的渗透影响，徽商们的经年积累，民居、建筑的经验，多种艺术门类的交叉影响都为徽州木雕的形成和发展提供了条件，从这个意义上讲，徽州木雕是徽州历史、文化的一个缩影。

三、徽州木雕的雕刻技艺

徽州木雕艺术常常将建筑结构与装饰技艺融为一体，相互勾连、相得益彰。其艺术手法多是以“刀”代笔，造型丰富，变化多端，技艺绝伦。雕刻过程中对形象、色彩的把握十分合理到位，自然得体，雕功精湛，令人叹为观止。作品常常有鲜明内涵，生动的形象体现出恢宏气势。

（一）制作木雕的用具

平刀：刃口呈平直，主要用于劈削铲平料面的平凹，使其平滑无痕，有块面感。

圆刀：是一种有着弧形刀刃的雕刻用具，根据需求的不同，分别有 5—50 毫米等不同口径，一般用来处理圆凹痕。如花叶、花瓣及枝干的圆面。其中刀口两角磨去的圆刀用于圆雕人物；保留刀口两角的圆刀用于做浮雕图案；铁杆弯曲形圆刀（俗称毛尾刀）可用来进行需要深入进去的挖掘雕刻以及镂雕。

正口圆刀：这种刀一般有一个挺直的刀背，并且凹槽之内具有斜面，常用于出

传统手工雕刻刀一

传统手工雕刻刀二

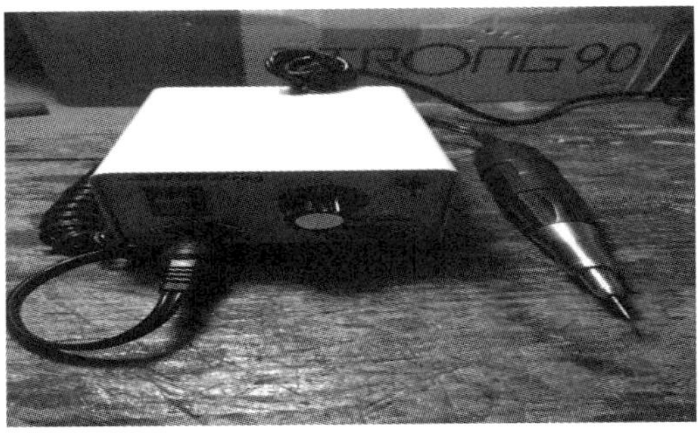

现代雕刻工具

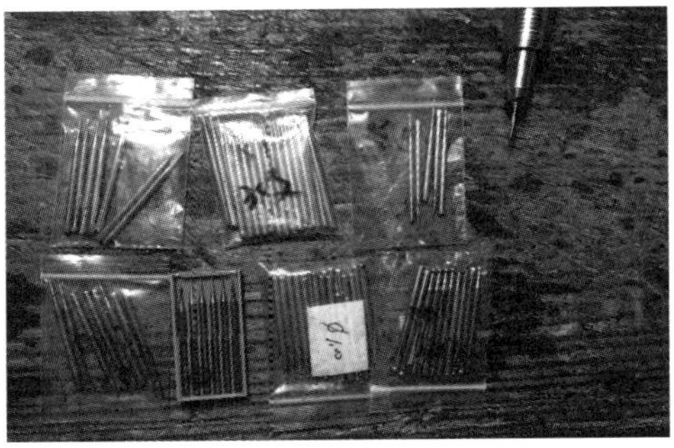

现代雕刻二具磨头

坯和挖坯时吃木程度较深的雕刻。

反口圆刀：这种刀有着挺直的内槽，刀背上有斜面，因为吃木深且灵活，能够随意走刀，是浮雕作品的常用刀具。

三角刀：这种刀有三角形的刀口，是雕刻过程中雕刻纹路、线条以及毛发所必不可少的用具。具体雕刻中可以将刀尖在雕刻材料上轻轻推进，木屑则通过三角槽吐出。

斜刀：刀口呈45度左右的斜角，分为正手斜刀和反手斜刀，主要用于作品的关节角落和镂空狭缝处的剃角修光。

玉婉刀：这种刀有一个很好听的俗称叫“蝴蝶凿”，其刀口亦成圆弧，根据程度不同可以分为斜弧和圆弧两种，作为平刀和圆刀的代替和补充用具。

中钢刀：这是一种刀刃的两面皆有一定斜度的雕刻用具，用于印刻人物服饰及道具上的图案花纹。

叩槌：一种用硬质木材制成的，用于敲击凿子、雕刀用的木槌。

磨刀石、砂轮机：用于磨制雕刀，使刀凿锋利。

（二）雕刻技法及分类

徽州木雕从雕刻技法上来讲，受徽州版画的影响而十分注重刀工的使用，在线条上也借鉴徽派版画使用精准、纯熟的线条，有时一线到底，舒展大方，有时交织错落，疏密有致。相似工艺的相互影响和促进在各个领域内都有所体现。徽州木雕的雕刻技法大都是在借鉴十分成熟的徽州雕版技术基础上，逐渐传承、演化，最后应用到徽州木雕工艺之上。

徽州木雕雕刻技艺可以概括为雕刻者对雕刻材料以及构思的处理手法，徽雕讲究用刀如用笔，因为笔触是作者心灵与技巧结合的产物，刀法也是如此。木纹的纹理、方向、粗糙与否、凹凸情况、圆刀排列、平刀切削等所表现出来的艺术语言，只有掌握了技艺并不断地积累经验，才能使用属于自己的刀法，达到理想的效果。

1. 地子与画面的关系

（1）阴刻：一种将图案或文字刻成凹形使所雕物象低于雕面水平面的雕刻技法。

（2）阳刻：指为凸起形状，是将笔画显示于平面物体之上的立体线条。

2. 平面与立体的视觉空间关系

（1）浮雕：雕刻画面的深浅和地子之间的关系（镂空的深度）。根据图像造型凸于木料表面程度的不同又分为浅浮雕和深浮雕。

浅浮雕：要求刻线严谨，以疏衬密，既浅又能凸显立体感。

深浮雕：也称高浮雕。上面往下看谓之“深”，下面往上看谓之“高”。这种深浮雕将线和面巧妙结合，但更加倾向于用面表现内容。

（2）圆雕：也称为立体雕刻，具有三维成形的特点，欣赏者可以从不同角度、不同侧面品赏出不同的意蕴，皆有美感。圆雕对雕刻者有着较高的要求，需要从前、后、左、右、上、中、下各个方向进行雕刻。

3. 画面与地子之间特殊的空间关系

（1）线雕：在抛光后的材料表面依图案刻上线条，以线条的粗细深浅程度表现图案或文字。多用于建筑物的外壁表面装饰，如匾额、碑刻等。

（2）镂空雕：这种雕刻技法对圆雕技法有一定借鉴，主要是以镂空之法体现出视觉上的立体感。将图案背面局部或全部挖空，但留地（不留地则为透雕）的称镂空雕。镂空雕的视角是单向性的，图像多做压缩变形处理，只要满足正面的视觉效果即可。

（3）通透雕：一种体现立体感和层次感的雕塑形式，是指在浮雕的基础上，镂空其背景部分。具体有两种形式：一种是直接镂空浮雕的背景部分，有单面雕和双面雕，带有边框的称“镂空花板”。另一种是介于圆雕和浮雕之间，以凹雕、镂空雕、深浮雕来表现。

徽州木雕在制作过程中，往往根据不同的需要，选择性地采用不同的雕刻手法。明初之时，平面浅浮雕的技艺就已经颇为成熟，表现出古拙粗犷的风格。随后，雕刻技艺向着精巧过渡，以平面浅浮雕为主的技艺便被多层透雕的技艺取代。作品中涉及树木、山石等题材时多采用涩刀技法，着力表现出清刚劲健，古拙粗犷之美；涉及人物、楼阁等题材时，则采用轻巧的切刀技艺，力图细腻地刻画出人物的体态风姿。⑥

徽州木雕对于线条的使用也十分纯熟和精到，其线条富于变化，刚柔并济。有时一线到底，流畅舒展；有时则层层叠叠，粗细交织，繁密变化，体现出隽永秀丽、明新淡雅的艺术风格。在雕刻中，还会根据对象的不同，常常配合有谐音、联想的手法，传达深刻的作品内涵。

四、徽州木雕的题材

（一）题材取材的动因

1. 历史和文化的彰显

徽州木雕的兴衰与徽商的兴衰是相伴相随的，两者关系密不可分。徽州人祖祖辈辈在“新安理学”的教化下，“崇儒”的意识根深蒂固。这种浓厚的“崇儒”意识支配着他们日常的社会实践，不仅影响着徽州人的处世作风、经商之道、教书育人，同时也潜移默化地渗入艺术创作和审美当中。徽州木雕就是典型的例子。木雕题材是由屋主或族长来拟定，主要通过具体想要表达的教诲育人、审美情怀、吉祥愿景、抒情达意等思想作为整体核心来进行装饰雕刻。题材内容能反映出屋主人自身的艺术修养和文化素养，也能表达对子孙后代的希冀与愿景，随着时间的推移，循环往复地影响子孙后代的人生观。

2．审美功效与实用功能的结合

创作艺术作品的目的是满足人们日常生活中的物质和精神需求。徽州木雕原本是依附于徽州民居建筑上的，在具备审美功效的同时，也具有实用意义。古徽州传统建筑以木质结构为主，整体采用合围的封闭式结构，四面是梁坊、斗拱、华板等承重部分，以及勾栏、隔扇、内檐门罩等遮挡装饰，上面都布满各色雕刻。这些雕梁画栋既能满足人们的审美需求，同时又具有牢固性和实用性。当木雕作为一种独立的艺术形式从民居建筑之中脱离，它依旧保留了教化功用和精神审美的双重特点，因此也成为徽州木雕的选材动因。比如，从自身的目的和功利性出发，寓意多子多福、儿孙满堂的“石榴”“莲子”等题材；体现读书期望的“状元及第”题材；反映田园生活的“四爱图”等题材皆是其体现。

3．其他艺术形式的影响

木雕的造型受其他艺术形式的影响，而就取材而言，其他艺术形式的选材对于徽州木雕的影响也是显而易见的。虫鱼鸟兽、山水云气、亭台楼阁、林泉野趣、名胜风光、花卉人物题材不仅是中国传统绘画的选材要素，也常用于各类徽州木雕的作品之上。⑦

中国传统书法也常常影响徽州木雕的题材，文字简洁、内涵深刻、充满文化气息的书法字句，也多出现在徽州木雕的楹联牌额雕刻中。

此外，徽派版画、徽州砚雕、徽州石雕、徽州砖雕以及徽墨制作中的墨模雕刻等选材都对徽州木雕的题材选取有着深刻而显著的影响。

（二）徽州木雕的题材分类及应用

1．人物类

中国自古是礼仪之邦，“礼”是一切社会秩序的核心，也是儒家文化的内核之一。儒家的代表人物孔子，一生求礼，提倡君君，臣臣，父父，子子，他曾经说“吾学周礼，今用之”。除了礼之外，“仁”是儒家文化的另一思想内核。亚圣孟子就极力推崇“仁政”。徽州文化深受儒家文化的影响，徽州木雕的诞生在某种意义上也受到了这种文化的深刻影响。大量的作品通过对人物故事画面的刻画，生动地体现了儒家的文化观念。例如，作品《文王访贤》《姜太公钓鱼》木雕，生动传神地刻画了周文王求贤若渴的故事，此外，《岳母刺字》《太白醉酒》《郭子仪上寿》等也多体现出古代人物的逸事。除了源自真实历史的名人典故之外，徽州木雕的人物

戏曲人物

福禄寿

三国故事

戏曲人物

类题材还有一部分来自虚构的戏本作品及其他文学作品。比如，木雕《西厢记》就来自王实甫的戏曲唱本《西厢记》，崔莺莺和张生的形象被刻画得活灵活现、栩栩如生。还有一部分人物题材源自民间传说，这类作品内容除了涉及虚构的人物之外，还涉及仙佛鬼怪，如《刘海戏金蟾》《八仙过海》等，往往表达的是民间传说中的美好的人物故事，代表着民众的某种希冀。除此主流的儒家文化之外，佛教和道教在历史上也对中国的传统文化产生了十分重要的影响。它们与儒家文化一起渗透到人们的生活当中，地处徽州的齐云山便是中国著名的四大道教名山之一，徽州的木雕也有一部分反映宗教文化的题材，如《天官赐福》《佛印禅师》《送子观音》等就是其典型代表。徽州木雕中还有一部分反映生活场景的作品，世俗生活中的人物渔樵耕读、诗书传家常常成为创作的题材，相关的作品有《渔樵耕读》《赶考》《琴棋书画》《采药》《门路》《垂钓》《天伦之乐》《农耕图》《插秧》等，数量较多。这些题材通过典型场景和特定人物的艺术加工，包含了社会历史信息，传递出深厚的思想文化积淀及广阔而丰富的社会生活场面。

2．山水风景类

徽州自古钟灵毓秀，有着绝美的山川风景。汤显祖曾有盛赞徽州的诗句："一生痴绝处，无梦到徽州。"美丽的风景也为徽州木雕提供了取之不尽、用之不竭的创作素材。徽州木雕中的山水风景类题材极多，历史上歙县、绩溪县、休宁县、黟县、祁门县、婺源县都有"十景""八景"之类的名胜。取材于山水风景的徽州木雕，有描摹黄山风光为题材的作品，着重刻画了层峦叠嶂的雄奇，比如《黄山松涛》《白岳飞云》《寿山旭日》《黄山云涌》等。除了山之外，徽州还有众多名川日夜奔流，如新安江、徽水、练江、阊江等水系将徽州与长江、钱塘江、鄱阳湖连成一体，因此，也产生了如《太白湖光》《西湖十景》等一大批体现江南水乡特色的木雕作品，秀丽而婉约。此外，新安画派对徽州木雕的题材选择也有重要的影响。新安画派是徽州本土的绘画流派，诞生于明末清初，主要以徽州山水为题材，崇尚气节格调，风格趋于冷淡清幽。新安画派独特的魅力不仅促进了中国山水画的发展，也影响到徽州木雕。很多木雕作品直接以新安山水画作为底稿，然后进行雕刻，构图布局、线条主题都有着密切的相关性。同样是徽州民间艺术重要代表的徽州版画，与徽州木雕之间在结构布局、技法线条等各方面也都有着割舍不断的联系，徽

| 裙板山水一

| 裙板山水二

| 梅花图

| 荷花

州版画对于徽州木雕题材的影响是有迹可循的。例如，版画中大量表现神仙、民俗的内容，也同样出现在徽州木雕之中。

狮子

3．花木鸟兽类

徽州木雕花木鸟兽类题材既有梅兰竹菊；又有松柏石榴牡丹荷花之类的花卉图样，比如《瓜延蒂绵》《榴开百子》等作品，将植物雕刻得栩栩如生；也有猛兽、飞禽、鸣虫等动物题材，比如《喜上眉梢》《杏林春燕》《喜鹊登梅》《鱼跃龙门》《马上封侯》《三阳开泰》《太平有象》，花鸟虫鱼集于同一画面，玲珑剔透，错落有致，层次分明，栩栩如生，画面布局繁简得体，显示出勃勃的生机。变化多端的构图精妙绝伦，显示了令人叹为观止的雕刻技艺，在方寸之间显示出徽州传统艺术的无穷魅力。

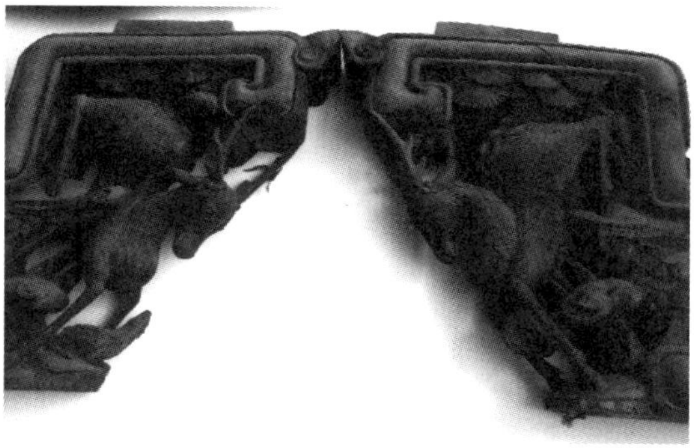
鹿

鹿

4．诗文楹联类

诗文在中国古代社会生活中有着广泛而深刻的影响，唐诗宋词冠绝天下。写诗、诵诗、吟咏、唱和，以诗言志，以文会友等都是习见的场景。徽州自古文化繁荣，有着众多的读书人，因此对于诗文有着特别的关注，诗文是体现个人修养以及风雅的极好形式，许多人偏爱将居室、厅堂布置得极富书香气，不仅喜欢将诗文悬挂在厅堂之上作为观赏和装饰，并且还喜欢在木雕中加入诗文的元素，因此产生了诗文楹联类的木雕作品。徽州西递、宏村、呈坎等地民居中保存着大量的楹联牌额，徽州民居中的

木雕匾额

木雕对联

大量楹联以其文字简洁、思想深邃形成强烈的文化氛围。如西递“履福堂”内悬联云：“几百年人家无非积善，第一等好事只是读书”；西递“笃敬堂”有联：“读书好营商好效好便好，创业难守成难知难不难”等。古村落民居中的题额除了一部分为通用的吉祥词句如“钟灵毓秀”“福如东海”之类外，大部分均是屋主结合自我情趣，或抒情，或状景，直抒胸臆，寓意深刻。屋内的楹联牌额既提升了整个屋内氛围的文化层次，又使情景交融，起到了画龙点睛的功用。此外，册页、手卷、斗方、书札、扇面等书画小品，也常常以雕刻作品的形式出现在徽州木雕中。徽州木雕精巧绝伦的技艺，能够将材料雕刻成实体的书画小品，用以装饰屋居，布置堂前，往往体现出风雅的意味。徽州木雕中还有一类形式是图文偶对，与中国传统绘画题诗于画作之上，图文相得益彰的形式相类似，以经典诗文的对偶句，配以图示，形成图文偶对，主要是以文释义。

5．吉祥纹样图案类

①吉祥灵物

吉祥灵物本就是中国传统艺术的特有门类，是对自然界中飞禽走兽的美化和神化。徽州木雕题材中的神兽灵物常生动矫健，灵动流畅，神采飞扬，显得庄重而高雅，同时又寄托了美好的寓意。代表作品有：《寿居耄耋》《独占鳌头》《龙凤呈祥》《麒麟送子》《暗八仙》等。

②博古图样

博古图案源于宋代，有博古通今、崇尚儒雅的寓意，博古图常用于宅第的内部装饰，被认为是文人仕宦高雅博学的象征。

③几何图形与纹饰花边

徽州木雕中的这两种图案本身没有特别的蕴意，多适用于需要采光、通风处，如隔扇门上部、木格窗等，往往起到美观、装饰、增加透光的作用。几何图形的主要形式有方形（方格、方胜、斜方块、席纹等）、圆形（圆镜、月牙、古钱、扇面等）、字形（十字、卍字、亚字、田字、工字等）。而纹饰花边和几何图案相类似，本身并没有单独的意义，而多衬托于木雕四周，起到装饰作用。

麒麟

凤凰

八宝图案

吉祥图案

博古图一

博古图二

博古图三

几何图形与装饰花边

吉祥

寿

福

④寓意吉祥

徽州木雕中相当一部分题材寓意吉祥祈福的形式，多借用双关、谐音、象征等手法。比如“鸡”与“象”谐音“吉祥”，“蝙蝠”音近“遍福”“遍富”，诸如此类的题材在徽州木雕中屡见不鲜。

五、徽州木雕的价值

（一）徽州木雕的文化价值

徽州自建郡（公元 208 年）至今已经有两千多年的历史，特别是明代以后，徽商群体兴起，伴随而来的是社会经济水平的富庶、教育的繁荣，以及徽州本土文化的发展。徽州木雕就是在这样的大背景之下形成和发展起来的。一直以来，徽州木雕因其雕刻技艺精湛、表现内容广泛受到极大赞誉。除此之外，徽州木雕还蕴含着极为浓厚的历史文化底蕴，反映的是徽州人们的思想、道德、情感、民风、民俗以及对生活的追求，具有独特的文化气质。徽州木雕艺术深受以“仁”“礼”为核心的儒家文化的影响，十分重视其人伦教化意义。很多的作品都力图表现对真、善、美的歌颂，以孝悌、忠义、勤俭为题材的木雕作品不胜枚举。同时，大量关于圣贤遗训、千古诗句名言的作品，更是体现出了浓郁的文化气息。[⑧]

徽州木雕是中国传统艺术中的璀璨明珠，在中国乃至世界雕刻史上独树一帜。在如今的全球化时代，多元文化交融汇聚，徽州木雕以及独特的文化价值，彰显了地域文明的独特性和鲜明性。关注和研究徽州木雕，能够更好地确立徽州文化乃至中国文化在全球化带来的多元文化格局中的地位。同时，找准徽州木雕艺术在传统和现代相互交融的语境下的发展方向，也能够为建设当下的中国文化，提高文化生产力提供借鉴和支持。

（二）徽州木雕的审美价值

首先，徽州木雕体现出的是既美观又实用的审美追求。徽州木雕的形成和发展与徽州的民居、建筑装饰密不可分，屏风、窗楹、床、椅、臬、案等用具以及建筑的梁架、斗拱、雀替上均能见到木雕。在木质的环境下，朴素自然的色彩以及原汁原味的纹理和色泽，令人们感受到宁静与和谐。徽州木雕就是通过木质、色彩、雕工等的协调，将木质的纹理和图案相互搭配，突出这种宁静与温馨，给人带来心灵的舒适与平和。同时，一些浮雕在光线下会凸显出立体感。当我们在看这些木雕作品时，随着光影的流动，视觉上的享受是难以名状的。而透雕作品则会将有限的视觉空间进行拓展和延伸，使得空间产生层次的变化，给人以虚实相生的审美体验。

其次，徽州木雕体现出的是自然和谐的审美趣味。讲究质朴自然是徽州木雕的特色之一，这暗合了中国传统美学“师法自然”的追求。徽州木雕立足于中国传统文化，将传统的审美风尚做了极致的发扬。所有的木雕，无论是阁楼院落，还是窗楹臬椅，都强调木质的本色，追求淡雅朴素，返归自然的境界。徽州木雕正是这样体现出了自身的美学追求，散发出迷人的魅力。

六、结　语

作为徽州民间艺术代表的徽州木雕，其内涵是相当丰富的。文章从徽州的概念入手，在梳理徽州历史、文化、现实等方面的意义的基础上，对徽州木雕做了介绍，主要集中介绍了涉及徽州木雕的雕刻用具、徽州木雕选材动因以及具体的题材种类，力求对徽州木雕这种艺术形式做出相对全面的介绍和研究。徽州木雕是一个值得深入研究的课题，囿于条件所限，本文也存在诸多不足，今后希望能有更多的机会加以完善。徽州木雕具有悠久的历史，对于徽州木雕的形成原因、流变以及未来发展的展望，今后还需要进一步探究。整体而言，在徽州的背景之下考察徽州木雕，本文对徽州木雕题材做了细致的分类，并且对徽州木雕做出相应的文化意义、审美内涵方面的说明。

注释

①刘明来．论徽州木雕艺术的文化内涵与美学特征［J］．南京艺术学院学报，2009（6）．

②王海涛．徽州古代民居建筑雕饰艺术及成因的探索研究［D］．苏州大学，2008．

③朱米娜．徽州雕刻艺术传承与创新［D］．安徽工程大学，2010．

④朱米娜．徽州雕刻艺术传承与创新［D］．安徽工程大学，2010．

⑤甄玥．徽州木雕与徽州版画［J］．中华文化画报，2013（8）．

⑥王海涛．徽州古代民居建筑雕饰艺术及成因的探索研究［D］．苏州大学，2008．

⑦晏铭．徽州木雕山水风景题材的图式研究［J］．艺苑纵横，2015（5）．

⑧甄玥．徽州木雕的文化意蕴［D］．中国艺术研究院，2013．

参考文献

1 |《阅读徽州》编委会．阅读徽州［M］．合肥：中国科学技术大学出版社，2015．

2 | 方静．解读徽州［M］．合肥：合肥工业大学出版社，2009．

3 | 张国标．徽派版画［M］．合肥：安徽人民出版社，2005．

4 | 翟屯建．徽派篆刻［M］．合肥：安徽人民出版社，2005．

5 | 郭因，俞宏理，胡迟．新安画派［M］．合肥：安徽人民出版社，2005．

6 | 徐学林．徽州刻书［M］．合肥：安徽人民出版社，2005．

7 | 鲍义来．徽州工艺［M］．合肥：安徽人民出版社，2005．

8 | 李飞，钱明．中国徽州木雕［M］．南京：江苏凤凰美术出版社，2012．

9 | 皮志伟，贾巧燕．徽州三雕［M］．南京：东南大学出版社，2011．

10 | 甄玥．徽州木雕与徽州版画［J］．中国文化画报，2013．

11 | 苗红磊．木雕［M］．北京：中国社会出版社，2008．

12 | 刘明来．论徽州木雕艺术的文化内涵与美学特征［J］．南京艺术学院学报，2009．

13 | 晏铭．徽州木雕山水风景题材的图式研究［J］．理论与创作，2010（5）．

14 | 王海涛．徽州古代民居建筑雕饰艺术及成因的探索研究［D］．苏州大学，2008．

15 | 罗子婷．徽州木雕的文化意蕴与文化特征［D］．西安美术学院，2009．

16 | 朱米娜．徽州雕刻艺术传承与创新［D］．安徽工程大学，2010.

17 | 甄玥．徽州木雕的文化意蕴［D］．中国艺术研究院，2013.

18 | 清·道光《徽州府志》.

19 | 清·康熙《徽州府志》.

设计学系

传统技艺研究方向

作品

设计学系
传统技艺研究方向

苗 炜

理论导师·王海霞
实践导师·杨坚平

汴绣针法（24种）

汴绣《四时之气》

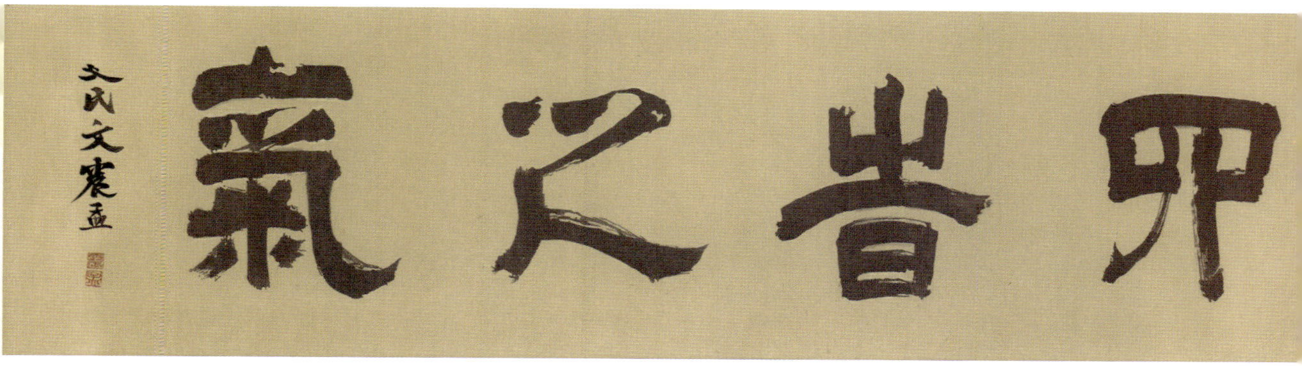

汴绣《四时之气》（局部）

汴绣《美人计·花影重》

汴绣《美人计·月朦胧》

设计学系

传统技艺研究方向

哈斯其木格

理论导师・邱春林

实践导师・杨坚平

香云纱锁绣《凤栖梧桐》

部分潮绣针法合集

锁绣针法合集

《谢铅华》

设计学系
传统技艺研究方向

林 岩

理论导师・邱春林
实践导师・甘而可

彩斑流韵系列漆板

绿金斑犀皮漆盖罐

黑推光圆墨盒

漆息茶席

设计学系

传统技艺研究方向

李九龙

理论导师·邱春林

实践导师·李春珂

牙雕《伎乐菩萨 — 击鼓》

牙雕《抱罐仕女》

→牙雕《伎乐菩萨—反弹琵琶》

设计学系

传统技艺研究方向

陈兴圆

理论导师·王海霞

实践导师·嵇锡贵

越窑青瓷刻花盘《水仙》

越窑青瓷刻花描金罐《打马球》

越窑青瓷刻花莲花罐

→高温花釉和釉上彩瓷板画《祈》

设计学系
传统技艺研究方向

汪达西

理论导师·王海霞
实践导师·曹永盛

木雕十二生肖纹葫芦双耳瓶

木雕渔樵耕读纹笔筒

木雕荣归故里纹笔筒

图书在版编目（CIP）数据

文化保护与传承：中国艺术研究院2016届非物质文化遗产保护实践方向、传统技艺方向艺术硕士学位论文集暨作品集：上、下卷／吕品田主编．-- 北京：文化艺术出版社，2018.8
ISBN 978-7-5039-6496-1

Ⅰ．①文… Ⅱ．①吕… Ⅲ．①非物质文化遗产—保护—中国—文集 Ⅳ．①G122-53

中国版本图书馆CIP数据核字(2018)第101720号

文化保护与传承：

中国艺术研究院2016届非物质文化遗产保护实践方向、
传统技艺方向毕业论文集暨毕业作品集（上、下卷）

主　　编　吕品田
责任编辑　叶茹飞
装帧设计　顾咏梅
出版发行　文化艺术出版社
地　　址　北京市东城区东四八条52号（100700）
网　　址　www.caaph.com
电子邮箱　s@caaph.com
电　　话　（010）84057666（总编室）　84057667（办公室）
　　　　　（010）84057696—84057699（发行部）
传　　真　（010）84057660（总编室）　84057670（办公室）
　　　　　（010）84057690（发行部）
经　　销　新华书店
印　　刷　国英印务有限公司
版　　次　2019年12月第1版
印　　次　2019年12月第1次印刷
开　　本　700毫米×1000毫米　1/16
印　　张　54.625
字　　数　800千字
书　　号　ISBN 978-7-5039-6496-1
定　　价　198.00元（全二册）
